LAS
MUJERES VIVAN
REDES DESENREDEN
NOTICIAS SEAN CIERTAS
DESPEDIDAS INCLUYAN AGRADECIMIENTOS

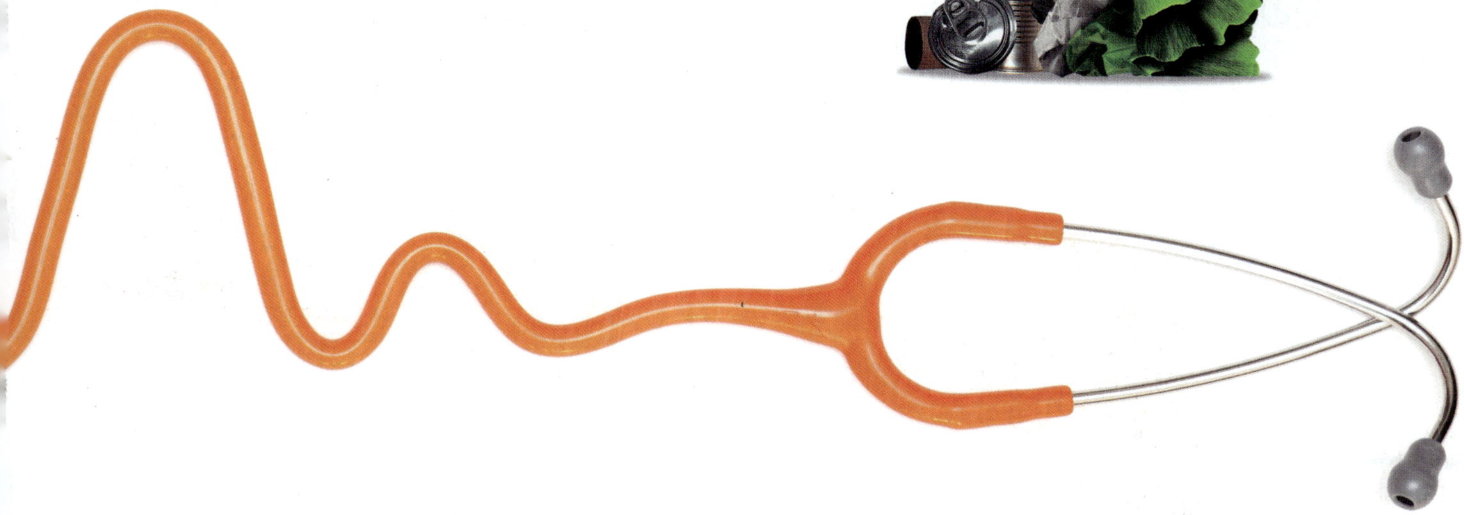

OCURRAN

ASÍ ES ESTE LIBRO
PARA QUE LAS COSAS OCURRAN

Cada unidad se estructura en dos partes: una teórica y otra práctica.

Teoría

Las páginas de teoría presentan los contenidos de forma sencilla, concreta y visual. En ellas son tan importantes los textos explicativos como los elementos gráficos y los ejemplos o modelos que los acompañan y los complementan.

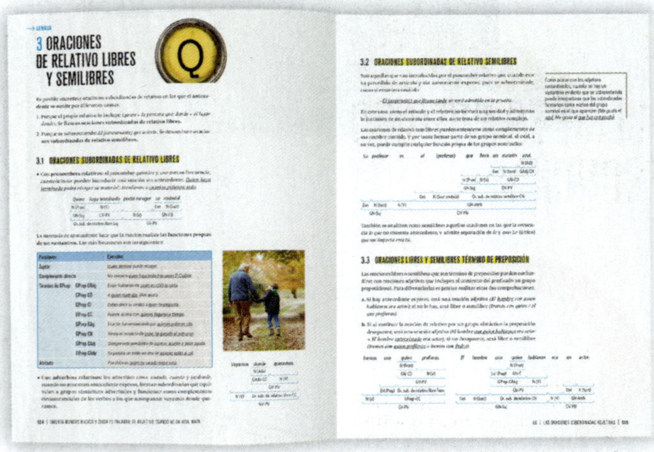

3 ORACIONES DE RELATIVO LIBRES Y SEMILIBRES

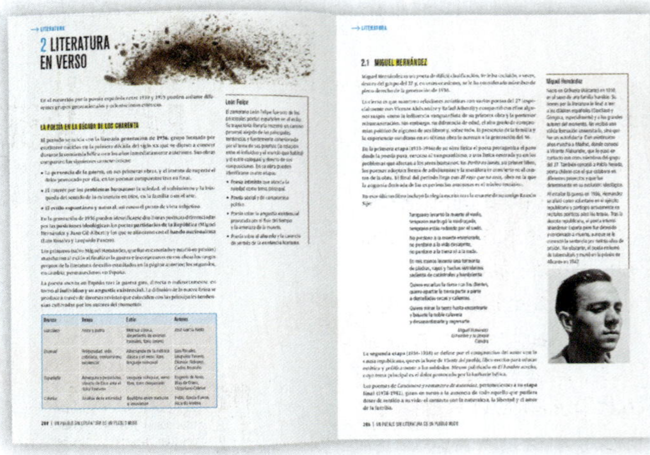

2 LITERATURA EN VERSO

Actividades

Las actividades plantean propuestas de aplicación de los contenidos de la unidad y se señalan las relacionadas con la competencia digital.

ACTIVIDADES

06 LAS ORACIONES SUBORDINADAS ADJETIVAS

ACTIVIDADES

08 EL SIGLO XVIII: LA ILUSTRACIÓN

Lo novedoso de cada unidad es que comienza en un espacio *maker*, donde se plantean varias tareas para poner en práctica diversas habilidades y capacidades, en función de los contenidos que se trabajen.

01 LA LENGUA Y SUS VARIEDADES

PLUTARCO

PARA SABER HABLAR ES PRECISO SABER ESCUCHAR

PRESENTAR

SORTEO DE CONVERSACIONES

Vais a escenificar una serie de conversaciones y situaciones (formales e informales) que se os asignarán mediante sorteo. Tened en cuenta que vuestros compañeros y compañeras actuarán como observadores, evaluando si cumplís o no con las normas conversacionales que se os han proporcionado. ¿Qué papel te tocará representar?

CONOCER

DICCIONARIO VULGAR

¿Eres capaz de reconocer vulgarismos de la lengua a tu alrededor? Recopila, en forma de diccionario, ejemplos reales de usos vulgares o expresiones incorrectas que escuches o leas en tu entorno, en la televisión, etc. Clasifícalos en el nivel de la lengua que les corresponda y explica cuál sería la forma correcta.

CREAR

ACTUALIZAMOS EL TRADUCTOR

Ha llegado a vuestro centro un alumno extranjero de intercambio. Conoce muy bien el lenguaje estándar del español, pero no os entiende cuando habláis entre vosotros. ¿Le podéis echar una mano? Elaborad un pequeño glosario que le ayude a comprender las palabras o expresiones propias de la jerga de los jóvenes.

INVESTIGAR

NUESTRO MAPA LINGÜÍSTICO

Un equipo de filólogos os ha pedido ayuda para realizar un mapa lingüístico de vuestra zona. Debéis investigar acerca de las lenguas y las variedades geográficas que se hablan en vuestra región, y plasmarlo en un gran mural lingüístico.

Frase

La frase que introduce la unidad da pie a reflexionar sobre el pensamiento o idea que expone. También es una oportunidad de conocer las aportaciones realizadas por el hombre o la mujer que pronunció esa cita.

Presentar

Es una tarea en la que se ponen en juego las habilidades y destrezas comunicativas, particularmente las relacionadas con la expresión oral, a partir de una propuesta vinculada con algún contenido de la unidad.

Crear

Es una tarea que implica la elaboración de un producto aplicando algunos de los contenidos propuestos en la unidad. Su finalidad es desarrollar la creatividad y la imaginación para aprender haciendo.

Conocer

Es una tarea enfocada a estudiar, repasar, consolidar, relacionar... determinados contenidos de la unidad. Pretende ser también una herramienta para aprender a aprender.

Investigar

Es una tarea cuyo objetivo principal es experimentar, recopilar información, comprobar o refutar hipótesis, trabajar con diversas fuentes... Con esta propuesta se desarrolla especialmente la competencia digital.

LO QUE VAMOS A APRENDER

PARA QUE LAS COSAS OCURRAN

LENGUA CASTELLANA Y LITERATURA

01 LA LENGUA Y SUS VARIEDADES

02 LAS PALABRAS Y EL DICCIONARIO

08 EL SIGLO XVIII: LA ILUSTRACIÓN

09 EL ROMANTICISMO

10 REALISMO Y NATURALISMO

11 MODERNISMO Y GRUPO DEL 98

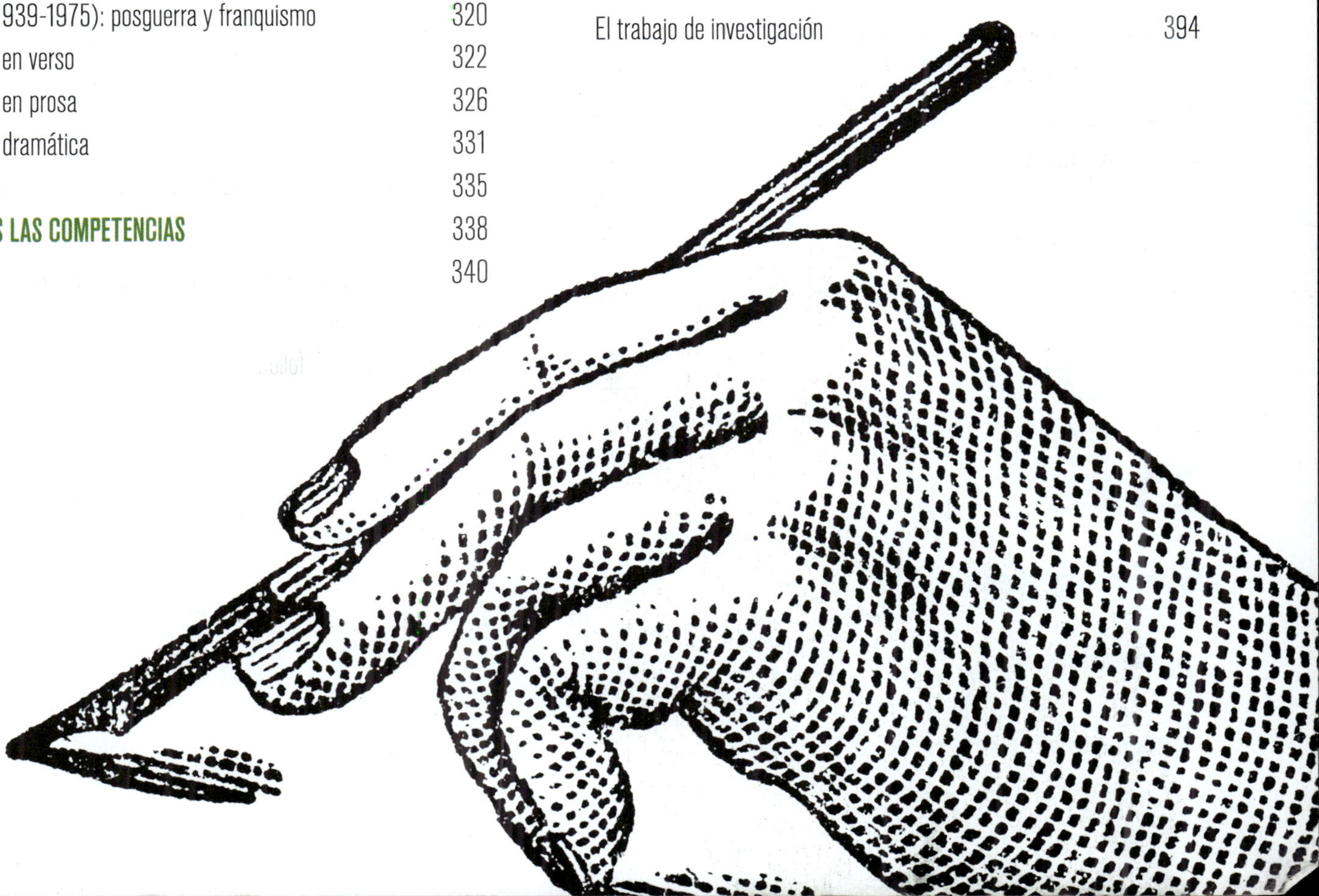

01 LA LENGUA Y SUS VARIEDADES

PARA SABER HABLAR ES PRECISO SABER ESCUCHAR

PLUTARCO

PRESENTAR

SORTEO DE CONVERSACIONES

Vais a escenificar una serie de conversaciones y situaciones (formales e informales) que se os asignarán mediante sorteo. Tened en cuenta que vuestros compañeros y compañeras actuarán como observadores, evaluando si cumplís o no con las normas conversacionales que se os han proporcionado. ¿Qué papel te tocará representar?

CONOCER

DICCIONARIO VULGAR

¿Eres capaz de reconocer vulgarismos de la lengua a tu alrededor? Recopila, en forma de diccionario, ejemplos reales de usos vulgares o expresiones incorrectas que escuches o leas en tu entorno, en la televisión, etc. Clasifícalos en el nivel de la lengua que les corresponda y explica cuál sería la forma correcta.

CREAR

ACTUALIZAMOS EL TRADUCTOR

Ha llegado a vuestro centro un alumno extranjero de intercambio. Conoce muy bien el lenguaje estándar del español, pero no os entiende cuando habláis entre vosotros. ¿Le podéis echar una mano? Elaborad un pequeño glosario que le ayude a comprender las palabras o expresiones propias de la jerga de los jóvenes.

INVESTIGAR

NUESTRO MAPA LINGÜÍSTICO

Un equipo de filólogos os ha pedido ayuda para realizar un mapa lingüístico de vuestra zona. Debéis investigar acerca de las lenguas y las variedades geográficas que se hablan en vuestra región, y plasmarlo en un gran mural lingüístico.

¿Alguna vez has participado en una encuesta o has respondido un cuestionario? ¿Para qué crees que sirven? Lee estos extractos de un cuestionario y de un informe sobre convivencia escolar.

TEXTO 1

Cuestionario sobre convivencia escolar para el alumnado

Presentación

Vuestro centro desarrolla un Plan de Convivencia Escolar. Con este cuestionario se pretende conocer cómo os encontráis los estudiantes en la clase y en el centro respecto a este tema.

Queremos conocer tu opinión sobre los posibles problemas de convivencia en el centro y sobre cómo podrían resolverse. Todas las respuestas son válidas. Te pedimos tu colaboración. Es muy importante que contestes con la máxima sinceridad.

El cuestionario es anónimo, no necesitas escribir tu nombre. Para responder al cuestionario, marca con una X la respuesta con la que estés más de acuerdo. **MARCA UNA SOLA RESPUESTA.**

1. Estoy en el curso: ..... 2. Sexo: .....

3. Este es mi primer año en este centro: ☐ Sí ☐ No

1. ¿Cuántos buenos amigos tienes en tu clase?

- ☐ Ninguno.
- ☐ Tengo un buen amigo en mi clase.
- ☐ Tengo 2 ó 3 buenos amigos en mi clase.
- ☐ Tengo 4 ó 5 buenos amigos en mi clase.
- ☐ Tengo más de 5 buenos amigos en mi clase [...].

3. Respecto al cuidado de los materiales escolares, ¿qué suele ocurrir en tu centro?

1. Nunca 2. A veces 3. A menudo 4. Muy a menudo

	1	2	3	4
Se hacen pintadas en las mesas, las paredes...				
Generalmente se cuidan				
Se tiran basuras al suelo				
Se respeta la propiedad pública de los materiales del centro				
Se respeta la propiedad privada de los materiales de cada uno				
Se dañan las instalaciones del centro				
Otras (especificar)				

4. ¿Con qué frecuencia se dan estas situaciones en tu centro?

1. Nunca 2. A veces 3. A menudo 4. Muy a menudo

	1	2	3	4
Desobedecer y no respetar al profesor				
No cumplir las normas de comportamiento de la clase				
Cumplir las normas de comportamiento				
Atender a las explicaciones				
Interrumpir, molestar y no dejar dar clase al profesor				
Obedecer y respetar al profesor				
Respetar el horario				
Profesores que tratan correctamente a los alumnos				
Negarse a hacer las tareas asignadas				
Provocar, ridiculizar o insultar a los profesores				
Llegar tarde a clase				
Padres o madres que se relacionan correctamente con los profesores				
Entrar y salir de clase sin permiso				

6. ¿Has recibido alguna de las siguientes conductas en tu centro? Señala la frecuencia.

1. Nunca 2. A veces 3. A menudo 4. Muy a menudo

	1	2	3	4
Agresiones físicas				
Se han opuesto a tratos negativos hacia mí				
Me han amenazado o insultado				
Me han obligado a hacer cosas que no quiero				
Me han ayudado con mis problemas personales				
Invitarme a trabajar en grupo				
Me han robado dinero o material				
Me han puesto motes o se han reído de mí				
No me tienen en cuenta y me excluyen del grupo de amigos				
Me han ayudado en las tareas de clase				
Dicen mentiras o rumores sobre mí				
Otros (especificar)				

10. ¿Con qué frecuencia has participado en este tipo de conductas en tu centro?

1. Nunca 2. A veces 3. A menudo 4. Muy a menudo

	1	2	3	4
Agresiones físicas				
Ayudar a algún compañero en las tareas de clase				
Ayudar a algún compañero con los problemas personales				
Amenazar o insultar				
Obligar a otro hacer cosas que no quiere				
Oponerse a tratos negativos hacia otros				
Robar dinero o material				
Trabajar en grupo				
Poner motes o reírme de otra persona				
No tener en cuenta a algún compañero y excluirlo de mi grupo de amigos				
Decir mentiras o rumores sobre alguien				
Otros (especificar)				

Adaptado de: www.juntadeandalucia.es/educacion/.

TEXTO 2

Extracto del Informe sobre la convivencia escolar en Andalucía 2016

Evolución del porcentaje de alumnado que ha realizado conductas contrarias a la convivencia desde 2011.

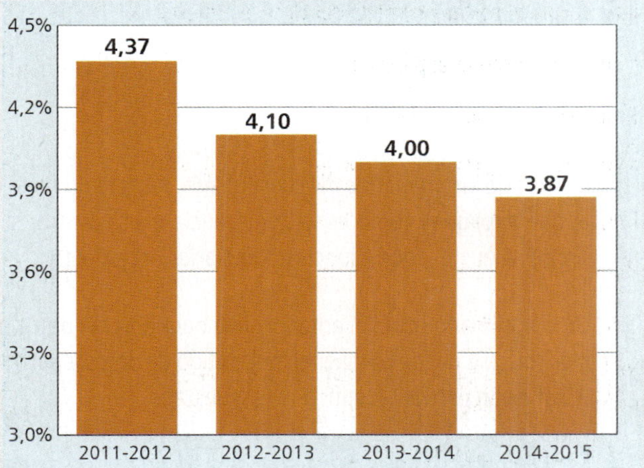

Evolución de las conductas contrarias a la convivencia según la edad del alumnado.

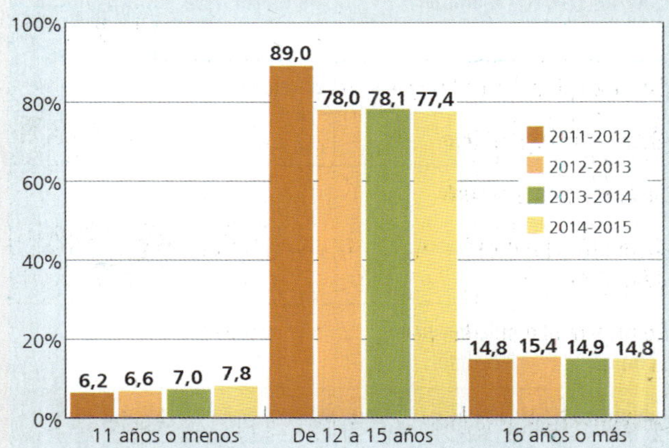

Fuente: Observatorio para la convivencia en Andalucía.

Leer

1 Indica si las siguientes afirmaciones sobre el texto 1 son verdaderas o falsas y corrige estas últimas.

a. El cuestionario va dirigido a las familias del alumnado.

b. El cuestionario no es un examen.

c. Se pueden marcar varias respuestas.

d. En el cuestionario se pregunta con qué frecuencia se obedece y respeta al profesor.

e. No hay preguntas sobre el cuidado de los materiales de otros alumnos.

2 ¿Cuál es el tema del texto? ¿Y su objetivo?

3 Realiza un esquema con las ideas principales. ¿Qué cuestiones se preguntan en cada apartado?

4 En el cuestionario se describen actitudes positivas y negativas. Pon cinco ejemplos de cada tipo e indica a qué aspecto de la convivencia se refieren.

5 ¿Qué datos personales se piden en el cuestionario?

6 En el texto, los números sirven para valorar determinadas situaciones. ¿Los bajos indican situaciones positivas y los altos situaciones negativas? Justifica tu respuesta.

7 Escribe otras posibles actuaciones negativas y positivas respecto a las preguntas 3, 4 y 6 del cuestionario.

8 Compara las conductas que se describen en la pregunta 6 con las de la 10. ¿Encuentras alguna diferencia?

9 Observa las formas verbales que aparecen en el cuestionario. Después, copia la siguiente tabla en tu cuaderno y complétala con ejemplos del texto.

Forma verbal	Ejemplo	Se utiliza para...
1.ª pers. sing. presente	*Estoy*	Introducir los datos personales del alumno o alumna.
	Tengo	
2.ª pers. sing. presente	*Tienes*	
Imperativo		
Pasiva refleja con *se*	*Se hacen, se cuidan...*	
Infinitivo		
	Han puesto, han amenazado...	

10 ¿Qué formas verbales serían las más objetivas? ¿Y las más subjetivas? Justifica tu respuesta.

11 Observa las imágenes del texto 2 y responde.

a. ¿Qué parámetros se han tenido en cuenta para realizar el segundo gráfico?

b. ¿Qué tipo de gráfico se emplea en ambos casos?

12 Copia la opción correcta.

- Desde 2011 hasta 2015, las conductas contrarias a la convivencia...
  a. han disminuido.
  b. han aumentado.
  c. continúan igual.
- El alumnado que presenta más conductas contrarias a la convivencia tiene...
  a. menos de 11 años.
  b. entre 12 y 15 años.
  c. más de 16 años.

Sin faltas.com

13 ▶ En el texto 1 hay un error de acentuación. Encuéntralo e indica cuál es la regla general que se incumple.

14 ▶ Esta regla tiene algunas excepciones: di cuáles son y busca ejemplos de ellas en el texto.

15 ▶ TIC Hace algunos años, los errores señalados no se hubieran considerado como tales: infórmate sobre la última edición de la *Ortografía* de la RAE y sobre qué cambios ha introducido en la acentuación de monosílabos, diptongos y triptongos.

Opinar

16 A partir de las preguntas del cuestionario, redacta un texto en el que expliques cómo es la convivencia en tu centro, si te sientes a gusto y qué aspectos cambiarías al respecto.

17 Un cuestionario como el anterior sirve para obtener datos numéricos. ¿Se puede obtener el mismo tipo de datos a partir de tu reflexión escrita? Justifica tu respuesta.

18 Elabora otras posibles preguntas para valorar la convivencia en tu centro.

1 EL CUESTIONARIO

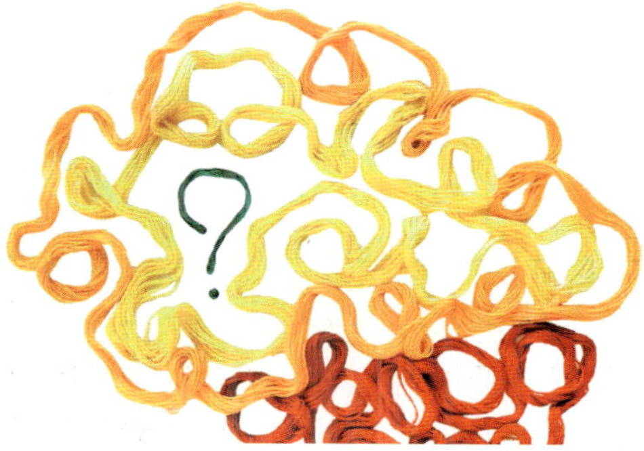

Un **cuestionario** es un conjunto de preguntas dirigidas a un grupo de personas para obtener ciertos datos.

Estas preguntas están tipificadas de antemano y son las mismas para todos los encuestados.

Por lo general, los cuestionarios son **anónimos**, pero incluyen preguntas personales (sexo, edad, etc.) para luego poder filtrar las respuestas según esos parámetros.

Suelen presentar la siguiente estructura:

- **Introducción:**
  - Se explica la finalidad del cuestionario.
  - Se dan instrucciones sobre cómo cumplimentarlo.
- **Datos iniciales** sobre el entrevistado: sexo, edad, profesión...
- **Preguntas.** Pueden ser de distinto tipo:
  - Abiertas.
  - De opción múltiple.
  - De respuesta única o que admitan varias respuestas.

Características lingüísticas

Las características lingüísticas del cuestionario están determinadas por la situación, la intencionalidad y los destinatarios. En el caso del cuestionario de la lectura, son las siguientes:

Situación	Formal (ámbito académico).
Intención	Obtener respuestas concretas y fiables para realizar un estudio sobre el tema (convivencia en los centros).
Destinatarios	Alumnado en edad escolar.
Rasgos del registro coloquial determinados por los destinatarios	• Empleo de oraciones cortas. • Uso de la 2.ª persona del singular *(tú)* en lugar de la 3.ª persona de cortesía *(usted)*. • Aparición de repeticiones.
Rasgos del registro estándar	• Tecnicismos. • Léxico culto.

Los **resultados de los cuestionarios** se analizan y se presentan a los interesados en forma de **gráficos** y **tablas**, acompañados de una **explicación** en la que se detalla el tipo de cuestionario empleado, los destinatarios, los aspectos valorados, etc.

Cuestionario sobre convivencia escolar para el alumnado — Título del cuestionario: centra el objeto de estudio

Presentación

Vuestro centro desarrolla un Plan de Convivencia Escolar. Con este cuestionario se pretende conocer cómo os encontráis los estudiantes en la clase y en el centro respecto a este tema. — Introducción

Queremos conocer tu opinión sobre los posibles problemas de convivencia en el centro y sobre cómo podrían resolverse. — Finalidad

Todas las respuestas son válidas. Te pedimos tu colaboración. Es muy importante que contestes con la máxima sinceridad.

El cuestionario es anónimo, no necesitas escribir tu nombre. Para responder al cuestionario, marca con una X la respuesta con la que estés más de acuerdo. **MARCA UNA SOLA RESPUESTA**. — Instrucciones

1. Estoy en el curso: ..... 2. Sexo: ..... — Datos iniciales

3. Este es mi primer año en este centro: ☐ Sí ☐ No

1. ¿Cuántos buenos amigos tienes en tu clase? — Pregunta de opción única

- ☐ Ninguno.
- ☐ Tengo un buen amigo en mi clase.
- ☐ Tengo 2 ó 3 buenos amigos en mi clase.
- ☐ Tengo 4 ó 5 buenos amigos en mi clase.
- ☐ Tengo más de 5 buenos amigos en mi clase [...].

3. Respecto al cuidado de los materiales escolares, ¿qué suele ocurrir en tu centro? — Pregunta de opción única con escala de valoración

1. Nunca 2. A veces 3. A menudo 4. Muy a menudo

	1	2	3	4
Se hacen pintadas en las mesas, las paredes...				
Generalmente se cuidan				
Se tiran basuras al suelo				
Se respeta la propiedad pública de los materiales del centro				
Se respeta la propiedad privada de los materiales de cada uno				
Se dañan las instalaciones del centro				
Otras (especificar)				

Respuesta abierta

4. ¿Con qué frecuencia se dan estas situaciones en tu centro?

1. Nunca 2. A veces 3. A menudo 4. Muy a menudo

	1	2	3	4
Desobedecer y no respetar al profesor				
No cumplir las normas de comportamiento de la clase				
Cumplir las normas de comportamiento				
Atender a las explicaciones				
Interrumpir, molestar y no dejar dar clase al profesor				
Obedecer y respetar al profesor				
Respetar el horario				
Profesores que tratan correctamente a los alumnos				
Negarse a hacer las tareas asignadas				
Provocar, ridiculizar o insultar a los profesores				
Llegar tarde a clase				
Padres o madres que se relacionan correctamente con los profesores				
Entrar y salir de clase sin permiso				

Escribir

1 TIC Por parejas, elaborad un cuestionario para analizar algún tema relacionado con vuestros intereses. Por ejemplo:

- Actividades culturales o deportivas a las que asiste el alumnado del centro.
- Uso del móvil y de las nuevas tecnologías entre el alumnado de 4.º de la ESO.
- Hábitos de lectura entre el alumnado de vuestro curso.

Para ello, debéis seguir estos pasos:

1.º Determinad el tema y el objetivo del cuestionario: ¿qué queremos saber?

2.º Pensad cuáles son las preguntas necesarias para obtener los datos anteriores.

3.º Redactad las preguntas de forma clara.

4.º Introducid diferentes modelos de pregunta: de opción única, de respuesta múltiple y de respuesta abierta.

5.º Redactad una introducción explicativa.

6.º Elaborad el cuestionario definitivo y entregádselo a vuestros compañeros y compañeras.

7.º Analizad los resultados: incluid gráficos y una explicación redactada con las conclusiones que hayáis obtenido.

2 LA CONVERSACIÓN EN EL ÁMBITO ACADÉMICO

La **conversación** es un texto oral entre dos o más interlocutores que intercambian sus papeles (emisor-receptor). Puede ser **formal** o **informal**, dependiendo de la situación y la intención, pero a veces se encuentran **rasgos de ambas:** por ejemplo, una situación formal puede incluir rasgos de informalidad porque los interlocutores se conozcan, porque se trate de una situación no planificada, etc.

Cualquier **conversación** presenta la siguiente **estructura:**

- Saludo, presentación.
- Desarrollo del intercambio conversacional.
- Despedida.

Todas se rigen por las **máximas conversacionales** y el **principio de cortesía.** Aunque los interlocutores mantengan distintas posturas sobre un tema, se debe cumplir esto último para que la conversación avance.

Máximas conversacionales

- De cantidad: aportar información suficiente, pero no más de la necesaria.
- De calidad: no decir falsedades ni aquello que no se sepa con seguridad.
- De manera: ser claro y ordenado.
- De relevancia: las intervenciones deben ser relevantes y pertinentes.

Principio de cortesía

- Respetar los turnos de palabra.
- No imponerse al interlocutor.
- Dar opciones.
- Ser amable.

Escuchar y hablar

1 TIC Busca en YouTube «Cortometraje "el nuevo" mediación educativa Alfás». Mira el vídeo y responde.

a. En la primera parte del vídeo (hasta el minuto 3:22) se cuenta una historia.
   - Identifica a los personajes principales y descríbelos en función de lo que cada uno dice de sí mismo.
   - Resume la historia y el problema que genera.

b. ¿A quién se dirige el alumno cuando se presenta un problema entre sus amigos? ¿Qué información le piden?

c. Vuelve a ver el vídeo desde el minuto 4:20 hasta el 9:50. ¿Qué pasos se dan antes de comenzar la mediación?

d. Según el vídeo, ¿cuál es el papel del mediador?

e. ¿Cuáles son las tres características de la mediación y sus normas básicas?

f. ¿Qué persona gramatical utilizan los participantes cuando se dirigen unos a otros?

g. Señala los rasgos de conversación informal y los rasgos de conversación formal que se observan en el vídeo.

h. Teniendo en cuenta tus respuestas anteriores, ¿por qué crees que aparecen rasgos de los dos tipos de conversación? ¿Cuáles predominan?

i. ¿Se cumplen las máximas conversacionales? Justifica tu respuesta con ejemplos.

j. ¿Cuál es el objetivo de la conversación?

k. Las mediadoras realizan una serie de preguntas a los tres alumnos. Clasifícalas según su contenido y propósito.

l. Señala el acuerdo al que se llega finalmente.

2 En grupos, vais a llevar a cabo una mediación. Podéis inspiraros en situaciones reales. Para ello, elegid una situación de conflicto y luego proceded de manera similar a la del vídeo.

1. El mediador se entrevista por separado con cada una de las personas, les explica las reglas de la mediación y les pregunta cuál es su visión del conflicto.
2. El mediador y las personas en conflicto inician la mediación y llegan a un acuerdo.
   - El mediador utiliza lo que cada uno le ha contado para dirigir las preguntas.
   - Las personas en conflicto exponen cómo se sintieron ante el problema.
   - Se elabora una propuesta de acuerdo para resolverlo.

El resto de la clase debe valorar el proceso atendiendo a que se hayan cumplido los pasos anteriores.

1 LENGUAJE, LENGUA Y HABLA

El **lenguaje** es la capacidad humana que permite crear mensajes mediante códigos de comunicación llamados **lenguas.**

Todas las lenguas son manifestaciones de la misma capacidad del lenguaje y, aunque parezcan muy diferentes, comparten unos mismos principios: son códigos que combinan un determinado tipo de unidades mediante reglas que forman estructuras.

Las lenguas **son abstractas,** puesto que son objetos mentales, códigos compartidos por todos los hablantes. Cuando esos códigos se utilizan para la comunicación, se realiza un **acto de habla** concreto. Al **habla** también se la llama **actuación.**

Los códigos lingüísticos combinan piezas o unidades de distinto tipo: los fonemas y sílabas no tienen significado, mientras que el resto de unidades son signos, porque tienen una forma (a la que se llama significante) y un significado. Esto les permite tener capacidad simbólica, es decir, referirse a la realidad y, por tanto, comunicar.

Unidades sin significado	**Nivel**
Fonemas y sílabas	Fonológico
Unidades con significado	**Niveles**
Morfemas	Morfológico
Palabras	Morfológico-Sintáctico
Grupos sintácticos	Sintáctico
Oraciones	Sintáctico

Los fonemas no tienen significado por sí mismos, aunque ayudan a crear significados nuevos, como /t/-/l/ en la alternancia *bota/bola.* Por eso, estas unidades y sus combinaciones (las sílabas), que forman parte del nivel fonológico, son distintas a todas las demás.

Una lengua es un sistema, es decir, sus elementos están interconectados entre sí. Así, además de las unidades, hay que tener en cuenta la presencia de funciones que manifiestan **diferentes relaciones entre ellas** y les permiten crear unidades mayores.

La **palabra** es la **unidad básica de la lengua,** y sirve de puente entre el nivel morfológico, que da cuenta de su estructura interna, y el nivel sintáctico, que se refiere a su combinación.

El **nivel** dedicado al **significado** y sus relaciones se llama nivel **semántico.** La semántica puede referirse a la palabra y sus elementos (semántica léxica) o a sus combinaciones (semántica oracional).

Las actuaciones de los hablantes deben adecuarse a las estructuras de cada lengua. Eso se denomina **gramaticalidad.** Así, por ejemplo, en español, el determinante demostrativo precede al sustantivo al que acompaña y concuerda con él en género y número. La expresión *Este juego* es gramatical en español; pero no lo es la expresión **Juego estos.* Un asterisco delante de una expresión indica en Lingüística que es agramatical.

Significante
bota /bota/
Significado
'Calzado que resguarda el pie y el tobillo'
Referente

2 UNIDAD Y VARIACIÓN EN LA LENGUA

El **habla** es un producto del **uso que cada persona** hace del sistema lingüístico. Por tanto, presenta **variaciones individuales** que no impiden el reconocimiento de las unidades y sus relaciones.

Así, por ejemplo, las unidades lingüísticas del nivel fonológico, los fonemas, son modelos ideales a partir de los que se pronuncian sonidos distintos desde el punto de vista acústico y articulatorio. La /a/ pronunciada por bocas diferentes y en momentos distintos produce ondas sonoras que difieren entre sí, pero que siempre captamos como /a/.

Pero, además de las peculiaridades individuales, diversos **factores** provocan que una lengua no sea homogénea, sino que presente una rica **variación:**

Factores	Tiempo	Espacio	Grupo social	Situación
Variedades	Diacrónicas	Diatópicas o dialectos	Diastráticas o sociolectos/ jergas	Diafásicas o registros/estilos
Ejemplos	El castellano medieval	El canario o el habla de Astorga	La jerga legal o el habla juvenil	El registro coloquial

Los factores de variación **se combinan en cada situación:** así, por ejemplo, en situaciones informales, además del registro coloquial, se tiende a usar la variedad local; igualmente, el dominio de la variedad formal requiere un cierto nivel de instrucción, que se corresponde con un factor social.

2.1 ESTÁNDAR Y NORMA

A pesar de la variación, los hablantes de una lengua comparten las reglas básicas de su código y adoptan un estándar como referencia común. El **estándar** es un **modelo ideal neutro,** relativamente homogéneo, que no se corresponde con ninguna variedad concreta de la lengua. Con todo, suele acercarse a aquella variedad culta que refleja la escritura y es el utilizado en los medios de comunicación de amplia difusión. Habitualmente, también es la **base para la enseñanza de la lengua a extranjeros.**

Así pues, da unidad a las variedades y define la lengua como conjunto. Este estándar se guía por la **norma lingüística,** que **delimita** los **usos correctos e incorrectos** de la lengua. La corrección es una cuestión de aceptación social y, por tanto, puede cambiar. Por ejemplo, el leísmo de persona masculino fue norma en el siglo XIX, pasó a considerarse incorrecto y hoy es admitido en el estándar del español.

En una lengua como el español, de gran difusión geográfica, se habla de varias «normas» como referentes para hablantes de amplias zonas: la norma castellana, la andaluza o la argentina, por ejemplo.

Medios de comunicación

Los medios de comunicación utilizan el estándar para que los hablantes de las distintas variedades se sientan identificados, cumpliendo así una función no solo informativa, sino también de cohesión social.

idiolecto: forma de hablar propia de una persona.

3 LAS VARIEDADES DIASTRÁTICAS O SOCIALES

Las variedades diastráticas o sociales (sociolectos) son aquellas **propias de un grupo que la sociedad considera definido** por su función dentro de ella o por su composición. Delimitar los grupos sociales es muy complicado, pues, a pesar de que algunos factores parecen objetivos, son grupos heterogéneos en la práctica.

3.1 FACTORES QUE DEFINEN SOCIOLECTOS

Cada individuo pertenece a diversos grupos sociales en virtud de factores distintos, como la edad, el sexo, la profesión, los ingresos... No todos estos factores influyen por igual en la formación de sociolectos. Por ejemplo, el nivel económico parece incidir poco en este sentido, y el sexo cada vez resulta menos decisivo a la hora de definir grupos sociales. No obstante, en las últimas décadas del pasado siglo, diversos estudios mostraban diferencias entre el habla masculina y femenina, caracterizándose esta última por un mayor respeto por la norma, innovaciones más tempranas y abundancia de rasgos afectivos.

LA EDAD

A partir del momento en que el niño adquiere una lengua, entre los dos y tres años, su facultad del lenguaje está plenamente formada, aunque aumentará la complejidad sintáctica en las primeras etapas y el vocabulario crecerá durante toda la vida. La distinción entre habla infantil y juvenil es una cuestión social, pues se relaciona con el papel que el hablante adopta, y no con su madurez cognitiva. No hay una edad exacta que delimite las fronteras entre grupos: aproximadamente los 25 años marcan el inicio de la edad adulta, y los 65, el comienzo de la tercera edad. Sin embargo, la elección depende de cada investigación. En estas variedades sociales tiene gran incidencia la variación diacrónica, pues el habla juvenil suele ser más innovadora que el habla del grupo de mayor edad.

Es un falso lugar común muy extendido la idea de que los jóvenes «corrompen» el lenguaje. En realidad, las lenguas vivas siempre están cambiando y ese cambio no implica degeneración.

Argot y jerga

El término *argot* procede del francés y originariamente se refería a una corporación de ladrones, por lo que, en un principio, se aplicó a hablas de grupos marginales. Hoy *argot* y *jerga* se usan como sinónimos. En ocasiones, no solo para referirse al habla propia de una profesión, sino a la de cualquier grupo social, especialmente con sentido peyorativo, como en «La jerga juvenil es incomprensible para mí».

LA PROFESIÓN. LAS JERGAS O ARGOTS

Todos los grupos profesionales comparten expresiones, sobre todo léxicas, que son propias de su actividad y que, por tanto, pueden resultar desconocidas para los hablantes ajenos al grupo. Así, se habla de la «jerga de la medicina» o la «jerga de los abogados», haciendo referencia, especialmente, a los tecnicismos que son comunes en el ejercicio de estas profesiones; aunque también hay expresiones morfosintácticas propias, como el uso del futuro de subjuntivo en la jerga legal.

sociolingüística: rama de la lingüística que estudia las variedades sociales.

EL NIVEL DE INSTRUCCIÓN. LOS VULGARISMOS

Un hablante con un **alto nivel de instrucción** maneja **más variedades de uso** que otro con menos instrucción.

El nivel de instrucción se utiliza, además, para definir variedades de habla que oscilan entre el **sociolecto culto** y **el vulgar.** Este último se caracteriza por el uso de **vulgarismos,** que son, por lo tanto, aquellas expresiones lingüísticas que se asocian a un sociolecto de bajo nivel. La norma lingüística, que pretende reflejar un nivel sociocultural medio-alto, las marca como incorrectas, o bien las acepta, pero restringiéndolas a estos grupos sociales.

Estas expresiones pueden manifestarse en cualquier nivel de la lengua:

Nivel	Nivel fonológico	Nivel morfológico	Nivel léxico-semántico	Nivel sintáctico
Tipos	• Pronunciación descuidada o cambios fónicos que no se justifican por la procedencia geográfica del hablante o la situación comunicativa.	• Usos inadecuados y formas verbales incorrectas. • Creación de palabras con supresión o adición de sonidos o por etimología popular.	• Uso de las palabras y expresiones con sentidos que no poseen, por confusión. • Uso abundante de tabúes o expresiones malsonantes.	• Errores de concordancia. • Uso no admitido por la norma de pronombres átonos y nexos. • Uso erróneo de preposiciones.
Ejemplos	*Comí(d)o, bacalado.*	*El otro día ganemos el partido.* *Amoto, mondarina.*	*Se puso hecha un obelisco.*	*Habíamos allí…* *Me se cayó…* *La dieron un premio.* *Pienso de que…*

Es habitual confundir un sociolecto vulgar con una variedad dialectal; también se confunde con una variedad coloquial de la lengua. En el primer caso, porque hay hablas locales que por circunstancias históricas y sociales se han visto desprestigiadas a lo largo de los tiempos. Así, por ejemplo, la aspiración de la *-s* final de sílaba de las hablas meridionales se considera en algunos círculos un rasgo vulgar. En el segundo, porque en el habla coloquial o familiar son aceptables expresiones que no lo serían en una situación formal o en la escritura. Así, por ejemplo, los hablantes cultos también recurren a palabras malsonantes o vulgares en situaciones informales o mensajes de alta carga emotiva.

En conclusión, la consideración de vulgar es inestable, ya que cambia del mismo modo que la norma lingüística. Esto es lo que afirma la RAE sobre este aspecto de la lengua:

> «Los juicios normativos admiten, pues, una amplia gradación, que va desde la censura de lo claramente incorrecto por ser fruto del error, del descuido o del desconocimiento de las normas gramaticales, hasta la recomendación de lo que es simplemente preferible por estar de acuerdo con el uso mayoritario de los hablantes cultos de hoy, preferencia que pueden mantener, o variar, los hablantes cultos de mañana.»

www.rae.es/diccionario-panhispanico-de-dudas/

En el *Diccionario de la lengua española* se indica qué palabras son consideradas vulgarismos:

arrascar

1. tr. vulg. *Esp.* rascar (|| frotar la piel). U. t. c. prnl.

4 LAS VARIEDADES DIAFÁSICAS O SITUACIONALES

Las variedades diafásicas o situacionales son también llamadas **estilos o registros**, y dependen de la **situación** en que se produce la comunicación.

4.1 FACTORES QUE DEFINEN ESTILOS O REGISTROS

Los estilos o registros se sitúan entre dos extremos: **formal e informal.** Todos los elementos de la comunicación influyen en mayor o menor medida en la configuración de estas variedades. No es lo mismo hacer una confidencia que una declaración a la prensa, aunque la información transmitida sea la misma, pues no son iguales el contexto, la intención del emisor, la relación con el receptor o el canal utilizado.

Algunos géneros o tipologías textuales se asocian claramente a una variedad de estilo o registro concreta. Así, a una instancia, una conferencia o un examen corresponde un estilo o registro formal. Otros tipos de texto (una invitación, un debate, un aviso...) pueden usar registros formales o informales.

EL CONTEXTO

El lugar y el momento en que tiene lugar una comunicación influyen en la variedad lingüística utilizada. Algunas situaciones son de ámbito privado y otras, de ámbito público; el entorno físico (una sala de reuniones, la playa...) también puede determinar el estilo elegido.

INTENCIÓN DEL EMISOR

La intención del emisor (informar, entretener, convencer...) implica la elección de diferentes expresiones lingüísticas. Por ejemplo:

Información	Persuasión
El cantante presentará su nuevo disco el próximo 13 de octubre en el auditorio.	No te pierdas la presentación del nuevo disco de tu cantante favorito el próximo 13 de octubre en el auditorio.

RELACIÓN EMISOR-RECEPTOR

El grado de cercanía entre el emisor y el receptor, así como las relaciones de jerarquía que se establecen entre ellos, determinarán la selección de fórmulas que indican respeto o distancia, por una parte, o familiaridad, por otra. El español marca esta distancia, por ejemplo, con la elección de *usted/tú* y la correspondiente persona verbal, al margen de otras expresiones («estimado» frente a «querido», «saludos cordiales» frente a «adiós»...).

Variedades situacionales

En estas situaciones, los hablantes usan variedades situacionales diferentes.

EL CANAL

Los canales **oral** y **escrito** pueden condicionar la elección de registros con diferencias que van más allá del hecho de usar signos auditivos o visuales.

La **escritura,** con la que se asocia la norma culta y el estándar de una lengua, ha sido tradicionalmente un canal que exigía un **estilo formal,** incluso en el ámbito familiar. La escritura es meditada y perdura en el tiempo, por lo que prescinde de repeticiones y rectificaciones que se encuentran de forma abundante en la comunicación inmediata. Sin embargo, en la actualidad el uso de sistemas de **mensajería instantánea** ha creado un tipo de escritura que reproduce el lenguaje no verbal (mediante los llamados *emoticonos*) y adopta rasgos de la conversación oral espontánea. Por otro lado, la comunicación oral puede ser planificada, como sucede, por ejemplo, en los discursos.

EL ESPAÑOL COLOQUIAL

La expresión *español coloquial* se usa para referirse a un registro o estilo que posee características relacionadas con distintos factores:

- **Cotidianeidad:** el tema suele ser no especializado.
- **Inmediatez:** el emisor y el receptor comparten contexto, lo que provoca llamadas al oyente y también la posibilidad de interpretar expresiones vagas o incompletas.
- **Oralidad:** el canal utilizado es el canal vocal-auditivo, lo cual permite rectificación inmediata y provoca repeticiones e intensificación.
- **Familiaridad:** se da una relación cercana entre emisor y receptor, lo que supone el uso expresivo de ciertos términos.

morro

8. m. coloq. Descaro, desfachatez.

Todo esto se manifiesta en rasgos como los siguientes:

> No sé si lo sabrán tus hermanas pero, duro no, durísimo. Pero además de una forma incontrolada, por lo menos en piano, o sea, de repente, de un año a otro, en piano están mandando hacer trabajos. En octavo hay que llevar todas las obras de memoria, el concier hay que llevar un concierto, que antes no se exigía. En Música de Cámara, por ejemplo, antes era solo práctica, ¿no? tocar con instrumento y tal, bueno, ahora es teórica también, o sea, una pasada impresionante. Y ¿por qué será? ¿Porque cada vez va más gente y quieren…? Porque de repente les ha dado por subir el un el nivel, cosa que está muy bien, pero lo suben de golpe, en vez de forma gradual de golpe, y entonces el conservatorio de Segovia además otra cosa, me parece muy bien que subas el nivel, pero entonces tienes que subir también el nivel de los profesores.

REAL ACADEMIA ESPAÑOLA: Banco de datos (CREA) [en línea]. *Corpus de referencia del español actual.* <http://www.rae.es> [Consulta 07/12/2019]

Palabras de significado amplio	Términos de jerga	Abundante repetición de términos
Conectores de reformulación	Expresiones «de relleno» (muletillas)	Intensificación
Apelación al oyente (función fática).	Rectificación	Expresividad
		Expresiones incompletas

5 LAS VARIEDADES DIATÓPICAS

Todas las lenguas presentan una variación lingüística asociada a las zonas geográficas en que se hablan. Esto se debe, principalmente, al contacto con otras lenguas y a la evolución histórica diversa que se da en cada una de ellas. A las lenguas que proceden de una anterior se las considera parte de una misma familia lingüística. En lingüística histórica se usa el término ***dialecto*** para referirse a cualquier variedad lingüística que surge de otra.

Las variedades diatópicas se recogen en los atlas lingüísticos donde se muestran las **isoglosas,** que son líneas imaginarias que delimitan los lugares donde se registra un mismo fenómeno.

5.1 LA REALIDAD PLURILINGÜE DE ESPAÑA

El español procede de la extensión del castellano, una de las variedades surgidas a partir de la **fragmentación del latín de la Península,** que también dio lugar a otras lenguas (mozárabe, occitano [astur]leonés, [navarro]aragonés, gallego-portugués...), las cuales han ido cambiando su distribución geográfica y denominación, sufriendo diversas evoluciones y dando lugar a nuevas variedades que hoy se mantienen con distinto grado de respaldo legal: son reconocidas como **oficiales** por los correspondientes estatutos **el aranés, el catalán** (tanto el de las Islas Baleares como el valenciano, variante del catalán hablada en la Comunidad Valenciana) y el **gallego,** y gozan de especial protección por parte de los respectivos Gobiernos autonómicos el **asturiano** y las **lenguas aragonesas.**

Además de las lenguas de la familia romance, procedente del latín, y a la que pertenecen otras lenguas europeas como el francés, el italiano y el rumano, perdura en nuestro país una de las lenguas anteriores a la llegada de los romanos, el **vasco.** Su origen es desconocido y tiene diferentes variedades diatópicas.

En la toponimia y el léxico perduran ejemplos de las **lenguas iberas,** que no sobrevivieron a la romanización. **Otras lenguas no romances** que se han introducido en España a lo largo de los siglos son el **romaní,** en su variedad diatópica española, de origen asiático; y variedades del árabe y lenguas berebe-res, de origen africano.

¿Español o castellano?

La RAE aconseja usar *español* de modo genérico para la lengua y mantener *castellano* para el dialecto surgido en el Reino de Castilla durante la Edad Media, o bien la variedad hablada hoy en Castilla. También se usa este término para aludir a la lengua común en las comunidades autónomas que presentan una lengua propia como cooficial.

5.2 LAS VARIEDADES DIATÓPICAS DEL ESPAÑOL EN LA PENÍNSULA IBÉRICA

En cada una de las zonas donde se habla el español este adopta formas diferentes que se manifiestan, sobre todo, en la **entonación** y en el **léxico.**

Pero, además, se pueden señalar **rasgos gramaticales** y de **pronunciación** que definen variedades dialectales del castellano, que comienzan a surgir con la expansión de este a finales de la Edad Media, y que pueden agruparse en:

- **Variedades septentrionales:** se mantiene la pronunciación de *j* sin aspirar y las consonantes finales de las sílabas, así como la oposición *y/ll,* aunque en decadencia.
- **Variedades meridionales:** sus hablantes son yeístas y se caracterizan, con excepciones, por la aspiración de *j* y la relajación de las consonantes de final de sílaba.

El **extremeño** y **murciano,** llamadas «de transición», reciben el influjo respectivo del gallego y del asturleonés, por un lado, y del catalán y aragonés, por otro. Esto explicaría, por ejemplo, la presencia de diferentes diminutivos: *-ino* en Extremadura, *-ico* o *-iquio* en Murcia. Este influjo, que tiene su origen en la llegada de hablantes de las lenguas citadas hace más de quinientos años, se mantiene respectivamente en las **hablas andaluzas occidentales y orientales.**

Además, en las modalidades andaluzas se manifiesta, con variantes, la desaparición de la oposición *s/z* y la de *r/l* al final de sílaba *(almena/armena),* el aflojamiento de la *ch* en algunas zonas *(shampú),* sobre todo de Cádiz y Sevilla, y diversos usos del pronombre *ustedes* con verbos en segunda persona del plural *(ustedes siempre llegáis tarde).* Por otro lado, en las provincias de Jaén, Córdoba, Granada y Almería se da como fenómeno específico la apertura de las vocales finales en las formas de plural, de modo que la *-e* y la *-o* suenan cercanas a *-a.*

aspiración: pronunciación suave de la *j* o relajación de ciertas consonantes como la *-s* final de sílaba *(A la hente le guhta).*

yeísmo: pronunciación como *y* de lo que se escribe con *ll (paeya).*

seseo: pronunciación de *za, zo, zu, ce, ci* con *s (masapán).*

ceceo: pronunciación de *sa, so, su, se, si* como si fuera *za, zo, zu, ce, ci (múcica).* Se da sobre todo en entornos rurales, y en algunas zonas llega a la aspiración o «jejeo» *(múhica).*

5.3 LAS VARIEDADES DEL ESPAÑOL NO PENINSULAR

El siglo XVI supuso el comienzo de la expansión definitiva del castellano más allá de la Península:

- El **canario** es una de las variedades meridionales del castellano que destaca, además de por el **yeísmo** y la **aspiración,** por el uso exclusivo del **seseo,** el pronombre y forma verbal de ***ustedes*** para la segunda persona del plural y el pretérito perfecto simple en detrimento del compuesto.
- El **español de América,** por su amplia extensión geográfica, presenta gran variedad diatópica dentro de los casi cuatrocientos millones de hablantes nativos que tiene: por ejemplo, en México se ha generalizado la pronunciación popular de los hiatos como diptongos *(tiatro),* y en Argentina y Uruguay destaca un yeísmo reforzado. Además de los rasgos meridionales, similares a los canarios, son frecuentes los diminutivos *(ahorita)* y formas diferentes del voseo (uso de *vos* por *tú*), que puede afectar al pronombre, a la forma verbal o a ambas (*vos tenés*).

En el **español de América,** además de la presencia de préstamos de lenguas amerindias, destaca la **influencia del inglés:**

bluyín

Del ingl. amer. *blue jeans.*

1. m. *Am.* *pantalón vaquero.* U. m. en pl. con el mismo significado que en sing.

ACTIVIDADES

01 LA LENGUA Y SUS VARIEDADES

2 Unidad y variación en la lengua

1 ¿A qué tipo de variedades se refiere esta advertencia del *Diccionario de la lengua española*?

El repertorio académico, en tanto no se haya completado la redacción del Diccionario histórico, debe seguir albergando una selección del léxico hispánico cronológicamente desfasado, que permita al lector interpretar los textos clásicos de nuestra lengua.

www.rae.es

3 Las variedades diastráticas o sociales

2 **TIC** Lee el texto y realiza las actividades.

El argot milenial recurre con cierta asiduidad al recurso humorístico, algo que se ha hecho siempre pero que quizá en esta generación, tal y como apuntan los académicos, se intensifica. También el reciclaje de determinados vocablos y expresiones provenientes de otras épocas, hablamos de grandes éxitos como *marrón, movida* o *tronco,* que, por algún misterio, no fueron relegadas al olvido como *queli* (casa), *buga* (coche) o *abrirse* (irse).

«Ahora *movida* significa tema o asunto, nada que ver con el significado que tenía en los 80. Esto es algo muy común; hay palabras que triunfaron en su día y de repente vuelven a surgir, otras que nunca se fueron y algunas que ya apenas se utilizan», explica la lexicógrafa [Elena Cianca]. Es el caso, por ejemplo, de *tresillo* o *loro* (radiocasete), dos palabros cuyo significante muchos milenial desconocerán.

www.publico.es

a. ¿Cuál de las palabras en cursiva usas frecuentemente o has oído? ¿Con qué significado?

b. ¿Coincide con el que les da el autor del texto?

c. Búscalas en el *Diccionario de la lengua española* e indica si aparecen en él, cuáles son sus significados y qué información sobre su uso se incluye en cada caso.

d. Investiga el significado de *movida* en los ochenta.

3 **TIC** Haz una lista con cinco expresiones que pienses que solo son propias de los jóvenes y, a continuación, búscalas en el *Diccionario de la lengua española.* En caso de que no estén registradas o de que no encuentres el significado con el que tú la usas, redacta una definición.

4 Imagina que debes elaborar un *Diccionario de jerga*. Elige uno de los temas siguientes y haz una lista de al menos seis palabras que tendrías que incluir, indicando el significado de cada una de ellas. Además, si la palabra existe en la lengua estándar con un sentido diferente, debes registrarlo también, e incluir un ejemplo de este uso.

a. Videojuego.

b. Baloncesto.

c. Rap.

d. Redes sociales.

e. Periodismo.

5 Lee atentamente las recomendaciones normativas siguientes de la Real Academia Española y realiza las actividades que se proponen a continuación.

> Debe evitarse en el habla culta el uso de *habemos* con el sentido de 'somos o estamos', puesto que el verbo *haber*, cuando se emplea para denotar la presencia o existencia de personas o cosas, es impersonal y, como tal, se usa solo en tercera persona del singular: *Hay pocos solteros en el pueblo; Había tres personas en la habitación*. Por lo tanto, si quien habla desea incluirse en la referencia, no debe emplear el verbo *haber* en primera persona del plural, como se hace a veces en el habla popular, recurriendo, para el presente de indicativo, a la forma *habemos:* [1], [2]; debe decirse [1b], [2b].

www.rae.es/consultas/habemos

a. Indica a qué tipo de variación se refiere el texto.

b. Explica por qué este texto se refiere a la norma lingüística.

c. Se han eliminado los ejemplos ilustrativos, sustituyéndolos por números. Indica a qué número corresponderían los ejemplos siguientes:

a. Habemos pocos solteros en el pueblo.

b. Somos pocos solteros en el pueblo.

c. Estamos tres personas en la habitación.

d. Habemos tres personas en la habitación.

d. Redacta un texto similar en el que expliques un uso vulgar o incorrecto de alguna expresión que conozcas.

6 Fíjate en esta entrada del *Diccionario de la lengua española* y responde a las preguntas.

dotor, ra 1. m. y f. p. us. *doctor.* U. c. vulg.

a. ¿Dónde se indica que esta forma está restringida a un sociolecto de nivel bajo?

b. ¿Qué nivel lingüístico se ve afectado en esta forma? ¿Y en el caso del vulgarismo *dijistes* o *tuvistes*?

7 Identifica los vulgarismos y los coloquialismos presentes en este texto.

> Al que no desempresta la capa, le despluman, es a saber, que se la venden y le dejan que se muera de frío. Mi mamá las llama las arpidas. ¿No las has visto tú cuando están en el balcón colgando las capas para que les dé el aire? Son más feas que un túmulo, y dice mi papá que con las narices que tienen se podrían hacer las patas de una mesa y sobraba maera... Pues también Posturitas es un buen mico; siempre pintándola y haciendo gestos como los clos del Circo. Claro, como a él le han puesto mote, quiere vengarse, encajándotelo a ti. Lo que es a mí no me lo pone ¡contro!, porque sabe que tengo yo mu malas pulgas, pero mu malas... Como tú eres así tan poquita cosa, es a saber, que no achuchas cuando te dicen algo, vele ahí por qué no te guarda el rispeto.

Benito Pérez Galdós
Miau
www.cervantesvirtual.com

8 Pon ejemplos de algunas situaciones en las que a tu parecer haya diferencia jerárquica entre los interlocutores de una conversación.

9 Di si las siguientes tipologías textuales exigen un registro formal o informal.

a. Boletín de calificaciones.

b. Entrevista de trabajo.

c. Instrucciones para un juego en un campamento escolar.

d. Reclamación.

10 Redacta los siguientes textos escritos utilizando estilos diferentes (formal y coloquial).

a. Una felicitación.

b. Un aviso.

c. Una invitación.

¿Qué canal utilizarías en cada caso para transmitir tu mensaje al receptor?

4 Las variedades diafásicas o situacionales

11 El siguiente fragmento es la transcripción de un texto oral. En él puedes encontrar ejemplos propios de las características de los textos orales. Las barras (/) indican pausas y el signo &, sonidos que no son palabras. Copia y completa la tabla y a continuación reescribe la receta siguiendo las características propias de la escritura.

*ANV: < eso es que es muy facilito > / pero están buenísimas // pues le quitas los [/] los [///] bueno le quitas los rabos a las alcachofas / y cortas así un poquito recto / el [/] el culo de la alcachofa / para que se &ap se sujete bien / le quitas las hojas de fuera / y cortas la [//] las puntas de las [/] de las hojas / entonces / yo las pongo boca abajo / les doy así un meneo con la [//] en la tabla de picar para que se medio abran / como que se descompongan un poquito ¿no? / entonces / y las fuerzo con los dedos para que se abran / un poco como la flor de la [/] de la alcachofa / entonces &en / eso lo hago con [//] bueno lo haces con todas las alcachofas / incluso / luego / yo pelo los [/] los rabos porque a mí me encantan / le quitas el principio y el final / los pelas todo /

*CAR: sí //

*ANV:/ y lo cortas en dos / y [/] y lo echo también // entonces pongo en una sartén / bueno / primero relleno las alcachofas / hago en un [/] en un cuenco / pongo &eh un poquito de sal / un poquito de perejil / ajo picadito / &mm bueno bastante

*CAR: < menudito > //

http://lablita.it/app/cordial/corpus.php (alcachofas)

Característica	Ejemplos
Repetición	
Rectificación	
Apelación al oyente	
Muletilla o relleno	
Oración incompleta	
Expresividad	

12 En la literatura se han imitado los estilos propios de la oralidad en numerosas ocasiones, pero siempre hay un grado de elaboración.

a. ¿Qué rasgos del español coloquial aparecen en el texto de Juan García Hortelano?

—¿Para qué necesitas el dinero?

—Para nada. Pero hay que acabar con ello.

—¿Con qué?

—Con eso. Con todo. Algún día me tendré que ir de este país, ¿no? No quiero convertirme en un provinciano, como Gregorio, ni ahogarme en esta pocilga de ambiente. No quiero. ¿Es buena época para vender?

—Pésima.

—¿Por qué?

—Porque es pésima. El dinero no vale nada.

—Le sacaría el doble de rendimiento a lo mío.

Juan García Hortelano
Nuevas amistades. Seix Barral

b. A continuación, reescribe la conversación de Val.Es.Co usando la variedad con la que aparecería dentro de una novela.

A: §bueno pero esta mañana ↑ no es esta tarde§

C: §ay pues ⟶ entonces esta tarde ↑ / será que no pensaban/ que no pensarán entrar por aquí ¿no? digo yo

A: no lo sé ↓ pero/ yo ⟶ §

C: §yo tampoco lo sé ((o sea ⟶))

A: lo que sí que te digo es que esta tarde no voy a estar en casa

C: pos yo tampoco/ yo [me piro]

A: [así que]/ si tienen que entrar que vuelen ↓ / y si no↑que hagan [lo que sea]

D: [pos nos abrirán la] la esa ↓ los ventanales de ahí ↓ y entrarán por la cara§

A: §¡AY! oye pues que entren por la cara§

Cabedo, Adrián y Pons, Salvador (eds.)
Corpus Val.Es.Co 2.0. Consultado online en http://www.valesco.es

Las flechas indican entonación ascendente, descendente o sostenida. Los signos [ ] indican que los participantes hablan a la vez. El signo § indica que no hay silencio entre las intervenciones. El signo / indica pausa corta.

13 A partir de esta información del *Diccionario de la lengua española,* donde se indica como «coloq.» el registro coloquial, escribe dos textos breves donde se observe el distinto matiz significativo de estos términos según se utilicen o no en este registro.

> barbaridad
> 1. f. Cualidad de bárbaro.
> 2. f. Dicho o hecho necio o temerario.
> 3. f. Acción o acto exagerado o excesivo.
> 4. f. coloq. Cantidad grande o excesiva. *Ganan barbaridades de dinero.*

> primo, ma
> Del lat. *primus.*
> 1. adj. primero.
> 2. adj. desus. Primoroso, excelente.
> 3. m. y f. Hijo del tío de una persona.
> 4. m. y f. Tratamiento que daba el rey a los grandes de España en cartas privadas y documentos oficiales.
> 5. m. y f. coloq. Persona incauta que se deja engañar o explotar fácilmente.

14 Lee los dos textos. ¿Estás de acuerdo con la afirmación de que *En plan noticias* hace uso del lenguaje juvenil? ¿Qué tipo de variedad lingüística usa: diastrática, diafásica o diatópica? Justifica la respuesta.

«En plan»: una nueva forma de contar la noticia

En plan noticias (EPN) es un nuevo diario *online* madrileño que hace uso del lenguaje juvenil a la hora de difundir noticias. Este reciente espacio ha entendido la necesidad que se tiene de informar a las nuevas generaciones del acontecer diario a su manera.

www.larazon.es

En El Prado, de cumple y con las meninas

Desde ***En Plan Noticias*** nos sumamos a las celebraciones del Bicentenario del Museo del Prado, el museo más importante de España y uno de los principales del mundo mundial. El Prado abrió por primera vez sus puertas un 19 de noviembre de 1819 y cumple, si las cuentas no nos fallan, doscientos añitos. No nos perdemos una fiesta. Te contamos algunas curiosidades del museo y nos metemos dentro (¡a ver si cabemos!) de su cuadro más importante: *Las meninas,* de Diego de Velázquez. ¿Lo conocéis?

https://enplannoticias.com

5 Las variedades diatópicas

15 TIC Consulta en el *Diccionario panhispánico de dudas* (https://www.rae.es/recursos/diccionarios/dpd) los términos *leísmo, laísmo* y *loísmo.* Después, responde estas preguntas.

a. Define los tres términos. ¿Se consideran correctos los usos que definen?

b. ¿En qué variedades diatópicas del español puede explicarse el leísmo por contacto con otras lenguas y por qué?

c. ¿Por qué no están extendidos estos fenómenos en las hablas meridionales ni el español de América?

d. En un papel semitransparente, dibuja un mapa de España y sitúa las diferentes lenguas oficiales y protegidas; en otro, sitúa las variedades lingüísticas del español y marca con una isoglosa la zona de loísmo y laísmo, y con otra el leísmo femenino. Colócalos uno sobre otro y observa cómo se relacionan lenguas y variedades.

16 Hay variedades dialectales que gozan de mayor o menor prestigio social dentro de una lengua. ¿Por qué crees que ocurre eso? Lee este fragmento del artículo «La pronunciación andaluza» y explica con tus palabras la diferencia entre vulgarismo y rasgo dialectal. Ponlo en común con tus compañeros.

La pérdida de la *-d-* intervocálica

Es un rasgo ya general en el español vulgar de casi todas partes (*maera, tó, ná,* etc.), sobre todo cuando forma de un sufijo o terminación verbal (*asaúra, cansá, comío,* etc.); no obstante, aquí hay que diferenciar sufijos como *-dor (corredor, pulidor),* donde la *-d-* es mucho más resistente, de otros como los participios, en especial en *-ado,* donde la pronunciación *-ao* parece ya mayoritaria.

En Andalucía, pues, se produce también la pérdida de esta *-d-*, que igualmente se considera vulgarismo. Ahora bien, como ocurre con otros rasgos, puede darse, sin que resulte vulgar, con intención expresiva o en palabras marcadas (*cantaor, bailaor,* etc.).

grupo.us.es/ehandalucia

TRABAJAMOS LAS COMPETENCIAS

Lee este texto y resuelve las actividades de la página siguiente.

Relaciones bajo control

Pasaban los días. Xenia ya no era Xenia, desconfiaba de la gente que la rodeaba, incluso de ella misma, de sus ideas, opiniones... Se sentía confundida y estaba continuamente nerviosa. No tenía ganas de hacer las cosas que antes le gustaban. No podía dormir, tenía dolor de cabeza y tampoco lograba concentrarse en los estudios. Todo esto le había provocado aislarse de sus amigos, incluso de Paula. Solo tenía a Juan.

¿Qué haces, pajarillo?

¿Dónde estás?

¿Por qué no respondes, si estás en línea?

¿Con quién estás?

Xenia, nerviosa, puso el móvil en vibración. No era capaz de mirar la pantalla. Deseaba responder a Juan, pero no podía. Los móviles estaban prohibidos en el instituto y se la estaba jugando solo por llevarlo en el bolsillo.

—Has cambiado totalmente desde que estás con Juan. Pasas de todos los demás solo para poder estar con él —le reprochó Paula. Hablaba bajito para que no la oyese el profesor—. Todo el mundo lo piensa y lo comenta a tus espaldas. Solo te lo digo porque eres mi mejor amiga y te quiero como a una hermana.

Xenia intentó mantener la calma. El móvil le vibraba sin parar en el bolsillo y su amiga le había dado un golpe donde más daño le hacía.

Paula siguió:

—De verdad, estoy preocupada por ti. Y no me negarás que Juan es un chico extraño.

—No sabes de qué hablas. Y si fueses mi amiga, me creerías a mí y no creerías los rumores —la cortó Xenia—. Si me obligas a elegir, y al parecer lo estás haciendo, escojo a Juan. Y no te debo ninguna explicación. Porque, si fuerzas a alguien a elegir, no debería sorprenderte que no te elijan.

En ese momento sonó el timbre, lo que provocó el guirigay habitual de las sillas que golpeaban el suelo, las cremalleras de las mochilas que se cerraban y el volumen de las voces que aumentaba.

Las dos chicas permanecieron un minuto mirándose la una a la otra, hasta que Paula cedió y desapareció triste y sin decir nada más. Sabía que no era la primera vez que discutían, y no sería la última, pero algo tenía claro: Xenia necesitaba ayuda y ella no tiraría la toalla. No pensaba perder la batalla con Juan, no quería que escogiese. Lo que quería era que su amiga recuperase el control. Quería recuperar a Xenia.

A Xenia la cabeza le daba vueltas, tenía la boca seca, y solo podía pensar que quería ir a algún lugar seguro, algún lugar donde pudiera estar sola y bien. Pero esto era imposible. Y la tristeza se le enganchó al cuerpo. El móvil vibraba y vibraba. Juan seguía insistiendo.

Gemma Pasqual i Escrivà
Xenia. No me toques los wasaps. Anaya (adaptación)

1 ¿Por qué está nerviosa Xenia en clase?

a. Porque ha dormido mal.

b. Porque Paula quiere hablar con ella.

c. Porque tiene dolor de cabeza y no consigue concentrarse.

d. Porque tiene miedo de que el profesor la sorprenda con el móvil.

2 Xenia...

a. mantiene una relación con Juan que la hace feliz.

b. se siente mal porque su amiga Paula se enfada con ella.

c. siempre está rodeada de amigos.

d. no quiere darse cuenta de que está cambiando por culpa de Juan.

3 Ordena según el texto.

A. Xenia quiere estar sola.

B. Paula le dice a Xenia que está preocupada por ella.

C. Termina la clase y suena el timbre.

D. Xenia le dice a su amiga que no haga caso de lo que dice la gente.

a. A–B–C–D

b. B–D–C–A

c. D–A–B–D

d. B–D–A–C

4 ¿Cómo crees que se siente Xenia en realidad?

a. Sabe que en el fondo su amiga tiene razón, aunque le cuesta reconocerlo.

b. No quiere hacer caso de Paula ni de los rumores de sus compañeros.

c. Le da rabia que Paula dude de lo que ella le cuenta.

d. Está nerviosa y confundida, por eso quiere estar al lado de Juan para sentirse bien.

5 Indica si las siguientes afirmaciones sobre los wasaps de Juan son verdaderas o falsas.

a. Son wasaps habituales en una pareja.

b. Manifiestan una actitud de vigilancia por parte del chico.

c. Se refieren a Xenia por su nombre.

d. Son cada vez más insistentes.

6 Señala la opción correcta.

a. Paula se da cuenta de los cambios que está experimentando Xenia desde que mantiene una relación con Juan y deja que sea ella quien se dé cuenta de la situación.

b. Paula está preocupada porque Xenia ha dejado de ser la misma persona desde que sale con Juan y por eso se enfada con ella.

c. Paula es consciente de que su amiga Xenia está cambiando por culpa de su relación con Juan y quiere ayudarla.

d. Paula está disgustada porque su amiga Xenia cada vez pasa menos tiempo con ella y eso la hace sentir mal y discutir con ella.

7 ¿A qué tipo de relaciones se refiere el título del texto?

a. Relaciones sanas y de igual a igual.

b. Relaciones de amistad.

c. Relaciones supervisadas por los padres.

d. Relaciones en las que uno de los dos miembros de la pareja quiere tener el control.

8 Paula tiene claro que no piensa perder la batalla con Juan. Eso significa que...

a. discutirá con él si hace falta.

b. intentará que Xenia abra los ojos.

c. no dejará que Juan envíe más wasaps a Xenia.

d. no permitirá que su amiga se deje controlar por Juan.

9 La conversación entre Paula y Xenia es una muestra de...

a. registro formal.

b. registro literario.

c. registro coloquial.

d. mensajería instantánea.

10 La escena del texto es un ejemplo de...

a. relación posesiva y controladora.

b. relación adolescente típica.

c. violencia verbal.

d. crisis de pareja.

11 Escribe una redacción de 125 palabras como mínimo para hablar de cómo tiene que ser una relación de pareja sana.

APLICAMOS LAS TIC

CAMPAÑA ELECTORAL. ENCUESTAS Y TEXTOS PREDICTIVOS

Los **textos predictivos** informan de hechos que todavía no han ocurrido, pero que es probable que sucedan, con la finalidad de anticipar unos acontecimientos. Los textos predictivos de carácter científico suelen fundamentarse en datos, gráficos e informaciones estadísticas, representados habitualmente a través de infografías.

Los programas electorales y la predicción acerca del resultado de unos comicios son un buen ejemplo de uso del texto predictivo de carácter científico.

Una de las mejores maneras de desarrollar en la práctica textos predictivos de carácter científico es aprovechar las elecciones en el aula para escoger a un nuevo delegado o delegada.

CÓMO SE ESTRUCTURA UNA CAMPAÑA ELECTORAL

La organización de una campaña electoral empieza con la elección de los candidatos y de sus respectivos equipos de campaña. Estos cuentan con un responsable que se encarga de coordinar las tareas de cada subgrupo de trabajo, que desarrolla las labores siguientes:

- **Encuestas de opinión:** este equipo se encarga de realizar encuestas a la opinión pública para determinar las necesidades de los electores y, después, transmitir esta información al resto de los grupos de trabajo y convertirla en propuestas que puedan seducir al electorado.
- **Comunicación:** este subgrupo es el responsable de elaborar los argumentos de la campaña y los discursos del líder. También redacta el programa electoral, que incluye todas las promesas y propuestas de la candidatura.
- **Digital:** este equipo crea y mantiene actualizados tanto la página web de la campaña como los perfiles de los candidatos en las redes sociales.
- **Logística y finanzas:** son los responsables de los recursos económicos de la campaña y de la organización de los eventos.

COMICIOS PARA ELEGIR AL DELEGADO O DELEGADA DE LA CLASE

Para elegir a un nuevo **representante del alumnado,** se puede organizar una pequeña campaña electoral que incluya, a grandes rasgos, los puntos principales de una campaña real: candidatura, redacción y edición de un programa electoral, diseño de carteles que incluyan el logo y el eslogan, investigación de las demás candidaturas, redacción de discursos, mítines orales, debates electorales, encuestas de opinión, encuestas a pie de urna, redacción de textos predictivos que pronostiquen los resultados, etc.

Estas webs pueden ayudaros a profundizar en el tema y a organizar mejor vuestro **proceso electoral:**

http://iessanjose.blogspot.com/2014/06/campana-electoral-en-el-aula.html

https://liceofrancesmoliere.es/elections-des-delegues-de-classe-un-temps-fort-de-lapprentissage-de-la-citoyennete/

http://roble.pntic.mec.es/~mhef0009/tutoria/delegado.htm

En esta web encontraréis cuatro herramientas gratuitas y fáciles de usar para **crear infografías:**

www.entrepreneur.com/article/269218

Todo ello os permitirá defender vuestras **ideas,** darlas a conocer con **convicción, respetar las reglas** del juego democrático, valorar la **diversidad ideológica,** saber **expresar en público** vuestras propuestas de forma argumentada y, sobre todo, **convencer** a los indecisos. ¡Mucha suerte y que gane el mejor!

Aquí se recogen cinco programas sencillos de **maquetación de textos:**

www.pixartprinting.es/blog/empaginar-es-facil/

Cómo redactar los textos predictivos

Los textos predictivos suelen estar formados por las siguientes partes: **introducción, desarrollo** —que contiene el cuerpo de la información y un **orden cronológico** en la predicción de los hechos— y **cierre.** El discurso de un candidato, por ejemplo, debería seguir esta estructura.

El **registro** y el **tono** de un texto predictivo deben ser formales, especialmente si es un programa electoral, aunque si se trata de un texto para ser leído ante un público puede incidir en la expresividad, la elocuencia y la vehemencia del orador.

Estos tipos de texto suelen usar **tiempos verbales** en **futuro** o **condicional** y lo habitual es que se expresen en **modo subjuntivo.** Además, incluyen fórmulas de posibilidad, predicción y pronóstico, y **nexos condicionales.**

1 Averigua en Internet quiénes componen un equipo de campaña y responde a las preguntas siguientes.

a. ¿Cuál es la tarea de un director de campaña?

b. ¿Qué debe hacer un jefe de comunicación?

c. ¿Qué cualidades debe tener un buen candidato?

d. ¿En qué se diferencian la publicidad física y la virtual?

e. ¿Qué tareas desempeñan los entrevistadores?

f. ¿Cuál es la finalidad de las entrevistas, del programa electoral y del debate?

2 En grupos de trabajo, organizad una campaña electoral para escoger al nuevo delegado o delegada de clase. Una vez establecidas las candidaturas, seguid los pasos siguientes.

a. Decidid cómo se organizará vuestro grupo.

b. Los encuestadores deberán preparar una batería de preguntas directas para realizar a los compañeros y a las compañeras de clase con la finalidad de determinar cuáles son sus intereses. Con los resultados, deberán crear infografías que después puedan utilizar los redactores de los discursos y del programa electoral.

c. El equipo de comunicación deberá redactar los discursos y editar los contenidos del programa electoral.

d. Los encargados del departamento de diseño deberán crear un logo que represente al candidato, y el cartel electoral, que incluirá el logo y el eslogan de la campaña. Para esta tarea, podrán emplear Canva o cualquier otro programa de diseño.

e. El equipo encargado de la parte digital será el responsable de abrir los perfiles de la candidatura y de mantenerlos al día contestando a las preguntas que formulen los lectores. Además, deberá incorporar los nuevos contenidos que le aporte el equipo de comunicación.

3 Preparad un debate electoral previo a las elecciones. Para ello, los miembros de cada candidatura deberán crear mapas conceptuales que recojan sus ideas principales, redactar el mitin de presentación del debate, ensayar posibles preguntas y respuestas, y preparar al candidato o candidata para que muestre su mejor faceta al público.

Los directores de campaña de las diferentes candidaturas deberán acordar un día para celebrar este acto público.

Una vez terminado el debate electoral, un grupo de entrevistadores de cada candidatura deberá realizar una encuesta sobre la intención de voto del electorado. Con estos datos, creará un texto predictivo sobre cuál supone que será el resultado de los comicios; este texto vendrá acompañado por infografías que avalen sus predicciones.

4 El día de los comicios, un grupo de entrevistadores de cada candidatura realizará una encuesta a pie de urna para predecir quién ganará las elecciones. Estos datos se podrán comparar con los de la encuesta anterior.

Una vez realizado el escrutinio electoral, cada equipo de campaña comparará los resultados que anticipaban las encuestas con los reales. ¿Los resultados de las encuestas han predicho adecuadamente lo que ha ocurrido?

https://www.letraslibres.com/espana-mexico/cultura/el-mito-la-gramatica-que-sirve-un-linguista

El mito de la Gramática. ¿Para qué sirve un lingüista?

La labor de los lingüistas no es velar por que se hable bien sino descubrir las reglas que estructuran la lengua.

Mamen Horno
3 diciembre 2019

Casi todo el mundo, cuando escucha que soy lingüista, suele reaccionar diciendo: «Uy, madre mía, pues no te fijes mucho en mí, porque hablo fatal». Esta reacción, tan abrumadoramente generalizada, revela dos creencias que me preocupan: la primera es que la mayoría de la gente considera que habla mal (y, por tanto, acepta que es posible usar mal la lengua materna de uno); la segunda es que suponen que la labor de los lingüistas es asegurarse de que la población habla *como Dios manda.*

Me temo que estas dos creencias, tan arraigadas en nuestra sociedad como falsas, están en el fondo de todos los prejuicios lingüísticos y se fundamentan en un mito propio de las sociedades precientíficas. Según este, la lengua sería algo externo a nosotros, una herramienta social que heredaríamos culturalmente y que la mayoría de la gente usaría mal. Los lingüistas, guardianes del fuego sagrado de la sabiduría gramatical, tendríamos la responsabilidad de preservar las leyes que rigen el funcionamiento de las lenguas y de hacerlas cumplir. Y la recompensa para aquellos bienaventurados que siguieran estas normas sería la inteligencia: los que hablaran según la norma pensarían mejor, serían más racionales y, seguramente, mejores personas.

Es difícil desmentir los mitos, pero aun así creo que es importante. Comenzaré por el principio. Que los seres humanos nos comuniquemos con lenguas es un misterio. Pensadlo un momento. Yo tengo una idea en mi cerebro, realizo una serie de movimientos con la boca mientras expulso aire y, *voilà,* mi compañero sabe (más o menos) de qué idea se trata. Este misterio es, en realidad, similar a otros, como el enigma de que del cielo caiga agua o incluso nieve o granizo de vez en cuando. [...] Creer que son los dioses los que controlan la lluvia es similar a pensar que es una gramática externa, recogida en pergaminos, libros o bits informáticos, lo que regula nuestro lenguaje. En ambos casos la solución que damos a un misterio de la naturaleza parte de crear un ente (un dios, una gramática) ajeno a ella [...]. La Gramática no está en los libros, sino en nuestros cerebros. Mi labor, como lingüista, no es hacer que se cumpla, sino descubrir cómo funciona. Y los hablantes nativos no podemos hablar mal, salvo enfermedad o despiste.

¿Significa eso que podemos hablar como nos plazca? Pues depende. En la conversación coloquial, sin ninguna duda. Ahora bien, en la comunicación pública, el lenguaje deja de ser una función cognitiva privada y pasa a estar regida por las leyes de los humanos, que se superponen a las de la naturaleza. Es en este ámbito, el público, en el que es necesario conocer y seguir la norma culta, pues está en juego nuestro prestigio social. Pero cuidado, seguir la norma no implica necesariamente ser mejor (lo que hoy es culto ayer no lo era), tan solo significa que somos capaces de adaptarnos al contexto. Esto es: tan reprobable es no usar la norma culta en público, como exigir que se use en contextos privados.

1 ¿A qué nivel de la lengua se refiere la autora al decir «realizo una serie de movimientos con la boca mientras expulso aire»?

2 La autora dice que es un milagro que los seres humanos nos comuniquemos con lenguas. Vuelve a leer el artículo y explica cómo se lleva a cabo el proceso; para ello emplea los siguientes términos:

lenguaje	habla	código
lengua	unidades	relaciones

3 Según la autora, ¿dónde reside la gramática? ¿Cómo se relaciona eso con el hecho de que hay infinitas variedades de la lengua?

4 ¿A qué se refiere la expresión «hablar mal» para la mayoría de la gente, según explica la autora del texto?

5 Más adelante en este texto, la autora afirma que un lingüista no es un policía. ¿Con qué profesión puede relacionarse el lingüista, según se desprende de la función que realiza? ¿Trabaja el lingüista con la norma lingüística? Justifica tu respuesta por escrito.

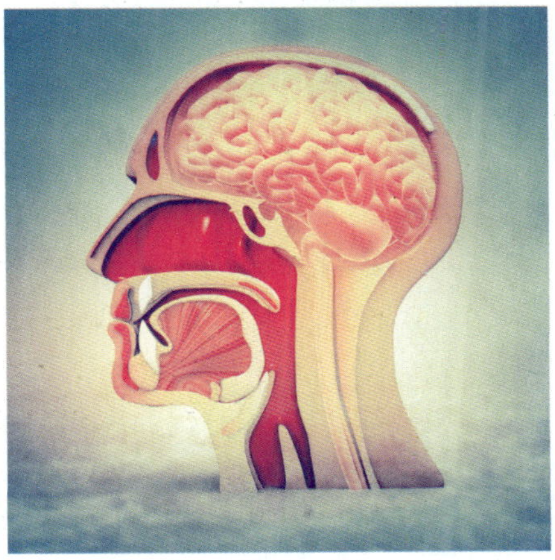

6 Si nadie puede hablar mal su lengua materna, explica por qué se dice que un vulgarismo es «incorrecto». ¿Cómo debe definirse un vulgarismo? ¿Puede ser, entonces, «incorrecta» la norma culta?

7 Según el artículo, ¿en qué dos casos se admite la posibilidad de que un nativo esté «hablando mal»? Localiza algún ejemplo de vulgarismo que sí pueda ajustarse a la definición de «hablar mal» según esos supuestos.

8 «Uy, madre mía, pues no te fijes mucho en mí, porque hablo fatal» reproduce el habla espontánea o coloquial. ¿Por qué lo sabes? Redacta el texto en un estilo formal.

9 Señala en el último párrafo qué referencias hace la autora a las variedades diastráticas y diafásicas.

10 Inventa dos contextos diferentes en los que resulte, respectivamente, adecuado e inadecuado usar la norma culta. Para ejemplificar, inventa un aviso sobre el peligro de caída del techo de un instituto por lluvia usando dos estilos diferentes asociados a dos situaciones distintas.

11 Explica qué quiere decir la expresión «lo que hoy es culto ayer no lo era», utilizando el término «estándar» y algún ejemplo que ilustre dicha afirmación o su contraria («lo que ayer era culto hoy no lo es»).

12 Crea un cuestionario para confirmar o desmentir estas afirmaciones que hace la autora: «la mayoría de la gente considera que habla mal...»; «acepta que es posible usar mal la lengua materna»; «suponen que la labor de los lingüistas es asegurarse que la población habla *como Dios manda*». Después, preséntalo en clase.

13 Enuncia las ideas principales del texto y elabora a partir de ellas un resumen.

14 ¿Cuál es la tesis defendida por la autora?

02 LAS PALABRAS Y EL DICCIONARIO

LA PALABRA ES
EL ARMA DE
LOS HUMANOS

PARA
APROXIMARSE
UNOS A OTROS

ANA MARÍA MATUTE

PRESENTAR

FUENTES ESTADÍSTICAS

Desde el Instituto de Estadística, os han pedido que colaboréis en un estudio para comprobar el uso que los alumnos hacen de las fuentes de información. En grupos, preparad diez preguntas, realizad la encuesta entre vuestros compañeros y compañeras y elaborad gráficos con los resultados. Después, presentadlos ante la clase, junto con las conclusiones. ¿Os han sorprendido los resultados?

CONOCER

DISEÑADORES DE RÚBRICAS

El profesor de Lengua de 1.º de ESO os ha pedido que diseñéis una rúbrica para evaluar la realización de infografías de sus alumnos y alumnas. Para ello, en equipos, investigad cuáles son los aspectos más importantes en su diseño. Consultad en al menos cinco fuentes bibliográficas, que deberéis citar correctamente al final de vuestra rúbrica. ¡A diseñar!

CREAR

PALABREADOR

¿Sería posible fabricar una máquina inventora de palabras? ¡Intentadlo! En grupos, cread una máquina con tres cajas. En cada una de ellas meted las piezas necesarias para que, al combinarlas, se creen nuevas palabras. Debéis elaborar un diccionario en el que se explique su significado.

INVESTIGAR

TRAS LA PISTA DE LOS EXTRANJERISMOS...

En nuestra lengua se «han colado» muchos extranjerismos. ¡Vamos a seguirles la pista! Busca al menos veinte palabras extranjeras incorporadas recientemente. Investiga acerca de su significado, la lengua de la que proceden, etc., y organiza la información en fichas. No olvides citar las fuentes de información que hayas utilizado. Finalmente, redacta una breve conclusión acerca de tu investigación.

Cuando redactas un trabajo, ¿copias literalmente la información que has encontrado? ¿Te limitas a cambiar algunas palabras? ¿Reelaboras por completo la información?

http://biblioguias.biblioteca.deusto.es/

¿Qué es citar?

Citar es reproducir o mencionar las ideas y palabras de otra persona.

¿QUÉ ES NECESARIO CITAR?

- Todo tipo de datos, cifras, estadísticas o fuentes orales que no sean de conocimiento común.
- Frases copiadas literalmente.
- Teorías o ideas de otros autores.
- Cualquier información específica que no sea de conocimiento público.

¿QUÉ NO ES NECESARIO CITAR?

- Hechos o datos de conocimiento común.
- Nuestras propias ideas, aportaciones, observaciones o conclusiones, fruto de nuestro estudio y reflexión.

¿Cómo se cita?

La forma en la que citemos dependerá del estilo bibliográfico que utilicemos.

MÉTODOS DE CITACIÓN

Todos los estilos bibliográficos tienen dos partes:

- La citación dentro del texto.
- La bibliografía al final del documento [...].

Tipos de citas

Existen diferentes formas de citar. Por ejemplo, podemos:

- Transcribir de forma literal lo que ha escrito otro autor, escribiendo la cita textual entre comillas.
- Parafrasear o explicar con nuestras propias palabras las ideas de otro autor, contenidas en otro trabajo.

¿Qué es plagiar?

Según el *Diccionario de la lengua española,* plagiar es «copiar en lo sustancial obras ajenas, dándolas como propias». Por lo tanto, plagiar es copiar una obra o parte de ella y no mencionar al autor de esa obra o de esas ideas.

Cuando esta obra o ideas son publicadas y se divulgan, el auténtico autor pierde autoridad sobre ellas y los intereses económicos, atentando así contra sus derechos morales y patrimoniales.

¿CUÁNDO ESTAMOS PLAGIANDO?

Estamos plagiando cuando cortamos y pegamos una información que hemos encontrado en un libro, a través de Internet o de cualquier otra fuente de información y no decimos la fuente de donde hemos obtenido esa información. Es muy importante citar cuando una idea está copiada literalmente de otra fuente. Si copiamos ideas o nos basamos en información extraída de diferentes fuentes, debemos incluir una bibliografía al final de nuestro trabajo.

¿Cómo evitar el plagio?

Para evitar el plagio, debemos seguir unas normas muy sencillas:

- Bibliografía: es muy importante crear una bibliografía para nuestro trabajo y citar las fuentes de las cuales hemos sacado la información.
- Crear citas: cuando hagamos una copia exacta de una frase, hay que hacer una cita al final de esta, normalmente se ponen el nombre del autor de dicha frase y el año entre paréntesis.
- Parafrasear o resumir: decir con nuestras palabras una idea u opinión o resumirla basándonos en la de otra persona. Para usar esta técnica, debemos incluir en la bibliografía la fuente de donde hemos sacado esa información.

Leer

1 ¿Qué es plagiar? Copia la opción correcta.

a. Resumir las ideas de otra persona sin citarla.

b. Copiar obras ajenas literalmente sin mencionar al autor.

c. Las dos primeras son correctas.

d. Todas son falsas.

2 ¿Cuáles son las consecuencias del plagio?

3 Explica cuáles son las normas para evitar el plagio, según el texto.

4 ¿Qué es necesario citar? Copia las opciones correctas.

a. Datos, cifras, etc., que no sean conocidos por todo el mundo.

b. Datos, cifras, etc., conocidos por la mayoría.

c. Teorías o ideas de otros autores.

d. Frases copiadas literalmente.

e. Nuestras ideas y reflexiones.

5 ¿Cuál crees que es la finalidad del texto?

6 Lee los consejos que ofrece Umberto Eco para realizar una paráfrasis.

> **¿Cómo se puede estar seguro de que una paráfrasis no es un plagio? Ante todo, si es mucho más breve que el original. Pero existen casos en que el autor dice cosas muy sustanciosas en una frase o período breve, de manera que la paráfrasis tiene que ser muy larga, más larga que el fragmento original. En tal caso no hay que preocuparse neuróticamente de que no aparezcan las mismas palabras, porque a veces es inevitable o francamente útil que ciertos términos permanezcan inmutables. La prueba más segura la tendréis cuando seáis capaces de parafrasear el texto sin tenerlo ante los ojos. Significará que no solo no lo habéis copiado, sino que además lo habéis comprendido.**
>
> Umberto Eco: *Cómo se hace una tesis*. Gedisa

Hemos realizado dos paráfrasis distintas de este fragmento. Decide cuál es una verdadera paráfrasis y cuál no. Justifica tu respuesta.

a. ¿Cómo asegurarnos de que una paráfrasis no constituye un plagio? Comprobando si es más breve que el texto original. Hay casos en que el autor dice cosas muy interesantes con pocas palabras, por lo que la paráfrasis tiene que ser muy larga. En ese caso, no hay que preocuparse de que no aparezcan las mismas palabras, porque a veces es inevitable que ciertos términos queden iguales.

b. Una manera de distinguir la paráfrasis del plagio se basa en comprobar que aquella sea más breve que el texto original, aunque a veces no tenemos más remedio que mantener algunas de las expresiones utilizadas en él. En todo caso, una buena paráfrasis es la que se realiza sin tener el original delante; prueba, además, de que hemos comprendido lo leído.

Sin faltas.com

7 ▶ La **tipografía**, es decir, el modo o estilo en que está impreso un texto, comprende el tipo de letra, el tamaño, el color, los métodos de resaltado… Se usa, entre otras cosas, para diferenciar los distintos apartados y subapartados de un texto, establecer jerarquías, etc.

a. Señala qué procedimientos tipográficos se emplean en el texto para resaltar apartados, subapartados y listas.

b. En el texto se explica uno de los usos específicos de las comillas, ¿cuál es? Además, también se emplean comillas. Di si son un ejemplo de ese uso.

Opinar

8 En el texto se indica que plagiar es algo negativo y se detallan las consecuencias. Además del caso de los textos, ¿conoces otros tipos de apropiaciones indebidas del trabajo intelectual? ¿Cuáles? Escribe un texto en el que expliques a quiénes perjudican estos comportamientos.

1 BÚSQUEDA Y RECOPILACIÓN DE INFORMACIÓN

El **ámbito** de uso **académico** se compone de textos orales y escritos relacionados con la enseñanza y la formación, que se desarrollan en las instituciones y contextos educativos.

En el día a día escolar, es habitual tener que realizar algún trabajo de investigación, por lo que hay que buscar y recopilar la información. Para ello, primero hay que determinar el **tema** y el **guion** del trabajo y entonces comienza la búsqueda de información. Una primera aproximación al tema nos la puede proporcionar el libro de texto o una enciclopedia; luego acudiremos a fuentes más concretas. Algunas ideas para buscar información son:

- Consultar la **bibliografía de las fuentes generales.** En las enciclopedias aparecen referencias bibliográficas más especializadas; estas referencias nos llevan a otras obras que podemos consultar.
- «Afinar» las **búsquedas en Internet.**

Las **fuentes** se pueden encontrar en papel o en soporte digital: libros, artículos de revistas especializadas, diccionarios, materiales web (blogs, wikis, etc.). Para localizar las fuentes, además de las bibliotecas y los recursos del centro, existen numerosas bibliotecas digitales, diccionarios y enciclopedias en línea, y buscadores especializados. Las webs universitarias también disponen de recursos útiles. Otros sitios web permiten compartir vídeos, fotos, audios...

No obstante, no toda la información que encontramos en Internet es completamente fiable, de ahí que se deban seguir unas algunas pautas de consulta para comprobar la **fiabilidad de la fuente.**

Buscadores

Si utilizamos **el buscador de Google,** es interesante seleccionar la pestaña «Libros» (o books.google.es), pues nos remite a obras que se pueden consultar en línea (al menos en parte).

Google académico (o scholar.google.es) es una buena opción para encontrar referencias académicas. Nos indica también el lugar de publicación (normalmente, revistas científicas) y las veces que ha sido citado ese artículo.

Fuente no fiable		Fuente fiable
No se puede contrastar la información.	← Contrastar la información →	La misma información aparece en distintas fuentes.
No hay bibliografía.	← Referencias bibliográficas →	Hay bibliografía completa.
Blog no especializado.	← Dominio →	Universidad o institución.
No es especialista en la materia, solo ha publicado en esa página.	← Autor →	Especialista en la materia, cuenta con diferentes publicaciones.
Antigua: información posiblemente obsoleta.	← Fechas de publicación →	Reciente: información vigente.
Muy poco citado.	← Google académico: veces que se cita y artículos relacionados →	Muy citado.

Una vez hemos localizado las fuentes que nos interesan, debemos seleccionar la información que resulta relevante para nuestro trabajo y reelaborarla.

UN CASO PRÁCTICO DE BÚSQUEDA Y RECOPILACIÓN DE INFORMACIÓN

Debes realizar un trabajo sobre la visión que tenían las escritoras románticas de las mujeres: cuál era su papel en la sociedad y en la literatura. Te corresponde analizar la figura de la escritora Carolina Coronado y ejemplificar su percepción de la mujer con fragmentos de sus obras.

1 Nos situamos: ¿quién es Carolina Coronado?

Buscar en la **enciclopedia** para obtener información sobre su biografía (que resumiremos muy brevemente) y su obra literaria. Además, esta búsqueda nos proporcionará referencias bibliográficas.

- Wikipedia: es.wikipedia.org
- Enciclopedia Libre Universal en Español: enciclopedia.us.es

2 Búsqueda de información específica

- Buscar en una **biblioteca digital**:
  «Carolina Coronado y su visión de la mujer»
  site: cervantesvirtual.com
- Buscar en scholar.google.es:
  «la mujer en Carolina Coronado»

Ambas páginas nos devuelven multitud de **artículos**.

Bibliotecas digitales

- Biblioteca Virtual Miguel de Cervantes: cervantesvirtual.com
- Biblioteca Digital Mundial: wdl.org/es
- Biblioteca Digital Europea: www.europeana.eu/portal/es
- Biblioteca Virtual del CSIC: bibliotecas.csic.es/biblioteca-virtual
- Biblioteca Digital Hispánica de la Biblioteca Nacional: bne.es/es/Catalogos/BibliotecaDigitalHispanica/Inicio/index.html
- Biblioteca del Congreso de Estados Unidos: loc.gov
- Ciberoteca: ciberoteca.com
- Wikisource: es.wikisource.org

3 Selección de bibliografía

- Leer el resumen que aparece en la búsqueda.
- Leer el resumen que aparece al abrir el artículo.
- Buscar las referencias sobre Carolina Coronado que aparecen en el artículo (el atajo Ctrl+F abre el cuadro de búsqueda).

4 Búsqueda de fragmentos

- Realizar una búsqueda sencilla: «poesías de Carolina Coronado».
- Para comprobar que los poemas son correctos, acudir a **repositorios de libros:** «poesías de Carolina Coronado».

Elegir los fragmentos que resulten interesantes.

Elaborar un guion con los subtemas.

Ejemplificar con poemas y otros fragmentos.

5 Inclusión de imágenes

- Buscar en Imágenes de Google: «Carolina Coronado».
- Utilizar el botón *Herramientas > Derechos de uso.* Seleccionar aquellas imágenes *Etiquetadas para reutilización* y anotar la referencia para citar al autor.

6 Redacción y revisión final del texto

Uso de herramientas complementarias:

- Diccionario para buscar el significado de palabras que no conozcamos.
- Diccionario de sinónimos para no repetir las palabras.

2 REELABORAR LA INFORMACIÓN: LA INFOGRAFÍA

Una **infografía** es una combinación de texto e imágenes que permite explicar cualquier información de manera rápida y visual, ya que las imágenes facilitan su comunicación y comprensión. El **texto** suele ser **breve,** pues unas de las funciones de la infografía es **sintetizar la información.**

Las **imágenes** pueden adoptar la forma de fotografías, gráficos, mapas, diagramas, etc., o combinar distintos tipos. Por otro lado, la **tipografía** es muy importante, y puede constituir a la vez texto e imagen.

Escribir

1 TIC Realiza una infografía sobre las instrucciones de uso de un objeto o un juego, o bien sobre el resumen de un libro que hayas leído. Sigue estos pasos:

1.º Recopila información y organiza tus ideas:

- Resume los conceptos principales y deja de lado la información secundaria.
- Haz un esquema o mapa conceptual en forma de borrador para tener una primera aproximación.

2.º Elige qué programa vas a utilizar.

3.º Escoge las imágenes, gráficos, fotografías, etc., que vayas a utilizar. Piensa que una buena imagen puede reemplazar un texto más largo.

4.º Elige la tipografía: colores, tipo de letra, resalte para las palabras clave, etc.

5.º Crea la infografía con algún programa digital (por ejemplo, Piktochart, Easel.ly, Canva o Genially).

6.º Revisa la infografía y retoca lo que sea necesario.

Escuchar y hablar

1 TIC Una *master class* es una clase, curso, conferencia, etc., «dictada» por un experto en la materia. Busca el vídeo «Masterclass "Internet la memoria indeleble" Luis Rojas Marcos», de RTVE. Visiónalo y contesta las preguntas.

a. ¿Cómo define el ponente la memoria? ¿Qué recurso literario utiliza para ello?

b. ¿A qué nos ayuda la memoria?

c. ¿Cómo funciona la memoria? Copia la respuesta correcta.

- Guarda, graba y mantiene los recuerdos invariables.
- Graba, guarda y modifica.
- Guarda todos nuestros recuerdos.

d. ¿Cómo funciona el mecanismo del olvido y para qué sirve?

e. ¿En qué se diferencia Internet de la memoria?

f. ¿Qué problemas plantea esto? Justifica tu respuesta y pon algún ejemplo de los que se citan.

g. ¿Qué consejos se dan para evitar estos problemas?

h. Indica cuál es el tema de la *master class.*

i. ¿Cuál sería la tesis que defiende el ponente?

j. ¿Quién es Luis Rojas Marcos? Busca información. ¿Crees que es un experto en el tema que trata la *master class*? Justifica tu respuesta.

k. Normalmente, la *master class* se asocia al ámbito académico. Señala el ámbito de uso y la situación concreta en que se produce esta.

l. Según las recomendaciones de Fundéu, el término *master class* es fácilmente traducible por el castellano *clase magistral,* por lo que recomienda utilizar esta expresión autóctona. El plural de *máster* es *másteres,* no *másters* ni *masters* (www.fundeu.es).

- ¿Qué relación existe entre las palabras *máster* y *magistral*? Busca su origen en el diccionario y explícala.
- Di qué nombre reciben los términos extranjeros que utilizamos cuando estos tienen un equivalente en nuestra lengua.
- Pon otros ejemplos de este fenómeno y señala los términos autóctonos por los que podrían sustituirse.

2 TIC Te vas a convertir en experto por un día. Elige un tema que conozcas en profundidad: aficiones, deportes o libros favoritos. A partir de ahí, graba una clase magistral sobre alguno de los aspectos concretos del tema elegido. Para tratarlo a fondo sigue estos pasos:

1.º Elabora un guion con los aspectos que hayas decidido tratar en tu clase.

2.º Busca la información que necesites para completar tu clase magistral.

3.º Prepara tu discurso. No olvides organizarlo en tres partes: introducción, desarrollo y conclusión.

4.º Graba tu intervención o desarróllala ante tus compañeros. Puedes utilizar apoyo gráfico.

1 LA PALABRA

El código lingüístico usa unidades y reglas diferentes en cada nivel.

El nivel fonológico	combina	fonemas.
El nivel morfológico		morfemas.
El nivel sintáctico		palabras, grupos sintácticos, oraciones.

Además, el nivel semántico utiliza rasgos de significado para conseguir que estas unidades evoquen una realidad en la mente de los receptores.

La **palabra** se considera la unidad básica del código lingüístico, pues permite una pronunciación aislada, es la **unidad máxima de la morfología,** la **mínima de la sintaxis** y la que semánticamente se asocia con más facilidad a un concepto o realidad evocada.

Las locuciones (como *a duras penas* o *dar de sí*) se consideran unidades léxicas **equivalentes a las palabras,** por lo que ocupan un único lugar en las estructuras sintácticas.

A duras penas *logró* *el* *triunfo.*

N (Loc Adv) | Det N (Sust)

GAdv-CCM | N (V) | GN-CD

GV-PV

1.1 EL GRUPO FÓNICO

El grupo fónico está formado por una secuencia de sílabas de las cuales una es tónica y las demás son átonas. Muchas palabras equivalen a grupos fónicos, pero algunas, como ciertos determinantes, pronombres o preposiciones, que siempre precisan de otra palabra para ser pronunciadas, forman grupo fónico con ella: *A casa,* por ejemplo, se pronuncia como una palabra (/acása/).

1.2 LA PALABRA COMO UNIDAD MORFOLÓGICA Y SINTÁCTICA

La palabra es la unidad que sirve de **punto de unión entre la morfología y la sintaxis:** gracias a las reglas de la morfología se forman las palabras, y la sintaxis las combina para formar grupos sintácticos y oraciones.

aceit-	*os*	*a*
morfema	morfema	morfema
Palabra		

una	*pasta*	*aceitosa*
palabra	palabra	palabra
Grupo sintáctico		

Los morfemas

Son las **unidades mínimas de significado** de la lengua, asociadas a una forma, que puede mostrar ligeras variaciones. Así, por ejemplo, la raíz de *sentir* adopta la forma *sient-* cuando lleva acento de intensidad.

La pertenencia de la palabra a una categoría gramatical es lo que permite la combinación sintáctica. En algunos casos excepcionales, la palabra gráfica agrupa dos o más categorías, que deberán ser tenidas en cuenta de forma separada en el análisis sintáctico.

	Cógelo	*Coge eso*	*Al colegio*	*A la escuela*
Palabras gráficas	1	2	2	3
Categorías	(Verbo-Pron)	(Verbo)-(Pron)	(Prep-Det)-(Sust)	(Prep)-(Det)-(Sust)

2 PROCESOS DE FORMACIÓN DE PALABRAS

2.1 PROCESOS MORFOLÓGICOS

La mayoría de las palabras consta de más de un morfema y se forma mediante procesos morfológicos.

A pesar de ello, algunas palabras están **formadas por un solo morfema,** y la mayoría de estas tienen un **significado funcional o gramatical,** es decir, sirven para marcar **relaciones entre otras palabras** *(de, si...)*. Otras, como ciertos adverbios de lugar, tiempo y modo *(mañana, bien...)*, tienen **significado léxico** porque se refieren a **realidades externas a la propia lengua.**

FLEXIÓN

La flexión consiste en añadir detrás de la raíz o base léxica (que aporta el núcleo de significado de una palabra), unos morfemas afijos (sufijos por su colocación) llamados **flexivos** y que sirven para que la palabra pueda funcionar en la oración.

Cada categoría requiere un número y un tipo de sufijos flexivos. Por ejemplo, el sustantivo precisa género y número: *libr-o-s.*

Morfema 1	Morfema 2	Morfema 3
Raíz o base léxica	Afijo sufijo flexivo de género	Afijo sufijo flexivo de número
Libr-	*-o-*	*s*

Un **paradigma** es el conjunto de **todas las posibles combinaciones** de sufijos flexivos en torno a una raíz o base. El paradigma de todas las formas de un verbo se denomina **conjugación.**

DERIVACIÓN

Las palabras que solo tienen afijos flexivos se consideran **palabras primitivas,** puesto que no proceden de otras.

Las **derivadas,** en cambio, se crean mediante el procedimiento de la derivación, que consiste en añadir a la raíz o base léxica uno o más afijos derivativos:

- **Prefijos.** Se sitúan delante de la raíz o base léxica: ***anti****-vaho*. Entre los valores de los prefijos destaca su uso expresivo: ***super****interesante*, ***requete****listo*.
- **Sufijos.** Se sitúan detrás de la raíz o base léxica, y pueden suponer un cambio de categoría gramatical *(arena ⟶ arenoso)* o no *(arena ⟶ arenal)*.

  El uso de **diminutivos** suele vincularse con lo **afectivo** y familiar *(¡Échate una siesteci**ta**!)*, mientras que el **aumentativo** puede tener valor **admirativo** *(Tiene un coch**azo**)* **o peyorativo** *(¡Eso es un lat**azo**!)*.
- **Interfijo.** Se sitúan entre la raíz y los sufijos, sirven de apoyo a la pronunciación, pero **no aportan significado ni sirven** por sí mismos para **formar palabras nuevas** *(sol-**ec**-ito)*.

Acumulación de sufijos

Los sufijos también pueden intensificarse por acumulación: *poco + ito + ino: poquitino; chico + ito + illo: chiquitillo.*

Muchos de los prefijos y sufijos que utiliza el español tienen **origen grecolatino:** *a-* ('no'), *inter-* ('entre'), *trans-* ('al otro lado de'), *-ario* ('relativo a'), *-nte* ('que realiza); estos forman, por ejemplo: *acromático, intercostal, transatlántico, bancario, absorbente.*

COMPOSICIÓN

La composición es el procedimiento por el que **se unen dos o más raíces o bases léxicas** para crear una nueva palabra. Las categorías que se combinan pueden ser variadas, así como su resultado: *blanquiazul* (Adj + Conj + Adj = Adj), *cazatalentos* (V + Sust = Sust), etc.

Según el grado de integración o fusión entre los elementos del compuesto, aparecen diversas opciones en la escritura: algunos compuestos se escriben como una sola palabra *(limpiabotas)*, mientras que otros están formados por dos palabras *(hombre orquesta)*, en ocasiones con un guion como unión entre ambas *(teórico-práctico)*.

El plural en las palabras compuestas

Una prueba de que los compuestos funcionan como una unidad, a pesar de mostrar dos palabras separadas en la escritura, es que solo una de ellas recibe la flexión de plural: *teórico-prácticos, hombres orquesta*.

PARASÍNTESIS

La parasíntesis es el procedimiento por el que se crea una palabra mediante **composición y derivación de forma simultánea** *(centrocampista)*, o bien mediante derivación con prefijo y sufijo a la vez, que no pueden aparecer el uno sin el otro *(aconsejar)*, por lo que también reciben el nombre de **afijo discontinuo** *(a-...-ar)*.

ELEMENTOS COMPOSITIVOS CULTOS

Los elementos compositivos cultos, también llamados bases compositivas cultas, son morfemas de origen grecolatino que, aunque a veces ocupan el lugar de prefijos o sufijos añadiéndose a palabras no grecolatinas *(film(o) + teca)*, se diferencian de ellos en los siguientes aspectos:

- Pueden **formar una palabra sin intervención de otro tipo de raíces** *(biblio-teco-nomía)*.
- Pueden **recibir a su vez prefijos y sufijos**, como si fueran raíces: *hidro-* + *-ico* = *hídrico* (*hidro:* 'agua').
- Algunos pueden **alternar en su colocación:** *cinéfilo/filósofo* (*filo:* 'amante de').

Conocer el significado de estos elementos compositivos puede ser útil para deducir el sentido de términos técnicos, cuyo significado específico se desconozca, a través de su significado originario o etimología.

Base grecolatina 1	Base grecolatina 2	Significado de la palabra
Astro-: 'estrella'	*-nomía:* 'conjunto de leyes o normas'	*Astronomía:* 'ciencia que trata de los astros, de su movimiento y de las leyes que lo rigen'.
Biblio-: 'libro'	*-teca:* 'lugar en que se guarda algo'	*Biblioteca:* 'lugar en que se guardan libros'.
Demo-: 'pueblo'	*-cracia:* 'poder'	*Democracia:* 'mecanismo político en que el pueblo participa en la elección de sus representantes'.

gramaticalización: transformación de una palabra en un morfema: *mente* ('pensamiento') → *mente* (morfema que crea adverbios de modo; por ejemplo, *tranquilamente*).

lexicalización: formación de una palabra a partir de un grupo: *en buena hora* → *en hora buena* → *enhorabuena*.

2.2 PROCEDIMIENTOS LÉXICOS DE CREACIÓN DE PALABRAS

Etimología popular

Es el procedimiento por el que los hablantes crean una nueva palabra a partir de otra debido a una falsa creencia sobre su origen etimológico. La mayoría se consideran vulgares, como **mondarina* (por influjo de *mondar*), pero otras se han aceptado (como *cerrojo*, que cambió desde *verrojo* al relacionarse con *cerrar*).

Las definiciones de las palabras que aparecen en el contenido de esta unidad han sido tomadas del *Diccionario de la lengua española* de la RAE.

Eponimia

Es el procedimiento por el cual un nombre propio pasa a ser común, como personajes literarios que han pasado a encarnar un tipo *(lazarillo)*, marcas comerciales que designan un objeto *(tirita)* o inventores que dan nombre a su creación *(pilates)*.

Préstamo, extranjerismo y calco

Un **préstamo** es una palabra de una lengua que procede de otra con la que entra en contacto. Así, el castellano recibió del árabe la palabra *aceite* y relegó la patrimonial de origen latino *óleo* a usos cultos. Igualmente, son préstamos en español *chubasco* (del portugués), *peaje* (del francés), *guerra* (del alemán), *tomate* (del náhuatl), *fútbol* (del inglés), etc. Todos ellos están adaptados a la fonética y la morfología del español. Si no es así, se llaman **extranjerismos** o **xenismos**. Si **copia la estructura o el uso** de una palabra extranjera, estamos ante un **calco** *(balompié)*.

balompié
Calco del ingl. *football.*
1. m. fútbol.

ovni
Acrón. de *objeto volador no identificado*, calco del acrón. ingl. *unidentified flying object.*
1. m. Objeto volador no identificado, al que en ocasiones se considera como una nave espacial de procedencia extraterrestre. U. t. c. adj.

2.3 PROCEDIMIENTOS FÓNICOS DE CREACIÓN DE PALABRAS

Onomatopeya

Una onomatopeya es una palabra creada para imitar un sonido de la naturaleza, muchas veces asociado a un movimiento: *siseo, tictac…*

Sigla y acrónimo

Una sigla es una palabra formada por las iniciales de cada palabra de un grupo sintáctico *(GPS*, de *global positioning system);* si la combinación de sonidos permite la pronunciación, se conoce como acrónimo *(ovni)*. También se llama así a la palabra formada por conjuntos de letras iniciales o finales de varias palabras *(ofimática)*.

Acortamiento

Un acortamiento o truncamiento es una versión breve de otra palabra más larga: *disco (discoteca), foto (fotografía),* o *cine (cinematógrafo)*. Se diferencia de la abreviatura en que esta no supone una nueva palabra, sino una forma de escribir una ya existente, que se mantiene completa en la lectura *(s/n, Sra.)*.

La RAE distingue entre **extranjerismos** «superfluos o innecesarios», aquellos para los que parece existir un equivalente español en uso (como *abstract* para resumen o *back-up* para *copia de seguridad*) y otros que considera «necesarios o muy extendidos», ya que sirven para designar realidades para las que no es fácil encontrar un equivalente español *(chat, software…)*.

3 LA LEXICOGRAFÍA Y EL DICCIONARIO

Hay varias disciplinas lingüísticas que tienen como ámbito de estudio el significado de las palabras y su uso. La **lexicografía** es una de ellas, y se trata de una disciplina aplicada, pues su fin es la elaboración de diccionarios.

Un **diccionario** es una **colección ordenada de las palabras y locuciones** de una lengua, o de un aspecto de la realidad, que incluye su significado (o bien un sinónimo o una traducción a otra lengua) y sus sentidos o usos contextuales, geográficos y de registro.

Los **diccionarios impresos**, en su casi totalidad, ordenan las palabras **alfabéticamente**, de forma consecutiva, en uno o varios volúmenes. En cambio, los **diccionarios electrónicos** almacenan la información en una base de datos y permiten el acceso del usuario sin hacer uso del orden alfabético, sino tecleando la palabra deseada en una interfaz. También se utilizan **hipervínculos** para acceder de un término a otro sin necesidad de teclear este último.

> coger
> Del lat. *colligĕre* 'recoger, reunir'.
> 18. tr. pillar (|| aprisionar con daño). *La puerta le cogió un dedo.* U. t. c. prnl.

> Los prefijos, sufijos y elementos compositivos suelen tener entrada propia en los diccionarios generales.
>
> pre-
> Del lat. *prae-*.
> 1. pref. Indica anterioridad local o temporal, prioridad o encarecimiento. *Prefijar, prehistoria, prepósito, preclaro.*

3.1 TIPOS DE DICCIONARIOS

Los diccionarios se pueden clasificar atendiendo a diferentes criterios.

Según el número de lenguas implicadas			
Monolingüe: utiliza una única lengua.		**Bilingüe o multilingüe:** establece equivalencias entre palabras de dos o más lenguas con el mismo significado.	
Según la temática o los ámbitos abarcados			
General: abarca el léxico total de una lengua.		**Especializado:** se refiere a un único campo del saber.	
Según el tipo de información de las entradas			
Lingüístico: incluye la definición y los usos más comunes de un término.	**Enciclopédico:** aporta información complementaria sobre los términos y, en muchas ocasiones, incluye nombres propios entre estos.	**Etimológico:** aporta datos sobre el origen y la evolución del significado de un término.	**De dudas:** ofrece información metalingüística sobre la norma de una lengua o resuelve dificultades de traducción.

Los diccionarios de **sinónimos** se ofrecen como ayuda para la redacción de textos, pues aportan palabras alternativas para un mismo significado que sirven para evitar repeticiones. Los diccionarios de **antónimos** asocian un término con aquellos de significado contrario.

3.2 MACROESTRUCTURA Y MICROESTRUCTURA

La **macroestructura** es la **organización general de un diccionario**, es decir, el modo de ordenar todas las entradas o artículos de que consta: alfabéticamente, por temas, etc. Una **entrada** es el conjunto de lema y definición, siendo el lema cada uno de los elementos (palabras, afijos...) incluidos en el diccionario.

La microestructura es la **organización de cada una de las entradas.** En ellas aparecen las acepciones del lema que se estudia, así como locuciones que lo incluyen. Pero, además, hay información sobre otros aspectos.

cómico, ca
Del lat. *comĭcus*, y este del gr. κωμικός kōmikós.
1. adj. Que divierte y hace reír. *Situación cómica.*
2. adj. Perteneciente o relativo a la comedia.
3. adj. Dicho de un actor: Que representa papeles cómicos. U. t. c. s.
4. adj. Dicho de un autor antiguo: Que escribía comedias. U. t. c. s.
5. m. y f. comediante (|| actor).
6. f. *Pan.* historieta (|| serie de dibujos). U. m. en pl.
7. f. *Pan.* dibujos animados.

cómico, ca de la legua
1. m. y f. cómico itinerante que hacía sus representaciones de pueblo en pueblo.

dar, o poner, la cómica
1. locs. verbs. coloqs. *Ven.* Hacer el ridículo.

ponerse cómico, ca
1. loc. verb. coloq. *Ven.* Contrariar los deseos o aspiraciones de alguien.

tira cómica

Categoría gramatical: *adj.* (adjetivo) *m. y f.* (sustantivos masculinos y femeninos).

Etimología de la palabra: *Del lat., gr.* (del latín, griego).

Información morfológica: *loc. verb., locs. verbs.* (locución, locuciones).

Variación gramatical: *U. t. c. s.* (usado también como sustantivo); *U. m. en pl.* (usado mayormente en plural).

Uso geográfico: *Pan.* (Panamá).

Registro: *Coloq., coloqs.* (coloquial, coloquiales).

Ejemplos.

Locución que remite a otro lema: *tira.*

Definición sinonímica con otro lema (y su acepción condensada): equivale a *comediante* en su acepción *actor.*

LA DEFINICIÓN

La definición es la **expresión del significado de una palabra.** Una forma mínima de definición es el **sinónimo,** es decir, el uso de una palabra con el mismo significado que aquella que se quiere definir. Pero lo habitual es que la definición incluya una descripción más detallada, con las siguientes características:

- No incluye **lo definido** en la definición.
- Usa la **misma categoría,** o un equivalente funcional, de lo definido. *Sagaz: astuto y prudente; que prevé o previene las cosas.*
- **Especifica la clase general** de un término con palabras de sentido amplio o hiperónimos *(animal, mamífero, utensilio)* a las que se añaden las características específicas *(de la familia de..., que sirve para...). Rana: batracio del orden de los anuros...*
- Cuando hay dificultades de interpretación, **incluye ejemplos.** *Tormenta: Cantidad grande de algo, especialmente si es impetuoso y violento. Una tormenta de ataques y de protestas de la prensa contra el Gobierno.*

TIPOS DE SIGNIFICADOS EN EL DICCIONARIO

La mayoría de las palabras son polisémicas, es decir, incluyen diferentes significados que aparecen como acepciones en la entrada del diccionario.

Connotación y denotación

La **denotación** es la **información objetiva**, que se corresponde con los rasgos de significado que distinguen un término de otro en virtud de la realidad que designan. En cambio, la **connotación** es un **sentido subjetivo**, fruto del uso que se hace del elemento léxico, y solo aparece como acepción en el diccionario cuando se consolida como significado extendido socialmente.

significado denotativo

oscuro

1. adj. Que carece de luz o claridad. Habitación oscura.

significado connotativo

oscuro

8. adj. Triste, sombrío, que produce pesadumbre.

Estilo o registro

Hay palabras que adquieren un significado específico cuando se asocian a un estilo o registro determinado (como el coloquial o el vulgar), o bien a una jerga profesional específica.

feo

1. adj. Desprovisto de belleza y hermosura.

4. m. coloq. Desaire manifiesto y grosero. *Le hizo muchos feos.*

saco

1. m. Receptáculo de tela, cuero, papel, etc., por lo común de forma rectangular o cilíndrica, abierto por uno de los lados.

10. m. Biol. Órgano o parte del cuerpo, en forma de bolsa o receptáculo, que funciona como reservorio.

Metáfora y metonimia

Muchas acepciones o significados surgen por desplazamientos metafóricos basados, en la semejanza; o metonímicos, basados en la contigüidad o la causalidad.

metáfora

estrella

1. f. Cada uno de los cuerpos celestes que brillan en la noche, excepto la Luna.

7. f. Persona que sobresale extraordinariamente en su profesión, especialmente en el mundo del espectáculo.

metonimia

gruyer

De *Gruyère*, región de Suiza.

1. m. Queso suave, de origen suizo, fabricado con leche de vaca y cuajo triturado.

Palabras homónimas en el diccionario

Cuando dos términos son homónimos (es decir, se escriben igual, pero su significado no guarda relación alguna), los diccionarios lo reflejan indicando que se trata de entradas, y por tanto, lemas o palabras diferentes mediante el uso de un superíndice numérico: *champán*[1], *champán*[2].

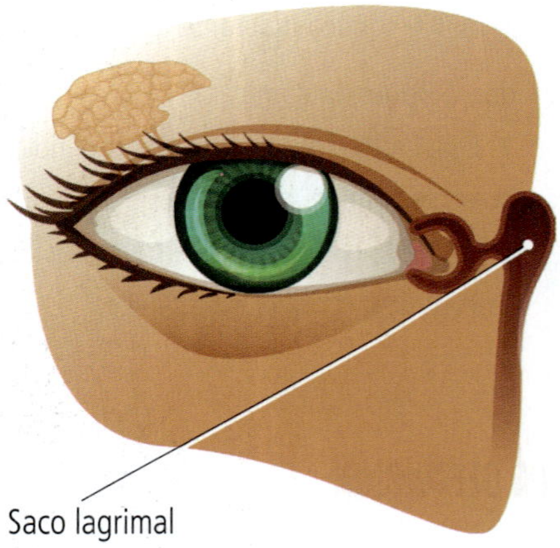

ACTIVIDADES

02 LAS PALABRAS Y EL DICCIONARIO

1 La palabra

1 Identifica en este texto aquellos casos en que las palabras gráficas incluyen más de una categoría.

> Al salir del Metropol, Cidraque parecía ensimismado. De pronto pareció tomar una decisión.
>
> —Muy interesante y muchas medias palabras, pero esto no tira para adelante y yo necesito algo que contarle mañana a Contreras, así que... me voy a La Cañada, a ver si allí encuentro alguna pista. ¿Quieres venir?
>
> Fernando LALANA
> *Morirás en Chafarinas*
> Gran Angular

2 Procesos de formación de palabras

2 En el siguiente texto, indica cuáles son los morfemas flexivos que se pueden identificar en las palabras subrayadas y qué información aportan. ¿Hay palabras que pertenezcan al mismo paradigma? Di cuáles son.

> **Ejemplos de uso de RefShare**
>
> - Colgar bibliografías temáticas en una página web.
> - Proporcionar acceso rápido a información para investigadores de diferentes instituciones que colaboren en un mismo proyecto.
> - Proporcionar un enlace a la bibliografía publicada por un departamento o investigador en concreto.
> - Publicar una base de datos interna de referencias dentro de una misma organización.
>
> *Manual de uso de RefWorks*. UCM

3 Utiliza los sufijos que sean precisos para crear adjetivos a partir de los siguientes sustantivos: *espectáculo, música, silencio, luna, vergüenza.*

4 Identifica en el siguiente texto el uso afectivo de sufijos.

> ZAPATERO.— ¡Ca! Estoy convencido... yo creo que esto lo hace por atormentarme; porque, estoy seguro..., ella me odia. Al principio creí que la dominaría con mi carácter dulzón y mis regalillos: collares de coral, cintillos, peinetas de concha... ¡hasta unas ligas! Pero ella... ¡es siempre ella!
>
> Federico GARCÍA LORCA
> *La zapatera prodigiosa*
> Alianza

5 Di a qué categoría pertenecen las siguientes palabras compuestas, y las raíces que las forman: *ciempiés, artimaña, pelirrojo, salvamantel, sinvergüenza.*

6 Indica si las siguientes palabras son parasintéticas o derivadas y explica cómo lo has deducido: *enharinar, reinstalar, paracaidista, deshojar, descomponer.*

7 Realiza un análisis morfológico de las siguientes palabras: *desautorizaron, indeseables, guardapolvo, blanqueas.* Para ello, sigue estos pasos:

1.º Indica si la palabra es primitiva, derivada o compuesta.

2.º Localiza la raíz o raíces. Puede ayudarte el compararlas con otras palabras que compartan la misma raíz.

3.º Localiza los afijos derivativos e indica si son prefijos, sufijos o interfijos. Además, di si dan lugar a una palabra de una nueva categoría.

4.º Señala los sufijos flexivos y la información que aportan. Si la ausencia de sufijo explícito aporta alguna información, indícalo también.

8 En este texto hay tres bases compositivas cultas. Localízalas, explica su significado e indica cuál de ellas se comporta como un prefijo. ¿Por qué la has elegido?

> Enseñamos a sacar el máximo partido a la biblioteca, tanto a través de sesiones formativas bien personalizadas o en grupo, siempre que las solicite, como a través de nuestros materiales de autoformación o atendiéndole en persona en cualquiera de las bibliotecas.
>
> http://biblioguias.unex.es/

9 ¿Cuál crees que es la confusión etimológica que ha provocado la aparición de las formas siguientes: *andalia* por *sandalia*, *vagamundo* por *vagabundo*, *alicóptero* por *helicóptero*, *saltibajo* por *altibajo*, *esparatrapo* por *esparadrapo* y *testaduro* por *testarudo*?

10 En este texto se mencionan dos variedades frutales cuyo nombre surge por metonimia y por eponimia. Di cuál es cada una de ellas y por qué lo sabes.

> Entre los cítricos, tomemos una **clementina,** que fue una hibridación accidental descubierta por el padre Climent Rodier, monje trapense, a finales del siglo XIX, en el jardín de su orfanato en Misserghin (Argelia). Hay denominaciones locales, como la **sangüesa,** que es una frambuesa con influencia de Sangüesa (Navarra).
>
> Javier del Hoyo
> *Eponimón.* Ariel

11 Di cuál es el significado de la palabra *zasca*? Explica por qué es una onomatopeya.

12 Usa onomatopeyas para crear palabras que signifiquen:

a. Entrada masiva de mensajes no deseados de correo electrónico.

b. Risa del niño cuando reconoce a su madre entre la multitud.

c. Mover con fuerza los brazos para saludar a alguien desde lo alto de un edificio.

d. Caer rodando por las escaleras.

13 Divide las siguientes palabras en siglas o acrónimos y explica por qué has elegido una categoría u otra en cada caso: *IP, ESO, RTVE, RENFE, UNICEF, FP, DVD, ONU, IMSERSO.*

14 ▶ Explica qué cambios se han realizado para adaptar estos préstamos al español.

a. Eslogan.
b. Sándwich.
c. Pirsin.
d. Esmoquin.
e. Sunami.
f. Espagueti.

3 La lexicografía y el diccionario

15 ▶ Di qué tipo de diccionario consultarías para cada una de las siguientes necesidades:

a. Redactar un folleto turístico sin repetir siempre la palabra *monumento.*

b. Saber dónde se cultiva la alcaparra.

c. Leer una novela escrita en inglés.

d. Encontrar la forma correcta del verbo *haber* para una oración determinada.

e. Localizar la primera vez que se utilizó la palabra *restaurante* en español.

16 TIC A partir de dos de los sinónimos que ofrece www.wordreference.com/sinonimos/ para la palabra *listo,* inventa una oración donde sean intercambiables y una oración donde no puedan serlo.

17 ▶ TIC Busca en el diccionario de la RAE (https://dle.rae.es/) la información necesaria para resolver estas cuestiones e indica cómo la has localizado en cada caso.

a. Quiero saber qué palabras acabadas en *-acho* son homónimas.

b. No tengo clara la forma en que se escribe el término *correveidile.* No sé si hay más de una forma de escribirlo y cuál es la más usual.

c. ¿Se considera vulgar el adverbio *malamente*?

d. ¿Se puede decir «Este ejercicio se asimila a este otro»?

e. Un peruano me ha dicho que me dará un «mate de sal». ¿A qué se refiere?

18 Este fragmento está extraído de la obra de Julio Casares. ¿Cuál sería la macroestructura de esta muestra del diccionario? Localiza cómo se llama y cuáles son las tres partes en que se organiza. Utiliza la muestra para redactar un texto sobre un tema, tomando al menos dos términos de cada bloque.

Cuadro 9 Alimentación
Alimento, comer, etc.
Masticación, mascar
Mordedura, morder
Deglución, tragar
Digestión (V. Estómago)

Pan	Cocina
Cereales	Condimento
Legumbres	Salsa
Hortaliza	Aceite
Tubérculo	

19 TIC Compara la información que dan el *Diccionario de la lengua española* y el *Breve diccionario etimológico de la lengua castellana* sobre el origen de las palabras. ¿Qué información específica añade este último?

DLE	*Diccionario etimológico*
berrear	**berrear**
Der. del lat. *verres* 'verraco'.	1604 (*berrar*, princ. s. XVI), deriv. del lat. VERRES 'verraco', por la voz de este animal.
galleta	**galleta**
Del fr. *galette*.	Fin. s. XIX. Del fr. *galette*, íd, s. XIII, deriv. de *galet* 'guijarro, canto rodado', por la forma plana de la galleta.

20 Observa esta entrada del *Diccionario de la lengua española* e identifica: la etimología de la palabra, la categoría gramatical y los rasgos flexivos (indica cuáles), un ejemplo y formas lexicalizadas. Por último, escribe ejemplos para introducirlos en los significados que no los aportan.

rápido, da
Del lat. *rapĭdus.*
1. adj. Que se mueve, se hace o sucede a gran velocidad, muy deprisa.
2. adj. Que se hace a la ligera, sin profundizar. *Eché un vistazo rápido a la novela.*
3. m. rabión.
4. m. tren rápido.
5. adv. rápidamente (|| con celeridad). *Volved rápido a casa.*
comida rápida

21 A partir de esta definición, indica:

a. ¿Cuál es el significado denotativo?

b. ¿Qué significados crees que se obtienen por metonimia? Explica por qué.

c. ¿Mediante qué desplazamiento semántico se ha creado el significado de la acepción 6? Razona tu respuesta.

luz [1]
Del lat. *lux, lucis.*
1. f. Agente físico que hace visibles los objetos.
2. f. Claridad que irradian los cuerpos en combustión, ignición o incandescencia.
3. f. corriente eléctrica. *El recibo de la luz.*
4. f. Utensilio o aparato que sirve para alumbrar, como un candelero, una lámpara, una vela, una araña, etc. *Trae una luz.*
5. f. Área interior de la sección transversal de un tubo o de un conducto.
6. f. Modelo, persona o cosa capaz de ilustrar y guiar.

22 Localiza en estas acepciones de *fresco* la información de registro y de uso geográfico. ¿Qué tipo de información nos proporciona la indicación «U. t. c. s.»? ¿Qué indican las palabras en azul negrita?

8. adj. coloq. Imperturbable, que no se inmuta ante los problemas. *Casi lo atropellan y se queda tan fresco.*
9. adj. coloq. desvergonzado. U. t. c. s.
10. adj. *Nic.* descuidado (|| que falta al cuidado que debe poner en las cosas).

23 Señala qué elementos de una buena definición aparecen en la siguiente.

ola
De or. inc.
1. f. Onda de gran amplitud que se forma en la superficie de las aguas.
2. f. Fenómeno atmosférico que produce variación repentina en la temperatura de un lugar. *Ola de calor, de frío.*

TRABAJAMOS LAS COMPETENCIAS

Lee este texto y resuelve las actividades de la página siguiente.

Rumbo a Italia

París quedó reducido a la fachada de un café, iluminada y con la lluvia cayendo sobre su toldo y sus mesitas, apenas entrevista desde la estación del ferrocarril. Tom recorrió andenes inacabables, siguiendo a los hombrecillos uniformados de azul que transportaban su equipaje. Finalmente llegó al coche cama que le llevaría hasta Roma. Se dijo que ya tendría tiempo de visitar París más adelante. Lo que ansiaba en aquellos momentos era llegar a Mongibello.

Al despertarse por la mañana, se hallaba ya en Italia. Tuvo el presagio de que las cosas le saldrían bien en su asunto con Dickie.

Llegó a Nápoles ya entrada la tarde. No había autobús para Mongibello hasta las once de la mañana siguiente. Un muchacho de unos dieciséis años, vestido con una sucia camisa y calzado con zapatos de soldado americano, se le pegó en la estación y, pese a las protestas de Tom, el muchacho llegó a meterse en el taxi con él, indicando al taxista adónde debía dirigirse, sin dejar de parlotear. Tom desistió de hacerle bajar del vehículo y se acomodó en un rincón, con los brazos cruzados y cara de pocos amigos. Al cabo de un rato, el coche se detuvo delante de un gran hotel que daba a la bahía, y Tom pensó que, de no haber corrido los gastos por cuenta de míster Greenleaf, el aspecto del hotel le hubiese asustado.

—*Santa Lucia* —exclamó el muchacho con aire triunfante y señalando hacia el mar.

Tom asintió con la cabeza. Al fin y al cabo, el muchacho parecía tener buenas intenciones. Tom pagó al taxista y le dio al muchacho un billete de cien liras, que, según sus cálculos, eran unos dieciséis centavos y pico, una buena propina tratándose de Italia según el artículo que había leído a bordo del buque. Al ver que el muchacho ponía cara de ofendido, le dio otro billete de cien, y viendo que su expresión de ultraje no se borraba, Tom agitó una mano en su dirección y entró en el hotel detrás de los botones que ya se habían hecho cargo del equipaje.

Por la noche cenó en un restaurante del puerto llamado Zi'Teresa y que le había recomendado el maître del hotel, que sabía inglés. Pasó grandes apuros para encargar la cena, y finalmente se halló frente a un plato de pulpos en miniatura, de un púrpura tan virulento que parecían cocidos con la misma tinta empleada para describir el menú. Probó la punta de un tentáculo y le pareció algo desagradable, dura como un cartílago. El segundo plato también fue una equivocación: una fritada de pescado. El tercer plato —del que se había asegurado que fuese alguna clase de postre— resultó ser un par de pescados de color rojizo. Pero la comida no le importaba. Lejos, a su izquierda, la luna iba a la deriva por encima del Vesubio. Tom la contempló como si la hubiese visto mil veces.

Patricia Highsmith
A pleno sol (El talento de Ripley). Anagrama (adaptación)

1 ¿Qué hace el protagonista durante su estancia en París?

a. Tomarse un café.

b. Cambiar de tren.

c. Nada, París no le interesa en absoluto.

d. Recorrer los andenes de una pequeña estación de ferrocarril.

2 Tom llega a Italia...

a. por la mañana.

b. al atardecer.

c. entrada la tarde.

d. de noche.

3 ¿Por qué un chico se mete con Tom en el taxi?

a. Para acompañarlo hasta el hotel de míster Greenleaf.

b. Para transportar su equipaje.

c. Para hacerle de traductor.

d. Para llevarlo a un hotel a cambio de una propina.

4 Al final a Tom le parece que el muchacho...

a. es insolente.

b. es reservado.

c. tiene buenas intenciones.

d. es servicial.

5 ¿Con qué finalidad viaja a Italia el protagonista?

a. Conocer Mongibello.

b. No se sabe.

c. Tratar un asunto con una persona.

d. Visitar a su familiar Dickie.

6 Zi'Teresa es...

a. un hotel con vistas al mar.

b. un restaurante napolitano.

c. el maître del hotel.

d. un restaurante del puerto de Mongibello.

7 Tom se encuentra con dificultades a la hora de pedir la cena porque...

a. odia el pescado.

b. el menú está en inglés.

c. no habla italiano.

d. no encuentra ningún postre apetecible.

8 Indica si las oraciones siguientes son verdaderas o falsas.

Tom...

a. contempla la luna con interés.

b. divisa un volcán desde el restaurante.

c. ha estado en tres ciudades de Italia.

d. no deja que nadie toque sus maletas.

9 ¿Cuántos medios de transporte distintos aparecen en el texto que has leído?

a. Cuatro.

b. Dos.

c. Tres.

d. Uno

10 ¿Qué dato nos permite saber que el texto no se sitúa en el momento actual?

a. No existen los coches cama en la actualidad.

b. Hoy en día todos los italianos hablan inglés.

c. La moneda italiana actual no es la lira.

d. No existe la figura del botones en el presente.

11 ¿Qué piensa Tom cuando ve el hotel?

a. Que tiene un aspecto tétrico.

b. Que seguramente está vacío.

c. Que se lo puede permitir.

d. Que debe de ser un lugar exquisito.

12 En el texto hay un extranjerismo. ¿Cuál?

a. Parlotear.

b. Maître.

c. Americano.

d. Cartílago.

13 ¿Cómo serían las vacaciones ideales para ti? Desarrolla el tema en una redacción que tenga como mínimo 125 palabras. Después, lee el texto en voz alta a la clase.

APLICAMOS LAS TIC

FORMULARIOS DIGITALES Y DOCUMENTOS ADMINISTRATIVOS

Cada vez es más habitual que los ciudadanos debamos efectuar **trámites a través de Internet,** ya sea para realizar gestiones con las distintas administraciones o bien con alguna compañía de servicios: solicitar una copia del empadronamiento, pagar impuestos, tramitar autorizaciones para mudanzas, rellenar formularios de inscripción para recibir prestaciones educativas o sanitarias, presentar un escrito, una solicitud o una alegación, etc. Para ello, hay que **rellenar diferentes tipos de instancias** y **formularios,** y saber escribir todo tipo de **documentos administrativos,** circulares, certificados, actas o memorandos.

Cada institución y organismo tiene sus **procesos** y metodología para cumplimentar la documentación. Con el paso de los años, el funcionamiento de estas webs se ha ido simplificando. Se ha generalizado el uso de **esquemas intuitivos** y de **casillas automatizadas,** aquellas que, al colocar el cursor encima, despliegan una batería de posibilidades para que el usuario seleccione una de ellas, con lo que se evitan errores tipográficos por su parte.

A pesar de estas facilidades, los ciudadanos deben acreditar su identidad en la red para evitar suplantaciones y estafas. Por ello, desde las administraciones —tanto locales como estatales— se han puesto en marcha planes para popularizar la **firma electrónica** y el **certificado digital,** garantes de la personalidad de cada ciudadano que se comunica con ellos a través de Internet. Ello ha derivado en que empresas y organismos no oficiales también utilicen estos métodos por su **seguridad** y por la de sus clientes.

Consulta el **portal oficial del Gobierno de España** (https://firmaelectronica.gob.es/) para descubrir qué es la **firma electrónica** y cómo conseguirla, además de los diferentes formatos que existen, sus aplicaciones y sus distintas validaciones. En este portal también podrás ver qué son los **certificados electrónicos** y el **DNI digital.** Todos estos elementos te ayudarán a preservar tu identidad y seguridad en la red.

LA CREACIÓN DE CUESTIONARIOS PROPIOS

No hace falta ser una empresa ni un informático especializado para crear modelos de formularios y encuestas informatizados, y distribuirlos a través de la red. Existen programas como **G Suite** u **Office 365** que, de una manera fácil y práctica, posibilitan que los usuarios creen sus propios formularios y encuestas. Son muy útiles para realizar estudios y trabajos escolares en los que los autores necesiten conocer la opinión de diversas personas; permiten recabar datos estadísticos sobre cualquier tema entre un círculo más o menos cercano de población o elaborar exámenes entre compañeros y autoevaluarse, puesto que ofrecen la posibilidad de incluir una puntuación para cada respuesta.

Estos programas permiten añadir un **mensaje de presentación** para justificar el formulario y uno de despedida para dar las gracias. Además, pueden personalizarse con plantillas y admiten la inserción de **imágenes** o **logos.**

1 Busca la presentación de Paula Andrea Valbuena sobre documentos administrativos colgada en la plataforma educativa SlideShare, que contiene información sobre diferentes tipos de documentos que se usan habitualmente. A continuación, mírala atentamente y responde a las siguientes preguntas.

a. ¿Qué es una carta?

b. ¿Qué estilos de cartas existen? ¿Cómo se diferencian?

c. ¿Qué es una hoja de vida corporativa?

d. ¿Qué es una constancia? ¿Para qué sirve?

e. ¿Qué tipos de constancias existen?

f. ¿Qué es un certificado?

g. ¿Dónde se escriben las actas?

2 Investiga en Internet qué son y cómo funcionan la firma electrónica y el certificado digital. A continuación, redacta una definición para cada uno, destacando sus características principales.

En clase, leed en voz alta vuestras definiciones y abrid un debate sobre la seguridad en Internet, tanto a la hora de identificaros ante las administraciones como por los peligros que creáis que existen en las redes sociales.

3 Por parejas, analizad el funcionamiento básico de G Suite y Office 365 para elaborar un cuestionario. Cread un texto o un gráfico en el que se muestren diferencias y similitudes en las siguientes situaciones:

a. Acceso al programa.

b. Selección del formulario o cuestionario.

c. Forma de obtener los datos de las personas que responderán al formulario.

d. Obligatoriedad en las respuestas.

e. Previsualización de las respuestas.

f. Modo de envío del cuestionario o formulario.

g. Obtención de una hoja de cálculo para analizar los datos.

4 Después de conocer las particularidades de cada programa, emparejaos de nuevo con la persona que habéis trabajado en la actividad anterior. A continuación, elaborad un formulario con G Suite u Office 365 para preguntar a vuestros compañeros de clase y a su entorno cercano sobre algún tema de actualidad que consideréis interesante y cuyos resultados sean fácilmente analizables a través de estadísticas.

a. Generad una batería de preguntas concretas y claras siguiendo los consejos que encontraréis en el lateral.

b. Copiad la dirección del formulario y enviadlo al correo electrónico de vuestros compañeros de clase. También podéis generar un código QR para que les resulte más fácil acceder al formulario.

c. Pasados unos días, analizad las respuestas obtenidas y cread gráficos e infografías que las expliquen y justifiquen.

d. Finalmente, con PowerPoint, Prezi o Keynote, presentad los datos recabados y exponedlos en clase oralmente, de manera clara y entendible.

Consejos para crear un formulario a través de la red

- **Indicad claramente vuestros objetivos de investigación.** Ello dará confianza a vuestros usuarios y facilitará que accedan a responder.
- **Incluid en el documento las instrucciones para rellenarlo y responder a las preguntas.**
- **No pidáis información personal** si no es imprescindible, ya que ello puede provocar que mucha gente no quiera rellenar vuestro formulario.
- **Haced preguntas cortas y sencillas** que la gente pueda responder con facilidad.
- **No hagáis preguntas múltiples** para no entorpecer el análisis posterior de los resultados.
- **Aseguraos de que las preguntas sean imparciales** y que no dirijan al usuario, sin querer, hacia una respuesta concreta.
- **Ordenad las preguntas por temáticas.** El orden siempre es beneficioso para que os entiendan mejor y para su análisis posterior.
- **Presentad las preguntas del formulario con un diseño limpio, sencillo y fácil.**

Antes de colgar el formulario en las redes sociales o de enviarlo por correo electrónico o WhatsApp, probadlo para aseguraros del buen funcionamiento de todas las casillas y de que se recibe adecuadamente.

www.elcorreo.com

7 trucos para buscar en Google como un experto

Unas veces se trata de ahorrar tiempo, pero en otros casos encontrar lo que queremos puede depender totalmente de conocer o no estas posibilidades

Llevar a cabo una búsqueda en Google puede parecer sencillo, sobre todo si realizamos búsquedas simples. Lo más común es escribir el término que queremos explorar en la barra de búsqueda y Google nos mostrará las páginas relacionadas con él.

Aunque cada vez más gente conoce el «lenguaje» de Google, muchos todavía se sorprenden cuando descubren que cambiando la forma en que le «preguntamos» se obtienen mejores resultados.

Unas veces se trata de ahorrar tiempo, pero en otros casos encontrar lo que buscamos puede depender totalmente de conocer o no estos trucos.

Aunque encontrar lo que buscamos puede parecer sencillo, ¿qué pasa si necesito buscar algo en una web concreta? A veces, cuando la palabra que necesitamos buscar es muy común, salen muchos resultados que no sirven. ¿Cómo los elimino? ¿Cómo afinar la búsqueda?

Seguro que estas son cuestiones que nos hemos preguntado alguna vez. Y, aunque cada vez son más conocidas las herramientas para afinar las búsquedas en el famoso buscador, os proponemos siete sencillos trucos que os ayudarán a buscar más rápido y sobre todo de manera más eficaz.

Búsqueda exacta: las comillas

Para llevar a cabo una búsqueda exacta, añade comillas a aquello que quieras buscar. Los resultados que se obtienen de una búsqueda con comillas y sin comillas suelen ser muy diferentes. Añadiendo las comillas («...»), estamos especificando al buscador que lo que queremos es que nos muestre resultados que coincidan exactamente con todas las palabras y en el mismo orden.

Podemos combinar el uso de comillas y otras palabras, si lo que deseamos es que en los resultados aparezcan unas palabras en un orden concreto y otras queremos que aparezcan, pero nos da igual dónde.

Eliminar resultados de la búsqueda: el guion

A veces lo que buscamos se parece o coincide demasiado con otras palabras y los resultados que nos ofrece el buscador no son útiles. Suele ocurrir cuando buscamos una palabra que es muy común o que tiene varios significados.

Para eliminar alguna palabra de los resultados, es decir, para hacer que Google busque algo ignorando una palabra concreta, podemos utilizar el signo negativo o guion (-) justo delante de la palabra que queremos omitir.

Comodín: el asterisco

Google utiliza el asterisco para sustituirlo por palabras. Cuando no sepamos qué palabra utilizar o nos valga cualquier palabra en este lugar, ponemos un asterisco (*) y Google nos mostrará en su lugar las palabras que crea convenientes. Es muy útil para pedirle al buscador que complete nuestra frase. Por ejemplo, si ponemos *Como quitar manchas de* *, obtendremos muchos ejemplos de manchas distintas.

También sirve en medio de palabras. Si buscamos *diseño * Valencia*, en los resultados aparecerá el asterisco sustituido por otras palabras, como *diseño gráfico Valencia* o *diseño web Valencia*, etc.

1 Localiza en el penúltimo párrafo del texto una palabra que agrupa dos categorías diferentes. ¿Cuáles son? A continuación, indica cuál es la categoría y cuáles son los morfemas flexivos de *búsquedas* y *mostrará*.

2 Di cuál es la categoría gramatical de las siguientes palabras y forma a partir de cada una de ellas, por derivación, un sustantivo: *eficaz, sencillo, explorar, derivar*.

3 Indica qué dos palabras derivadas se corresponden con las siguientes definiciones: «que no son útiles» y «palabra que tiene varios significados». ¿Qué elemento compositivo culto se emplea en el segundo caso?

4 Señala si las siguientes palabras son simples, derivadas o parasintéticas y justifica tu respuesta: *afinar, comillas, manchas, buscador*.

5 La palabra *reformular* no aparece en el *Diccionario de la lengua española*. Redacta una definición a partir del significado de los morfemas que presenta.

6 Inventa un compuesto que responda a las siguientes definiciones:

a. Persona que se dedica a hacer búsquedas en Google para los demás.

b. Palabra que siempre aparece en primer lugar cuando se hace una búsqueda en Google.

c. Truco que se emplea para encontrar de forma más rápida lo que se está buscando en Google.

7 Analiza morfológicamente *proponemos* y *posibilidades*.

8 En esta entrada del diccionario, localiza e interpreta las diferentes informaciones que aparecen acompañando a las acepciones de significado:

> buscar
>
> Quizá voz de or. celta, y esta del indoeuropeo **bhudh-skō* 'conquistar, ganar'; *cf.* celta **boudi-* 'ganancia, victoria1', irl. ant. *búaid* 'victoria1' y galés *budd* 'ganancia'.
>
> **1.** tr. Hacer algo para hallar a alguien o algo. *Estoy buscando un libro.*
>
> **3.** tr. Dicho de una persona: Hacer lo necesario para que ocurra algo. U. t. c. prnl. *Tú te lo has buscado.*
>
> **5.** tr. germ. Hurtar rateramente o con mañas.
>
> **6.** intr. *Ven.* Dirigirse hacia un lugar. *Buscaron hacia Caracas.*

9 **TIC** Busca en el *Diccionario de la lengua española* la palabra *barra*. A continuación, explica cuál es el sentido a partir del cual se ha creado la expresión «barra de búsqueda» y qué procedimiento léxico se ha usado.

10 ¿Las palabras *web* y *googlear* son préstamos o extranjerismos? Argumenta por qué y escribe tu opinión sobre si son préstamos necesarios o superfluos.

11 **TIC** Define *asterisco* empleando al menos dos de las características de una buena definición. Luego, busca la palabra en el diccionario y explica su etimología.

12 Expón en voz alta un ejemplo de búsqueda en la que te serían útiles cada uno de los tres trucos que se han expuesto.

13 Haz un listado con otros posibles trucos para afinar las búsquedas en Google. A continuación, haz un esquema con los trucos de búsqueda propuestos en el texto y con los que has recopilado tú. Deben aparecer todos los casos posibles.

03 LAS CATEGORÍAS GRAMATICALES Y SUS VALORES COMUNICATIVOS

UNA PALABRA
DESPUÉS DE UNA PALABRA
DESPUÉS DE UNA PALABRA
ES PODER

MARGARET ATWOOD

INVESTIGAR

EXPRESIVIDAD PRONOMINAL

El Instituto de Investigación Lingüística os ha encargado un proyecto: demostrar la importancia que tienen los pronombres en la expresividad de los textos. En equipos, analizaréis su valor expresivo trabajando diferentes fragmentos de la obra *Cinco horas con Mario*. Reescribidlos de la manera más objetiva posible para comparar su uso. Luego, poned en común los resultados. ¿A qué conclusiones llegáis?

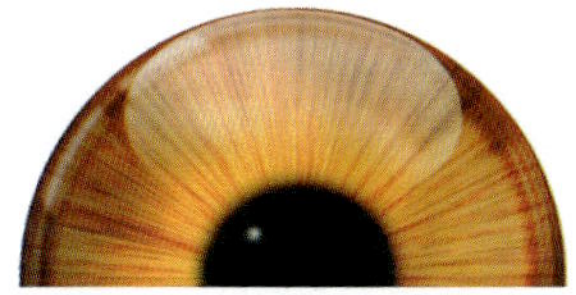

CREAR

DOBLES SENTIDOS

Un alumno extranjero, estudiante de español, se ha espantado cuando al preguntar por el precio de un móvil le han dicho que cuesta un *ojo de la cara*. Debéis explicarle algunas de las locuciones y frases hechas que se utilizan en castellano y ayudarle a diferenciar entre el significado literal y el real. Hacedlo de una forma amena: preparad un vídeo con la explicación.

CONOCER

A LA ORDEN

En vuestro centro de estudios quieren colocar unos carteles con las normas básicas de comportamiento que hay que cumplir. El director os ha pedido que colaboréis en la redacción de los textos para dichos carteles. Para ello, debéis investigar sobre las distintas formas que se emplean para dar órdenes, en modalidad afirmativa y negativa, y preparar una infografía que recoja los diferentes procedimientos. Después, proponed una redacción de los textos solicitados.

PRESENTAR

¡VAYA LÍO!

¡Os acaban de informar de que debéis realizar un proyecto de final de etapa en la ESO! Antes de empezar, es importante tener claro cómo abordar un proyecto: búsqueda de información, selección de fuentes, planificación, etc. Sintetiza esta información en una presentación multimedia y exponla ante tus compañeros y compañeras de clase.

Cuando los profesores y profesoras te encargan un trabajo, ¿por dónde empiezas? ¿Siempre tienes claro lo que debes hacer, de cuánto tiempo dispones y qué materiales necesitas?

wwww.proyectotecnologia4ESO.com

Producción de un archivo de audio

Frecuentemente incluimos audios en nuestro blog, pero buscamos un resultado más profesional que mejore su presentación.

OBJETIVO

Producir un archivo de audio (en formato MP3) mezclando dos archivos de sonido: un tema musical descargado de Internet y una grabación de nuestra propia voz.

RECURSOS Y MATERIALES

- Un equipo informático con conexión a Internet.
- Un micrófono o teléfono móvil para capturar nuestra voz.
- La aplicación Audacity para realizar la mezcla de nuestra voz con el tema musical.

PLAN DE TRABAJO

1. Descargar e instalar en el equipo la aplicación Audacity (http://audacity.uptodown.com/).

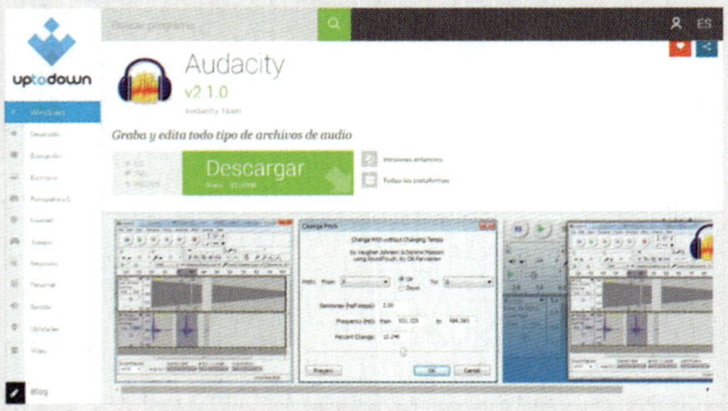

2. Grabar la voz en un archivo de audio. Existen dos opciones:
   a. Con un ordenador y un micrófono:
      - Conectar el micrófono a la entrada de audio (conector rosa) del equipo o usar el micrófono integrado del portátil.
      - Abrir la aplicación Audacity y pulsar el botón «Grabación».
      - Leer el texto y pulsar «Detener» al terminar (https://es.wikipedia.org/wiki/Objetivos_de_Desarrollo_Sostenible).

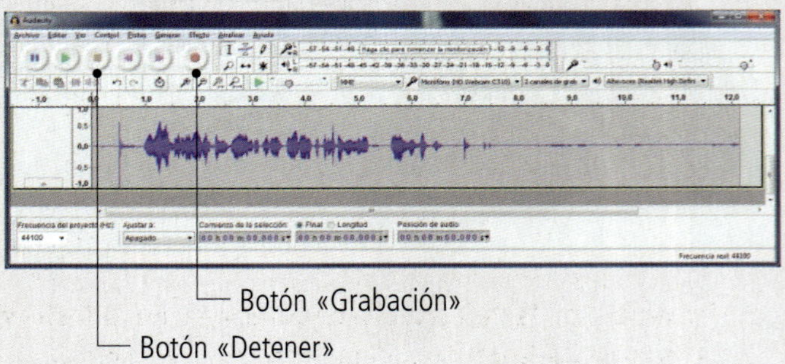

wwww.proyectotecnologia4ESO.com

b. Con un teléfono móvil:

- Descargar la aplicación gratuita Grabadora de Voz.
- Leer el texto y grabarlo en el móvil.
- Transferir el archivo del móvil (carpeta *sdcard/recorders* o similar) al equipo. Se puede usar el cable del teléfono o enviarlo por correo electrónico (mediante la opción «Compartir *app*»).
- Introducir el archivo grabado en Audacity mediante la opción del menú *Archivo ⟶ Importar audio.*

3. Descargar de Internet un tema musical: buscar en YouTube el vídeo con el tema elegido y copiar la dirección (URL).

4. Entrar en la web http://www.youtube-mp3.org/es, pegar la URL del vídeo elegido y presionar sobre el botón «Convertir vídeo» para descargar el audio del vídeo en MP3.

5. Incorporar el archivo al documento de voz en Audacity. Para ello, seleccionar la opción del menú *Archivo ⟶ Importar audio.*

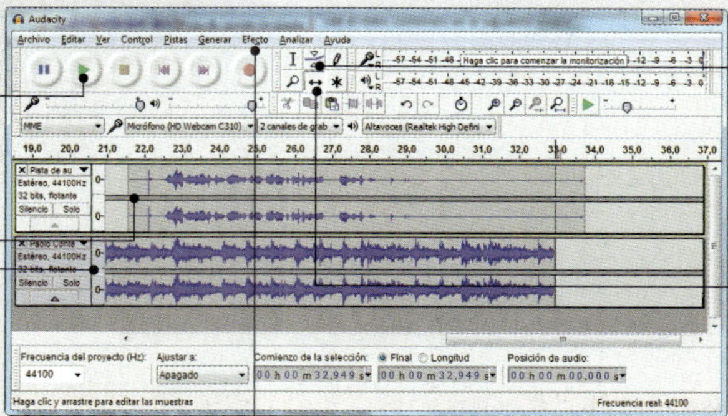

Al reproducir, se puede comprobar que las dos pistas suenan simultáneamente.

Pista con la grabación de voz.

Pista con la música descargada.

Herramienta envolvente para disminuir o aumentar el volumen de las pistas.

Con la herramienta «Flecha», se puede desplazar el punto de comienzo de las pistas.

Con la herramienta «Selección», se puede elegir un fragmento del audio y aplicarle algún efecto.

6. Grabar la mezcla de las dos pistas desde el menú *Archivo ⟶ Exportar audio.* Es preferible hacerlo en formato MP3, para poder publicarlo en un *podcast.*

Leer

1 Indica si las siguientes afirmaciones son verdaderas o falsas, y reescribe estas últimas para que sean ciertas.

a. El proyecto consiste en grabar un audio mezclando un archivo de vídeo y otro de sonido.

b. El texto que hay que grabar es sobre los Objetivos de Desarrollo Sostenible.

c. Entre los materiales necesarios, no está el procesador de texto.

d. En el documento se explican tres métodos para llevar a cabo el objetivo.

e. La entrada de audio es la del conector verde.

f. En el documento se proporcionan direcciones web para realizar las actividades.

g. La grabación de voz consiste en cantar una canción con música de fondo.

h. Los audios de música se pueden descargar directamente desde la página www.youtube.com.

2 Señala el tema del texto.

3 Realiza un esquema con su estructura.

4 Resume las ideas principales.

5 ¿Cuál es su intencionalidad?

6 ¿Cómo se señalan los pasos del proceso? ¿Qué marcas se emplean para especificar los materiales necesarios?

7 En el texto aparecen una serie de tecnicismos. Señálalos y define el ámbito al que pertenecen.

8 Indica cuál es la función de las imágenes y de los textos que las acompañan.

9 Nombra los mecanismos utilizados para ofrecer aclaraciones.

10 ¿A qué hace referencia la expresión *Archivo → Importar audio*?

11 Localiza en el texto los sinónimos referidos al objetivo del proyecto.

12 Busca en el texto los hipónimos del hiperónimo *dispositivo*.

Sin faltas.com

13 ▶ TIC En el texto aparece varias veces el grupo *-cc-* representando dos sonidos diferentes. Localiza las palabras en las que aparece.

Luego, busca en Twitter las indicaciones que da la RAE sobre su uso (#RAEconsultas). Identifica en cuál de los casos indicados en la nota orientadora de la *Ortografía* se incluyen estas palabras y pon ejemplos que lo demuestren.

14 ▶ TIC También hay algunas palabras con la grafía *x*. Determina si se pronuncian como /s/ o /ks/ y busca, mediante el método anterior, en cuáles de los casos indicados por la *Ortografía* se incluyen. Nota: puedes avanzar de página pulsando en el icono «Pág.» que aparece en la parte superior o inferior derecha.

Opinar

15 Los proyectos suelen realizarse en grupo o por parejas. Cuando hacéis alguno, ¿cómo os dividís el trabajo? ¿Cumplís todos con vuestra parte? ¿Crees que el trabajo en equipos colaborativos es positivo? ¿Piensas que tiene algún inconveniente? Razona tus respuestas y propón mejoras para este tipo de trabajos si lo consideras necesario.

1 EL PROYECTO Y LA MEMORIA

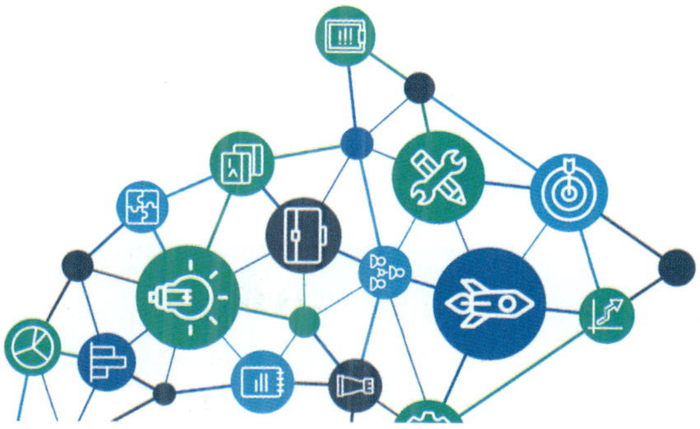

Un **proyecto** es un documento que sirve para planificar las acciones que se van a realizar para conseguir un objetivo específico.

Según el **ámbito de uso**, se puede hablar de proyectos escolares, industriales, informáticos, científicos, de investigación, literarios, artísticos, etc.

En un proyecto se pueden distinguir las siguientes **partes:**

- **Título:** debe ser claro y significativo.
- **Presentación:** se indica la finalidad del proyecto y se recogen los datos del diagnóstico previo (necesidades que cubre, aspectos positivos, etc.).
- **Objetivos:** se definen los objetivos generales y los específicos.
- **Presupuesto:** se detallan los gastos previstos y los ingresos (si los hay).
- **Recursos humanos y materiales necesarios:** se definen el material y el personal necesarios para llevarlo a cabo.
- **Plan de trabajo:** se indican las actividades que se van a realizar y los responsables de cada una de ellas.
- **Calendario de actividades:** teniendo en cuenta la fecha de entrega, se indican los tiempos y las fechas de realización de las actividades.
- **Evaluación y seguimiento:** se explica cómo se evaluará el resultado final.

Cómo diseñar un proyecto

Antes de escribir el proyecto, son necesarios algunos **pasos** que ayudarán a diseñarlo:

1. Diagnóstico previo: necesidades, dificultades que pueden surgir, posibilidades de mejora, etc.
2. Planificación de objetivos: qué se pretende conseguir con el proyecto, teniendo en cuenta el diagnóstico previo.
3. Determinación del público al que va dirigido.
4. Diseño del proyecto.

1.1 LA MEMORIA

Una vez llevado a cabo el proyecto, la memoria servirá para **evaluar el resultado y el propio proyecto,** así como su ejecución. Suele contener los siguientes elementos:

1. **Título** o nombre del proyecto.
2. Grado de **cumplimiento de los objetivos:** se indica si se han logrado los objetivos (todos, algunos, en su totalidad o en algunas partes).
3. Detalle de **gastos e ingresos** finales.
4. Análisis de los **recursos:** a partir de lo planteado en el proyecto, se detalla lo que se ha utilizado y lo que no, y si han hecho falta recursos adicionales.
5. Seguimiento de las **actividades realizadas:** se explica cómo se han organizado y realizado, cuál ha sido el nivel de participación y si han sido suficientes y apropiadas o no.
6. Grado de **cumplimiento del calendario** de actividades.
7. **Conclusiones:** se señalan los aspectos positivos, las dificultades encontradas, los apoyos recibidos y las propuestas de mejora.

BENIN

POBLACIÓN TOTAL: 11.200.000 habitantes
IDH: posición 163 de 189
ESPERANZA DE VIDA AL NACER: 61 años
POBLACIÓN CON MENOS DE 1 $/DÍA (%): 49,6%
POBLACIÓN MASCULINA CON EDUCACIÓN SECUNDARIA (%): 32,7 %
POBLACIÓN FEMENINA CON EDUCACIÓN SECUNDARIA (%): 18,2%
MALNUTRICIÓN MENORES DE 5 AÑOS (% POBLACIÓN): 34 %
MUJERES TITULARES AGRÍCOLAS (%): No se dispone de datos

Identificación de la población objeto del proyecto: situación y datos objetivos.

Desde hace años SED trabaja en el país con la Fundación Vida para Todos en la promoción del Derecho al Juego de niños y niñas y nuevamente participamos en la campaña "Un Juguete una ilusión".

En 2018 trabajamos en dar continuidad a las acciones conjuntas del pasado en la escuela La Segoviana en el nuevo barrio de Tibona, Parakou, identificando líneas de acción y proyectos que dan respuesta a la creciente demanda de contar con centros educativos que garanticen el Derecho a la Educación en Secundaria, con énfasis en la escolarización de niñas y adolescentes para cumplir con el ODS 4 y el fortalecimiento de capacidades de la comunidad educativa y familiares con el fin de promover un currículum que promueva la educación en valores, ciudadanía activa, igualdad de género, cultura de paz y no violencia y derechos humanos (meta 4.1 y 4.7).

Actuaciones realizadas y cumplimiento de los objetivos.

Código	Proyecto	Socio local	Población destinataria	Aportación 2018	Financiación
I4BE181	Promoción del Derecho a al Juego: Un juguete, una ilusión.	Fundación Vida Para Todos	2.000 menores (1.000 niños,1.000 niñas)	4.544 €	Fundación Vida para Todos

Resumen con el título del proyecto, los destinatarios, los gastos, etc.

Escribir

1 El proyecto de la lectura está incompleto. Indica qué elementos faltan y redacta su contenido.

2 Elegid una de las tareas de los espacios *maker* que aparecen al comienzo de cada unidad y elaborad el correspondiente proyecto para llevarla a cabo.

3 Mientras desarrolláis la práctica, anotad las acciones que realizáis, el tiempo empleado y las fechas, para poder elaborar después la memoria.

4 Redactad la memoria de vuestra práctica a partir de las notas y la reflexión sobre el trabajo. En ella deben aparecer los siguientes elementos:

a. Título del proyecto.

b. Cumplimiento de los objetivos: debéis indicar si se han cumplido o no cada uno de los objetivos del proyecto.

c. Gastos e ingresos (si procede).

d. Recursos utilizados: ¿han sido suficientes los planteados en el proyecto inicial? ¿Se han necesitado otros? ¿Hay alguno que no hayáis utilizado?

e. Actividades realizadas: debéis indicar quién ha llevado a cabo cada una de las actividades y cuál ha sido el grado de efectividad. ¿Habéis realizado alguna que no estuviera prevista? ¿Alguna se ha quedado sin hacer?

f. Cumplimiento del calendario de actividades: ¿se ajusta al del proyecto? ¿Ha habido retrasos o anticipaciones? Explica las causas.

g. Conclusiones: explica los aspectos positivos y negativos, las dificultades y los apoyos encontrados y recibidos, y las propuestas de mejora.

2 PRESENTAR UN PROYECTO

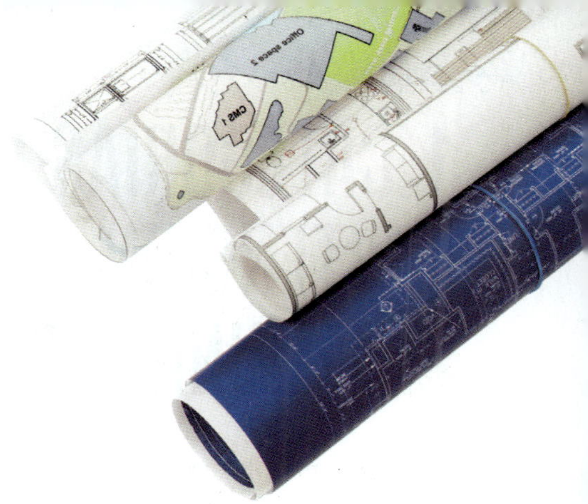

Una vez finalizado el proyecto y hecha la memoria, es posible que se deba realizar una presentación oral. En el ámbito académico, normalmente se explica en qué consistía el proyecto y cómo se ha realizado. En otros ámbitos, se puede hacer la presentación de un proyecto antes de llevarlo a cabo, para que sea aprobado.

Para hacer una buena presentación oral, se deben tener en cuenta una serie de **recomendaciones:**

1. Comienza con una afirmación sorprendente, un dato impactante, una pregunta o una historia. Tanto si vas a presentar un proyecto para su aprobación como si expones el proyecto realizado, se trata de **captar la atención del público desde los primeros segundos.** Por ejemplo, para exponer la creación de un huerto urbano, se puede comenzar con imágenes del antes y el después, y contar la historia del lugar o de la gente que vivía allí.
2. **Preséntate:** explica quién eres y qué haces.
3. Describe claramente qué **necesidades** cubre tu proyecto.
4. Explica qué **soluciones** aportas.
5. Detalla los **beneficios** que se obtienen con tu proyecto.
6. Termina con una **llamada a la acción** («llama», «colabora»...).

No se trata de exponer todo el proyecto, sino de resumir aquellos aspectos más importantes.

Escuchar y hablar

1 TIC Busca y visiona el vídeo «Proyecto Acuapónico: "El milagro de los peces". De Verdes del Sur (parte I)». Luego, realiza las actividades.

a. ¿Dónde aparece el título del proyecto? Señala cuál es.

b. ¿Qué datos se ofrecen en la introducción? ¿A qué parte del proyecto corresponde?

c. Señala el problema y la solución aportados.

d. ¿Qué método de trabajo se propone?

e. ¿Qué función tienen las imágenes que se muestran en el vídeo?

f. ¿Qué información proporcionan los textos escritos?

g. Señala los datos objetivos que aparecen al final del vídeo.

h. ¿Cuáles son los objetivos del proyecto?

i. Indica cuál es la estructura del vídeo, dividiéndolo en sus diferentes partes temáticas.

2 TIC Vais a presentar el proyecto que habéis elaborado en el apartado «Escribir». Para ello, preparad la presentación atendiendo a los consejos vistos anteriormente. Podéis extraer ideas sobre cómo hacer la presentación del siguiente vídeo: «Educaixa: ¿cómo presentar tu proyecto en público? Antonella Broglia».

El resto de la clase evaluará la presentación según los siguientes criterios:

- Se ha comenzado con una introducción atractiva que ha captado la atención del público.
- Se ha planteado un problema y su solución.
- Se han establecido claramente los objetivos del proyecto.
- La gestualidad ha sido adecuada: los ponentes se han movido atrayendo la atención del público y han gesticulado correctamente, mirando a todo el mundo.
- La entonación ha sido adecuada.

1 CATEGORÍAS GRAMATICALES E INTENCIÓN COMUNICATIVA

Las palabras se agrupan en categorías gramaticales o clases de palabras, que se delimitan según criterios:

- **Semánticos:** según el tipo de realidad a la que se refieren.
- **Formales:** según los morfemas flexivos que presentan o pueden presentar.
- **Sintácticos:** según la función que realizan dentro de la oración.

Categoría y ejemplo	Valor semántico	Características formales	Función sintáctica
Verbo: *estamos*	Se refiere a acciones, estados o procesos.	Morfemas flexivos de persona, número, tiempo y modo.	Núcleo del grupo verbal.
Sustantivo: *función*	Se refiere a entidades.	Morfemas flexivos de género y número.	Núcleo del grupo nominal.
Pronombre: *vosotros*	Se refiere a realidades de la situación comunicativa o textual.	Morfemas flexivos de género, número y función.	Núcleo del grupo nominal o equivalencia al grupo nominal completo.
Adjetivo: *última*	Se refiere a cualidades, relaciones o características.	Morfemas flexivos de género, número y grado.	Núcleo del grupo adjetival.
Adverbio: *aún*	Se refiere a cantidad, intensidad, perspectiva u otras circunstancias.	Sin morfemas flexivos (invariable).	Núcleo del grupo adverbial. Modificador de adverbios y adjetivos.
Determinante: *la*	Se refiere a la identidad, localización, cantidad o relación entre entidades.	Morfemas flexivos de género y número.	Actualiza al sustantivo al que acompaña.
Preposición: *para*	Su significado es gramatical, aunque puede aportar referencia a dirección o relación.	Sin morfemas flexivos (invariable).	Enlace dentro del grupo preposicional, que lleva como término otro sintagma.
Conjunción: *pero*	Su significado es gramatical, aunque puede aportar referencia a adición, contraste, secuencia…	Sin morfemas flexivos (invariable).	Nexo que une palabras, grupos sintácticos y oraciones de función equivalente, o bien hace depender unas oraciones de otras.

Para poder comunicar ideas, las palabras se unen en grupos sintácticos y oraciones siguiendo las reglas de la gramática, cada una en función de la categoría a la que pertenece:

Estamos listos para la última función, pero vosotros aún no habéis terminado.

GV-PN — Oración 1 | Nexo | GN-Suj, GV-PV — Oración 2

Las **interjecciones** son clases de palabras invariables que, habitualmente, no cumplen una función en la estructura oracional, sino que equivalen a todo un enunciado. Manifiestan un sentimiento del hablante: *¡Ayyy!*

Locuciones

Son grupos de palabras que funcionan como una sola y equivalen a una categoría gramatical. Muchas de ellas tienen valor expresivo:

La fiesta acabó mal / como el rosario de la aurora.

Se llevan fatal / como el perro y el gato.

Además de transmitir información, los hablantes aportan su visión o perspectiva sobre esta, y también pueden enfatizar o destacar aquello que consideren de especial interés. La presencia del emisor en el mensaje lo dota de expresividad.

Los recursos más utilizados son:

- Los **adjetivos** valorativos y su gradación:

Un interesante / interesantísimo / espectacular / aburrido viaje.

- Los **tiempos**, las **perífrasis** y las **locuciones verbales:**

Estoy deseando / Tengo que / Me muero por asistir.

- El **orden de las palabras:**

Este niño / El niño este. Con Félix no iré a ninguna parte.

- El uso de una **categoría** que no es exigida por las reglas morfosintácticas:

Yo quiero asistir.

- Los llamados **adverbios** y **locuciones adverbiales** de modalidad, que se colocan en la periferia de la oración, por lo que no se refieren al modo en que se realiza la acción, sino a la consideración que de esta tiene el hablante.

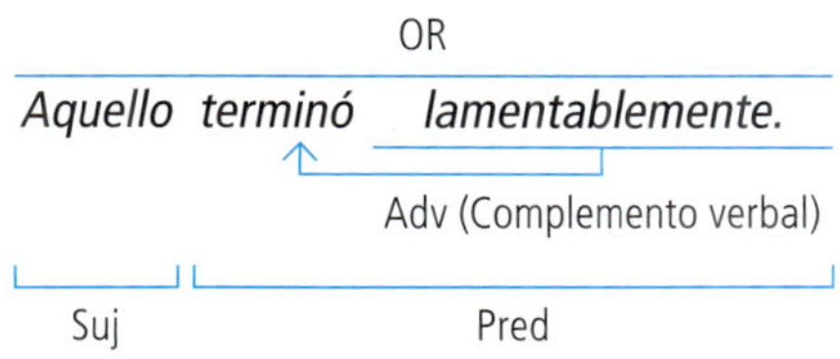

(La situación terminó de modo lamentable).

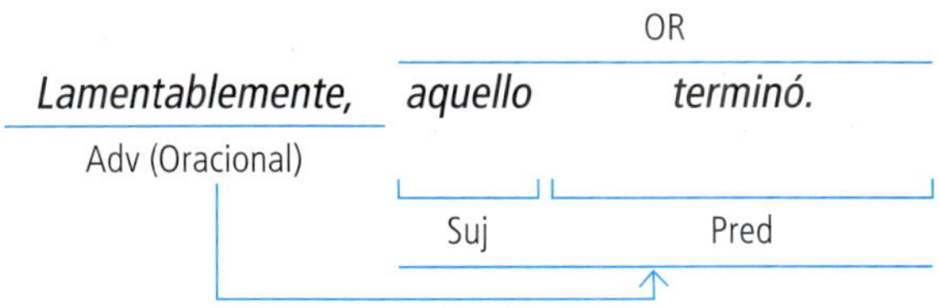

(El hablante lamenta que la situación terminara).

- Los elementos con los que se manifiestan las modalidades oracionales: entonación, formas verbales, pronombres, determinantes, adverbios...

—¿Todavía no ha llegado tu hermano?

—¿Crees que le puede haber ocurrido algo?

—Quizá.

—Hasta el jueves no nos dan la cita, y he tardado ¡media hora! en conseguir que me atiendan al teléfono.

—Podríamos ir a informarnos en persona.

—¡Vamos, corre, antes de que cierren!

Topicalización y focalización

El mecanismo por el cual movemos al comienzo de la oración el elemento sobre el que queremos dar información se llama **topicalización.**

La **focalización** es una llamada de interés sobre algún elemento de la oración mediante distintos recursos, como la entonación: *Vamos a ir CON TODOS MIS PRIMOS a la feria.*

Modalidades oracionales

- **Declarativa o enunciativa:** afirma la verdad o falsedad de un hecho.
- **Interrogativa:** solicita información.
- **Imperativa:** imparte una orden.
- **Desiderativa:** expresa un deseo.
- **Dubitativa:** manifiesta la ausencia de certeza sobre un hecho.

Entonación interrogativa y entonación exclamativa (esta última focaliza y manifiesta enfado).

El adverbio manifiesta que se presupone que el hecho no ha ocurrido.

Condicional para expresar sugerencia y perífrasis modal de posibilidad.

Adverbio de modalidad dubitativa.

Orden de palabras (verbo-sujeto) para indicar modalidad interrogativa o para destacar un complemento.

2 VALORES EXPRESIVOS DE LAS CATEGORÍAS

Las reglas sintácticas configuran una estructura neutra, no marcada, como, por ejemplo, un grupo nominal con la forma: Det + Sust + Compl *(un viaje largo)*.

Cuando se utiliza un orden de palabras diferente, se omite una categoría, se repite o se introduce sin ser exigida por las reglas morfosintácticas, el receptor entiende que el emisor pretende transmitir un significado especial y, por tanto, expresivo (Det + Compl + Sust: *un largo viaje*).

2.1 VALORES EXPRESIVOS DE LOS PRONOMBRES PERSONALES

Los verbos de la lengua española contienen las desinencias de persona y número necesarias para formar una oración sin que se explicite el sujeto. En el caso de la primera y la segunda persona, que corresponden al emisor y al receptor en la comunicación, resulta evidente su identidad y, por tanto, lo habitual es la omisión: *¿Vendrás mañana? Sí, pero llegaré tarde*. En el caso de la tercera persona, suele hacerse cuando ya se ha citado el sujeto y se puede deducir *Arnau siempre termina pronto los deberes y luego [Arnau] colabora en las tareas del hogar*.

Como lo habitual es que no se explicite, la presencia de estos pronombres llama la atención y cobra **valor expresivo** en la comunicación:

- Por **contraste:** *Tú de fiesta y yo trabajando; ¡vaya mala suerte la mía!*
- Por **énfasis:** *Yo no pienso acudir a esa fiesta*.

En el caso de la primera persona del plural, es frecuente que la presencia del pronombre sujeto implique valor excluyente, mientras que su ausencia no:

—*¿Qué hacemos?*

—*Vamos al cine* (todos) / *Nosotros vamos al cine* (el receptor no está incluido en el plan).

Además del caso del pronombre sujeto, tienen también función expresiva los pronombres personales complemento en los siguientes casos:

Omisión del sujeto y ambigüedad

La omisión o elipsis del sujeto puede provocar una ambigüedad que dificulta la identificación del elemento omitido, como en el siguiente ejemplo, en el que se aprovecha dicha ambigüedad de forma humorística:

Dos pescadores:

—Manolo, ¿tú qué tipo de anzuelo pones?

—Pimientos del padrón.

—¿Y pican?

—A veces sí, a veces no.

https://twitter.com/speakabouttech/status/1169889737890361345

Reduplicación de los pronombres personales

Cuando se **topicaliza** algún elemento del grupo verbal predicado, las reglas gramaticales requieren que vuelva a aparecer junto al verbo mediante un pronombre átono:

*A Juan lo veo muy cansado / *A Juan veo muy cansado.*

La presencia **reduplicada del pronombre,** cuando no es exigido por la construcción sintáctica, se carga de valor expresivo:

Me castigaron a mí / Me castigaron.

Dativo ético

Cuando se usa la forma propia del complemento indirecto para señalar a un tercer participante que se ve afectado por la acción verbal recibe el nombre de **dativo ético,** y tiene gran valor afectivo. Se da especialmente en el español americano y en el español hablado:

No te me vayas a caer.

2.2 VALORES EXPRESIVOS DE LOS DEMOSTRATIVOS Y POSESIVOS

En el grupo nominal, el determinante se coloca ante el núcleo sustantivo, al que actualiza y presenta: *Tu hermana ha llegado.* Algunos, como el artículo, solo permiten esta posición: *El correo ha llegado.*

Los demostrativos suelen aparecer antepuestos, pero también pueden colocarse detrás del sustantivo precedido por otro determinante. Esta segunda construcción es utilizada por el hablante cuando la cercanía o lejanía es más subjetiva o afectiva que real.

Aquel día llegamos lejos. / El día aquel llegamos lejos.

En el caso de los **posesivos,** la colocación pospuesta enfatiza la posesión y se utiliza en los casos de contraste: *Ese amigo tuyo no aprende nunca.*

Cuando el uso del **demostrativo** *este* no es meramente objetivo, de localización en el espacio o el tiempo, puede adquirir un **matiz peyorativo,** especialmente si va pospuesto: *El coche este va muy lento.*

2.3 VALORES EXPRESIVOS DE LOS ADJETIVOS

El **adjetivo** puede situarse antepuesto o pospuesto con respecto al sustantivo. El **epíteto,** que es el que destaca una cualidad que el sustantivo ya posee, se sitúa habitualmente en posición anterior *(verde hierba)*; pero también se anteponen en muchas ocasiones los **adjetivos valorativos,** que manifiestan una opinión del hablante, para dar mayor expresividad al mensaje: *Es una increíble ocasión.*

Si un adjetivo permite ambas posiciones, tendrá mayor valor expresivo si se coloca delante del sustantivo: *una actuación magnífica / una magnífica actuación.*

En algunos casos, la diferencia de matiz expresivo conlleva incluso significados diferentes. El significado más objetivo es el asignado a la posición pospuesta:

Un amigo viejo (con mucha edad) / *un viejo amigo* (desde hace mucho tiempo).

Un coche grande (de tamaño) / *un gran coche* (de calidad).

Apócope del adjetivo

Algunos adjetivos adoptan una forma apocopada, es decir, acortada, al situarse delante del sustantivo: *buen(o/a), gran(de), mal(o/a).*

INTENSIFICACIÓN DENTRO DEL GRUPO NOMINAL

Además de las formas habituales del grado superlativo, se puede intensificar el adjetivo mediante otras fórmulas cargadas de expresividad, como son:

- La presencia de prefijos, sobre todo en el habla coloquial: *Estaba requetebueno.*
- La reduplicación: *Todo lo que nos pusieron estaba rico rico.*
- La hipérbole en el segundo término del adjetivo superlativo relativo: *Es la mejor estudiante del mundo.*

En el grupo nominal, resulta expresivo el refuerzo del sentido del determinante mediante los adjetivos:

- *Mismo.* Acentúa la identificación: *el mismo día.* También aparece intensificando el valor de los pronombres: *Clara se diseña ella misma la ropa.*
- *Propio.* Refuerza la identidad o la posesión: *el propio Edgar, su propia madre.*

Los grados del adjetivo

Los **grados comparativo** y **superlativo** de los adjetivos resultan más expresivos que el grado positivo o neutro *(sencillo, fresco).* Los comparativos implican una relación entre dos términos usando las fórmulas *menos... que* (inferioridad), *tan... como* (igualdad) y *más... que* (superioridad).

El **superlativo** usa el adverbio *muy* o el sufijo *-ísimo* cuando es **absoluto,** es decir, cuando manifiesta un alto grado de una cualidad; y la fórmula *el más... de* cuando se refiere a la cualidad máxima en un grupo.

2.4 VALORES EXPRESIVOS DEL VERBO

El **verbo** permite expresar la **actitud** que el **hablante** muestra ante la acción, el estado o el proceso que enuncia, gracias a los modos verbales y las posibilidades de elección entre distintos tiempos.

LOS MODOS INDICATIVO Y SUBJUNTIVO

El **modo verbal** permite manifestar distintas actitudes del hablante: el **indicativo** se usa cuando el hablante cree en la **realidad** de lo enunciado; el **subjuntivo**, cuando lo enunciado se percibe como **irreal**, **anticipado** o **deseado.** Hay construcciones que, por su sentido, solo admiten un modo verbal.

Solo admite indicativo

Creo que llegaré.

Solo admite subjuntivo

No creo que llegue.

Cuando se permite la **alternancia** de **modos**, esta adquiere un **valor expresivo** relacionado con la intención comunicativa del hablante.

Busco un libro que tiene una receta de bizcocho casero.	El hablante tiene identificado el libro y ha constatado la presencia de la receta en él.
Busco un libro que tenga una receta de bizcocho casero.	El hablante no tiene identificado el libro en el que desea encontrar la receta.

Los modos indicativo y subjuntivo, en combinación con los tiempos verbales, marcan distintos matices comunicativos en la expresión de la hipótesis.

Condición	Acción principal	Valor comunicativo y actitud del hablante
Si vienes,	*veremos la película.*	Se presenta una **posibilidad real** de que la condición y la acción sucedan. El hablante suele utilizar esta construcción para dar **instrucciones y sugerencias**, así como para enunciar **relaciones causa-efecto** ya comprobadas.
Si vinieras,	*veríamos la película.*	Aunque existe la posibilidad de que se cumplan la condición y la acción principal en un futuro con respecto a la enunciación, **la probabilidad no es muy alta.** Se suele usar para **argumentar y convencer,** y para **formular hipótesis** que se han de contrastar.
Si hubieras venido,	*habríamos visto la película.*	Es **imposible,** por haber pasado la ocasión, **que se cumplan** tanto la condición como la acción principal. El hablante suele utilizar estas construcciones para crear **historias alternativas a la real** o para **lamentar** que algo no haya sucedido.

EL IMPERATIVO Y OTRAS FORMAS CON VALOR IMPERATIVO

El **imperativo** es el modo empleado para dar órdenes: *Elige el libro que prefieras; Elegid un libro cada uno.*

Para la tercera persona, se usan formas del **subjuntivo;** son utilizadas sobre todo en **textos instructivos** en expresiones como: *Léase con atención; Colóquense en fila.* En los textos instructivos aparece también con frecuencia el infinitivo: *Consumir antes de la fecha de caducidad.*

El **infinitivo** precedido de la preposición *a* cobra gran valor expresivo: *¡Chicos, a callar!*

Son muy expresivas las formas que, acompañadas por exclamación, utilizan el subjuntivo en fórmulas como: *¡Que saluden! ¡Vivan los novios!*

De hecho, la forma del subjuntivo *¡viva!* ha pasado a fijarse como una interjección.

LAS FORMAS VERBALES

- **El presente**

El presente de indicativo, además de servir para indicar que algo está ocurriendo en el instante de la enunciación, es un tiempo no marcado o neutro que se utiliza para indicar otros valores, según la intención comunicativa del emisor en los distintos tipos de texto.

Valor y ejemplo	Intención comunicativa y tipo de texto
Presente habitual *Siempre coge ese autobús.*	En una narración, una exposición o un texto instructivo, indica que algo se reitera en el tiempo.
Presente científico *El agua hierve a cien grados.*	En textos expositivos, expresa que una verdad es atemporal.
Presente histórico *El mes pasado veo a Antonio y me dice...*	Suele usarse en textos narrativos, literarios o periodísticos para acercar la realidad que muestran al receptor.
Presente futuro *El próximo sábado salimos para Ceuta.*	Sitúa planes y hechos que no han ocurrido aún en la esfera de lo cercano.
Presente de mandato *Ahora te levantas y recoges todo.*	Plantea órdenes que normalmente requieren una actuación inmediata, por lo que suele ir acompañado de gestos y de adverbios temporales como *ahora, ya...*
Presente instructivo *Doblas el papel por la mitad y lo pliegas con cuidado uniendo las esquinas.*	Este valor permite hacer más vivas y cercanas las pautas de funcionamiento, los pasos para realizar una tarea o las indicaciones para llegar a un lugar.

Todos estos usos tienen como objetivo acercar el mensaje a la situación comunicativa y así conseguir una mayor implicación afectiva del emisor y el receptor en aquello que se dice. Esto mismo ocurre en otras construcciones (sobre todo coloquiales), como el uso del presente para expresar condiciones irreales:

Yo soy tú y no espero al último día para entregar el trabajo.

(= Si yo fuera tú / Si yo hubiera sido tú...).

- **El pretérito y el condicional**

Del mismo modo que el uso del presente acerca la acción al emisor y al receptor, el **pretérito imperfecto** se utiliza para alejarnos de la realidad, y por eso es el tiempo usado para el juego y la fabulación:

¿Jugamos a que yo era un dragón y tú un caballero?

En ocasiones, también se utiliza **en lugar del condicional** en oraciones como: *Si yo fuera tú, no esperaba al último día para entregar el trabajo.*

El **pretérito perfecto compuesto,** en desuso en algunas zonas, sirve para referirse a un hecho pasado en un período de tiempo que llega hasta la actualidad *(He vivido sin problemas hasta ahora),* pero cobra valor expresivo cuando aparece en lugar del pretérito perfecto simple para narrar algo ocurrido en un período de tiempo pasado y terminado *(Mis primos han venido a vernos el año pasado).*

La narración imaginada usa el pretérito imperfecto: *¿Vale que yo era un dragón que tenía un tesoro y entonces tú eras un caballero que venías a buscarlo y finalmente te hacías mi amigo?*

En las **fórmulas de cortesía** se utilizan el **pretérito imperfecto** y el **condicional** en lugar del presente. Los mecanismos de la cortesía tienen el cometido de que **el receptor no se sienta intimidado** o amenazado por las afirmaciones del emisor, de ahí que supongan una distancia que se acentúa usando estas formas verbales.

Venía [= vengo] *a pedir un favor.*

Debías/deberías [= debes] *terminar ya.*

¿Podías/podrías [= puedes] *acercarme ese vaso?*

Además, como se observa en este último ejemplo, es frecuente el uso de preguntas con perífrasis modales en lugar de órdenes.

Cuando el **grado de confianza** entre emisor y receptor **es grande,** suele relajarse la cortesía, y la comunicación de **peticiones y órdenes** se torna **más directa:** *Hazme un favor: acércame el vaso.*

- **El futuro**

Los **usos expresivos** del futuro **más frecuentes** son indicar la creencia de que algo sucederá, y mostrar, cuando se niega, rechazo o extrañeza ante una realidad. Este tiempo también tiene valor de mandato cuando se enuncian leyes o existe una certeza muy alta de que la orden se cumplirá; un uso relacionado con este es el uso instructivo o de planificación.

Valor y ejemplo	Intención comunicativa y tipo de texto
Probabilidad: *Seguirás aquí cuando vuelva, ¿verdad?*	El emisor da por hecho que lo enunciado sucederá, aunque no tiene completa seguridad. Suele usarse también en el ámbito coloquial como forma de deseo o de orden relajada (el emisor no tiene autoridad para que el receptor la cumpla).
Rechazo: *No seguirás aquí cuando vuelva, ¿verdad?*	Es una sugerencia u orden relajada, usada en el ámbito coloquial, en la que el emisor no tiene autoridad para evitar que el receptor realice la acción, pero muestra su deseo de que no ocurra.
Mandato: *No volverás a hacer eso.*	El emisor tiene autoridad para dar órdenes al receptor y por eso puede afirmar o negar con rotundidad que vaya a ocurrir o no aquello a lo que se refiere la acción verbal, por lo que es muy frecuente en normas y textos legales.
Instrucción/planificación: *Después cogerás/cogeremos por una calle estrecha.*	El emisor presenta como una realidad futura la secuencia de acciones que propone al emisor o que proyecta realizar.

ACTIVIDADES

03 LAS CATEGORÍAS GRAMATICALES Y SUS VALORES COMUNICATIVOS

1 Categorías gramaticales e intención comunicativa

1 Di a qué categoría pertenecen las palabras subrayadas en el siguiente texto.

> **¿Qué es el *crowdfunding*?**
>
> Hasta hace muy poco tiempo, si alguien quería sacar un proyecto adelante y necesitaba financiación, tenía una serie de opciones genéricas. [...] Hoy en día, cada vez existen más plataformas de *crowdfunding*, pero ¿qué es el *crowdfunding*, la financiación colectiva o el micromecenazgo?
>
> www.universocrowdfunding.com

2 Indica cuál es la modalidad de estas oraciones y señala los rasgos mediante los cuales se manifiesta.

a. Ojalá me dé tiempo a terminar la memoria.

b. ¡Tú eres el que se ha confundido de día!

c. ¿Ha llegado todo el material?

d. No debes despistarte tanto.

e. Quizás tengamos que repetir todo el proyecto.

3 En cada par de oraciones hay una que contiene un adverbio de modalidad. Señálala y explica la diferencia de significado entre ellas.

a. Sencillamente, hacen lo que quieren. / Hacen lo que quieren sencillamente.

b. La aventura terminó, afortunadamente. / La aventura terminó afortunadamente.

c. Ana nunca tiene problema en hablar conmigo francamente. / Francamente, Ana nunca tiene problema en hablar conmigo.

4 Di cuál de las oraciones de cada par tiene un mayor valor expresivo y explica por qué.

a. Preparé esos documentos ayer. / Esos documentos los preparé ayer.

b. No puedes venir. / Evidentemente, tú no puedes venir bajo ningún concepto.

c. Ayer cayeron chuzos de punta. / Ayer llovió mucho.

d. Quiero salir rápido. / Quiero salir pitando.

2 Valores expresivos de las categorías

5 ¿Cuál es el uso expresivo de los pronombres personales que se utiliza en este texto? Introduce, además, reduplicaciones de pronombres en los casos en que sea posible.

El abuelo se queda ensimismado, como si recordara.

—¿Que no puede ser? Pues con mis propios ojos vi yo una lluvia de ranas cuando era un chaval. Y ellos, los ingenieros: «Sería un efecto óptico. ¿Cómo van a llover ranas? Eso no se ha visto nunca, nunca. Imposible». ¿Imposible? Tú sabes, Sabina, que no me gusta terquear por algo que yo mismo vi, así que cambió de tercio. Se ve que esa gente sabrá de lo suyo, pero las tormentas les resbalan. Porque, digo yo, si no llovieron ranas, ¿cómo había cientos, qué digo cientos, miles de ranas saltando por las calles como una plaga de mosquitos o de tábanos? ¿De dónde vinieron así, de repente, tantísimas ranas?

Ignacio Sanz
Luces de tormenta
Edelvives

6 Continúa el texto anterior con una posible respuesta de la nieta en la que utilice el dativo ético, así como la reduplicación de un complemento con valor expresivo.

7 En este texto hay dos repeticiones pronominales. ¿Son expresivas o exigidas por la construcción gramatical? Argumenta la respuesta.

10 claves para emprender con éxito

La clave para que una empresa sea bien recibida en el mercado está en darle al cliente lo que necesita. ¿Solo eso? No. Lo ideal es superar sus expectativas. Uno de los errores más comunes es creer que tu negocio será un éxito solo porque a ti te gusta. Por ejemplo, abrir una tienda de videojuegos en una zona donde la mayoría de la población tiene más de 50 años.

www.entrepreneur.com

8 Distingue entre los adjetivos valorativos y los descriptivos de este texto y comprueba en qué posición se sitúan.

Llegaron a una curva en el camino, y, delante de ellos, una suave luz amarilla iluminaba el horizonte, por lo que el niño supo que estaban cerca del castillo del rey. De repente, notó que se llenaba de energía y animó a Scylla a acelerar la marcha, aunque los dos estaban cansados y hambrientos. La yegua empezó a trotar, como si ya pudiese oler el heno, el agua fresca y una cuadra calentita donde descansar, pero, con la misma rapidez que se había animado, David la frenó y escuchó con atención.

John Connolly
El libro de las cosas perdidas. Oniro

9 Enriquece expresivamente este texto cambiando el orden de los elementos que lo permitan e introduciendo el adjetivo *mismo* o *propio* cuando sea posible.

Izan Aldaketa, un proyecto para combatir el cambio climático

Con motivo de la Semana Europea de Prevención de Residuos, Andoain acogerá el próximo día 21, jueves, la iniciativa pionera Izan Aldaketa, dirigida a concienciar sobre los problemas medioambientales, combatir el cambio climático empoderando a la sociedad a ser parte de ese cambio y proponer soluciones que la ciudadanía pueda implementar en su día a día.

www.diariovasco.com

10 Localiza en este fragmento los demostrativos y modifica su colocación para que el texto resulte más expresivo. ¿Qué otro elemento aparece reforzando el valor de un determinante y qué efecto tiene?

Había visto una infinidad de cosas, pero todos aquellos misterios no le importaban. El suyo no había estado entre ellos. Y como no lo había encontrado, todos los demás permanecieron mudos.

Si no hubiese empezado nunca ese viaje, al menos le habría quedado el sueño de que en algún lugar del mundo existía la señal que estaba dirigida a él, que le hablaba en un idioma que solo él comprendía, que era la clave del enigma de su propia existencia.

Michael Ende
El espejo en el espejo. Alfaguara

11 Localiza en el siguiente fragmento las formas de subjuntivo y explica por qué aparecen, indicando si sería posible que hubiera en su lugar formas de indicativo y cómo cambiaría su valor.

—Mira, Antonio. —Dejó de mecerse por inercia y se inclinó hacia adelante—. No quiero que te pase lo que a tu abuelo.

—Yo no voy a tener un accidente, espero.

—No me refiero a eso, sino al hecho de anhelar tanto una cosa, tanto, que, al no conseguirla, por la razón que sea, te vengas abajo como le sucedió a él. La vida dejó de tener un sentido. Pensaba que había venido a este mundo por algo y acabó diciendo que no, que pasaría al olvido, como tantos, y un día nadie se acordaría de su existencia.

—Aunque hubiera sido campeón olímpico, dentro de quinientos o mil años tampoco nadie se habría acordado de él.

Jordi Sierra i Fabra
Efectos especiales
Edelvives

12 ¿Qué uso se da al presente en estas oraciones? Indica (si los hay) los valores expresivos que presentan.

a. El próximo sábado se pone en marcha la iniciativa «Tarragona recicla».

b. A falta de diez minutos para el final, el equipo local vence en casa tras tres derrotas seguidas.

c. Aquí pones los motivos por los que solicitas la beca y luego la entregas en ventanilla.

d. Ahora nos aseguramos de que hemos puesto el nombre, dejamos los bolígrafos sobre la mesa y pasamos el examen al compañero de delante.

e. El éxodo rural en el siglo XIX provoca grandes problemas en las ciudades.

Además, señala cuál de ellos encontrarías en:

1. Un ensayo histórico.
2. Un texto periodístico.
3. Unas instrucciones.
4. Un anuncio.
5. Una serie de órdenes

13 Lee el siguiente texto de Alejandro Casona y responde a las preguntas.

> **MADRE.— ¿El potro?… *(Se levanta resuelta)*. ¡Eso sí que no! ¡No pensarás montar ese manojo de nervios, que se espanta de un relámpago.**
>
> **MARTÍN.— ¿Y por qué no? Después de todo, alguna vez tenía que ser la primera. ¿Dónde está la espuela?**
>
> **MADRE.— No tientes al cielo, hijo. Los caminos están resbaladizos de hielo… y el paso del Rabión es peligroso.**
>
> **MARTÍN.— Siempre con tus miedos. ¿Quieres meterme en un rincón, como a tus hijos? Ya estoy harto de que me guarden la espalda consejos de mujer.**

Alejandro CASONA
La dama del alba
Cátedra

a. ¿Qué uso expresivo se hace del futuro?

b. ¿Para qué se utiliza el subjuntivo? ¿Puede alternar con el indicativo?

c. ¿Qué valor tiene el pretérito imperfecto de indicativo? ¿Qué tiempo verbal podría utilizarse de forma menos expresiva en su lugar?

14 Escribe cuatro expresiones condicionales que puede usar la madre del texto anterior para:

a. Aconsejar a Martín que tenga cuidado.

b. Pedir amablemente a un vecino que lo acompañe para cuidar de él.

c. Reñir a Martín por las consecuencias de una acción pasada.

d. Dar a Martín una alternativa para una actividad en casa en lugar del paseo a caballo.

15 ¿Qué uso del futuro se hace en el siguiente texto? Sustituye las formas de futuro por otra forma verbal que mantenga la intención comunicativa.

> **Realización de proyectos finales: memoria y desarrollo**
>
> **Una vez que sabemos lo que queremos hacer, pasaremos a realizar una planificación temporal. Para ello llevaremos a cabo una estimación de tiempos para cada funcionalidad identificada (recuerda que un proyecto académico tiene asignada una cantidad de créditos, y esos créditos son horas de dedicación, por lo que la planificación no debería exceder ese número de horas).**

www.seas.es/blog/

16 Imagina y escribe un diálogo entre los personajes de esta escena utilizando, en primer lugar, fórmulas de cortesía; y después, fórmulas directas.

Lee este artículo y realiza las actividades de la página siguiente.

www.elperiodico.com/04/09/2016 (actualizada 13/02/2017)

¿Café solo o con gato?

Aquí a uno le entra de sopetón la credulidad de *Alicia en el país de las maravillas.* En pocas cafeterías te advierten de que se te puede sentar Clooney en las rodillas. Hay gato encerrado, claro. Nueve gatos en concreto. «Encerrados hasta que encuentren una familia», puntualiza Tereza.

Tereza Reindlova sonríe tras una pequeña barra. Frente a ella, una decena de personas toman algo sin prestar atención a lo que toman. Hay un árbol de pega, estanterías con escalones y tazas donde se lee «el ronroneo es un masaje al corazón». Cada mesa tiene su carta de gatos: se detalla nombre, edad y carácter de los nueve que se pasean alrededor. Hay quien intenta pescarlos con cañas de juguete, otros los miran embobados, les tiran ratones de plástico y alguno sonríe triunfal con un minino negro ronroneando en el regazo. Ese es Clooney.

Espai de Gats. Un escaparate en la calle Terol basta como reclamo: siempre hay alguien marcando vaho delante del cristal. «Muchas veces hay más gente fuera que dentro», asegura Tereza. «Limitamos el aforo. La idea es tener un ruido aceptable para los gatos». Unas diez personas. Si son tranquilas, veinte. Así que se recomienda reservar. No cierran hasta las once de la noche. «Respetamos los horarios de los gatos. Ellos son nocturnos».

El local se llena a diario desde que lo abrieron hace poco más de un mes. Son dos socias: Tereza y Eva González. «Llevamos bastante tiempo en protectoras de gatos como voluntarias», explica la checa, que se instaló en Barcelona hace 9 años. «Pensamos fusionar el concepto de *cat café* japonés, que es lúdico, con el de una protectora». Aquí el objetivo es que los gatos encuentren casa. Todos son de protectoras. «Damos prioridad a los casos que llevan más tiempo buscando familia». Por ejemplo: Clooney, el «seductor», y Pavarotti, el otro gato negro que remolonea por el café. Ambos sufrieron juntos un síndrome de Noé. «La gente que

acumula animales en casa —explica Tereza—. Había 40 o 50 gatos en esa familia».

Al entrar hay que atravesar dos puertas para evitar fugas, como en un banco. Tereza recibe a los recién llegados con una retahíla de normas. «Nunca se les debe obligar a hacer nada», le dice a una niña que viene con sus padres. «No les deis de comer», añade con seriedad. «Es una de nuestras tareas —explicará Tereza después—: «Enseñar que el gato no es un juguete, que hay que respetar su carácter». De hecho, este mes empezarán a dar charlas.

A dos minutos, en la calle Sant Lluís, hay otro local donde te recibe ronroneando Freud. *Gatuari.* También ofrece todo el 'cat-pack': gatos, bebidas, 'mer-cat-dising', aunque este, más que un café, da impresión de 'loft'. Incluye un árbol y estantes a prueba de siete vidas: en todas las alturas posibles. Tiene música zen de fondo y «biblioteca animalista» con libros hasta de Garfield. «No es un sitio en el que dejar a los niños como si fuera un 'chikipark' —apunta Meritxell—. Se llama *Gatuari* porque es la fusión de gato con *santuari*».

[...] Ya era de prever que unos cafés con gatos traerían cola.

Ana Sánchez (adaptación)

1 ¿Qué significa la primera oración del texto?

a. Que en la cafetería hay libros para leer, entre ellos el de *Alicia*.

b. Que la decoración está inspirada en *Alicia en el país de las maravillas*.

c. Que hay un gato como el que tiene la protagonista de *Alicia*.

d. Que en esta cafetería es real lo que puede parecer increíble.

2 Indica si las siguientes afirmaciones son verdaderas o falsas.

a. Freud es el propietario de *Gatuari*. V F

b. Se recomienda no dar de comer a los gatos. F V

c. Pavarotti es un gato de color negro. F V

d. Es normal ver gente espiando *Espai de Gats* desde la calle Sant Lluís. V F

3 En los *cat café* los niños...

a. deben respetar las normas como los adultos.

b. no pueden entrar porque son menores de edad.

c. pueden corretear con los gatos por todo el local.

d. pueden jugar con los gatos solo si adoptan uno.

4 ¿Por qué *Espai de Gats* tiene dos puertas?

a. Para evitar que entre el frío de la calle.

b. Para que no se escapen los gatos.

c. Para controlar mejor el aforo en el local.

d. Para que los niños no puedan salir.

5 Se recomienda reservar porque...

a. el número de clientes es limitado.

b. es una manera de asegurar que cada cliente tenga el gato que ha reservado.

c. no abren todos los días.

d. cierran a las once de la noche.

6 La palabra «café» en el texto...

a. se usa con un único significado.

b. se usa con valor metafórico.

c. se usa con distintas acepciones.

d. permite el juego con el lenguaje mediante la polisemia.

7 ¿Cuál es el objetivo principal de los *cat café* de los que habla el texto?

a. Tomar algo mientras se acaricia un gato.

b. Socializar con gatos y acogerlos.

c. Fomentar el aspecto lúdico con los felinos.

d. Jugar con gatos si no se puede tener uno en casa.

8 La expresividad del texto se consigue mediante...

a. el juego constante con expresiones y frases hechas.

b. el uso de pronombres personales.

c. los adjetivos antepuestos al nombre.

d. el uso de adjetivos superlativos.

9 El síndrome de Noé...

a. es un trastorno por acumulación de gatos en casa.

b. consiste en reunir gran cantidad de animales domésticos en protectoras.

c. es la acumulación de un gran número de animales domésticos en casa.

d. supone el cuidado y la atención de un número elevado de animales domésticos.

10 La expresión «traer cola» (subrayada en el texto) significa...

a. ser bien recibido.

b. hacerse famoso.

c. durar mucho tiempo.

d. tener consecuencias.

11 Explica con tus palabras a qué se refiere el término 'mer-cat-dising'. Realiza el diseño de algún producto y exponlo ante tus compañeros.

12 Escribe una redacción de 125 palabras como mínimo para hablar de los animales abandonados y la importancia de iniciativas para fomentar el bienestar animal.

ALMACENAMIENTO Y TRANSFERENCIA DE DATOS A TRAVÉS DE LA NUBE

Hasta no hace mucho tiempo, los usuarios tecnológicos guardaban los archivos en su ordenador, pero ello acarreaba problemas con la capacidad del mismo y también existía el peligro que, si se les estropeaba el dispositivo, podían perder toda su información. Los usuarios fueron acostumbrándose a guardar copias de seguridad en pequeños **disquetes externos** de baja capacidad, **memorias USB** o, recientemente, en **discos duros externos** de mayor capacidad. De este modo, además de asegurarse una copia, aligeraban la carga de memoria de sus ordenadores personales.

LA NUBE

Durante la primera década del siglo XXI, los principales proveedores de servicios de Internet pusieron a disposición de sus clientes la posibilidad de almacenar sus archivos a gran escala y con total seguridad. Este sistema, que en inglés se llama *cloud computing* y en español es conocido como la **nube,** se ha popularizado en todo el mundo.

La nube es un sistema que permite **almacenar archivos** en un servidor externo en red y **se puede acceder a ellos** con cualquier **sistema operativo** y desde todos los ordenadores o dispositivos que tengan acceso a Internet.

Además, se ha convertido en uno de los principales servicios para el **envío e intercambio de archivos de gran tamaño** entre usuarios particulares, ya que evita la lentitud y la inseguridad de colapsar el sistema de correo electrónico, que normalmente no permite envíos con un peso superior a 25 MB.

Alrededor de la nube nacieron **herramientas** que permiten a los usuarios enviar archivos pesados de manera gratuita y polivalente. Son fáciles de usar y es muy rápido adaptarse a sus sistemas de envío y descarga. Además, permiten a los usuarios trabajar en **entornos seguros,** lejos de los programas maliciosos y el *phishing,* que consiste en engañar a las personas para que compartan información confidencial como contraseñas y números de tarjetas de crédito.

A pesar de que el funcionamiento de estas herramientas suele ser muy parecido, existen una serie de particularidades que los usuarios deben conocer antes de utilizarlas, ya que no todas tiene la **misma capacidad de envío** ni ofrecen el mismo **número de descargas** y **límite de tiempo** para acceder a la información.

Ventajas de guardar ficheros en la nube

- **Disponibilidad.** El usuario dispone de todos sus archivos desde cualquier lugar del mundo siempre que esté conectado a Internet (puede acceder a ellos desde el móvil, el ordenador de un amigo, un cibercafé, etc.).
- **Seguridad.** Se pueden guardar copias de seguridad de la información e, incluso, de las contraseñas. Si el disco duro del ordenador se estropea, el usuario siempre tendrá sus archivos guardados y seguros.
- **Edición simultánea de archivos.** Diversos usuarios que cuenten con los mismos permisos de accesibilidad pueden usar y modificar los archivos de forma simultánea sin preocuparse por guardar versiones.
- **Mover datos entre dispositivos.** Antes, para mover archivos de un dispositivo a otro, los usuarios debían utilizar memorias USB, discos duros, CD o DVD. Con los archivos en la nube, cualquiera puede acceder a sus archivos desde cualquier dispositivo.
- **Fiabilidad.** Los servidores de última generación son muy fiables. Los proveedores realizan varias copias de seguridad de los documentos que se guardan en ellos.
- **Compartir archivos.** Guardar los archivos en la nube permite compartirlos con una o varias personas de manera fácil y rápida.

Algunas de las **herramientas más populares para el envío de archivos** pesados son **WeTransfer, Terashare, SendThisFile, Ydray, Smash, MailBigFile, Filemail, DropSend, TransferNow, Fastest.Fish, Instant.io, Google Drive** o **MyAirBridge**.

Cada una tiene sus particularidades. Los usuarios deberán escoger la más adecuada en función de las necesidades de cada momento.

Cómo utilizar uno de estos sistemas: WeTransfer

1. Deja en tu escritorio el documento que quieras enviar.
2. Entra en: https://wetransfer.com/
3. A mano izquierda encontrarás la ventana «Añadir documentos». Cuando hagas clic sobre ella, se abrirá una ventana con el contenido de tu escritorio.
4. Selecciona el documento escogido y se activará la opción «Abrir». Pulsa en ella.
5. Automáticamente, volverás a la ventana de WeTransfer, desde la que podrás añadir más archivos, escribir un mensaje a tu interlocutor y enviarlo o crear un enlace para, posteriormente, copiarlo en un correo electrónico aparte y enviárselo al destinatario. Elige la opción que crees más conveniente.
6. A continuación, se abrirá un proceso de porcentaje de carga que tardará más o menos segundos en función del tamaño del documento y de tu conexión de red.
7. Cuando llegue al 100 %, se enviará el mensaje o bien se generará un enlace para que lo puedas copiar y enviar.
8. Cuando el mensaje llegue al destinatario, recibirás un correo electrónico automático que te lo comunicará y, cuando lo descargue, te llegará otro.

1 Responde a las siguientes preguntas.

a. ¿Qué es la nube?

b. ¿Cuáles son sus principales beneficios?

c. ¿Consideras que la nube es segura? Justifica tu respuesta.

2 Explica cuáles son las principales características de las herramientas para compartir archivos a través de la nube. Después, invéntate un nombre genérico, corto y atractivo para definirlas que te permita describir el servicio que prestan. A continuación, cada uno compartirá el nombre inventado con el resto de la clase. Finalmente, debatid cuál os parece más adecuado y argumentad el porqué.

3 Busca en Internet las herramientas que se indican al inicio de esta página. Entra en ellas y analiza sus características y funcionamiento: capacidad de los archivos que permiten enviar, límite de tiempo para la descarga, cantidad de descargas, registro, etc. Elabora un resumen comparativo de todas estas herramientas y guárdalo en tu entorno personal de trabajo.

4 Por parejas, escoged un par de presentaciones de este curso que pesen más de 25 MB y enviáoslas el uno al otro con WeTransfer. Hecho esto, comentad si ha sido fácil o difícil y cuáles han sido los pasos menos prácticos. ¿Cómo lo haríais, si pudierais mejorar el proceso?

https://www.xatakandroid.com

Así es 'When & Where', la *app* diseñada por unas adolescentes para que las mujeres lleguen a salvo a su destino

Laura Sacristán

Salvo algún caso aislado, como Absher (que permite a los hombres de Arabia Saudí controlar la vida de sus mujeres), en las tiendas de aplicaciones podemos encontrar una gran variedad de **propuestas destinadas a ayudar a las mujeres** a llevar una vida más fácil o más segura, dependiendo del caso.

Prueba de ello son la *app* de citas Muapp y el ejemplo que nos ocupa hoy: When & Where. Esta aplicación, diseñada por un grupo de jóvenes españolas, **obtiene tu localización en tiempo real** y, si detecta que algo va mal, te permite llamar a emergencias o a un contacto que previamente hayas seleccionado.

Detrás de esta When & Where está The LPSN Company, un grupo de cinco adolescentes que, tras los casos de Diana Quer y Laura Luelmo, entre otros, decidieron crear una aplicación móvil para ayudar a las mujeres a llegar sanas y salvas a su destino. Y no solo a mujeres, sino que, como afirman sus creadoras, When & Where también puede ser de utilidad para otros colectivos, como por ejemplo niños, personas que sufren alzheimer o, por qué no, hombres.

Esta nueva aplicación, que resultó finalista en el concurso mundial Technovation Challenge, ya **puede descargarse de manera gratuita en Google Play** y aseguran que próximamente habrá una versión para iOS. Puesto que el proyecto era para un concurso mundial, salió inicialmente en inglés, pero acaban de lanzar también la versión en castellano.

¿Y cómo funciona When & Where? Muy sencillo, una vez descargada e instalada, la aplicación te solicita permiso para acceder a tu ubicación y a la cámara del teléfono. Cuando se los concedemos, nos lleva directamente a la pantalla inicio, donde nos encontramos con varias opciones:

- Botón redondo para **llamar al 112** en caso de emergencia (te pide confirmación cuando lo pulsas para evitar llamadas accidentales).
- Menú lateral, desde donde podremos **asignar un contacto de emergencia** de nuestra agenda, consultar nuestras rutas favoritas o ver un vídeo donde se explica el funcionamiento de la *app*.
- **Cámara:** para hacer una foto en un momento dado y enviársela a nuestro contacto de emergencia.
- Los dos modos de uso de la *app*: «Take me to...» («Llévame a», en la versión en castellano) y «Start» («Inicio»).

En el modo «Take me to...», estableces un destino y comienzas a andar hacia él; la aplicación te geolocaliza y, **si la distancia hacia el destino no disminuye o te paras, te envía una alerta** para confirmar que estás bien. Tanto si no respondes como si pulsas que no, llama directamente a tu contacto de emergencia. Una vez hayas llegado al destino, puedes guardar el trayecto en tu sección de rutas favoritas.

1 Indica cuál es la categoría de las siguientes palabras presentes en el primer párrafo: *aislado, aplicaciones, una, más, dependiendo, a, algún, que.*

2 Localiza ejemplos de tres modalidades oracionales distintas y explica por qué las has reconocido.

3 Redacta dos afirmaciones acerca de este proyecto con adverbios de modalidad que muestren tu percepción subjetiva al respecto.

4 Refuerza la expresividad del quinto y del último párrafo del texto usando pronombres personales y los adjetivos *mismo* o *propio* cuando te parezca oportuno. A continuación, reescribe los párrafos.

5 Imagina que la aplicación se comunica con el usuario de forma coloquial, dándole consejos. ¿En cuáles se podría incluir un dativo ético?

6 El demostrativo *esta* aparece en tres ocasiones. ¿Qué cambios aprecias si lo colocas en una posición distinta con respecto al núcleo del grupo nominal?

7 En el texto aparecen dos adjetivos antepuestos. ¿De qué tipo son? ¿Por qué se han situado en esa posición?

8 En los párrafos donde se explica cuáles son las opciones de la aplicación, los adjetivos aparecen pospuestos al núcleo. ¿Por qué? ¿Podrían anteponerse?

9 ¿Qué modo verbal se utiliza en las dos formas personales del titular? ¿Por qué?

10 Localiza dos usos del subjuntivo en el cuerpo del artículo y comprueba si se trata de un uso exigido por la estructura gramatical o de un uso expresivo.

11 ¿Qué diferencia expresiva se produce entre la afirmación del texto «Cuando se los concedemos» / «lo pulsas» y la posible alternativa «Cuando se los concedamos / lo pulsas»?

12 ¿Qué valor tienen la mayoría de las formas de presente que aparecen en el texto? ¿Qué valor podemos interpretar en «estableces un destino y comienzas a andar»?

13 ¿Qué tiempo verbal podríamos usar en el texto en lugar de *decidieron, resultó* y *salió*, y qué valor expresivo aportaría?

14 En el manual de esta aplicación podríamos encontrar órdenes, consejos y sugerencias en las que se empleasen distintos tiempos verbales. Escribe esos posibles textos utilizando el pretérito imperfecto, el condicional simple, el infinitivo y el futuro simple.

15 Organiza los siguientes modos y tiempos citados en las preguntas anteriores en un esquema gráfico: indicativo, imperativo, presente, pretérito imperfecto, pretérito perfecto simple, subjuntivo, pretérito perfecto compuesto, futuro simple, condicional simple.

Cuando lo hayas terminado, rodea de rojo aquellos que pienses que sirven para expresar mandato o instrucción, y de verde, los que expresan consejo, deseo o situación irreal. Ten en cuenta que quedarán sin rodear aquellos tiempos y modos que no se usen para esas funciones expresivas, y que puede haber algún tiempo que se use para ambas.

16 **TIC** Graba una presentación oral de un minuto de la *app* When & Where. Primero, elabora el guion que seguirás.

04 LA ORACIÓN SIMPLE Y LA COMPUESTA

NINGUNA SOCIEDAD
DEMOCRÁTICA
PUEDE EXISTIR SIN
UNA PRENSA
LIBRE,
INDEPENDIENTE
Y PLURAL

KOFI ANNAN

PRESENTAR

EL FALSO *NEWS*

¿Sabías que en la Antigüedad ya se contaban noticias falsas o *fake news*? Haced una recopilación de noticias falsas que se hayan divulgado a lo largo de la historia y elaborad una portada de periódico con algunas de ellas. Después, debatid en clase sobre por qué se crean, quién las crea y cuáles son sus consecuencias.

CONOCER

¿QUÉ SOY YO?

En grupos, elaborad el juego de mesa *¿Qué soy yo?* Deberéis fabricar unas cartas con los elementos de la oración (sujeto, predicado, complementos del predicado, etc.). Para jugar, las repartiréis boca abajo y solo podréis ver las cartas que tienen los demás. Tendréis que adivinar qué elemento os ha tocado a cada uno haciendo preguntas al resto del grupo. ¡Cuidado! Solo se podrá responder *sí* o *no*. ¿Conseguiréis adivinarlo?

CREAR

COORDINACIÓN MUSICAL

En grupos, realizad un vídeo en el que expliquéis las oraciones coordinadas a vuestros compañeros y compañeras. Debéis extraer todos los ejemplos que utilicéis de canciones conocidas que os gusten. Animad el vídeo con la propia música de las canciones elegidas.

INVESTIGAR

BUSCA LAS DIFERENCIAS

En grupos, elegid una noticia que aparezca en al menos cinco medios de comunicación diferentes, con el fin de investigar de qué manera se ha tratado en cada uno de ellos, qué titulares se han utilizado, qué medio aporta más datos, si en algún caso, además de información, se aporta una opinión, etc. Estableced las conclusiones de vuestra investigación y elegid un medio visual con el que exponerlas a los demás grupos.

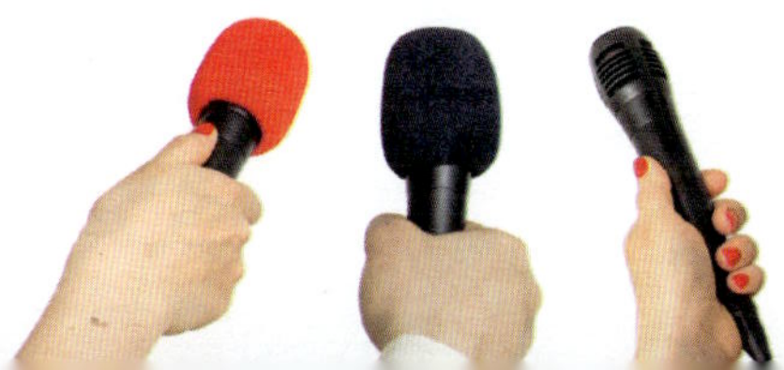

¿Qué sabes sobre el maltrato animal? ¿Piensas que podemos comportarnos como queramos con los animales o que tienen derechos?

https://elpais.com/sociedad/2019/10/30/actualidad/1572469220_231759.html

Nueva York prohíbe la venta de *foie gras* en tiendas y restaurantes

La ciudad se suma a California y los establecimientos que ofrezcan el producto serán multados con 2 000 dolares a partir de 2022

Sandro Pozzi
Nueva York - 31 OCTUBRE 2019

El movimiento contra el maltrato de los animales se apunta una nueva victoria. La ciudad de Nueva York aprobó este miércoles con un voto abrumador (42 a favor y 6 en contra) una legislación para prohibir la venta de *foie*, uno de los mayores mercados para este producto en EE. UU. Las tiendas y restaurantes que ofrezcan el manjar serán sancionadas con 2 000 dólares (1 800 euros) de multa. La medida entrará en vigor en 2022.

La mayor metrópoli estadounidense, una de las grandes mecas culinarias del mundo, se suma así a California. La mayoría de los miembros del consejo municipal en Nueva York había firmado ya la propuesta patrocinada por la demócrata Carlina Rivera, por lo que su adopción era una mera formalidad. La ciudad de Chicago fue pionera con la adopción de una iniciativa similar en 2006, pero aquella orden municipal fue revocada a los dos años.

Se estima que cerca de un millar de restaurantes ofrecen *foie gras* en sus menús en Nueva York. Pero la legislación afectará especialmente a los productores que operan fuera de la ciudad. Los granjeros aseguran que las aves no sufren un trato abusivo durante el proceso de engorde y advierten de que el veto agravará sus problemas financieros. Sin Nueva York ni California les será complicado mantenerse a flote.

El Tribunal Supremo ratificó el pasado enero la prohibición que se impuso en California contra un producto que en Francia se considera patrimonio gastronómico y cultural. El *foie gras* está elaborado con hígado hipertrofiado de pato y ganso, que se produce cebando forzosamente al animal. La legislación en ese Estado entró en vigor en 2012, se suspendió tres años y volvió a instaurarse en 2017.

La cadena de supermercados de productos orgánicos Whole Foods, que ahora es propiedad de Amazon, dejó de vender *foie gras* hace dos décadas. La prohibición que se impone ahora en Nueva York, una ciudad conocida también por sus excesos con el lujo, refleja como una tradición gastronómica tan arraigada sucumbe ante un consejo municipal cada vez más dominado por políticos progresistas.

La propuesta original de Rivera contemplaba también la posibilidad de que los que violaran la orden municipal pudieran enfrentarse a hasta un año de prisión. La reprimenda penal se eliminó pero a cambio se elevó la pena máxima de 1 000 dólares a 2 000 dólares. «Es una de las prácticas más violentas contra un animal y se hace simplemente porque se trata de un producto de lujo», justifica la política. El alcalde Bill de Blasio se mantuvo al margen, aunque apoya la iniciativa.

Las organizaciones que defienden los derechos de los animales, como Voters for Animal Rights, consideran que es la legislación más importante adoptada hasta la fecha en Nueva York en este ámbito. Argentina, Austria, Dinamarca, República Checa, Finlandia, Israel, Turquía, Alemania, Irlanda, Italia, Luxemburgo, Noruega, Polonia, Suecia, Suiza, Holanda o Reino Unido ya han prohibido la producción, según Igualdad Animal. India también ha prohibido la importación.

Leer

1 Localiza las afirmaciones falsas y reescríbelas para que sean correctas.

a. En California se prohíbe la venta de *foie*.

b. Nueva York ya multa con 2 000 dólares a los establecimientos que vendan *foie*.

c. En Chicago también está prohibido este producto.

d. El *foie gras* se produce cebando a la fuerza a patos y gansos.

2 En el texto aparecen dos ideas contrarias sobre el trato que sufren los animales de los que se obtiene el *foie*. Localízalas y señala quién defiende cada una.

3 Haz un esquema con las ideas principales de la noticia. A continuación, a partir de ellas, resúmela.

4 ¿Cuál es el tema del texto? ¿Y su intención?

5 Elabora un listado con los datos objetivos que aparecen en la noticia.

6 Señala quiénes defienden las medidas propuestas en el texto y quiénes las rechazan. ¿Qué argumentos da cada uno?

7 Localiza en el texto las 6 W del periodismo.

8 Identifica los términos valorativos y cópialos en una tabla como la siguiente.

Léxico positivo				Léxico negativo			
Sustantivos	Adjetivos	Verbos	Adverbios	Sustantivos	Adjetivos	Verbos	Adverbios

¿Con qué idea se asocian los términos positivos? ¿Y los negativos?

9 Reflexiona a partir de la tabla anterior: ¿qué visión ofrece el periodista sobre el tema de la noticia? ¿Crees que es totalmente objetivo?

Sin faltas.com

10 ▶ En el artículo hay dos errores de acentuación. Identifícalos y di qué regla se incumple en cada caso.

11 ▶ ¿Está bien construida la oración de la entradilla «La ciudad se suma a California y los establecimientos que ofrezcan el producto serán multados con 2 000 dolares a partir de 2022»? Modifica la puntuación para que resulte más adecuada.

Opinar

12 ¿Qué opináis de la prohibición que se describe en el artículo? ¿Conocéis otros casos similares? ¿Estáis de acuerdo con las leyes promulgadas al respecto? Debatidlo.

13 Escribe una noticia en la que se anuncie el fin de alguna situación que consideres muy negativa (por ejemplo, el maltrato infantil, la violencia de género, etc.).

Léxico valorativo

Se consideran léxico valorativo aquellas palabras que tienen un valor connotativo, que puede ser positivo o negativo (por ejemplo, *dolor*, *felicidad*...). Cuando se trata de adjetivos, estos no definen objetivamente el elemento al que se refieren, sino que definen la percepción que se tiene de ellos *(espléndido, inhumano...)*.

Las 6 W del periodismo
What? (hecho): ¿qué?
Where? (lugar): ¿dónde?
Who? (autor): ¿quién?
How? (modo): ¿cómo?
When? (tiempo): ¿cuándo?
Why? (causa): ¿por qué?

1 LOS GÉNEROS INFORMATIVOS: INFORMACIÓN FRENTE A OPINIÓN

Los géneros periodísticos se clasifican en tres **subgéneros:** de **información**, de **opinión** y **mixtos** o interpretativos.

La **noticia** es un **género informativo** que se caracteriza por la **objetividad**, la **inmediatez** y la **brevedad.**

No obstante, hay quien afirma que el hecho de **seleccionar unos hechos** y no otros ya es una forma de subjetividad. Por otro lado, en ocasiones los **periodistas** reflejan en las noticias su **propia personalidad**, como se observa en la lectura inicial. También ocurre que **diferentes medios** pueden dar un tratamiento distinto a unos mismos hechos, en función del **enfoque** que ofrezcan.

En la actualidad, se está extendiendo un tipo de noticia más próxima a los subgéneros mixtos: la **noticia-comentario**, en la que aparecen párrafos valorativos con un estilo y una interpretación personal de los hechos.

Los siguientes **titulares**, extraídos de varios periódicos, se refieren al mismo hecho que se analiza en la noticia de la lectura. Algunos son completamente objetivos; en cambio, otros utilizan diferentes recursos para llamar la atención.

EL SOL DEL CENTRO

¡Arriba los patos! Nueva York prohíbe vender *foie gras* a partir de 2022

EL CIERRE DIGITAL

España es el cuarto productor mundial de este demandado producto y uno de los pocos países del continente que autorizan su producción

La guerra del *foie gras:* Nueva York prohíbe esta exquisitez culinaria de 3500 años de historia

EL PERIÓDICO

«Los días del *foie gras* se han acabado en Nueva York»

EL ALCALDE DE LA GRAN MANZANA, BILL DE BLASIO, RATIFICA LA LEY QUE PROHIBIRÁ SU VENTA EN EL 2022

EL MUNDO

Nueva York prohíbe vender *foie gras* a partir de 2022

Finalidad y características lingüísticas de la noticia

El objetivo es informar de hechos sin entrar en valoraciones. Esto determina sus **características léxicas y estilísticas:**

- Utilización de la **tercera persona.**
- Uso del lenguaje **objetivo** y **denotativo.**
- Empleo de la **narración** y la **descripción.**
- Utilización de determinados **tiempos verbales:** el **pasado** sirve para narrar los hechos; el **presente** concreta la situación actual y desarrolla los detalles; y el **futuro** se emplea para explicar las posibles consecuencias.
- Uso de **oraciones impersonales** (sintácticas y semánticas) para dotar al texto de objetividad.
- Predominio de la **modalidad** oracional **enunciativa.**

Oraciones exclamativas

Recursos de aproximación: referencias a nuestro país

Figuras retóricas que emplean términos bélicos: *guerra, batalla*

Léxico valorativo

Titular-cita

Redacción objetiva del asunto de la noticia

1.1 CARACTERÍSTICAS FORMALES Y ESTRUCTURALES DE LA NOTICIA

EL SOL DEL CENTRO

¡Arriba los patos! Nueva York prohíbe vender *foie gras* a partir de 2022

Titular
Contiene los datos fundamentales: intenta llamar la atención del receptor para que siga leyendo.

Estará prohibido que cualquier establecimiento de expendio de alimentos venda, sirva o incluso conserve en sus alacenas *foie gras*

Subtítulo
Amplía la información del titular.

AFP.

Fuente

El consejo legislativo de la ciudad de Nueva York aprobó un texto que prohíbe la comercialización de *foie gras* a partir de 2022, una decisión que privará a la industria, especialmente a la local, de un mercado significativo.

Encabezado con las 6 W

La mayoría de los miembros del consejo municipal votaron a favor del texto, presentado a principios de año por varios de sus miembros.

A partir de finales de octubre de 2022, tres años después de la adopción de la ley, estará prohibido que cualquier establecimiento de expendio de alimentos **venda, sirva o incluso conserve en sus alacenas *foie gras*.**

Los infractores se expondrán a una multa de entre 500 y 2000 dólares, que puede renovarse cada 24 horas.

La ciudad de Nueva York se unirá así al estado de California, donde la comercialización de este selecto manjar fue prohibida en enero pasado, aunque **aún se desarrolla una batalla legal en torno a esta decisión.**

El texto aprobado el miércoles especifica que la prohibición se refiere a productos de aves sometidas a alimentación forzada, una práctica denunciada por legisladores y asociaciones de protección animal.

Decenas de simpatizantes de la organización local **Voters for Animal Rights,** que desempeñó un papel importante en este tema, se reunieron ante el ayuntamiento antes del inicio de la sesión del consejo.

En la actualidad existe una **oferta de *foie gras* obtenido sin alimentación forzada,** pero sus volúmenes son insignificantes a escala industrial.

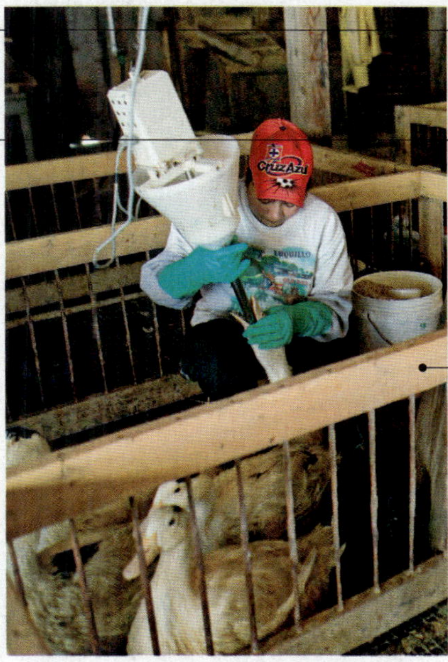

Imagen ilustrativa

Una *start-up* francesa, Aviwell, desarrolla también **un método alternativo de fabricación** que podría ser utilizado por la industria.

Además de los amantes de esta *delicatessen,* minoristas y restauradores, los **primeros afectados por la medida serán las dos grandes firmas** productoras establecidas en el norte de Nueva York, Hudson Valley Foie Gras y La Belle Farms.

Cuerpo de la noticia
La información sigue la estructura de la pirámide invertida (lo más importante va al principio y le siguen detalles de menor importancia).

Hudson Valley Foie Gras respondió a los opositores, que insisten en que **los patos y gansos son alimentados a la fuerza,** que la cantidad de grano que se les da no excede la que puedan comer por sí solos.

Declaraciones en modo indirecto

El *foie gras* de estas dos granjas abastece a una gran parte del mercado de Nueva York, aunque la medida también tendrá un efecto para los productores franceses.

2 EL PERIODISMO EN INTERNET

Con la llegada de Internet, el periodismo ha sufrido una revolución. Los medios tradicionales impresos se han apuntado al periodismo digital y ofrecen sus contenidos en la web, lo que propicia una serie de cambios respecto a la forma, el contenido, la relación entre el emisor y el receptor, etc.

Las principales diferencias entre la prensa digital y la impresa son las siguientes:

Prensa en papel	Prensa digital
No varía su forma.	El periódico digital se actualiza constantemente.
Los errores se señalan en la «fe de erratas» de la siguiente publicación.	Los errores se pueden corregir en el mismo medio en cuanto se detectan.
Los titulares suelen ser breves.	Los titulares se alargan por la necesidad de que aparezcan todos los datos en los buscadores.
El titular es único y la estructura de la noticia también.	Las noticias aparecen resumidas, y muchas veces cambia el titular al pinchar sobre él para leer la noticia completa.
No permite interacción con los lectores.	Los lectores pueden interactuar escribiendo comentarios en las noticias, artículos, etc.
La lectura es lineal.	La lectura no es lineal: los hipervínculos permiten avanzar y retroceder en la lectura.
El espacio está delimitado por el número de páginas del periódico.	El espacio es infinito: unas noticias llevan a otras que están relacionadas, se puede ampliar la información accediendo a los hipervínculos, etc.

En los últimos años se han multiplicado los medios que ofrecen información y opinión. Los medios digitales lo han facilitado, puesto que son mucho más accesibles al público, la inmediatez aumenta y su consulta es más rápida y sencilla que en la prensa tradicional.

Las redes sociales se han convertido también en un medio de difusión de noticias, cambiando el formato tradicional de estas: contenidos multimedia, hipervínculos, representaciones gráficas que ofrecen un gran impacto visual, fotonoticias, cronologías, pictogramas, etc.

Todo ello ofrece una amplia oferta informativa, pero también tiene sus problemas, ya que se puede influir en la opinión del lector más rápidamente y este puede ser manipulado:

- Crece el número de falsas noticias o *fake news*, hasta el punto de que algunos medios de comunicación han creado páginas que se dedican a verificar y desmentir informaciones falsas.
- El empleo de las *cookies* hace que se nos muestre preferentemente aquello que nos interesa: si buscamos noticias de un determinado tipo o con una determinada orientación, nos seguirán ofreciendo noticias del mismo estilo, eliminando otros resultados que podrían interesarnos.

Evitar las noticias falsas

Para saber si la información que recibimos es veraz, lo mejor es contrastar lo que se lee, fijarse en la solvencia del medio y buscar la misma información en distintas fuentes. Muchos medios se han adherido a los criterios de *The Trust Project*, que busca un periodismo fiable, que contrasta sus fuentes y rectifica cuando es necesario.

Escribir

1 Compara las dos noticias que has leído en la unidad e indica cuál te parece más objetiva. Argumenta tu respuesta.

2 TIC Escribe, de la forma más objetiva posible, una noticia sobre uno de estos sucesos:

a. El estreno de *El sí de las niñas* en el Teatro de la Cruz de Madrid.

b. El descubrimiento, en 1852, de que el escritor Fernán Caballero era en realidad una mujer: Cecilia Böhl de Faber.

c. La muerte de José de Espronceda a los 34 años tras una enfermedad.

d. La llegada de Antonio Machado a Collíure en 1939.

Debes buscar información sobre los hechos históricos e incluir declaraciones directas o indirectas de los protagonistas.

3 Inventa dos titulares para cada uno de los sucesos anteriores: uno meramente informativo y otro subjetivo, que llame la atención del lector.

4 Autoevalúa tu noticia respondiendo «mucho», «bastante», «poco» o «nada» a las siguientes preguntas. Después, reescríbela si es necesario.

- ¿El titular resume los datos de la noticia?
- ¿Se ha seguido la estructura de la noticia?
- ¿La entradilla aporta los datos fundamentales?
- ¿Se ha seguido el esquema de la pirámide invertida?
- ¿Tiene las características lingüísticas propias de la noticia?
- ¿Se incluyen declaraciones de los protagonistas que aporten su visión sobre los hechos?

Escuchar y hablar

1 TIC Teclea en el buscador «Telediario-8 horas-6/11/19-RTVE» y visiona hasta el minuto 4:14. Después, responde.

a. Señala qué función tienen las imágenes y la sintonía del inicio.

b. En el vídeo se muestra un resumen de las noticias del día: pon un titular a cada una de ellas.

c. A partir de los titulares, organiza las noticias en secciones (nacional, internacional, deportes, el tiempo...).

d. Señala la función de los carteles que aparecen.

e. En algunas de las noticias resumidas aparecen declaraciones: identifícalas y di si son objetivas o subjetivas.

Luego, visiona del minuto 4:14 al 8:23 y contesta las preguntas.

f. Localiza las citas indirectas que aparecen en el vídeo e indica a quién pertenecen.

g. ¿En qué seis áreas proponen intervenir los científicos?

h. ¿En qué consisten las cuotas profesionales que se mencionan en una de las noticias?

i. Además de la presentadora, en las noticias aparecen voces de otras reporteras: identifícalas y señala si la conexión se hace de forma oral o audiovisual.

j. Resume el contenido de las dos noticias que se desarrollan.

k. ¿Qué argumentos se utilizan en ellas para defender determinadas actuaciones?

l. ¿Crees que las noticias están expuestas de modo objetivo? Justifica tu opinión.

2 TIC Cread un noticiario en grupos. La introducción debe incluir un resumen de lo más destacado que se va a emitir. Desarrollad tres de las noticias como se indica:

a. Dos de ellas deben ser positivas o negativas para vosotros, de manera que podáis mostrar acuerdo o desacuerdo, como se hace en la lectura inicial.

b. En dos de ellas debéis incluir las declaraciones de un reportero enviado al lugar de los hechos.

c. Las tres noticias deben contener imágenes significativas, que se proyectarán como fondo de la imagen del locutor.

Comprobad que vuestro trabajo es correcto respondiendo a las siguientes preguntas.

- ¿El programa tiene un nombre y una sintonía significativos?
- ¿Se utiliza la sintonía para marcar las distintas secciones del noticiario?
- ¿Las noticias resumidas contienen las 6 W?
- ¿En las noticias-comentario se han incluido léxico valorativo y figuras retóricas que apuntan la visión del periodista?
- ¿Las noticias desarrolladas cumplen las pautas exigidas?
- ¿Las imágenes y los vídeos se relacionan con el contenido de las noticias?

1 LA ORACIÓN

Las **palabras** se combinan para formar **grupos sintácticos,** y estos a su vez se combinan para formar **oraciones.**

Una **oración** es una predicación, es decir, la representación de una acción, proceso o estado mediante un **grupo verbal** que se afirma de cualquier ser, objeto, idea o entidad manifestada por un **grupo nominal** (el sujeto). Este grupo nominal con función de sujeto puede estar ausente, ya sea por omisión o bien porque la oración carece de él (oraciones impersonales).

Las oraciones impersonales más frecuentes son aquellas que:

- Tienen como núcleo del predicado un verbo que expresa un fenómeno atmosférico: *Amanece más tarde ahora.*
- Se construyen con el verbo *haber: Hay buenas noticias.*
- Incluyen un *se* que expresa una acción general: *Aquí se atiende a todos los afectados.*

1.1 TIPOS DE ORACIONES

Las oraciones pueden ser de dos tipos, **según su número de predicados**:

- **Oraciones simples:** tienen un único predicado.
- **Oraciones compuestas:** tienen más de un predicado, por lo que también pueden considerarse combinaciones de oraciones. Como cada predicado se manifiesta mediante un grupo verbal, se pueden **identificar localizando los verbos,** las locuciones o las perífrasis verbales que aparecen en ellas.

LA VANGUARDIA

Alemania celebra 250 años del nacimiento del sabio cosmopolita que exploró América y forjó la geografía moderna

PREDICADOS CON FORMAS NO PERSONALES DEL VERBO

Las formas no personales del verbo, al igual que las personales, pueden funcionar como núcleo del predicado y formar oraciones, aunque en otros casos son núcleos de grupos sintácticos.

	Forma predicado (oración)	Forma grupo sintáctico
	Si llevan complementos propios y tienen un sujeto.	Si van acompañados de determinantes, modificadores y complementos propios de los grupos sintácticos.
Infinitivo	*Es una suerte tener amigos* (CD) *cerca de ti* (CC).	*El* (Det) *cantar de los pájaros* (CN) *me distrae:* GN
Gerundio	*Lo resolveremos siguiendo las instrucciones* (CD).	*Se viene la muerte tan* (Mod) *callando.* GAdv
Participio	*Terminada la reunión* (Suj), *salimos del hotel.*	*Ese chico está enamorado de ella* (CAdj): **GAdj**

2 EL ANÁLISIS ORACIONAL

El análisis morfosintáctico de una oración consiste en identificar los grupos sintácticos que la forman, sus relaciones y su estructura interna. El primer paso es dividir la oración (sujeto —Suj— y predicado —Pred—).

2.1 LOCALIZACIÓN DEL GRUPO NOMINAL SUJETO

Para **localizar** el grupo nominal (GN) **sujeto** es preciso:

- Identificar el **núcleo** (N) del **grupo verbal** (GV) predicado.
- Localizar los grupos nominales que concuerdan con el verbo, cambiar el número o persona de este y comprobar cuál se ve afectado por el cambio.
- Elegir, en el caso de que varios concuerden con el verbo, aquel que por su significado encaje mejor con el predicado.

Cómo analizamos

En los análisis sintácticos de este libro, se han indicado el tipo de grupo sintáctico y la función separados por un guion. En las palabras se sitúa entre paréntesis la categoría gramatical, salvo cuando es evidente: Adv para Modificador (Mod), Prep para Enlace (Enl); en el Determinante (Det) confluyen categoría y función.

2.2 ANÁLISIS DEL GRUPO VERBAL PREDICADO

Para analizar el grupo verbal predicado, el primer paso es localizar el **núcleo:**

1. Se identifica el tipo de verbo, su voz y su valencia (que indicará el número de argumentos o complementos obligatorios del verbo). Se distingue entre:

Tipo de verbo	Complementos exigidos por el verbo	Complementos no exigidos por el verbo
Atributivo o copulativo *(ser, estar, parecer)*	Atrib	CC y CI
Semiatributivo o semicopulativo *(hacerse, quedarse...)*	Atrib	
Predicativo transitivo	CD: *leer, comprar...* CD y CI: *dar, decir...*	CPred CC CI
Predicativo intransitivo	Ø: *dormirse, llegar, estornudar...* CI: *gustar, apetecer...* CRég: *arrepentirse (de), contar (con)...*	

2. Se localizan los grupos sintácticos y su tipo, y se les asigna su función:

- Atributo: GN (pron. *lo*), GAdj, GAdv.
- Complemento predicativo: GN, GAdj.
- Complemento directo: GN (pron. *lo/los, la/las*) y GPrep (con *a*).
- Complemento indirecto: GPrep (con *a*), GN (pron. *le/les*).
- Complemento circunstancial: GN, GAdv, GPrep.
- Complemento de régimen: GPrep.
- Complemento agente: GPrep (con *por*).

La **voz pasiva** permite, opcionalmente, un GPrep en función de complemento agente (CAg).

Un mismo verbo puede formar predicados **transitivos** *(Vio a Laura en el cine)* e **intransitivos** *(No veo bien con tanto sol).*

En el caso de los **verbos atributivos y semiatributivos**, puesto que funcionan como unión o cópula, puede decirse que forman un predicado nominal (PN) en lugar de un predicado verbal (PV).

2.3 ANÁLISIS DE LOS GRUPOS SINTÁCTICOS

1. Para analizar un grupo sintáctico, se localiza en primer lugar el **núcleo:**

   a. GN, GAdj, GAdv: si solo hay un elemento, este constituirá su núcleo *(Llega Sara)*. Si hay varios de la misma categoría, será núcleo el que no se encuentre dentro de otro grupo *(Resolví los problemas propuestos por Sara)*.

   b. GPrep: se marca la preposición como enlace (Enl) y el grupo sintáctico que la sigue (GN, GAdj o GAdv) como término (T), señalando su núcleo.

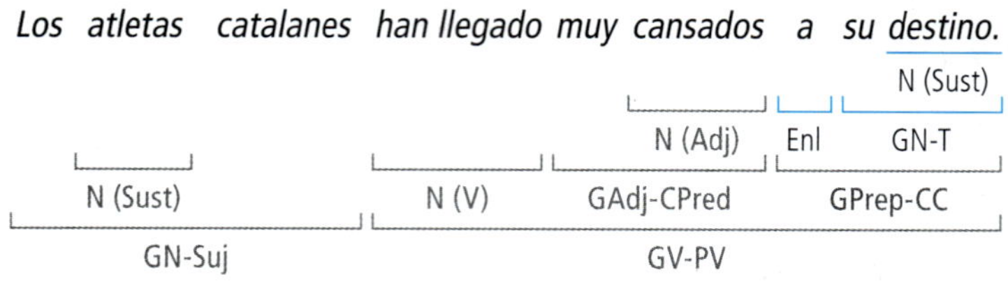

2. Después, según el tipo de grupo, se localizan **delante del núcleo:**

   a. GN: los determinantes, si los hay. Normalmente, solo habrá un determinante en cada GN, pero es posible que haya más *(los dos amigos de Pol)*.

   b. GAdj, GAdv: el modificador, que normalmente es un adverbio *(muy alto)*, aunque también puede ser un GAdv *(bastante más alto)*.

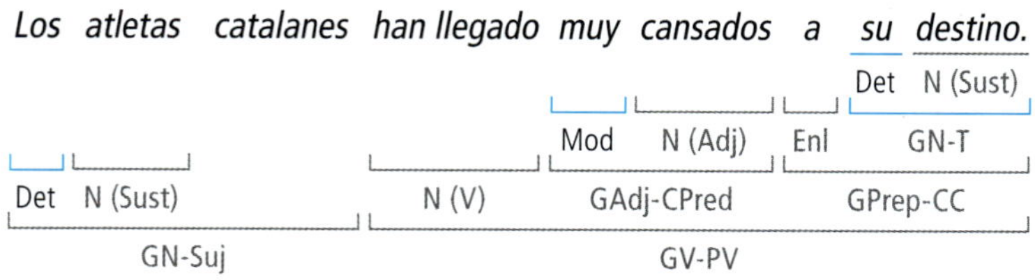

3. Después, se constata si hay **complementos tras el núcleo** y se indica su tipo:

   a. En todos los grupos sintácticos puede aparecer un **GPrep** como complemento *(cansado de tu actitud, antes de ti, café con leche)*.

   b. **En el GN** también pueden aparecer como complementos **un GAdj** o **un GN.** En este último caso, la función recibe el nombre de **aposición** (Apos).

SN-Aposición

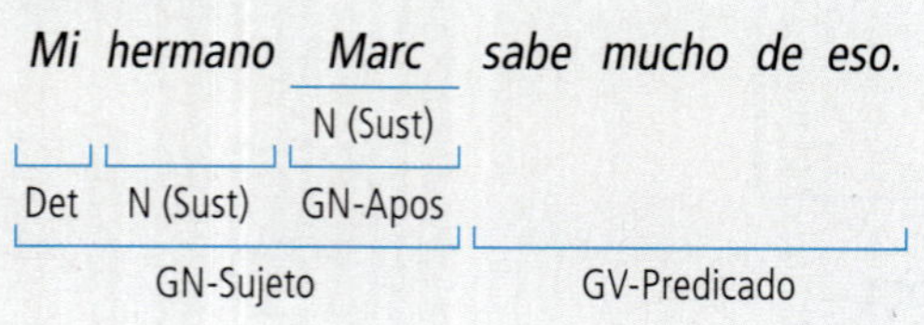

SAdj-CN

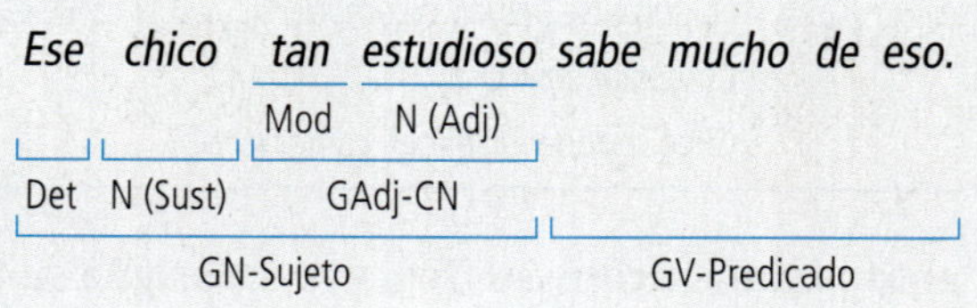

4. Finalmente, se analiza la estructura interna de los grupos sintácticos identificados como complementos.

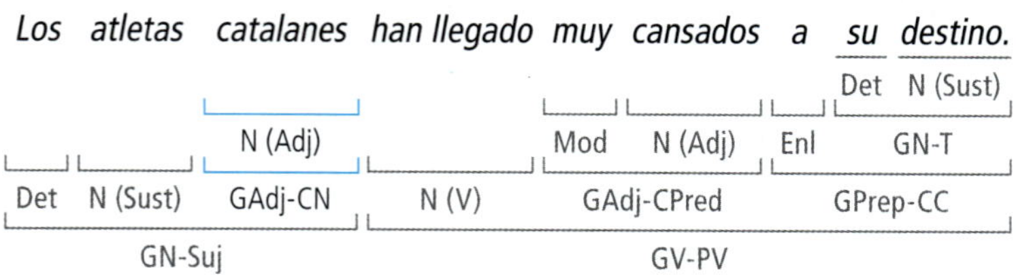

Delimitar grupos

La **sintaxis es recursiva,** es decir, permite que haya grupos sintácticos dentro de otros y oraciones dentro de otras:

[El hijo [de [mi hermano]]].

[Ella me dijo [que vendría]].

Recuerda que para **delimitar** bien **los grupos sintácticos** hay que tener en cuenta lo siguiente:

- Un grupo puede ser sustituido por un único elemento.
- Un grupo no suele permitir la inversión del orden de sus elementos internos.
- Dos grupos consecutivos permiten la elisión de cualquiera de ellos, si no son exigidos por el verbo; si uno está dentro de otro, solo puede elidirse el complemento.

2.4 ELEMENTOS PERIFÉRICOS

Los **adverbios modalizadores** y los **vocativos** no cumplen una función sintáctica dentro del sujeto y el predicado, sino que actúan como elementos periféricos en la oración.

- **Los adverbios modalizadores** modifican a toda la oración, y no solo al verbo que se sitúa como núcleo del predicado. Cumplen la función de **modificador oracional.**

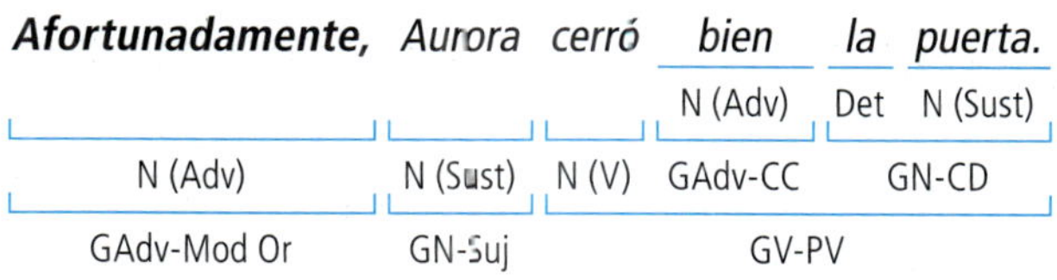

- El **vocativo** cumple una función comunicativa, puesto que señala al receptor del mensaje. No debe confundirse con el sujeto de la oración, aunque en las órdenes y ruegos suele referirse a la misma persona:

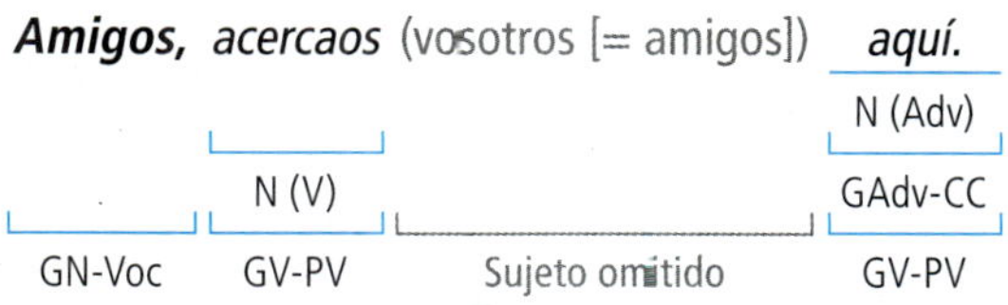

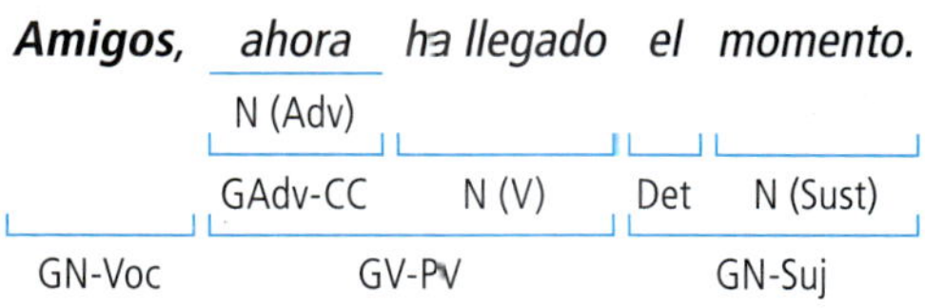

Resumen: cómo analizar una oración

1. Identificación del GV-Pred.
2. Si no se trata de una oración impersonal, localización del GN-Suj, si está explícito. Si está elidido u omitido, se puede indicar entre paréntesis.
3. Localización de elementos periféricos y análisis de su estructura.
4. Identificación del núcleo del predicado y, según el tipo de verbo de que se trate:
   a. Indicación del tipo del grupo o grupos sintácticos que lo complementan.
   b. Asignación de las funciones de esos complementos.
5. Análisis de la estructura interna de los grupos sintácticos.
   a. Localización del núcleo e indicación de su categoría.
   b. Indicación de los determinantes y modificadores.
   c. Localización de los complementos e indicación del tipo de grupo sintáctico.
   d. Análisis interno de los complementos.

3 LAS ORACIONES COMPUESTAS

Las oraciones compuestas se clasifican según las **relaciones que se establecen** entre las oraciones que las componen.

- Se trata de **coordinación** si las oraciones son independientes entre sí.

  [Este ejercicio no está bien resuelto,] pero [el otro está perfecto].

- Se trata de **subordinación** cuando una oración cumple una función dentro de otra.

  Ese libro [que me has recomendado] $_{\text{CN (=GADJ)}}$ *dice [que un buen currículum es el primer paso hacia el empleo]* $_{\text{CD (=GN)}}$.

También se pueden coordinar palabras o grupos sintácticos mediante las conjunciones coordinantes: *Una mezcla de harina y agua.*

La coordinación y la subordinación pueden combinarse: así, por ejemplo, cuando se establece una relación coordinada entre dos oraciones que, a su vez, realizan la misma función insertas en otra mayor:

Alemania celebra 250 años del nacimiento del sabio cosmopolita [que [exploró América] $_{\text{OR. COORD. 1}}$ *y [forjó la geografía moderna]* $_{\text{OR. COORD. 2}}$*]* $_{\text{OR SUB CN DE}\ \textit{sabio}}$.

La **unión de los predicados u oraciones** para formar una oración compuesta puede hacerse mediante palabras con función de nexo *(y)*, o bien palabras que además tienen su propia función en la oración *(que)*. La **yuxtaposición** es la combinación de oraciones sin la presencia de nexo *(Viaja, conoce, vive).*

3.1 ORACIONES COORDINADAS

Las oraciones coordinadas no cumplen ninguna función sintáctica una con respecto a la otra; **entre ellas se establece,** en cambio, una **relación semántica** que se manifiesta en el tipo de conjunción utilizada. Los tipos básicos de coordinación son: **copulativa, disyuntiva** y **adversativa.**

LA COORDINACIÓN COPULATIVA

Las **oraciones se suman** entre sí mediante la **conjunción** ***y***, o bien, si se unen dos oraciones negativas, mediante la conjunción *ni*, que incluye la negación: *No habrá huelga ni se prevén movilizaciones.*

Una coordinación copulativa discontinua o correlativa es aquella en que la suma está marcada por conjunciones como *ni... ni, tanto... como.*

Desde un punto de vista lógico, la suma de dos oraciones independientes implica la posibilidad de cambiar el orden sin que se altere el significado.

Nadie es especialista en todo y cada uno tiene una función en el equipo.	=	*Cada uno tiene una función en el equipo y nadie es especialista en todo.*

Pero no siempre es así: las oraciones combinadas mediante *y* pueden presentar otras relaciones de significado además de adición, como **tiempo y condición.**

Otros valores de la conjunción *y*

Temporal: *Llegó a casa y se quitó los zapatos = Cuando llegó a casa, se quitó los zapatos.*

Condicional: *Una palabra más y nos vamos a casa = (Si dices) una palabra más, nos vamos a casa.*

LA COORDINACIÓN DISYUNTIVA

La relación de disyunción **implica una elección entre las oraciones** que se coordinan mediante los nexos *o, o bien*. La coordinación disyuntiva simple **puede tener sentido inclusivo o excluyente,** según el sentido de las oraciones que se combinan.

Sentido excluyente	*¿Vienes* **o** *te vas?*
Sentido inclusivo	*Consultad el diccionario* **o** *buscad en Internet.*

Cuando se utiliza la **coordinación disyuntiva *o* de modo discontinuo** o repetida, el valor es **siempre excluyente:** *O usad el diccionario, o consultad en Internet.*

El uso de conjunciones **disyuntivas discontinuas** *(bien... bien, ora... ora, ya... ya)* con valor distributivo se usa sobre todo en el lenguaje formal: *En este curso, bien estamos haciendo teatro, bien estamos preparando pruebas.* Otras estructuras sin conjunción aprovechan la repetición de grupos sintácticos para transmitir este sentido, pero sintácticamente son oraciones yuxtapuestas:

A veces $_{\text{(GADV-CC)}}$ *se gana, a veces* $_{\text{(GADV-CC)}}$ *se pierde.*

La coordinación disyuntiva sirve también para expresar sentido condicional: *Calla o te arrepentirás = Si no te callas, te arrepentirás.*

LA COORDINACIÓN ADVERSATIVA

La relación adversativa supone una **contraposición u oposición de ideas** mediante el uso de los nexos *pero, mas* (solo en registros formales) y *sino* (en este caso, como oposición a una oración negativa).

Este chico es simpático, pero su hermano es muy seco.

Las ideas que se contraponen mediante las conjunciones adversativas no siempre están explícitas: puede oponerse una idea a otra que se deduce o deriva de la que está expresa.

Es un ejercicio sencillo (⟶ todo el mundo sabe hacerlo), *pero yo no lo sé hacer.*

En algunos casos, se usa la conjunción ***aunque* con sentido adversativo.** Para comprobar si es así, se debe poder sustituir por una conjunción adversativa.

Llegó muy temprano, aunque (=pero) no sirvió de nada.

No seré capaz de hacer el ejercicio aunque (=~~pero~~) practique durante años.

Ortografía de las conjunciones

Las conjunciones *y, o* presentan como variaciones fónicas y en la escritura: *e* (si la palabra siguiente comienza con el sonido *i-*), y *u* (si la palabra siguiente comienza con el sonido *o-*).

Análisis de oraciones compuestas coordinadas

Dada la independencia que muestran las oraciones coordinadas entre sí, se separarán y marcarán al mismo nivel, indicando cuál es el nexo que las une y su tipo. Después se procederá a analizar cada una de las oraciones como se ha indicado en las oraciones simples.

La llegada de turistas extranjeros a España cae en agosto,	*pero*	*mantiene el crecimiento anual.*
Or coord 1	Nexo adversativo	Or coord 2

ACTIVIDADES

04 LA ORACIÓN SIMPLE Y LA COMPUESTA

2 El análisis oracional

1 En las siguientes oraciones, identifica, si los hay, el sujeto y el predicado. Si el sujeto está omitido, escríbelo entre paréntesis. Etiqueta las oraciones sin sujeto (ni explícito ni omitido) como impersonales.

a. No hay otra solución para este problema.

b. En cada caso es preciso una actuación rápida y eficaz.

c. Se venderán muy rápidamente.

d. No se debe jugar con fuego.

e. A ella le interesa un trabajo más estable.

2 Localiza todas las formas no personales de este texto e indica si forman predicado o no. Copia y completa una tabla como la siguiente.

	Forma predicado	No forma predicado
Infinitivo		
Gerundio		
Participio		

Una familia impulsa arrecifes artificiales ecológicos en la costa de Tarragona

Los Rota son una familia que ha puesto en marcha un proyecto de creación e implantación de un parque de arrecifes artificiales frente la costa de Roda de Berà, así como el sistema de balizamiento ecológico frente a la costa de Torredembarra. [...] Ligados durante toda la vida al mar, regentan un centro de buceo en Torredembarra desde hace trece años, en el que, además de realizar actividades subacuáticas, desarrollan proyectos para la regeneración del medio marino. [...] El proyecto de los arrecifes se llama *Be Part Of The Ocean* y tiene como objetivo «acercar el mar a toda la sociedad sumergiéndola de lleno en el conocimiento de nuestros mares y océanos y generar un vínculo que sea la función impulso para su implicación en la conservación y regeneración del medio».

www.lavanguardia.com

3 Transforma este texto de modo que solo contenga oraciones simples.

> Realmente no sabe cuál será el resultado del experimento, pero una ligera decepción le embarga al no recibir nuevas noticias.
>
> Cierra su cuenta y abre el archivo que contiene la novela.
>
> BLUE JEANS
> *Canciones para Paula.* Planeta

4 Enumera las funciones que pueden realizar, dentro del grupo verbal, los grupos siguientes.

a. Los grupos preposicionales.

b. Los grupos adverbiales.

c. Los grupos adjetivales.

d. Los grupos nominales.

5 Di qué tipo de predicado forma cada uno de los verbos subrayados y localiza en la oración correspondiente los complementos exigidos y los opcionales que lo acompañan, indicando las funciones sintácticas de cada uno de ellos. Completa con esos datos una tabla como la siguiente:

Verbo	Tipo de predicado	Complementos exigidos	Complementos opcionales

> —Tu tío es buen amigo de mi padre. Lucharon juntos en la resistencia contra los alemanes durante la guerra y, al acabar la contienda, se vinieron a vivir aquí para estar cerca el uno del otro. Jean nos habla a menudo de su hermana y de su hijo, que volvieron a España hace años.
>
> Heinz DELAM
> *La casa de los sueños olvidados*
> Edelvives

6 Localiza en el diálogo los sujetos a los que se refiere cada verbo subrayado. ¿Coincide el vocativo con alguno de los sujetos omitidos? Si es así, ¿con cuál?

> —Señor Fahir, ¿tiene la llave del almacén? Mi hermana necesita una escoba.
>
> —¿Una escoba? —preguntó el hombre—. No creo que tengamos más escobas en el cobertizo.
>
> —Bueno, necesitamos algo para mantenerla ocupada. ¿Por qué está cerrado el almacén?
>
> —Las niñas no deben entrar ahí.
>
> —Pero si no entran —dijo Parvana—. Siempre ha estado abierto y nunca ha pasado nada...
>
> —Ha llegado una carta —dijo interrumpiéndola—. En este momento iba a llevarla.
>
> Deborah ELLIS
> *Mi nombre es Parvana*
> Edelvives

7 Di cuál es la función de los grupos preposicionales subrayados en el siguiente texto.

> **Una docena de pequeños pueblos de Guadalajara instalarán cámaras en las entradas y salidas de estos municipios ante la oleada de robos**
>
> Según el alcalde de Luzaga, José Luis Ros Maorad, los paisanos de Galápagos viven «más tranquilos» desde que les instalaron las cámaras una vez obtenida la autorización de la Delegación del Gobierno en Castilla-La Mancha. Las dudas legales de esta medida (Ley de Protección de Datos) se despejan ya que las imágenes solo podrán ser vistas por agentes de la Guardia Civil después de que cada Ayuntamiento instale los servidores.
>
> www.lasprovincias.es

8 Indica cuál es la estructura interna de los grupos sintácticos subrayados, como en el ejemplo, y di cuál es su función.

Todas las oportunidades de empleo son pocas para él.

```
Todas   las   oportunidades   de    empleo
                                    N (Sust)
                              Enl   GN-T
Det     Det   N (Sust)        GPrep-CN
                  GN-Suj
```

> «Está demostrado que los equipos de trabajo diversos toman mejores decisiones y aportan soluciones más creativas ante los grandes retos. ¡La participación de las mujeres es buena para el planeta!», asegura Marga Gual Soler, experta en Diplomacia Científica y Asesora en Política Científica de la Comisión.
>
> www.planetainteligente.elmundo.es

9 Haz un análisis completo de estas oraciones siguiendo los pasos recomendados en la unidad.

a. Las autoridades se implicaron en la solución del problema.

b. La afluencia al evento fue enorme.

c. Las pasadas lluvias provocaron la llegada de muchas aves zancudas.

3 Las oraciones compuestas

10 Lee el siguiente texto y contesta las preguntas:

a. Determina qué oraciones del fragmento son simples y cuáles, compuestas.

b. ¿A qué tipo pertenece las que son compuestas?

c. Reescribe las dos últimas oraciones de modo que la segunda realice una función dentro de la primera.

Un grupo de geólogos chinos ha descubierto el conjunto de sumideros más grande al sur del Trópico de Cáncer. En total, encontraron 19 agujeros en un bosque cerca de la ciudad de Baise, en la región sudoriental del país. El hallazgo se hizo público el pasado viernes y ha sido calificado por el Ministerio de Recursos Naturales de China como de «gran valor científico» [...]. Estos sumideros cuentan con un volumen de más de un millón metros cúbicos y aún no han sido afectados por la presencia humana. Este tipo de formaciones nace a partir de la erosión del agua y el colapso de su superficie. China cuenta con el sumidero más profundo del mundo, el Xiaozhai Tiankenk, de 600 metros de profundidad en el municipio de Chongqing. Es conocido popularmente como el «pozo celestial».

https://elpais.com

11 Indica si las oraciones subrayadas cumplen alguna función insertas en otras oraciones y, en ese caso, di cuál.

Fracasa por segunda vez el intento para desencallar el Blue Star de la costa de Ares

El buque Blue Star, con bandera de Malta y de 128 metros de eslora, continúa encallado en la costa del municipio de Ares, en las proximidades de Punta Miranda, después de que las estachas que unían al quimiquero con el remolcador Don Inda, de Salvamento Marítimo, se rompieran cuando este último comenzó a tirar. [...] Tiene su base en Brens, en Cee (A Coruña), y su nombre honra a Indalecio Prieto, conocido como Don Inda, que fue ministro de varias carteras durante la II República.

www.elmundo.es

12 Rodea las conjunciones copulativas que encuentres e indica qué categoría tienen los elementos que unen. ¿En qué casos son oraciones? Copia y completa en tu cuaderno una tabla como la siguiente.

Todos los niños lloran, excepto uno; y ese niño es mi padre. Martín Abrisqueta nació una madrugada de noviembre de mil novecientos veintitantos en un queso. Al menos eso fue lo que pensó cuando abrió los ojos y vio que buena parte del mundo que lo rodeaba estaba comido por agujeros, como los quesos de bola. La culpa la tenían los mayores, que se pasaban el día cavando aquí y allá y lo dejaban todo patas arriba.

Martín Abrisketa
La lengua de los secretos
Roca Ediciones

Elementos		y	
Categorías			

13 ¿Qué valor tiene la coordinación copulativa en cada uno de estos casos?

a. María se casó muy joven y tuvo dos hijos antes de los veinticinco años.

b. Llegaron todos temprano y se pusieron a preparar la fiesta.

c. Un error más y suspenderás la prueba.

d. Relájate un poco y estarás más centrado en el examen.

14 ▶ Copia estas oraciones y complétalas con la forma correcta de la conjunción copulativa.

a. Es un caso único ..... irrepetible.

b. La mesa es de madera ..... hierro.

c. Necesito aguja ..... hilo.

d. Incluyo el teléfono ..... el correo electrónico.

15 Explica qué tipo de coordinación aparece en cada uno de estos refranes.

a. El perro del hortelano, ni come ni deja comer.

b. Haz bien y no mires a quién.

c. Al que yerra perdónale una vez, mas no después.

d. Ayunar o comer trucha.

e. Un grano no hace granero, pero ayuda al compañero.

16 Indica en cuáles de estas oraciones extraídas del libro *Sombras de la plaza mayor,* de Rosa Huertas (Edelvives), la conjunción *aunque* tiene un valor adversativo.

a. La historia era sobrecogedora, aunque los muertos fuesen pájaros.

b. Hube de esperar casi una semana para que apareciera de nuevo, aunque no había olvidado su nombre.

c. Necesitaba una tregua, aunque mi personaje acabaría reclamándome.

d. En efecto, aunque conociese poco a Rodrigo, ese habría sido su comentario.

e. Agradecí la visita, aunque ni siquiera se esperó a que acabase mi trabajo como guía.

17 Localiza en este párrafo los casos de coordinación, indica cuáles son los núcleos de los predicados coordinados, señala qué conjunción es la que marca la relación y di de qué tipo es cada una de ellas.

> Esta familia de fármacos, que se encargan de despertar al sistema inmune para que ataque las células tumorales, ha revolucionado el pronóstico de algunos tumores muy agresivos en la última década y apunta a conseguir lo mismo en otras patologías no oncológicas. La investigación todavía está en los albores, pero los primeros resultados son alentadores.

https://elpais.com

18 Copia los siguientes grupos de oraciones extraídos de una noticia, sustituyendo las barras por nexos coordinantes.

a. A simple vista, el cielo se antoja un lugar tranquilo. / Si observamos la radiación gamma, aparece el denominado «universo violento», repleto de explosiones llegadas de galaxias lejanas.

b. No es fácil observarlas en el instante en que se producen. / Tras 15 años funcionando, el observatorio Magic de Canarias acaba de marcar un hito astronómico al detectar la erupción de rayos gamma más intensa jamás vista.

c. El acontecimiento estuvo provocado por la explosión de una estrella masiva. / Duró tan solo unos segundos, como es habitual en estos eventos. / La luz gamma bañó los espejos de los telescopios Magic durante 20 minutos.

www.elmundo.es

19 Indica si en estos casos la relación disyuntiva tiene valor excluyente o inclusivo.

a. Se consiguen puntos reuniendo piezas del puzle o contestando a las preguntas.

b. O vienen en tren, o cogerán el autobús.

c. Puedes comprar una tarta, o bien hacerla tú según la receta.

d. ¿Han llegado los cantantes o han llamado diciendo que se retrasan?

20 Haz un análisis completo de esta oración compuesta.

> El negocio es próspero, pero da muchos quebraderos de cabeza y necesita una persona joven al frente.

Eduardo Mendoza
Sin noticias de Gurb
Seix Barral

TRABAJAMOS LAS COMPETENCIAS

Lee este texto y resuelve las actividades de la página siguiente.

Cómo leemos

La historia de cómo nuestra lectura está cambiando apenas acaba de empezar. Académicos de diferentes disciplinas y países se dedican a estudiar cómo el tipo de lectura en las pantallas que acostumbramos a utilizar está cambiando la naturaleza misma de nuestra lectura. Pocos discutirían el hallazgo del experto en ciencias de la información y lectura Ziming Liu: que «ojear/leer por encima» es la nueva tónica en nuestra lectura digital.

Algunas de las cuestiones más importantes sobre los efectos de ese estilo de lectura superficial se enfocan en si existen diferencias en el uso y mantenimiento de procesos de comprensión de lectura de alto nivel. Algunos de los estudios más interesantes refieren cambios en la comprensión lectora de los detalles de la trama y, posiblemente, de la estructura lógica de un argumento. La académica noruega Anne Mangen y su equipo pidieron a varios estudiantes que leyeran y respondieran preguntas sobre un relato corto cuya trama estimaban que podía resultar atractiva para los jóvenes (un romance francés lleno de lujuria). La mitad de los estudiantes leyeron *Jenny, Mon Amour* en un Kindle, y la otra mitad, en un libro impreso.

Los resultados mostraban que los estudiantes que habían leído el libro superaban a sus compañeros de lectura en pantalla en su capacidad para reconstruir la trama en orden cronológico. En otras palabras, la secuencia de los detalles que, a veces, pueden pasarse fácilmente por alto en un relato de ficción parecía habérseles escapado a los que leían en una pantalla digital.

La hipótesis que Mangen y un creciente grupo de investigadores plantean es que sus hallazgos tienen que ver tanto con el hecho de que la lectura en pantalla tiende a fomentar la lectura superficial, la filtración y la selección, como con la falta intrínseca de la dimensión espacial concreta del libro, que nos dice cómo están las cosas.

Todavía no hay ninguna conclusión sobre cómo todo esto afecta a la comprensión de los estudiantes. Algunos estudios recientes no advierten diferencias significativas en cuanto al soporte en la comprensión general de los estudiantes, al menos cuando el texto es relativamente corto, mientras que otros estudios muestran diferencias más específicas a favor de la lectura impresa cuando el tiempo se introduce en la ecuación.

Lo que sí se puede afirmar en el momento actual es que, en la investigación dirigida por Mangen, la secuenciación de la información y el recuerdo de los detalles empeoran cuando los sujetos leen en una pantalla. Tanto en la lectura como en la vida, insiste Andrew Piper, el ser humano necesita un «sentido de camino», un conocimiento de dónde está temporal y espacialmente que le permita, de ser necesario, volver a las cosas una y otra vez y aprender de ellas.

La pregunta que surge es si la disminución de tal conocimiento físico en los medios digitales —la sensación de estar a la vez en otra parte y en ninguna de la pantalla— afecta negativamente a cómo los lectores captan los detalles de lo que leen y, a un nivel más profundo, a cómo alcanzan ese lugar casi palpable al que la lectura nos puede transportar.

Maryanne Wolf
Lector, vuelve a casa. Planeta (adaptación)

1 ¿Cómo es la lectura en soportes digitales según Ziming Liu?

a. Lectura comprensiva.
b. Lectura superficial.
c. Lectura crítica.
d. Lectura atenta.

2 Señala cuál de las siguientes afirmaciones resume mejor el texto.

a. Estudios científicos han demostrado que la lectura en soporte digital influye de manera positiva en la comprensión del texto.
b. La investigación de la lectura en soporte digital y en soporte físico muestra que no hay apenas diferencias respecto de la comprensión y del tipo de lectura.
c. Distintas investigaciones revelan que los jóvenes que leen en soporte digital no alcanzan la comprensión general de los textos.
d. Distintas investigaciones actuales se centran en el tipo de lectura y en la comprensión de los textos en soporte digital.

3 ¿Por qué motivo se hizo leer un relato corto a un grupo de jóvenes estudiantes?

a. Para determinar si el soporte digital motivaba más la lectura que los libros impresos.
b. Para analizar si había diferencias en la comprensión de un mismo texto en distinto soporte.
c. Para descubrir si había diferencias en la velocidad lectora de un texto en distinto soporte.
d. Para comprobar que la lectura de un texto de tono erótico atraería a los adolescentes.

4 ¿Qué es una «hipótesis» (subrayado en el texto)?

a. Una solución que se establece como válida hasta que se demuestre lo contrario.
b. Una idea final a la que se llega tras considerar una serie de datos o circunstancias.
c. Una solución provisional basada en unos hechos.
d. Una idea que siempre es falsa.

5 Indica si las afirmaciones que leerás a continuación son verdaderas o falsas.

a. El soporte digital implica una mayor dificultad de hacer una lectura profunda de los textos y una pérdida de referencias espaciales.
b. Al leer en soporte digital se tiende a seleccionar y filtrar información, aunque se produce una mayor retención de los detalles.
c. El orden cronológico de una historia se entiende mejor cuando el texto está en soporte digital.
d. Hay estudios que muestran que el soporte de lectura no es relevante para la comprensión de textos cortos.

6 ¿De qué país es la investigadora Anne Mangen?

a. Suecia.
b. Noruega.
c. Francia.
d. Estados Unidos.

7 Los detalles de una lectura…

a. se captan menos en un libro impreso.
b. pasan desapercibidos a la mayoría de los lectores.
c. son más difíciles de retener en un soporte electrónico.
d. van dirigidos a una minoría de lectores más exigentes.

8 ¿Qué relación tiene el «sentido de camino» de Andrew Piper con la lectura?

a. Que el ser humano se plantea la vida como un camino lleno de lecturas más o menos interesantes.
b. Que el ser humano necesita ubicarse en un espacio y en un tiempo, y, en este sentido, las lecturas en soporte digital permiten saber siempre en qué página del libro estamos.
c. Que la vida es un camino con un principio y un final, como sucede en las historias que narran los libros.
d. Que el ser humano se sitúa en el espacio y en el tiempo, y los libros en papel permiten manejar mejor estos conceptos y tienen una dimensión espacial concreta.

9 El texto pertenece a un libro titulado *Lector, vuelve a casa*. La palabra «Lector» es…

a. sujeto.
b. atributo.
c. vocativo.
d. complemento directo.

10 ¿Cuál sería el nivel profundo al que deberían llegar los lectores según la autora del texto?

a. Ser capaces de tomar la perspectiva de lo que están leyendo.
b. Comprender todas las palabras del texto que leen.
c. No ojear el texto ni leer únicamente frases sueltas.
d. Ser capaces de resumir el texto y todos los detalles una vez leído.

11 Explica oralmente cuál es el último libro que has leído y en qué soporte lo has hecho.

12 Escribe un texto de 125 palabras como mínimo para hablar del tema siguiente: ¿Libro en papel o libro electrónico?

APLICAMOS LAS TIC

MEDIOS DE COMUNICACIÓN EN LA RED

Internet ha revolucionado las relaciones tradicionales que los **medios de comunicación** tenían establecidas con la **sociedad.** El uso y la proliferación de las nuevas tecnologías ha obligado a las radios, televisiones, periódicos y revistas a reinventarse y reestructurar sus contenidos o a desaparecer, ya que sus canales de distribución habitual se han visto afectados por la irrupción de la red. Por ejemplo, a principios del siglo XXI existía en España un conjunto de más de 30 000 quioscos, los puntos de venta tradicionales de periódicos y revistas; sin embargo, hoy apenas sobreviven 8 000. En cambio, han proliferado las **plataformas** que agrupan medios de comunicación y ayudan a los usuarios a buscar y encontrar el acceso, a través de Internet, a todos los periódicos y revistas que existen en el mercado.

En los últimos tiempos, las **redes sociales** se han transformado en los nuevos referentes a la hora de conseguir información. Han cambiado mucho: de ser simples webs, plataformas o aplicaciones que permitían poner en contacto a los usuarios y que estos comentasen, colgasen y compartiesen imágenes y textos, se han convertido en puertas de acceso y de uso de múltiples contenidos. Al ser plataformas totalmente digitales, se han transformado para adaptarse a los cambios de hábitos de los usuarios y a sus necesidades de consumo de información, rápidas e inmediatas. Se han convertido en los **nuevos medios de comunicación** y han desbancado a los tradicionales.

Esta situación ha provocado que proliferen las conocidas y populares noticias falsas o ***fake news.*** La crisis de los medios de comunicación tradicionales —que, además de informar, garantizaban la calidad de la información que ofrecían— ha permitido el acceso y posterior abuso de estas noticias falsas que siempre responden a intereses políticos, partidistas, ideológicos o económicos muy alejados del concepto de bien común y de veracidad que debería prevalecer en la difusión de cualquier noticia.

Actualmente, el 86 % de la población española admite que otorga veracidad a este tipo de noticias falsas. Aunque el 60 % cree que sabe detectarlas, diversos estudios sociológicos indican que solo el 14 % de los usuarios son capaces de descubrir una **noticia falsa** mezclada entre la gran cantidad de información que recibimos a diario.

Principales medios de comunicación de nuestro país en la red

Televisiones

La 1: www.rtve.es/

Antena 3: www.antena3.com/

Telecinco: www.telecinco.es/

TV3: www.ccma.cat/tv3/

Periódicos

La Vanguardia: www.lavanguardia.com/

El Periódico: www.elperiodico.com/es/

El País: elpais.com/

El Mundo: www.elmundo.es/

Prensa deportiva

Mundo Deportivo: www.mundodeportivo.com/

Marca: www.marca.com/

Radios

Cadena SER: cadenaser.com/

Onda Cero: www.ondacero.es/

RNE: www.rtve.es/radio/

Catalunya Ràdio: www.ccma.cat/catradio/

RAC 1: www.rac1.cat/

1 Entra en Kiosco Internet (http://kiosco.net/). Esta plataforma digital permite a los usuarios acceder a la prensa nacional e internacional. Investiga sobre este buscador de medios *online* y responde a las siguientes preguntas:

a. ¿Cuántas publicaciones (periódicos y revistas) incluye?

b. ¿Cualquier medio puede añadir sus publicaciones a este portal?

c. ¿Qué procedimiento se sigue para incorporar un nuevo medio?

d. ¿Qué tipo de publicaciones incluye?

e. ¿Cómo se estructura el portal?

f. ¿Los editores del portal realizan alguna preselección diaria o por número de visitas?

g. ¿Existen otros portales parecidos que incluyan otros medios? Busca alguno y analízalo.

2 Entra en la web de Radio Vitoria (www.eitb.eus/es/radio/radio-vitoria). En el buscador de la página, escribe «papel medios comunicación redes sociales», escucha el audio y responde a las tres preguntas que encontrarás a continuación. Finalmente, abrid un debate sobre el tema en clase.

a. ¿Cómo han evolucionado los medios de comunicación tradicionales al irrumpir las redes sociales?

b. ¿Qué espera el público actual de un medio de comunicación alojado en Internet?

c. ¿Estás de acuerdo con que la información de los medios de comunicación en Internet sea gratuita? ¿Deberían ser de pago? ¿Algunos contenidos deberían estar restringidos?

3 Escoge una noticia que aparezca en la edición digital abierta de tres periódicos distintos (por ejemplo, *La Vanguardia*, *El Periódico* y *El País*). Compara los titulares, entradillas y contenidos generales, y responde brevemente a estas preguntas.

a. ¿Qué diferencias hay entre los titulares?

b. ¿Muestran la noticia desde el mismo punto de vista?

c. ¿Hay grandes diferencias en el contenido general?

d. ¿Qué periódico crees que transmite la noticia de la manera más correcta? ¿Por qué?

4 En grupos de trabajo, visitad las principales redes sociales que se usan en nuestro país: **Facebook**, **Instagram**, **Twitter**, etc. Comparad el tratamiento que se da a las noticias que publican con el que se ofrece sobre los mismos hechos en los medios de comunicación tradicionales. Fijaos especialmente en los contenidos y en su veracidad.

5 Entra en www.watchity.com/es/blog y busca el artículo «*Fake news* en España, el peligro de la desinformación». Léelo atentamente y prepara una presentación con Prezi o PowerPoint que se centre en estos puntos:

a. Consecuencias directas del uso de las *fake news*.

b. Métodos para combatir las *fake news*.

c. Estadísticas sobre las *fake news*. (Puedes completar este apartado con la información estadística que encontrarás si indagas acerca del «I Estudio sobre el Impacto de las *Fake News* en España», realizado en 2017.)

Realiza algunas infografías con Canva, Visual.ly, Infogram o Piktochart para incluirlas en tu presentación y justificar tus conclusiones.

Para acabar, busca en Internet cuáles han sido las *fake news* más sorprendentes de los últimos tiempos e inclúyelas en tu presentación, mezclándolas con noticias ciertas, para ver si tus compañeros y compañeras son capaces de detectar cuáles son verídicas y cuáles no.

NOTICIAS DE NAVARRA

Adrenalina, un «personaje femenino fuerte» para *Astérix*

La adolescente de *La hija de Vercingétorix* recuerda a la activista Greta Thunberg

30 DE OCTUBRE DE 2019

El guionista Jean-Yves Ferri y el dibujante Didier Conrad, continuadores desde hace cuatro álbumes de las aventuras de Astérix y Obélix, incorporan en el volumen 38, *La hija de Vercingétorix*, un «personaje femenino fuerte», la rebelde adolescente Adrenalina, con el que querían «aportar algo nuevo a la serie».

Ferri explicó ayer en Barcelona que continuar la serie es moverse en una paradoja: «Cómo hacer un Astérix dentro de la continuidad aportando nuestra propia impronta, porque has de aportar algo de ti». Se trata de «un ejercicio de creatividad y se aprende mucho utilizando un formato clásico, siguiendo todos los gags y los ritmos de la serie». Conrad subraya que «con la inclusión de Adrenalina no se trata de compensar la escasa presencia de personajes femeninos fuertes en la serie, sino de aportar algo nuevo, aunque es cierto que en la serie ha habido pocos personajes femeninos y, a excepción de Cleopatra, siempre han sido secundarios». Ferri agrega que aunque haya «una alusión leve» al movimiento #MeToo y a la existencia de parejas homoparentales, «la vocación de *Astérix* no es ser militante, sino ser un cómic de humor».

En la construcción de este nuevo personaje femenino, que luce una larga coleta pelirroja, Ferri dijo que se inspiró en su propia hija, en su actitud y en la adolescencia en general, e incluso ideó un supuesto argot que «seguro que los jóvenes galos de la época utilizaban». Como Adrenalina necesitaba otros adolescentes en la aldea, los creadores han recurrido al hijo del pescadero y del herrero, dos personajes que tradicionalmente dirimen sus diferencias con violencia. «Ambos jóvenes, Selfix y Blinix, son dignos hijos de sus padres respectivos desde un punto de vista físico, pero opuestos a sus padres, con cierta mentalidad revolucionaria». Así como no es seguro que Adrenalina tenga continuidad en la serie, porque, como dice Conrad, «al ser un personaje tan fuerte tendría que estar en el centro», con Blinix y Selfix será más fácil porque forman parte de la aldea.

1 Indica cuántos predicados hay en esta oración compuesta y reescríbela en forma de oraciones simples: «Como Adrenalina necesitaba otros adolescentes en la aldea, los creadores han recurrido al hijo del pescadero y del herrero, dos personajes que tradicionalmente dirimen sus diferencias con violencia».

2 Separa las siguientes oraciones en sujeto y predicado, señalando, si los hay, los casos de sujeto omitido o impersonalidad.

a. No es seguro que Adrenalina tenga continuidad en la serie.

b. Forman parte de la aldea.

c. Continuar la serie es moverse en una paradoja.

d. Ambos jóvenes, Selfix y Blinix, son dignos hijos de sus padres respectivos desde un punto de vista físico.

3 Localiza en el texto un ejemplo de: aposición, de complemento de régimen, de atributo y de complemento del nombre. Indica en cada caso de qué grupo sintáctico se trata.

4 Analiza los siguientes grupos sintácticos.

a. Adrenalina, un personaje femenino fuerte para *Astérix.*

b. En la construcción de este nuevo personaje femenino.

c. Opuestos a sus padres.

d. Con cierta mentalidad revolucionaria.

5 Indica de qué tipo son los siguientes verbos y explica qué complementos son exigidos por el verbo y cuáles son opcionales. Fíjate en el ejemplo.

Explicó: transitivo. Lo acompañan un CD (exigido) y dos CC (opcionales).

a. Dirimen.

b. Se inspiró.

c. Será.

d. Necesitaba.

e. Han recurrido.

Fotograma de la película *Asterix y los vikingos.*

6 Di si las siguientes formas no personales forman predicados en el texto: *continuar, utilizando.* En el caso de que así sea, indica qué complementos llevan y qué tipo de grupos sintácticos son esos complementos.

7 Define *argot* a partir de la oración subordinada entrecomillada que la complementa. ¿Qué clase de palabra introduce dicha oración y funciona a la vez como nexo y como sujeto de la misma?

8 Analiza esta oración simple: «La adolescente de *La hija de Vercingétorix* recuerda a la activista Greta Thunberg».

9 Indica si las siguientes oraciones cumplen alguna función dentro de otra. En caso afirmativo, señala cuál es esa función.

a. Se inspiró en su propia hija, en su actitud y en la adolescencia en general.

b. Se trata de un ejercicio de creatividad.

10 Localiza las 6 W del periodismo en la noticia.

11 Escribe una pregunta a alguno de los creadores del cómic que pueda ser respondida con la información del texto. Usa un vocativo para redactarla.

12 Utiliza un modificador oracional para incluir un comentario en la noticia que exprese tu apreciación subjetiva acerca de lo que dice. A continuación, compártelo con tus compañeros y compañeras.

13 Localiza en el texto dos oraciones de infinitivo coordinadas adversativamente.

14 Solo dos de los nexos copulativos del texto unen oraciones. Indica cuáles son.

15 En el texto hay dos *aunque.* ¿Funcionan como nexos adversativos?

16 Analiza el siguiente fragmento: «En la serie ha habido pocos personajes femeninos y, a excepción de Cleopatra, siempre han sido secundarios».

05 LAS ORACIONES SUBORDINADAS SUSTANTIVAS

JANE GOODALL

LO QUE NOS HACE
HUMANOS
ES LA HABILIDAD
DE HACER PREGUNTAS

PRESENTAR

SOY QUEÍSTA

Prepara un monólogo en el que imites a un personaje conocido o inventa un personaje para el monólogo. En el texto debes incluir oraciones subordinadas sustantivas, algunas de ellas con errores: dequeísmos y queísmos. Durante la representación, tus compañeros y compañeras deberán estar muy atentos para detectar los gazapos.

CREAR

POR UNA BUENA CAUSA

Vais a ser los diseñadores de unas camisetas para una carrera solidaria. Elegid una buena causa y preparad diez modelos distintos. Cada camiseta debe contener un mensaje con una oración subordinada sustantiva. Poned toda vuestra creatividad en juego.

CONOCER

SABER «MIRAR»

Visualiza en casa el vídeo de YouTube «Las claves de la entrevista periodística» y, a partir de él, establece el decálogo de una buena entrevista periodística. Después, en grupos, ponedlo en común y presentadlo a la clase a través de una infografía. Finalmente, acordad un decálogo general para todos.

INVESTIGAR

HIPÓTESIS SUSTANTIVAS

Elige una entrevista escrita que te haya llamado la atención. Selecciona las oraciones subordinadas sustantivas que aparezcan en ella y clasifícalas en un documento. Luego, intenta reescribir la entrevista sin usar ninguna oración subordinada sustantiva. ¿Te ha resultado difícil? ¿Qué ocurre si eliminamos estas oraciones? Formula tus hipótesis y compártelas con tu grupo.

El siguiente texto es un extracto de una entrevista publicada en un medio digital. Intenta averiguar quién escribe las preguntas y fíjate en cómo son las respuestas.

https://www.elmundo.es/elmundo/encuentros/elmundo/2019/11/07/cesar-bona/index.html

ENCUENTROS

7 de noviembre de 2019, respondió en directo:

César Bona

1. ¿Cuáles son las claves que más destacarías para que un alumno se sienta valorado?

Podríamos hacer una analogía entre adultos y niños y niñas. Descubriríamos que tanto a nosotros como a los pequeños nos gusta sentirnos queridos, escuchados y útiles. Además, tienen mucho que aportar y nunca lo sabremos sino les damos la posibilidad de expresarlo.

2. ¿Tuviste algún problema en la infancia que te haya llevado al interés de estos temas?

No, no que yo recuerde. Soy de un pueblo pequeño y allí las relaciones sociales eran más cercanas. La relación con la naturaleza también... La vida de niño que yo viví me acompaña precisamente por todas las experiencias que pudimos vivir.

César Bona, uno de los cincuenta mejores maestros del mundo según el Global Teacher Prize (2014), publica *Derechos y deberes de la infancia,* donde repasa todos y cada uno de los derechos y deberes que tienen los niños y niñas de todo el mundo. Este 2019 se cumplen 60 años de la Declaración de los Derechos del Niño.

3. ¿Qué opinas sobre el auge de la enseñanza *online*? ¿Crees en su eficacia?

Es una herramienta muy interesante y permite que el conocimiento llegue adonde antes no lo hacía. Además permite adaptar el contenido a los tiempos de cada uno. En ese sentido es interesante.
Sí, es cierto que hay cosas que no se pueden transmitir mediante la red y por eso pienso que la relación docente-alumno/a y el mirarse a los ojos es fundamental.

4. ¿Crees que las generaciones venideras van empeorando en cuestión de educación? ¿Y por qué?

No, realmente. Conozco muchísimos casos de niños/as adolescentes en España y en otros países que tienen un compromiso serio por la sociedad, el medioambiente... Y es importante que eso se valore.
En cualquier caso, suele pesar más lo negativo que lo positivo. Y esto tiene que invitarnos a reflexionar. Además, nosotros los adultos somos su ejemplo. Así que esta también es una invitación a que miremos hacia adentro.

https://www.elmundo.es/elmundo/encuentros/elmundo/2019/11/07/cesar-bona/index.html

5. ¿Cómo has conseguido escribir un libro que sea comprensible para todos los públicos, incluidos los niños, con un tema tan delicado de explicar? (Clase C. Digital)

Gracias por la pregunta. Es cierto que cuando yo preguntaba a niños y niñas: ¿Qué es un derecho? o ¿Qué es un deber? Para la primera no tenían respuesta y la segunda siempre la asociaban con las tareas. Conversé con niños y niñas de diferentes países y llegué a la conclusión que algo tan importante como los derechos (unidos a los deberes) deberían estar escritos con un lenguaje que ellos pudieran entender. [...]

7. ¿De qué está hecho el mejor maestro del mundo?

No sé quién es. Pero seguro que, como muchos maestros y maestras de España, tiene ilusión, rigor, compromiso social, compromiso por la naturaleza, curiosidad y tantas cosas que la educación y la sociedad necesitan. [...]

9. ¿Se están cumpliendo todos los derechos de los niños en los países civilizados?

Buena pregunta porque tiene que llevarnos a la reflexión. Pensemos algo: a veces no hay que viajar miles de kilómetros para comprobar que debemos dar más importancia al texto de la Convención. De hecho, tendría que ser texto de cabecera en todos los centros educativos. Te voy a dar dos o tres datos de UNICEF: la esclavitud infantil, en cualquiera de sus formas, afecta a 180 millones de niños y niñas en el mundo. Si hay 20 millones de refugiados, prácticamente la mitad son niños y niñas. Y aparte de esto, esos derechos están íntimamente ligados al respeto por los diferentes. Podemos sacar nuestras conclusiones. [...]

12. Hola, César ¿Un consejo para que mi hijo se pueda introducir en la lectura y llegue a amarla como yo? Tengo dificultades y tiene 8 años.

No hay recetas mágicas, pero es un tema que me apasiona. Es cierto que cuando son pequeños es importante que sientan amor por la lectura. Y ya no solo las historias han de atraer, también el lugar donde se lee. Un día pusimos una caja de cartón en forma de casa con dos libros dentro para ver qué hacían los niños. Cuando la vieron estuvieron dentro tres horas disfrutando de los libros y del espacio. Además, hay muchas ideas que te pueden ayudar para crear ese gusanillo. Suerte. [...]

Despedida

Se nos acaba el tiempo. Un verdadero placer. Recordemos que nosotros los adultos tenemos que ser los primeros garantes por los derechos de la infancia. Si os apetece, os invito a hablar sobre ello en la presentación del libro *Derechos y deberes de la infancia* hoy jueves a las 19 h en la Casa del Libro de Gran Vía, 27. Un abrazo.

Leer

1 ¿Por qué razón destaca la persona entrevistada?

2 ¿Cuál es el motivo de la entrevista?

3 Indica cuáles de las siguientes afirmaciones son verdaderas y cuáles falsas, y reescribe estas últimas para convertirlas en verdaderas.

a. A los niños les gusta ser queridos, escuchados y útiles.

b. César Bona tuvo problemas de pequeño y por eso se interesa por la infancia.

c. La enseñanza *online* puede sustituir totalmente a la enseñanza presencial.

d. Para transmitir el amor por la lectura, es importante la historia en sí y el lugar donde se lee.

e. Los niños saben perfectamente cuáles son sus deberes.

4 ¿Por qué el autor ha escrito un libro comprensible para todos los públicos?

5 ¿Cuántas personas entrevistan a este autor? ¿Por qué se puede deducir que hay más de un entrevistador?

6 Localiza y copia los datos objetivos que se proporcionan en la entrevista.

7 Copia algunas afirmaciones del texto que te parezcan subjetivas y que puedan considerarse una opinión.

8 Identifica los subtemas que se tratan en las preguntas e intenta agruparlas por categorías.

9 Señala la estructura del texto. Para ello, divídelo en los apartados propios de una entrevista.

10 Inventa un titular significativo para la entrevista y una entradilla que resuma lo esencial de esta.

11 Algunas respuestas de la entrevista contienen rasgos propios del lenguaje oral. Indica cuáles son.

Sin faltas.com

12 ▶ En el texto hay una errata: dos palabras que se han escrito juntas y deberían ir separadas. Identifícalas y explica cuál es la norma que siguen.

Opinar

13 En el texto aparecen casos de desdoblamiento de género, pero también se emplea el masculino genérico. Localiza los casos e identifica cuáles se utilizan en las preguntas y cuáles en las respuestas.

14 TIC Busca información sobre este uso del género (introduce «Fundéu lenguaje inclusivo» en tu buscador) y escribe un texto explicando tu opinión al respecto.

1 LA ENTREVISTA PARTICIPATIVA O COLABORATIVA

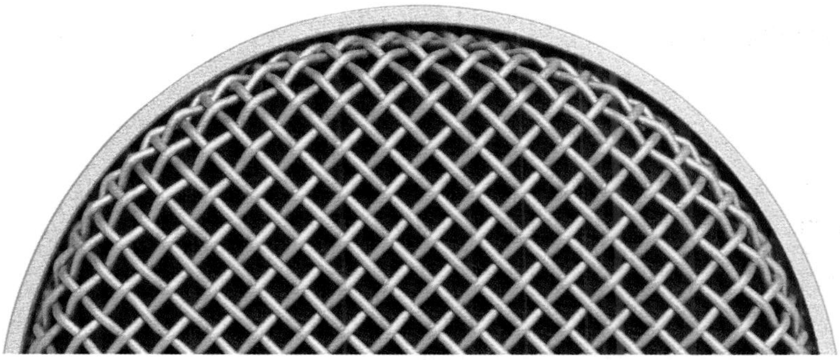

La entrevista es **un subgénero periodístico mixto** en el que se combinan información y opinión.

En ella se transcribe literalmente el **diálogo entre el periodista y la persona entrevistada,** un personaje relevante por algún motivo. Como en cualquier diálogo, se produce una alternancia de turnos: pregunta-respuesta.

La estructura de la entrevista es la siguiente:

- **Titular:** incluye el nombre del entrevistado. Puede acompañarle un subtítulo en el que se destaca lo más significativo del personaje o de sus declaraciones.
- **Entradilla:** presentación y breve descripción del entrevistado. Suele incluir el motivo de la entrevista.
- **Cuerpo:** preguntas y respuestas. Puede contener comentarios del periodista.
- **Último párrafo o cierre:** se termina la entrevista con una declaración final del periodista o del entrevistado.

En los medios digitales se ha creado un nuevo modelo de este subgénero: **la entrevista colaborativa o participativa.** En ella, los lectores (en formatos escritos) o espectadores (en formatos audiovisuales) son quienes realizan las preguntas al entrevistado. De esta forma se crea una **entrevista grupal** en la que participan personas de todo tipo, no necesariamente periodistas, y que se aproxima al formato de las tertulias.

Bajo el nombre de **«ciberentrevista», «encuentros», «entrevistas digitales», etc.,** aparece esta nueva forma de entrevista que incide en una de las características del periodismo digital: la participación e interacción con el público.

Los formatos varían respecto a la entrevista impresa:

- Los lectores envían preguntas al medio, el entrevistado las responde por escrito y el medio las transcribe y publica.
- La entrevista se realiza en directo: se abre un período para hacer preguntas y el entrevistado las va contestando por orden. Se pueden ir publicando inmediatamente o hacerlo después de forma independiente.
- En ocasiones, se eliminan el titular (aparece únicamente el nombre del entrevistado) y la entradilla, ya que la entrevista es en directo.
- Se utiliza exclusivamente el estilo directo, con el formato pregunta-respuesta. El estilo indirecto no tiene cabida en este tipo de entrevistas.

Estas entrevistas también adoptan distintas estructuras en los **medios audiovisuales:**

- **Mesa redonda:** un grupo de personas pregunta al entrevistado.
- **Periodista-entrevistado:** el periodista recibe las preguntas del público (por teléfono, por mensaje...), las expone al entrevistado y este responde.

Las palabras del entrevistado se pueden **transcribir de dos formas:**

- En **estilo directo,** que reproduce exactamente las palabras del entrevistado: *Me parece muy interesante que...*
- En **estilo indirecto,** introduciendo las palabras del entrevistado con verbos de habla: *Nuestro autor dijo que le parecía muy interesante...*

https://www.elmundo.es/elmundo/encuentros/elmundo/2019/11/07/cesar-bona/index.html

1 **ENCUENTROS**

2 **7 de noviembre de 2019, respondió en directo:**

3 # César Bona

1. ¿Cuáles son las claves que más destacarías para que un alumno se sienta valorado?

Podríamos hacer una analogía entre adultos y niños y niñas. Descubriríamos que tanto a nosotros como a los pequeños nos gusta sentirnos queridos, escuchados y útiles. Además, tienen mucho que aportar y nunca lo sabremos sino les damos la posibilidad de expresarlo.

4 **2. ¿Tuviste algún problema en la infancia que te haya llevado al interés de estos temas?**

No, no que yo recuerde. Soy de un pueblo pequeño y allí las relaciones sociales eran más cercanas. La relación con la naturaleza también... La vida de niño que yo viví me acompaña precisamente por todas las experiencias que pudimos vivir.

5 César Bona, uno de los cincuenta mejores maestros del mundo según el Global Teacher Prize (2014), publica *Derechos y deberes de la infancia*, donde repasa todos y cada uno de los derechos y deberes que tienen los niños y niñas de todo el mundo. Este 2019 se cumplen 60 años de la Declaración de los Derechos del Niño.

3. ¿Qué opinas sobre el auge de la enseñanza *online*? ¿Crees en su eficacia?

Es una herramienta muy interesante y permite que el conocimiento llegue adonde antes no lo hacía. Además permite adaptar el contenido a los tiempos de cada uno. En ese sentido es interesante. Sí, es cierto que hay cosas que no se pueden transmitir mediante la red y por eso pienso que la relación docente-alumno/a y el mirarse a los ojos es fundamental.

4. ¿Crees que las generaciones venideras van empeorando en cuestión de educación? ¿Y por qué?

6 No, realmente. Conozco muchísimos casos de niños/as adolescentes en España y en otros países que tienen un compromiso serio por la sociedad, el medioambiente... Y es importante que eso se valore. En cualquier caso, suele pesar más lo negativo que lo positivo. Y esto tiene que invitarnos a reflexionar. Además, nosotros los adultos somos su ejemplo. Así que esta también es una invitación a que miremos hacia adentro.

9. ¿Se están cumpliendo todos los derechos de los niños en los países civilizados?

7 Buena pregunta porque tiene que llevarnos a la reflexión. Pensemos algo: a veces no hay que viajar miles de kilómetros para comprobar que debemos dar más importancia al texto de la Convención. De hecho, tendría que ser texto de cabecera en todos los centros educativos. Te voy a dar dos o tres datos de UNICEF: la esclavitud infantil, en cualquiera de sus formas, afecta a 180 millones de niños y niñas en el mundo. Si hay 20 millones de refugiados, prácticamente la mitad son niños y niñas. Y aparte de esto, esos derechos están íntimamente ligados al respeto por los diferentes. Podemos sacar nuestras conclusiones. [...]

8 **12. Hola, César ¿Un consejo para que mi hijo se pueda introducir en la lectura y llegue a amarla como yo? Tengo dificultades y tiene 8 años.**

No hay recetas mágicas, pero es un tema que me apasiona. Es cierto que cuando son pequeños es importante que sientan amor por la lectura. Y ya no solo las historias han de atraer, también el lugar donde se lee. Un día pusimos una caja de cartón en forma de casa con dos libros dentro para ver qué hacían los niños. Cuando la vieron estuvieron dentro tres horas disfrutando de los libros y del espacio. Además, hay muchas ideas que te pueden ayudar para crear ese gusanillo. Suerte. [...]

Despedida

9 Se nos acaba el tiempo. Un verdadero placer. Recordemos que nosotros los adultos tenemos que ser los primeros garantes por los derechos de la infancia. Si os apetece, os invito a hablar sobre ello en la presentación del libro *Derechos y deberes de la infancia* hoy jueves a las 19 h en la Casa del Libro de Gran Vía, 27. Un abrazo.

1 **Título** de la sección del periódico en que aparece.

2 **Fecha** de la entrevista y modalidad (en directo).

3 **Nombre del entrevistado.**

4 **Preguntas** en negrita para distinguirlas de las respuestas.

5 Este tipo de entrevistas suele anunciarse con tiempo. Por eso no se incluye al inicio una biografía del entrevistado, sino que se añade una imagen junto con un resumen de su trayectoria y el motivo de la entrevista.

6 Rasgos propios de la oralidad (oraciones breves, puntuación subjetiva...).

7 En ocasiones, el entrevistado agradece la pregunta si esta le parece especialmente interesante.

8 Algunos de los entrevistadores saludan; es el primer contacto que tienen con el entrevistado.

9 **Cierre.** El entrevistado se despide haciendo algunas recomendaciones.

Escribir

1 TIC Vais a realizar una entrevista en grupo a uno de vuestros compañeros o compañeras para que os cuente cuáles son sus intereses y expectativas de futuro: qué va a hacer cuando termine la ESO, qué quiere estudiar o en qué quiere trabajar, qué aficiones tiene, qué cuestiones de actualidad le preocupan, etc.

Para ello, cread un grupo de WhatsApp y realizad las preguntas por turnos. Luego, transcribidlas y publicadlas siguiendo el formato de la entrevista escrita:

- Buscad un titular sugerente.
- Escribid una entradilla que destaque las cualidades del personaje.
- Podéis transcribir las preguntas y respuestas en el orden en que se han producido o agruparlas según la temática.
- Adecuad el formato de las preguntas y respuestas, variando los tipos de letra o sus características para resaltar unas y otras.
- Incluid las fotografías que habéis hecho durante la entrevista.

Escuchar y hablar

1 TIC Teclea en tu buscador «Todo lo que aprendí gracias a mi accidente» (versión completa) y visiona los primeros 13 minutos de la entrevista a Sara Andrés, atleta paralímpica. A continuación, realiza las actividades.

a. Haz una breve descripción de la entrevistada a partir de lo que dice sobre ella misma.

b. ¿Qué suceso cambió su vida? ¿Cuál es su valoración sobre este?

c. Mientras la entrevistada habla, se muestran imágenes del público. ¿Qué función tienen estas?

d. Indica cuál es el tema del vídeo.

e. ¿Qué tres enseñanzas aprendió la entrevistada a raíz de su experiencia?

f. Analiza las preguntas del público: ¿las realizan sin más o las introducen de alguna forma? Explica de qué manera.

g. Señala las funciones de los textos que aparecen sobreimpresos en la pantalla.

h. Identifica la estructura de la entrevista.

2 En grupos, con ayuda de vuestro profesor o profesora, entrevistad a tres personas cuyos estudios o profesiones os puedan interesar de cara a vuestro futuro profesional o académico al acabar la ESO. Hacedlo de la siguiente forma:

1.º El entrevistado se presenta y expone brevemente su campo de interés.

2.º A continuación, se realiza la entrevista de forma participativa: debéis preguntarle por cuestiones relacionadas con su trabajo o sus estudios, las motivaciones que le llevaron a escogerlos, qué ventajas e inconvenientes tienen, etc.

3.º Las intervenciones pueden durar 15 minutos cada una. Todos los alumnos o alumnas deben realizar al menos una pregunta.

Sara Andrés cuando ganó el bronce en 2017.

1 LAS ORACIONES SUBORDINADAS

Las oraciones subordinadas son aquellas que **realizan una función dentro de otra mayor,** y **equivalen a un grupo sintáctico dentro de ellas.** Pueden, por tanto, identificarse mediante la sustitución:

Cuando viajo, me gusta comer en los restaurantes de los lugares *a los que voy.*
= *Siempre* (GAdv) — = *nuevos* (GAdj)
= *la gastronomía* (GN)

- Si realizan una función propia de un **grupo nominal,** nos referimos a ellas como **subordinadas sustantivas.**

Me gusta	*comer en los restaurantes de los lugares a los que voy.*
GV-PV	Oración subordinada sustantiva *(= la cocina)*-Suj

- Si es una función propia de un **grupo adjetival,** las llamamos subordinadas adjetivas, aunque también se suelen llamar **subordinadas de relativo,** puesto que están introducidas por un pronombre, adverbio o determinante relativo.

Los	*lugares*	*a los* ***que*** *voy.*
Det	N (Sust)	Oración subordinada adjetiva (= *nuevos*)-CN
GN		

- Si realizan una función propia de un adverbio, las llamamos **subordinadas adverbiales.** También se las conoce como **circunstanciales,** aunque no siempre equivalen a un complemento circunstancial. Por ello, algunas se consideran **construcciones,** que se relacionan o complementan a toda la oración *(Si vienes, jugaremos los cuatro)*; y otras funcionan como complemento del adverbio *(Trabajó tanto que acabó rendido)*.

Cuando viajo	*me*	*gusta*
Or. sub. adv.-CC	GN-CI	N (V)
GV-PV		

Las **oraciones subordinadas** pueden llevar un **verbo** en forma personal o bien en **forma no personal:** *Queremos que te sumes a la fiesta / Queremos sumarnos a la fiesta.*

Aunque hay excepciones, lo habitual es que los **infinitivos** aparezcan en oraciones subordinadas sustantivas, mientras que los **gerundios** lo suelen hacer en oraciones adverbiales. Los **participios** equivalen a adjetivos, pero también toman con frecuencia valor adverbial:

Ser puntual (= La puntualidad) es una virtud.
Lo lograrás siendo constante (= así).
Terminada la película (= Entonces), nos fuimos a casa.

Normalmente, las formas no personales no necesitan ningún nexo que las subordine, pero tampoco lo excluyen siempre: *No sabíamos si esperar a Lorena.*

2 ORACIONES SUBORDINADAS SUSTANTIVAS

Las **subordinadas sustantivas** son aquellas que, incrustadas en otra oración, realizan las mismas **funciones** que un **grupo nominal.** Pueden aparecer conectadas con la oración en que se insertan de distintas formas:

- **Sin nexo.** Esto ocurre en los siguientes casos:
  - Cuando se trata de oraciones con un verbo en infinitivo. El infinitivo es una forma no personal que equivale a un sustantivo o grupo nominal, por lo que no precisa otra marca de dependencia: *Es importante prepararse bien (= tu preparación).*
  - En ciertos registros, sobre todo en el lenguaje epistolar y jurídico. En estos casos se omite el nexo y la subordinada sustantiva con verbo personal se sitúa directamente en el lugar del grupo nominal: *Ruego perdone mi intromisión (= su perdón).*
- Mediante una **conjunción** que sirve como nexo:
  - *Que: Es importante que te prepares bien (= tu preparación).*
  - *Si:* esta conjunción puede aparecer en una oración con un verbo en forma personal *(Me pregunto si llegará mañana = el día de su llegada)* o con un infinitivo *(No sabía si comprar ya la tarta = el plan).*

Es posible combinar las dos conjunciones, como en: *Nos preguntó que si tenía que irse ya.*

- Por medio de un **determinante, pronombre o adverbio** de **sentido interrogativo** o **exclamativo,** a veces combinado con infinitivo. Estos no funcionan solo como nexos, pues, además, dentro de la oración subordinada cumplen la función correspondiente a su categoría.
  - **Determinante:** *Quiero saber **qué** alumnos asistirán (= los nombres).*
  - **Pronombre:** *No sabíamos **qué** hacer entonces (= los planes).*
  - **Adverbio:** *Me sorprende **cuánto** han mejorado tus resultados (= tu evolución).*

2.1 FUNCIONES DE LAS SUBORDINADAS SUSTANTIVAS

Las oraciones subordinadas sustantivas realizan las mismas **funciones** que los **grupos nominales;** equivalen, pues, a uno de ellos, como se evidencia si se sustituyen por un pronombre neutro *(lo, esto, eso, aquello):*

Declaró que no sabía nada = Declaró aquello = Lo declaró.

Las oraciones subordinadas sustantivas también son llamadas **argumentales,** puesto que pueden ocupar el lugar de los argumentos verbales, especialmente el de complemento directo.

Al igual que el grupo nominal, la oración sustantiva puede realizar las siguientes **funciones** dentro de la oración:

- **Sujeto:** *Me asustaba cómo se había llegado a esto. Me fascina que lo hayamos resuelto. Apostar por los nuevos valores es la mejor opción.*
- **Complemento directo:** *Ya sabes cómo es tu primo. Habían decidido que todo seguiría igual. Nos preguntábamos si sería lo mejor.*

- **Atributo:** *La mejor solución es arreglarlo como amigos; La mejor noticia es que nos iremos a casa pronto.*
- **Aposición:** *Me preocupa ese rumor, que esté implicado en corrupción.*
- **Término.** Al igual que el sustantivo, la oración subordinada sustantiva puede funcionar como término de un grupo preposicional.

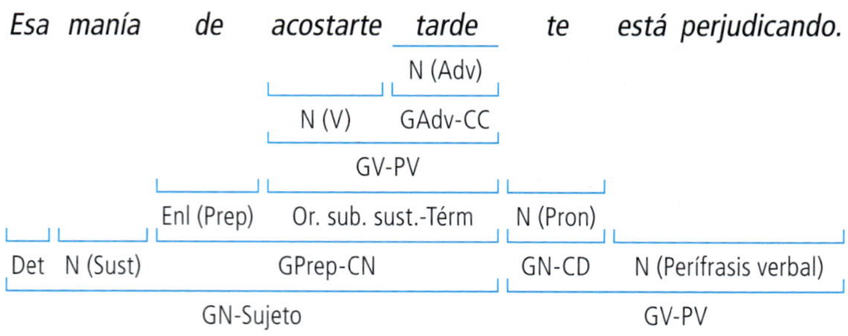

Ese grupo preposicional en el que se encuentra la oración subordinada sustantiva puede tener distintas funciones:

Función del GPrep	Ejemplos
Complemento del nombre	*Esa manía de acostarte tarde te está perjudicando.*
	Entonces era el momento de que todos callasen.
	No conservo el recuerdo de qué ocurrió allí.
Complemento indirecto	*Nunca le dan importancia a que estemos allí.*
	Yo le doy prioridad a asistir a la reunión.
Complemento de régimen	*Nunca se acuerda de que ella no tiene la contraseña.*
	Nunca se acuerda de preguntar la contraseña.
	Nunca se acuerda de cómo se cierra la sesión.
Complemento del adjetivo	*Parecen alegres de que lo hayas conseguido.*
	Estoy convencida de estudiar allí.
	Está emocionada con cómo ha salido todo.
Complemento del adverbio	*Eso pasará independientemente de que ella lo desee.*
	Vino a casa después de visitar a sus padres.
	La fiesta empezará a las ocho, independientemente de quién esté allí.

Los grupos preposicionales con subordinadas sustantivas como término **funcionan** frecuentemente como **complementos circunstanciales.**

GPrep encabezado por...	Ejemplo	Valor
Hasta	*No volveremos hasta que termines.*	Temporal
Sin	*Hemos salido de casa sin que te enteres.*	De modo o manera
Según	*Decidiremos el destino de las vacaciones según cuánto dinero tengamos.*	De modo o manera
Por	*Eso te pasa por hacerlo todo deprisa y corriendo.*	Causal

2.2 TIPOS DE SUBORDINADAS SUSTANTIVAS

Las subordinadas sustantivas se dividen en tres tipos, que reciben su nombre a partir de la modalidad oracional con la que están relacionadas:

	Oración no subordinada	Oración subordinada
Declarativa o enunciativa	*No estoy de acuerdo.*	*[Ella dice que] no está de acuerdo.*
Interrogativa	*¿Quién ha ganado?*	*[Preguntan] quién ha ganado.*
Exclamativa	*¡Cuánto ruido hay!*	*[Me molesta] cuánto ruido hay.*

ORACIONES SUBORDINADAS SUSTANTIVAS DECLARATIVAS

Son todas aquellas que suponen una afirmación o negación.

Es evidente que Xia es la mejor candidata → Afirmación 1 (principal): algo es evidente
→ Afirmación 2 (subordinada): Xia es la mejor candidata.

Pueden ir introducidas por el nexo *que* (aunque puede omitirse) o el infinitivo:

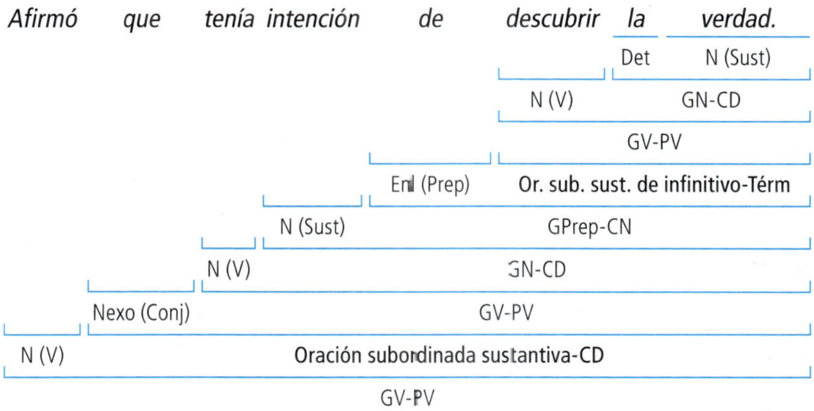

Cuando la forma verbal de la subordinada es personal, utiliza el **modo subjuntivo o indicativo,** dependiendo del sentido del verbo principal:

Expresión de un deseo: subjuntivo	*Me gustaría*	*que llegaras/hubieras llegado temprano a la cita.*
		**que llegaste/llegas temprano a tus citas.*
Expresión de una certeza: indicativo	*Sé*	**que vinieras/vengas hoy.*
		que vienes/vendrás hoy.

Estas oraciones admiten el uso enfático del artículo antepuesto: *Nunca aceptó el que no la admitieran en aquel trabajo.*

Cuando esto ocurre, se asimilan en su funcionamiento (aunque no siempre son equivalentes) a las oraciones construidas con *el hecho de que... (El hecho de que vengas con nosotros me hace mucha ilusión).*

Dequeísmo y queísmo

El **dequeísmo** es un fenómeno propio de registros vulgares. Consiste en introducir la preposición ***de*** ante oraciones subordinadas sustantivas encabezadas por ***que*** en estructuras que no la precisan:

**Él opina de que debemos continuar.*

Él opina que debemos continuar.

El **queísmo** consiste en la supresión de la preposición *de* requerida por la construcción gramatical ante una subordinada sustantiva:

**Él es de la opinión que debemos continuar.*

Él es de la opinión de que debemos continuar.

ORACIONES SUBORDINADAS INTERROGATIVAS INDIRECTAS

Muestran una pregunta, duda, suposición o conocimiento del emisor. Pueden ser totales o parciales:

- Las **interrogativas totales** se construyen con la conjunción *si* y equivalen a una interrogativa que se responde afirmativa o negativamente:

Le preguntaron si llegaría pronto.

N (Adv)
N (V) | GAdv-CC
N (Pron) | Nex (Conj) | GV-PV
GN-CI | N (V) | Or. sub. sust.-CD
GV-PV

- Las **interrogativas parciales** se construyen con un determinante, pronombre o adverbio interrogativo que, además de introducir la oración subordinada, cumple en ella la función correspondiente a su categoría gramatical: el **determinante** acompaña a un sustantivo, el **pronombre** lo sustituye y el **adverbio** manifiesta una circunstancia relativa al verbo.

Nunca supieron ***quién*** *era el culpable.*

Det | N (Sust)
N (Pron. interr.) | N (V) | GN-Atrib
N (Adv) | GN-Suj | GV-PN
GAdv-CC | N (V) | Or. sub. sustantiva-CD
GV-PV

Nunca supieron en ***qué*** *momento desapareció.*

Det | N (Sust)
Enl (Prep) | GN-Térm
GPrep-CC | N (V)
N (Adv) | GV-PV
GAdv-CC | N (V) | Or. sub. sust.-CD
GV-PV

Estilo indirecto

Las oraciones subordinadas son **propias del estilo indirecto,** donde un verbo de habla introduce las palabras dichas por un emisor.

Los periodistas preguntan al deportista cómo se siente. Quieren saber cuánto tiempo permanecerá en este equipo y le preguntan quién ha sido el mejor jugador del partido. Finalmente, les admira cuántas canastas ha hecho.

ORACIONES SUBORDINADAS EXCLAMATIVAS INDIRECTAS

Muestran una realidad o acción que provoca una reacción (sorpresa, indignación, temor...) en el emisor. Pueden ir introducidas por un determinante, pronombre o adverbio exclamativo, que realiza su función correspondiente dentro de ellas: *Le sorprendió* <u>*cómo reaccionaste*</u>.

Me sorprendió cuánta gente vino a la fiesta.

Det | N (Sust)
Enl (Prep) | GN-Térm
N (Pron) | Det excl. | N (Sust) | N (V) | GPrep-CC
GN-CD | N (V) | GN-Suj | GV-PV
GV-PV | Or. sub. sust.-Suj

ACTIVIDADES

05 LAS ORACIONES SUBORDINADAS SUSTANTIVAS

1 Las oraciones subordinadas

1 Localiza las oraciones subordinadas en las siguientes oraciones y sustituye cada una de ellas por un grupo sintáctico.

a. Mi amiga Alba dice que hay que aprovechar las oportunidades.

b. Siempre que llueve, hay que tener cuidado con el coche.

c. Los años que pasé en Roma fueron los mejores de mi vida.

d. Esa es la manera como debe hacerse.

e. Mientras haya vida, habrá esperanza.

f. Los estudios que hice me ayudaron mucho en mi profesión.

g. Me molesta que nunca me dejes hablar.

2 Lee este fragmento de entrevista a Iliana Mourad y sustituye las palabras que están subrayadas por oraciones subordinadas que cumplan la misma función.

Pregunta: ¿Cuál es la situación actual de la infancia en Libia?

Respuesta: Antes del inicio de la guerra, Libia era un país con un considerable nivel económico. No obstante, en los últimos nueve meses la guerra ha causado una notable destrucción en la red de salud e innumerables escuelas han sido destruidas o están infectadas con minas y/o munición sin explotar. También hay mucha gente desplazada ocupando las escuelas. Los niños han sido testigos a diario de imágenes de guerra que han dejado un impacto imborrable en su futuro.

www.unicef.es

3 Completa las siguientes oraciones con una subordinada del tipo que se indica.

a. Hemos vivido una experiencia [oración subordinada adjetiva].

b. [Oración subordinada adverbial], emprenderé un nuevo viaje.

c. Siempre he creído [oración subordinada sustantiva].

d. Debéis llevar a cabo vuestra misión [oración subordinada adverbial].

e. Una persona [oración subordinada adjetiva] siempre dirá [oración subordinada sustantiva].

f. En todas las ocasiones [oración subordinada adjetiva], siempre me ha parecido [oración subordinada sustantiva].

g. [Oración subordinada sustantiva] es muy beneficioso para tu salud.

h. Siempre estaremos [oración subordinada adverbial].

4 En la siguiente entrevista a Umberto Eco se han subrayado algunas oraciones subordinadas. Di si son sustantivas, adjetivas o adverbiales.

P. Usted ha escrito un libro en el que un periódico del fango da batallas sucias sin salir a la calle... ¿Concibe que un día no haya periódicos?

R. Es un riesgo muy grave porque, después de todo lo que he dicho de malo sobre el periodismo, la existencia de la prensa es todavía una garantía de democracia, de libertad, porque precisamente la pluralidad de los diarios ejerce una función de control. Pero para no morir el periódico tiene que saber cambiar y adaptarse. No puede limitarse solamente a hablar del mundo, puesto que de ello ya habla la televisión. Ya lo he dicho: tiene que opinar mucho más del mundo virtual. Un periódico que sepa analizar y criticar lo que aparece en Internet hoy tendría una función, y a lo mejor incluso un chico o una chica jóvenes lo leerían para entender si lo que encuentra *online* es verdadero o falso. En cambio, creo que el diario funciona todavía como si la Red no existiera.

https://elpais.com

2 Oraciones subordinadas sustantivas

5 Identifica las oraciones subordinadas sustantivas y señala a qué categoría pertenece el elemento que las introduce en cada caso.

a. Nunca sé qué regalarle.

b. ¿Has visto cuánta gente hay?

c. Que siempre haya problemas me preocupa.

d. Tener previstas las eventualidades siempre viene bien.

e. ¿No te has enterado de si han llegado sus parientes?

f. Es increíble cómo ha cambiado este niño.

6 Localiza las oraciones subordinadas sustantivas y sustitúyelas por un pronombre neutro.

—Señor, aquí dice que estaba de pie, esperando.

—De pie, esperando.

El hombre repitió las palabras despacio, como si las masticase.

—Cabo, ¿qué le dice su instinto?

Se produjo una pausa. La chica del chador azul imaginaba que la mujer pretendía encontrar una respuesta que complaciese al comandante.

—Señor, no dispongo de suficiente información para formarme una opinión.

—¿Por qué se alistó, cabo?

—Me lo sugirió mi profesora de español. Dijo que tenía buen oído para los idiomas y que podría ser de utilidad en el ejército.

Deborah Ellis: *Mi nombre es Parvana.* Edelvives

7 Identifica las subordinadas sustantivas construidas con infinitivo y di cuál es su función.

a. Tener miedo de la oscuridad no sirve de nada.

b. En esta situación de emergencia es preciso estar calmados.

c. A Andrea no le gusta nada jugar a las cartas.

d. Este chico afirma conocer a todos los habitantes del pueblo.

e. Cuando se acordó de consultar su agenda, hizo el propósito de terminar pronto la tarea.

8 Analiza sintácticamente las siguientes oraciones compuestas.

a. ¡Sabías qué iba a ocurrir!

b. Me dijo que llegaría pronto, pero luego pensó que eso era imposible.

9 Localiza en esta oración todas las subordinadas sustantivas e indica cuál es su función: *En el momento de empezar la comida, todos estaban deseosos de ver qué habían preparado los cocineros.*

10 En este fragmento de entrevista a Paco de Lucía, identifica las oraciones subordinadas sustantivas y analízalas en tu cuaderno en una tabla como la siguiente.

Ser padre es difícil. Uno no sabe si imponer la fuerza. Piensas que la autoridad es buena pero no sabes a qué edad hay que dejarla de lado.

www.elmundo.es

Oración subordinada sustantiva	Introducida por...	Función

11 Analiza sintácticamente las oraciones subrayadas en el siguiente fragmento de una entrevista al director de orquesta David Afkham.

P. Lleva en Madrid varios años. ¿Cuál es su experiencia con el público español? ¿Qué le interesa más, qué repertorio prefiere?

R. Cada repertorio tiene diferentes reacciones. Creo que tenemos una gran relación con el público. Nos sentimos abrazados y estoy muy agradecido. En otras ciudades, puedes trabajar mucho y hacer un buen trabajo y solo llegar a una parte pequeña de la gente. Eso da rabia. La audiencia aquí aprecia los autores españoles, por supuesto. Y eso está en nuestros genes. Es nuestra responsabilidad interpretarlos y no solo del pasado sino actuales. El público es muy emocional y le encanta el repertorio romántico, como Mahler, Strauss o Wagner. También a la orquesta. Pero hay mucho más y la respuesta es buena a otros autores, como Shostakovich o Tchaikovsky.

www.elespanol.com

12 Escribe un ejemplo de subordinada sustantiva que aparezca como término en un grupo preposicional con cada una de estas funciones:

a. GPrep en función de complemento del nombre.

b. GPrep en función de complemento de régimen.

c. GPrep en función de complemento adjetivo.

d. GPrep en función de complemento circunstancial.

13 Lee este fragmento de una entrevista al escritor Andrea Camilleri y localiza todas las oraciones subordinadas sustantivas. Indica cuál es la función de cada una de ellas.

P. Siendo siciliano, y conociendo la mafia, ¿por qué no ha escrito sobre ella?

R. Hago referencias a la mafia, pero no como tema central de ninguna de mis novelas [...]. El riesgo es hacer de los mafiosos personajes simpáticos y héroes. Siempre digo que en *El Padrino* cae simpático Marlon Brando, pero no se puede olvidar que el Padrino es un asesino.

www.abc.es

14 Identifica las subordinadas sustantivas e indica de qué tipo son.

a. No me gusta que estudies con música.

b. No sé qué le pasa.

c. Que hayas aprobado todo me ha alegrado mucho.

d. Por fin tenemos claro cuándo es la fiesta.

e. Me sorprende cuánto has cambiado.

15 Copia las subordinadas sustantivas interrogativas indirectas, di si son totales o parciales y conviértelas en estilo directo, después de indicar la función de la palabra interrogativa (si la hay).

a. Queremos saber si el examen es mañana.

b. He preguntado cuánto cuesta el envío.

c. Ellos querían saber cuándo era el examen.

d. A veces una no sabe qué hacer en estas situaciones.

e. No sabíamos si salir ya.

16 En las oraciones anteriores, sustituye las subordinadas sustantivas interrogativas indirectas por un grupo nominal o pronombre neutro.

17 Redacta en estilo indirecto las preguntas de esta entrevista al pintor manchego Antonio López.

P. ¿Cómo es la experiencia de pintar en la calle durante meses?

R. A mí me ha gustado hacerlo porque me gustaba lo que había allí. Es como al que le gusta subir a la cima de una montaña, es un esfuerzo terrible y te planteas cómo es posible que padezca tanto y asuma tantos riesgos: porque hay algo que le lleva hacia la cima de la montaña.

P. ¿Alguna situación ha sido complicada?

R. Sí, pero no es para tanto. La calle puede ser un engorro, pero no es peligrosa.

P. ¿Cómo es la relación con los espectadores casuales?

A mí me gustaba. Sales de tu espacio y entras en el de los demás, porque te gusta ese espacio. Eso lo inventaron los impresionistas, cuando la materia prima de la pintura se metió en tubos [...] es cuando el artista pudo salir fuera.

www.jotdown.es

18 Lee el siguiente extracto de una entrevista realizada al actor Emilio Gutiérrez Caba. Indica si las oraciones subordinadas sustantivas subrayadas son interrogativas totales o parciales e indica su función.

Cuando le pregunto si le queda algo por hacer en su extensa, variada y completa trayectoria profesional, nos indica que siempre quedará algo por hacer, tanto en su carrera profesional como en la vida. Su ilusión, representar, vivir cada día. [...]

No es consumidor de las redes sociales, las utiliza de manera limitada, para felicitar, mostrar afecto o desafecto por alguien, pero nunca entrar en descalificaciones o discusiones. [...] Las conversaciones han cambiado debido a las nuevas tecnologías y formas de mensajería. Nos anima a hacer un ejercicio de saber cuándo se usa el móvil y cuándo no se debe utilizar, ya que, a veces, resulta terrible estar en una mesa y cómo están comiendo y cada uno está con su teléfono móvil, cuando estás al lado de otro ser humano, comunicándote con otras personas, pero no hablando con las que estás físicamente, deshumanizando en cierta medida las relaciones de los seres humanos, por la falta de contacto, incluso de empatía.

www.weandyou.es

19 Indica si las palabras subrayadas en estas oraciones son determinantes, pronombres o adverbios interrogativos.

a. Querría saber cuánto has tardado.

b. Su padre le preguntó cuántas asignaturas había aprobado.

c. Estaban investigando quién había llamado a la puerta.

d. Preguntaron cuál era el siguiente de la lista.

e. No sabíamos qué decisión era la más adecuada.

f. La pantalla mostró dónde estaba la información.

g. Le indicaron cuánto tiempo tenía que esperar.

h. Estaba pensando qué podían hacer.

20 Localiza las subordinadas sustantivas del texto, distingue sus tipos y su función y di en qué modo están sus verbos cuando la forma es personal. ¿Por qué crees que es así?

> Porque aquella noche, después de haber visto aquel escalofriante agujero sin atrevernos a comprobar qué contenía, me aterrorizaba que la habitación que compartíamos en casa de los abuelos se quedara a oscuras. El agujero demostraba que los crímenes fueron aún más horribles. Una cosa era que la monja viviera en una cabaña perdida en medio del monte, que llevara la jeringa con el veneno amarillento y entrara a hurtadillas en el sanatorio, deslizándose como un reptil, aunque erguida; una cosa era eso, y otra muy distinta, que la monja saliera del agujero del pasillo.
>
> Ronaldo Menéndez
> *El agujero de Walpurgis*. Edelvives

21 Realiza el análisis completo de las siguientes oraciones compuestas:

a. Estos periodistas han demostrado cuánto esfuerzo es necesario para conseguir la noticia.

b. Laura afirma que terminará el trabajo sin distraerse en toda la tarde.

22 Reescribe en estilo indirecto la siguiente entrevista a la historiadora de la lengua Lola Pons. Después, subraya las oraciones sustantivas que hayas creado.

> **P. Suele haber siempre un gran alarmismo con respecto a la escritura ligada a las nuevas formas de comunicación, desde las redes sociales al WhatsApp. ¿Hay elementos para evaluar ya un impacto cierto de esos nuevos hábitos?**
>
> **R.** Si eres filóloga y tus vecinos lo saben, es fácil que en la típica charla de ascensor te digan «antes sí que se escribía bien, no ahora los chavales con el móvil», y yo en absoluto estoy de acuerdo. Antes también se abreviaba, y muchísimo más que hoy, y cuando digo antes me refiero por ejemplo a la Edad Media. También hubo muchos aspavientos cuando se inventó el telégrafo y para ahorrar la gente mandaba un telegrama diciendo «muerte abuela», y punto, y hasta donde sé los verbos no han desaparecido. Ahora la gente se lleva las manos a la cabeza porque nuestros niños dicen «LOL», pero no pasó nada cuando se inventó el correo postal y se acuñó una nueva palabra, «sobre». El alarmismo no está justificado. [...]
>
> **P. ¿Es sexista el diccionario?**
>
> **R.** El diccionario refleja la ideología de los hablantes que usan las palabras del diccionario. Yo entiendo que por ejemplo la definición que se daba de «sexo débil» necesitaba una marca, un aviso al lector de que ese uso es despectivo. Ahora bien, lo que no se puede hacer es censurar el diccionario, porque eliminar la palabra «dictador» no va a hacer desaparecer a los dictadores. Concedemos una gran capacidad de creación de realidad al diccionario, cuando sólo depende de nosotros hacer un uso no denigrante de las palabras.
>
> https://cronicaglobal.elespanol.com

TRABAJAMOS LAS COMPETENCIAS

Lee este texto y resuelve las actividades de la página siguiente.

Se acabaron las vacaciones

La familia Martínez Salgado vuelve de las vacaciones y parece que de pronto se llena el barrio de gente.

Tres coches entran en la ciudad en fila india, en el mismo orden que adoptaron esta mañana para abandonar un pueblo de la costa situado a casi cuatrocientos kilómetros de Madrid.

En el primero, que ha pasado ya dos ITV, pero sigue siendo grande y está limpio, vuelve Pepe Martínez con sus padres y su hija Mariana.

En el segundo, un poco más modesto, sin pegatinas a la vista y tan sucio como si su dueña hubiera pretendido traerse media playa de recuerdo, vuelve Diana Salgado con su madre y su hijo pequeño, Pablo.

En el tercero, que primero fue de Pepe, después de Diana, y durante años ha seguido acumulando adhesivos de todos los colores hasta completar la admirable colección que exhibe el lateral derecho del parabrisas, vuelve Jose, el hijo mayor, con su novia y Tigre, el gato de la familia, recluido en ese infernal instrumento de tortura que se llama transportín.

Al rato, Diana acompaña a su madre hasta la puerta a pesar de sus protestas.

—Bueno, pues ya estamos otra vez aquí —exclama al dejar la última bolsa en el recibidor de la casa donde se ha criado—. ¡Qué pena!, ¿verdad, mamá? Qué cortas se hacen siempre las vacaciones.

En un solo movimiento, su madre la abraza, la besa con fuerza y empieza a empujarla hacia la escalera.

—Sí, pero vete ya, corre, que hemos dejado al niño solo y yo estoy bien, hija, no necesito nada, de verdad...

Después cierra la puerta, se descalza sin mirar adónde van a parar las sandalias, sale al balcón para decirle adiós a su nieto con la mano, y mientras pierde de vista el coche de su hija, abre los brazos, da una vuelta completa sobre los talones y suspira.

—¡Qué gusto, Dios mío!

A continuación, abre la maleta, mete una mano hasta el fondo, saca un paquete de tabaco, enciende un cigarrillo y da tres caladas con los ojos cerrados. Antes de la cuarta, se dirige a la cocina y, tras la quinta, se hace un café del color exacto que su hija le tiene terminantemente prohibido, más negro que el alma de Satanás. Armada con la taza, entra en su despacho, enciende el ordenador, mueve el ratón para activar un icono con forma de casco de guerrero antiguo y hasta se emociona al escuchar esa musiquilla que ha echado tanto de menos.

—Griegos malditos... —murmura mientras se registra con su *nick* en *¡Que arda Troya!*, estrategia, multijugador, *online*—. ¡Andrómaca ha vuelto! —y enciende otro pitillo mientras selecciona la partida que dejó inconclusa antes de su viaje a la playa—. Te vas a cagar, Aquiles.

Almudena Grandes
Los besos en el pan. Tusquets (adaptación)

1 ¿Cuántas personas forman la familia Martínez Salgado?

a. Nueve.
b. Seis.
c. Siete.
d. Diez.

2 El barrio donde viven los Martínez Salgado está en…

a. una ciudad de la costa.
b. un pueblo de la sierra madrileña.
c. Madrid.
d. No se indica en el texto.

3 Señala la opción falsa: Uno de los coches de la familia…

a. tiene muchas pegatinas en el parabrisas.
b. ha tenido más de un propietario.
c. transporta a cinco personas.
d. es espacioso.

4 Indica en qué orden realiza las siguientes acciones la abuela de Mariana.

A. Encender un segundo cigarrillo.
B. Descalzarse.
C. Encender el ordenador.
D. Expresar satisfacción por estar en casa.

a. D–B–A–C
b. B–D–C–A
c. D–B–C–A
d. B–C–D–A

5 A Diana no le gusta que su madre…

a. fume.
b. tome café.
c. viva sola.
d. viaje con sus amigas.

6 ¿De qué tema trata el juego de estrategia *¡Que arda Troya!*?

a. Deportes.
b. Coches.
c. Espionaje.
d. Combate.

7 En la oración «se descalza sin mirar **adónde van a parar las sandalias**», la oración destacada es una…

a. oración subordinada sustantiva con función de sujeto.
b. oración subordinada adverbial.
c. oración subordinada adjetiva.
d. oración subordinada sustantiva con función de CD.

8 ¿A qué miembro de la familia pertenece el coche más nuevo?

a. A Pepe.
b. A Jose.
c. A Mariana.
d. A Diana.

9 Indica si las siguientes afirmaciones son verdaderas o falsas.

a. La madre de Diana ha cambiado de piso recientemente.
b. Mariana es la hija mediana de Pepe y Diana.
c. Diana solo deja una bolsa en casa de su madre.
d. Al narrador no le gustan los habitáculos para transportar animales.

10 ¿Cómo es la madre de Diana?

a. Independiente.
b. Tradicional.
c. Antigua.
d. Indecisa.

11 Andrómaca es…

a. adversaria de los griegos.
b. el nombre de usuario de la abuela.
c. enemiga de Aquiles.
d. Todas las respuestas son correctas.

12 ¿Te gustan los videojuegos? ¿Tienes algún videojuego favorito? ¿De qué trata? ¿Cuándo sueles jugar? Escribe un texto de 125 palabras como mínimo para desarrollar el tema.

APLICAMOS LAS TIC

LA ENTREVISTA

Una entrevista, además de ser un **subgénero periodístico mixto** —como hemos visto en la página 113—, es, por encima de todo, una conversación entre dos o más personas que actúan manteniendo unos **roles diferentes** (entrevistador y entrevistado), y cuyos **objetivos** y **ámbito** de realización (periodístico, laboral, psicológico, etc.) la enmarcan en una de las muchas **tipologías existentes.**

El entrevistador plantea una serie de preguntas o asuntos, preparados previamente, con el objetivo de que el entrevistado exponga, explique o argumente su opinión; o brinde información o su testimonio sobre un hecho determinado. La entrevista no es un diálogo casual que establecen dos o más personas, sino que supone un acuerdo previo de comunicación que tiene unos intereses y propósitos definidos, los cuales conocen ambos participantes.

TIPOS DE ENTREVISTA

Hay muchos tipos de entrevista según su estructura, el medio que se usa para realizarla, el número de participantes, el ámbito en el que se trabaja o el tipo de información que se busca con ella.

Según la **estructura** de las entrevistas, se reconocen tres grupos:

- **Cortas y directas.** Son las que habitualmente se realizan a pie de calle para recabar datos estadísticos. Suelen ser entrevistas dirigidas en las que el entrevistador formula preguntas concretas sobre las que espera respuestas específicas, sin posibilidad de divagación o de extensión. En el ámbito periodístico, suelen emplearse para completar alguna información concreta o que sigan fórmulas como «10 preguntas rápidas para...».
- **Semidirectas** o **semiestructuradas.** Son aquellas que cuentan con un guion claro y un número concreto de preguntas, pero ofrecen al entrevistado la posibilidad de argumentar sus respuestas. Estas entrevistas suelen enmarcarse en el ámbito laboral —para seleccionar candidatos— o médico-psicológico —para evaluar a un paciente.
- **Libres.** El entrevistador establece una conversación más o menos profunda y extensa con el entrevistado. Este tipo de entrevista es el más habitual en los medios de comunicación. Las entrevistas libres pueden clasificarse en función del tipo de información que se pretenda recabar y del objetivo que se quiera alcanzar: biográficas o para conocer la personalidad del entrevistado; para que el entrevistado facilite información o dé su opinión sobre un tema; de actualidad, en general, o de conocimientos especializados, etc.

Según el **medio** que se usa, la entrevista puede ser:

- **Presencial.** Se lleva a cabo en un espacio físico determinado (en las instalaciones de una empresa, en un plató de televisión, en una emisora de radio, etc.).
- **Telefónica.** Se realiza por teléfono, usualmente para confirmar datos básicos, y luego concertar una entrevista presencial. También es muy utilizada para recabar datos estadísticos o de opinión.
- **Por Internet.** Es un tipo de entrevista muy popular actualmente, ya que permite combinar la inmediatez de las videollamadas con la comodidad que representa para el entrevistado no tener que desplazarse. Es una modalidad común para entrevistas a candidatos laborales para puestos que estén lejos de su domicilio. También es habitual en las redes sociales.
- **Por correo electrónico.** En este tipo de entrevistas se envían diversas preguntas por correo electrónico y el entrevistado las devuelve respondidas.

Consejos para realizar entrevistas

- Documentaos sobre el personaje al que vais a entrevistar.
- Tened muy claro el objetivo de la entrevista al redactar las preguntas.
- Contad con una gran variedad de preguntas para elegir la más adecuada mientras realizáis la entrevista.
- Escuchad atentamente al entrevistado y procurad generar un clima de confianza con él.

ELEMENTOS NO VERBALES PARA UNA BUENA COMUNICACIÓN ORAL

Para tener una buena comunicación oral, tanto delante de un auditorio como ante un solo entrevistado, hay que conocer diversos aspectos que van más allá de las palabras:

- **La mirada.** Con ella no solo se emite información (el estado de ánimo, la seguridad, etc.), sino que también se recibe información del interlocutor. Se puede saber si está escuchando, si nos entiende, si se ofrece confianza, etc.
- **La voz.** La entonación, la intensidad y el ritmo son esenciales para la comunicación. Es importante aprender a modularlos para que el mensaje llegue con claridad al interlocutor.
- **Los movimientos corporales.** La posición al colocarse ante un micrófono o la distancia respecto al entrevistado transmiten información sobre las actitudes y emociones del entrevistador. También se puede reconocer la actitud del interlocutor según su posición y movimientos: se puede captar su energía, su nivel de sinceridad en las respuestas, etc.

Principales programas gratuitos para la edición de vídeos

- **Blender.** Disponible para Windows y Mac. Permite realizar acciones básicas como recortar vídeos y juntarlos, y acciones más complejas, como incluir máscaras.
- **Lightworks.** Disponible para Windows, Mac y Linux. Es el programa más usado para editar vídeos en YouTube. La versión gratuita es suficiente para cortar, pegar y editar las entrevistas para agruparlas según las respuestas y hacer un montaje dinámico y atractivo.
- Otros editores de vídeo son **Shortcut, VSDC Free Video Editor, Avidemux** o **HitFilm Express.**

1 Busca en Internet los diferentes tipos de entrevistas que existen (periodísticas o no). No te centres en el punto de vista estructural, sino en el ámbito en el que se pueden producir. A continuación, prepara una presentación con Prezi o PowerPoint en la que expliques cada categoría. Completa cada tipo con un ejemplo que lo ilustre.

2 Formad grupos de trabajo para realizar una entrevista.

a. Cada equipo deberá escoger a un personaje famoso o interesante de su entorno y pedirle permiso para grabar una entrevista.

b. Buscad información acerca de su biografía y un motivo que centre el contenido de la entrevista.

c. Preparad una batería de preguntas. Agrupadlas por temas y ordenadlas según las vayáis a formular.

d. Preparad el lugar del encuentro, procurando que sea agradable para el entrevistado. Tened en cuenta la cámara y la luz, para que la imagen captada permita una buena edición. Podéis usar más de un móvil o cámara de vídeo para contar con diferentes ángulos.

e. Realizad la entrevista.

f. Descargad los vídeos en un ordenador, a través del sistema Bluetooth.

g. Finalmente, realizad una producción multimedia, de no más de quince minutos, a partir del material de grabación obtenido. Para ello, tendréis que utilizar las funciones básicas de un programa de edición de vídeos.

h. Presentad el montaje en clase y, una vez vistas todas las entrevistas, abrid un debate para decidir cuál ha sido la que os ha parecido más interesante.

EL MUNDO

Joseba del Carmen: «El peor error posible es no permitirse el fallo»

LUIS ALEMANY
MADRID, 9 OCTUBRE 2019

Joseba del Carmen. Vitoria, 1967. Fue artificiero de la Ertzaintza, jugador de golf profesional y baloncestista en el Baskonia... Y en su tercera vida, es *coach* de deportistas de élite como Jon Rahm. Su primer libro es *El éxito es un juego* (Planeta).

PREGUNTA: Usted se retiró de artificiero por una lesión de cadera.

RESPUESTA: Me pusieron una doble prótesis, no podía ni andar. Pero no era consciente de que me iban a dar la incapacidad y cuando me llegó, no entendí nada. Me retiré a una casa en el monte a estar solo.

P: ¿Estaba muy lesionado emocionalmente?

R: No me soportaba a mí mismo. Las frustraciones y la rabia no las sabía gobernar. Estaba todo el día enfadado.

P: ¿Por el dolor físico o por el trabajo tan exigente que tenía?

R: Tenía más que ver con cómo había vivido siempre: toda la vida estuve compitiendo, valorándome en función de cómo me vieran los demás, buscando refuerzos externos. Yo necesitaba que me dijeran «Joseba, qué bueno eres», dependía siempre del exterior. Y eso me causó un dolor peor que el físico.

P: Se supone que la manera de rendir bien bajo exigencia tiene que ver con que convivamos con naturalidad con el fracaso.

R: Eso es.

P: Pero para un policía que desactivaba bombas no había margen para el fracaso.

R: En mi caso, volcaba toda mi competitividad en ese trabajo. Yo funcionaba siempre por retos, aún tengo una obsesión por probar mis límites. Entre otras cosas, porque en esos momentos de máxima exigencia tenía una claridad mental absoluta. Estaba al 100 % en el presente y lo entendía todo. Luego volvía a casa y no entendía nada de lo que me pasaba.

P: ¿Y cómo aprendió a perdonarse por no ser el mejor siempre?

R: Ya estaba viviendo solo, me acuerdo del momento concreto. Me planteé: Y si en vez de que el mundo tenga que estar hecho para que yo sea feliz, soy yo el que debo encontrar esa felicidad en mí. Fue un crac en mi manera de ver el mundo.

P: ¿Prepara a sus clientes para la derrota?

R: Claro. Primero hay que aclarar el concepto de derrota. La derrota y la victoria son parte de una misma cosa que es competir y hay que verla con naturalidad. Bien: pero luego llega la derrota y el deportista se frustra. Ahí sigue el trabajo: vayamos a ese momento de frustración.

P: ¿Cuál es el peor error al respecto?

R: No permitirse el fallo, no perdonarse. Entonces llegan la culpa y el reproche.

1 Identifica la estructura de esta entrevista. Divídela en partes e indica los párrafos que ocupa cada una. A continuación, piensa dos preguntas que formularías a Joseba del Carmen y compártelas con la clase.

2 Di si estas oraciones subordinadas son sustantivas, adjetivas o adverbiales.

a. Cuando me llegó.
b. Que tenía.
c. Que me dijeran «Joseba, qué bueno eres».
d. Que es competir.
e. Que desactivaba bombas.
f. Rendir bien bajo exigencia.

3 Sustituye las palabras subrayadas por oraciones subordinadas: «Luego volvía a casa y no entendía nada».

4 El entrevistador combina afirmaciones con preguntas en estilo directo. Reescribe sus dos primeras intervenciones como oraciones en estilo indirecto.

5 Convierte esta declaración en una oración subordinada sustantiva añadiendo un verbo de habla: «Soy yo el que debo encontrar esa felicidad en mí».

6 Localiza en el texto todas las interrogativas parciales que emplea el entrevistador e indica cuál es el tipo de palabra interrogativa que las introduce.

7 En «Valorándome en función de cómo me vieran los demás», señala la subordinada sustantiva, sustitúyela por un grupo nominal y di qué tipo de palabra interrogativa la introduce. ¿Por qué se utiliza el subjuntivo en la oración subordinada sustantiva anterior?

8 Sustituye el complemento directo por subordinadas sustantivas declarativas.

a. No me soportaba a mí mismo.
b. Y eso me causó un dolor peor que el físico.

9 *Tener que ver* es una locución verbal que exige un grupo preposicional en función de complemento de régimen. En el texto, este grupo preposicional tiene como término una oración subordinada sustantiva. Localízala y sustitúyela por un grupo nominal.

10 Di cuáles son las funciones de los siguientes grupos preposicionales que incluyen una oración subordinada sustantiva de infinitivo.

a. De rendir bien bajo exigencia.
b. Por probar mis límites.
c. Por no ser el mejor siempre.

11 Sustituye la oración subordinada sustantiva que hay en «Pero no era consciente de que me iban a dar la incapacidad» por un pronombre neutro. ¿Qué función hace ese pronombre (y, por tanto, la subordinada)?

12 Cuando al entrevistado le preguntan «¿Por el dolor físico o por el trabajo tan exigente que tenía?», este responde empleando dos oraciones subordinadas sustantivas interrogativas indirectas. ¿Cuáles son?

13 La última afirmación del entrevistado comienza con dos oraciones de infinitivo. Deduce cuál es la función de estas oraciones y explica por qué lo sabes.

14 Analiza la oración: «No era consciente de que me iban a dar la incapacidad».

06 LAS ORACIONES SUBORDINADAS ADJETIVAS

INVENTA MUNDOS NUEVOS
Y CUIDA TU **PALABRA**;
EL ADJETIVO,
CUANDO NO DA VIDA,
MATA

VICENTE HUIDOBRO

PRESENTAR

NEXOS A SUBASTA

La próxima semana se va a celebrar una subasta de nexos subordinados adjetivos. En grupos, preparad una presentación de cada uno de los nexos para que las personas interesadas puedan pujar por ellos. No olvidéis poner ejemplos y buscar un soporte digital atractivo para realizar la presentación ante vuestros compañeros y compañeras de clase. ¡Empieza la subasta!

CONOCER

CONCURSO DE DOCUMENTALES

Desde la Asociación de Estudiantes de Periodismo, os han pedido que establezcáis las bases de un concurso periodístico para jóvenes que premiará el mejor documental sobre temas de actualidad. Tendréis que documentaros sobre este género periodístico para elaborar dichas bases y determinar de forma muy clara qué aspectos se van a valorar.

CREAR

¿UNA IMAGEN VALE MÁS QUE MIL PALABRAS?

Existe una variante del reportaje, el fotorreportaje, que narra una historia únicamente a través de imágenes. Elaborad dos reportajes sobre la vida en vuestro centro: un fotorreportaje, solo con imágenes; y luego, un reportaje ilustrado con algunas fotografías del fotorreportaje. Cuando acabéis, haced un debate en clase y responded a la siguiente pregunta: ¿una imagen vale más que mil palabras?

INVESTIGAR

DETECTIVES ORACIONALES

La empresa Juegos Reunidos Educativos os ha pedido que colaboréis con ellos en la creación de un juego para repasar todos los contenidos de las oraciones subordinadas adjetivas. Las únicas pautas que os han dado son el nombre del juego, *Detectives oracionales*, y que el objetivo es encontrar todas las oraciones subordinadas adjetivas correctas que están escondidas. ¿Jugáis?

¿Recurrirías a un texto periodístico para aprender sobre alguna cuestión que te interese? ¿Por qué?

EL PAÍS

La guerra contra la avispa asiática

Llegaron de China en un carguero. Se propagan de forma exponencial. Amenazan el ecosistema y varias muertes por su picadura han alarmado a la población. Así es la lucha contra esta especie invasora

ARTURO LEZCANO
21 JULIO 2019

Mide unos tres centímetros, tiene el tórax negro y la cabeza naranja hasta las mandíbulas. El abdomen es parduzco, con una franja ámbar en el inicio y una mancha del mismo color en la parte más ancha. Las patas, negras, tienen los extremos amarillos. Y el aguijón es tan largo y potente que está clavado, sin poder moverse, en el guante de protección del apicultor Agustín Loureda. «Nunca vi nada igual. Debe de ser tres veces más largo que el aguijón de una abeja», observa, a un palmo de distancia. La *Vespa velutina nigrithorax,* avispa asiática, avispón asiático o simplemente velutina, es tema diario de conversación y preocupación entre vecinos, científicos, autoridades y apicultores del norte de España. [...]

El origen de su acomodo en Europa no está claro, pero se cree que hacia 2004 llegó al puerto de Burdeos (Francia) un carguero proveniente de China con una invitada a bordo: una subespecie de avispa asiática reina fecundada. En 2010 la especie cruzó los Pirineos. Los primeros nidos fueron encontrados en Amaiur (Navarra) y en varios puntos de Gipuzkoa, según datos del Gobierno. Dos años después saltó a Galicia [...], presumiblemente a bordo de sendos camiones cargados con madera. Ese año comenzó la expansión que le ha llevado a colonizar toda la cornisa cantábrica y parte del tercio norte peninsular, en el rural y también en ciudades: en Santiago de Compostela la plaga se ha convertido en la primera causa de salida de sus bomberos. [...] «El avance es imparable y la previsión es que colonice toda la Península en un tiempo indeterminado», dice Xesús Feás, miembro de la Academia de Ciencias Veterinarias de Galicia. «Por las condiciones del clima, los recursos y el agua, el norte de España es ideal para ella», asegura.

Tres son los sectores que pone en peligro: el de la biodiversidad, al tratarse de una depredadora no autóctona de insectos; el económico, al afectar a la apicultura y la fruticultura, y el de la salud, al compartir espacios con los humanos (aunque habría que rebajar el nivel de alerta: sus picaduras no son más peligrosas que las de otras especies). De ahí que la guerra se libre en varios frentes. El más directo, la erradicación de nidos.

Lolo Andrade, técnico en control de plagas y miembro de Protección Civil del Ayuntamiento de Cambre, en A Coruña, prepara el método «más rápido, económico y eficaz» en el combate antivelutina. Se trata de un explosivo pirotécnico con control

Nido de avispa asiática.

a distancia que revienta esas pelotas abombadas de hasta metro y medio de alto, en cuyo interior lleno de panales conviven miles de larvas, avispas obreras y la reina. [...]

En la Xunta de Galicia reconocen la «alarma social» ante la progresión disparada de la avispa: 2 nidos en 2012, 700 en 2014, 26 000 en 2018. Y en 2019 las proyecciones apuntan a un número similar al año pasado, lo que pone a Galicia en el centro del problema. La detección y retiro de nidos es la herramienta más fiable para ver su implantación y controlarla, pero también lo son la información y la distribución de trampas. [...] Un buen punto de partida es conocer, advierten las autoridades, su ciclo vital. A lo largo de la primavera, las reinas salen de su hibernación para construir sus nidos embrión en zonas resguardadas. Allí nacen las primeras obreras, que a partir de mayo empiezan a construir nidos primarios y a lo largo del verano los secundarios, a los que se muda la reina, hasta la siguiente hibernación. [...]

«Los barcos tendrían que fumigarlos y que entren en cuarentena», reclama el apicultor Agustín Loureda, en su colmenar de Oleiros, en A Coruña, uno de los municipios más afectados. [...] En el caso de Loureda, 43 años como profesional del ramo, su vida cambió un día de primavera de 2015 en que vio en su colmenar cómo «una cosa grande» cazaba a una abeja, la decapitaba, le arrancaba las patas y se llevaba su cuerpo. [...] «El primer año, la velutina me mató 43 de mis 85 colmenas. La única manera de controlarla era estar presente todos los días». [...]

«No es más peligrosa que otras avispas. Su veneno es similar al de otros himenópteros», rebaja la alerta el responsable de Sanidad Animal de la Xunta de Galicia

En el Principado, el problema también tiene dimensiones preocupantes. Allí murió en junio el joven Miguel Álvarez por una picadura en San Tirso de Abres, el mismo municipio limítrofe con Galicia donde

Ejemplar de *Vespa velutina nigrithorax*, más conocida como avispa asiática después de cazar a una abeja.

apareció el primer nido asturiano, en 2014. Era alérgico, como el resto de víctimas de la velutina. Y según la Sociedad Española de Alergología e Inmunología Clínica, como un 3 % de españoles. Pese a la psicosis, las autoridades rebajan el temor: «Su veneno es similar al de otros himenópteros. No es más peligrosa que otras avispas, a no ser que te acerques a menos de cinco metros. Ellas solo protegen a su reina», dice Jesús Orejas, de la Xunta. [...]

Además de por la expansión de la avispa, la alarma crece por su voracidad. Con el aguijón se defiende del peligro, pero a la vez caza con patas y mandíbulas. Contra lo que se pueda creer, las velutinas no se alimentan de abejas. Solo las matan para dárselas a sus crías como proteína. Lo mismo hacen con otros animales. Abundan los testimonios sobre escenas carroñeras de enjambres alimentándose de mejillones o pescado en la costa, o de pájaros muertos en el bosque. O el cadáver de una vaca, muerta al ahogarse con su propia lengua, inflamada después de comerse una pera con una asiática dentro —porque también comen fruta—. «Son como buitres, les vale todo», asegura un apicultor de la zona. «Incluso se comen entre ellas cuando una muere». ¿Pero tienen depredadores?

Salvador Rebollo le pone nombre y apellidos a uno: halcón abejero. Profesor titular de Ecología de la Universidad de Alcalá de Henares (UAH), Rebollo colocó cámaras junto a su equipo en nidos de Galicia, precisamente la zona más habitada por las aves. Y comprobaron que los adultos llevaban a los nidos trozos de panal de avisperos de velutina. [...] Lolo Andrade, por su parte, apunta a otro aliado natural, el tejón, autóctono en casi toda España y que puede atacar en la fase primaria de los nidos.

En lo que coinciden los actores es en que el combate de la plaga debe ampliar miras. «La estrategia debería ser coordinada a escala internacional», afirma Rebollo.

Leer

1 ¿De dónde es originaria la avispa asiática? Elige la opción correcta.

a. De la India.

b. De Europa.

c. De China.

2 Localiza en el texto los fragmentos descriptivos. ¿Qué se describe en ellos? ¿Qué aspectos del objeto descrito se detallan? ¿Qué tipo de descripción es?

3 Dibuja en un mapa la ruta que, según el artículo, ha seguido la avispa asiática.

4 Señala qué factores convierten al norte de España en un lugar ideal para este insecto.

5 ¿Por qué supone un peligro para la biodiversidad?

6 Justifica, a partir de lo que se dice en el texto, que la avispa asiática es dañina para la economía.

7 ¿Cuál es el ciclo vital de la avispa asiática? Dibuja una línea del tiempo que lo represente.

8 Indica si la siguiente afirmación es verdadera o falsa y justifica tu respuesta: «La avispa asiática es más venenosa que las avispas normales».

9 Realiza un esquema con los apartados que marcan la estructura del texto.

10 Identifica las ideas principales del texto y, a partir de estas, resúmelo.

11 ¿Cuál es la finalidad del texto? Elige la opción correcta.

a. Opinar sobre los métodos para erradicar la avispa asiática.

b. Describir los problemas que genera esta especie invasora.

c. Informar detalladamente sobre la avispa asiática.

d. Reproducir el diálogo del periodista con los personajes.

12 En el artículo, aparecen citados una serie de testimonios. Elabora una tabla en la que indiques quién habla, a qué sector pertenece o cuál es su profesión, y sobre qué habla.

13 En el texto encontramos datos objetivos. ¿Cuáles son?

14 ¿Aparecen opiniones subjetivas? Si es así, cópialas e indica su función.

15 También encontramos algunas figuras retóricas. Localiza una metáfora y di a qué campo semántico alude. Después, busca una comparación y explica qué semejanza tiene la avispa con el término imaginario que se cita.

16 TIC El sustantivo *apicultor* deriva de una forma latina. Busca esta palabra en el *Diccionario de la lengua española* y señala el significado del término latino. ¿A qué deduces que se dedican los apicultores?

17 TIC La palabra *nigrithorax* está formada por *nigri* + *thorax*. Deduce su significado a partir de los compuestos. Luego, busca en el diccionario la palabra castellana y averigua la procedencia de los términos.

Los seres vivos se clasifican según una taxonomía que indica a qué reino (animal, planta, hongo...), división, clase, orden, familia, género y especie pertenecen. Cada uno se define, según la nomenclatura científica y de forma breve, con el nombre de la familia y del género, cuyos términos se toman del latín o del griego.

18 El texto presenta algunos tecnicismos y cultismos. ¿Te han impedido entender el contenido del reportaje o se podía deducir su significado por el contexto?

Opinar

19 TIC ¿Por qué en el texto se afirma que la avispa asiática es una especie invasora? ¿Conoces otras especies de este tipo? Infórmate sobre ellas y cita las más conocidas en nuestro país.

20 Señala todos los métodos de lucha contra la avispa asiática que se mencionan en el texto. ¿Cuál te parece más eficaz? ¿Cuál sería más respetuoso con el medio ambiente? Justifica tus respuestas.

1 EL REPORTAJE DIVULGATIVO

El **reportaje divulgativo** es un tipo de reportaje objetivo que pertenece a los **subgéneros periodísticos de información.** Su finalidad es dar a conocer al gran público información detallada sobre algún tema, ya sea histórico, científico, deportivo, etc. Esta caracterización marca sus rasgos específicos:

Tipología textual	Expositiva (puede contener secuencias descriptivas, narrativas…).
Grado de objetividad	Alto: el periodista suele optar por la objetividad, no interpreta los hechos; si bien la subjetividad puede aparecer en las declaraciones que cite.
Extensión	Mayor que en la noticia, lo que permite ampliar los datos complementarios.
Lenguaje	Formal, aunque con mayor libertad expresiva que el de la noticia; permite el uso de figuras retóricas. En cualquier caso, se busca claridad y precisión.
Texto discontinuo	En muchas ocasiones se incluyen fotografías, gráficos, diagramas, mapas, etc., para facilitar la comprensión.

El reportaje fotográfico

Como su nombre indica, el reportaje fotográfico es aquel que se realiza solo con fotografías. En ellas debe haber la suficiente información como para situar al espectador e indicarle quién, cuándo, dónde, qué…

Las fotografías deben ser objetivas y veraces; es decir, no se pueden retocar, pues se trata de plasmar la realidad de un suceso o ilustrar sobre un tema concreto.

EL MUNDO

Titular llamativo para captar la atención del receptor.

La playa vasca donde se puede tocar el meteorito que mató a los dinosaurios

Los acantilados de Zumaia son una 'catedral' geológica en la que se leen 60 millones de años de historia de la Tierra y se puede ver el estrato donde se depositaron los restos de la explosión que causó la gran extinción del Cretácico

Subtítulo que amplía el título y resume la información más importante.

Fuente: autor, lugar, etc.

PEDRO CÁCERES | ZUMAIA (GUIPÚZCOA)

Introducción: determina el objeto del reportaje.

Es una capa muy fina, apenas dos o tres milímetros de una arcilla de color oscuro, pero esconde las pruebas de uno de los cataclismos más grandes de la historia, algo que conmovió el planeta y transformó el curso de la vida sobre la Tierra. Hablamos del meteorito que chocó contra nosotros hace 65 millones de años, liberando la energía de 100 millones de bombas atómicas y acabando con el 70 % de las especies de aquel momento, entre ellas los dinosaurios. El polvo levantado por la explosión se depositó por todo el mundo y ahora aflora en algunos pocos lugares.

Desarrollo.

Uno de ellos está aquí, junto a los suaves campos de Zumaia, donde luce el sol esta mañana de invierno y nada invita a pensar en catástrofes. Pero las apariencias engañan. De repente, el paisaje de verdes lomas redondeadas se corta en un paredón de acantilados de 150 metros de alto que desafían al Cantábrico.

Kilómetro tras kilómetro, se suceden los agrestes estratos de rocas sedimentarias, alzados en vertical con una geometría que recuerda el espinazo de un animal prehistórico. Y no está mal esa comparación, pues no en vano esas rocas han servido para demostrar la hipótesis de que fue una colisión lo que provocó la gran extinción del paso entre el Cretácico y el Terciario, lo que se conoce como el límite K/T.

El yacimiento es un lugar de peregrinaje para los geólogos y, desde hace dos años, también un santuario protegido. En 2009 el Gobierno vasco amparó ocho kilómetros de litoral bajo la figura legal de Biotopo Litoral Deba-Zumaia, gestionado por la Diputación Foral de Guipúzcoa.

Presentación de los personajes.

[...] El director científico del Biotopo es Asier Hilario, un geólogo vasco de 34 años que dejó su plaza de investigador en Suiza para volcarse en comunicar al público el valor de este yacimiento.

Mientras esperamos a que la marea baje para descender a los estratos más llamativos, Hilario me explica que lo que se puede ver en este yacimiento son 60 millones de años ininterrumpidos de historia del planeta. «Algunos dicen que estos estratos son como un hojaldre de rocas. A mí me gusta definirlos como un gran libro de historia de la Tierra en el que cada una de las capas es una página», añade. [...]

El rastro de iridio

Subtítulos que marcan los distintos subapartados.

Nos mojamos los pies entre algas y cantos rodados para llegar hasta una de las páginas memorables de la historia: «Estamos en la pequeña cala de Algorri, que es un gran templo de la geología mundial. Lo que estamos viendo aquí es una capa en la que más del 75 % de los fósiles marinos que venimos viendo en estas rocas se extinguen. Además, en esa capa oscura tenemos algunos elementos como el iridio, que tiene una composición más meteorítica que terrígena, y es lo que hizo pensar que la gran extinción tuvo algo que ver con el impacto de un gran meteorito».

Secuencia descriptiva. | Declaraciones. | Secuencia narrativa. | Ejemplos de libertad expresiva: figuras retóricas.

2 EL DOCUMENTAL

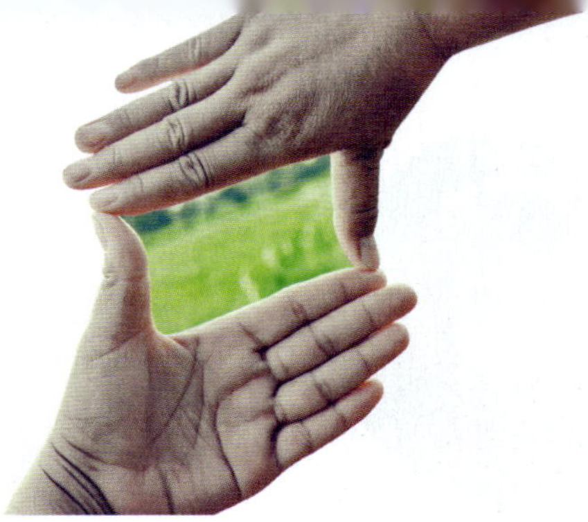

Informar, formar y entretener: estos son los objetivos de la televisión, que marcan la tipología establecida en sus inicios por la BBC. Se puede, así, hacer una primera clasificación de los géneros televisivos de no ficción; si bien, con el tiempo, los límites entre los géneros y sus funciones se han ido diluyendo:

Función	Género
Informar	Noticias y reportajes.
Formar	Documentales divulgativos y educativos.
Entretener	Programas de variedades: tertulias, concursos, juegos, actuaciones musicales, humorísticas…

El **documental** es un **género audiovisual de no ficción** que, al igual que el reportaje divulgativo, trata en profundidad un tema de interés científico, social, político, cultural, etc. Puede considerarse un género cinematográfico, pero también es un género que se difunde en la televisión.

En cualquier caso, se fundamenta en hechos y escenas tomados de la vida real. Parte de una documentación exhaustiva sobre el tema, y en el producto final se combinan la voz del narrador con las declaraciones de los personajes. Las imágenes sirven de apoyo y demostración de lo que se explica.

El montaje de las imágenes y los efectos especiales empleados en ocasiones hacen que, dependiendo del grado de manipulación del material audiovisual, el producto pierda objetividad y se aproxime a los géneros de ficción. Puede llegarse al extremo de crear falsos documentales que en un principio engañan al público, pues este interpreta como cierto lo que muestra este género.

Los documentales se pueden clasificar según su **temática:**

- **De acontecimientos:** desarrollan un hecho desde distintos puntos de vista.
- **De viajes:** el interés se centra en los paisajes.
- **Históricos:** analizan un suceso del pasado, utilizando imágenes reales o recreándolo con actores y decorados.
- **Problemática social.**
- **Asuntos políticos.**

También pueden clasificarse **según su intención** en:

- **Científicos:** se caracterizan por su rigurosidad, la fidelidad de lo grabado y el lenguaje técnico, así como por no utilizar el montaje.
- **Divulgativos:** dan a conocer un tema especializado y usan imágenes impactantes, declaraciones, entrevistas…
- **De entretenimiento:** exponen hechos conocidos y pretende entretener.

Historia del documental

El documental nace con el cine. De hecho, la primera película emitida por los hermanos Lumière, en 1895, adoptó la forma de documental: la llegada de un tren que causó un gran sobresalto a los espectadores, que pensaron que el tren se lanzaba realmente sobre ellos.

Al principio, se transmitían las imágenes tal cual se grababan, sin retoques. Con el avance de las técnicas cinematográficas, se impulsó el documental de montaje, que consiste en reorganizar las imágenes grabadas para ofrecer la perspectiva deseada.

La llegada de la televisión supuso un nuevo medio en el que producir y reproducir este género. Sus posibilidades se ampliaron con la aparición de la imagen digital, a partir de 1990, y los nuevos métodos de difusión que actualmente brinda Internet.

Escribir

1 TIC En grupos de cuatro, elaborad un reportaje divulgativo.

1.º Elegid un tema que os interese (ciencia, actualidad, nuevas tecnologías, deportes…).

2.º Debéis preguntaros: ¿qué queremos saber? A partir de ahí, elaborad un guion.

3.º Buscad información sobre el tema, teniendo presente el guion y las respuestas a la pregunta inicial.

4.º Escribid un borrador y revisadlo. ¿El contenido es claro? ¿Está bien estructurado? ¿Se da respuesta a la pregunta inicial? ¿La redacción es adecuada? Modificad lo que sea necesario.

5.º Redactad el texto final, teniendo en cuenta que va dirigido a un público amplio: el léxico debe ser riguroso pero accesible. Si es necesario, podéis añadir definiciones y aclaraciones.

6.º Incluid, si procede, declaraciones de distintos personajes (podéis utilizar citas de la investigación previa).

7.º Maquetad vuestro reportaje (utilizando imágenes, gráficos, fotografías…). Emplead distintos tipos de letra, tamaños y colores para resaltar los contenidos y definir los apartados.

8.º Pensad un título atractivo que invite a la lectura.

Escuchar y hablar

1 TIC Busca en YouTube el documental *¿Como será nuestro planeta en el futuro? Cambio climático* de la BBC (versión en español). Visiona hasta el minuto 11:30.

a. ¿Cuál es el tema del documental?

b. En la introducción, mediante imágenes, se nos muestran las posibles consecuencias del calentamiento global. Elabora una lista con todas ellas.

c. ¿Qué problema se plantea en la introducción?

d. ¿Qué es la escala Celsius?

e. ¿Cuál es la causa del calentamiento global?

f. Localiza las declaraciones de personajes en el vídeo: indica quién habla y a qué se dedica. Resume lo que dice cada uno.

g. ¿Cómo actúa el CO_2?

h. Señala algunas de las consecuencias sobre la fauna perceptibles en la actualidad que se detallan en el vídeo.

i. Compara lo que se explica sobre los escarabajos de pino de montaña con lo que has leído en el reportaje inicial sobre la avispa asiática. Señala las similitudes y diferencias entre los problemas que generan ambos animales, sus ciclos vitales o las medidas para combatirlos.

j. Señala las diferentes localizaciones en que se desarrolla el vídeo.

k. Identifica los datos objetivos que se proporcionan.

l. Realiza un esquema con los subtemas que se tratan.

m. Identifica los distintos tipos de planos de la imagen e indica su función.

n. Presta atención a la música que se utiliza. ¿Qué sensaciones produce?

2 TIC A partir del reportaje que habéis elaborado en el bloque de expresión escrita, cread un documental. Para ello, seguid estos pasos:

1.º Preparad un guion en el que se incluya el texto que vais a narrar.

2.º Buscad imágenes o fragmentos de vídeo para apoyar el texto oral.

3.º Podéis interpretar las declaraciones simulando que sois los personajes en cuestión.

4.º Montad las imágenes y los vídeos con un programa de edición. Grabad el audio y combinadlo.

5.º Incluid el texto escrito en los fragmentos apropiados.

6.º Editad el vídeo definitivo.

7.º Recordad incluir un título inicial y los créditos finales.

1 LAS ORACIONES SUBORDINADAS ADJETIVAS

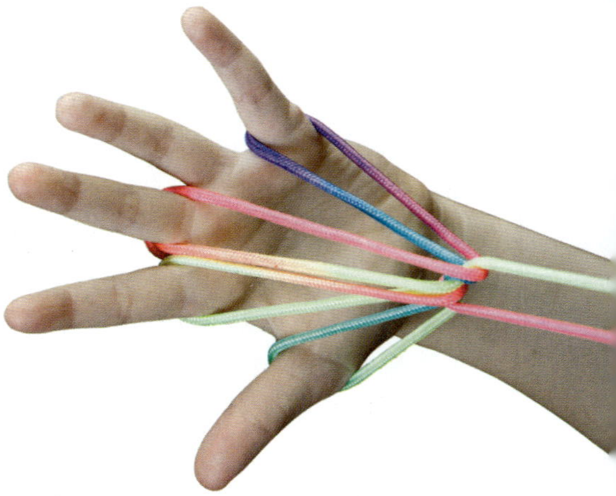

Cuando las oraciones subordinadas desempeñan la función propia de los adjetivos y de los grupos o sintagmas adjetivales, se las llama oraciones **subordinadas adjetivas.**

El trabajo que ganó el premio era fantástico.

El	*trabajo*	*que ganó el premio*	*era*	*fantástico.*
				N (Adj)
Det	N (Sust)	Or. sub. adjetiva-CN	N (V)	GAdj-Atrib
GN-Suj			GV-PN	

Las oraciones adjetivas **con verbo en forma personal** utilizan para insertarse en la oración principal un pronombre, adverbio o determinante relativo, que cumple la función de **nexo,** además de la **función** que desempeña por su categoría **dentro de la oración subordinada.** Por eso, estas oraciones se llaman también **oraciones de relativo.**

Los **relativos,** que tienen valor anafórico, hacen referencia a otra palabra de la oración principal. La palabra a la que hace referencia el relativo se llama **antecedente.** Este es casi siempre un sustantivo o un pronombre, y la función de la oración subordinada de relativo, cuando hay un antecedente expreso, es, por tanto, la de **complemento del nombre.**

Ella,	*que no conocía los detalles,*	*nos miró interrogante.*
N (Pr)	Or. sub. de relativo-CN	
GN-Suj		GV-PV

La	*chica,*	*que no conocía los detalles,*	*nos miró interrogante.*
Det	N	Or. sub. de relativo-CN	
GN-Suj			GV-PV

Dependiendo de la categoría a la que corresponda el relativo, realiza una función determinada dentro de la oración subordinada:

Relativos	Función en la oración subordinada	Ejemplo
Determinante *Cuyo/a/os/as*	Presenta al sustantivo al que acompaña.	*El vecino cuyo coche obstruye la puerta debe retirarlo.*
Pronombre *Que* *Quien/es* *El/la/los/las que* (relativo complejo) *El/la/los/las cual/es* (relativo complejo)	Realiza cualquier función que pueda desempeñar un grupo nominal.	*Vimos a la persona que hizo la fotografía.* *Es el profesor con quien voy a colaborar.* *Compró tres tomates, de los cuales solo pudo aprovechar uno.*
Adverbio *Cuando* *Donde* *Como*	Complementa al verbo subordinado.	*Recuerdo el momento cuando llegó triunfante.* *El pueblo donde nací está deshabitado hoy.* *Esta es la manera como se debe realizar.*

A pesar de equivaler a adjetivos, estas oraciones no funcionan como atributos, y muy rara vez como predicativos: en *Los hay que siempre dicen la verdad* (= *Los hay sinceros*) es predicativo del CD *los*.

1.1 EL DETERMINANTE RELATIVO

El determinante relativo *cuyo, cuya, cuyos, cuyas,* además de servir de nexo introductorio a la oración, establece una relación de posesión entre el sustantivo al que acompaña y el expresado por su antecedente:

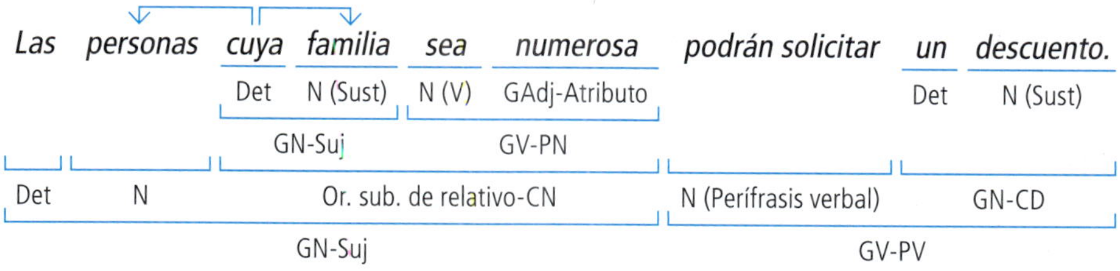

El determinante concuerda, como es esperable, con el sustantivo al que introduce, y no con el antecedente. En caso de acompañar a más de un sustantivo, concuerda con el primero: *Las personas cuyo DNI y pasaporte se hayan perdido podrán solicitarlos en la embajada.*

1.2 LOS PRONOMBRES RELATIVOS

- *Que:* es el pronombre relativo más frecuente, y resulta invariable, es decir, su forma es independiente del género y número del antecedente: *El encargado / la encargada / los encargados / las encargadas* ***que*** *nos atendió / atendieron fue / fueron muy amables.*

  Este pronombre puede formar relativos complejos en combinación con el artículo, que concuerda con el antecedente: *La* ***encargada*** *con* ***la que*** *hablamos fue muy amable.* Cuando va precedido de preposición, funciona como término formando grupo sintáctico con ella.

Los relativos complejos con la forma neutra *lo que* suelen tener como antecedente una oración completa: *Aquel proyecto nunca se llevó a cabo, lo que* (= el hecho de que aquel proyecto nunca se llevara a cabo) *nos desilusionó bastante.*

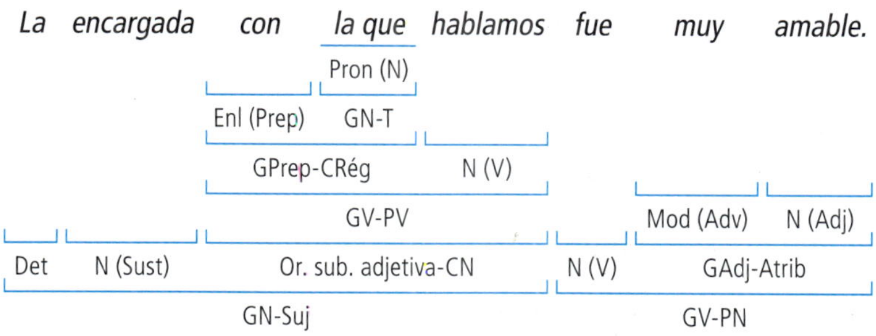

- *Quien, quienes:* es un pronombre relativo que admite variación de número, aunque no de género: *Ese no es el profesor / la profesora con* ***quien*** *pedimos la cita / Esos no son los profesores / las profesoras con* ***quienes*** *pedimos la cita.*

- *El, la, los, las cual/es:* se trata de un relativo complejo que concuerda en género y número con su antecedente *(Nos explicaron el proceso* [masc. sing.], *el cual* [masc. sing.] *era muy complejo; Nos explicaron todas las circunstancias* [fem. pl.], *las cuales* [fem. pl.] *eran muy complejas).* Cuando el antecedente es una oración completa, se utiliza la forma neutra *lo cual,* en los mismos contextos que *lo que: Llegaron muy tarde, lo cual* (= el hecho de que llegaran muy tarde) *enfadó a su jefe.*

Cuanto/a/os/as, también puede funcionar como determinante relativo, concordando con el sustantivo, como en los siguientes ejemplos:

Fueron inútiles cuantas observaciones se le hicieron.

Te dará cuanta información necesites.

Puede aparecer también como **pronombre,** con alternancia de género y número: *Coged cuantos queráis.*

FUNCIONES DE LOS PRONOMBRES RELATIVOS

Los pronombres relativos, además de introducir la oración subordinada, pueden funcionar, al igual que cualquier grupo nominal, dentro de ella como:

- Sujeto: *¿Conoces a la chica **que** me ha saludado?*
- Complemento directo sin preposición: *¿Conoces a la chica **que** acabo de saludar?*
- Término de preposición: *¿Conoces a la chica con **quien** nos hemos encontrado?*

Identificar la función del relativo

Una vez localizado el antecedente, se puede identificar qué función realiza el relativo sustituyendo este por ese antecedente y analizando la oración subordinada como si fuera simple:

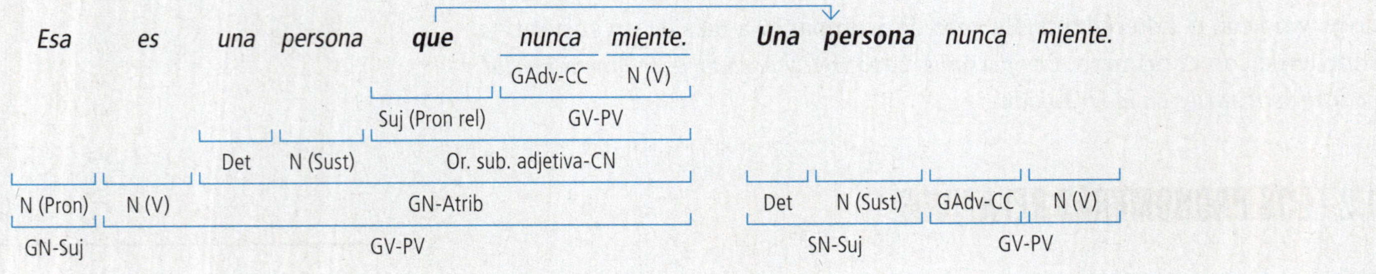

Este mecanismo de sustitución sirve para identificar las funciones de cualquier pronombre relativo, como en los siguientes ejemplos:

- *El proyecto que presentamos ha sido aprobado:* en esta oración, *que* es CD *(Presentamos el proyecto).*
- *Unos compañeros a quienes vimos ayer te han saludado: quienes* es término del GPrep-CD *(Vimos ayer a unos compañeros).*
- *Nombra a alguna persona en quien confíes: quien* es término del GPrep-CRég *(Confías en alguna persona).*
- *Es el proyecto con el cual se hizo famoso: el cual* es término del GPrep-CC *(Se hizo famoso con el proyecto).*

Cuando el pronombre *que* funciona como término de preposición, suelen aparecer las formas complejas en lugar de las simples, especialmente en los casos de complemento de régimen y complemento indirecto: *Esta es la persona a la que hay que dar la carta; Es una metedura de pata de la que se arrepiente.*

1.3 LOS ADVERBIOS RELATIVOS

Las formas *(a)donde, como, cuando* y *cuanto* son adverbios relativos, y como tales, además de servir para enlazar la oración, dentro de la subordinada cumplen la función de **complemento circunstancial:**

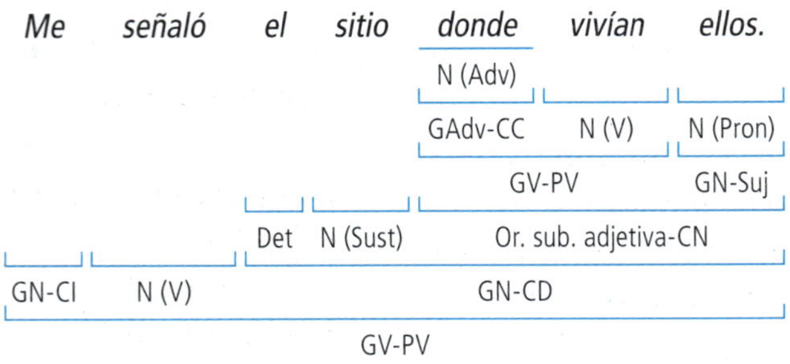

El adverbio *cuanto*, aunque menos frecuente, también introduce oraciones de relativo con antecedente: *Tengo aquí todo cuanto necesito.*

2 ORACIONES SUBORDINADAS ADJETIVAS ESPECIFICATIVAS Y EXPLICATIVAS

Las oraciones subordinadas adjetivas pueden tener dos valores semánticos: pueden ser especificativas o explicativas.

- Las **especificativas** son aquellas que sirven para seleccionar una parte de la realidad designada por el antecedente, o añadirle una cualidad distintiva:

  Traigo los libros que me pediste.

  ↓

  De todos los libros que tengo, he traído estos.

  Ha llegado una alumna que busca a su tutora.

  ↓

  Es la característica que define a la alumna.

  Las subordinadas adjetivas especificativas presentan las siguientes características:

  - Forman una unidad fónica y entonativa con el antecedente, de modo que no se separan de él por una pausa.
  - Admiten el uso del infinitivo como verbo subordinado:

    No queda nada que hacer aquí.

  - Son incompatibles con los pronombres personales y los nombres propios, porque estos suponen una identificación del antecedente, excepto en los casos en los que el nombre propio o el pronombre se muestran como indefinidos o con múltiples opciones de entre las que se elige una.

    Hemos descubierto en esta exposición un Velázquez que no conocíamos.

  - Si se omiten, puede cambiar la realidad representada por la oración: *Todos los visitantes que hablaban francés pidieron traductor* no es equivalente a *Todos los visitantes pidieron traductor.*

- Las **explicativas** añaden información sobre un antecedente ya identificado previamente. Forman, pues, una unidad informativa independiente con respecto a la oración en que se insertan.

  Presentan las siguientes características:

  - Su independencia informativa se refleja en un grupo fónico propio, delimitado por pausas que se representan en la escritura con comas u otros signos que reproduzcan dicha entonación (paréntesis, rayas...). *Su amiga Ana, que es psicóloga, me ha recomendado unas vacaciones.*
  - Si se omiten, no cambia la realidad representada por la oración: *Su amiga Ana, que es psicóloga, me ha recomendado unas vacaciones* equivale a *Su amiga Ana me ha recomendado unas vacaciones. Todos los visitantes, que no sabían francés, pidieron traductor* equivale a *Todos los visitantes pidieron traductor.*

Las subordinadas adjetivas con un antecedente oracional siempre son explicativas, pues la oración tiene sentido completo sin necesidad de la subordinada: *Pedro nunca miente, lo cual me parece una cualidad muy loable.*

RELATIVOS UTILIZADOS

Especificativas
Que.
El que, la que, los que, las que, lo que (con preposición).
Quien (con preposición).
Cuyo, cuya, cuyos, cuyas.
Donde, cuando, como.
Explicativas
El cual, la cual, los cuales, las cuales, lo cual.
Quien (sin preposición o con preposición).
Que.
El que, la que, los que, las que, lo que (sin preposición o con preposición).
Cuyo, cuya, cuyos, cuyas.
Donde, cuando, como.

3 ORACIONES DE RELATIVO LIBRES Y SEMILIBRES

Es posible encontrar oraciones subordinadas de relativo en las que el **antecedente se omite** por diferentes causas:

1. Porque el propio relativo lo incluye: (*quien = la persona que; donde = el lugar donde*). Se llaman **oraciones subordinadas de relativo libres.**
2. Porque se sobreentiende: *El [concursante] que acierte*. Se denominan **oraciones subordinadas de relativo semilibres.**

3.1 ORACIONES SUBORDINADAS DE RELATIVO LIBRES

- Con **pronombres relativos:** el pronombre *quien/es* y, con menos frecuencia, *cuanto/a/os/as* pueden introducir una oración sin antecedente: *Quien haya terminado podrá recoger su material; Atendieron a cuantos pidieron asilo.*

Quien haya terminado podrá recoger su material.

Quien: N (Pron) — GN-Suj
haya terminado: N (V) — GV-PV
Quien haya terminado: Or. sub. de relativo libre-Suj
podrá recoger: N (V)
su: Det; material: N (Sust) — GN-CD
podrá recoger su material: GV-PV

La ausencia de antecedente hace que la oración **realice las funciones propias de un sustantivo.** Las más frecuentes son las siguientes:

Funciones		Ejemplos
Sujeto		*Quien termine puede recoger.*
Complemento directo		*No conozco quien haya leído tres veces El Quijote.*
Término de GPrep	GPrep CRég	*Están hablando de quien escribió la carta.*
	GPrep CD	*A quien madruga, Dios ayuda.*
	GPrep CI	*Debes decir la verdad a quien te pregunte.*
	GPrep CC	*Fuimos al cine con quienes llegaron a tiempo.*
	GPrep CAg	*El actor fue entrevistado por quienes pidieron cita.*
	GPrep CN	*Vimos el proyecto de quien ha ganado el concurso.*
	GPrep CAdj	*Siempre está pendiente de cuantos acuden a pedir ayuda.*
	GPrep CAdv	*Se pondrá un toldo encima de quienes estén al sol.*
Atributo		*Ese chico es quien ha sacado mejor nota.*

- Con **adverbios relativos:** los adverbios *como, cuando, cuanto* y *(a)donde*, cuando no muestran antecedente expreso, forman oraciones subordinadas que equivalen a grupos sintácticos adverbiales y funcionan como complementos circunstanciales de los verbos a los que acompañan: *Vayamos donde queramos.*

Vayamos donde queramos.

Vayamos: N (V)
donde: N (Adv) — GAdv-CC
queramos: N (V)
donde queramos: GV-PV — Or. sub. de relativo libre-CC
Vayamos donde queramos: GV-PV

3.2 ORACIONES SUBORDINADAS DE RELATIVO SEMILIBRES

Son aquellas que van introducidas por el pronombre relativo *que,* cuando este va precedido de artículo y sin antecedente expreso, pues se sobreentiende, como si estuviera omitido:

El (aspirante) que llegue tarde no será admitido en la prueba.

En este caso, como el artículo y el relativo no forman una unidad y admitirían la inclusión de un elemento entre ellos, no se trata de un relativo complejo.

> Como ocurre con los adjetivos sustantivados, cuando no hay un sustantivo evidente que se sobreentienda puede interpretarse que las subordinadas funcionan como núcleo del grupo nominal en el que aparecen *(Me gusta el azul; Me gusta el que has comprado).*

Las oraciones de relativo semilibres pueden entenderse como complementos de ese nombre omitido, y por tanto formar parte de un grupo nominal, el cual, a su vez, puede cumplir cualquier función propia de los grupos nominales:

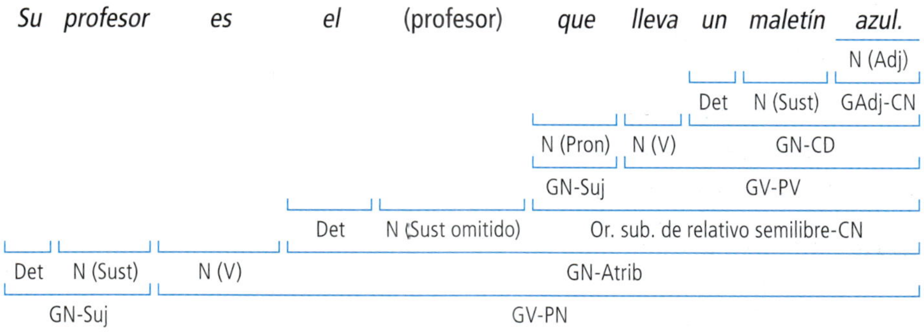

También se analizan como semilibres aquellas oraciones en las que la secuencia *lo que* no muestra antecedente, y admite separación de *lo* y *que: Lo* (único) *que me importa eres tú.*

3.3 ORACIONES LIBRES Y SEMILIBRES TÉRMINO DE PREPOSICIÓN

Las oraciones libres o semilibres que son término de preposición pueden confundirse con oraciones adjetivas que incluyen al comienzo del predicado un grupo preposicional. Para diferenciarlas es preciso realizar estas dos comprobaciones:

a. Si hay antecedente expreso, será una oración adjetiva *(El hombre con quien hablamos era actor);* si no lo hay, será libre o semilibre *(Iremos con quien / el que prefieras).*

b. Si al sustituir la oración de relativo por un grupo sintáctico la preposición desaparece, será una oración adjetiva *(El hombre **con quien hablamos** era actor = El hombre entrevistado era actor);* si no desaparece, será libre o semilibre *(Iremos **con** quien prefieras = Iremos **con** Pedro).*

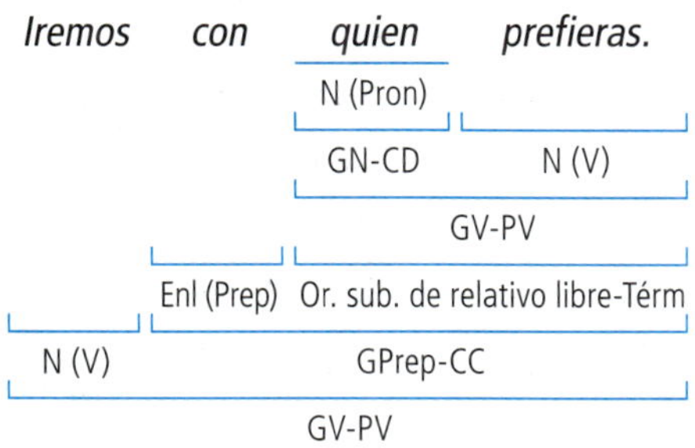

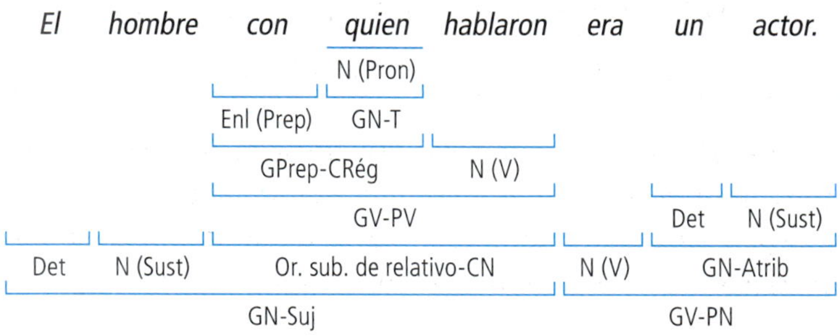

ACTIVIDADES

06 LAS ORACIONES SUBORDINADAS ADJETIVAS

1 Las oraciones subordinadas adjetivas

1 Copia las siguientes oraciones en tu cuaderno. Coloca entre corchetes las subordinadas adjetivas, señala cuál es el relativo que actúa como nexo refiriéndose a un antecedente, y explica cuál es el tipo de concordancia que presentan.

a. Aquel fue un concierto que produjo muchos beneficios.

b. El investigador cuya propuesta resultó más idónea consiguió el puesto.

c. Trabajaron muchos años en la empresa, lo cual les sirvió para adquirir mucha experiencia.

d. Nos presentaron a tu profesora, quien nos dijo que estaba muy contenta con tu rendimiento.

e. Tienes que contarnos esa historia con la que estabas divirtiendo a los oyentes.

2 Localiza en el siguiente texto todas las oraciones subordinadas adjetivas y completa en tu cuaderno una tabla como esta.

Oración	Antecedente	Relativo (y su categoría gramatical)

El cicloturismo convertido en arte

La Bienal de Arquitectura Ciclista (BAB en sus siglas en inglés) es una prestigiosa selección de los proyectos que más innovan para fomentar la movilidad en bicicleta y transformar las comunidades alrededor del mundo. Rutas, conexiones y destinaciones son los temas en los que se fija esta selección a la hora de elegir a los proyectos más interesantes.

[...] El Queensway es una de las vías de tren abandonadas que se encuentran en Nueva York y actualmente actúa como un muro que separa dos zonas urbanas. El proyecto «Upside Down Bridge» propone un puente a dos niveles que conecte espacios a nivel del suelo y por encima.

https://viajes.nationalgeographic.com.es

3 Identifica los pronombres relativos que sirven como nexo para subordinar estas oraciones e indica cuál es la función de cada uno de ellos dentro de la subordinada.

a. Ese viaje en el que os conocisteis fue maravilloso.

b. He comprado el detergente que vimos anunciado en la tele.

c. Sandra, a quien han admitido finalmente en el máster, es una persona muy responsable.

d. Fue una decisión de la que nunca se arrepintieron.

4 Haz el análisis completo de las siguientes oraciones.

a. Para llevar a cabo la expedición que estamos estudiando, necesitaron el permiso de la persona que proporcionaba la financiación.

b. El momento donde nos encontramos es el momento que estábamos esperando.

5 Lee el siguiente fragmento y sustituye los grupos sintácticos subrayados por oraciones de relativo.

> Dormir bien tiene sus recompensas. ¿Quién no ha sentido que tenía la mente más despejada después de echar una siesta? La comunidad <u>científica</u> lleva años estudiando los beneficios <u>del sueño</u> en nuestro cerebro. Algunos de ellos sugieren que dormir bien, o el simple hecho de dormir, podría tener un efecto <u>directo</u> en la consolidación de la memoria, o incluso que fortalece nuestro sistema <u>inmunitario</u>.
>
> www.nationalgeographic.com.es

6 Reescribe el siguiente fragmento empleando el determinante *cuyo* tres veces.

> **Susurros en el oasis chino**
>
> Este oasis de agua dulce en forma de media luna ha sobrevivido durante más de 2000 años a su árido entorno. En tiempos remotos, los comerciantes atravesaban el lugar siguiendo la Ruta de la Seda. Hoy, miles de turistas a camello repiten sus pasos para disfrutar de este tesoro natural que esconde el desierto del Gobi. Una zona que se conoce como «duna de los susurros» porque, cuando los viajeros avanzan sobre su superficie, emite un sonido agudo y fuerte.
>
> https://elpais.com

7 El uso de *cuyo* se restringe al habla culta y a la escritura. No se recomienda sustituirlo por *que* + posesivo; o *que* + determinante. En el habla coloquial se pueden emplear fórmulas como *que tiene*. Corrige estas oraciones utilizando la forma culta con *cuyo/a/os/as*.

a. Es un chico que su ilusión es convertirse en actor.

b. Compré un teléfono que su pantalla es curva.

c. Vinieron unas alumnas que sus exámenes se habían perdido.

d. No entres en el ascensor que su espejo esté roto.

e. ¿Viste la casa que sus tejas se habían caído todas?

2 Oraciones subordinadas adjetivas especificativas y explicativas

8 Identifica en este texto las oraciones subordinadas adjetivas o de relativo, indica si son explicativas o especificativas y explica por qué lo son.

> **La jugada maestra del ajedrez en España: cantera de campeones y recurso terapéutico**
>
> Linares y Sevilla son claves para entender por qué solo Armenia (donde el ajedrez es más popular que el fútbol) supera a España en el uso del juego-ciencia en las aulas. [...]
>
> El campeón Gari Kaspárov, que cada año dejaba una almohada, un termo y otras pertenencias en el hotel Aníbal (donde la *suite* principal conserva su nombre porque daba por segura su presencia al año siguiente), se retiró en Linares [...].
>
> Juan Fernández [...] está muy orgulloso de aquello: «Durante mucho tiempo no fuimos conscientes de la enorme trascendencia que implicaba organizar el torneo más importante del mundo». [...] La ciudad sigue organizando los campeonatos de España cada verano, que son una fuente de ingresos muy necesarios.
>
> https://elpais.com

9 En este fragmento se han eliminado las comas. Busca todas las subordinadas adjetivas e indica dónde consideras que es necesario añadir para distinguir las subordinadas de valor especificativo y las de valor explicativo.

> Martín continuó reflexionando acerca del posible significado de todo aquello hasta que en el horizonte surgieron las primeras cúpulas de Endymion. [...] Había muchas más de las que Martín había imaginado pues en las fotografías de Endymion que solían circular por la Tierra solo se veía la parte central de la colonia con sus edificios más grandes. La realidad sin embargo parecía bien distinta... Alrededor de las cinco cúpulas principales que rodeaban la explanada donde se hallaban la Catedral y el Gran Estadio emergían del suelo como pequeñas setas decenas de cúpulas más pequeñas muchas de las cuales se encontraban aún en perfecto estado.
>
> Ana Alonso y Javier Pelegrín
> *La ciudad infinita*
> Anaya

3 Oraciones de relativo libres y semilibres

10 Copia las siguientes oraciones y localiza el pronombre relativo. Indica en qué casos se trata de una oración subordinada de relativo que complementa a un antecedente y en cuáles se trata de una oración relativa semilibre.

a. Siempre se conforma con lo que tiene.

b. Biel ha inventado un sistema con el que reducir los incidentes.

c. Vendrán con ese cocinero, el que han contratado para la fiesta.

d. El que llegue primero debe avisar a los demás.

e. Tuvimos que esperar muchísimo, lo que nos puso muy nerviosos.

f. El sistema con el que vamos a reducir los incidentes lo ha inventado Biel.

11 En los siguientes refranes hay varias oraciones con *quien* y *quién*. Indica en qué casos se corresponden con oraciones subordinadas interrogativas indirectas y en cuáles con oraciones subordinadas de relativo libres (señala en ambos casos cuál es su función).

a. Quien a hierro mata, a hierro muere.

b. Dime con quién andas, y te diré quién eres.

c. Quien a buen árbol se arrima buena sombra le cobija.

d. A quien madruga, Dios ayuda.

e. Haz el bien y no mires a quién.

f. Quien tiene boca se equivoca.

12 Di cuáles de las siguientes oraciones que incluyen el relativo *quien* son subordinadas de relativo libres. Indica cuál es la función de la oración subordinada en cada caso y cuál es la función del relativo dentro de esta, al margen de servir de nexo para enlazarla.

a. No hemos encontrado a quien tiene las llaves.

b. Allí conocimos a un psicólogo, a quien nos dirigimos inmediatamente.

c. Quien pueda preparar su propio postre debe hacerlo.

d. Presentadnos a la persona con quien vengáis a la fiesta.

13 En el siguiente fragmento, aparecen subordinadas de relativo de diferente tipo. Identifícalas y copia y completa la siguiente tabla.

> Yo, que era el que más cerca estaba de él, no pude responder. Fue Bertolucci, detrás de mí, quien lo hizo:
>
> —Estábamos jugando y vimos manchas de sangre.
>
> —¿Jugando? ¿Qué diablos hacéis jugando en una casa abandonada? —La voz del hombre denotaba su sufrimiento. Aunque no podíamos ver la herida, estaba claro que la sangre que habíamos visto fuera era suya.
>
> Daniel Hernández Chambers: *Yo me iré contigo.* Edelvives

Tipos de subordinadas de relativo	Ejemplo del texto	Función de la subordinada	Función del relativo que sirve de nexo.
Explicativa			
Especificativa			
Semilibre			
Libre			

14 Lee las oraciones y responde en cada caso:

- ¿Cuál es la extensión de la subordinada adjetiva y qué función tiene?
- ¿Se trata de una subordinada con antecedente? ¿Es libre o semilibre? ¿Por qué lo sabes?
- ¿Cuál es el relativo que sirve para enlazarlas y a qué categoría pertenece? Indica si es un relativo complejo o no.
- ¿Qué función tiene el relativo dentro de la oración subordinada?

a. La encargada con la que estuvimos hablando ha preguntado por nosotros.

b. Quienes estén listos pueden pasar a la sala.

c. Eso sucedió en el edificio donde yo vivía.

d. Nos encontramos un perro cuyo dueño lo había olvidado en el parque.

15 Copia las siguientes oraciones, señala los adverbios relativos y di cuál es su antecedente, si lo hay.

a. Iremos donde desees para celebrar tu éxito.

b. No comparto la forma como ha planteado el asunto.

c. Aquello sucedió cuando visitamos Brasil.

d. Debemos resolverlo como nos han indicado

16 Localiza en el siguiente texto las oraciones subordinadas de relativo adjetivas y las semilibres e indica cuál es su función.

La moda de los clubes de lectura, aldeas galas de la literatura

«Lo que se busca sobre todo es compartir un rato una lectura, pero también unas experiencias determinadas, porque siempre hay un ratito después de hablar del libro en el que cada uno de los integrantes habla de sus experiencias personales, es inevitable llevar las lecturas a lo personal», explica Susana Miranda, responsable del club de lectura que organiza La Casa Encendida. Un club integrado casi en su mayoría por mujeres mayores de 65 años.

www.publico.es

17 Señala en cada caso cuál es el término de la preposición subrayada.

a. La chica de la que me hablaste ha sido seleccionada para el puesto.

b. La persona con la que te has encontrado es mi vecina.

c. Debes relacionarte con los que viven cerca de ti.

d. No te acerques a quienes destrozan tus ilusiones.

18 Copia y completa la tabla con los datos de las oraciones del ejercicio anterior.

Or.	Antecedente	GPrep	Oración subordinada	Función de la oración	Función del pronombre relativo
a.					
b.					
c.					
d.					

19 Analiza completamente las siguientes oraciones.

a. El que vio aquel desastre buscó rápidamente a quien lo había provocado.

b. Nos encontramos con un problema con el que no habíamos contado.

TRABAJAMOS LAS COMPETENCIAS

Lee este texto y resuelve las actividades de la página siguiente.

Un cumpleaños distinto

Todavía no me he hecho a la idea de que ya no estás.

Hace un par de días me asomé a la playa. Había unas olas geniales y me sentí como un imbécil al coger el móvil y quedarme mirando la pantalla. Hubo un instante en el que simplemente me olvidé de que estás muerto.

Borro tu número de móvil de mi lista de contactos, porque ya no estás, porque no puedo llamarte, porque necesito dejar de hacer esto. Joder, Sam. Ni te imaginas lo que siento cuando pienso que no vas a estar nunca más. Éramos tú y yo contra el mundo, éramos tú y yo. Y ahora solo soy yo.

Y cómo duele.

El frío que ha dejado tu ausencia me envuelve cuando presiono la tecla eliminar.

Bonito cumpleaños, ¿eh?

Son las diez de la mañana y todavía estoy en la cama mirando el móvil. Patético.

Mi madre llama a la puerta. Sé que es ella porque ya no hay nadie más. Will no está y mi padre se ha ido, pero su ausencia no me duele. Lo que me duele son los ojos hinchados de mi madre, sus ojeras, llegar a casa y encontrármela sentada en el sofá mirando a la nada. Me duele la ausencia que ha dejado en ella.

—¡Feliz cumpleaños! —grita dando palmas y acercándose a mi cama.

—Gracias.

—De nada, cariño. —No se ha dado cuenta de que lo que le agradezco es que vuelva a sonreír—. ¿Qué quieres hacer hoy?

—No sé.

—¿Y si nos comemos la tarta entera mientras buscamos apartamentos en Nueva York? Después podríamos llamar a tu hermano para molestarlo un rato y hacer que vaya a unos cuantos para comprobar qué tal están. Y ver una película de esas con mucha sangre que tanto te gustan.

—Suena bien.

—Iré a hacer la tarta mientras te duchas —dice, olisqueándome y poniendo una mueca.

Mientras el agua cae sobre mi cabeza, intento recordar algún cumpleaños en el que no estuvieras, pero no lo consigo. Si había algún recuerdo antes de ti, te los llevaste todos.

Cuando salgo del baño, mi madre vuelve a llamar a la puerta de mi habitación.

—Tienes visita —me dice.

—¿Quién es?

Tu hermana aparece de repente junto a mi madre y sonríe. Sé que no es sincera porque sonríe demasiado. Su sonrisa de verdad es distinta, es más pequeña, porque tu hermana no necesita los labios para sonreír, lo hace con los ojos. Y sus ojos están tristes.

Se queda en el umbral de la puerta, observándome. Lleva una gorra azul hacia atrás, una camisa a cuadros de manga corta y unos pantalones cortos negros que le van demasiado grandes y que le llegan hasta las rodillas. Es extraño, porque desde que te fuiste he empezado a ver no lo que hay de ti en ella, sino lo que falta. No tiene la cicatriz en la ceja izquierda, sus ojos son más grandes, tiene la cara más redonda y sus mejillas siempre tienen un tono rojo, aunque no imagino nada en este mundo que la pueda avergonzar.

Wendy Davies
Siempre será diciembre
SM

1 ¿Por qué el narrador borra el número de móvil de Sam?

a. Porque Sam está enfermo.
b. Porque Sam ha muerto.
c. Porque se han peleado.
d. Porque Sam se ha marchado a otra ciudad.

2 El narrador de este fragmento…

a. es un personaje femenino.
b. está en 3.ª persona.
c. es un narrador omnisciente.
d. está en 1.ª persona.

3 A quién se dirigen los pensamientos del narrador?

a. A su padre.
b. A su amigo.
c. A su amiga.
d. A su madre.

4 El narrador se sintió como un imbécil al coger el móvil y quedarse mirando la pantalla porque…

a. se sentía solo y el móvil no le ayudaba a estar mejor.
b. vio unas fotos en las que aparecía su amigo.
c. por unos instantes se olvidó de que Sam ya no estaba.
d. quería llamar a alguien y no sabía a quién

5 ¿Quién vive en casa con el narrador?

a. Su padre, que ha salido, su madre y su hermano.
b. Su madre y su padre.
c. Su madre.
d. Su madre y su hermano.

6 Indica si las siguientes afirmaciones son verdaderas o falsas. El día de su cumpleaños, el narrador…

a. se acerca a la playa.
b. borra el número de móvil de Sam.
c. se alegra de que su madre sonría
d. se siente tranquilo.

7 ¿Qué sentimientos experimenta el narrador?

a. Melancolía, tristeza, amenaza.
b. Soledad, aflicción, ausencia.
c. Tristeza, rabia, esperanza.
d. Sufrimiento, dolor, aceptación.

8 La escena del texto ocurre…

a. por la noche.
b. por la tarde.
c. por la mañana.
d. a mediodía.

9 Sam y su hermana…

a. son muy distintos.
b. tienen los ojos pequeños.
c. sonríen del mismo modo.
d. se parecen mucho.

10 La madre del narrador…

a. siente una gran tristeza porque su marido se ha ido.
b. padece una enfermedad.
c. se ha divorciado y se siente feliz.
d. está muy triste porque ve sufrir a su hijo.

11 En la oración «Lleva unos pantalones cortos negros que le van demasiado grandes», indica la función de la oración subordinada y la función del pronombre relativo dentro de esta.

a. CN / CD
b. sujeto / CI
c. CN / sujeto
d. CN / determinante

12 ¿Cómo describirías a la hermana de Sam?

a. Alegre.
b. Tímida.
c. Decidida.
d. Egoísta.

13 Escribe un texto de 125 palabras como mínimo para explicar cómo te gustaría celebrar el día de tu cumpleaños.

APLICAMOS LAS TIC

INTERNET: UNA VENTANA A LAS LENGUAS DEL MUNDO

Como sabes, una **lengua es un sistema de signos orales,** muchas veces reflejados a través de un **código escrito,** que sirve para comunicarse entre los hablantes de una misma comunidad. Este sistema de comunicación ha evolucionado con el tiempo y refleja sus particularidades culturales, sociales, geográficas, etc. Por esta razón, en el mundo hay muchas y diversas lenguas, muestra viva de esta gran **diversidad humana.**

En la actualidad, en el mundo hay unas 7 177 lenguas vivas para unos 7 000 millones de seres humanos. Sin embargo, su uso no se reparte equitativamente. Hay lenguas **muy habladas,** como el inglés o el chino mandarín, con más de mil millones de usuarios cada una de ellas, y otras que, por circunstancias políticas, sociales o económicas, están a punto de perder a todos sus hablantes y, por lo tanto, de **desaparecer,** con la consecuente pérdida de diversidad cultural que ello comporta.

A lo largo de la historia de la humanidad, las migraciones, los intercambios comerciales y las conquistas de territorios han propiciado que los hablantes de una lengua viajasen y se establecieran en territorios donde sus habitantes autóctonos ya utilizaban sus propias lenguas. El fenicio y el griego, por ejemplo, fueron **lenguas comerciales** en la Antigüedad que se establecieron en nuevos territorios como la península ibérica, donde ya se hablaban lenguas iberas. El latín fue la **lengua de la conquista** y de la cultura en toda Europa durante el Imperio romano; el francés fue **lengua cultural** y comercial en Europa durante los siglos XVII y XVIII. En la Nueva York del siglo XIX, a causa de las grandes migraciones, había y sigue habiendo barrios enteros que hablan italiano, chino, ruso, galés o español. En los últimos siglos, la lengua que se ha establecido como **mayoritaria en todo el mundo** ha sido el **inglés.**

Los hablantes de dos lenguas diferentes pueden no entenderse entre ellos. Sin embargo, hay lenguas muy cercanas —habitualmente propias de territorios vecinos y procedentes de una misma familia lingüística— que comparten características comunes, estructuras y léxico, así como algunos fonemas. Pueden ser más reconocibles entre ellas, como el castellano, el portugués, el catalán o el italiano, todas procedentes del latín.

EL ALFABETO FONÉTICO INTERNACIONAL (AFI)

Con la voluntad de reproducir los sonidos de cualquier lengua, los **lingüistas** idearon un **Alfabeto Fonético Internacional (AFI)** que permite representar, mediante un conjunto de símbolos convencionales y diacríticos, las características fonéticas de todos los sonidos de las lenguas del mundo.

Las lenguas más habladas del mundo

Las diez lenguas con mayor número de hablantes son:

1.	Inglés	1 268 M
2.	Chino mandarín	1 120 M
3.	Hindi	637 M
4.	Español	538 M
5.	Francés	277M
6.	Árabe estándar	274M
7.	Bengalí	265 M
8.	Ruso	258 M
9.	Portugués	252 M
10.	Indonesio	199 M

(M = millones de hablantes)

FUENTE: https://www.ethnologue.com/

Para conocer les características de los sonidos de la lengua española expresados en alfabeto AFI, puedes consultar la web: https://lexiquetos.org/aprendamos/gramatica/el-alfabeto-fonetico-internacional-afi-para-el-espanol/

En esta web podrás escuchar cómo suenan 121 fonemas, 99 consonánticos y 22 vocálicos, que llegan a reproducir casi todos los sonidos lingüísticos existentes: http://www.haakonkrohn.com/afi/index.html#current

Los signos que componen el AFI de cada lengua difieren según los fonemas que tenga el idioma que está reproduciendo, porque no todas las lenguas tienen los mismos sonidos. Por ejemplo, el español tiene 22 fonemas, 17 consonánticos y 5 vocálicos; pero el catalán tiene 38 fonemas, 30 consonánticos y 8 vocálicos.

Gracias a Internet, podemos **escuchar** los sonidos de casi todas las lenguas del mundo.

- **Radio Garden.** Web interactiva que permite acceder, en tiempo real, a cualquier emisión de radio del mundo: http://radio.garden/
- **UNESCO Atlas of the World's Languages in Danger.** Atlas interactivo de lenguas de la Unesco: www.unesco.org/languages-atlas/
- **Localingual.** Web creada por un joven amante de las lenguas que refleja, en una especie de enciclopedia auditiva, todas las lenguas del mundo: www.localingual.com

1 Busca en Internet qué lenguas están a punto de extinguirse. Encuentra tres casos paradigmáticos y anota los motivos de su situación. A continuación, debatid en clase si consideráis que las lenguas deberían protegerse para preservar la diversidad cultural del planeta. Considerad también la posibilidad de que solo se hablase una lengua en el mundo. ¿Cuáles serían los beneficios y los inconvenientes de ello? ¿Cómo os sentiríais si fueseis los últimos hablantes de vuestra lengua materna?

2 Entra en www.localingual.com y busca cinco países del mundo en los que no supieras que se hablase español. Escucha las particularidades fonéticas de los hablantes de esos territorios y grábalas con tu móvil. A continuación, intenta transcribirlas usando el Alfabeto Fonético Internacional (AFI).

3 Transcribe las siguientes palabras usando el alfabeto AFI:

a. Apretar.
b. Psicología.
c. Sombra.
d. Aconsejadles.
e. Vaca.
f. Laboratorio.
g. Atmósfera.
h. Moneda.
i. Barrio.
j. Tango.

Antes de iniciar la transcripción, puedes mirar el siguiente videotutorial en el que se explica cómo se realiza la transcripción fonética de un pequeño fragmento del libro *Platero y yo,* de Juan Ramón Jiménez:

https://www.youtube.com/watch?v=66iidUOLDjc

4 Formad grupos de trabajo y grabad un vídeo en el que se os vea pronunciando, como mínimo, cinco frases en diferentes lenguas (no hace falta que siempre sea la misma oración). Después, añadidle su correspondiente traducción al español. Para ello, podéis consultar webs como Localingual para que os muestre cómo suenan las lenguas escogidas y el alfabeto AFI como guía de lectura. Finalmente, haced un montaje con un editor de vídeo, como Blender o Lightworks, en el que comentéis qué lengua os ha costado más pronunciar.

5 Busca en YouTube el vídeo «Políglota hablando 9 idiomas». Escúchalo atentamente y responde a las siguientes preguntas:

a. ¿Qué opinas de la facilidad de esta persona para hablar muchas lenguas?
b. ¿Crees que es algo habitual? ¿Piensas que cualquiera podría hacerlo?
c. ¿Conoces alguna de las lenguas que habla, además del español y el catalán? ¿Crees que su pronunciación en español es buena? Justifica tu respuesta.

https://elpais.com

Cómo concentrarse a pesar del ruido

Fran Serrato

El enemigo convive con nosotros. Es invisible, aunque en ocasiones resulta tan molesto que nos impide concentrarnos. La contaminación acústica supone la segunda causa de enfermedad por motivo medioambiental, solo por detrás de la atmosférica. Entre las afecciones que provoca no están solo los problemas auditivos, también destacan el estrés y la ansiedad. Si el ruido no nos permite dormir, se alteran los ritmos biológicos del sueño, lo que deriva en insomnio, cansancio, irritabilidad, reducción del rendimiento y de la capacidad de atención. La pescadilla que se muerde la cola. Los expertos destacan que no existe un método infalible que permita concentrarnos con ruido, pero si este es continuo, nuestro cerebro aprende a trabajar con él.

La Unión Europea fija como límite los 55 decibelios durante el día y los 50 de noche, ligeramente por debajo de las recomendaciones de la Organización Mundial de la Salud. Según ese umbral, uno de cada cuatro españoles soporta niveles de ruido superiores a los permitidos, según el Informe de Ruido y Salud DKV-GAES, publicado en 2018. En España, la Ley del Ruido se aprobó en 2003, aunque el decreto que la desarrolla por completo apareció en 2007. En él se establece un método para calcular el impacto sonoro.

[...] Nuestro cerebro es un músculo y a fuerza de ejercitarlo logra evadirse de todo aquello que le resulta incómodo y concentrarse en lo que verdaderamente le importa. Esta capacidad requiere tiempo y práctica, aunque es cierto que hay factores biológicos determinantes. De la misma manera que existen personas con ojos azules o más altas que otras, también hay quien tiene relativa facilidad para concentrarse en ambientes hostiles. La concentración surge como resultado de un complejo proceso cerebral. Depende de circuitos dopaminérgicos prefrontales. A nivel neurobiológico, la dopamina funciona como un neurotransmisor que activa los receptores celulares, dando lugar al impulso eléctrico que se libera en la sinapsis, la asociación entre neuronas. Los expertos subrayan que se puede aprender a neutralizar el ruido. El cerebro solo necesita ejercitarse. Gracias a su plasticidad, puede cambiar su estructura y su funcionamiento, lo que le capacita para reaccionar a la situación del entorno.

Quienes busquen una solución rápida pueden probar a escuchar música. Sin embargo, a mucha gente este recurso le resulta insuficiente, bien porque obstaculiza igualmente su concentración o porque las melodías les producen sentimientos que les dificultan mantener la atención. Otra posibilidad es echar mano de lo que en castellano conocemos como ruidos blancos, es decir, los sonidos planos y constantes que se confunden con el ruido ambiente. Los escuchamos a diario y por eso ni siquiera reparamos en ellos: la lluvia, las olas del mar o el centrifugado de la lavadora.

1 Reformula las dos primeras oraciones usando dos oraciones adjetivas unidas por *y*.

2 ¿Cuál es el antecedente de la oración adjetiva «que provoca» y cuál es la función del pronombre *que* dentro de ella?

3 ¿Por qué se usa la forma neutra del relativo en «lo que deriva en (...) atención»?

4 ¿Cómo puedes averiguar la función del pronombre relativo *que* en «La pescadilla que se muerde la cola»?

5 Copia y completa las siguientes oraciones con el determinante relativo adecuado e indica cuál es su género y número y por qué lo sabes.

a. La Ley del Ruido, ... desarrollo completo apareció en 2007, establece un método para calcular el impacto sonoro.

b. El cerebro, ... plasticidad permite cambiar su estructura y funcionamiento, puede así reaccionar a la situación del entorno.

6 ¿Cuál es el antecedente de «que le resulta incómodo»?

7 ¿Cuál de estas oraciones es una oración de relativo semilibre? ¿Por qué lo sabes?

a. Lo que verdaderamente importa.

b. Lo que le capacita para reaccionar a la situación del entorno.

8 Di si «que activa los receptores celulares» y «que se libera en la sinapsis» son oraciones adjetivas especificativas o explicativas. ¿Cómo lo has deducido?

9 Completa usando un adverbio relativo:

a. La sinapsis es un proceso...

b. Escuchar música es la forma...

c. El cerebro es el lugar...

10 Localiza una oración de relativo libre que actúa como sujeto en el texto y otra que actúa como complemento directo.

11 Analiza: «las melodías les producen sentimientos que les dificultan mantener la atención».

12 Completa el esquema de la estructura del texto, resumiendo el contenido de cada parte e indicando qué párrafos abarca cada una. A continuación, compáralo con el de tu compañero o compañera.

Estructura	Contenido	Párrafos
Título		
Introducción		
Desarrollo		
Conclusión		

13 Localiza en el texto ejemplos de las siguientes características lingüísticas: tecnicismos, figuras retóricas y frases hechas.

07 LAS ORACIONES SUBORDINADAS ADVERBIALES

HOY ES SIEMPRE TODAVÍA

ANTONIO MACHADO

PRE SEN TAR

ORGANIZADOR ADVERBIAL

En parejas, elaborad un organizador visual sobre las oraciones subordinadas adverbiales y sus tipos, que os servirá para repasar los contenidos. En él, deberán aparecer ejemplificados todos los tipos de oraciones subordinadas adverbiales, pero solo podréis extraer dichos ejemplos de textos orales. Además, tendréis que presentar el organizador ante vuestros compañeros y compañeras.

CREAR

MI VIDA ANTES DE...

El autor o autora de una crónica es testigo de los hechos que narra, así que nadie mejor que tú para contar cómo era tu vida antes de tener móvil, tablet, etc. Reflexiona y escribe una crónica de tu día a día. Recuerda que se trata de dar tu visión.

CO NO CER

¿KAHOOTEAS?

El profesor ha organizado un concurso para reforzar el aprendizaje de las oraciones subordinadas adverbiales. Os ha pedido que, en grupos, elaboréis un Kahoot con veinte preguntas sobre el tema. Al final, se elegirá el mejor de entre todos los cuestionarios. ¿Preparados para jugar?

IN VESTI GAR

CRÓNICAS DE GABO

La literatura y el periodismo se han relacionado de formas muy diversas. Los títulos de algunas de las obras del escritor y periodista Gabriel García Márquez son una evidencia de ello. Otras de sus obras tienen mucho que ver con los géneros periodísticos, aunque sus títulos no lo reflejen. Investigad qué obras son y explicad qué relación guardan con el periodismo.

En ocasiones, nos interesa conocer en profundidad cómo ha ocurrido un hecho, una noticia. ¿Quién podría contárnoslo mejor, con más detalles?

https://elpais.com/sociedad/2019/09/23/actualidad/1569243933_724304.html

La cumbre de Nueva York se cierra con un compromiso insuficiente contra la crisis climática

Casi 70 países prometen planes más potentes de recorte de emisiones. Europa lidera un esfuerzo al que no se suman EE UU, China y la India

Manuel Planelles
Nueva York - 24 Sep 2019

Casi 70 países se han comprometido este lunes durante la cumbre del clima organizada por Naciones Unidas en Nueva York a revisar sus planes de recorte de emisiones de gases de efecto invernadero para poder cumplir con los objetivos del Acuerdo de París. Este pacto establece que todos los Estados deben reducir esas emisiones que sobrecalientan el planeta para cumplir un objetivo común: que el incremento de la temperatura (que juzga irreversible) se quede por debajo de los dos grados centígrados con respecto a los niveles preindustriales y si es posible por debajo de 1,5. Pero, como ha advertido de nuevo la ONU, el planeta está ya en un aumento de un grado, y los planes de recorte de los Estados son insuficientes: llevarán a un incremento de más de tres grados a finales de siglo. Naciones Unidas calcula que, para cumplir la meta de 1,5 grados, se necesita que los esfuerzos aumenten entre tres y cinco veces.

La activista Greta Thurnberg participa en la Cumbre de Acción del Clima.

Por eso se requiere que los países se comprometan a revisar ya sus planes que establecen las medidas de recorte que se deben tomar durante la próxima década. El compromiso de esos 70 países, sin embargo, no resultará suficiente, ya que no figuran tres de los cuatro principales contaminadores: China, EE UU y la India.

«Esta no es una cumbre para venir a hablar, a negociar; no se negocia con la naturaleza», ha advertido el secretario general de la ONU, António Guterres, durante la apertura de una cita marcada por las protestas de los jóvenes en todo el mundo por la pasividad de los Estados ante la crisis climática. «Estamos en un agujero y debemos dejar de cavar», ha alertado en referencia a unas emisiones que no paran de crecer y que, si no se toman nuevas medidas, seguirán aumentando durante la próxima década pese al Acuerdo de París. [...]

https://elpais.com/sociedad/2019/09/23/actualidad/1569243933_724304.html

«El cambio climático es un desafío global que solo podremos superar todos juntos», ha remachado Angela Merkel. La canciller alemana llegó a Nueva York con su nuevo plan climático, cerrado el viernes por su Gobierno de coalición, bajo el brazo. Y ha recordado que su objetivo es reducir las emisiones alemanas un 55 % en 2030 y llegar a la neutralidad en 2050, en línea con lo que propone la ONU. Se trata de la misma meta que ha defendido el presidente francés, Emmanuel Macron, para el conjunto de la UE. [...]

La UE junto a China, EE UU y la India acumulan cerca del 60 % de todas las emisiones del planeta. La India y China, a diferencia de EE UU, sí han participado en la cumbre, aunque no se han sumado a la coalición que lidera Chile para incrementar los planes o que ya trabajan en ello. Rusia, el quinto emisor mundial y que este lunes anunció que termina de adherirse completamente al Acuerdo de París, tampoco. Por lo tanto, solo con el compromiso de esos 70 países no es ni mucho menos suficiente.

Aumentar los esfuerzos, y llegar a una reducción de al menos un 45 % para 2030, era una de las peticiones que había lanzado Guterres en el marco de esta cumbre. Otro de los requerimientos, para cumplir con el objetivo del 1,5, es que los países preparen estrategias para llegar en 2050 a la neutralidad de carbono —que el dióxido de carbono expulsado a la atmósfera sea igual al capturado, por ejemplo, a través de los bosques—. Y, según la información facilitada por la ONU, en esta cumbre 77 países se han comprometido con esa otra meta a largo plazo. Además, también se suman 10 Gobiernos regionales, 102 ciudades, 93 empresas y 12 grupos inversores. [...]

Huelga mundial

La pérdida de liderazgo y de ambición contra el cambio climático desde los Estados ha sido evidente desde que hace casi cuatro años se firmó el Acuerdo de París. Pero, paralelamente, han surgido unas movilizaciones que han llenado las calles de jóvenes que claman contra la inacción. Y sus protestas, que se espera que culminen el viernes con una gran huelga mundial, han tenido un papel importante en la cumbre. De hecho, la cara más visible de estas protestas, la activista sueca Greta Thunberg, ha participado este lunes junto a otros jóvenes en la apertura de la cumbre con Guterres.

«Están fallándonos a los jóvenes», ha lamentado Thunberg. «No tendría que estar aquí, tendría que estar en el colegio al otro lado del océano», ha reprochado a los jefes de Estado presentes. «Me han robado la infancia con sus palabras vacías», ha espetado a los dirigentes reunidos en la sede de Naciones Unidas. Lejos de evitar estos mensajes, la ONU los ha potenciado. Y, en algunos casos, los ha asumido durante la cumbre. «Necesitamos a los jóvenes, necesitamos la presión que están haciendo», ha admitido Macron.

MÁS INFORMACIÓN

Fotogalería

La cumbre del clima de Nueva York en imágenes.

- Se buscan líderes para el gran reto climático
- El quinquenio más cálido confirma la aceleración del cambio climático

Leer

1 Copia las siguientes afirmaciones y modifica las falsas para que sean verdaderas.

a. Más de 70 países han firmado un acuerdo para recortar las emisiones de gases de efecto invernadero.

b. Se intenta que la temperatura no suba más de 1,5 °C respecto a los valores preindustriales.

c. En la actualidad, tenemos una temperatura de 1,5 °C más alta que en la época preindustrial.

d. El acuerdo sobre el clima lo han firmado, entre otros, China, EE. UU. y la India.

2 Explica el significado de la siguiente afirmación: «Estamos en un agujero y debemos dejar de cavar».

3 El artículo incluye algunas declaraciones. Elabora un cuadro en el que se indique quién habla, cuál es su oficio o cargo, y qué opina sobre el cambio climático.

4 Elige la opción correcta. La neutralidad de carbono es:

a. Que el carbono sea neutro.

b. Que se expulse a la atmósfera tanto dióxido de carbono como el que se captura.

c. Que se expulse a la atmósfera más dióxido de carbono del que se captura.

5 Localiza y copia los datos objetivos que aporta el texto.

6 Según el artículo, ¿quién es Greta Thunberg? ¿Se puede deducir su edad a partir de lo que se dice en el texto? ¿Conoces alguna información sobre ella más allá de la que ofrece el artículo? Explícala.

7 ¿Cómo valora la ONU las protestas de los jóvenes contra el cambio climático? ¿Se trata de un dato objetivo o de una opinión subjetiva? Razona tu respuesta.

8 Realiza un esquema con las ideas principales del texto y resume su contenido.

9 Jerarquiza las ideas del texto e intenta explicar la estructura que sigue.

10 Busca los procedimientos para insertar aclaraciones en el texto y señala qué aspectos clarifican.

11 Resume, en una línea, el tema del artículo.

12 Justifica a qué tipología textual pertenece.

13 A partir de la tipología textual, la longitud y el grado de objetividad, señala las diferencias y semejanzas entre este texto y el reportaje divulgativo de la unidad anterior.

14 Observa la sección «Más información» que aparece en el artículo y los textos subrayados en azul. ¿Qué indican los textos subrayados? ¿Se puede utilizar este tipo de ampliación en la prensa en papel? Justifica tu respuesta.

Sin faltas.com

15 ▶ En el texto, aparecen en mayúscula palabras de uso común que normalmente se escriben en minúscula. Indica qué regla ortográfica siguen y escribe una frase que contenga el uso de esas mismas palabras en minúscula.

16 ▶ TIC En el artículo se puede leer «EE UU». Consulta en el *Diccionario panhispánico de dudas* cuál es su correcta escritura (https://www.rae.es/recursos/diccionarios/dpd; busca «Estados Unidos»). Explica si en el artículo está bien o mal escrito y por qué.

Opinar

17 Una vez leído el artículo, ¿crees que el autor narra los hechos con objetividad? Argumenta tu respuesta. ¿Se percibe alguna inclinación a favor o en contra de la lucha contra el cambio climático? Justifícalo con ejemplos del texto.

18 Escribe un breve texto argumentativo a partir de la siguiente pregunta: ¿Los jóvenes deben manifestar su opinión sobre las políticas de los países? ¿Pueden conseguir algo?

Estructura del texto argumentativo

- Introducción: exposición del tema.
- Desarrollo: cuerpo argumentativo.
- Conclusión: tesis defendida.

1 LA CRÓNICA

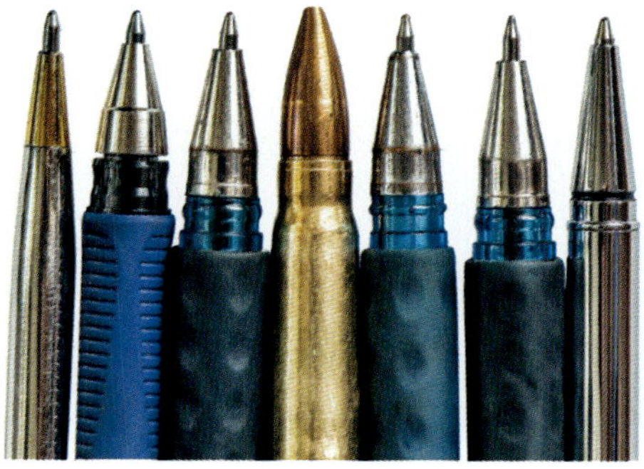

La crónica es un **subgénero periodístico mixto** (o interpretativo) que combina información y opinión.

Se asemeja al reportaje interpretativo, sobre todo en lo que se refiere a la libertad estilística y de expresión; pero se diferencia de este en que el cronista siempre está presente en los hechos que narra y en que las crónicas suelen tener una cierta periodicidad. Así, las crónicas deportivas, de sociedad, etc., tienen un espacio propio en el periódico. Por otro lado, están los **corresponsales** destinados en el extranjero, que envían crónicas de forma periódica y las firman como tales.

Los **tipos de crónicas** vienen determinados por el tema tratado: de sucesos, deportivas, de sociedad, de viajes, de corresponsales en el extranjero o en otras provincias, de enviados especiales, etc.

¿Quiénes escriben las crónicas?

Los **corresponsales** son periodistas que residen en otra ciudad y que ofrecen la información relevante en forma de crónica, adoptando siempre un punto de vista personal y un enfoque original. Al estar en contacto con la situación del país, conocen su política, su economía y su cultura, y pueden aportar una visión mucho más cercana a la realidad. Un caso especial lo constituyen los **corresponsales de guerra,** destinados en zonas de conflicto bélico.

En el caso de los **enviados especiales,** estos no residen en el lugar desde el que escriben, sino que son comisionados por el medio para cubrir un evento o noticia importante (por ejemplo, una cumbre internacional, un cataclismo, etc.).

1.1 CARACTERÍSTICAS

Al igual que la noticia, la crónica **informa sobre hechos de actualidad;** pero **posee más libertad estilística** y, a la hora de **estructurar la información,** no tiene por qué seguir la pirámide invertida propia de la primera.

Cabe destacar que el relato de los acontecimientos se realiza en **orden cronológico** (de ahí el nombre de *crónica*) y de forma detallada.

Con estos datos, se pueden establecer las siguientes **características:**

- Se dirigen a un **público amplio,** por lo que utilizan un lenguaje sencillo.
- Pertenecen a la **tipología narrativa:** relatan un suceso cronológicamente.
- Suelen incluir **descripciones** minuciosas.
- Son objetivas, aunque narran desde **un punto de vista determinado.**
- Las escribe **un testigo** de los hechos.

En el texto, se puede apreciar la estructura de la crónica.

https://elpais.com/sociedad/2019/09/23/actualidad/1569243933_724304.html

1 **La cumbre de Nueva York se cierra con un compromiso insuficiente contra la crisis climática**

2 **Casi 70 países prometen planes más potentes de recorte de emisiones. Europa lidera un esfuerzo al que no se suman EE UU, China y la India**

3 Manuel Planelles
Nueva York - 24 Sep 2019

Casi 70 países se han comprometido este lunes durante la cumbre del clima organizada por Naciones Unidas en Nueva York a revisar sus planes de recorte de emisiones de gases de efecto invernadero para poder cumplir con los objetivos del
4 Acuerdo de París. Este pacto establece que todos los Estados deben reducir esas emisiones que sobrecalientan el planeta para cumplir un objetivo común: que el incremento de la temperatura (que juzga irreversible) se quede por debajo de los dos grados centígrados con respecto a los niveles preindustriales y si es posible por debajo de 1,5. Pero, como ha advertido de nuevo la ONU, el planeta está ya en un aumento de un grado, y los planes de recorte de los Estados son insuficientes: llevarán a un incremento de más de tres grados a finales de siglo. Naciones Unidas calcula que, para cumplir la meta de 1,5 grados, se necesita que los esfuerzos aumenten entre tres y cinco veces.

7 

La activista Greta Thurnberg participa en la Cumbre de Acción del Clima.

Por eso se requiere que los países se comprometan a revisar ya sus planes que establecen las medidas de recorte que se deben tomar durante la próxima década. El compromiso de esos 70 países, sin embargo, no resultará suficiente, ya que no figuran tres de los cuatro principales contaminadores: China, EE UU y la India.

5 «Esta no es una cumbre para venir a hablar, a negociar; no se negocia con la naturaleza», ha advertido el secretario general de la ONU, António Guterres, durante la apertura de una cita marcada por las protestas de los jóvenes en todo el mundo por la pasividad de los Estados ante la crisis climática. «Estamos en un agujero y debemos dejar de cavar», ha alertado en referencia a unas emisiones que no paran de crecer y que, si no se toman nuevas medidas, seguirán aumentando durante la próxima década pese al Acuerdo de París. [...]

6 «El cambio climático es un desafío global que solo podremos superar todos juntos», ha remachado Angela Merkel. La canciller alemana llegó a Nueva York con su nuevo plan climático, cerrado el viernes por su Gobierno de coalición, bajo el brazo. Y ha recordado que su objetivo es reducir las emisiones alemanas un 55 % en 2030 y llegar a la neutralidad en 2050, en línea con lo que propone la ONU. Se trata de la misma meta que ha defendido el presidente francés, Emmanuel Macron, para el conjunto de la UE. [...]

La UE junto a China, EE UU y la India acumulan cerca del 60 % de todas las emisiones del planeta. La India y China, a diferencia de EE UU, sí han participado en la cumbre, aunque no se han sumado a la coalición que lidera Chile para incrementar los planes o que ya trabajan en ello. Rusia, el quinto emisor mundial y que este lunes anunció que termina de adherirse completamente al Acuerdo de París, tampoco. Por lo tanto, solo con el compromiso de esos 70 países no es ni mucho menos suficiente.

Huelga mundial

La pérdida de liderazgo y de ambición contra el cambio climático desde los Estados ha sido evidente desde que hace casi cuatro años se firmó el Acuerdo de París. Pero, paralelamente, han surgido unas movilizaciones que han llenado las calles de jóvenes que claman contra la inacción. Y sus protestas, que se espera que culminen el viernes con una gran huelga mundial, han tenido un papel importante en la cumbre. De hecho, la cara más visible de estas protestas, la activista sueca Greta Thunberg, ha participado este lunes junto a otros jóvenes en la apertura de la cumbre con Guterres.

«Están fallándonos a los jóvenes», ha lamentado Thunberg. «No tendría que estar aquí, tendría que estar en el colegio al otro lado del océano», ha reprochado a los jefes de Estado presentes.

MÁS INFORMACIÓN 8
Fotogalería

La cumbre del clima de Nueva York en imágenes.

1 **Titular.**

2 **Subtítulo.** Amplía la información del titular.

3 **Localización.** Autor, fecha, hora y lugar desde el que se escribe. El corresponsal es testigo de los hechos.

4 **Datos detallados.**

5 **Declaraciones** de las personalidades que intervienen.

6 **Detalles** sobre los países participantes y los objetivos.

7 **Imagen** ilustrativa de un momento de la cumbre.

8 **Ampliación** de datos.

Escribir

1 TIC Vas a convertirte en cronista por un día. Para ello, elige un acontecimiento que te interese: un viaje que hayas realizado o un evento cultural, musical, literario o deportivo de tu barrio o ciudad.

Piensa en el enfoque personal que quieres darle a tu crónica y elabora un guion con los puntos que vas a tratar, en función del tema escogido:

- Si es un viaje, organiza la historia cronológicamente y describe no solo los lugares en los que haya ocurrido lo que vas a narrar, sino también las sensaciones que te produjeron. Incluye descripciones de los espacios, de las gentes, del paisaje, de la comida... Puedes buscar información complementaria si no recuerdas algunos aspectos.
- Si es sobre un evento, prepara una introducción en la que describas el ambiente que se respira. Después, narra los hechos en orden cronológico (quiénes participan, qué hacen, etc.). Puedes incluir declaraciones de los protagonistas. No olvides explicar las sensaciones que te produce el acontecimiento del que eres testigo.

Redacta un borrador y revísalo. Busca tu propio estilo utilizando figuras retóricas (comparaciones, metáforas...). Incluye fotografías que ilustren tus palabras. Por último, elige un título significativo, que resulte atractivo e invite a la lectura.

Escuchar y hablar

1 TIC Busca en YouTube el vídeo «España vs Argentina. Final Mundial de Baloncesto. Audio Español». Visualiza la emisión de la crónica deportiva desde el minuto 2:43 hasta el 10:37. Después, contesta las preguntas.

a. Localiza la introducción a la crónica. ¿Qué datos y qué valoraciones subjetivas se ofrecen?

b. ¿Cuántas personas narran el evento?

c. ¿Qué función tienen las imágenes que se muestran antes de que empiece el partido?

d. En el vídeo se relatan algunos acontecimientos pasados. Localízalos y resúmelos.

e. Resume alguna de las jugadas que se narran.

f. Identifica alguna de las valoraciones que se hacen sobre lo que ocurre en pista.

g. ¿Narra las jugadas el mismo cronista que las comenta? ¿Por qué crees que lo hacen de esta forma?

h. Valora el tono de las distintas intervenciones: ¿en qué se parecen? ¿En qué se diferencian? ¿Por qué crees que es así?

i. ¿Se narraría el partido de la misma forma si se tratara de una retransmisión de radio? Justifica tu respuesta. Puedes comparar este vídeo con la retransmisión del mismo partido en la radio. Escribe en tu buscador «Final del Mundial de baloncesto: España - Argentina (95-75) cadena Ser» y escucha los minutos 59:29-1:00:50 y 1:01:15-1:02:25).

2 TIC En parejas, convertid vuestra crónica escrita en una crónica emitida por la radio. Elegid la que más os guste y transformadla siguiendo estas pautas:

1.° Buscad un nombre para el programa de radio, en función de la temática de vuestra crónica.

2.° Adaptad el titular de manera que resulte atractivo para el oyente. Tened en cuenta que, en la radio, las oraciones deben ser más breves, pues el radioyente solo percibe el contenido de forma oral, sin el apoyo de imágenes o de texto escrito.

3.° Preparad un guion con los contenidos del trabajo escrito que vais a utilizar.

4.° Pensad qué elementos es necesario describir para que el oyente se sitúe en el entorno.

5.° Repartíos la tarea: uno hará el papel de narrador de los acontecimientos y el otro los comentará.

6.° Grabad un audio con vuestro programa y presentadlo al resto de la clase.

1 ORACIONES SUBORDINADAS ADVERBIALES

Siguiendo el mismo criterio que se ha tenido en cuenta a la hora de clasificar las oraciones subordinadas sustantivas y adjetivas, las oraciones subordinadas adverbiales serían aquellas que, dentro de la oración en la cual se insertan, realizan una función propia de un adverbio, palabra por la que, en principio, podrían sustituirse:

Debes rellenar el impreso → *así*.
→ *según te han indicado*.

Adverbio

Oración subordinada adverbial

Sin embargo, en ocasiones **la sustitución por un adverbio no es muy evidente**, y eso ha hecho que dentro del grupo de las subordinadas adverbiales haya cierta heterogeneidad.

En general, atendiendo a un **criterio más semántico** que sintáctico, se han considerado subordinadas adverbiales aquellas que expresan las siguientes relaciones:

De tiempo	*Ella siempre lee mientras viaja en metro.*
De lugar	*Se sentó rápidamente donde le indicaron.*
De modo	*Debe realizarse la actividad como he explicado.*
Finales	*Para que obtengas el aprobado, debes entregar el ejercicio completo.*
Causales	*No ha obtenido la beca porque no entregó a tiempo la documentación.*
Concesivas	*Aunque llegues tarde, estaremos esperando.*
Condicionales	*Si hubieran ido juntos, no se habrían perdido.*
Consecutivas	*Corrió tanto que terminó el primero.*
Ilativas	*Llegó tardísimo, así que no consiguió entradas.*
Comparativas	*Mentía más que hablaba.*

Las oraciones finales, causales, ilativas, consecutivas, comparativas, concesivas y condicionales son también llamadas ***construcciones***, pues no está clara su dependencia respecto al verbo de la oración principal ni su equivalencia a un adverbio.

Desde el punto de vista de la estructura sintáctica, hay varias maneras de expresar estas circunstancias:

Forma	Ejemplo
Oraciones que son introducidas por adverbios relativos: oraciones de relativo libres con valor adverbial.	*Cuando comenzó la tormenta, aún estábamos en el monte.*
Oraciones introducidas por conjunciones o locuciones conjuntivas.	*Mientras llovía, estuvimos bajo techo.*
Oraciones de gerundio.	*Comenzando la tormenta, llegamos al refugio de la montaña.*
Oraciones de participio.	*Terminada la tormenta, pudimos salir de allí.*

Los **complementos circunstanciales** que expresan sentido de **tiempo**, **modo**, **lugar**, **finalidad**, **condición**, etc., pueden incluir oraciones subordinadas sustantivas como término de preposición.

Estuvimos bajo techo hasta que terminó la tormenta. → *que terminó la tormenta = el fin de la tormenta.*

No obstante, es posible también interpretar el conjunto de palabras que incluye a *que* como una locución conjuntiva con función de nexo y considerar directamente la oración como adverbial.

Lo haré a condición de que tú participes. → *si tú participas.*

1.1 ORACIONES SUBORDINADAS ADVERBIALES DE LUGAR, TIEMPO Y MODO

Sirven para expresar la **localización**, el **momento** o la **forma** en que se realiza la acción dentro de un predicado, por lo que, habitualmente, su función es de complemento circunstancial. Se sustituyen con facilidad por adverbios de lugar, tiempo o modo, y por eso se han llamado también **subordinadas adverbiales propias.**

SUBORDINADAS ADVERBIALES DE LUGAR

Indican el espacio en que sucede la acción verbal y van encabezadas por el adverbio relativo *donde,* sin antecedente expreso, por lo que son oraciones subordinadas de relativo libres.

Ve donde quieras.

GAdv-CC N (V)

GV-PV

N (V) Or. sub. de rel. libre-CCL

GV-PV

SUBORDINADAS ADVERBIALES DE TIEMPO

Expresan **anterioridad, simultaneidad** o **posterioridad** con respecto a la acción del predicado principal, y pueden ser introducidas por el adverbio relativo *cuando* y otros nexos como *mientras, siempre que, ahora que...*

Mientras dure el examen, debe haber silencio.

N (V) Det N (Sust)

Nexo GV-PV GN-Suj N (Sust)

Or. sub. adv. de tiempo-CC N (Perífrasis verbal) GN-CD

GV-PV

Las oraciones **subordinadas de gerundio y participio,** especialmente cuando tienen su propio sujeto (llamadas entonces **construcciones absolutas**), presentan una acción o estado que, en el caso del gerundio simple, es simultáneo a la acción principal; y, en el caso del gerundio compuesto y el participio, es anterior a ella.

Entrando el tren, salíamos nosotros. → Entrar/salir: simultaneidad.

Habiendo naufragado, nos refugiamos en una isla. → Naufragar/refugiarse: secuencia.

Terminado el evento, nos marchamos de allí. → Terminar/marcharse: secuencia.

Esta relación temporal permite interpretar otras relaciones de significado en las oraciones de gerundio compuesto o participio, como las de causa o condición:

Muerto el perro, se acabó la rabia.

Habiendo sopesado todas las opciones, eligió la mejor.

SUBORDINADAS ADVERBIALES DE MODO

Las subordinadas adverbiales de modo sirven para expresar la manera en que se realiza la acción del predicado de la oración en que se insertan. Equivalen al adverbio *así* y pueden ser introducidas por el adverbio relativo *como* y otros nexos como *según, conforme...*

Realicé las pruebas según me indicaron ellos.

N (Pron)
GN-CI | N (V) | N (Pron)
Det | N (Sust) | Nexo | GV-PV | GN-Suj
N (V) | GN-CD | Or. sub. adv. de modo-CC
GV-PV

El **verbo** de la oración **subordinada** puede ser un **gerundio** cuyo sujeto concuerde con el que realiza la acción de la oración principal. Expresa también modo o manera.

Realicé las pruebas usando los materiales permitidos.

N (Adj)
Det | N (Sust) | GAdj-CN
N (V) | GN-CD
Det | N (Sust) | GV-PV
N (V) | GN-CD | Or. sub. adv. de modo-CC
GV-PV

El modo verbal en las subordinadas de lugar, tiempo y modo

Es frecuente, en estas oraciones subordinadas, encontrar tanto formas de indicativo como de subjuntivo en el núcleo del predicado. El matiz de significado que aporta el modo se refiere al grado de realidad que el hablante otorga a la acción expresada por la subordinada.

Se hará	*según / como dices.* (indicativo)	Las instrucciones ya se han dado en el momento de enunciar la oración.
	según / como digas. (subjuntivo)	Las instrucciones aún no se han dado en el momento de enunciar la oración.

Este matiz también afecta en muchas ocasiones al tiempo adoptado por el verbo principal del que depende la oración subordinada. Así, por ejemplo:

Siempre que / Cuando nos visita (indicativo)	*es bienvenido.*	Se sabe que el sujeto nos visita. La acción del verbo principal se expresa en presente habitual.
Siempre que / Cuando nos visite (subjuntivo)	*será bienvenido.*	No se sabe si el sujeto nos visitará o no, lo cual permite una interpretación condicional *(=si viene)*. La acción del verbo principal se expresa en futuro.

El subjuntivo es el modo de la irrealidad o el deseo.

1.2 ORACIONES SUBORDINADAS CAUSALES Y FINALES

La **causa** y la **finalidad** son **conceptos muy cercanos** desde el punto de vista de la experiencia del hablante, puesto que frecuentemente una acción se lleva a cabo porque se desea conseguir una finalidad.

Hago esto para que te sientas bien. → Finalidad.

Hago esto porque deseo tu bien. → Causa.

En cambio, desde el punto de vista lógico, la causa precede a la acción, mientras que la finalidad se sitúa tras la realización de la acción.

ORACIONES SUBORDINADAS CAUSALES

Presentan el motivo que provoca la acción verbal de la oración a la que acompañan. Pueden ir introducidas por nexos como *porque, pues, como, que, puesto que, ya que...*

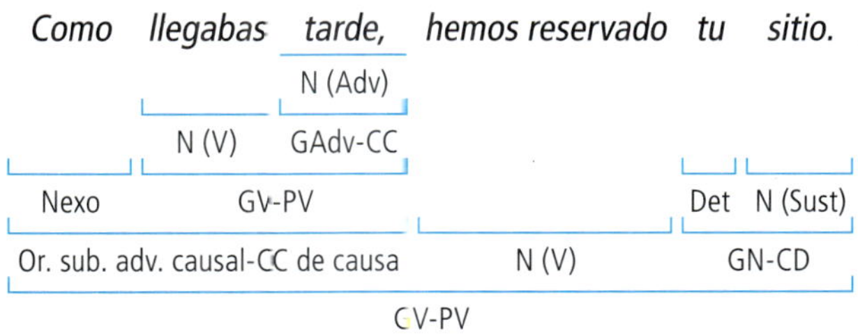

ORACIONES SUBORDINADAS FINALES

Exponen la intención o finalidad con que se realiza una acción. Pueden ir introducidas por nexos como *para que, a fin de que, con intención de que, con la finalidad de que...*

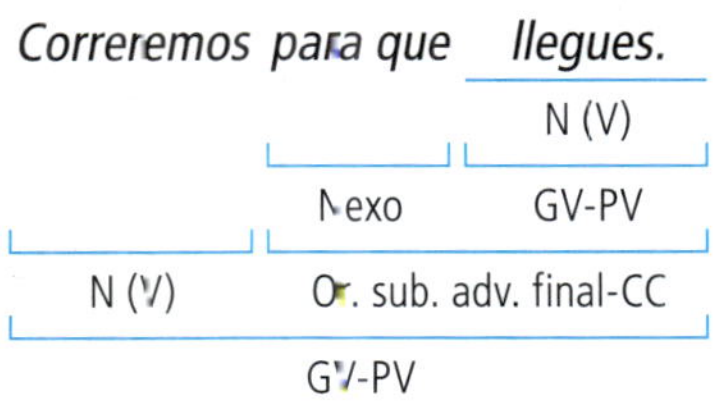

El modo verbal en las subordinadas causales y finales

Como las oraciones causales se refieren a hechos ocurridos y las finales a intenciones y deseos, cuando utilizan un verbo en forma personal, las causales se construyen con indicativo y las finales con subjuntivo:

Ya que hay más solicitantes que plazas, habrá que hacer un sorteo.

Para que haya plazas para todos, se creará un segundo grupo.

La excepción la constituyen las causales que se acercan a la irrealidad; por ejemplo, si una causa es negada o se duda de ella.

No me lo creo porque él me lo diga, sino porque lo he visto con mis ojos.

También puede considerarse *para que* una preposición seguida de una oración subordinada sustantiva en función de término:

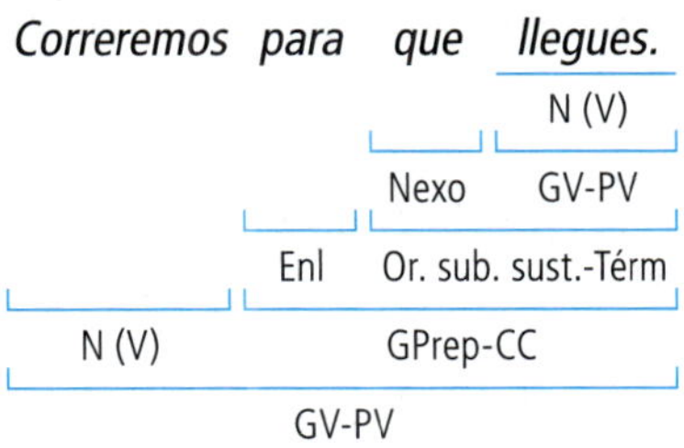

1.3 ORACIONES SUBORDINADAS CONDICIONALES Y CONCESIVAS

Las oraciones subordinadas condicionales y concesivas **presentan un estado o acción** que guarda una **relación lógica** con la oración a la que acompañan. Por tanto, puede decirse que actúan como modificadores oracionales.

A la expresión de ese estado o condición se la llama **prótasis**, por ser previo en la relación lógica que se establece; y a la predicación que se enuncia con el verbo principal se la denomina **apódosis.**

Si viene Elisa,	*no le daremos la mala noticia.*
Aunque venga Elisa,	*no le daremos la mala noticia.*
↓ Prótasis	↓ Apódosis

ORACIONES SUBORDINADAS CONDICIONALES

Presentan en la **prótasis** la **condición necesaria** para que se cumpla lo que se expresa en la apódosis.

Si llueve el sábado, nos quedaremos en casa.

Llover → implica → quedarse en casa.

Las oraciones condicionales pueden ir introducidas por nexos como *si, como, con tal que, siempre que, a menos que, a condición de que...:*

Es frecuente el uso expresivo de las condicionales para indicar que una idea es absurda, presentando una acción imposible que niega, de este modo, las condiciones que la acompañan: *Si tú has sacado un sobresaliente yo soy Reina de Suecia.*

ORACIONES SUBORDINADAS CONCESIVAS

Enuncian unas **circunstancias** que, aunque **suponen un obstáculo** para que se cumpla el predicado de la oración a la que acompañan, **no impiden** que se lleve finalmente a cabo:

Aunque he perdido el tren,	*llegaré a tiempo.*
Prótasis	Apódosis

Perder el tren → supone → retraso (problema) → no impide → *llegar a tiempo.*

Las oraciones subordinadas concesivas pueden ir introducidas por nexos como *aunque, si bien, a pesar de que, a sabiendas de...*

Finalmente, expresan concesión los **gerundios** precedidos por las conjunciones *aun* o *incluso* y las construcciones:

presente de subjuntivo + *quien* + presente de subjuntivo

Aun habiendo preparado todo, no llegó a tiempo.

No abras la puerta a nadie, venga quien venga.

El modo en las oraciones subordinadas condicionales y concesivas

Las condicionales y concesivas permiten la alternancia de modo verbal, de manera que, si muestran el indicativo, se refieren a una acción que se entiende como real; mientras que en el caso del subjuntivo dicha acción se concibe como irreal. Es la concepción del hablante, y no la realidad objetiva de la acción, la que se codifica de este modo:

Aunque viene (es seguro que lo hará), *no dejaremos que nos fastidie.*

Aunque venga (es posible que lo haga), *no dejaremos que nos fastidie.*

1.4 ORACIONES SUBORDINADAS COMPARATIVAS Y CONSECUTIVAS

Las oraciones subordinadas comparativas y consecutivas **tienen en común** que **funcionan** como **complementos de un cuantificador:** *más, menos, tal, tanto...*

Comparativa: *Este niño miente más que habla.*

Consecutiva: *En el último curso se esforzó tanto que fue el primero de su promoción; Ese curso tenía tantas asignaturas que no sabía cuál escoger; Al irse dio tal golpe que rompió la ventana.*

ORACIONES SUBORDINADAS COMPARATIVAS

En ellas se establece una relación de similitud o diferencia (superioridad o inferioridad) entre un elemento de la oración subordinada (segundo término de la comparación) y otro de la oración a la que acompañan (primer término de la comparación). Estas oraciones suelen mostrar elipsis de los elementos no comparados, y frecuentemente aparecen sin verbo explícito.

Ejemplos	Términos comparados	Relación
Es mejor ahora que después.	*Ahora/después*	Superioridad
Es tan agradable como (es) bien dispuesto.	*Agradable/bien dispuesto*	Igualdad
Encontró menos fósiles que (encontró) minerales.	*Fósiles/minerales*	Inferioridad

Estas oraciones son introducidas por las conjunciones *que* y *como.*

En enunciados de gran expresividad, el elemento intensificado en la oración puede omitirse.

Estoy que trino = Estoy tan enfadado que trino.

ORACIONES SUBORDINADAS CONSECUTIVAS E ILATIVAS

Las oraciones consecutivas van introducidas por *que* y expresan el **resultado de una cuantificación o intensificación** presente en la oración en que se insertan.

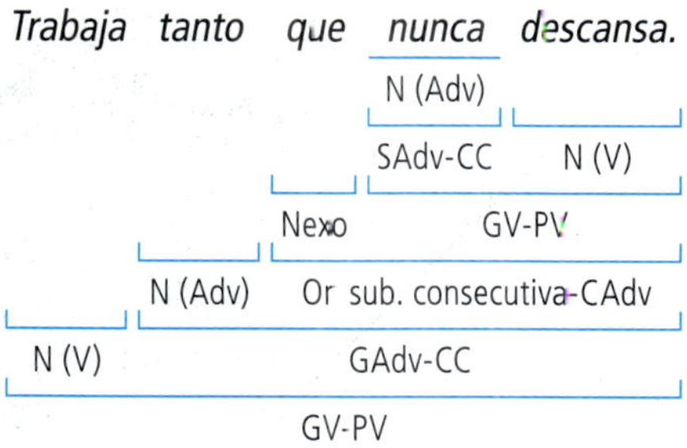

Las oraciones ilativas **también expresan una consecuencia,** pero esta deriva de toda la situación expresada por la oración a la que acompañan, por lo que se pueden considerar complementos oracionales.

Van introducidas por nexos como *conque, luego, pues* (tras pausa), *de modo que, así que, de manera que, de ahí que...*

No se deben confundir las locuciones conjuntivas con conectores oracionales, pues estos presentan mayor libertad en su colocación y posibilidad de pausa.

Vino tarde, por tanto, perdió el tren.

Vino tarde, (y) perdió el tren, por tanto.

ACTIVIDADES

07 LAS ORACIONES SUBORDINADAS ADVERBIALES

1 Oraciones subordinadas adverbiales

1 Sustituye los complementos circunstanciales de tiempo y modo subrayados en el siguiente texto por oraciones subordinadas que muestren un sentido similar.

Como encargado del pupilaje, lo primero que hizo el bachiller Velasco fue recitarle de corrido las normas de la casa:

—Yo soy el pupilero de este hospedaje y, como tal, me debéis respeto y obediencia. Con el alba, deberéis abandonar vuestra cámara para ir a las clases de prima. Por las noches, os entregaré una vela que os permitirá estudiar durante al menos tres horas. La puerta de la calle se cierra con llave a la puesta del sol.

Luis García Jambrina
El manuscrito de piedra
Alfaguara

2 Localiza todos los verbos de este fragmento. A continuación, indica cuáles pertenecen a oraciones subordinadas.

Crónica de un día en Caracas

Caracas se ha quedado seca desde el jueves en que el país se hundió en las tinieblas. No ha corrido una sola gota de agua por los acueductos desde entonces. Los sistemas que surten a la ciudad requieren 600 megavatios para operar y no los hay porque la infraestructura eléctrica colapsó. No han podido ser encendidos. Igual ocurre con el metro. Es como pretender que un paquidermo ande sobre patas de barro. La sequía arroja una imagen dantesca.

www.letraslibres.com

3 En la siguiente crónica aparecen dos expresiones con sentido temporal: una con infinitivo y otra con verbo en forma personal. Localízalas y cópialas. Cuando el verbo está en forma personal, ¿se utiliza el indicativo o el subjuntivo? ¿Por qué crees que es así?

Una vez aprovechados los últimos colores de la puesta de sol, nos dirigimos al punto que más nos gustó y, después de cenar un buen pícnic con vistas inmejorables, empezaron a aparecer las primeras estrellas. Los trípodes destacaban a contraluz sobre el cielo nocturno, los disparadores no descansaban.

Desgraciadamente, cuando se acercó el momento en el que la Vía Láctea debía hacer su aparición, llegó una gran nube y empezó a dejar caer nieve sobre nuestros equipos.

https://indomitus.eu

4 Indica qué valor semántico tienen las oraciones de gerundio de estos ejemplos.

a. Empezando la película, me entraron ganas de ir al baño.

b. Aun habiendo previsto el problema, no supe afrontarlo.

c. Esto se resuelve uniendo nuestras fuerzas.

d. Viviendo en Londres conocí a muchos artistas.

5 Realiza el análisis sintáctico completo de las siguientes oraciones.

a. Mientras esté abierto el auditorio, podrán acceder todos los visitantes que lo deseen.

b. Terminaremos el acto cuando leamos el manifiesto, como estaba previsto.

6 Localiza en estas oraciones los complementos de causa y de finalidad.

a. Como no encontraron el camino, dieron vueltas durante horas.

b. Ocultaron la verdad para que nadie descubriera sus planes.

c. No conseguimos nuestro objetivo porque no estábamos preparados.

d. Para obtener buenos resultados, solo es necesario un poco de esfuerzo.

e. No consiguieron alcanzar la cima, ya que habían entrenado poco.

f. Llegaron tarde por distraerse en el camino.

7 Copia las siguientes oraciones subordinadas, señala el nexo que las introduce e indica qué valor semántico tiene cada oración. Después, analiza sintácticamente aquellas que contengan una subordinada adverbial causal.

a. Como era listo, lo entendió todo.

b. No lo hizo como le indicaron.

c. Corre, que llegamos tarde.

d. Donde las dan, las toman.

e. Descansaremos mañana, pues hoy tenemos que trabajar.

f. Tenemos que echar muchas horas para que todo esté listo mañana.

8 En este texto hay un infinitivo en una construcción temporal y otro en una construcción final. ¿Cuáles son?

Crónica Festival San Sebastián 2018

Por segundo año consecutivo, he podido vivir una de esas experiencias por las que agradezco tener blog. Tras ir por primera vez en 2017 al Festival de Cine de San Sebastián, este año he repetido, pero en circunstancias muy diferentes. Un poquito de experiencia adquirida el año pasado ha hecho más fácil algunos procesos y seleccionar las películas a las que podía acudir como prensa. La magnitud de este festival, uno de los más importantes en el panorama cinematográfico mundial, requiere un tiempo para aclimatarse a toda la oferta de películas que uno puede encontrar.

www.cinemocion.es

9 Sustituye los nexos *porque* y *para que* por otros que mantengan el sentido del texto.

Sé que tengo que pedirte muchas veces perdón, porque a lo mejor mientras yo tengo mucha felicidad a ti te hago sufrir [...]. He preferido decírtelo por escrito, porque tenía miedo a no saber decírtelo de palabra.

Por favor, Carlos, no me busques para que hablemos, porque no sabría qué hacer.

Fernando Fernán Gómez
El viaje a ninguna parte
El Mundo

10 Analiza sintácticamente las siguientes oraciones.

a. Como ya habíamos preparado todo, ayer pudimos descansar.

b. Mientras llovía, permanecimos en casa.

11 Analiza las oraciones condicionales del texto completando la tabla propuesta, como en el ejemplo. Indica también el tiempo y el modo verbal utilizado en cada caso y cuál es su valor.

—Si me dispara —advirtió—, mis hombres le matarán; a usted y a sus amigos.

—Y si nos quedamos aquí moriremos de todas formas —repuso Zarco, devolviéndole la sonrisa sin dejar de encañonarle.

César Mallorquí
La isla de Bowen
Edebé

Si la policía hubiese investigado un poco más, habría averiguado que la documentación del Britannia había sido falseada [...]

	Oración	Condición (prótasis)	Implica	Resultado (apódosis)
1	*Si la policía hubiese investigado un poco más, habría averiguado que la documentación del Britannia había sido falseada.*	*Investigar un poco más* (en pretérito pluscuamperfecto de subjuntivo; valor imposible).	Implica	*Averiguar que la documentación del Britannia había sido falseada* (en condicional compuesto; valor imposible)
2			Implica	
3			Implica	

12 Lee las siguientes oraciones. Copia aquellas en las que *si* y *como* funcionen como conjunciones condicionales y sustitúyelas, en esos casos, por locuciones conjuntivas o locuciones prepositivas + *que* con el mismo valor.

a. Como no nos apresuremos, no llegaremos a tiempo.

b. Me han preguntado si iremos al cine.

c. Claro que iremos, como hacemos siempre.

d. Como vino tarde, no se enteró del comienzo de la clase.

e. Superarás la asignatura si estudias suficiente.

13 A partir de este texto, escribe tres oraciones que se relacionen con él y comiencen con la conjunción *si*. En la primera, usa el presente de indicativo; en la segunda, el pretérito imperfecto de subjuntivo; y en la tercera, el pluscuamperfecto de subjuntivo.

Hubo un momento en que tuve que elegir entre dos callejones. Dudé pero elegí uno con el convencimiento optimista de los niños de que el camino elegido es el correcto. Y entonces empezó el laberinto, cada calle desembocaba en otra aún más empinada. Yo subía, subía esperando que en algún momento aparecería el cartel del horno de pan de mis tíos, que sentiría el olor de la felicidad que inundaba el aire, la mezcla de pan, regañadas, magdalenas y tortas. Pero el espacio entre las casas se fue estrechando al tiempo que oscurecía.

Elvira Lindo
Lo que me queda por vivir
Alfaguara

14 Identifica si el valor de las siguientes oraciones es condicional o concesivo. Para ello, puedes probar a sustituirlas por otras con *si* o *aunque* como nexos introductorios, eliminando la conjunción *y* con que se une a la siguiente oración cuando esta aparece.

a. Con todo lo que ha invertido y no obtiene buenos resultados.

b. Una palabra más y nos vamos.

c. Marcharemos temprano opines lo que opines.

d. Como diga alguna otra inconveniencia, le llamaré la atención.

e. Se lleva todo el día trabajando y gana muy poco.

f. Por mucho que lo digas, no lo va a entender.

15 Localiza en el siguiente texto las oraciones subordinadas adverbiales (teniendo en cuenta que algunas están dentro de otras) y di cuál es su valor semántico.

> Aquel día Pereira no se había llevado a la redacción su pan con tortilla, por un lado porque intentaba saltarse de vez en cuando una comida, como le había aconsejado el cardiólogo, por otro, porque, si no resistía el hambre, le quedaba el recurso de tomarse una *omelette* en el Café Orquídea.

Antonio TABUCCHI
Sostiene Pereira
Anagrama

16 Utiliza cinco oraciones comparativas para hacer una descripción conjunta de las dos fotografías del margen. Después, indica cuál es el cuantificador complementado en cada una de las oraciones y qué tipo de relación de comparación establece.

17 Completa la tabla en tu cuaderno con la siguiente información:

a. Identifica el cuantificador.

b. Subraya cuál es la oración que lo complementa.

c. Di si es una oración consecutiva o comparativa.

	Cuantificador	Tipo de oración
Corría con tanto ímpetu que se cansó muy pronto.		
Tenemos más probabilidades de ganar que de perder.		
Vinieron tantos a felicitarlo que quedó abrumado por la emoción.		
Leyó menos libros durante el verano que durante el invierno.		

18 Analiza sintácticamente la oración subrayada.

Ayer te besé en los labios.
Te besé en los labios. Densos,
rojos. Fue un beso tan corto
que duró más que un relámpago,
que un milagro, más.
El tiempo
después de dártelo
no lo lo quise para nada
ya, para nada
lo había querido antes.
Se empezó, se acabó en él.

Pedro SALINAS: *Poemas de amor*
Lumen

Lee este texto y resuelve las actividades de la página siguiente.

https://www.eldiario.es

La adicción a las series ¿puede tener impacto sobre la salud?

Cristian Vázquez (adaptación) 30 MAY 2019

Mientras comienzan a acallarse los ecos del final de *Juego de tronos*, muchos fans todavía debaten los últimos capítulos y analizan la pericia (o no) de los realizadores en el momento de dar un cierre a todas las subtramas planteadas por la narración. Muchos otros, en cambio, ya han volcado su anhelo de ver series —sin duda, la estrella de la industria cultural en los últimos años— en otras producciones.

La empresa Sky difundió meses atrás los resultados de una encuesta, según la cual siete de cada diez españoles son «adictos» a las series. Un 41 % de la muestra afirmaba dedicarles al menos una hora y media por día, y casi un 30 % más de dos horas diarias. El 66 % admitía que no podía evitar ver series, aun a costa de perder horas de sueño; el 17 %, que había llegado tarde al trabajo o a sus estudios a causa de las series y el 35 %, que había cancelado actividades con familiares o amigos.

La adicción a las series es una adicción conductual, es decir, no relacionada con ninguna sustancia (como sucede con las drogas), sino con actividades. Todas las adicciones comparten cuatro características.

1. Uso excesivo: en el caso de las series, se pierde la noción del tiempo, capítulo tras capítulo, lo que a veces lleva a saltarse comidas o a perder horas de sueño. «En los casos más extremos se realizan verdaderos maratones, ver todos los capítulos de corrido», apunta la psicóloga Ana M.ª Fernández.

2. Abstinencia: al fuerte deseo de ver la serie, que incluye imaginar cómo y cuándo se hará, lo acompañan sentimientos de ira, tensión, rabia o tristeza si no se puede acceder a la plataforma donde se emite.

3. Tolerancia: para saciar sus deseos, la persona adicta necesita cada vez más horas de visionado o apuntarse a más plataformas.

4. Repercusión negativa en la vida de la persona: además de llegar tarde al trabajo o a clase, esta pérdida de control en relación con las series suele generar discusiones con la pareja o familiares, aislamiento social, problemas de salud (como fatiga o problemas musculares), falta de concentración, modificación del estado de ánimo, etc.

Hay que tener en cuenta que algunas características del propio formato de las series tienden precisamente a generar adicción. Quizás el ejemplo más evidente lo constituyen los llamados *cliffhangers*, el recurso de finalizar un capítulo en un pico de tensión narrativa, para estimular la necesidad de dar *play* al siguiente episodio de inmediato. O ni siquiera eso: muchas plataformas proponen la reproducción automática, es decir, al terminar un capítulo empieza el siguiente, a menos que el usuario lo detenga.

Y también está la presión social: existen series que hay que ver lo antes posible, en parte para estar siempre al día, en parte para no quedar fuera de conversaciones, tanto en persona como en las redes sociales, en parte para evitar que los odiosos *spoilers* generen algún disgusto. Todos estos elementos contribuyen al riesgo de que lo que debiera ser un simple entretenimiento se convierta en un auténtico problema.

Consecuencias de la adicción a las series sobre la salud

Debido al sedentarismo, puede propiciar desde falta de sueño y fatiga hasta mala alimentación, sobrepeso y obesidad, dolores musculares y problemas cardíacos. A nivel cognitivo, puede deteriorar la capacidad de atención y concentración y la memoria, además de causar también problemas en la toma de decisiones, con su repercusión en el rendimiento laboral o académico.

En cuanto a lo emocional, puede provocar insatisfacción personal, ansiedad, sensación de vacío y problemas depresivos. Y en relación con lo social, las consecuencias podrían incluir problemas familiares, rupturas de pareja y un verdadero aislamiento.

1 Indica cuál de los siguientes gráficos refleja los datos de la encuesta realizada por Sky.

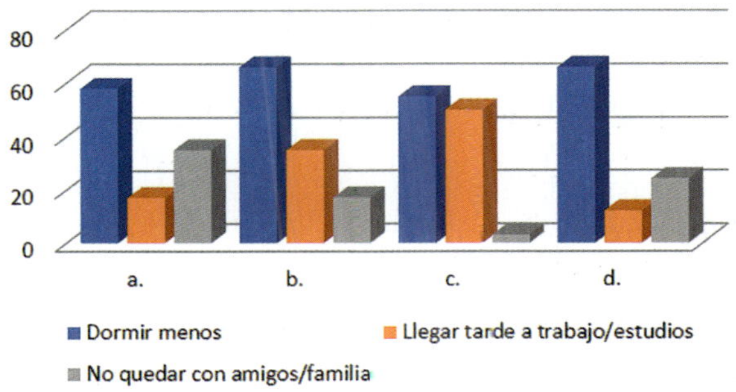

2 ¿Qué implica la tolerancia en el caso de la adicción a las series?

a. El enfado constante con las personas del alrededor.

b. La necesidad de una mayor dosis de visionado para sentirse satisfecho.

c. El malestar por la falta de consumo de series.

d. La disminución gradual de la dosis de series.

3 Indica si las siguientes afirmaciones sobre *Juego de tronos* son verdaderas o falsas según el texto.

a. Se trata de una serie plana, con poco recorrido argumental.

b. El capítulo final ha suscitado debates intensos.

c. Hay defensores y detractores del desenlace de la serie.

d. Todos los fans preferían otro final.

4 No es un sinónimo de la expresión «de corrido»:

a. De principio a fin.

b. Ordenadamente.

c. Sin interrupciones.

d. Con presteza.

5 ¿Qué significa que la presión social puede influir en la adicción a las series?

a. Que las personas prefieren refugiarse en las series.

b. Que hay personas que ven series para poder hacer *spoilers*.

c. Que hay gente que mira series para estar al día y tomar parte en las conversaciones.

d. Que en la sociedad actual está más valorado ver series que leer libros.

6 Algunas de las consecuencias de la adicción a las series son:

a. Aumento de peso, ansiedad, mal humor, depresión.

b. Aislamiento social.

c. Reducción de capacidades cognitivas.

d. Todas las opciones son correctas.

7 Un factor que evidencia que una persona puede ser adicta a las series es…

a. no salir un día con los amigos o con la pareja.

b. sacar mala nota en un examen.

c. llegar tarde al trabajo.

d. la necesidad de ver series sin control de horarios.

8 ¿Qué es el *cliffhanger*?

a. Consiste en la reproducción automática de los capítulos de una serie.

b. Consiste en crear tramas atractivas y que generen interés en el espectador.

c. Consiste en terminar el capítulo con una situación de tensión para que el espectador continúe viendo la serie.

d. Es un recurso de las series de misterio y de suspense que consiste en terminar el capítulo con un elemento inesperado.

9 La oración «Mientras comienzan a acallarse los ecos del final de *Juego de tronos*, muchos fans todavía debaten los últimos capítulos» contiene…

a. una oración subordinada adverbial de tiempo.

b. una oración subordinada condicional.

c. una oración subordinada adverbial de modo.

d. una oración subordinada final.

10 Describe oralmente un personaje de una serie que te guste. El resto de la clase deberá adivinar de quién se trata y en qué serie aparece.

11 Escribe una redacción de 125 palabras como mínimo para hablar de una serie que te guste.

APLICAMOS LAS TIC

DE LA IMAGEN AL PAPEL. LOS MAPAS CONCEPTUALES

Aprender es un verbo que proviene del latín *apprenhendere,* una palabra compuesta por los prefijos *ad-* (que significa 'hacia'), *-prae-* ('antes') y por el verbo *hendere* (que quiere decir 'coger' o 'capturar'). Esta palabra se relaciona con la acción que hace el gato al perseguir al ratón, el policía al ladrón o el estudiante al conocimiento. En latín vulgar, *prehendere* se convirtió en *prendere;* de aquí, además del término *aprender,* nacieron *emprender, sorprender, comprender...*

Uno de los mejores métodos para capturar el conocimiento (aprender) y entender lo que se lee o lo que se escucha es construir **un mapa mental de conceptos** y, a partir de él, **redactar un resumen** con palabras propias. De esta manera, se prenden y aprenden nuevos contenidos.

CÓMO CONSTRUIR UN MAPA CONCEPTUAL

Para crear un mapa conceptual, en primer lugar hay que leer o escuchar el documento original con atención y resolver las posibles dudas acerca de su contenido (comprensión de vocabulario, de conceptos o ideas, etc.). A continuación, se debe escribir en el centro el concepto principal, que suele coincidir con el título (por ejemplo, *La crónica*), y a su alrededor hay que ir construyendo el mapa en forma de árbol, con diversas ramificaciones. Para dibujar este árbol, deben anotarse las **palabras clave, ordenarlas** según su categoría de significado y **relacionarlas entre sí** con flechas o corchetes, hasta construir un esquema que refleje la estructura narrativa del documento original.

Al realizar un mapa mental con herramientas digitales, se pueden usar programas como **Prezi** o **PowerPoint,** que ayudan a **ordenar** y **estructurar** las ideas del documento original y a **plasmarlas de manera adecuada.**

CÓMO USAR POWERPOINT PARA CONSTRUIR MAPAS CONCEPTUALES

Abre una diapositiva en blanco en **PowerPoint.** En la función «Insertar» encontrarás el apartado «Formas». Al pulsarlo, se abrirá una ventana con un montón de formas y posibilidades: líneas, flechas y corchetes, y un sinfín de cajas cuadradas, circulares u ovaladas dentro de las cuales se pueden escribir textos.

Una vez elegida una caja de texto o una línea, si pulsas dos veces encima de su límite, se abrirá, a la derecha de la pantalla o en la parte superior, una ventana asociada con diferentes opciones para modificar su apariencia (relleno de forma, contorno, efectos, color del texto y de las letras, etc.).

Coloca las palabras clave que hayas seleccionado en el formato que desees siguiendo una categorización que te permita entender y estructurar el discurso, y ve enlazándolas con los elementos gráficos que consideres más adecuados (líneas, flechas, etc.).

Un consejo: el mejor diseño es el más claro, fácil y funcional. Los colores y el tamaño de las letras deben tener sentido, según su categoría dentro del significado general del texto. Cuanto más sencillo, más comprensible será.

1 Para practicar la creación de mapas conceptuales con PowerPoint a partir de la visualización de un vídeo, busca el reportaje «Virus, amenaza permanente» del programa *Crónicas* en la web de RTVE y sigue estos pasos.

1.º Mira atentamente el vídeo y anota las palabras clave que consideres.

2.º Organiza como creas conveniente las palabras clave en una diapositiva de PowerPoint.

3.º Comprueba que el mapa conceptual refleja los conceptos que has comprendido mientras veías el vídeo.

2 A partir del mapa conceptual que has construido en la actividad anterior, y utilizando un procesador de textos como Word, realiza las siguientes actividades:

a. Escribe con tus palabras un texto narrativo que funcione como resumen del vídeo. Procura que no ocupe más de una página

b. Redacta una oración que resuma el contenido del vídeo.

c. Piensa y escribe un nuevo titular para este reportaje.

3 En grupos de trabajo, buscad en Internet un documental que trate sobre un tema de actualidad que os interese y seguid estos pasos.

a. Visionad el documental y anotad las palabras clave.

b. Con PowerPoint, MindMeister o Prezi, elaborad entre todos un mapa conceptual sobre el reportaje.

c. A partir del mapa conceptual que habéis creado, escribid un resumen del reportaje, de no más de media página, con un programa de tratamiento de textos.

d. Presentad brevemente en clase el reportaje seleccionado y leed en voz alta el resumen que habéis elaborado con la intención de convencer al resto de los grupos de la importancia del tema elegido.

Las citas

Si durante la redacción de tu escrito quieres usar de manera literal algunos de los fragmentos que salen en el vídeo, recuerda que debes usar las comillas, altas (" ") o bajas (« ») y que debes escribir el nombre de la fuente y de la persona, si la hubiere, que pronuncia la frase que utilizas.

Consejos prácticos para usar Prezi, PowerPoint o MindMeister

Treinta **videotutoriales** para dominar **Prezi:**

https://www.youtube.com/playlist?list=PLtKuCXjcgvK5xKzCRy_o-GWsOpo3Mj_Df

Cómo utilizar **PowerPoint:**

https://www.youtube.com/watch?v=EPlrs9HwOR8

Videotutorial para aprender a usar **MindMeister:** https://www.youtube.com/watch?v=lUu2z1cYCu8

https://www.revista5w.com/who/un-nino-manchado-petroleo

Un niño manchado de petróleo

Joseph Zárate

Un día unos ingenieros llegaron con sus familias y levantaron un campamento para construir un tramo del Oleoducto. El señor Cuñachí solía jugar con los hijos de esos forasteros: los niños blancos. Intercambiaba papayas por carritos de juguete, cerbatanas por hondas de jebe. Aprendía castellano. Cuando la construcción del Oleoducto comenzó, helicópteros militares llegaban todos los días cargando enormes tuberías. Mientras los mayores hacían trochas con machetes para abrir paso a las máquinas, los chicos awajún jugaban a las escondidas y corrían dentro de las tuberías sin instalar. Cuando las obras terminaron, la empresa estadounidense Williams, a cargo de la construcción, decidió sepultar todo el material restante bajo la cancha de fútbol donde ahora juegan Osman y sus amigos, pues le resultaba más barato que trasladarlo. Un día los ingenieros se fueron y un grupo de familias dejó el monte para asentarse en el campamento abandonado, plagado de hormigas negras que se comían a las ratas y ahuyentaban a las víboras. Allí fundaron su primera escuela. Luego llegarían la carretera, la luz eléctrica, la televisión por cable, la posta médica y cientos de nativos y forasteros atraídos por aquella aparente prosperidad.

Casi medio siglo después, Nazareth es una aldea de pescadores, agricultores, comerciantes minoristas y choferes de mototaxi que hacen su vida alrededor del río Chiriaco. Ahora mismo, como cualquier niño awajún, Osman Cuñachí podría estar pescando o bañándose allí, pero no puede. Desde el derrame, las autoridades ambientales han prohibido esas actividades por la cantidad de plomo y cadmio que hay en el agua y los peces. El plomo es un veneno que, incluso en niveles bajos de exposición, puede afectar el desarrollo del cerebro en los niños y causar anemia, hipertensión y efectos irreversibles en el sistema nervioso central. El cadmio puede dañar los riñones, los huesos y los pulmones, y provocar cáncer.

Los awajún dicen que estos metales tóxicos provienen del petróleo. Petroperú dice que no es cierto: el petróleo tiene cantidades ridículas de aquellos metales. Germán Velásquez, comandante en retiro de la policía y asesor de empresas, presidente de la compañía por esos días, aseguraba que provenían del desagüe y la basura —botellas de plástico, pañales desechables, baterías usadas, aceite de motor— que los pueblos cercanos arrojan a orillas del río Chiriaco.

—Si alguien allí tiene la opción de recibir algún tipo de indemnización económica, dirá que el petróleo le hace llorar —me dijo Velásquez con una sonrisa—. He investigado: para que el petróleo te contamine tendrías que haber estado metido en un barril de petróleo tres o cuatro días. Yo me he bañado en el río Chiriaco y todo bien.

La versión oficial, la empresarial, siempre es optimista. La de la ciencia no.

1 ¿Cuál es el valor de los complementos circunstanciales subrayados en la crónica? Sustitúyelos por oraciones subordinadas con un sentido similar.

2 En una crónica son frecuentes las oraciones subordinadas temporales. Copia las que encuentres en el primer párrafo e indica de qué tipo es el elemento que funciona como nexo introductor en cada caso.

3 Sustituye «desde el derrame» por una expresión que incluya una oración subordinada y mantenga el sentido temporal del conjunto.

4 ¿Qué sentido tiene la oración subordinada de gerundio «cargando enormes tuberías»? ¿Cómo lo sabes?

5 ¿Cuál es el valor de las tres oraciones precedidas por *para* en el primer párrafo? Reformula el texto usando oraciones adverbiales causales sin que cambie el sentido.

6 En el tercer párrafo, hay una yuxtaposición que equivale a una subordinación adverbial: «Petroperú dice que no es cierto: el petróleo tiene cantidades ridículas de aquellos metales». ¿De qué tipo sería? Copia la oración introduciendo un nexo que la explicite.

7 Analiza la siguiente oración: «Cuando la construcción del Oleoducto comenzó, helicópteros militares llegaban todos los días».

8 ¿Qué dos oraciones subordinadas encontramos en «pues le resultaba más barato que trasladarlo»?

9 Sustituye «incluso en niveles bajos de exposición» por una oración subordinada. ¿De qué tipo es la oración que has utilizado?

10 Señala cuál es la prótasis y la apódosis en «Si alguien allí tiene la opción de recibir algún tipo de indemnización económica, dirá que el petróleo le hace llorar». ¿Qué tiempos verbales se utilizan y por qué?

11 Completa estas afirmaciones con oraciones ilativas.

a. El cadmio es muy venenoso.

b. El campamento estaba abandonado.

12 Completa una tabla como la siguiente. Debes indicar dónde comienza y termina cada secuencia. Señala también qué tiempos verbales dominan en cada parte.

Secuencia	Desde	Hasta	Tiempo verbal más usado
Narrativa			
Descriptiva			
Expositiva			
Declarativa			

13 ¿Qué punto de vista sobre el tema adopta el cronista? Copia la frase que lo justifica y razona tu respuesta. A continuación, localiza dos declaraciones en estilo indirecto y una en estilo directo.

14 Expresa en voz alta tu opinión sobre la manera en que las empresas deberían eliminar sus residuos.

08 EL SIGLO XVIII: LA ILUSTRACIÓN

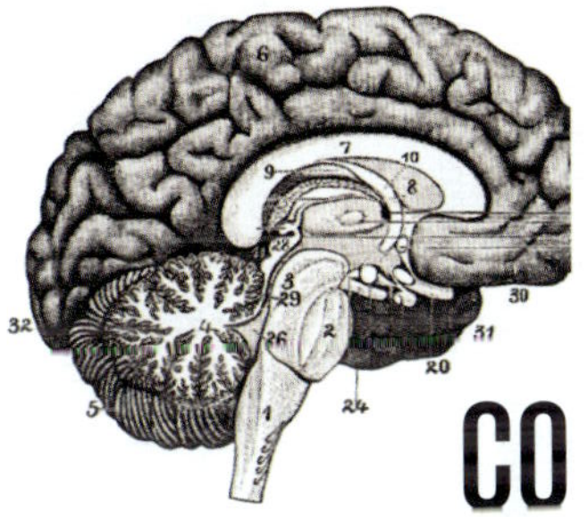

CO NO CER

PEQUEÑA ENCICLOPEDIA ILUSTRADA

A pesar de las dificultades, los ilustrados Diderot y D'Alembert consiguieron publicar su *Enciclopedia*, que recogía todo el saber de la época. Demostrad que no trabajaron en balde y elaborad una pequeña enciclopedia temática en la que resumáis los principales aspectos de la cultura y la historia de la Ilustración. Igual que la enciclopedia original, la vuestra debe contener imágenes.

IN VESTI GAR

CRÍTICO ANACRÓNICO

Haz una reseña de una novela europea del siglo XVIII: *Los viajes de Gulliver* o *Robinson Crusoe*, por ejemplo. Investiga sobre la obra elegida y escribe una crítica como si fueras un periodista de la época y la novela acabara de publicarse. Pero lo vas a hacer en un medio moderno: ¡la red social Instagram!

CREAR

AL ESTILO DE CADALSO

Como si imitarais a José Cadalso, en grupos de tres personas vais a «modernizar» su obra *Cartas marruecas*. Elegid un tema de actualidad que os preocupe, repartid entre los componentes del grupo los personajes principales de la obra (Gazel, Ben-Beley y Nuño) y escribid una carta desde el punto de vista de cada uno de ellos. Después, leedlas todas en clase.

PRE SEN TAR

UN TEATRO MUY MODERNO…

En grupos, seleccionad un fragmento de *El sí de las niñas*, de Fernández de Moratín. Debéis adaptarlo a una situación actual y un lenguaje moderno, pero exagerándolo, dándole el matiz que elijáis: culto, vulgar, cursi… Luego tendréis que representar el fragmento ante vuestros compañeros y compañeras. Preparad el decorado, el vestuario y… ¡a escena!

Cuando quieres leer un libro o ver una película, pero no sabes cuál escoger, ¿cómo tomas la decisión: preguntas a alguien su opinión sobre ello o buscas información?

EL PAÍS

Los viajeros del tiempo se convierten en refugiados

La serie noruega *Beforeigners* mezcla la fantasía con una reflexión sobre la crisis de refugiados y la integración de los migrantes

GUILLERMO ALTARES
7 DE OCTUBRE

Pocos hechos han tenido un impacto político tan grande en Europa en las últimas décadas como la crisis de los refugiados, que mostró, a la vez, lo peor y lo mejor de las sociedades contemporáneas, la solidaridad de la mayoría frente al rechazo lleno de prejuicios de una minoría. Como consecuencia directa de la guerra de Siria, millones de personas se lanzaron en 2015 a las carreteras europeas en busca de un lugar seguro. Muchos murieron intentando llegar durante su travesía marítima. El racismo se parapetó detrás de la idea de diferencia, como si la presencia masiva de musulmanes pudiese afectar los valores europeos cuando, en realidad, la principal diferencia cultural residía en que venían de un país en guerra y sometido a una dictadura asesina, circunstancias no siempre fáciles de entender desde la seguridad que otorga la paz. Aquel debate colectivo, todavía no cerrado [...], ha encontrado una ingeniosa y reveladora respuesta en la serie *Beforeigners,* una producción noruega de seis capítulos que emite actualmente HBO.

¿Qué ocurriría si la entrada masiva de refugiados se produjese dentro del propio país, pero desde una distancia remota, si las diferencias culturales no fuesen geo-

gráficas, sino temporales? *Beforeigners* arranca cuando, sin mayor explicación, comienzan a aparecer en el presente personas que provienen de otras épocas, desde habitantes de la prehistoria hasta guerreros vikingos del Medievo —que trabajan como repartidores en bici— o burgueses del siglo XIX. Los refugiados del pasado emergen en el mar, respirando a duras penas, en una imagen cargada de simbolismo.

Sus creadores son Anne Bjornstad y Eilif Skodvin, responsables de *Lilyhammer,* una divertida serie de Netflix sobre un mafioso estadounidense que recala en un pequeño pueblo noruego. La serie se articula en torno a un relato policíaco: un inspector del presente, Lars (Nicolai Cleve Broch), trabaja con una policía vikinga, Alfhildr (Krista Kosonen, que interpreta al mejor personaje de la serie, un auténtico hallazgo), para resolver un asesinato relacionado con los desplazamientos temporales.

Paradojas temporales

La serie juega con todas las paradojas que plantean los viajes en el tiempo; pero el hecho de que se trate de un movimiento masivo (el presente se llena literalmente de refugiados temporales) proporciona una alta densidad política al asunto (con pintadas contra los visitantes de otras épocas incluidas). Al igual que ocurre con la española *El Ministerio del Tiempo,* los viajes no se sustentan en efectos especiales y en grandes presupuestos, sino en un ingenio afilado, ágiles toques de humor y una cuidadosa investigación.

«Todo el universo que creamos es una alegoría de la crisis de los refugiados y los problemas que plantean las migraciones», explicó Bjornstad a la revista *Variety.* «Como migrante tienes tu propio lenguaje y tu propia identidad y creímos que era muy importante que esto quedase reflejado en los personajes». El nórdico antiguo, por ejemplo, está muy documentado en las sagas vikingas, pero tuvieron que recurrir a lingüistas para recrear la forma de pronunciarlo, al igual que el acento de los personajes prehistóricos. En cuanto al siglo XIX, como explicó uno de los expertos, intentaron que los personajes «no hablasen como escribe Ibsen».

Beforeigners es un cóctel imposible que, sin embargo, funciona y se ha convertido en una de las sorpresas de la temporada. Su mayor logro es utilizar los viajes en el tiempo para ponernos ante un espejo tan realista que al final olvidamos la parte fantástica de la historia y nos quedamos solo con una sociedad que respira intolerancia ante lo que no conoce y otra que busca una salida solidaria ante unos desplazamientos que nadie puede frenar porque, al final, la historia de la humanidad es el relato de un gran viaje en todos los tiempos y en todos los espacios.

Leer

1 Señala si las siguientes afirmaciones son verdaderas o falsas e indica en qué párrafo del texto has comprobado la veracidad de los datos.

a. *Beforeigners* es una serie sobre vikingos.

b. La serie se emite en Netflix.

c. Los creadores de la serie son Anne Bjornstad y Eilif Skodvin.

d. En la serie se pretende resolver un asesinato.

e. El objetivo de la serie es mostrar los problemas que plantean las migraciones.

2 TIC ¿Sabes quién es Ibsen? Explícalo. Si no lo sabes, ¿podrías deducir quién es por lo que se dice en el texto? Comprueba si tu suposición es correcta buscando información en Internet o en una enciclopedia.

3 ¿Qué es una paradoja temporal?

4 ¿Cómo han solucionado los creadores de la serie *El Ministerio del Tiempo* la cuestión de los viajes en el tiempo?

5 Extrae las ideas principales del texto y elabora un resumen con ellas.

6 Realiza un esquema del texto que has leído que muestre su estructura interna. Indica qué partes son narrativas, argumentativas, etc.

7 ¿Podrías señalar algunas de las 6 W en el titular y en la entradilla del artículo?

8 Indica cuál es el tema principal del artículo. ¿Puedes identificar otros temas importantes?

9 ¿Qué postura crees que adopta el crítico frente a la serie? ¿Positiva o negativa? Justifica tu respuesta con ejemplos del texto.

10 Los adjetivos *peor* y *mejor* son antónimos. Busca otros antónimos en el artículo. ¿Qué función tienen en el texto?

11 En el artículo aparecen una serie de términos positivos y negativos relacionados con la crisis de los refugiados. Clasifícalos en dos columnas y observa a qué se aplica cada término. Después, reflexiona sobre ello y responde: ¿cuál es la visión del autor sobre esta cuestión? ¿Qué postura parece defender?

12 ¿Qué función tiene la pregunta que aparece en el artículo?

13 El texto contiene una serie de declaraciones: ¿para qué se utilizan? ¿Quién las hace?

14 TIC ¿Podrías hacer la ficha de la serie con los datos que se ofrecen en el artículo? Elabora una tabla con esos datos y busca los que falten para completarla:

- Título original.
- Año.
- Duración.
- País.
- Dirección.
- Guion.
- Reparto.
- Productora.
- Género.
- Sinopsis.

Sin faltas.com

15 ▶ Normalmente, los préstamos adoptados por el español y aceptados por la RAE modifican su ortografía para asimilarse a la nuestra y adaptarse a su pronunciación (ya que se escribe como se pronuncia). Localiza en el texto dos extranjerismos registrados en el *Diccionario de la lengua española.* Uno de ellos se ha adaptado totalmente, pero el otro no sigue las reglas ortográficas habituales del español.

En el primer caso, señala la modificación que se ha producido sobre la lengua original y di si se trata de un cambio motivado por cuestiones ortográficas o de pronunciación. En el otro se produce una excepción a una regla ortográfica. Indica a cuál.

Opinar

16 ¿Estás de acuerdo con la opinión del autor? Justifica tu respuesta con nuevos argumentos.

1 LA CRÍTICA ESPECIALIZADA

Dentro de los **subgéneros periodísticos mixtos o interpretativos,** se incluye la **crítica especializada** (si bien algunos autores la consideran un subgénero de opinión).

En ella, un experto comenta y valora un objeto cultural: una película, un libro, una exposición, una obra teatral, etc. Se conjugan datos objetivos sobre el objeto de la crítica con la opinión subjetiva del autor, por eso se la incluye en los subgéneros mixtos.

Existen distintos tipos de crítica en función del objeto que se analice: teatrales, televisivas, deportivas...

Como **características** de este tipo de textos, se pueden señalar las siguientes:

- El **autor** es un especialista en la materia. Suele ser un **colaborador habitual** del medio, donde tiene una **sección fija** con periodicidad variable.
- Destaca el uso que se hace de **tecnicismos** relacionados con la materia de la que se habla.
- Como normalmente van dirigidas a un público amplio, el **léxico** y la **forma de expresión** son asequibles para el lector medio. Algunas se publican en **medios especializados,** por lo que requieren un conocimiento más profundo sobre el tema.
- Puesto que se trata de una **valoración,** la crítica especializada tiene una parte subjetiva, apoyada en **argumentos.** Estos deben ser relevantes para sustentar la opinión.
- Se comienza destacando los **aspectos positivos** del objeto criticado, y los **aspectos negativos** se ofrecen siempre desde el respeto.
- El juicio de valor se tiene que apoyar en **datos.** por eso son frecuentes la descripción del objeto del que se realiza la crítica y el empleo de **secuencias expositivas.**

SUBGÉNEROS PERIODÍSTICOS MIXTOS O INTERPRETATIVOS
Entrevista
Transcribe el diálogo entre un periodista y un personaje relevante.
Crónica
Combina elementos de la noticia y el reportaje. El periodista está presente en el lugar de los hechos.
Crítica especializada
Combina información y opinión en un comentario de objeto cultural.

1.1 LA RESEÑA LITERARIA

La reseña literaria es un tipo específico de crítica especializada en la que se **analiza una obra literaria.**

Además de las características propias de la crítica, siempre incluye una serie de **datos sobre la obra:** título, nombre del autor o de la autora, editorial, género, elementos principales de la trama, etc.

La reseña **no es un mero resumen,** en ella se realiza una valoración sobre el libro leído y reseñado, y el autor ofrece su opinión.

Estas reseñas no siempre se realizan sobre géneros de ficción, también pueden reseñarse libros de ciencias, arte, investigación, política, etc.

www.reeditor.com

Título: *La sangre de los libros*

Autor: Santiago Posteguillo
Editorial: Planeta
ISBN: 9788408132424
N.º de páginas: 224
Género: historia del libro y de las bibliotecas

Datos sobre la obra reseñada: título, autor, editorial, etc.

Es un entretenido y didáctico viaje con grandes maestros de la literatura y sus obras. Un placer para los que amamos los libros y para quienes nos pierde la curiosidad con los autores que nos dejaron sus trabajos para la posterioridad.

Valoración de la obra.

Quevedo, Blasco Ibáñez, Calderón de la Barca, Virgilio, Séneca, Bécquer, Charlote Brönte, Dante, Agatha Christie... Nombres con historias personales que, al final, trasladan a sus letras o que guardan curiosidades, chascarrillos y anécdotas dignas de conocer. Muchas, con posos de dolor y hasta de sangre. Por eso, el título del libro. [...]

Breve resumen sobre el tema y la estructura del libro.

Posteguillo presenta en cada capítulo ejemplos de cada uno de ellos. No nos desvela hasta el final quién es el escritor al que se refiere. Una estrategia adecuada para mantener la intriga hasta el cierre del capítulo, construyendo casi una especie de acertijo que pone a prueba la memoria y los conocimientos del lector.

Ejemplos de aspectos que el crítico valora positivamente.

Algunas de las anécdotas e historias son geniales. Sorprendentes. Es ideal para curiosos. Nos encontraremos con autores que sufrían de agorafobia (ha sido uno de los capítulos que más me ha impactado), otro que se salvó de la condena a muerte de tres emperadores, un autor que protagonizó una campaña secreta para influir en los resultados de la Primera Guerra Mundial, protagonistas también de un duelo, una madre que escribe a su hija en estado de coma (este también me ha resultado tremendamente interesante), nos encontraremos hasta ¡el entierro de una mosca!, un curioso análisis sobre la relación entre el Romanticismo y la música *heavy*, hasta ¡un Premio Nobel de Cuenca! Sí, seguro que han abierto los ojos. Por eso, les invito: siéntense y disfruten con la maravillosa propuesta de metaliteratura de Santiago Posteguillo. [...]

Recomendación final para que los receptores lean el libro.

Escribir

1 TIC Escribe una reseña literaria o una crítica cinematográfica. Para ello, primero elige un libro o una película; después, sigue estas pautas:

1.º Busca información sobre el autor o la autora para incluir los datos más importantes en la reseña.

2.º Haz un breve resumen del argumento.

3.º Enumera los aspectos que te parecen positivos y negativos de la obra.

4.º Redacta el borrador: incluye los aspectos anteriores, revisa el léxico y la expresión.

5.º Introduce valoraciones personales, y recuerda ser respetuoso con la obra.

6.º Elige un título atractivo.

7.º Resume el contenido del artículo en el subtítulo.

2 LA TERTULIA CINEMATOGRÁFICA Y LITERARIA

Una **tertulia** es una reunión de personas que se juntan para discutir sobre un tema concreto, ya sea de actualidad o de interés general, o específico, como ocurre en las tertulias literarias o cinematográficas.

El término *tertulia* nace en las **reuniones del siglo XVII**, durante el reinado de Felipe IV, para leer y comentar las obras de **Tertuliano**, un padre de la Iglesia del siglo III: orador, retórico y escritor eclesiástico.

Algunas tertulias fueron muy **famosas**, como las del **café Gijón** o el **café de Pombo**, en Madrid, donde se reunían personajes de la capital para tratar diferentes asuntos: política, cultura, sucesos varios. Allí, como en otros cafés de los siglos XIX y XX, era frecuente contar con figuras relevantes de la cultura, el arte y la literatura españolas.

No obstante, las tertulias se pueden realizar en espacios diversos: clubs de lectura, bibliotecas, asociaciones, etc. También son muy frecuentes en los **medios de comunicación**, tanto en televisión como en radio; en ellas se busca entretener e informar a los espectadores u oyentes.

Las principales **características** de la tertulia son las siguientes:

- El **tema** suele estar fijado de antemano.
- Participan **varias personas**, una de las cuales puede actuar como **moderador.**
- Se **intercambian ideas** entre los participantes y se obtienen reflexiones comunes.
- El lenguaje suele ser informal, aunque se utilizan los **tecnicismos** propios de la materia.

En las **tertulias literarias**, los participantes han leído o van leyendo a la vez el mismo libro y comentan los aspectos más significativos de este. Pueden ser más o menos especializadas.

Las **tertulias cinematográficas** parten del visionado de una película que luego se analiza. En ocasiones se recurre a actores, directores, etc., para comentarla.

Escuchar y hablar

1 **TIC** Busca en YouTube la tertulia sobre el libro *El ferrocarril subterráneo*, en Radio Arlanzón, con los alumnos del colegio Blanca de Castilla. Escucha los primeros 5 minutos y realiza las actividades.

a. Identifica a los participantes.

b. ¿Sobre qué libro se va a hablar? ¿Qué datos objetivos se dan sobre él?

c. ¿Quién introduce la obra? ¿Qué aspectos sobre esta se resaltan?

d. Identifica la primera pregunta y resume las opiniones que se dan. ¿Hay discrepancias entre ellas?

e. Identifica algún rasgo propio del lenguaje informal en el audio.

f. Copia algunos de los tecnicismos utilizados en el programa.

g. El libro se relaciona con el cine: ¿qué películas se citan?

h. Además de abordar el tema principal del libro, se habla sobre algunos de los subtemas que aparecen en él. Indica cuáles son.

2 Vais a convertiros en tertulianos. En grupos, debéis conversar sobre un libro o una película que conozcáis todos. En cada grupo habrá un moderador encargado de dirigir las preguntas. Estas pueden versar sobre el argumento, el estilo, los personajes, los temas que se tratan en la obra, etc.

El moderador comenzará la tertulia con la presentación de la obra y planteará la primera pregunta. Todos los componentes del grupo darán su opinión, sin repetir lo dicho por los compañeros. El moderador tomará notas para cerrar el debate con el resumen de los aspectos tratados.

1 SIGLO XVIII: LA ILUSTRACIÓN

Globo Montgolfier.

Durante el siglo XVIII, se generalizaron en Occidente los cambios sociales, políticos y culturales que supusieron el inicio del camino hacia la Edad Contemporánea. La primera gran transformación fue la consolidación de la burguesía como grupo social hegemónico en sustitución de la nobleza. Aunque el ascenso burgués había comenzado en algunas zonas europeas a finales de la Edad Media, no será hasta este siglo cuando se adviertan sus consecuencias evidentes: el cuestionamiento de los privilegios aristocráticos y la defensa de la igualdad entre los seres humanos, así como la valoración del trabajo personal (principio sobre el que se sustenta el progreso individual y el desarrollo económico), que cristaliza en el inicio de la Revolución Industrial en los últimos años del siglo.

Paralelamente a los cambios sociales, se produce también un lento proceso de **transformación política** en el que la libertad y el ciudadano van cobrando cada vez mayor protagonismo. El parlamentarismo inglés del siglo XVII inicia el camino, aunque las monarquías europeas se mantienen fieles al absolutismo hasta que los cambios sociales obligan a los monarcas a introducir reformas en favor del pueblo. Este sistema de gobierno en el que el rey seguía detentando el poder pero actuaba en favor de las necesidades ciudadanas se denominó **despotismo ilustrado,** y en España se instauró a raíz de la llegada de los Borbones al trono en 1700. No obstante, la negativa del poder real a ceder el protagonismo al ciudadano provocará el surgimiento de las **revoluciones americana** y **francesa** en el último tercio de siglo.

Sin embargo, los cambios anteriores no hubieran tenido efecto sin la existencia del movimiento ideológico de la **Ilustración.** El ilustrado aspira a dos objetivos primordiales: **conocer el mundo** en el que habita, para lo cual se sirve de su razón y de su capacidad de experimentación como principales herramientas; y **buscar la felicidad,** entendida como bien común, y no como satisfacción de los deseos individuales. El primer objetivo hizo posible el desarrollo de las ciencias y el progreso, mientras que el segundo inspiró la reflexión sobre el papel del ser humano en el mundo y sus relaciones con la religión y la sociedad.

Literatura y otras artes

Aunque aún faltaba mucho camino por recorrer, el siglo XVIII puede considerarse la época en que se produce el comienzo del acceso de la mujer al mundo cultural. Además de la reflexión general sobre el papel que las mujeres deben desempeñar en la sociedad, comienzan a aparecer algunas protagonistas en el panorama científico, como Maria Gaetana Agnesi o Marie-Anne Pierrette Paulze, y el humanístico, como Mary Wollstonecraft o la española Josefa Amar y Borbón. Todas ellas reivindicaron de un modo u otro la necesidad de mejorar la educación de la mujer para garantizar así una mayor igualdad entre los sexos y el progreso de la humanidad.

Mary Wollstonecraft Godwin.

Las ideas ilustradas llegaron parcialmente y de manera tardía a España, probablemente por el escaso protagonismo de la clase burguesa y la presión de una nobleza y una jerarquía eclesiástica que se negaban a ceder sus privilegios y su posición ideológica dominante. La introducción y el desarrollo del pensamiento ilustrado en España pasa por tres etapas:

- **Primera etapa (1700-1758).** Tras la guerra de Sucesión (que enfrentó a los partidarios de la dinastía borbónica y a los de la dinastía de los Habsburgo), se instaura la dinastía de los Borbones. El nuevo monarca, de origen francés (Felipe V, que reinó hasta 1746), favorece la introducción de reformas económicas y sociales que chocan con el inmovilismo español del momento.
- **Segunda etapa (1759-1788).** La llegada al trono de Carlos III y sus ministros ilustrados permite la realización de importantes transformaciones en el país: repoblación de zonas rurales, reordenación de ciudades, nuevas vías de comunicación, reglamentación de la vida social, etc.
- **Tercera etapa (1789-1808).** Por miedo al contagio del espíritu revolucionario francés, durante el reinado de Carlos IV se pone freno a las reformas. Pese a todo, el germen ya estaba sembrado, como demostrará la promulgación de la constitución liberal de 1812.

La *Enciclopedia*

Fue un gran proyecto editorial, desarrollado en Francia durante la segunda mitad del siglo XVIII, que perseguía someter a crítica el conocimiento humano. Los iniciadores de la obra (Diderot y D'Alembert) se marcaron desde el principio los siguientes objetivos:

- Dar a conocer los principales contenidos de las artes, los oficios y las ciencias.
- Situar al ser humano en el centro de interés de la obra.
- Defender la ideología ilustrada: la igualdad entre los seres humanos, la tolerancia ideológica y religiosa, y el derecho a la felicidad, a la libertad y al progreso.

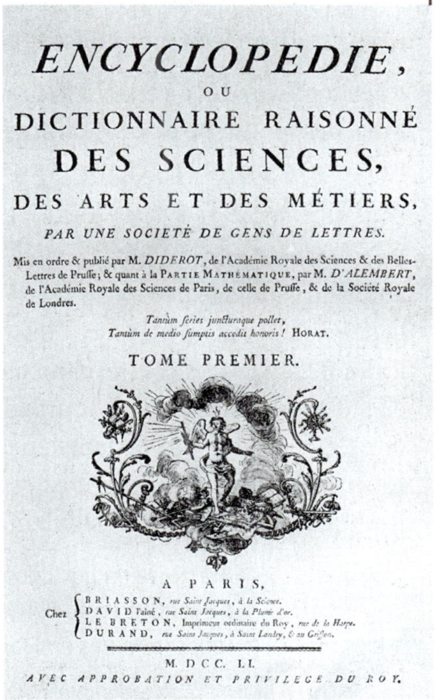
ENCYCLOPEDIE,
OU
DICTIONNAIRE RAISONNÉ
DES SCIENCES,
DES ARTS ET DES MÉTIERS,
PAR UNE SOCIETÉ DE GENS DE LETTRES.
Mis en ordre & publié par M. *DIDEROT*, de l'Académie Royale des Sciences & des Belles-Lettres de Prusse; & quant à la PARTIE MATHÉMATIQUE, par M. *D'ALEMBERT*, de l'Académie Royale des Sciences de Paris, de celle de Prusse, & de la Société Royale de Londres.
Tantùm series juncturaque pollet,
Tantùm de medio sumptis accedit honoris! HORAT.
TOME PREMIER.
A PARIS,
Chez BRIASSON, *rue Saint Jacques, à la Science.*
DAVID l'aîné, *rue Saint Jacques, à la Plume d'or.*
LE BRETON, Imprimeur ordinaire du Roy, *rue de la Harpe.*
DURAND, *rue Saint Jacques, à Saint Landry, & au Griffon.*
M. DCC. LI.
AVEC APPROBATION ET PRIVILEGE DU ROY.

1.1 TENDENCIAS LITERARIAS

Las ideas ilustradas que se han estudiado anteriormente quedan plasmadas en una literatura que presenta diferentes tendencias y estilos a lo largo del siglo. El período se abre con el **rococó**, una continuación de técnicas barrocas como el recargamiento y la complejidad formal de las obras, aunque insistiendo en el vitalismo y el colorido. El **neoclasicismo**, por su parte, es el estilo que mejor representa a la Ilustración, y el que tiene mayor presencia en autores y obras. Sus principales características son las siguientes:

- **Sometimiento a las reglas de creación literaria derivadas de los clásicos grecolatinos:** predominio de la verosimilitud sobre la fantasía, eliminación de los sentimientos desbordados en favor de posturas razonables, búsqueda de la claridad y corrección lingüística y diferenciación entre géneros.
- **Defensa de la utilidad y finalidad práctica del arte,** que se concreta en una constante discusión sobre las necesidades de reforma en todos los aspectos de la vida.
- **Valoración de la ironía, el humor y la parodia** como herramientas críticas.

El **prerromanticismo,** surgido en las últimas décadas del siglo, introduce el sentimiento individual en las obras, anticipando una de las características que definirán el arte de la primera mitad del siglo XIX. La literatura se llena de pasiones desbordadas (amor, terror, ira) ambientadas en escenarios nocturnos que apuntan directamente a la intimidad de los autores.

Las tres tendencias mencionadas coexistieron en el tiempo, e incluso en la obra de un mismo autor, ya que los escritores ilustrados se decantaron por una u otra en función de las finalidades perseguidas con cada una de sus obras.

2 LITERATURA EN VERSO

Los escritores dieciochescos fueron conscientes del importante papel que podrían representar sus obras en la radical transformación del mundo que se vivió en aquellos años. Por ese motivo, los **géneros más utilizados** fueron aquellos en los que podían expresarse mejor las nuevas ideas reformistas: **el teatro y el ensayo en prosa.** Sin embargo, tampoco dejaron de lado la **creación lírica,** modalidad literaria cultivada por casi todos los autores, aunque ceñida a unas estrictas reglas de composición y subordinada al contenido y la finalidad de los poemas. Los escritores del XVIII se guiaron por las **normas** reunidas por **Ignacio Luzán** en su ***Poética*** (1737), un tratado donde se caracterizaba cada uno de los géneros literarios según las ideas estéticas neoclásicas.

En las primeras décadas del siglo, la poesía que se compone en España sigue el modelo de los grandes escritores del Barroco (Góngora, Quevedo, Lope de Vega) sin que ningún autor nuevo aporte obras significativas. Será necesario esperar a la segunda mitad de siglo para encontrar nuevas propuestas líricas que seguirán **tres líneas principales:**

- **Poesía pastoril,** que trata temas amorosos ambientados en escenarios naturales desde una posición sentimental alejada de los excesos barrocos y que muestra respeto a las reglas del arte. En esta línea destaca especialmente Juan Meléndez Valdés.
- **Poesía neoclásica,** crítica con los comportamientos sociales (la hipocresía, el autoritarismo o el desprecio por el conocimiento, por ejemplo). El objetivo es la defensa de las nuevas ideas ilustradas: solidaridad, bien común, amistad y lealtad. Esta tendencia fue característica en autores como Nicolás Fernández de Moratín y los fabulistas Tomás de Iriarte y Félix María de Samaniego, entre otros. Dentro de esta corriente pueden encontrarse poemas de contenido filosófico y argumentativo, junto a otros en los que afloran la ironía y el humor. Así puede apreciarse en el siguiente texto de Nicolás Fernández de Moratín:

Admirose un portugués
de ver que en su tierna infancia
todos los niños en Francia
supiesen hablar francés.
«Arte diabólica es»,
dijo, torciendo el mostacho,
«que para hablar en gabacho
un fidalgo en Portugal
llega a viejo, y lo habla mal;
y aquí lo parla un muchacho».

Nicolás FERNÁNDEZ DE MORATÍN: *Obras completas.* Cátedra

- **Poesía prerromántica,** que introduce los sentimientos del autor, bien sobre su propia intimidad, bien sobre cuestiones patrióticas en las que ya aflora la libertad como ideal de vida. Esta poesía fue cultivada por los autores sevillanos Manuel María de Arjona y Alberto Lista.

Juan Meléndez Valdés

Nació en Ribera del Fresno (Badajoz) en 1754 y falleció en Montpellier (Francia) en 1817, país donde se había establecido tras exiliarse de España por su condición de afrancesado (como se conocía entonces a los partidarios de la monarquía instaurada en España por Napoleón). Buena parte de su vida transcurrió en Salamanca, donde ejerció como catedrático en la universidad y participó en tertulias ilustradas junto a Jovellanos y Cadalso. En su obra lírica se advierten dos etapas diferenciadas: la poesía amorosa de su juventud y una lírica reflexiva de madurez en la que defiende los planteamientos reformistas de la Ilustración española.

2.1 LA FÁBULA

La **finalidad didáctica** de la poesía neoclásica encontró el cauce adecuado en la fábula, un género que hunde sus raíces en la Antigüedad (con los textos del griego Esopo y el romano Fedro como primeras manifestaciones) y que fue abordado posteriormente por la literatura medieval (en el libro *El conde Lucanor,* por ejemplo) y la literatura clásica de los siglos XVI y XVII (principalmente por el escritor francés Jean de La Fontaine).

En todas estas épocas, **los relatos protagonizados por animales** que reproducen comportamientos humanos y situaciones sociales diferentes habían sido utilizados como vehículo para comunicar una determinada enseñanza, criticar una conducta o fijar una posición ante la vida. La profunda transformación que perseguía la **literatura del siglo XVIII** se valió de este género sencillo para **defender las nuevas ideas ilustradas:** constancia, fe en el trabajo como motor de la vida humana, fraternidad entre las personas, respeto a las leyes, búsqueda del bien común por encima del individual, crítica de las pasiones que destruyen a los seres humanos y, por supuesto, una nueva concepción del arte que se pone al servicio del cambio social.

FÉLIX MARÍA DE SAMANIEGO

Compuso sus fábulas entre 1781 y 1784 para instruir a los niños del Real Seminario Vascongado. Para ello se valió de un lenguaje sencillo mediante el cual analizaba un determinado comportamiento humano, y terminaba con una moraleja explícita en la que se exponía una lección moral. Así puede apreciarse en «Las moscas», un breve texto en el que se censura la gula:

A un panal de rica miel
dos mil moscas acudieron,
que por golosas murieron,
presas de patas en él.
Otra dentro de un pastel
enterró su golosina.

Así, si bien se examina,
los humanos corazones
perecen en las prisiones
del vicio que los domina.

Félix María de Samaniego
Fábulas
Cátedra

TOMÁS DE IRIARTE

Dedicó sus *Fábulas literarias* de 1782 a exponer su concepción neoclásica de la creación artística. En una de sus fábulas más conocidas, «El burro flautista», el autor defiende la necesidad del conocimiento de las «reglas de arte».

El burro flautista

Esta fabulilla,
salga bien o mal,
me ha ocurrido ahora
por casualidad.

Cerca de unos prados
que hay en mi lugar,
pasaba un borrico
por casualidad.

Una flauta en ellos
halló, que un zagal
se dejó olvidada
por casualidad.

Acercose a olerla
el dicho animal,
y dio un resoplido
por casualidad.

En la flauta el aire
se hubo de colar,
y sonó la flauta
por casualidad.

«¡Oh!», dijo el borrico,
«¡qué bien sé tocar!
¡Y dirán que es mala
la música asnal!».

Sin reglas del arte,
borriquitos hay
que una vez aciertan
por casualidad.

Tomás de Iriarte
Fábulas literarias. Cátedra

3 LITERATURA EN PROSA

Estatua de Thomas Paine, uno de los redactores de los Derechos del hombre.

En la prosa de la Ilustración española encontramos dos modalidades diferentes: la de ideas y la de ficción.

3.1 PROSA ENSAYÍSTICA O DE IDEAS

Las aportaciones más importantes de la prosa del siglo XVIII llegan con la **prosa ensayística,** pues no debe olvidarse la intención didáctica de la literatura ilustrada. Estos ensayos críticos encontraron difusión a través del libro, aunque fue la prensa el principal medio escogido por los autores para publicar sus reflexiones y opiniones sobre un mundo en transformación. A menudo, la expresión de las opiniones generó agrias polémicas entre intelectuales que adoptaban posiciones contrapuestas sobre una misma cuestión, como la validez de la literatura barroca o la necesidad de reformar los espectáculos públicos.

JOSÉ CADALSO

Compaginó su oficio de soldado con una activa vida intelectual que le llevó a realizar numerosos viajes por Europa (donde se empapó de las nuevas ideas), y a frecuentar las tertulias ilustradas de Salamanca, Sevilla y Madrid. En estas ciudades también estableció lazos de amistad con los más destacados escritores de su tiempo: Juan Meléndez Valdés, Tomás de Iriarte, Gaspar Melchor de Jovellanos, Félix María de Samaniego o Nicolás Fernández de Moratín.

Cultivó todos los géneros habituales y se acercó a las tres tendencias literarias que han sido caracterizadas al inicio de la unidad. La **obra lírica,** publicada tras su muerte bajo el título *Ocios de mi juventud,* ofrece poemas de tema amoroso y pastoril, así como otras composiciones en las que aflora la crítica y la reflexión filosófica.

También se conservan dos **obras teatrales** de José Cadalso: *Solaya o los circasianos* y *Don Sancho García.* En ambos casos se trata de tragedias que siguen las reglas neoclásicas de verosimilitud y respeto a las unidades dramáticas de tiempo, espacio y lugar.

Sin embargo, la principal aportación del autor se produce con sus **obras en prosa.** El escritor se dio a conocer con *Los eruditos a la violeta,* una crítica de la cultura basada en la simple acumulación de datos y carente de reflexión. Póstumamente se publicó *Noches lúgubres,* un diálogo sin terminar en el que da rienda suelta a la explosión sentimental del protagonista y al espíritu rebelde y provocador que serán característicos del arte romántico del siglo XIX.

Pero su obra más relevante fue ***Cartas marruecas,*** aparecida también tras la temprana muerte del escritor. La obra aparenta ser una colección de cartas que se envían entre sí tres personajes, cada uno de los cuales representa una perspectiva diferente.

La tertulia de la Fonda de San Sebastián

La necesidad ilustrada de someter a crítica y discusión todos los aspectos de la vida humana llevó al desarrollo de reuniones de intelectuales en casi todas las ciudades españolas. En Madrid, Nicolás Fernández de Moratín fundó la Tertulia de la Fonda en 1766. En ella participaron escritores (José Cadalso, Jovellanos, Tomás de Iriarte o Félix María de Samaniego), pintores (Francisco de Goya), historiadores, periodistas, botánicos y todo aquel que pudiese aportar luz y razón sobre las cuestiones planteadas: la estética neoclásica, la tesis de Rousseau sobre la bondad natural del ser humano, la función educativa del teatro, el desarrollo de los estudios científicos, la necesaria reforma de la justicia para garantizar la igualdad ante la ley o la valoración de las costumbres populares.

Los personajes de *Cartas marruecas*

Gazel

Un joven marroquí que viaja por España y expone en sus cartas una visión ingenua y desnuda de prejuicios sobre las costumbres, los tipos humanos y la historia del país.

Ben-Beley

El viejo maestro de Gazel. Refleja la visión del sabio capaz de comprender sin dejarse llevar por las emociones.

Nuño

Español al que conoce Gazel en su viaje, ofrece la perspectiva ilustrada: analista, crítico y algo desengañado por la dificultad para llevar a término las reformas necesarias.

Mediante las cartas que se envían los personajes, Cadalso aborda dos temas centrales en la obra:

- El **problema de España.** A través de las epístolas, los personajes analizan el retraso de España en relación con las grandes potencias europeas: se repasa la historia para explicar el presente, aísla los defectos del carácter español, somete a crítica las costumbres populares y estudia el estado en que se encuentran las ciencias y las artes.
- El **ideario del hombre de bien.** Cadalso no solo se interesa por la España de su tiempo, sino también por el tipo de persona que pueda contribuir a la reforma y modernización del país. Ese hombre ideal coincide con los valores defendidos por la Ilustración: imparcialidad, tolerancia, conciencia social, interés por el bien común, mentalidad cosmopolita, racionalidad y espíritu crítico.

Cartas marruecas es una obra de capital **importancia en las letras españolas** porque se trata de una de las primeras apariciones del **tema de España.** Aunque ya durante el siglo XVII algunos escritores se habían ocupado de él, será a partir de esta obra cuando encontremos una preocupación constante que llega hasta nuestros días. En ocasiones, la visión de España y sus problemas estará dominada por la esperanza de que las reformas puedan mejorar la situación, como se aprecia en el texto de Cadalso; otros escritores, en cambio, ofrecerán una perspectiva más pesimista, como se verá a lo largo de las siguientes unidades.

El siguiente fragmento pertenece a una de las cartas que Gazel envía a su maestro. En él pueden apreciarse algunas de las ideas básicas defendidas por Cadalso:

> Hoy he asistido por mañana y tarde a una diversión propiamente nacional de los españoles, que es lo que ellos llaman fiesta o corrida de toros. Ha sido este día asunto de tanta especulación para mí, y tanto el tropel de ideas que me asaltaron a un tiempo, que no sé por cuál empezar a hacerte la relación de ellas [...]. Cuando esté mi mente más en su equilibrio, sin la agitación que ahora experimento, te escribiré largamente sobre este asunto; solo te diré que ya no me parecen extrañas las mortandades que sus historias dicen de abuelos nuestros en la batalla de Clavijo, Salado, Navas y otras, si las excitaron hombres ajenos de todo el lujo moderno, austeros en sus costumbres, y que pagan dinero por ver derramar sangre [...]. Esta especie de barbaridad los hacía sin duda feroces, pues desde niños se divertían con lo que suele causar desmayos a hombres de mucho valor la primera vez que asisten a este espectáculo.
>
> José Cadalso
> *Cartas marruecas*. Castalia

Crítica de las costumbres nacionales

Referencia a la historia, vinculándola con el presente

Defectos del carácter español: la barbarie

BENITO JERÓNIMO FEIJOO

En la primera mitad del siglo publica dos obras, *Teatro crítico universal* y *Cartas eruditas y curiosas*, con las que pretende combatir el atraso cultural de España. Sus textos se centran en tres cuestiones principales:

- Acabar con los errores populares derivados de la tradición y la superstición.
- Luchar contra una ciencia que se basaba, casi exclusivamente, en ideas de la Biblia, en las de Aristóteles y en la filosofía medieval sin contrastar su utilidad o su veracidad.
- Dar a conocer las innovaciones científicas procedentes de Europa.

GASPAR MELCHOR DE JOVELLANOS

Compuso numerosos ensayos como complemento a su actividad política al servicio de los reyes Carlos III y Carlos IV. En ellos propuso reformas de calado en la vida española, especialmente en relación con los siguientes asuntos:

- La necesidad de hacer más rentable la producción agrícola e industrial.
- El derecho de la población a disfrutar de espectáculos que les resulten útiles y que favorezcan la diversión.
- La reforma de la educación: introducción de nuevos estudios, defensa de la enseñanza de idiomas, rechazo del aprendizaje memorístico e integración de los conocimientos científicos y humanísticos.
- La aplicación de la ley y la defensa de la igualdad de todos los ciudadanos ante ella.

3.2 LA PROSA DE FICCIÓN

La **prosa de ficción** del siglo XVIII no ha dejado obras que puedan comparar su influjo a las de centurias anteriores. No obstante, merecen ser destacados los siguientes autores:

Diego de Torres Villarroel

Autor de *Vida, ascendencia, nacimiento, crianza y aventuras del doctor don Diego de Torres Villarroel* (1743). Esta obra se presenta como una autobiografía que recuerda a la novela picaresca del siglo XVIII y al estilo barroco, aunque introduce ya caracteres propios de la nueva época: la ausencia de pesimismo, por una parte; y la crítica de la decadencia cultural de España, por otra.

Juan Francisco de Isla, padre Isla

Autor de *Fray Gerundio de Campazas, alias Zotes* (1758). Esta obra se sitúa en la misma línea crítica con las costumbres y los usos sociales de la época. Es una novela que tuvo un enorme éxito en su tiempo y en la que se satiriza la complejidad lingüística de los oradores religiosos.

La novela en Europa

Aunque la novela no tuvo un gran desarrollo en la Ilustración española, no fue así en las otras literaturas europeas. Durante este siglo se produce el **nacimiento de la novela moderna**, gracias a las aportaciones de los escritores ingleses (Daniel Defoe, Jonathan Swift, Samuel Richardson) y franceses (Voltaire, Choderlos de Laclos). Estos autores convirtieron el género en un vehículo para mostrar la nueva visión de la vida burguesa: interés por la realidad y los sentimientos íntimos, valoración del conocimiento y el trabajo como herramientas del éxito personal, espíritu crítico y defensa para el derecho a la felicidad de los individuos.

Ilustración para *Los viajes de Gulliver*, del escritor Jonathan Swift. Esta obra es una amarga sátira sobre los defectos de la humanidad.

4 LITERATURA DRAMÁTICA

La reforma del teatro fue una de las principales preocupaciones de los ilustrados españoles, de ahí que se convirtiera en asunto habitual de ensayos, tertulias y polémicas. Los intelectuales de la Ilustración eran conscientes del poder del género dramático para comunicar los valores de la nueva sociedad a un pueblo que asistía masivamente a los espectáculos. Sin embargo, las obras teatrales ilustradas no consiguieron conectar con unos espectadores que rechazaban el sometimiento a unas **estrictas «reglas de arte».** Entre estas normas, pueden destacarse las siguientes:

- La acción tiene que resultar verosímil y renunciar a la fantasía desbordada.
- La intención de las obras es comunicar una enseñanza concreta y una posición ideológica clara sobre el asunto planteado en ellas.
- Las obras han de ajustarse a dos géneros bien diferenciados:
  - **Tragedia:** la acción está alejada de lo cotidiano y el individuo se enfrenta a una fuerza superior a él; está protagonizada por personajes pertenecientes a las clases altas que emplean lenguaje culto y cuyo final es infeliz.
  - **Comedia:** en ella se desarrolla una acción cotidiana, los personajes pertenecen a distintas clases sociales y emplean un lenguaje sencillo; su final es feliz.
- Estructuralmente, las obras deben respetar las **unidades dramáticas** formuladas por Aristóteles:
  - **De lugar:** toda la acción debe desarrollarse en un único espacio dramático.
  - **De tiempo:** la acción representada no debe superar las veinticuatro horas.
  - **De acción:** debe representarse una única acción en la que participen todos los personajes de la obra.

Las diferencias entre los gustos del público y las intenciones ilustradas permiten apreciar en el teatro de la época **dos tendencias** que recorren todo el siglo:

Teatro posbarroco

Continúa las formas y los temas del siglo anterior: múltiples acciones, personajes que se dejan arrastrar por las pasiones, lenguaje sonoro, situaciones inverosímiles, etc. Es el teatro que tiene mayor éxito aunque no ofrece ninguna aportación relevante.

Teatro ilustrado

Apreciado por las élites intelectuales, pero rechazado por el público de su tiempo.
En esta tendencia se inscriben los principales dramaturgos del siglo XVIII: Vicente García de la Huerta, José Cadalso y Nicolás Fernández de Moratín, que destacaron como autores de tragedias; Tomás de Iriarte, Gaspar Melchor de Jovellanos y Leandro Fernández de Moratín, que fueron ante todo autores de comedias.

Literatura y otras artes

La principal innovación del teatro europeo del siglo XVIII es el desarrollo de la ópera, género dramático resultante de la unión de música y teatro. La ópera había nacido en la centuria anterior de manos del italiano Claudio Monteverdi, pero será en el XVIII cuando se convierta en un género teatral en el que la acción representada será tan importante como la brillantez de la partitura y la voz de los intérpretes. También en este siglo se produce la división en dos géneros principales: la «ópera seria», equivalente a la tragedia teatral, y la «ópera bufa», emparentada con la comedia. El desarrollo de la ópera en el XVIII se debe a autores como Händel, Gluck y, sobre todo, Wolfgang Amadeus Mozart.

La flauta mágica, de Mozart, dirigida por Oriol Broggi (2018).

4.1 LEANDRO FERNÁNDEZ DE MORATÍN

Nació en Madrid en 1760. Era hijo del también escritor ilustrado Nicolás Fernández de Moratín, lo que le brindó la posibilidad de recibir una educación moderna y abierta a las reformas, tanto en España como en Francia e Inglaterra, países en los que residió durante algún tiempo.

A lo largo de su vida, compaginó la actividad literaria con el desempeño de diversos puestos políticos en los que mostró su vinculación con las ideas procedentes de Francia, sobre todo a raíz de la invasión napoleónica de 1808. Su condición de *afrancesado* motivó el exilio del escritor en 1818 y su establecimiento en Francia. Murió en París en 1828.

La obra de Moratín abarca casi todos los géneros habituales de la época, aunque su nombre ha entrado en la historia literaria gracias a sus piezas dramáticas. Entre 1790 y 1806 escribió cinco comedias: *El viejo y la niña*, *La comedia nueva o El café*, *El barón*, *La mojigata* y *El sí de las niñas*. En ellas se aprecian los caracteres esenciales del teatro ilustrado estudiados en la página anterior.

Especialmente debe destacarse la **intención didáctica** con la que el escritor compone sus obras, pues Moratín pensaba que el teatro debía servir para ridiculizar los comportamientos sociales equivocados (los matrimonios desiguales, la mala literatura, el papel de la mujer en la sociedad) y proponer una alternativa fruto de la razón y la virtud.

El sí de las niñas, escrita en 1801 y estrenada en 1806, es la obra más interesante de Moratín. La acción representada se centra en el triángulo amoroso formado por una muchacha (doña Francisca) a quien su madre obliga a casarse con un hombre mayor (don Diego), pese a estar enamorada en secreto de un joven (don Carlos) que resulta ser sobrino del viejo.

Mediante este sencillo argumento, Moratín aborda **tres temas principales:**

- **La crítica de los matrimonios desiguales en edad,** ya que de ellos no puede esperarse beneficio social alguno y condenan a los cónyuges al sufrimiento.
- **La denuncia de una educación autoritaria** en la que no se tienen en cuenta los deseos y sentimientos de los individuos.
- **La oposición entre el comportamiento irracional** (representado por doña Irene, la madre de Paquita) **y el derivado del sentido común, la justicia y la comprensión** (que encarna el personaje de don Diego).

Técnicamente, la comedia de Moratín respeta de forma estricta las **reglas del teatro ilustrado:**

- La **acción** representada y el comportamiento de los personajes resulta verosímil.
- El argumento se divide en **tres actos,** que coinciden con la presentación del conflicto, el desarrollo de este y un desenlace final cerrado.
- La acción se desarrolla en una dependencia de una posada (unidad de lugar), durante una única noche (unidad de tiempo) y sin que existan acciones paralelas que complementen a la principal (unidad de acción).

Grandes dramaturgos del siglo XVIII

El interés por convertir el teatro en un medio válido para la educación del pueblo no fue un sentir propio de la Ilustración española. También las literaturas europeas del período nos han dejado dramaturgos que se volcaron en esta tarea.

Entre ellos destacan dos nombres: el francés Denis Diderot (1713-1784) y el italiano Carlo Goldoni (1707-1793). Al primero de ellos se debe el nacimiento del drama burgués, caracterizado por la procedencia de los personajes de las clases medias y la importancia de la expresión de los sentimientos; el italiano, en cambio, fue el iniciador de la comedia de costumbres modernas, un subgénero en el que, mediante situaciones burlescas, se denunciaban los problemas de la sociedad contemporánea. Ambos escritores influyeron mucho en los dramaturgos españoles, pues Diderot fue la principal referencia teatral de Jovellanos, y la obra de Goldoni estuvo muy presente en Leandro Fernández de Moratín.

Escena de *Una de las últimas tardes de carnaval*, de Carlo Goldoni.

ACTIVIDADES

08 EL SIGLO XVIII: LA ILUSTRACIÓN

2 Literatura en verso

1 TIC Lee en voz alta el siguiente poema de Juan Meléndez Valdés y realiza las actividades.

¡Cómo se van las horas,
y tras ellas los días
y los floridos años
de nuestra frágil vida!

La vejez luego viene,
del amor enemiga,
y entre fúnebres sombras
la muerte se avecina,

que escuálida y temblando,
fea, informe, amarilla,
nos aterra, y apaga
nuestros fuegos y dichas.

El cuerpo se entorpece,
los ayes nos fatigan,
nos huyen los placeres
y deja la alegría.

Si esto, pues, nos aguarda,
¿para qué, mi Dorila,
son los floridos años
de nuestra frágil vida?

Para juegos y bailes
y cantares y risas
nos los dieron los cielos,
las Gracias los destinan.

Ven ¡ay! ¿qué te detiene?
Ven, ven, paloma mía,
debajo de estas parras
do leve el viento aspira;

y entre brindis suaves
y mimosas delicias
de la niñez gocemos,
pues vuela tan aprisa.

Juan Meléndez Valdés
Poesías
Castalia

a. Analiza la métrica del poema: medida de los versos, rima y estrofa.

b. Comenta los recursos expresivos que se utilizan.

c. Establece las partes en que puede dividirse el poema. Justifica tu respuesta.

d. Explica en qué consiste el tópico literario presente en este poema. ¿Crees que guarda relación con el pensamiento poético de Meléndez Valdés y con la literatura neoclásica?

e. Investiga sobre el tópico utilizado y cita al menos un poema latino, uno renacentista, uno barroco y uno del siglo XX que traten el mismo asunto.

3 Literatura en prosa

2 **TIC** Lee el texto y contesta las preguntas.

Están esperando los astrólogos que yo les condene al punto por falsas las predicciones de los futuros contingentes que traen sus repertorios. Pero estoy tan lejos de eso que el capítulo por donde las juzgo más despreciables es ser ellas tan verdaderas. ¿Qué nos pronostican estos judiciarios sino unos sucesos comunes, sin determinar lugares ni personas, los cuales, considerados en esta vaga indiferencia, sería milagro que faltasen en el mundo? Una señora que tiene en peligro su fama, la mala nueva que contrista a una corte, el susto de los dependientes por la enfermedad de un gran personaje, el feliz arribo de un navío al puerto, la tormenta que padece otro; tratados de casamientos ya conducidos al fin, ya desbaratados, y otros sucesos de este género, tienen tan segura su existencia que cualquiera puede pronosticarlos sin consultar las estrellas; porque siendo los acaecimientos que se expresan nada extraordinarios y los individuos sobre quienes pueden caer innumerables, es moralmente imposible que en cualquier cuarto de luna no comprehendan a algunos. A la verdad, con estas predicciones generales no puede decirse que se pronostican futuros contingentes, sino necesarios, porque aunque sea contingente que tal navío padezca naufragio, es moralmente necesario que entre tantos millares que siempre están surcando las ondas alguno peligre, y aunque sea contingente que tal príncipe esté enfermo, es moralmente imposible que todos los príncipes del mundo, en cualquier tiempo del año, gocen de entera salud. Por esto va seguro quien, sin determinar individuos ni circunstancias, al navío le pronostica el naufragio, al príncipe la dolencia y así de todo lo demás.

Benito Jerónimo Feijoo: *Teatro crítico universal.* Cátedra

a. ¿En qué se basa la crítica de Feijoo hacia los astrólogos?

b. Consulta la página de horóscopo de alguna revista. ¿La denuncia del autor es aplicable a lo que has leído en ella?

c. Feijoo opone en su texto las palabras *contingente* y *necesario.* ¿En qué sentido son utilizadas?

d. Este es un texto argumentativo. ¿Podrías explicar por qué pertenece a esta modalidad textual?

e. ¿Por qué este texto pertenece a la literatura ilustrada?

3 Lee los siguientes fragmentos extraídos del ensayo de Gaspar Melchor de Jovellanos sobre la reforma de los espectáculos públicos. ¿Adviertes alguna contradicción entre ellos? ¿Podrías relacionar lo que se expone con la tarea creativa desarrollada por Moratín?

Texto 1

Este pueblo necesita diversiones, pero no espectáculos. No ha menester que el Gobierno le divierta, pero sí que le deje divertirse. En los pocos días, en las breves horas que puede destinar a su solaz y recreo, él buscará, él inventará sus entretenimientos; basta que se le dé libertad y protección para disfrutarlos.

Texto 2

Es por lo mismo necesario sustituir a estos dramas por otros capaces de deleitar e instruir, presentando ejemplos y documentos que perfeccionen el espíritu y el corazón de aquella clase de personas que más frecuentará el teatro. He aquí el grande objeto de la legislación: perfeccionar en todas sus partes este espectáculo, formando un teatro donde puedan verse continuos y heroicos ejemplos de reverencia al Ser Supremo y a la religión de nuestros padres; de amor a la patria, al soberano y a la Constitución; de respeto a las jerarquías, a las leyes y a los depositarios de la autoridad; de fidelidad conyugal, de amor paterno, de ternura y obediencia filial.

Gaspar Melchor de Jovellanos: *Obras en prosa.* Castalia

4 Aunque los escritores ilustrados se decantaron por mantener posiciones razonables ante la vida, en determinados momentos los sentimientos afloraron en sus páginas. Lee los siguientes fragmentos de José Cadalso y responde a las preguntas.

Texto 1

Tediato.— ¿Qué es un hijo? Sus primeros años..., un retrato horrendo de la miseria humana. Enfermedad, flaqueza, estupidez, molestia y asco... Los siguientes años..., un dechado de los vicios de los brutos, poseídos en más alto grado..., lujuria, gula, inobediencia... Más adelante, un pozo de horrores infernales..., ambición, soberbia, envidia, codicia, venganza, traición y malignidad.

Texto 2

Tediato.— ¡Ay, qué veo! Todo mi pie derecho está cubierto de ellos. ¡Cuánta miseria me anuncian! En estos, ¡ay!, ¡en estos se ha convertido tu carne! ¡De tus hermosos ojos se han engendrado estos vivientes asquerosos! ¡Tu pelo, que en lo fuerte de mi pasión llamé mil veces no solo más rubio, sino más precioso que el oro, ha producido esta podredumbre! ¡Tus blancas manos, tus labios amorosos se han vuelto materia y corrupción! ¡En qué estado estarán las tristes reliquias de tu cadáver! ¡A qué sentido no ofenderá la misma que fue el hechizo de todos ellos!

José Cadalso: *Noches lúgubres.* Cátedra

a. ¿Por qué los textos no pueden incluirse en el Neoclasicismo?

b. ¿Qué recursos contribuyen a la expresión de los sentimientos?

COMENTARIO DE TEXTO

DOÑA FRANCISCA.— Haré lo que mi madre me manda, y me casaré con usted.

DON DIEGO.— ¿Y después, Paquita?

DOÑA FRANCISCA.— Después... y mientras me dure la vida, seré mujer de bien.

DON DIEGO.— Eso no lo puedo yo dudar... Pero si usted me considera como el que ha de ser hasta la muerte su compañero y su amigo, dígame usted, estos títulos ¿no me dan algún derecho para merecer de usted mayor confianza? ¿No he de lograr que usted me diga la causa de su dolor? Y no para satisfacer una impertinente curiosidad, sino para emplear método en su consuelo, en mejorar su suerte, en hacerla dichosa, si mi conato y mis diligencias pudiesen tanto.

DOÑA FRANCISCA.— ¡Dichas para mí!... Ya se acabaron.

DON DIEGO.— ¿Por qué?

DOÑA FRANCISCA.— Nunca diré por qué.

DON DIEGO.— Pero ¡qué obstinado, qué imprudente silencio!... Cuando usted misma debe presumir que no estoy ignorante de lo que hay.

DOÑA FRANCISCA.— Si usted lo ignora, señor don Diego, por Dios no finja que lo sabe; y si, en efecto, lo sabe usted, no me lo pregunte.

DON DIEGO.— Bien está. Una vez que no hay nada que decir, que esa aflicción y esas lágrimas son voluntarias, hoy llegaremos a Madrid, y dentro de ocho días será usted mi mujer.

DOÑA FRANCISCA.— Y daré gusto a mi madre.

DON DIEGO.— Y vivirá usted infeliz.

DOÑA FRANCISCA.— Ya lo sé.

DON DIEGO.— Ve aquí los frutos de la educación. Esto es lo que se llama criar bien a una niña: enseñarla a que desmienta y oculte las pasiones más inocentes con una pérfida disimulación. Las juzgan honestas luego que las ven instruidas en el arte de callar y mentir. Se obstinan en que el temperamento, la edad ni el genio no han de tener influencia alguna en sus inclinaciones, o en que su voluntad ha de torcerse al capricho de quien las gobierna. Todo se las permite, menos la sinceridad. Con tal que no digan lo que sienten, con tal que finjan aborrecer lo que más desean, con tal que se presten a pronunciar, cuando se lo manden, un sí perjuro, sacrílego, origen de tantos escándalos, ya están bien criadas, y se llama excelente educación la que inspira en ellas el temor, la astucia y el silencio de un esclavo.

DOÑA FRANCISCA.— Es verdad... Todo eso es cierto... Eso exigen de nosotras, eso aprendemos en la escuela que se nos da... Pero el motivo de mi aflicción es mucho más grande.

Leandro FERNÁNDEZ DE MORATÍN: *El sí de las niñas*. Edelvives

1. Enmarca el fragmento en el período literario al que pertenece. ¿Qué ideas ilustradas puedes encontrar en él?
2. Resume el texto y enuncia su tema principal.
3. Describe la estructura externa del fragmento e indica las partes en que puede dividirse su contenido.
4. Señala los recursos literarios que se utilizan en el texto y la finalidad con que son empleados por el autor.
5. Doña Francisca se encuentra ante el dilema de dejarse llevar por la obediencia a sus mayores o expresar sus sentimientos. ¿Cómo crees que debiera comportarse? Aporta las razones que creas oportunas.

TRABAJAMOS LAS COMPETENCIAS

Lee este texto y resuelve las actividades de la página siguiente.

La Enciclopedia, compilada por Gonzalo Torné: destellos del faro del Siglo de las Luces

Una cuidada selección de las entradas más notables, bellas y originales de *La Enciclopedia* de Diderot y D'Alembert.

«Breve antología de las entradas más significativas del magno proyecto de *La Enciclopedia* que dirigieron Diderot y D'Alembert y que fue uno de los hitos de la Ilustración». Ese, nada menos, es el dieciochesco título completo de la obra compilada por Torné. Al verlo impreso en la cubierta de este libro, con tipografía de imprenta antigua, el lector comprende a simple vista que está ante algo especial, una *rara avis* ajena a modas editoriales.

Hay algo de azar en la génesis de esta obra. Durante la preparación de otro proyecto más general y extenso sobre el pensamiento en el siglo XVIII, Torné y el editor de Debate, Miguel Aguilar, repararon en que no existía una edición en castellano de *La Enciclopedia* que resultase manejable. Solo existían algunas antologías de carácter temático, relativas a algún campo concreto de los muchos que trata esa obra que aspiraba a reunir el conocimiento humano de la época en sus setenta y dos mil artículos aproximadamente.

Torné huye de ese carácter temático para hacer una selección más libre y con más interés para el lector contemporáneo. El criterio seguido para la compilación se basa en los autores de las entradas, ciñéndose a las mejores salidas de las plumas de siete autores que aún hoy conservan su vigencia: Voltaire, D'Alembert, Diderot, Rousseau, D'Holbach, Quesnay y Romilly. De ellas selecciona principalmente las que recogen pensamientos aún vigentes sobre política, arte, música, sociedad, moral…

Sirvan de ejemplo las primeras líneas correspondientes a la entrada *Hombre*, una de las más interesantes y la favorita del compilador: «Ser pensante, sentimental, camina libremente por la tierra y parece estar a la cabeza de todos los animales que domina, vive en sociedad, ha inventado las ciencias y las artes, posee una bondad y maldad particulares, elige a sus maestros y se impone leyes».

El prólogo de Fernando Savater pone eficazmente en antecedentes al lector. Lo sitúa en la Francia del siglo XVIII en la que nació *La Enciclopedia* y expone la firme oposición que hubo de superar el proyecto, enfrentado a muchos y poderosos enemigos. También el alto precio personal que tuvieron que pagar algunos de los impulsores más ilustres de la que ha sido una de las empresas intelectuales colectivas más importantes de la historia de la humanidad.

Además de setenta y una entradas, el libro incluye el conocido *Discurso preliminar* de D'Alembert (quizá la parte más ardua de leer o, al menos, la que exige más atención por parte del lector) y el *Prefacio al último tomo de la «Enciclopedia»*, de Diderot.

La cuidada edición que ha hecho la editorial Debate de esta obra está a la altura de su singularidad, con páginas impresas a dos tintas (azul y negra) y pequeños grabados antiguos a modo de ilustraciones en muchas de las entradas. Encuadernada en tapa dura, su portada luce en tipografía antigua su largo título completo, mientras que en la contraportada aparece esta frase de Denis Diderot: «Esta obra producirá seguramente con el tiempo una revolución de los espíritus, y espero que los tiranos, los opresores, los fanáticos y los intolerantes no ganarán. Habremos servido a la humanidad».

Es este un libro que debe ser colocado en un estante bajo de la librería, donde tenerlo siempre al alcance de la mano para poder disfrutar, de cuando en cuando, de la lectura de alguna de sus entradas.

Fran Sánchez 18/12/17
www.fantasymundo.com (adaptación)

1 ¿A qué siglo se refiere la denominación Siglo de las Luces?

a. Al siglo XVII.
b. Al siglo XV.
c. Al siglo XIX.
d. Al siglo XVIII.

2 ¿Qué hecho motiva la compilación hecha por Torné?

a. La no existencia de ediciones temáticas de *La Enciclopedia* en lengua castellana.
b. La voluntad de traducir a la lengua castellana *La Enciclopedia* de la Ilustración.
c. La necesidad de adaptar los artículos de *La Enciclopedia* a la realidad del siglo XXI.
d. La carencia de una edición de *La Enciclopedia* en lengua castellana que fuera fácil de usar.

3 Según el texto que has leído, la obra compilada por Torné tiene un título «dieciochesco» (subrayado en el texto). ¿A qué se refiere este adjetivo?

a. A que imita los títulos de las obras del siglo XVIII.
b. A que el título contiene más de dieciocho palabras.
c. A que es un título caricaturesco.
d. A que es el título que llevaba la obra original del siglo XVIII.

4 ¿Qué criterio sigue la selección de artículos hecha por Torné?

a. El gusto personal del compilador: sus artículos favoritos.
b. Un criterio temático: los artículos de tema moral, que siguen siendo de interés para el lector contemporáneo.
c. Un criterio de autores: los artículos más interesantes de los autores principales.
d. Las opciones b y c son correctas.

5 Al autor del artículo, la compilación de Torné le parece…

a. un volumen que queda bien en la librería.
b. una obra de lectura interesante.
c. una obra de consulta básica.
d. un libro exclusivo para bibliotecas.

6 Indica si estas afirmaciones son verdaderas o falsas.

a. *La Enciclopedia* pretendía recoger todo el conocimiento de la época. F V
b. Con *La Enciclopedia* Diderot y D'Alembert no pretendían influir sobre el ser humano. V F
c. En la antología de Torné no aparece el título original de *La Enciclopedia*. F
d. La creación de *La Enciclopedia* no estuvo exenta de dificultades y oposiciones. V

7 La obra compilada por Torné contiene…

a. las mismas entradas que *La Enciclopedia* de Diderot y D'Alembert.
b. miles de entradas.
c. menos entradas que *La Enciclopedia* de Diderot y D'Alembert.
d. más entradas que la obra original.

8 La definición de «hombre» de *La Enciclopedia* de la Ilustración afirma que el ser humano…

a. es un ser social.
b. no se somete a las leyes.
c. vive aislado.
d. no es libre.

9 Determina en qué país tiene su origen *La Enciclopedia* de Diderot y D'Alembert.

a. Alemania.
b. España.
c. Estados Unidos.
d. Francia.

10 Indica una expresión sinónima de la palabra «hito» (subrayada en el texto):

a. Invento.
b. Hecho clave.
c. Innovación.
d. Reto.

11 Piensa en un tema sobre el que te gustaría concienciar a la sociedad, a los habitantes de tu localidad, a la comunidad educativa, a tus compañeros y compañeras, etc. Expón el asunto y tus motivos en un texto de 125 palabras como mínimo.

EVALUACIÓN

1 Lee el texto siguiente y resuelve las actividades.

D. Pedro.— Adiós, señores. *(Se encamina hacia la puerta. D. Antonio se levanta y procura detenerle.)*

D. Antonio.— ¿Se va usted, D. Pedro?

D. Pedro.— ¿Pues quién, sino usted, tendrá frescura para oír eso?

D. Antonio.— Pero si el amigo D. Hermógenes nos va a probar, con la autoridad de Hipócrates y Martín Lutero, que la pieza consabida, lejos de ser un desatino...

D. Hermógenes.— Ese es mi intento: probar que es un acéfalo incipiente cualquiera que haya dicho que la tal comedia contiene irregularidades absurdas; y yo aseguro que delante de mí ninguno se hubiera atrevido a propalar tal aserción.

D. Pedro.— Pues yo delante de usted la propalo, y le digo que por lo que el señor ha leído de ella, y por ser usted el que la abona, infiero que ha de ser cosa detestable; que su autor será un hombre sin principios ni talento, y que usted es un erudito a la violeta, presumido y fastidioso hasta no más. Adiós, señores. *(Hace que se va, y vuelve.)*

D. Eleuterio.— Pues a este caballero le ha parecido muy bien lo que ha visto de ella. *(Señalando a D. Antonio.)*

D. Pedro.— A ese caballero le ha parecido muy mal; pero es hombre de buen humor, y gusta de divertirse. A mí me lastima en verdad la suerte de estos escritores que entontecen al vulgo con obras tan desatinadas y monstruosas, dictadas, más que por el ingenio, por la necesidad o la presunción. Yo no conozco al autor de esa comedia, ni sé quién es; pero si ustedes, como parece, son amigos suyos, díganle en caridad que se deje de escribir tales desvaríos; que aún está a tiempo, puesto que es la primera obra que publica; que no le engañe el mal ejemplo de los que deliran a destajo; que siga otra carrera en que, por medio de un trabajo honesto, podrá socorrer sus necesidades y asistir a su familia, si la tiene. Díganle ustedes que el teatro español tiene de sobra autorcillos chanflones que le abastezcan de mamarrachos; que lo que necesita es una reforma fundamental en todas sus partes; y que mientras esta no se verifique, los buenos ingenios que tiene la nación, o no harán nada, o harán lo que únicamente baste para manifestar que saben escribir con acierto, y que no quieren escribir.

D. Hermógenes.— Bien dice Séneca en su Epístola diez y ocho que...

D. Pedro.— Séneca dice en todas sus Epístolas que usted es un pedantón ridículo a quien yo no puedo aguantar. Adiós, señores.

Leandro Fernández de Moratín
La comedia nueva o El café
Espasa Calpe

a. Uno de los personajes del fragmento representa la posición ilustrada sobre la cuestión que se trata. ¿Cuál es? ¿En qué consiste su postura?

b. Otro de los personajes que interviene en el diálogo se caracteriza por su actitud irónica. ¿De quién se trata? ¿Cómo percibe el espectador ese rasgo de su carácter?

c. ¿Cuál de las posiciones mantenidas por los personajes crees que coincide con la de Moratín? ¿En qué te basas para pensarlo?

d. En esta unidad has podido leer otros textos que guardan relación con el asunto planteado en este diálogo. ¿De cuáles se trata? Describe la relación entre todos ellos.

e. En su tercera intervención, don Pedro utiliza la forma verbal *propalo.* ¿Por qué lo hace?

f. En su última intervención, don Pedro acusa a don Hermógenes de *pedantón.* Explica el sentido de la palabra e indica por qué se hace tal acusación. ¿Hay alguna otra palabra o expresión en el texto que funcione como sinónima?

g. Señala las partes del texto en las que aparezcan las acotaciones y di qué función desempeñan en el fragmento.

h. Tras la lectura del texto, y después de haber estudiado la unidad, ¿podrías justificar su pertenencia a una de las tendencias literarias características del siglo XVIII? Razónalo.

i. Añade alguna otra acotación al texto con el fin de detallar los gestos o movimientos de alguno de los personajes. Observa cuál es el modo de diferenciar una acotación en el conjunto del texto dialogado: la letra cursiva y los paréntesis.

j. Tras releer el texto, comenta la escena, que se establece mediante el diálogo, y justifica su vinculación con la tertulia. Recuerda que debes relacionar las características de la misma con lo que aparece en el fragmento.

2 Lee el siguiente fragmento del filósofo Kant. ¿A qué se debe según él la madurez de la humanidad? Organizad una tertulia por grupos en la que lo discutáis.

> **La Ilustración es la salida del hombre de su minoría de edad. Él mismo es culpable de ella. La minoría de edad estriba en la incapacidad de servirse del propio entendimiento, sin la dirección de otro. Uno mismo es culpable de esta minoría de edad cuando la causa de ella no yace en un defecto del entendimiento, sino en la falta de decisión y ánimo para servirse con independencia de él, sin la conducción de otro. *¡Sapere aude!* ¡Ten valor de servirte de tu propio entendimiento! He aquí la divisa de la Ilustración.**

Immanuel KANT
¿Qué es la Ilustración? Alianza

3 El cuadro *El columpio,* de Jean-Honoré Fragonard, representa uno de los ideales ilustrados: el derecho del ser humano a la felicidad. Indica de qué manera se refleja esta idea en la pintura atendiendo al motivo pintado, los gestos y el uso del color.

4 **TIC** En la obra *Cartas marruecas,* José Cadalso afirma por mano de uno de los personajes lo siguiente:

> **Nobleza hereditaria es la vanidad que yo fundo en que, ochocientos años antes de mi nacimiento, muriese uno que se llamó como yo me llamo, y fue hombre de provecho, aunque yo sea inútil para todo.**

Investiga la cuestión y escribe un breve ensayo en el que indiques cuáles son consecuencias históricas derivadas de esta idea en los siglos siguientes y cuál es tu opinión sobre el papel de la nobleza en la sociedad.

09 EL ROMANTICISMO

ES FELIZ EL QUE SOÑANDO MUERE. DESGRACIADO EL QUE MUERA SIN SOÑAR

ROSALÍA DE CASTRO

PRESENTAR

ESPRONCEDA QUIERE RAPEAR

Espronceda ha visto en YouTube la versión que hicieron Zenit y Frank T de su «Canción del pirata» y le ha gustado. Quiere que los jóvenes le escuchen y os pide ayuda para rapear más poemas suyos. Es una persona abierta de mente, así que tampoco le importaría probar con otro estilo de música. ¿Le ayudáis?

CONOCER

TÚ ERES LARRA

Sí, por un día, justo el tiempo que tienes para entregar una columna al periódico de tu barrio. Elige el tema de actualidad que creas que más le habría preocupado al autor. Procura hacer un buen trabajo, porque al día siguiente vuelves a ser tú y debes presentar en clase un análisis de las características de tu columna. ¡Buena suerte!

CREAR

NOS GUSTA EL MIEDO

Selecciona una leyenda de Bécquer y realiza una edición sobre ella, elaborando las ilustraciones y una guía de lectura para alumnos de 6.º de Primaria. No olvides explicar en la guía qué es una leyenda. Después, conviértete en un Bécquer moderno y escribe tu propia versión: inventa una leyenda de misterio ambientada en la actualidad.

INVESTIGAR

¡DON JUAN! ¡DON JUAN!

La figura de don Juan Tenorio no es una creación de José Zorrilla, ni su uso se ha limitado a la literatura. En grupos, investigad sobre cuál es su origen y en qué obras pervive este mito (libros, películas, óperas, pinturas, etc.). Recoged esta información en un póster digital y presentadlo ante el resto de la clase.

El mundo y las ideas cambian, y también cambian las formas de expresión. ¿Refleja la realidad la manera en que hablamos?

https://elpais.com/elpais/2019/09/13/ideas/1568362311_600392.html

No diga «ama de casa», diga RCH

El EGM sustituye la referencia a las mujeres por «responsable de las compras habituales en el hogar»

Alex Grijelmo
16 septiembre 2019

La locución «ama de casa» ha desaparecido del Estudio General de Medios (EGM), el sistema de encuestas que mide los hábitos de consumo y cuyos datos son tenidos muy en cuenta por el sector publicitario para sus inversiones en anuncios.

Las mujeres que se han venido dedicando a gestionar el hogar atraen la atención precisamente de algunos anunciantes porque dependen muchos millones de euros de las decisiones que ellas tomen en sus compras. Por eso conviene dirigirles la publicidad adecuada a través de los medios que mayor número de amas de casa tengan entre su público.

Hasta ahora se consideraba que «las amas de casa» elegían el detergente, la mantequilla, las galletas... Pero esa responsabilidad, según el EGM, ha pasado ya a quien resulte ser «responsable de las compras habituales del hogar» o RCH.

Cuando el cuestionario exija mencionar la ocupación de cada cual, el encuestador ya no habrá de inscribir a las mujeres dedicadas al hogar familiar en el grupo «amas de casa», que ha dejado de existir sobre el papel, sino en el «RCH». De ese modo, la locución que evocaba ese trabajo callado y poco reconocido deja paso a un término frío y técnico que resalta la importancia en el mercado de esas personas que se encargan de comprar para la familia [...].

La voz «responsable» es común en cuanto al género («el responsable» y «la responsable»). Por ello, se evita la denominación exclusiva femenina «amas» y se acude a una palabra que engloba a hombres y mujeres. Irreprochable.

No en todas las casas vive una mujer, y no en todos los hogares donde vive una mujer es ella quien se encarga de las compras, aunque eso sí ocurra en la inmensa mayoría de los casos. Sin embargo, durante muchos años, desde 1992 hasta ahora, los encuestadores marcaron la casilla «ama de casa» incluso cuando un varón se encargaba de comprar en mercados, supermercados e hipermercados.

Antes de la reciente desaparición de «amas de casa», ya se había retirado en 1998 de esa encuesta la denominación «cabeza de familia». Por supuesto, las familias no tienen un cabeza o una cabeza, sino dos y hasta tres, o las que en cada caso determinen sus miembros. Pues bien, desde entonces, en vez de «cabeza de familia», figura «sustentador principal», aunque en muchos hogares haya dos sustentadores en medida muy semejante. O tres, o cuatro. [...]

Bienvenidas sean todas estas adaptaciones de las palabras a la realidad. Pero, en fin, cabría pensar en vocablos más reconocibles. No sé: en vez de «sustentador principal» (SP) se puede elegir «familiar mejor pagado» (FMP). Y en lugar de «responsable de las compras habituales» o RCH, diríamos en lenguaje llano «persona que hace la compra» (PQHC).

Sin embargo, todo este elogiable empeño en el espejo no servirá de nada si no se altera la realidad: si quienes hacen la compra siguen siendo las mujeres y si los hombres se quedan a su vez con el privilegiado papel de sustentador principal. Ellas, a hacer la compra. Ellos, a cobrar más. Y ya cambiará las palabras el EGM para que no se note tanto.

Leer

1 Indica si las siguientes afirmaciones son verdaderas o falsas y reescribe estas últimas para que sean correctas.

a. «EGM» son las siglas del Estudio General de Medios.

b. El EGM mide los hábitos de ocio de los españoles.

c. El EGM se realiza desde 1992.

d. Las encuestas no han sufrido variación en sus categorías desde que se iniciaron.

2 En el texto se mencionan algunos términos relacionados con la gramática: identifícalos y trata de definirlos a partir de los ejemplos que aparecen.

3 ¿Qué significa que el grupo «amas de casa» ha dejado de existir sobre el papel?

4 ¿Cómo califica el autor el trabajo del hogar? ¿Qué tipo de argumento utiliza?

5 Localiza los datos objetivos que aparecen en el texto.

6 El Estudio General de Medios emplea una serie de siglas para nombrar determinadas categorías de personas. Copia esas siglas en una tabla y las alternativas que propone el autor, junto a sus significados correspondientes.

7 Identifica las ideas principales, jerarquízalas y haz un resumen del artículo.

8 Señala el tema del artículo y la tesis que defiende el autor. ¿Se trata de una tesis explícita o implícita? Atendiendo a en qué parte del texto se enuncia la tesis, ¿qué tipo de estructura tiene este?

9 Elige cuál es la intencionalidad del texto y razona tu respuesta.

a. Informar al lector sobre las modificaciones de la encuesta del EGM.

b. Describir en qué consiste una encuesta.

c. Opinar sobre el uso de la lengua a partir de las modificaciones de la encuesta del EGM.

10 Los conectores son un fuerte medio de cohesión textual. Localiza los que aparecen y clasifícalos. Identifica también los marcadores oracionales y señala su función.

Sin faltas.com

11 ▶ TIC El sustantivo *cabeza* aparece precedido de artículo masculino *(un)* y artículo femenino *(una)*. ¿Es correcto decir «un cabeza de familia»? Busca el término en el diccionario para justificar ese uso.

12 ▶ Explica por qué se coloca una coma detrás del sujeto en las oraciones «Ellas, a hacer la compra. Ellos, a cobrar más».

Opinar

13 ¿Crees que el cambio en los usos de las palabras refleja cambios en la sociedad o consideras que, en realidad, se trata de eufemismos para evitar nombrar situaciones que nos desagradan? Justifica tu respuesta.

Los textos argumentativos pueden presentar las siguientes **estructuras** en función de **dónde se sitúe la tesis:**

Sintetizante o inductiva: tema, cuerpo argumentativo y tesis.

Analizante o deductiva: tesis y cuerpo argumentativo.

Encuadrada: tesis, cuerpo argumentativo y tesis.

1 LA COLUMNA

La **columna** es un **texto argumentativo** propio de los medios de comunicación escrita y perteneciente a los subgéneros de opinión. Va firmado por un colaborador habitual que tiene una sección fija en el periódico. El nombre de este tipo de texto viene de su formato original, en forma de columna.

EL PAÍS

1 **A día de hoy por ti, a día de mañana por mí**

2 **ÁLEX GRIJELMO**
18 NOVIEMBRE 2019

3 No será usted nadie en la política o el periodismo a día de hoy si no dice todo el tiempo «a día de hoy». Ni se le ocurra pronunciar opciones como «hasta el momento», «por ahora», «hoy en día», «hasta la fecha», «hasta hoy», «actualmente», «hoy por hoy»..., incluso el humilde y sencillo «hoy».

4 La extraña locución parece un remedo del *aujourd'hui* francés (que significa simplemente *hoy*), y se coló en el *Diccionario* de 2014 a partir del uso de los políticos españoles y de quienes se mimetizan con ellos, porque la gente (salvo exposición a la fuente contaminante) suele utilizar las demás alternativas.

En el archivo digitalizado del diario *ABC* no se halla ningún registro de «a día de hoy» entre 1903 (año en que se fundó el periódico) y 1975. ¿Cómo podrían vivir los personajes públicos de entonces sin decirlo cada tres minutos?

El primer caso de «a día de hoy» se documenta en ese diario en una carta al director recogida el 17 de junio de 1976: «A día de hoy, voy observando...», escribe un lector. Pasarían 10 años hasta registrarse la segunda mención, en un artículo publicado el 22 de septiembre de 1986, y habría que esperar a 1990 para hallar la tercera.

Pero a partir de ahí la frecuencia se multiplica. El año 1992 ya ofrece 3 registros; en 1993 ascienden a 7; en 1994 suman 23; en 1995 se elevan a 31; en 1996 suben a 38; en 1996, a 46...; en 2005 se documentan 178...; en 2015 encontramos 971, y en el último año consultable, el pasado 2018, se contabilizan ya 1292 presencias de «a día de hoy» en *ABC*. Más de 3,5 por fecha. [...] (Imagino que en radio y televisión abunda más, pero ahí no puedo contabilizar este uso. Sin embargo, será difícil hallarlo en obras literarias, como se comprueba en los bancos de datos de la Academia). [...]

5 Confiemos en que esto no se extienda a más adverbios y locuciones («a día de mañana», «a día de pasado mañana»...). Tendría gracia que empezásemos a decir frases como «a día de hoy por ti, a día de mañana por mí», o «¡vamos!, que esto es para a día de hoy», o «de a día de hoy en adelante», o «este pan no se ha hecho a día de hoy, debe de ser de a día de ayer». Cuando eso llegue, dejarán de usarlo los políticos, porque, si lo dice todo el mundo, no les servirá ya para sentirse especiales.

1 Titular llamativo.

2 Autor y fecha.

3 Introducción: plantea el tema de la columna, es decir, la extensión de la locución adverbial «a día de hoy» en determinados sectores.

4 Cuerpo argumentativo: se exponen los argumentos para defender la tesis.

5 Conclusión de la tesis: critica estas modas o usos lingüísticos empleados por parte de determinados colectivos.

3.ª persona de cortesía para dirigirse al lector e implicarlo.

1.ª persona del plural: incluye al emisor y a los lectores.

1.ª persona del singular: marca del emisor.

Impersonalidad para dotar al texto de objetividad aparente.

Incisos marcados con paréntesis; irónicos en este caso.

Aclaración, entre paréntesis.

Recursos literarios: ironía, para mostrar la opinión del autor.

Abundancia de conectores: contraste y causa-consecuencia.

Otros **subgéneros de opinión** son el **editorial**, el **artículo de opinión** y **las cartas al director o la directora,** que muestran semejanzas y diferencias con la columna en cuanto a autoría, estilo y longitud.

	Autoría	Estilo	Longitud
Columna	La escribe un colaborador habitual con sección fija.	Abunda la personalización. Suele emplear la 1.ª y 2.ª persona. Utiliza recursos de acercamiento al receptor.	Breve.
Editorial	No lleva firma, representa el sentir del medio.	Abunda la impersonalidad. Suele emplear la 3.ª persona.	Variable.
Artículo de opinión	Lleva firma. Por lo general, lo escribe un especialista en el tema. No supone una colaboración fija.	Variable. Muestra escasa personalización. Suele emplear la 3.ª persona.	Extenso.
Cartas al director	Las escriben lectores del medio que opinan sobre diversos temas.	Variable. Suele emplear la 1.ª persona.	Muy breve.

1.1 LA ARGUMENTACIÓN EN LA COLUMNA PERIODÍSTICA

En las columnas periodísticas, los autores expresan su opinión sobre un asunto determinado, y para ello emplean **argumentos.** Algunos de los más frecuentes son los siguientes:

- **Datos y estadísticas.** Se emplean datos numéricos objetivos:
  - «En el archivo digitalizado del diario *ABC* no se halla ningún registro de "a día de hoy" entre 1903 (año en que se fundó el periódico) y 1975».
  - «El primer caso de "a día de hoy" se documenta en ese diario en una carta al director recogida el 17 de junio de 1976».
- **Argumento de ejemplificación.** Consiste en usar ejemplos para ilustrar lo que se dice: «Confiemos en que esto no se extienda a más adverbios y locuciones ("a día de mañana", "a día de pasado mañana"...)».
- **Argumento de autoridad.** Se citan las palabras de un experto en la materia o se parafrasean: «Pero, como ha advertido de nuevo la ONU, el planeta está ya en un aumento de un grado, y los planes de recorte de los Estados son insuficientes».
- **Experiencia personal.** Las vivencias personales se emplean como argumento: «"Están fallándonos a los jóvenes", ha lamentado Thunberg. "No tendría que estar aquí, tendría que estar en el colegio al otro lado del océano", ha reprochado a los jefes de Estado presentes».
- **Causa y consecuencia.** Consiste en explicar las causas o las consecuencias de un hecho: «Casi 70 países se han comprometido este lunes durante la cumbre del clima organizada por Naciones Unidas en Nueva York a revisar sus planes de recorte de emisiones de gases de efecto invernadero para poder cumplir con los objetivos del Acuerdo de París».
- **Generalización indiscutible.** Se exponen hechos o ideas aceptadas por la mayoría: «La gente (salvo exposición a la fuente contaminante) suele utilizar las demás alternativas».

Uno de los argumentos más frecuentes es aportar datos numéricos objetivos.

1.2 LOS RECURSOS LITERARIOS EN LOS SUBGÉNEROS DE OPINIÓN

El empleo de figuras retóricas es frecuente en este tipo de artículos. Se utilizan **para llamar la atención del receptor.** Dependiendo del estilo del autor, serán más o menos abundantes.

Algunas de las más frecuentes se pueden observar en los textos que se reproducen en esta unidad:

- **Personificación:** como en «trabajo callado» o«término frío».
- **Metonimia:** «cabeza de familia».
- **Polisíndeton:** «O tres, o cuatro».
- **Paralelismo:** «Ellas, a hacer la compra. Ellos, a cobrar más».
- **Ironía:** «No será usted nadie en la política o el periodismo a día de hoy si no dice todo el tiempo "a día de hoy"»; «¿Cómo podrían vivir los personajes públicos de entonces sin decirlo cada tres minutos?»; «Y ya cambiará las palabras el EGM para que no se note tanto».
- **Metáfora:** «salvo exposición a la fuente contaminante».

Escribir

1 Vas a convertirte en columnista por un día. Para ello, sigue estos pasos:

1.° Elige un tema que sea de tu interés o bien busca una noticia en la prensa sobre la que te apetezca opinar.

2.° Piensa un título atractivo.

3.° Determina tu tesis: puede ser a favor o en contra de algo, una crítica a alguna situación injusta, etc.

4.° Elabora un guion con la estructura de tu artículo. Por ejemplo:

a. Introducción sobre el tema.

b. Cuerpo argumentativo (elige tres tipos de argumentos diferentes para apoyar tus ideas).

c. Conclusión de la tesis.

5.° Redacta el borrador y revísalo antes de proceder a la redacción definitiva.

Recuerda que, para escribir una columna, debes tener en cuenta las siguientes pautas:

- Aporta tu visión personal sobre el tema utilizando la 1.ª persona del singular.
- Intenta implicar al receptor mediante el uso de la 2.ª persona del singular o la 3.ª de cortesía. La 1.ª persona del plural también puede ser una buena elección.
- Prueba a incluir figuras retóricas para personalizar más el texto.
- Utiliza conectores para mostrar las relaciones lógicas entre las ideas: causa, consecuencia, etc.
- Limita la extensión (unas 500 o 700 palabras serían suficientes).

2 LA COLUMNA RADIOFÓNICA

Este formato cumple una función similar a la de la columna en la prensa escrita. Se asemeja a ella en el uso que hace de las personas del discurso para acercarse al receptor, la brevedad, el empleo de figuras retóricas y el estilo personal. En cambio, se diferencia de la columna escrita porque puede incorporar música y efectos de sonido.

La comunicación en la radio se lleva a cabo mediante el **discurso oral**, por lo que tiene unos **componentes específicos**, y la proporción entre unos y otros variará en función del programa. Estos componentes son: la **voz** (lenguaje oral), la **música** (acompaña las palabras, marca los cambios de sección), los **efectos sonoros** y el **silencio** (que tiene valor expresivo en muchas ocasiones).

El **lenguaje radiofónico** se dirige a un solo sentido (el oído), por ello se vale de ciertas **estrategias** para que el mensaje llegue con claridad y el receptor mantenga la atención:

- **Redundancia:** las repeticiones ayudan a que la información «llegue» al receptor.
- **Recursos** para dar claridad al mensaje: pronunciación correcta, nombres comprensibles, cifras redondas, predominio del presente, etc.
- **Cambios de tono, ritmo e intensidad:** ayudan a mantener la atención.
- Uso de **figuras retóricas.**

Una estructura recomendada para este formato consiste en:

1.° **Introducción:** debe iniciarse de una manera atractiva; una buena forma es contar un hecho, un suceso, una noticia o una anécdota como introducción al tema que se va a tratar.

2.° **Desarrollo:** se aportan los argumentos para analizar el hecho.

3.° **Conclusión:** se resuelve el hecho planteando soluciones al problema inicial, invitando a la reflexión o proponiendo cambios en las actitudes y los modos de comportamiento.

Escuchar y hablar

1 TIC Busca en Internet la columna radiofónica «Ahora no son como Quini», de Àngels Barceló. Escúchala y responde a las cuestiones siguientes:

a. ¿Qué hecho se utiliza para introducir el tema?

b. Identifica las ideas principales y el tema.

c. ¿El texto va de lo general a lo particular o al revés? Razona tu respuesta.

d. Justifica que se trata de una columna de opinión. Identifica la tesis.

e. Copia y clasifica alguno de los argumentos utilizados.

f. Busca ejemplos en el texto de las siguientes características propias de las columnas: figuras retóricas, marcas del emisor y el receptor (1.ª y 2.ª persona o 3.ª de cortesía) y uso de conectores.

g. ¿Qué función tiene la entonación especial que se le da a algunas palabras? Señala en cuáles se produce.

h. Indica cuál es la función de la música que se oye de fondo.

i. ¿Por qué sabemos que se trata de una sección fija?

2 TIC Elabora una columna radiofónica. Puedes utilizar la que has preparado en el apartado «Escribir», pero con las modificaciones necesarias para que se pueda emitir en la radio. Debe durar entre 1:30 y 3 minutos. Ten en cuenta las siguientes pautas:

- Se suele comenzar con un saludo al público y situando la hora, el día, etc. Se termina con una despedida.
- Las oraciones deben ser breves para que sean fácilmente captadas por la audiencia.
- Puedes usar un tono serio o introducir apelaciones a la audiencia, siempre con la 3.ª persona de cortesía *(ustedes).*
- Incorpora una música de fondo que no interfiera con tus palabras.
- Una vez elaborado el texto, ensaya tu elocución, atendiendo a la entonación, el uso de pausas, la velocidad, etc.
- Graba tu columna, edítala con un programa adecuado y comprueba que la música no obstaculiza su comprensión. Finalmente, exponla ante el resto de la clase.

1 PRIMERA MITAD DEL SIGLO XIX: ROMANTICISMO

La Revolución francesa de 1789 supuso el ascenso definitivo de la burguesía al poder político y difundió las ilusiones de libertad, igualdad y fraternidad por toda Europa. Sin embargo, la presión ejercida por las monarquías europeas y el miedo de la burguesía más conservadora a la inestabilidad social y económica derivada de la Revolución hicieron fracasar este primer esfuerzo insurreccional.

A consecuencia de ello, muchos intelectuales y artistas comprometidos con la libertad tuvieron una **sensación de frustración,** que se convirtió en rasgo esencial de la mentalidad romántica.

En oposición al período anterior, el Romanticismo focalizó su **atención en el individuo,** que pasó a ser el centro del movimiento en sustitución del ideal del bien común ilustrado. La expresión de los sentimientos del artista, la lucha por la libertad en la vida y en la creación artística, y la búsqueda de un sentido a la propia existencia son temas derivados del individualismo romántico.

También fue característica del movimiento romántico la **actitud de rebeldía** contra una realidad insatisfactoria. Este rasgo se manifiesta en la predilección por unos personajes que encarnan el inconformismo y la lucha contra toda norma social y moral. Prometeo, Caín, Satanás, don Juan, Carmen, el pirata o el condenado a muerte son seres que simbolizaron en el arte romántico el desacato a las reglas, aunque esto condujera a la destrucción personal.

El choque con la sociedad que lleva a la rebeldía es, asimismo, la causa por la que los románticos sintieron en ocasiones el **deseo de evasión.** Los artistas crean mundos de ficción situados en lugares exóticos o en tiempos lejanos donde refugiarse del **malestar existencial** que define todo el movimiento.

El deseo romántico de alejarse de un mundo burgués que resulta insatisfactorio a los autores de este período se pone de manifiesto en el **desarrollo de algunas modalidades literarias,** como el género fantástico y de terror, la literatura de viajes y la narración histórica.

Estas ideas se reflejan en sus obras, en las que tratan de **apartarse de la tradición artística anterior.** Para conseguirlo se sirvieron de un lenguaje sonoro y repleto de recursos literarios, exploraron los caminos de la **fantasía,** bucearon en las más terribles **pasiones** humanas, hicieron que la escenografía de las obras reflejase los **sentimientos** tormentosos de los personajes y rompieron por completo con las reglas de creación artística que se establecieron durante el siglo XVIII.

Esta mentalidad será la imperante en el arte occidental hasta el triunfo definitivo de la burguesía conservadora y el desarrollo de la Revolución Industrial en la segunda mitad del siglo XIX. Será entonces cuando un nuevo arte (más pragmático y apegado a la realidad y sus problemas) venga a sustituir a los ideales románticos.

La tortura de Prometeo (1620-1648), de Gioacchino Assereto. El mito grecolatino de Prometeo simboliza la rebeldía contra los propios dioses, motivo por el cual Mary Wollstonecraft Shelley lo incluyó en el título de su famosa novela, *Frankenstein o el moderno Prometeo,* pues el argumento relata la rebelión de un hombre que crea vida, usurpando el papel de Dios.

Aunque algunos escritores ilustrados ya habían incorporado la expresión sentimental en sus obras, la expansión de la nueva mentalidad romántica en España no se produce hasta la segunda década del siglo XIX. La llegada del Romanticismo a España se produce por dos vías:

Andalucía y Cataluña

Las más importantes ciudades comerciales de la época eran Cádiz y Barcelona, lo que hizo posible el intercambio de ideas con los principales focos románticos: Francia y Gran Bretaña. Además, en ellas se habían establecido familias de comerciantes europeos que favorecieron el debate ideológico y expresaron sus opiniones a través de los periódicos locales. Por Cádiz penetró un Romanticismo de inspiración inglesa, más progresista, mientras que en Barcelona predominaron la influencia francesa y las posiciones más conservadoras.

Los exiliados

Aunque durante un breve período (1820-1823) Fernando VII asumió las posiciones liberales, su reinado (que abarcó desde 1814 hasta 1833) se caracterizó por la vuelta al absolutismo monárquico. Los intelectuales partidarios del liberalismo fueron perseguidos y muchos de ellos tuvieron que exiliarse. Durante su estancia en el extranjero, estos artistas se empaparon de la mentalidad romántica triunfante en Europa y la trajeron a España a partir de 1833, tras la muerte del rey.

1.1 TENDENCIAS LITERARIAS

La literatura romántica española pasa por tres fases en su desarrollo:

- **Transición entre Ilustración y Romanticismo.** Desde el último tercio del siglo XVIII y hasta la segunda década del siglo XIX, en la literatura española se va introduciendo la intimidad sentimental que, en ocasiones, comparte protagonismo con el racionalismo ilustrado. Pero en otros casos lo sentimental y la rebeldía contra las normas se convierten en el núcleo central de las obras de escritores como Ángel de Saavedra o Francisco Martínez de la Rosa.
- **Romanticismo pleno.** A este período pertenecen escritores nacidos ya en el siglo XIX, como José de Espronceda, José Zorrilla o Mariano José de Larra. Sus obras reflejan completamente las características de mentalidad romántica que acabamos de ver; además, suelen decantarse por posiciones políticas liberales.
- **Posromanticismo.** Durante la segunda mitad del siglo XIX, escritores como Rosalía de Castro o Gustavo Adolfo Bécquer, principalmente, centran sus obras en la expresión de la intimidad, pero alejándose del lenguaje sonoro y efectista del Romanticismo.

Literatura y otras artes

La pintura *La libertad guiando al pueblo*, que Eugène Delacroix realizó con motivo de la Revolución de 1830, refleja la idea de que la lucha por la libertad está sustentada por una amplia base social.

En ella se puede ver a un obrero con una espada, un burgués (con sombrero de copa) portando una escopeta y un adolescente con dos pistolas. La única mujer que aparece en la obra es la alegoría de la Libertad, que lleva la bandera francesa en una mano y un fusil en la otra; sobre la cabeza luce un gorro frigio (que era el que se daba a los esclavos liberados en la Antigüedad clásica). Los soldados muertos a los pies de los personajes representan a las tropas de Carlos X.

La libertad guiando al pueblo (1830), de Eugène Delacroix.

2 LITERATURA EN VERSO

La mentalidad romántica se plasmó a la perfección en el género lírico, preferentemente en verso, que se adaptaba bien a la expresión de la conflictividad interna de los artistas, a su choque con la sociedad burguesa y a sus deseos de evasión.

Para los románticos, este género debía regirse por los siguientes caracteres:

- Debe ser reflejo de la personalidad del escritor, de sus **experiencias, sentimientos** y **emociones,** que son elaborados artísticamente para componer el poema.
- La obra aspira a buscar la **liberación** de la belleza escondida tras la realidad aparente.
- La **lírica,** a la que también llaman poesía, es **independiente del verso o la prosa.** Para estos escritores es más que un simple género literario e impregna todo tipo de obras.
- La creación lírica o poética no puede someterse a ninguna regla formal, porque es fruto de la voluntad del artista y de su inspiración. Este rasgo se manifiesta en las obras escritas en verso en la apuesta por la **variedad métrica** y la **ruptura con las estrofas tradicionales,** que son sustituidas por creaciones personales de los autores.

Las características anteriores se manifestaron en un conjunto de obras en verso que se ajustaron a dos **tendencias principales:**

Poesía narrativa

Es una poesía de tono grandioso y lenguaje muy elaborado y efectista. Se cultiva sobre todo en la primera mitad del siglo y aborda temas característicamente románticos como la rebeldía, las pasiones destructoras, la muerte liberadora, las leyendas populares o el sentimiento patriótico.

En ella pueden advertirse dos líneas ideológicas diferentes: por un lado, una **poesía progresista, rebelde** y **crítica,** cuyo autor más destacado es José de Espronceda; por otro, una **poesía conservadora** que emplea el estilo romántico para recrear leyendas populares o pasajes históricos. A esta última línea pertenece José Zorrilla, como principal autor.

Poesía intimista

Es característica de la segunda mitad del siglo. Es una poesía sencilla en sus formas y lenguaje que se inspira en la poesía popular. Los temas principales de esta tendencia son la nostalgia y la melancolía por el paso del tiempo o el fracaso amoroso, la emoción producto de la contemplación del paisaje y el análisis de la intimidad.

Se trata de una lírica que conecta el Romanticismo con la poesía contemporánea, pues el sentimiento sigue siendo el centro del poema. Esta tendencia huye del exceso verbal y de los extremos pasionales que caracterizaban a los poemas de la primera mitad del siglo XIX. Sus principales representantes son Rosalía de Castro y Gustavo Adolfo Bécquer.

Grandes poetas europeos

Las dos tendencias poéticas que se han descrito para España también son válidas para la poesía escrita en Europa. En la poesía narrativa de corte progresista destacan escritores como los ingleses lord Byron y Percy B. Shelley (los llamados poetas satánicos), mientras que el intimismo es representado especialmente por los poetas alemanes Friedrich Hölderlin, Novalis y Heinrich Heine, así como el italiano Giacomo Leopardi.

2.1 JOSÉ DE ESPRONCEDA

Su obra en verso puede clasificarse en dos grupos: los poemas narrativos y los líricos. Al conjunto de los **poemas narrativos** pertenecen las largas composiciones que le situaron en la vanguardia del arte de su tiempo por incorporar los principales temas románticos (rebeldía, pasiones desbordadas, presencia del misterio, proyección de la intimidad) e introducir técnicas innovadoras (mezcla de géneros, polimetría, escenografía que refleja la interioridad de los personajes, lenguaje literario repleto de recursos retóricos y sonoridad).

Entre las obras más importantes de este grupo deben citarse *El diablo mundo* y, sobre todo, *El estudiante de Salamanca*.

Argumento de *El estudiante de Salamanca*

Narra la historia de los amores entre Félix de Montemar y Elvira. Montemar cautiva a la joven Elvira y luego la abandona, provocando así la muerte de la muchacha por amor. Tras este suceso inicial, don Félix asesina también al hermano de Elvira, que ha intentado pedir cuentas al seductor por sus acciones. El desenlace de la historia llega con el encuentro del protagonista con una figura de mujer fantasmal que conduce al seductor hasta su propio entierro, pues esa mujer no es otra que la personificación de la muerte.

Los **poemas líricos** son composiciones mucho más breves y con menor carga narrativa en las que el autor reflejó la mentalidad y la libertad creativa que define al Romanticismo. Especial mención merece el «Canto a Teresa», que forma parte de la obra *El diablo mundo*, y la colección de canciones dedicada a diversos personajes (pirata, cosaco, reo de muerte, mendigo, verdugo) que encarnan la rebeldía, la libertad y la marginalidad social. En el siguiente fragmento de la «Canción del pirata» se puede comprobar cómo el personaje hace una declaración de libertad individual.

Con diez cañones por banda,
viento en popa, a toda vela,
no corta el mar, sino vuela,
un velero bergantín.
Bajel pirata que llaman
por su bravura, el Temido,
en todo el mar conocido
del uno al otro confín.

La luna en el mar rïela,
en la lona gime el viento,
y alza en blando movimiento
olas de plata y azul;
y ve el capitán pirata,
cantando alegre en la popa,
Asia a un lado, al otro Europa,
Y allá a su frente Estambul.

Navega, velero mío,
sin temor,
que ni enemigo navío,
ni tormenta, ni bonanza
tu rumbo a torcer alcanza,
ni a sujetar tu valor.

Veinte presas
hemos hecho
a despecho
del inglés,
y han rendido
sus pendones
cien naciones
a mis pies.

Que es mi barco mi tesoro,
que es mi Dios la libertad,
mi ley, la fuerza y el viento,
mi única patria, la mar.

José de Espronceda: *Poesías líricas y fragmentos épicos.* Castalia

José de Espronceda

Nacido en Almendralejo (Badajoz) en 1808 y muerto en Madrid en 1842, Espronceda fue el más claro representante del Romanticismo en España. Desde muy joven estuvo vinculado a las posiciones políticas más liberales, lo que provocó su exilio entre 1827 y 1833. En Inglaterra y Francia entró en contacto directo con la obra de autores románticos, como lord Byron y Victor Hugo, que fueron dos de sus referentes literarios. También en el terreno personal Espronceda encarnó el modelo de hombre romántico al vivir una turbulenta historia amorosa con Teresa Mancha, a quien dedicó la elegía «Canto a Teresa» a raíz de su muerte en 1839.

¡Oh Teresa! ¡Oh dolor! Lágrimas mías,
¡ah!, ¿dónde estáis que no corréis a [mares?
¿Por qué, por qué como en mejores días
no consoláis vosotras mis pesares?
¡Oh! Los que no sabéis las agonías
de un corazón, que penas a millares
¡ay! desgarraron, y que ya no llora,
¡piedad tened de mi tormento ahora!

José de Espronceda: *Poesías líricas y fragmentos épicos.* Castalia

2.2 GUSTAVO ADOLFO BÉCQUER

Su obra literaria se rige por una **teoría literaria** que puede aplicarse tanto a sus composiciones en verso (las *Rimas*) como en prosa (las *Leyendas* y las *Cartas*). Esa ideología literaria se puede sintetizar en los siguientes principios:

- No hace diferencia entre escribir en verso o en prosa, pues piensa que ambas formas no son sino «vestidos de la poesía».
- Distingue entre «poesía», que existe en la realidad aunque solamente algunas personas puedan apreciarla, y «poema», término con el que se refiere al texto concreto compuesto por el poeta.
- Entiende la creación artística como un acto artificial, fruto del trabajo del escritor y no de su inspiración. Llegó a afirmar: «Cuando siento no escribo».
- Considera que la función del poeta es la de mediador: es un ser capaz de ver lo que otros no pueden y de comunicar mediante palabras lo inexpresable.

En el siguiente poema se reflejan los principios segundo, tercero y cuarto.

Yo sé un himno gigante y extraño
que anuncia en la noche del alma una aurora,
y estas páginas son de ese himno
cadencias que el aire dilata en las sombras.

Yo quisiera escribirle, del hombre
domando el rebelde mezquino idioma,
con palabras que fuesen a un tiempo
suspiros y risas, colores y notas.

Pero en vano es luchar; que no hay cifra
capaz de encerrarle, y apenas ¡oh hermosa!
si teniendo en mis manos las tuyas
pudiera al oído cantártelo a solas.

Gustavo Adolfo Bécquer: *Rimas y Leyendas*. Edelvives

Gustavo Adolfo Bécquer

Nació en Sevilla en 1836 y murió en Madrid en 1870. Bécquer vivió en el seno de una familia de pintores. No obstante, decidió orientar sus pasos hacia la literatura, por lo que con apenas dieciocho años abandonó Sevilla para establecerse en Madrid. Allí Bécquer vivió gracias a sus colaboraciones en diversos periódicos y al cargo de censor de novelas.

La vida de Bécquer estuvo marcada por el sufrimiento derivado de distintas causas: los fracasos sentimentales, la larga enfermedad pulmonar que acabó por vencerlo y la sensación de frustración artística, pues murió sin que su obra creativa fuese conocida más allá del círculo de sus amistades. Todo ello explica el tono dolorido de sus poemas.

Obra en prosa

Bécquer compuso numerosos **artículos periodísticos**, entre los que destacan dos **volúmenes de epístolas:** *Cartas literarias a una mujer* y *Cartas desde mi celda.* Se trata de recopilaciones de artículos con apariencia de cartas que fueron publicadas en prensa entre 1860 y 1864. En ellas el autor aborda temas tan dispares como las costumbres populares, las reflexiones sobre literatura o la propia intimidad del escritor.

También fueron publicados en los periódicos de su tiempo los veintiocho relatos en prosa conocidos como ***Leyendas.*** En todas ellas el autor parte de una historia procedente de la tradición popular que reelabora según la estética heredera del Romanticismo:

- **Escenografía macabra:** ambientación nocturna, tormentas, ruinas y cementerios.
- **Sentimientos desbordados:** pasiones amorosas, horror, ira, sed de venganza, rebeldía, etc.
- **Referencias religiosas,** misterio y fantasía.
- **Lenguaje efectista** para expresar los sentimientos de los personajes, aunque sin llegar a los excesos del Romanticismo de la primera mitad del siglo.

LAS *RIMAS*

El manuscrito de las *Rimas* se perdió en la Revolución de 1868. Tras la muerte del escritor se recopiló su poesía dispersa en un volumen publicado en 1871. Los poemas de dicho libro se ordenan en torno a tres **temas:**

- El concepto de **poesía.**
- El **amor,** tomado desde distintos puntos de vista: el presentimiento de su llegada, la felicidad amorosa y el fracaso sentimental.
- La **soledad,** la **desilusión** y la certeza de la llegada de la **muerte.**

El **estilo** de la poesía de Bécquer se aparta de la corriente romántica todavía dominante en la lírica española de su tiempo:

- Los sentimientos expresados no son una proyección exacta de la intimidad, sino resultado de un trabajo que aleja al hombre real del *yo* presente en los textos.
- Es habitual la disposición dialogada o, al menos, las referencias a un *tú* implícito.
- No aspira a definir con precisión los sentimientos, sino que se conforma con sugerirlos.
- El lenguaje es conscientemente simple, alejado de todo retoricismo y efectismo romántico.
- El peso de muchos de sus poemas recae sobre los símbolos que encierran la idea principal.
- La influencia de la lírica popular se hace visible en la preferencia por los poemas breves, los versos cortos, las rimas asonantes y el uso de estribillos.

2.3 ROSALÍA DE CASTRO

La escritora gallega nació en 1837 y murió en 1885. Su importancia en las letras hispánicas se debe, principalmente, a los tres libros de poemas que compuso a lo largo de su vida: *Cantares gallegos* y *Follas novas*, escritos en gallego, y *En las orillas del Sar*, en castellano. En ellos, la autora se centra en tres **temas:**

- El **paisaje** y la **cultura popular gallega,** del que no excluye la atención a los problemas sociales de una tierra azotada por la pobreza, la emigración y el abandono.
- La **expresión** de una **intimidad** marcada por el desengaño, la soledad y la certeza de que el amor es una causa más de sufrimiento.
- La especial atención a la **situación de las mujeres,** verdaderas protagonistas de unos poemas en los que pone de manifiesto su papel secundario en la sociedad, así como el sufrimiento padecido en las relaciones amorosas y familiares.

Al igual que Bécquer, Rosalía se decantó por un estilo basado en la expresión sencilla, breve y directa, y por la utilización de formas métricas inspiradas en la poesía popular.

Rosalía de Castro

La escritora nació en Santiago de Compostela en 1837 y fue inscrita como hija de padre desconocido. Sus primeros años los pasó junto a sus tías y, posteriormente, en Padrón junto a su madre. Es en ese ambiente donde aprende la lengua y cultura tradicional gallega, que tan determinante es en su obra literaria. Con poco más de veinte años se trasladó a Madrid, donde contrajo matrimonio y entró en contacto con los círculos literarios de la capital. También será allí donde publique su primer libro, *La flor*, en 1857. Murió en Padrón, Galicia, en 1885.

3 LITERATURA EN PROSA

La prosa sirvió a los autores románticos españoles para abordar dos aspectos fundamentales de la mentalidad de la época: el debate **político y social**, por una parte; y la profundización en la **interioridad humana** a través del misterio y el análisis de las pasiones desbordadas, por otra.

Los asuntos sociopolíticos fueron el núcleo principal del **periodismo** del siglo XIX. En las colaboraciones en prensa de los escritores románticos pueden advertirse dos líneas ideológicas que coinciden con las principales orientaciones del movimiento romántico español:

Costumbrismo

Más conservador políticamente, se centra en la descripción de costumbres populares (fiestas, creencias, tipos humanos característicos) con el objetivo de establecer los caracteres que definen a las diferentes regiones del país. Este tipo de periodismo fue cultivado por Ramón de Mesonero Romanos, quien se ocupó del ambiente popular madrileño, y Serafín Estébanez Calderón, interesado por lo andaluz.

Periodismo crítico

Responde a una ideología política liberal. En estos artículos los autores persiguen el objetivo de denunciar el inmovilismo de la sociedad española y sus instituciones, defienden las libertades individuales y critican aquellas costumbres populares que son consecuencia del atraso de la sociedad española. El principal representante de este tipo de periodismo fue Mariano José de Larra.

La **prosa narrativa** se centró en el mundo sentimental. Los narradores románticos escribieron novelas que se publicaban en volumen independiente o editadas capítulo a capítulo en periódicos o pequeños folletos, así como relatos cortos que aparecían en revistas y diarios.

Entre las diversas modalidades de la narración romántica deben destacarse las siguientes:

- La **novela histórica**, que relata una aventura situada en épocas lejanas (normalmente la Edad Media). El interés de los autores no es acercarse a la verdad de los hechos históricos ni interpretarlos, sino valerse del misterio que envuelve a épocas desconocidas. Una de las novelas más relevantes de esta modalidad es *El señor de Bembibre,* de Enrique Gil y Carrasco.
- El **relato de misterio**, que puede orientarse hacia la intriga policial o hacia el terror y lo fantasmal. Las aportaciones españolas más relevantes dentro de este género fueron las *Leyendas* de Gustavo Adolfo Bécquer.
- La **novela de costumbres**, en la que al hilo de una historia sentimental el escritor describe usos, paisajes, personajes típicos y rasgos locales de la España de aquellos años. La obra más destacada de este subgénero fue *La gaviota,* de Fernán Caballero, aunque en ella se aprecian ya ciertos rasgos que permiten situarla cerca del Realismo.

La mujer en las letras

Con el nacimiento de la novela moderna, en el siglo XVIII aparecieron nuevos temas, como la preocupación por el papel de las mujeres en la sociedad. Sin embargo, la atención a la condición femenina se había realizado desde la perspectiva del hombre escritor.

El siglo XIX supuso la llegada definitiva de la mujer a las letras, no ya como tema del que ocuparse, sino como autoras efectivas de obras. Mary Wollstonecraft Shelley con *Frankenstein;* Jane Austen, con su prosa elegante y mordaz, crítica con la sociedad de su tiempo; las tres hermanas Brönte que, con la temática de su obra, desafían los convencionalismos reservados a las mujeres de su época; Elizabeth Gaskell, que mezcla lo sentimental y la denuncia social en sus novelas; o las españolas Cecilia Böhl de Faber (conocida como Fernán Caballero) y Rosalía de Castro componen el grupo de escritoras que abren definitivamente la puerta al punto de vista femenino en las letras occidentales.

3.1 MARIANO JOSÉ DE LARRA

Larra cultivó a lo largo de su corta vida el teatro y la novela. A dichos géneros pertenecen dos de sus obras más importantes, ambas de 1834: el drama *Macías* y la novela *El doncel de don Enrique el Doliente*. Las dos se ocupan del mismo asunto: los amores adúlteros entre Macías, trovador de la corte de Enrique III de Castilla, y Elvira, esposa de un servidor del marqués de Villena. Los dos textos resultan típicamente románticos por su ambientación en una Edad Media idealizada, la rebeldía que supone el enaltecimiento de los amores fuera del matrimonio, la explosión sentimental de los personajes y el reflejo en el protagonista Macías de la propia biografía del autor.

Pero la principal aportación de Larra a la historia literaria española reside en su **obra periodística**. Con apenas diecinueve años, Larra fundó su primera publicación, *El duende satírico del día*, y algunos años después, *El pobrecito hablador*. Ambos periódicos duraron poco tiempo; sin embargo, le sirvieron al escritor para abrirle las puertas a otros medios en los que publicó con el seudónimo de *Fígaro* regularmente hasta su muerte. Los artículos de Larra pueden clasificarse en tres grupos, según el tema abordado en ellos:

Artículos políticos

El escritor se situó claramente en la línea ideológica más progresista de su tiempo, como lo demuestran los artículos en los que criticó la pena de muerte, la falta de libertad de expresión, el absolutismo que pretendían volver a implantar los carlistas en España, el mal funcionamiento de las instituciones del Estado, etc.

Artículos de costumbres

A este grupo pertenecen los textos más interesantes del autor. En ellos, Larra se centra en la situación de España y denuncia el atraso cultural y social del país, que no es solo culpa de los gobiernos, sino también de las gentes que lo pueblan y sus costumbres. El orgullo y la soberbia, la superstición, la cesidia, el inmovilismo, el clasismo, la agresividad y violencia de las personas son objeto de la crítica mordaz del periodista en textos como «Vuelva usted mañana», «El castellano viejo», «La Nochebuena de 1836» o «El café».

Artículos de crítica literaria

También escribió numerosas reseñas de estrenos teatrales y obras de reciente publicación. En estos artículos, Larra siempre defiende la libertad del artista, lo que lo sitúa en la órbita romántica, aunque piensa también que el teatro debe cumplir con una función educadora de la sociedad, rasgo que apunta hacia la utilidad práctica de la literatura que defendían los ilustrados del siglo XVIII.

La obra periodística de Larra sigue, por tanto, la línea crítica iniciada durante el siglo anterior por Benito Feijoo, José Cadalso o Gaspar Melchor de Jovellanos y que será continuada por los escritores del grupo de 1898. Todos estos autores intentaron explicar los problemas de España y las causas de su decadencia, y propusieron ideas para un futuro mejor.

Mariano José de Larra

Poco después del nacimiento del escritor en Madrid en 1809, la familia hubo de exiliarse a Francia por la vinculación del padre con los afrancesados. Tras el regreso a España en 1818, Larra residió en diferentes poblaciones hasta su establecimiento definitivo en la capital en 1825. Allí el escritor inició una carrera periodística que le dio gran fama. Sin embargo, su vida, como la de tantos otros escritores románticos, estuvo marcada por la angustia derivada de la frustración de sus ilusiones. El fracaso de su matrimonio y de la relación sentimental con Dolores Armijo, su amante en los últimos años, así como la decepción por la actuación de los políticos liberales fueron probablemente la causa de su suicidio en febrero de 1837.

Los artículos de Mariano José de Larra configuran también un **estilo periodístico** que influirá poderosamente en quienes continuaron su labor. **Sus características** son las siguientes:

- El **lenguaje** empleado es relativamente sencillo. Huye de la complejidad verbal para aludir a las ideas de manera clara y directa.
- La **ironía** y el **humor** son utilizados como herramienta crítica de primer orden: parodia el estilo de escritores reconocidos, crea situaciones ridículas y se vale de la exageración para mostrar al lector lo absurdo de determinados comportamientos.
- **Hace acto de presencia** como personaje o mediante la expresión de la opinión en primera persona, renunciando así a toda apariencia de objetividad.
- El **tono amargo y pesimista** es habitual en sus escritos, pues Larra es consciente de la dificultad de llevar a cabo la transformación que el país necesita.
- Los artículos suelen **estructurarse** en tres secciones:

Planteamiento

Enunciación de la idea que se va a abordar y que responde a algún hecho de actualidad.

Ejemplo

Diálogo o narración que lo concreta y que permite acercar el hecho a los lectores.

Conclusión

Síntesis final en la que se hace presente la opinión del escritor.

En el siguiente fragmento se aprecian algunas de las caracteríscas que se han visto:

> Ya habrá conocido el lector, siendo tan perspicaz como yo le imagino, que mi amigo Braulio está muy lejos de pertenecer a lo que se llama gran mundo y sociedad de buen tono, pero no es tampoco un hombre de la clase inferior, puesto que es un empleado de los de segundo orden, que reúne entre su sueldo y su hacienda cuarenta mil reales de renta [...]; que es persona, en fin, cuya clase, familia y comodidades de ninguna manera se oponen a que tuviese una educación más escogida y modales más suaves e insinuantes. Mas la vanidad le ha sorprendido por donde ha sorprendido casi siempre a toda o a la mayor parte de nuestra clase media, y a toda nuestra clase baja. Es tal su patriotismo, que dará todas las lindezas del extranjero por un dedo de su país. Esta ceguedad le hace adoptar todas las responsabilidades de tan inconsiderado cariño; de paso que defiende que no hay vinos como los españoles, en lo cual bien puede tener razón, defiende que no hay educación como la española, en lo cual bien pudiera no tenerla; a trueque de defender que el cielo de Madrid es purísimo, defenderá que nuestras manolas son las más encantadoras de todas las mujeres: es un hombre, en fin, que vive de exclusivas, a quien le sucede poco más o menos lo que a una parienta mía, que se muere por las jorobas solo porque tuvo un querido que llevaba una excrecencia bastante visible sobre entrambos omóplatos.

Mariano José de Larra: «El castellano viejo», en *Artículos*. Cátedra

La ironía en Larra

Hecho mi examen de la ley, voy a ver mi artículo; con el reglamento de censura a la vista, con la intención que me asiste, no puedo haberlo infringido. Examino mi papel; no he escrito nada, no he hecho artículo, es verdad. Pero en cambio he cumplido con la ley. Este será eternamente mi sistema; buen ciudadano, respetaré el látigo que me gobierna, y concluiré siempre diciendo: «Lo que no se puede decir, no se debe decir».

Mariano José de Larra
«Lo que no se puede decir, no se debe decir», en *Artículos*. Cátedra

La aguadora (1812), de Francisco de Goya

4 LITERATURA DRAMÁTICA

En españa, el teatro romántico tuvo escaso recorrido temporal. Se inicia en 1834 y se cierra en 1844. En tan breve espacio de tiempo, el teatro romántico renueva la escena española con obras que comparten unos **principios comunes:**

- El **protagonista** es un hombre en conflicto que se rige por su propia voluntad y no por los principios morales al uso. Habitualmente se sitúa al margen de la sociedad y está envuelto en una atmósfera de misterio.
- Las **formas dramáticas** son las siguientes:
  - Las obras se dividen en tres o cinco actos que se desarrollan en espacios y tiempos diferentes.
  - Los dramaturgos suelen ambientar las obras en el pasado histórico (Edad Media y Siglo de Oro, principalmente).
  - Se incluyen elementos fantásticos (fantasmas, visiones, apariciones divinas, etc.) que rompen con la idea de verosimilitud, pero permiten profundizar en el mundo interior de los personajes.
  - Se presta gran atención a los códigos visuales y la escenografía de las obras: decorados nocturnos o situados en una naturaleza tormentosa, efectos de luz y sonido, interpretación exagerada de los autores...
  - El lenguaje empleado persigue el objetivo de resaltar el caos interior del personaje, por lo que abundan las exclamaciones, el retoricismo en la expresión y un vocabulario diferente del empleado en la lengua común.
- Se produce una **reacción contra el teatro neoclásico:**
  - Las obras se dirigen al gran público.
  - Se rompe con las reglas de composición dramática: se mezclan tragedia y comedia, así como la prosa y el verso; no se respetan las unidades de acción, tiempo y lugar.
  - Hay una influencia de los autores barrocos (Calderón de la Barca y Shakespeare) en sustitución de los clásicos.
  - Desaparece la utilidad práctica del teatro, aunque se sigue utilizando para defender la libertad individual.
- Los **temas** habituales en las obras son:
  - El choque entre los deseos del protagonista y la realidad en la que habita. De este asunto derivan reflexiones sobre la libertad, la rebeldía, el poder del destino o la presión ejercida por las instituciones sociales.
  - La intimidad y el desbordamiento pasional en relación con el sentimiento amoroso y con la sensación de soledad y marginalidad.
  - La búsqueda de un sentido a la existencia que acaba frustrándose por diferentes motivos y provoca la angustia del héroe.

1834
La conjuración de Venecia, de Martínez de la Rosa
Macías, de Larra

1835
Don Álvaro, de Saavedra

1836
El trovador, de García Gutiérrez

1844
Don Juan Tenorio, de Zorrilla

El teatro romántico en Europa

En el teatro romántico europeo se advierten dos tendencias: por una parte, el drama alemán, orientado hacia las cuestiones de índole moral y patriótica, y cuyo principal representante fue Friedrich Schiller; por otra, el drama francés y español, iniciado por Victor Hugo, que atendió principalmente al estudio de las pasiones individuales. Asimismo, cabe destacar la importancia que en esta época alcanzó la ópera, género musical que nos dejó las obras de Richard Wagner y Giuseppe Verdi como máximos exponentes. El primero puede vincularse a la tendencia iniciada por Schiller, mientras que el segundo encaja en los cauces del drama francés y español.

4.1 ÁNGEL DE SAAVEDRA, DUQUE DE RIVAS

Don Álvaro o la fuerza del sino, estrenada en 1835, fue el primer éxito del Romanticismo teatral español. La obra se divide en cinco jornadas a través de las cuales se explora en el mundo interior de los protagonistas y en el poder del destino.

Jornadas I y II. Para vivir su amor con libertad, don Álvaro y Leonor planean fugarse; sin embargo, son descubiertos por el padre de la muchacha. Tras discutir don Álvaro y el padre, un disparo fortuito acaba con la vida del segundo. Don Álvaro huye a Italia y Leonor se retira a un monasterio.

Jornadas III y IV. En Italia, el destino hace que se encuentren don Álvaro y don Carlos, uno de los hermanos de Leonor. Traban amistad entre ellos antes de conocer sus respectivas identidades. Cuando se reconocen, luchan en duelo, don Carlos muere y don Álvaro debe huir una vez más.

Jornada V. Cuatro años después, don Álvaro se ha recluido en un monasterio preso de la culpa. Allí llega don Alfonso, el segundo hermano de Leonor, con la intención de vengar las muertes anteriores. De nuevo luchan y don Alfonso muere, no sin antes matar a Leonor que ha aparecido por azar. Enloquecido por el dolor, don Álvaro se arroja al vacío.

4.2 JOSÉ ZORRILLA

La obra más conocida del autor es *Don Juan Tenorio,* donde versiona el mito del seductor don Juan creado por Tirso de Molina en el siglo XVII. Este drama se encuentra dividido en dos partes que se ambientan en la Sevilla del siglo XVI, aunque la acción representada en cada una está separada por cinco años.

Argumento de *Don Juan Tenorio*

Primera parte

Don Juan Tenorio y don Luis Mejía se encuentran en una taberna para cumplir con una apuesta: «Quien de ambos sabría obrar peor, con mejor fortuna, en el término de un año». Como el resultado no es claro, don Juan apuesta por seducir a doña Ana, la prometida de don Luis, y a doña Inés, una novicia a la que rapta del convento. Tras diversas peripecias y el descubrimiento del amor, don Juan acaba dando muerte a don Luis y a don Gonzalo, el padre de doña Inés.

Segunda parte

Después de cinco años huido en Italia, don Juan regresa a Sevilla. En la que fue su casa encuentra un cementerio donde están enterrados don Luis, don Gonzalo y doña Inés, que había muerto de pena. El fantasma de don Gonzalo se aparece para conducir a don Juan al Infierno, pero el espectro de doña Inés intercede por él y consigue que Dios lo perdone y que acceda al Paraíso.

La obra incorpora numerosos rasgos románticos, como la presencia del misterio, la rebeldía del protagonista contra las normas sociales y morales, la búsqueda del sentido de la vida mediante el amor, la escenografía nocturna y el empleo de códigos no verbales o el uso de un lenguaje repleto de recursos retóricos mediante el cual se profundiza en la interioridad de los personajes.

La locura romántica

Hay un rato de silencio, los truenos resuenan más fuertes que nunca, crecen los relámpagos y se oye cantar a lo lejos el Miserere a la comunidad, que se acerca lentamente.

VOZ DENTRO.— Aquí, aquí; ¡qué horror! *(Don Álvaro vuelve en sí y luego huye hacia la montaña. Sale el Padre Guardián con la comunidad, que queda asombrada).*

PADRE GUARDIÁN.— ¡Dios mío ¡Sangre derramada! ¡Cadáveres!... ¡La mujer penitente!

TODOS LOS FRAILES.— ¡Una mujer!... ¡Cielos!

PADRE GUARDIÁN.— ¡Padre Rafael!

DON ÁLVARO.— *(Desde un risco, con sonrisa diabólica, todo convulso, dice:)* Busca, imbécil, al Padre Rafael... Yo soy un enviado del infierno, soy el demonio exterminador... Huid, miserables.

TODOS.— ¡Jesús!

DON ÁLVARO.— ¡Infierno, abre tu boca y trágame! ¡Húndase el cielo, perezca la raza humana; exterminio, destrucción!... *(Sube a lo más alto del monte y se precipita.)*

EL PADRE GUARDIÁN Y LOS FRAILES.— *(Aterrados y en actitudes diversas.)* ¡Misericordia, Señor! ¡Misericordia!

Ángel DE SAAVEDRA
Don Álvaro o la fuerza del sino. Cátedra

ACTIVIDADES

09 EL ROMANTICISMO

2 Literatura en verso

1 Lee el siguiente poema de Rosalía de Castro y resuelve las actividades que encontrarás a continuación.

> Hora tras hora, día tras día,
> entre el cielo y la tierra que quedan
> eternos vigías,
> como torrente que se despeña,
> pasa la vida.
>
> Devolvedle a la flor su perfume
> después de marchita;
> de las ondas que besan la playa
> y que una tras otra besándola expiran.
> Recoged los rumores, las quejas,
> y en planchas de bronce grabad su armonía.
>
> Tiempos que fueron, llantos y risas,
> negros tormentos, dulces mentiras,
> ¡ay!, ¿en dónde su rastro dejaron,
> en dónde, alma mía?

Rosalía de Castro
En las orillas del Sar. Cátedra

a. Analiza la métrica que se utiliza en el poema e indica cuál es el tema principal del texto.

b. Señala los recursos literarios que se emplean en esta poesía y la función que a tu juicio cumplen.

c. ¿En qué partes crees que puede dividirse el poema? Justifica la respuesta.

d. ¿A qué tendencia lírica pertenece el poema? Explica por qué.

2 Lee la siguiente rima de Bécquer y justifica que pertenece a la segunda mitad del siglo XIX.

LXVI

> ¿De dónde vengo?... El más horrible y áspero
> de los senderos busca.
> Las huellas de unos pies ensangrentados
> sobre la roca dura,
> los despojos de un alma hecha jirones
> en las zarzas agudas,
> te dirán el camino
> que conduce a mi cuna.
>
> ¿Adónde voy? El más sombrío y triste
> de los páramos cruza;
> valle de eternas nieves y de eternas
> melancólicas brumas.
> En donde esté una piedra solitaria
> sin inscripción alguna,
> donde habite el olvido,
> allí estará mi tumba.

Gustavo Adolfo Bécquer
Rimas y Leyendas. Edelvives

3 Literatura en prosa

3 Vuelve a leer el texto del artículo de Larra de la página 220 y realiza las actividades.

a. ¿Qué rasgo se critica en el texto? ¿Estás de acuerdo?

b. ¿Cómo se hace presente el uso del humor?

c. En la estructura típica de los artículos de Larra, ¿a qué parte crees que correspondería el fragmento seleccionado?

4 Literatura dramática

4 En la obra de Zorrilla, *Don Juan Tenorio,* tras secuestrar don Juan a doña Inés, el amor nace en su corazón. Lee el diálogo lírico y contesta a las preguntas.

D. JUAN.— ¡Cálmate, pues, vida mía!
Reposa aquí; y un momento
olvida de tu convento
la triste cárcel sombría.
¡Ah! ¿No es cierto, ángel de amor,
que en esta apartada orilla
más pura la luna brilla
y se respira mejor?
Esta aura que vaga, llena
de los sencillos olores
de las campesinas flores
que brota esa orilla amena;
esa agua limpia y serena
que atraviesa sin temor
la barca del pescador
que espera cantando el día,
¿no es cierto, paloma mía,
que están respirando amor? [...]
¡Oh! Sí. Bellísima Inés,
espejo y luz de mis ojos;
escucharme sin enojos,
como lo haces, amor es:
mira aquí a tus plantas, pues,
todo el altivo rigor
de este corazón traidor
que rendirse no creía,
adorando vida mía,
la esclavitud de tu amor.

D.ª INÉS.— Callad, por Dios, ¡oh, don Juan!,
que no podré resistir
mucho tiempo sin morir,
tan nunca sentido afán.
¡Ah! Callad, por compasión,
que oyéndoos, me parece
que mi cerebro enloquece,
y se arde mi corazón.
¡Ah! Me habéis dado a beber
un filtro infernal sin duda,
que a rendiros os ayuda
la virtud de la mujer.
Tal vez poseéis, don Juan,
un misterioso amuleto,
que a vos me atrae en secreto
como irresistible imán.
Tal vez Satán puso en vos
su vista fascinadora,
su palabra seductora,
y el amor que negó a Dios.
¿Y qué he de hacer, ¡ay de mí!,
sino caer en vuestros brazos,
si el corazón en pedazos
me vais robando de aquí?
No, don Juan, en poder mío
resistirte no está ya:
yo voy a ti, como va
sorbido al mar ese río.
Tu presencia me enajena,
tus palabras me alucinan,
y tus ojos me fascinan,
y tu aliento me envenena.
¡Don Juan!, ¡don Juan!, yo lo imploro
de tu hidalga compasión
o arráncame el corazón,
o ámame, porque te adoro.

José ZORRILLA: *Don Juan Tenorio.* Cátedra

a. ¿Qué expresiones aluden al amor como una condena?

b. ¿Te parecen sinceras las palabras de don Juan a juzgar por su comportamiento anterior? Razona la respuesta.

c. ¿Qué relación existe entre *El estudiante de Salamanca,* de José de Espronceda, y el *Don Juan Tenorio,* de José Zorrilla?

5 Lee este fragmento en el que se enumera la larga relación de los actos protagonizados por don Juan Tenorio y resuelve las actividades.

Por dondequiera que fui,
la razón atropellé,
la virtud escarnecí,
a la justicia burlé
y a las mujeres vendí.
Yo a las cabañas bajé,
yo a los palacios subí,
yo los claustros escalé
y en todas partes dejé
memoria amarga de mí.
Ni reconocí sagrado,
ni hubo razón ni lugar
por mi audacia respetado;
ni en distinguir me he parado
al clérigo del seglar.
A quien quise provoqué,
con quien quiso me batí,
y nunca consideré
que pudo matarme a mí
aquel a quien yo maté.

José ZORRILLA
Don Juan Tenorio. Cátedra

a. ¿Se puede afirmar que se trata de un texto claramente romántico? Razona la respuesta.

b. Identifica los paralelismos presentes en el fragmento. ¿Hay algún otro recurso literario que los potencie?

c. Explica las metonimias «cabañas», «palacios» y «claustros».

COMENTARIO DE TEXTO

Volverán las oscuras golondrinas
en tu balcón sus nidos a colgar,
y otra vez con el ala a sus cristales
jugando llamarán.

Pero aquellas que el vuelo refrenaban
tu hermosura y mi dicha a contemplar,
aquellas que aprendieron nuestros nombres...
esas... ¡no volverán!

Volverán las tupidas madreselvas
de tu jardín las tapias a escalar
y otra vez a la tarde aún más hermosas
sus flores se abrirán.

Pero aquellas cuajadas de rocío
cuyas gotas mirábamos temblar
y caer como lágrimas del día...
esas... ¡no volverán!

Volverán del amor en tus oídos
las palabras ardientes a sonar,
tu corazón de su profundo sueño
tal vez despertará.

Pero mudo y absorto y de rodillas
como se adora a Dios ante su altar,
como yo te he querido... desengáñate,
~~nadie así te amará~~.

Gustavo Adolfo BÉCQUER
Rimas y Leyendas
Edelvives

1 Enmarca el fragmento en el período literario al que pertenece. ¿En qué tendencia de la poesía romántica crees que puede inscribirse? ¿Por qué?

2 Resume el contenido del texto y enuncia su tema principal.

3 Describe la estructura externa del fragmento e indica las partes en que puede dividirse su contenido.

4 Señala los recursos literarios que se utilizan en el texto y la finalidad con que son empleados por el autor.

5 Tras haber estudiado la vida y obra de Bécquer, ¿en qué momento de la vida del autor crees que se sitúa el poema? Justifica tu respuesta.

TRABAJAMOS LAS COMPETENCIAS

Lee este texto y resuelve las actividades de la página siguiente.

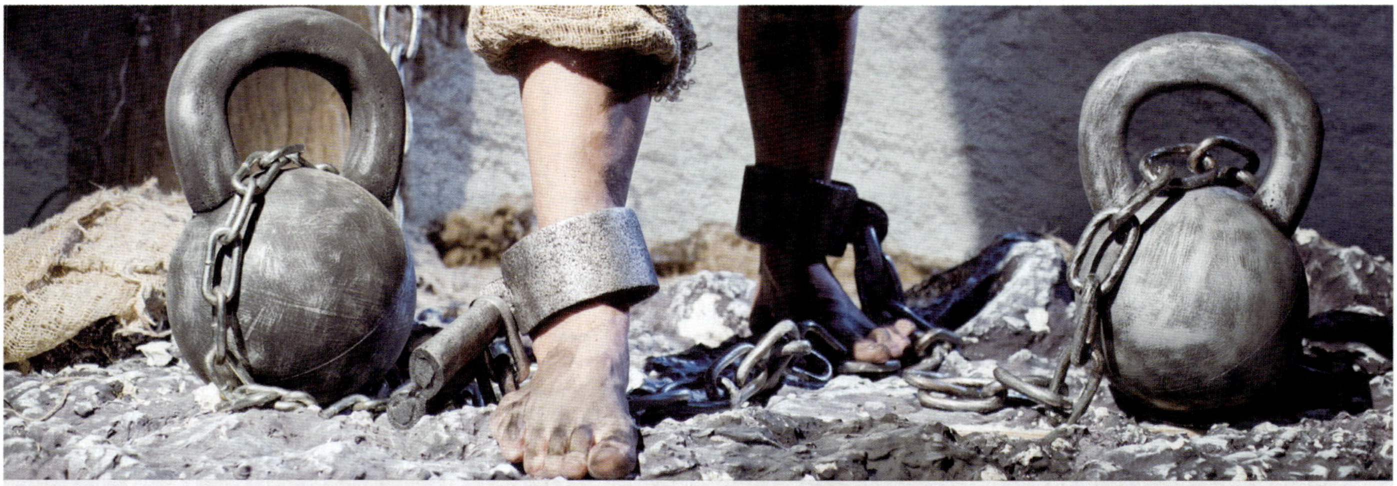

El fantasma de Canterville

Cuando míster Hiram B. Otis, el ministro de los Estados Unidos, adquirió el castillo de Canterville, todo el mundo le dijo que cometía una necedad, porque aquella finca estaba embrujada.

—Creo mi deber decirle, míster Otis —dijo lord Canterville—, que el fantasma ha sido visto por varios miembros de mi familia.

—Milord —contestó el ministro—, adquiriré el inmueble con el fantasma.

. . . .

A las once la familia se retiró a sus aposentos y a las once y media estaban apagadas todas las luces. Poco después despertó a míster Otis un ruido singular en el corredor; parecía como si arrastrasen unos hierros viejos, y se acercaba cada vez más.

Se levantó en el acto, encendió la luz y miró la hora. Era la una en punto. Míster Otis estaba perfectamente tranquilo; se tomó el pulso y no lo encontró nada alterado. El extraño ruido continuaba al mismo tiempo que se oían claramente unas pisadas. Se puso las zapatillas, cogió un frasquito alargado de su tocador y abrió la puerta.

Y vio frente a él, a los pálidos rayos de la luna, a un anciano de aspecto aterrador. Sus ojos parecían dos carbones encendidos; una larga cabellera gris caía en mechones revueltos sobre sus hombros; sus ropas, de corte anticuado, eran harapientas y sucias, y de sus muñecas y tobillos colgaban unas pesadas cadenas y unos grilletes mohosos.

—Mi distinguido señor —dijo míster Otis—, permítame que le ruegue encarecidamente que se engrase esas cadenas; le traigo para ello un frasco de lubricante Tammany-Sol-Naciente. Dicen que una sola aplicación es eficacísima. Voy a dejárselo aquí junto a los candelabros, y tendré un sincero gusto en proporcionarle más, si lo necesitase.

Dicho esto, el ministro de los Estados Unidos dejó el frasquito sobre una mesa de mármol, cerró la puerta y se volvió a meter en la cama.

El fantasma de Canterville permaneció unos minutos petrificado de indignación. Después tiró lleno de rabia el frasco contra el suelo y huyó por el corredor, lanzando gemidos cavernosos y despidiendo una tétrica luz verde. Pero cuando llegaba a la gran escalera de roble, se abrió de repente una puerta y aparecieron dos siluetas infantiles vestidas de blanco, ¡y una gruesa almohada pasó disparada rozando su cabeza! Evidentemente, no había tiempo que perder. Se desvaneció a través de la pared y la casa volvió a quedar en tranquilo silencio.

Llegado a un pequeño aposento secreto del ala izquierda del castillo, se recostó sobre un rayo de luna para tomar aliento y se puso a meditar sobre su situación. Jamás en toda su brillante y dilatada carrera, que duraba ya trescientos años seguidos, había sido insultado tan groseramente. Vino a su memoria la duquesa viuda, a la que hizo desmayarse aterrada cuando se estaba mirando en el espejo en su tocador; recordó a las cuatro doncellas en quienes había provocado un ataque de locura con convulsiones histéricas, solo haciéndoles visajes entre las cortinas; al párroco del pueblo, cuya vela apagó de un soplo cuando volvía aquel de la biblioteca a hora avanzada; y a la vieja madame de Tremouillac, que fue víctima de un ataque cerebral cuando, al despertarse al amanecer, le vio sentado en un sillón de su alcoba, al lado de la chimenea, en forma de esqueleto.

Oscar Wilde
El fantasma de Canterville. Alfaguara (adaptación)

1 Ante el interés de míster Otis por el castillo de Canterville...

a. todo el mundo aplaude una idea tan magnífica.

b. lord Canterville le confiesa que en el castillo vive un fantasma.

c. todo el mundo quiere sacarle la idea de la cabeza.

d. lord Canterville le asegura que el fantasma es aterrador.

2 Míster Otis se despierta porque...

a. los niños están formando follón.

b. se escuchan gritos fuera de la habitación.

c. oye ruido de hierros viejos a lo lejos.

d. el fantasma hace ruido en el pasillo.

3 La intención del fantasma es...

a. ganarse la amistad de la familia.

b. pasear tranquilamente por el castillo.

c. asustar a míster Otis y a su familia.

d. presentarse a los nuevos propietarios.

4 Cuando míster Otis intuye que el fantasma está cerca, reacciona con...

a. miedo.

b. sed de venganza.

c. nerviosismo.

d. parsimonia.

5 ¿Con qué finalidad se dirige míster Otis al fantasma?

a. Para ofrecerle una solución al ruido de las cadenas.

b. Para aconsejarle que abandone cuanto antes su propiedad.

c. Para prohibirle que se pasee de noche por el corredor del castillo.

d. Para proporcionarle unas cadenas perfectamente engrasadas.

6 Indica si estas afirmaciones son verdaderas o falsas.

a. Míster Otis lleva una hora y media en la habitación cuando se despierta. F

b. Una vez el fantasma dejó a oscuras al cura del pueblo. V

c. El fantasma tiene aspecto joven a pesar de llevar muchos años en el castillo. F

d. Los niños arrojan una almohada al fantasma. V

7 ¿A qué situación nueva se enfrenta el fantasma?

a. La ausencia de miedo y el pragmatismo en la actitud de los nuevos dueños.

b. Despertar un sentimiento de lástima en los demás.

c. Ser aterrorizado por los nuevos propietarios.

d. Sentirse ignorado por parte de los habitantes del castillo.

8 Ordena los siguientes hechos según la historia.

A. El fantasma huye furioso por el pasillo.

B. El silencio vuelve a reinar de nuevo en el castillo.

C. El fantasma de Canterville recuerda algunas de sus hazañas del pasado.

D. Míster Otis deja un frasco de lubricante junto a los candelabros.

a. A–C–B–D

b. D–A–B–C

c. D–C–B–A

d. B–A–D–C

9 El fantasma de Canterville...

a. hizo enloquecer a unas muchachas mientras hacía gestos a través de unas cortinas.

b. se lo pasa en grande asustando a los nuevos inquilinos del castillo.

c. se apareció en forma de esqueleto a la duquesa viuda mientras leía en su habitación.

d. solo recuerda otro episodio de su vida en el que fue puesto en ridículo.

10 El relato que has leído se enmarca en la narración romántica, concretamente, en la modalidad de...

a. novela histórica.

b. novela de costumbres.

c. relato de misterio.

d. novela sentimental.

11 ¿Qué palabra no significa lo mismo que el adjetivo «harapientas» (subrayado en el texto)?

a. Andrajosas.

b. Antiguas.

c. Apedazadas.

d. En jirones.

12 Escribe un texto de 125 palabras como mínimo para hablar del sentido del humor en la vida de las personas.

EVALUACIÓN

1 TIC Lee el texto y responde a las preguntas.

Lástima —dijo la voz, repitiendo mi piadosa exclamación—. ¿Y por qué me has de tener lástima, escritor? Yo a ti, ya lo entiendo. [...] Escucha: tú vienes triste como de costumbre; yo estoy más alegre que suelo. ¿Por qué ese color pálido, ese rostro deshecho, esas hondas y verdes ojeras que ilumino con mi luz al abrirte todas las noches? ¿Por qué esa distracción constante y esas palabras vagas e interrumpidas de que sorprendo todos los días fragmentos errantes sobre tus labios? [...] Yo en fin no tengo necesidades; tú, a pesar de tus riquezas, acaso tendrás que someterte mañana a un usurero para un capricho innecesario, porque vosotros tragáis oro, o para un banquete de vanidad en que cada bocado es un tósigo. Tú lees día y noche buscando la verdad en los libros hoja por hoja, y sufres de no encontrarla ni escrita. Ente ridículo, bailas sin alegría; tu movimiento turbulento es el movimiento de la llama, que, sin gozar ella, quema. Cuando yo necesito de mujeres echo mano de mi salario y las encuentro, fieles por más de un cuarto de hora; tú echas mano de tu corazón, y vas y lo arrojas a los pies de la primera que pasa, y no quieres que lo pise y lo lastime, y le entregas ese depósito sin conocerla. Confías tu tesoro a cualquiera por su linda cara, y crees porque quieres; y si mañana tu tesoro desaparece, llamas ladrón al depositario, debiendo llamarte imprudente y necio a ti mismo. [...] Concluyo: inventas palabras y haces de ellas sentimientos, ciencias, artes, objetos de existencia. ¡Política, gloria, saber, poder, riqueza, amistad, amor! Y cuando descubres que son palabras, blasfemas y maldices. En tanto el pobre asturiano come, bebe y duerme, y nadie le engaña, y, si no es feliz, no es desgraciado, no es al menos hombre de mundo, ni ambicioso ni elegante, ni literato ni enamorado. Ten lástima ahora del pobre asturiano. Tú me mandas, pero no te mandas a ti mismo. Tenme lástima, literato. Yo estoy ebrio de vino, es verdad; pero tú lo estás de deseos y de impotencia...

Mariano José DE LARRA
«La Nochebuena de 1836», en *Artículos*
Cátedra

Sátira del suicidio romántico (c. 1839), de Leonardo Alenza y Nieto.

a. Busca información sobre este artículo de Mariano José de Larra: ¿qué le sucedió al escritor poco después de escribirlo?, ¿crees que ese acontecimiento puede guardar alguna relación con lo expuesto en el texto? No olvides citar adecuadamente las fuentes que consultes.

b. ¿En cuál de los grupos en los que se clasifican los artículos de Larra incluirías el texto? ¿Por qué?

c. ¿Quién crees que puede ser el personaje que habla en el artículo? Justifica tu respuesta con datos extraídos del texto.

d. ¿De qué acusa el personaje que habla en el texto a quien le escucha?

e. En el texto se dibujan dos actitudes diferentes ante la vida. ¿Podrías resumir cada una de ellas?

f. ¿Cuál de esas actitudes vitales es más característica del Romanticismo? Razona la respuesta valiéndote de lo que has aprendido en esta unidad.

g. ¿Con cuál de esas actitudes vitales te identificas más? ¿Por qué?

h. Explica el sentido de la expresión «si mañana tu tesoro desaparece, llamas ladrón al depositario».

i. ¿Cuáles son los recursos literarios más significativos del texto? Explica la función que a tu juicio cumplen en el fragmento.

j. ¿Podrías establecer alguna relación entre este fragmento de Mariano José de Larra y la rima de Bécquer «¿De dónde vengo?» que has leído en la actividad 2 de la página 223?

2 Relee el poema «Canción del pirata» (pág. 215) y, a continuación, vuelve a observar el cuadro *La Libertad guiando al pueblo* (pág. 213). ¿Qué ideas del Romanticismo crees que están presentes en ambas obras? Argumenta tu respuesta.

3 Relaciona los siguientes fragmentos con alguno de los tres temas recurrentes en la obra lírica de Bécquer.

a. Mientras haya unos ojos que reflejen
los ojos que los miran;
mientras responda el labio suspirando
al labio que suspira;
mientras sentirse puedan en un beso
dos almas confundidas;
mientras exista una mujer hermosa,
¡habrá poesía!

b. Hoy la tierra y los cielos me sonríen;
hoy llega al fondo de mi alma el sol;
hoy la he visto…, la he visto y me ha mirado…
¡Hoy creo en Dios!

c. Yo voy por un camino, ella por otro;
pero al pensar en nuestro mutuo amor,
yo digo aún: «¿Por qué callé aquel día?»
y ella dirá: «¿Por qué no lloré yo?».

d. Mi vida es un erial,
flor que toco se deshoja;
que en mi camino fatal
alguien va sembrando el mal
para que yo lo recoja.

4 Lee el comienzo de la leyenda *El miserere*, de Bécquer:

Hace algunos meses que, visitando la célebre abadía de Fitero y ocupándome en revolver algunos volúmenes en su abandonada biblioteca, descubrí en uno de sus rincones dos o tres cuadernos de música bastante antiguos cubiertos de polvo y hasta comenzados a roer por los ratones. [....]

Consecuente con mi manía, repasé los cuadernos, y lo primero que me llamó la atención fue que, aunque en la última página había esta palabra latina, tan vulgar en todas las obras, *finis*, la verdad era que el *Miserere* no estaba terminado porque la música no alcanzaba sino hasta el décimo versículo.

Esto fue, sin duda, lo que me llamó la atención primeramente; pero luego que me fijé un poco en las hojas de música me chocó más aún el observar que, en vez de esas palabras italianas que ponen en todas, como *maestoso, allegro, ritardando, più vivo, a piacere*, había unos renglones escritos con letra muy menuda y en alemán, de los cuales algunos servían para advertir cosas tan difíciles de hacer como esta: *Crujen…, crujen los huesos, y de sus médulas han de parecer que salen los alaridos*, o esta otra: *La cuerda aúlla sin discordar, el metal atruena sin ensordecer; por eso suena todo y no se confunde nada, y todo es la humanidad que solloza y gime*, o la más original de todas, sin duda, recomendaba al pie del último versículo: *Las notas son huesos cubiertos de carne; lumbre inextinguible, los cielos y su armonía…; ¡fuerza!…, fuerza y dulzura.*

—¿Sabéis qué es esto? —pregunté a un viejecito que me acompañaba al acabar de medio traducir estos renglones, que parecían frases escritas por un loco.

El anciano me contó entonces la leyenda que voy a referiros.

Hace ya muchos años, en una noche lluviosa y oscura, llegó a la puerta claustral de esta abadía un romero y pidió un poco de lumbre para secar sus ropas, un pedazo de pan con que satisfacer su hambre y un albergue cualquiera donde esperar la mañana y proseguir con la luz del sol su camino.

Su modesta colación, su pobre lecho y su encendido hogar puso el hermano a quien se hizo esta demanda a disposición del caminante, al cual, después que se hubo repuesto de su cansancio, interrogó acerca del objeto de su romería y del punto a que se encaminaba.

—Yo soy músico —respondió el interpelado—, he nacido muy lejos de aquí y en mi patria gocé un día de gran renombre. En mi juventud hice de mi arte un arma poderosa de seducción y encendí con él pasiones que me arrastraron a un crimen. En mi vejez quiero convertir al bien las facultades que he empleado para el mal, redimiéndome por donde mismo pude condenarme.

Gustavo Adolfo Bécquer: «El miserere»
www.cervantesvirtual.com

a. ¿Dónde transcurre la historia?

b. Identifica al narrador o narradores.

c. ¿Cuántos personajes aparecen?

d. Ejemplifica las características de las leyendas vistas en la página 216 con fragmentos del texto.

5 Conviértete en escritor romántico y reelabora alguna leyenda popular que conozcas. A continuación, léela en voz alta en clase. Para inspirarte, lee algunas de las leyendas de Bécquer e intenta construir tu texto según la misma disposición:

1. Creación de un marco narrativo en el que tú te conviertes en personaje ante un hecho de difícil explicación. Fíjate en el texto de ejemplo, donde Bécquer crea una situación como marco para el relato fantástico que contará a continuación.
2. Narración de la leyenda que justifica o guarda relación con lo anteriormente expuesto.
3. Final de tu texto, donde indicas cómo ha influido el conocimiento de la leyenda en el marco narrativo creado al principio.

10 REALISMO Y NATURALISMO

LA MISERIA MAYOR ES LA IGNORANCIA

BENITO PÉREZ GALDÓS

爱

PRE SEN TAR

PROVERBIO CHINO

«El Fórum de Cortometrajes le invita a participar en la sesión sobre el corto *Proverbio chino*. Después de la visualización, tendrá lugar un coloquio guiado por su director. Estaremos encantados de contar con su presencia». Esta es la invitación que has recibido en tu correo. ¡Qué suerte! Después de ver el cortometraje, reflexiona sobre qué sentimientos te ha despertado y prepara las preguntas que te gustaría hacerle al director.

CO NO CER

¡HEMOS PERDIDO EL GUION!

Un director de cine quiere hacer una versión de la serie *Fortunata y Jacinta*, basada en la novela de Benito Pérez Galdós. Necesita el guion de las escenas para dárselo al equipo y que cada uno sepa lo que tiene que hacer, incluidos los actores; pero el guion se ha perdido. ¿Podéis ayudarle escribiendo un guion a partir de una de las escenas? Elegid la que más os guste.

IN VESTI GAR

TEST REALISTA

En grupos, elaborad un test que recoja las características fundamentales de la novela realista, con el objetivo de crear un filtro para valorar si un texto pertenece o no a esta corriente literaria. Además, debéis elegir fragmentos de cinco novelas distintas. Después, intercambiad los test y los fragmentos seleccionados para que vuestros compañeros y compañeras de otros grupos puedan comprobar si esos textos son realistas.

CREAR

ANA LIBERADA

Ana Ozores, protagonista de *La Regenta*, se ha escapado de Vetusta y de la novela. No sabe que los personajes literarios corren peligro en el mundo real, se esfuman a las 24 horas. Para salvarla, debes incluirla en un relato tuyo. Este debe seguir las pautas del realismo, o se asustaría. Y, ¡cuidado!, no puedes alterar las características del personaje, porque de esa forma también la harías desaparecer.

¿Sabes cuál es el texto base para hacer una película? ¿Qué contiene exactamente? ¿Se parece a otro tipo de texto que conozcas?

SECUENCIA 1

CALLES DE VETUSTA. CATEDRAL. EXTERIOR. DÍA (OTOÑO)

Sobre imágenes de Vetusta, desierta y azotada por el viento sur del otoño, que arrastra por aceras y bordillos remolinos de polvo, trapos, pajas y papeles, escuchamos una voz en *off* que dice:

«La heroica ciudad dormía la siesta. Vetusta, la muy noble y leal ciudad, corte en lejano siglo, hacía la digestión del cocido y la olla podrida, y descansaba oyendo entre sueños el monótono y familiar zumbido de la campana de coro, que retumbaba allá en lo alto de la esbelta torre en la Santa Basílica».

Siguiendo los remolinos, la cámara nos lleva hasta la catedral y, en un movimiento ascendente, se detiene al llegar a la torre.

SECUENCIA 2

CATEDRAL Y CAMPANARIO. INTERIOR-EXTERIOR. DÍA.

En el campanario, BISMARCK, pillo ilustre de Vetusta, empuña el sobado cordel atado bajo el badajo de la Wamba, la gran campana de la catedral, mientras CELEDONIO, acólito en funciones de campanero, alto, escuálido y afeminado, asomado a una ventana, escupe hacia la plazuela.

Desde lo alto, BISMARCK y CELEDONIO ven cruzar la plaza a DON FERMÍN DE PAS, EL MAGISTRAL, que se dirige a la puerta de la basílica.

CELEDONIO

¿Quieres que le atice al señor Magistral, que entra ahora?

BISMARCK

¿Cómo le conoces tú desde ahí?

CELEDONIO

(Gritando.)

¡El Laudes!; toca, que avisan.

(BISMARCK empuña el cordel y azota el metal con la porra del formidable badajo. BISMARCK cierra los ojos al oír las poderosas campanadas. El ruido cesa.)

Calla, que alguien está subiendo.

BISMARCK

Es un carca, ¿no oyes el manteo?

CELEDONIO

Don Fermín.

BISMARCK

¿Vendrá a pegarnos?... ¿Dónde me escondo?...

(BISMARCK, visiblemente asustado, echa una mirada al recinto del campanario y finalmente se decide a esconderse detrás de la Wamba, encaramado en una viga.

La imponente figura del MAGISTRAL asoma en el campanario. DON FERMÍN DE PAS, serio, cejijunto, se turba levemente al notar la presencia de los campaneros, y enseguida sonríe con una suavidad resbaladiza en la mirada y una bondad estereotipada en los labios. EL MAGISTRAL saluda a CELEDONIO, doblando graciosamente el cuerpo y tendiéndole una mano. El MONAGUILLO contesta con una genuflexión como las de ayudar a misa. BISMARCK, desde su escondite, observa cómo EL MAGISTRAL saca un catalejo. DON FERMÍN DE PAS inicia su tradicional costumbre de contemplar lo que él considera sus dominios a través de su catalejo. Desde las alturas, dirige su atención en primer lugar hacia el caserón de los Ozores, en la Rinconada de la Plaza Nueva, y en su huerto descubre interesado la imagen familiar de ANA OZORES, LA REGENTA, una guapísima señora de veintisiete años, llamada así por estar casada con DON VÍCTOR QUINTANAR, antiguo regente de la Audiencia de Vetusta, ahora ya jubilado.

ANA pasea leyendo un libro. EL MAGISTRAL la observa con atención creciente, hasta que aparecen PETRA, la doncella de la Regenta, y VISITACIÓN, otra señora mayor que ella. LA REGENTA entrega su libro a la DONCELLA, saluda con sendos besos en las mejillas a VISITACIÓN, y las dos señoras se dirigen a la puerta del huerto que da a la calle.

EL MAGISTRAL abandona su catalejo por unos segundos y dirige una mirada a CELEDONIO antes de reiniciar su rito. En ese momento, BISMARCK desaparece escaleras abajo. Luego, DE PAS toma de nuevo el catalejo y contempla las distintas barriadas de la ciudad: la Encimada, el Campo del Sol, la Colonia...)

Fernando Méndez Leite: *La Regenta, guion cinematográfico*
(basado en la obra original de Leopoldo Alas)
www.cervantesvirtual.com

Leer

1 Indica si las siguientes afirmaciones son verdaderas o falsas y corrige estas últimas.

a. La ciudad de Vetusta fue sede de la corte en épocas pasadas.

b. La campana de la catedral tiene nombre de mujer.

c. Don Fermín de Pas solía observar la ciudad con un catalejo desde la torre.

d. En la escena, Ana Ozores, la Regenta, está leyendo un libro justo antes de que llegue doña Visitación.

2 Indica qué acción propone Celedonio cuando dice: «¿Quieres que le atice al señor Magistral, que entra ahora?».

3 Resume el texto y señala cuál es su estructura, dividiéndolo en partes temáticas.

4 Identifica los lugares donde transcurre la acción. ¿Cómo se resaltan en el texto?

5 ¿En qué época del año transcurre la acción? ¿Cómo lo sabes? ¿Qué implicaciones tiene para la historia?

6 ¿Cuál sería el tiempo histórico? ¿Cómo se puede deducir?

7 El fragmento presenta algunas características formales similares a las de la novela. Señálalas. Después, indica cuáles lo aproximan al texto teatral. ¿Qué datos permiten pensar que se trata de un guion cinematográfico?

8 ¿Cuál es la intencionalidad del texto?

9 En este fragmento aparecen algunas figuras retóricas. Identifícalas y luego copia o explica los ejemplos.

10 ¿Crees que todo lo que aparece en el texto es imprescindible para rodar las escenas? Justifica tu respuesta.

11 En el caso de que hayas respondido que no, ¿qué fragmentos eliminarías? ¿Para qué crees que los ha incluido el autor del guion?

12 ¿Añadirías alguna información necesaria para rodar la película? ¿Cuál?

Sin faltas.com

13 ▶ La tipografía se utiliza también en textos específicos para marcar determinados aspectos estructurales. Observa el fragmento anterior y completa las afirmaciones.

a. El texto centrado se usa para…

b. Las comillas indican que…

c. Se indica quién habla mediante…

d. Los paréntesis indican…

Opinar

14 ¿Qué opinión te merecen los personajes que aparecen en el fragmento? Justifica tu repuesta atendiendo a sus distintas personalidades.

1 GÉNEROS AUDIOVISUALES DE FICCIÓN: EL GUION CINEMATOGRÁFICO

Un **largometraje**, un **corto** o una **serie** son **textos narrativos audiovisuales.** Cuando se graba una película, hay una historia que, antes de ser filmada, debe escribirse en forma de **guion cinematográfico**, el cual se va elaborando en diversas etapas:

1. **Idea:** en una o dos líneas se recogen la **intención**, el **mensaje** y el **tema** que se quieren expresar.

2. ***Storyline:*** es un **resumen** muy escueto de la historia. Se expresa en un párrafo aproximadamente.

3. **Sinopsis:** es un resumen ampliado de la historia, normalmente de cinco o seis páginas. Sirve para mostrar la idea y despertar el interés de los implicados (productor, actores, etc.).

4. Redacción novelada o **tratamiento:** se desarrolla la sinopsis y se narra la acción como si fuese un relato corto, en unas cuarenta o cincuenta páginas.

5. **Estructura:** el relato se **divide en secuencias y escenas,** marcadas por los diferentes espacios y tiempos de la acción.

6. **Guion literario:** con la **redacción novelada** y la **estructura en secuencias y escenas,** se detallan la acción, el espacio, el tiempo y el diálogo de los personajes. Puede ser más o menos literario.

   Este corre a cargo de los guionistas, que deben tener conocimientos sobre montaje: saber qué se puede hacer y qué no en una película. Un guion literario debe **visualizarse** y **oírse,** es decir, ha de poder convertirse en imágenes y sonidos. Para ello se emplean unos formatos preestablecidos (aunque hay distintos tipos), de manera que cualquiera pueda entender lo que se verá y se oirá en el largometraje o corto.

7. **Guion técnico:** incluye elementos técnicos y **detalles de rodaje,** para lo que se divide el guion literario en **planos.** Viene a ser un borrador del montaje definitivo. Su elaboración es tarea del director o la directora de la película, quien incluye todos los detalles técnicos de la filmación, especialmente los tipos de plano, los movimientos de la cámara, los encuadres, etc.

8. ***Storyboard*** **o guion gráfico:** consiste en convertir el guion en una serie de imágenes dibujadas que detallan todas las tomas de la película, con los distintos planos, encuadres y ángulos de visión. Los movimientos de la cámara se señalan con flechas y rectángulos en distinto color. En el pie de cada imagen aparecen descripciones y notas con los elementos necesarios para filmar las tomas.

El guion cinematográfico incluye los siguientes elementos:

Número de **secuencia**.

SECUENCIA 1

CALLES DE VETUSTA. CATEDRAL. EXTERIOR. DÍA (OTOÑO)

Sobre imágenes de Vetusta, desierta y azotada por el viento sur del otoño, que arrastra por aceras y bordillos remolinos de polvo, trapos, pajas y papeles, escuchamos una voz en *off* que dice:

«La heroica ciudad dormía la siesta. Vetusta, la muy noble y leal ciudad, corte en lejano siglo, hacía la digestión del cocido y la olla podrida, y descansaba oyendo entre sueños el monótono y familiar zumbido de la campana de coro, que retumbaba allá en lo alto de la esbelta torre en la Santa Basílica».

Siguiendo los remolinos, la cámara nos lleva hasta la catedral y, en un movimiento ascendente, se detiene al llegar a la torre.

SECUENCIA 2

CATEDRAL Y CAMPANARIO. INTERIOR-EXTERIOR. DÍA.

En el campanario, BISMARCK, pillo ilustre de Vetusta, empuña el sobado cordel atado bajo el badajo de la Wamba, la gran campana de la catedral, mientras CELEDONIO, acólito en funciones de campanero, alto, escuálido y afeminado, asomado a una ventana, escupe hacia la plazuela.

Desde lo alto, BISMARCK y CELEDONIO ven cruzar la plaza a DON FERMÍN DE PAS, EL MAGISTRAL, que se dirige a la puerta de la basílica.

CELEDONIO

¿Quieres que le atice al señor Magistral, que entra ahora?

BISMARCK

¿Cómo le conoces tú desde ahí?

CELEDONIO

(Gritando.)

¡El Laudes!; toca, que avisan.

(BISMARCK empuña el cordel y azota el metal con la porra del formidable badajo. BISMARCK cierra los ojos al oír las poderosas campanadas. El ruido cesa.)

Calla, que alguien está subiendo.

Encabezado: describe el lugar de la secuencia.

- Localización: calles de Vetusta y la catedral.
- Escena exterior o interior (a veces se utilizan las marcas «EXT» o «INT»).
- Referencias temporales: día, atardecer, noche...

Voz en *off*: se oirá de fondo. El texto de voz en *off* se resalta con comillas.

Movimientos de la **cámara**.

Descripción de la escena: especifica los movimientos de los personajes, sus actitudes, etc. Se escribe en presente y con el texto centrado.

Personajes que intervienen. Los nombres de los personajes aparecen siempre en mayúscula, incluso en las descripciones de la escena.

Parlamento de los personajes: el diálogo se diferencia de las descripciones de escenas por la alineación y los márgenes.

Cuando la **descripción de las acciones** se inserta en el diálogo, se escribe entre paréntesis. Equivale a las acotaciones en el teatro.

Escribir

1 En parejas, vais a escribir el guion cinematográfico para un corto. Podéis adaptar un cuento o un fragmento de una novela, o bien inventarlo:

1.º Pensad en qué mensaje queréis transmitir y el tema del corto.

2.º Redactad la sinopsis.

3.º Definid los personajes y determinad los diálogos.

4.º Dividid el relato en secuencias y escenas.

5.º Preparad el guion cinematográfico atendiendo a sus características:

a. Redactad los encabezados de escena indicando si son en exterior o interior, dónde transcurren y en qué momento del día. Describid las acciones: los verbos han de estar en presente; los nombres de los personajes destacados en mayúsculas; y debéis incluir los movimientos de la cámara (si los hay).

b. Escribid los diálogos de los personajes.

c. Incluid acotaciones para detallar cómo transcurre el diálogo.

2 EL CORTOMETRAJE

El **cortometraje** (o corto) es una producción audiovisual cinematográfica breve; normalmente tiene una duración máxima de treinta minutos.

El corto nació con el cine: su duración la determinaba el tamaño del rollo de grabación, que solía ser de diez minutos. Cuando se creó la técnica del montaje (unir distintas tomas de forma física), se pudo ampliar su duración, lo que llevó al largometraje; si bien el corto se ha mantenido como un formato específico. Los primeros cortos eran documentales, pero rápidamente se abrieron a todo tipo de temas.

Esta producción admite los mismos géneros que el largometraje (*thriller*, policíaco, animación, etc.), pero el formato limita el número de personajes que pueden aparecer, los espacios y la complejidad de la trama.

Un corto debe ser capaz de narrar una historia en unos minutos, de ahí que se caracterice por la **concisión**, la **expresividad** y la **fuerza dramática.** Se puede equiparar al cuento en los géneros narrativos.

Su **estructura** es igual a la de la **narración:** planteamiento, nudo y desenlace. Este último cobra gran importancia en este formato ya que debe impactar, ser inesperado o invitar a la reflexión.

Consejos para actuar ante una cámara

- Métete en el papel: procura conocer al personaje, eso te permitirá representarlo con credibilidad.
- Ensaya delante de un espejo: podrás valorar tus movimientos y expresiones.
- Pronuncia tus frases en voz alta atendiendo a los cambios de tono, el volumen y la cadencia. Puedes hacer anotaciones en el texto para recordarlas.
- Proyecta la voz, no hables muy rápido y cuida la pronunciación.
- Recuerda: las pausas son tan importantes como las palabras.
- Utiliza técnicas de relajación antes de la grabación: respirar profundo o tensar y destensar los músculos puede ayudarte.

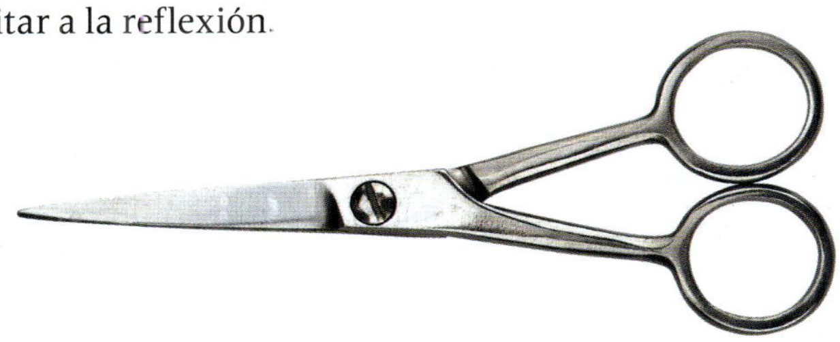

Escuchar y hablar

1 **TIC** Busca y visualiza el cortometraje *Cuerdas* y resuelve las cuestiones siguientes:

a. Indica cuál es el tema del vídeo y resume su contenido.
b. ¿Qué idea nos transmite la historia?
c. Identifica la estructura: planteamiento, nudo y desenlace.
d. ¿Dónde transcurre la acción? Señala los distintos escenarios.
e. ¿Cómo se marca el paso del tiempo?
f. Señala y clasifica los personajes que aparecen. Descríbelos según sus actitudes.
g. ¿A qué crees que se debe el título? Justifica tu respuesta.
h. ¿Qué función tienen los créditos que aparecen al final?
i. Valora el desenlace de la historia: ¿es impactante? ¿Invita a la reflexión? Justifica tu respuesta.

2 **TIC** En grupos, vais a grabar un corto utilizando el guion que habéis elaborado en el apartado «Escribir»:

1.º Redactad el *storyboard* de vuestro guion literario.
2.º Repartíos los papeles: personajes, director y cámara.
3.º Grabad el corto teniendo en cuenta las tareas de cada uno:
- El director organiza las escenas y los movimientos de los personajes.
- El cámara elige los planos y su angulación.
- Los personajes deben hablar con claridad y moverse adecuadamente por el espacio, atendiendo a las indicaciones del director.

4.º Montad el corto utilizando algún programa de edición de vídeo. Añadidle título, créditos y música.

1 SEGUNDA MITAD DEL SIGLO XIX: REALISMO Y NATURALISMO

Impertinentes, usados para la opera y el teatro.

En el siglo XIX, las cuestiones sociales se convirtieron en el principal centro de atención del arte y el pensamiento occidental. En este período la clase burguesa se asentó en el poder político y avanzó la Revolución Industrial, lo que determinó el progreso técnico en el mundo occidental y el desarrollo de la ciencia. Se produjo también la instauración de una **economía capitalista** en la que, a menudo, la producción industrial condicionaba por completo la vida social.

El capitalismo favoreció la **expansión colonial** en busca de materias primas y mercados donde vender los productos manufacturados, con lo que comenzó a plantearse una división del mundo entre países pobres y ricos que continúa hasta la actualidad. Se agudizó también el **desequilibrio social** entre una burguesía dueña de los medios de producción y un proletariado que malvivía del trabajo en las industrias. Tal desequilibrio explica el nacimiento del movimiento obrero y su choque con el liberalismo aparecido en la primera mitad del siglo, provocando inestabilidad social en buena parte del continente europeo.

En el terreno del pensamiento triunfa el **positivismo,** que considera como objeto de conocimiento solamente aquello que pueda ser comprendido por la razón y demostrable mediante la experimentación. Esta posición intelectual favoreció el desarrollo de las ciencias naturales en detrimento de conocimientos tales como la metafísica o la teología. El resultado fue una **exaltación de la ciencia,** a la que se otorgó un poder casi ilimitado para responder a los grandes interrogantes de la humanidad.

La influencia de la ciencia se manifestó en la aparición de nuevos **géneros narrativos**, como la novela de anticipación de **Julio Verne**, que habla sobre **avances tecnológicos**, o la novela policíaca de **Arthur Conan Doyle**, que recurre al **saber científico** para **resolver las intrigas criminales.** Los estudios científicos también influyeron en la perspectiva adoptada por los escritores, que se enfrentaban a situaciones de la época desde posiciones objetivas, para así poder analizar y comprender mejor a los personajes en su contexto social.

En España, la segunda mitad del siglo XIX estuvo marcada por la **inestabilidad política,** que retrasó el avance de la Revolución Industrial. En este período que nos ocupa pueden señalarse diversas etapas:

- **1833-1868 (reinado de Isabel II).** Época en la que España vivió bajo Gobiernos liberales y moderados que tuvieron que enfrentarse al levantamiento carlista contra el nombramiento de la reina; a la crisis económica fruto de la emancipación de las posesiones americanas; y a la reorganización de un país roto tras la guerra de la Independencia contra Francia y el absolutismo del reinado de Fernando VII.
- **Revolución de 1868.** El fracaso de los Gobiernos liberales provocó la Revolución de 1868 (la Gloriosa) y el derrocamiento de la dinastía borbónica. España pasará después por diferentes Gobiernos provisionales, el breve reinado de Amadeo de Saboya, la Primera República y dos Gobiernos militares.

La reivindicación obrera

Dos acontecimientos de la segunda mitad del XIX representan el nacimiento de la conciencia obrera y la lucha por la igualdad de derechos: **la marcha de mujeres** reclamando igualdad salarial en la industria textil de Nueva York el **8 de marzo de 1857** y la represión que provocó la muerte de un buen número de ellas; y la **huelga proletaria de Chicago del 1 de mayo de 1886** que terminó con la ejecución de los principales líderes sindicales. Ambas fechas se han convertido en jornadas de conmemoración y reivindicación de la igualdad de derechos sociales.

- **1874 (restablecimiento de la monarquía borbónica con Alfonso XII).** Desde esa fecha, España se rige por un sistema de turnos de gobierno entre dos partidos burgueses (el conservador y el liberal) impulsado por Antonio Cánovas del Castillo. Aunque el país gana estabilidad política, los problemas no desaparecen: corrupción política, pérdida de las últimas posesiones en América y Filipinas, levantamientos sociales, crisis económica, etc.

Tendencia antirrealista

Frente a la corriente realista, algunos escritores se negaron a reducir la creación artística a un simple reflejo de la realidad exterior. Estos autores se concentraron en el análisis de la intimidad, que ya había sido asunto principal del movimiento romántico, aunque lo hicieron valiéndose de un lenguaje más sencillo y directo. Esta tendencia fue minoritaria en la época y se dio especialmente en la lírica, donde destacaron las figuras de **Rosalía de Castro** y **Gustavo Adolfo Bécquer,** autores estudiados en la unidad anterior.

1.1 TENDENCIAS LITERARIAS

La representación de la **realidad** y sus **conflictos** se convierte en el centro de interés de la literatura de esta época, alejándose del gusto romántico por la fantasía y la proyección de la intimidad. Se pueden identificar **tres fases** fundamentales en este período.

Prerrealismo	1849-1868	• Temas sentimentales. • Inclusión de descripciones de escenarios y de personajes. • Pervivencia de la evasión y la idealización de la realidad.
Realismo	Desde 1868	• Reflejo objetivo de la sociedad contemporánea. • Supresión de elementos fantásticos.
Naturalismo	Último tercio de siglo	• Personajes determinados por el medio social y la herencia genética. • Transformación de la sociedad como finalidad de la obra. • Aplicación del método científico: observación, diagnóstico del mal, propuesta de transformación. • Interés por los aspectos más desagradables y violentos de la realidad.

Aunque algunos escritores se mantuvieron fieles al **realismo** puro, los más importantes del momento (Benito Pérez Galdós, Leopoldo Alas, Emilia Pardo Bazán) evolucionaron hacia posiciones cercanas al **naturalismo.**

No obstante, no puede hablarse de verdadero naturalismo en la literatura española de estos años, ya que nuestros escritores dedicaron una mayor atención a las desigualdades sociales sin incorporar el determinismo biológico.

Literatura y otras artes

El cuadro *Comedores de patatas* (1885), de Vincent van Gogh, supone el momento culminante de la primera etapa creativa del autor. Este se mantiene fiel a los temas habituales en la pintura realista europea. No obstante, aunque la realidad es el asunto del cuadro, esta es observada desde un punto de vista personal que se aleja del ideal de objetividad.

La subjetividad del pintor se muestra en los rasgos monstruosos de los personajes, que tienen expresiones caricaturescas. La intención es captar su esencia genuina, alejada de la cultura burguesa. A ello también contribuye la elección de tonos terrosos oscuros. En este cuadro se percibe ya la superación del realismo; pertenece a la tendencia naturalista y espiritualista que se observa en las novelas europeas.

2 LA NOVELA

Secante empleado para que no se emborrone lo escrito.

Desde mediados de siglo, algunos novelistas prerrealistas habían comenzado a prestar atención a la realidad social en sus obras. Fernán Caballero, seudónimo de **Cecilia Böhl de Faber**, incorporó ya en sus novelas amplias descripciones de personajes y lugares, aunque la trama de sus obras seguía siendo eminentemente sentimental, como era habitual en la literatura romántica.

Será necesario esperar a la Revolución de 1868 para que la novela moderna española alcance su primer momento de esplendor con la generación de 1868. El fin de la censura que llega con la Gloriosa permite una literatura crítica con la sociedad y el poder, objeto central de la literatura realista. Esta generación está compuesta principalmente por **Juan Valera, José María de Pereda, Benito Pérez Galdós, Emilia Pardo Bazán, Armando Palacio Valdés** y **Leopoldo Alas.** Aunque son muchas las diferencias entre ellos, también pueden encontrarse características comunes en sus obras:

- El **tema** central es la **sociedad,** contemplada desde distintas perspectivas ideológicas. Algunos autores (Pérez Galdós, Leopoldo Alas) se enfrentaron a ella desde posiciones progresistas y criticaron la desigualdad, la corrupción política o el choque entre los valores tradicionales y modernos; otros (José María de Pereda, Armando Palacio Valdés) mantuvieron posturas más conservadoras, oponiéndose a los cambios que se producían en la sociedad española e idealizando la realidad. Dentro de este amplio tema, los autores de la generación de 1868 se ocuparon específicamente de las siguientes cuestiones:

La novela europea en la segunda mitad del siglo XIX

La novela europea de estos años evoluciona a través de tres etapas:

- **Prerrealismo.** Elementos realistas sobre el sentimentalismo romántico: Stendhal.
- **Realismo.** Reflejo fiel de la vida contemporánea: Honoré de Balzac, Gustave Flaubert, Charles Dickens.
- **Superación del realismo.**
  - Naturalismo. Denuncia e intento de transformación del mal funcionamiento social: Émile Zola.
  - Espiritualismo. Concentración en el individuo y su angustia: Fiodor Dostoievski y León Tolstói.

El amor y sus problemas

El adulterio, el amor entre hermanos, la desigualdad en edad y condición social entre los enamorados y la castidad de los religiosos están presentes en obras como *Fortunata y Jacinta*, de Benito Pérez Galdós; *La Regenta*, de Leopoldo Alas; o *Pepita Jiménez*, de Juan Valera.

La dualidad ideológica

En la sociedad conviven formas de vida enfrentadas: el mundo rural frente al urbano, el anticlericalismo frente al clericalismo, la defensa de la familia tradicional frente a una nueva visión de esta o las ideas liberales frente a las conservadoras.

- **Técnicamente,** las obras se caracterizan por los siguientes rasgos:
  - Narrador omnisciente que introduce comentarios y reflexiones de todo tipo.
  - La trama sigue un orden cronológico y se ajusta a la estructura de presentación, nudo y desenlace.
  - Se utiliza la precisión en las descripciones de objetos, espacios y personajes.
  - Las obras están ambientadas en la época contemporánea.
  - El centro de interés se sitúa en el personaje, cuya vida es explicada en función de las relaciones con la realidad que habita.
  - Cobran protagonismo el diálogo y el monólogo en estilo directo e indirecto libre, a través del cual se da a conocer la psicología del personaje.

2.1 JUAN VALERA

Su obra responde a unas características que permiten incluirla en el realismo:

- Rechaza la fantasía y el exceso sentimental.
- Describe con precisión los caracteres de los personajes y los escenarios en que se desarrollan sus tramas.
- Piensa que la novela debe reflejar la vida contemporánea y sus conflictos, especialmente los que tienen que ver con la religión y el amor.

Sin embargo, dos aspectos diferencian al autor andaluz de sus compañeros de la generación de 1868:

- Sus obras presentan una realidad idealizada y embellecida.
- Opina que la novela es el arte de la palabra, por lo que cuida al máximo el lenguaje y huye de la simplicidad y el prosaísmo característicos de la narrativa realista.

Entre sus obras destacan *Juanita la Larga*, publicada en 1895; y su primera novela, *Pepita Jiménez*, aparecida en 1874.

Juan Valera

Nació en Cabra (Córdoba) en 1824 y estudió en Málaga y Granada, donde recibió una sólida formación clásica y se introdujo en el Romanticismo dominante en aquella época. En 1847 comienza su trabajo como diplomático, gracias al cual viajará por diversos países europeos y americanos; y, más adelante, como diputado en las Cortes. El escritor compaginó sus tareas políticas con el trabajo intelectual, del que nació una obra muy extensa en la que figuran la novela y el relato breve, el teatro y la poesía, así como el ensayo crítico y el periodismo de opinión. Murió en Madrid en 1905.

Argumento de *Pepita Jiménez*

La obra narra la historia de los amores entre el seminarista Luis de Vargas y la joven viuda Pepita Jiménez, comprometida con don Pedro, el padre de Luis de Vargas. A través de la obra, el lector asiste al enamoramiento del muchacho, al debate interior entre la vocación religiosa y la atracción por Pepita, y al remordimiento del joven que ve en sus sentimientos una traición al padre. El final de la novela ofrece al lector una solución satisfactoria, pues el padre comprende la mutua atracción de los jóvenes y favorece la relación.

En el siguiente fragmento se puede observar la idealización del personaje de Pepita, presentada como un ser que ennoblece todo cuanto la rodea:

> Ya he dicho a usted en otras cartas que los ojos de Pepita, verdes como los de Circe, tienen un mirar tranquilo y honestísimo. Se diría que ella ignora el poder de sus ojos, y no sabe que sirven más que para ver. Cuando fija en alguien la vista, es tan clara, franca y pura la dulce luz de su mirada, que, en vez de hacer nacer ninguna mala idea, parece que crea pensamientos limpios; que deja en reposo grato a las almas inocentes y castas, y mata y destruye todo incentivo en las almas que no lo son. Nada de pasión ardiente, nada de fuego hay en los ojos de Pepita. Como la tibia luz de la luna es el rayo de su mirada.
>
> Juan VALERA: *Pepita Jiménez*. Cátedra

La novela se presenta como una colección de documentos atribuidos al deán de la catedral, y tío de Luis de Vargas. Su **estructura** se divide en tres partes:

Cartas de mi sobrino	Paralipómenos	Cartas de mi hermano
Cartas de Luis de Vargas al deán, en las que da cuenta de la vida en el pueblo y del nacimiento del amor.	Relato en tercera persona donde se conoce que el amor de Luis es correspondido por Pepita y aceptado por don Pedro.	Fragmentos de cartas de don Pedro a su hermano, el deán, tras la boda de Luis y Pepita. Sirven para cerrar las distintas tramas abiertas.

2.2 EMILIA PARDO BAZÁN

Después de sus primeros tanteos literarios, Emilia Pardo Bazán publicó en 1883 el ensayo *La cuestión palpitante,* en el que analizaba el naturalismo francés. La escritora alababa en su ensayo la precisión descriptiva de las novelas naturalistas; sin embargo, rechazaba los principios fundamentales de la tendencia: la idea de que los seres humanos están determinados por el medio social y la ascendencia genética, así como la especial atención de las obras a los asuntos más escabrosos de la vida.

En el terreno creativo, la obra más importante de la escritora es *Los pazos de Ulloa,* una novela que narra la llegada de un joven sacerdote a las posesiones del marqués de Ulloa. Esta obra se centra en tres cuestiones principales:

- La **descripción del mundo rural gallego,** marcado por la violencia y el atraso.
- La **degradación de los seres humanos,** como la aristocracia pueblerina.
- El **choque entre la barbarie rural** y la **civilización** de los personajes procedentes del **mundo urbano.**

La novela incorpora elementos procedentes del naturalismo, como la presencia de abundantes, minuciosas y bien documentadas descripciones de lugares y personajes, la capacidad del medio para influir en los comportamientos humanos; o la presencia de situaciones escabrosas de naturaleza sexual.

Mención aparte merece *Insolación,* novela alejada del naturalismo en la que la escritora explora desde diferentes perspectivas una relación amorosa contraria a la moral y convenciones sociales de la época que no conduce a la destrucción de la protagonista, sino a la afirmación del deseo femenino y su legitimación a través del matrimonio.

Emilia Pardo Bazán

Nació en 1851, en La Coruña. Recibió una esmerada educación en su tierra natal y en Madrid, ciudad en la que pasó grandes temporadas desde su niñez y donde finalmente se estableció hasta su muerte en 1921. Su trayectoria literaria se inicia en la lírica, aunque desde 1880 cultivará más el género narrativo, junto al periodismo crítico. Sus novelas responden a las dos tendencias de su época: el naturalismo, cuyas técnicas introduce en España, y el realismo, que aún conserva restos del idealismo romántico.

2.3 LEOPOLDO ALAS, *CLARÍN*

La obra literaria de Leopoldo Alas es casi exclusivamente narrativa, aunque también es autor de ensayos sobre diversos asuntos (crítica literaria o cuestiones filosóficas, políticas y sociales). Asimismo, fue autor de cuentos y responsable de la incorporación en España de las **nuevas tendencias europeas** de la **narrativa breve.** Sus relatos se clasificaron en dos grupos:

- Aquellos en los que predomina una visión dulce y melancólica **de la sociedad más desfavorecida.** Estos relatos no están exentos de denuncia, pero prevalece la ternura del narrador hacia los personajes más humildes. Entre estos relatos destaca «¡Adiós, Cordera!», texto en el que el autor opone la dureza del mundo moderno y la vida tradicional apegada a la naturaleza.
- En **otros relatos,** en cambio, se muestra más **agresivo** en su **crítica.** Así puede observarse en «Pipá», protagonizado por un «niño de la calle» que muere trágicamente. El escritor aprovecha su historia para denunciar la falta de humanidad de la buena sociedad y los poderes públicos hacia las criaturas desvalidas.

Leopoldo Alas escribió tan solo tres novelas largas: *Su único hijo, Cuesta abajo* y *La Regenta,* uno de los relatos más importantes escritos durante el siglo XIX.

Leopoldo Alas, *Clarín*

Nació en Zamora en 1852, aunque siendo niño se trasladó a Oviedo, de donde procedía su familia; y posteriormente a Madrid, ciudad en la que cursó estudios de Derecho. A lo largo de su vida, ejerció la docencia en las universidades de Zaragoza y Oviedo, tarea que compaginó con una activa labor como periodista de opinión, crítico y narrador. El autor expuso en sus obras (firmadas bajo el seudónimo *Clarín*) unos sólidos conocimientos filosóficos y una ideología progresista desde la que analizó la situación social y política de la España de su tiempo. Murió en Oviedo en 1901.

LA REGENTA

La **trama** de la novela se sitúa en Vetusta, nombre que esconde a la ciudad de Oviedo, donde vive Ana Ozores, la esposa del antiguo regente don Víctor Quintanar. Ana es una joven hermosa que intenta huir de la mediocridad de Vetusta y de un matrimonio desigual en edad. En primer lugar, busca en la religión una salida; pero, al verse presionada por la pasión de su confesor, Fermín de Pas, abandona ese camino. Se refugia entonces en el amor de un donjuán provinciano, Álvaro Mesía, que matará en duelo al marido de la muchacha y huirá de la ciudad. Los sucesos provocan el escándalo y el rechazo social hacia Ana Ozores.

La **estructura** de la novela se divide en dos secciones:

	Extensión	Tiempo narrado	Sucesos
Primera parte	Quince capítulos	Tres días	Presentación de los personajes y sus antecedentes. Descripción del ambiente social de Vetusta.
Segunda parte	Quince capítulos	Tres años	Lucha de Fermín de Pas y Álvaro Mesía por el amor de Ana Ozores. Escándalo y rechazo social de Ana Ozores.

El **tema central** de *La Regenta* es la **influencia del medio social** en las vidas humanas. Todos los personajes se ven sometidos a la opresión de una sociedad clasista, más pendiente de las vidas ajenas que de las propias. Son fruto de una educación anticuada e intolerante que no respeta los deseos del individuo y que niega la libertad de acción y de pensamiento.

Este asunto central se pone de manifiesto en las diversas temáticas tratadas en la obra:

- El **adulterio** de Ana es provocado por la falta de expectativas vitales del personaje, no por la ausencia de moral de la muchacha.
- La **mujer** es **esclava de las opiniones ajenas** y se le niega todo protagonismo al margen de las parcelas tradicionales: familia, religión y eventos sociales.
- La **desigualdad entre clases** determina las vidas de los habitantes de Vetusta, y la organización política solo sirve a los intereses de los grupos poderosos.
- La **Iglesia** no sirve como consuelo a los seres humanos, sino que se convierte en uno de los **órganos de poder** que aplasta al individuo.

La Regenta introduce numerosas **innovaciones técnicas** en la novela española:

- El **narrador omnisciente** interviene a menudo, criticando con profunda ironía la conducta de los personajes o las situaciones creadas.
- El **comportamiento de los personajes** viene determinado por el medio social en el que habitan, lo que sitúa la novela en la esfera del **naturalismo.**
- El narrador suele alternar el **estilo directo, el indirecto y el indirecto libre** para comunicar palabras y pensamientos de los personajes.

Las mujeres en la novela realista

Muchas obras del siglo XIX se ocupan del papel de la mujer en la sociedad burguesa: la desigualdad en que se encuentra, la carencia de formación y la negación de sus expectativas personales. El ámbito reservado a la mujer seguía siendo la familia, y la literatura de la época analizó la situación de unas mujeres que ya no se conformaban con la simple aceptación del rol asignado.

Entre las muchas novelas que trataron este tema destacan *La Regenta*, de Leopoldo Alas, *Madame Bovary*, de Gustave Flaubert y *Anna Karenina*, de León Tolstói. Las tres obras se construyen sobre el núcleo argumental del adulterio, pero van más allá del relato de la infidelidad. En ellas, una mujer repleta de matices, bien distintos en los tres casos, busca una vida más satisfactoria, aunque suponga la exposición al escándalo y su destrucción personal.

2.4 BENITO PÉREZ GALDÓS

Compuso obras periodísticas, teatro, ensayo y libros de viajes. Pero su importancia en la historia literaria española reside en su obra narrativa, que puede clasificarse en los siguientes grupos: narrativa breve, *Episodios nacionales* y novelas largas. La trayectoria novelística del autor pasa por tres etapas bien diferenciadas.

NOVELAS DE TESIS (1870-1878)

En este apartado se incluyen las primeras novelas del autor, centradas todas ellas en el **análisis de diferentes conflictos ideológicos:** la tradición frente a la modernidad, el mundo rural frente al urbano, el anticlericalismo, la tolerancia y la hipocresía. Los **personajes** de estas obras representan posturas ideológicas enfrentadas, resultan demasiado esquemáticos y poco desarrollados, y están **sometidos a la intención del autor** de denunciar el conservadurismo de la sociedad española. Destacan *Doña Perfecta, La familia de León Roch* y *Marianela.*

NOVELAS CONTEMPORÁNEAS (1881-1889)

En las doce novelas de esta etapa, Galdós crea un mundo imaginario que **refleja la diversidad de la realidad.** A través de los barrios y calles de Madrid, el autor ofrece su visión de España, pero sin caer en la simplicidad de la etapa anterior. Los **personajes** son ahora **más complejos y profundos,** repletos de matices.

Desde el punto de vista técnico, las novelas también son más perfectas que las anteriores y responden claramente a los caracteres del realismo narrativo:

- El **narrador omnisciente** se comporta como un cronista que adopta un punto de vista objetivo sobre los acontecimientos y personajes.
- El **diálogo** gana protagonismo en los relatos y se convierte en el vehículo para presentar diferentes perspectivas sobre la misma realidad.
- El **pensamiento de los personajes** se muestra a través de los abundantes monólogos interiores y el estilo indirecto libre.

Benito Pérez Galdós

Nacido en Las Palmas de Gran Canaria en 1843, el escritor se trasladó a Madrid, donde residió desde 1862 hasta su muerte en 1920. Durante su larga vida compaginó la creación literaria con la colaboración en prensa y la actividad política. Ideológicamente, Pérez Galdós se situó desde el principio entre las posiciones más progresistas de su tiempo: defendió la separación de la Iglesia y el Estado, criticó duramente el oscurantismo del clero español, abogó por la reforma de la educación para adecuarla a los nuevos tiempos y, en sus últimos años, apostó por la instauración del sistema republicano en el Gobierno de España.

Argumento y estructura de *Fortunata y Jacinta*

Fortunata y Jacinta (1887) es una de las obras maestras del autor. Narra la historia de dos mujeres: Jacinta, la esposa de Juan Santa Cruz; y Fortunata, su amante. Al hilo de los personajes principales, Galdós retrata la sociedad madrileña del último tercio del siglo XIX, los conflictos entre clases y el ambiente político y cultural. La novela se divide en cuatro partes:

Primera parte	Segunda parte	Tercera parte	Cuarta parte
Matrimonio de conveniencia entre Juan Santa Cruz y Jacinta. Juan vuelve a acercarse a Fortunata, con la que había tenido relaciones en el pasado.	Matrimonio de conveniencia entre Fortunata y Maximiliano Rubín. Juan Santa Cruz seduce a Fortunata y después la abandona.	Reconciliación entre Maximiliano y Fortunata. Encuentro entre las dos mujeres. Futura maternidad de Fortunata.	Juan Santa Cruz seduce a una tercera mujer, lo que une a Jacinta y Fortunata. Fortunata muere tras dar a luz. Jacinta recoge a su hijo.

NOVELAS ESPIRITUALISTAS (1890-1915)

En su último ciclo narrativo, Galdós se dedicó al **estudio de virtudes morales** como el amor o la caridad. El escenario seguirá siendo Madrid, pero ahora el escritor **se concentra en los barrios más pobres** y en los seres que los pueblan: artesanos y obreros, mendigos y clase media venida a menos.

Con estas herramientas traza un retrato desilusionado de la realidad, mostrando el fracaso de la burguesía en su esfuerzo transformador de la sociedad. En este desolador panorama, **son las gentes sencillas quienes atesoran las virtudes más elevadas:** capacidad para perdonar, solidaridad, etc.

Junto a *Tristana* y *Nazarín* debe destacarse ***Misericordia***, otra de las obras maestras del escritor canario. La acción se centra en Benigna, criada de doña Paca, que se ve obligada a mendigar en secreto para mantener a la familia de su señora. En la iglesia donde pide limosna, traba relación con el ciego Almudena y ambos son encarcelados por practicar la mendicidad. Al salir de la cárcel, Benigna será despedida por su ama, que considera deshonroso su comportamiento. La novela termina con la visita de Juliana, la nuera de doña Paca, a Benigna. Juliana piensa que sus hijos van a morir como castigo divino por el mal comportamiento de la familia con Benigna. El último diálogo de la obra es una muestra más de la altura moral de Benigna, que perdona a Juliana:

—¿Qué te pasa, Juliana? —le preguntó Nina tuteándola por primera vez.

—¿Qué me ha de pasar? ¡Que los niños se me mueren!

—¡Ay, Dios mío, qué pena! ¿Están malitos?

—Sí… digo, no: están buenos. Pero a mí me atormenta la idea de que se mueren… ¡Ay, Nina de mi alma, no puedo echar esta idea de mí! No hago más que llorar y llorar… Ya lo ve usted…

—Ya lo veo, sí. Pero si es una idea, haz por quitártela de la cabeza, mujer.

—A eso vengo, señá Benina, porque desde anoche se me ha metido en la cabeza otra idea: que usted, usted sola, me puede curar.

—¿Cómo?

—Diciéndome que no debo creer que se mueren los niños… mandándome que no lo crea.

—¿Yo?…

—Si usted me lo afirma, lo creeré, y me curaré de esta maldita idea… Porque… lo digo claro: yo he pecado, yo soy mala…

—Pues, hija, bien fácil es curarte. Yo te digo que tus niños no se mueren, que tus hijos están sanos y robustos.

—¿Ve usted?… La alegría que me da es señal de que usted sabe lo que dice… Nina, Nina, es usted una santa.

—Yo no soy santa. Pero tus niños están buenos y no padecen ningún mal… No llores… y ahora vete a tu casa, y no vuelvas a pecar.

Benito Pérez Galdós
Misericordia
Cátedra

El espiritualismo en la novela europea

León Tolstói y Fiodor Dostoievski pusieron su atención en los valores espirituales. Los dos autores coincidieron en atribuir a las gentes sencillas unas virtudes humanas (solidaridad, amor, caridad, tolerancia) que la clase burguesa del siglo XIX había dejado en segundo plano a causa del materialismo y el pragmatismo de la vida moderna. También coincidieron en considerar el sacrificio personal como la única vía de salvación del ser humano. Así puede observarse en el protagonista de *Crimen y castigo*, de Dostoievski, un asesino racionalista que consigue redimirse al aceptar su culpa y cumplir la pena de prisión.

Una desafortunada familia (1849), de Octave Tassaert.

EPISODIOS NACIONALES

Entre 1873 y 1912, Galdós escribió cuarenta y seis relatos sobre los acontecimientos históricos más relevantes del siglo XIX. Su intención era **explicar la situación del momento** a través de los hechos históricos que la hicieron posible. Esta intención aleja los *Episodios nacionales* de la novela histórica romántica, ya que el autor no buscaba la evasión de la realidad ni el simple entretenimiento. Sin embargo, no olvida que se trata de obras de ficción, por lo que, junto al análisis y relato de los hechos históricos, construye unas **tramas protagonizadas por personajes imaginarios.** En ellas se vale de trepidantes aventuras y enredos amorosos que sirven de nexo entre las novelas de cada serie.

Los *Episodios* se agrupan en cinco series de diez novelas cada una, excepto la última, compuesta por tan solo seis narraciones. Cada serie cuenta un período histórico, y en cada una destacan una o dos novelas.

Período histórico	Novelas
Reinado de Carlos IV y guerra de la Independencia (1805-1812)	*Trafalgar; El 19 de marzo y el 2 de mayo*
Reinado de Fernando VII (1814-1833)	*Los cien mil hijos de San Luis*
Primeros años del reinado de Isabel II (1834-1846)	*Zumalacárregui; Vergara*
Final del reinado de Isabel II (1847-1868)	*Las tormentas del 48; Prim*
Desde la Revolución de 1868 hasta la Restauración (1868-1880)	*Amadeo I; La Primera República*

En el siguiente fragmento, el autor aborda el levantamiento popular contra la ocupación francesa producido en Madrid el dos de mayo de 1808. Como se puede apreciar, el narrador-personaje interpreta los acontecimientos de su pasado en el primer párrafo y, a continuación, se centra en su estado personal.

> Durante nuestra conversación advertí que la multitud aumentaba, apretándose más. Componíanla personas de ambos sexos y de todas las clases de la sociedad, espontáneamente venidas por uno de esos llamamientos morales, íntimos, misteriosos, informulados, que no parten de ninguna voz oficial, y resuenan de improviso en los oídos de un pueblo entero, hablándole el balbuciente lenguaje de la inspiración. La campana de ese arrebato glorioso no suena sino cuando son muchos los corazones dispuestos a palpitar en concordancia con su anhelante ritmo, y raras veces presenta la historia ejemplos como aquel, porque el sentimiento patrio no hace milagros sino cuando es una condensación colosal, una unidad sin discrepancias de ningún género, y por tanto una fuerza irresistible y superior a cuantos obstáculos pueden oponerle los recursos materiales, el genio militar y la muchedumbre de enemigos. El más poderoso genio de la guerra es la conciencia nacional, y la disciplina que da más cohesión, el patriotismo.
>
> Estas reflexiones se me ocurren ahora recordando aquellos sucesos. Entonces, y en la famosa mañana de que me ocupo, no estaba mi ánimo para consideraciones de tal índole, mucho menos en presencia de un conflicto popular que de minuto en minuto tomaba proporciones graves. La ansiedad crecía por momentos: en los semblantes había más que ira, aquella tristeza profunda que precede a las grandes resoluciones, y mientras algunas mujeres proferían gritos lastimosos, oí a muchos hombres discutiendo en voz baja planes de no sé qué inverosímil lucha.

Benito Pérez Galdós: *El 19 de marzo y el 2 de mayo.* Alianza

Malasaña y su hija se baten contra los franceses en una de las calles que bajan del parque a la de San Bernardo. Dos de mayo de 1808 (1887), de Eugenio Álvarez Dumont.

ACTIVIDADES

10 REALISMO Y NATURALISMO

2 La novela

1 **TIC** Lee el fragmento en voz alta y realiza las actividades.

> Mi padre no está más adelantado ni ha salido mejor librado, según dicen, que los demás pretendientes; pero Pepita, para cumplir el refrán de que no quita lo cortés a lo valiente, se esmera en mostrarle la amistad más franca, afectuosa y desinteresada. Se deshace con él en obsequios y atenciones; y, siempre que mi padre trata de hablarle de amor, le pone a raya echándole un sermón dulcísimo, trayéndole a la memoria sus pasadas culpas y tratando de desengañarle del mundo y de sus pompas vanas. Confieso a Vd. que empiezo a tener curiosidad de conocer a esta mujer; tanto oigo hablar de ella. No creo que mi curiosidad carezca de fundamento, tenga nada de vano ni de pecaminoso; yo mismo siento lo que dice Pepita; yo mismo deseo que mi padre, en su edad provecta, venga a mejor vida, olvide y no renueve las agitaciones y pasiones de su mocedad, y llegue a una vejez tranquila, dichosa y honrada.

Juan VALERA
Pepita Jiménez. Cátedra

a. ¿Corresponde Pepita a los deseos de don Pedro, el padre de Luis de Vargas? Justifica tu respuesta con datos extraídos del texto.

b. En este fragmento se pueden diferenciar dos partes. Di cuáles son y justifícalo.

c. Los tres personajes del texto compondrán una especie de triángulo amoroso. ¿En qué momento de la historia se sitúa el fragmento? ¿En qué te basas?

d. El enredo amoroso planteado en *Pepita Jiménez* guarda relación con el que narra Iván Turgueniev en *Primer amor*. Busca información sobre esta última novela y compara la trama y la actitud de los personajes con el relato de Juan Valera.

e. ¿Crees que podría relacionarse la novela de Valera con *El sí de las niñas,* la comedia de Leandro Fernández de Moratín que has estudiado en la unidad 8?

2 En el siguiente texto, Pérez Galdós describe la parroquia madrileña de San Sebastián. ¿Se trata de una descripción objetiva o subjetiva? ¿De qué elementos lingüísticos se vale el autor para alcanzar esa objetividad o subjetividad?

> Dos caras, como algunas personas, tiene la parroquia de San Sebastián… mejor será decir la iglesia… dos caras que seguramente son más graciosas que bonitas: con la una mira a los barrios bajos, enfilándolos por la calle de Cañizares; con la otra al señorío mercantil de la Plaza del Ángel. Habréis notado en ambos rostros una fealdad risueña, del más puro Madrid, en quien el carácter arquitectónico y el moral se aúnan maravillosamente. En la cara del Sur campea, sobre una puerta chabacana, la imagen barroca del santo mártir, retorcida, en actitud más bien danzante que religiosa; en la del Norte, desnuda de ornatos, pobre y vulgar, se alza la torre, de la cual podría creerse que se pone en jarras, soltándole cuatro frescas a la Plaza del Ángel. Por una y otra banda, las caras o fachadas tienen anchuras, quiere decirse, patios cercados de verjas mohosas, y en ellos tiestos con lindos arbustos, y un mercadillo de flores que recrea la vista. En ninguna parte como aquí advertiréis el encanto, la simpatía, el *ángel,* dicho sea en andaluz, que despiden de sí, como tenue fragancia, las cosas vulgares, o algunas de las infinitas cosas vulgares que hay en el mundo. Feo y pedestre como un pliego de aleluyas o como los romances de ciego, el edificio bifronte, con su torre *barbiana,* el cupulín de la capilla de la Novena, los irregulares techos y cortados muros, con su afeite barato de ocre, sus patios floridos, sus hierros mohosos en la calle y en el alto campanario, ofrece un conjunto gracioso, picante, *majo,* por decirlo de una vez. Es un rinconcito de Madrid que debemos conservar cariñosamente, como anticuarios coleccionistas, porque la caricatura monumental también es un arte. Admiremos en este San Sebastián, heredado de los tiempos viejos, la estampa ridícula y tosca, y guardémoslo como un lindo mamarracho.

Benito Pérez Galdós
Misericordia
Cátedra

3 Responde a las siguientes preguntas sobre la obra de Benito Pérez Galdós:

a. ¿En cuáles de sus novelas es característico el análisis de los comportamientos morales de los personajes? ¿Puedes poner un ejemplo?

b. ¿Qué pretendía Galdós cuando escribió los *Episodios nacionales*?

c. ¿Qué nombre reciben las novelas centradas en el análisis de los conflictos ideológicos?

4 Lee el siguiente texto. Según Emilia Pardo Bazán, ¿cuál es el principal defecto del naturalismo narrativo? Preparad un debate sobre la cuestión planteada por la escritora: ¿somos los seres humanos capaces de regir nuestras vidas o nuestros actos son fruto del medio social y cultural en el que habitamos? Podéis enfocar la pregunta partiendo de algún hecho de actualidad.

> Tocamos con la mano el vicio capital de la estética naturalista. Someter el pensamiento y la pasión a las mismas leyes que determinan la caída de la piedra; considerar exclusivamente las influencias físico-químicas, prescindiendo hasta de la espontaneidad individual, es lo que se propone el naturalismo y lo que Zola llama en otro pasaje de sus obras «mostrar y poner de realce a la bestia humana». Por lógica consecuencia, el naturalismo se obliga a no respirar sino del lado de la materia, a explicar el drama de la vida humana por medio del instinto ciego y la concupiscencia desenfrenada. Se ve forzado el escritor rigurosamente partidario del método proclamado por Zola, a verificar una especie de selección entre los motivos que pueden determinar la voluntad humana, eligiendo siempre los externos y tangibles y desatendiendo los morales, íntimos y delicados.

Emilia Pardo Bazán
La cuestión palpitante
Biblioteca Nueva

El escritor francés Émile Zola (1840-1902) es considerado el padre del naturalismo.

COMENTARIO DE TEXTO

La Encimada era el barrio noble y el barrio pobre de Vetusta. Los más linajudos y los más andrajosos vivían a lí, cerca unos de otros, aquellos a sus anchas, los otros apiñados. [...] El Magistral veía a sus pies el barrio linajudo compuesto de caserones con ínfulas de palacios; conventos grandes como pueblos; y tugurios, donde se amontonaba la plebe vetustense, demasiado pobre para poder habitar las barriadas nuevas allá abajo, en el Campo del Sol [...]. Desde la torre se veía la historia de las clases privilegiadas contada por piedras y adobes en el recinto viejo de Vetusta. La iglesia ante todo: los conventos ocupaban cerca de la mitad del terreno; Santo Domingo solo, tomaba una quinta parte del área total de la Encimada: seguía en tamaño las Recoletas, donde se habían reunido en tiempo de la Revolución de Septiembre dos comunidades de monjas, que juntas eran diez y ocupaban con su convento y huerto la sexta parte del barrio. [...]. Todo esto era triste; pero el Magistral que veía, con amargura en los labios, estos despojos de que le daba elocuente representación el catalejo, podía abrir el pecho al consuelo y a la esperanza contemplando, fuera del barrio noble, al Oeste y al Norte, gráficas señales de la fe rediviva, en los alrededores de Vetusta, donde construía la piedad nuevas moradas para la vida conventual, más lujosas, más elegantes que las antiguas, si no tan sólidas ni tan grandes. La Revolución había derribado, había robado; pero la Restauración, que no podía restituir, alentaba el espíritu que reedificaba [...]. No solo era la iglesia quien podía desperezarse y estirar las piernas en el recinto de Vetusta la de arriba, también los herederos de pergaminos y casas solariegas habían tomado para sí anchas cuadras y jardines y huertas que podían pasar por bosques [...]. Y mientras no solo a los conventos, y a los palacios, sino también a los árboles se les dejaba campo abierto para alargarse y ensancharse como querían, los míseros plebeyos que a fuerza de pobres no habían podido huir los codazos del egoísmo noble o regular, vivían hacinados en casas de tierra que el municipio obligaba a tapar con una capa de cal; y era de ver cómo aquellas casuchas, apiñadas, se enchufaban, y saltaban unas sobre otras, y se metían los tejados por los ojos, o sea las ventanas. Parecían un rebaño de retozonas reses que, apretadas en un camino, brincan y se encaraman en los lomos de quien encuentran delante.

Leopoldo Alas
La Regenta
Cátedra

Catedral de Oviedo.

1 Sitúa el fragmento en el período literario al que pertenece.

2 Resume el contenido del texto y enuncia su tema principal.

3 Describe la estructura externa del fragmento e indica las partes en que puede dividirse su contenido.

4 Señala los recursos literarios que encuentres en el texto y explica la finalidad con que son empleados por el autor.

5 ¿Piensas que en las ciudades actuales se advierten los mismos problemas planteados en el texto? Justifica tu respuesta.

TRABAJAMOS LAS COMPETENCIAS

Lee este texto y resuelve las actividades de la página siguiente.

La confianza en uno mismo

Las personas que confían en su propia capacidad se muestran más exigentes con su inteligencia. Son las que no renuncian fácilmente y someten sus mentes a cualquier tipo de reto o desafío. Todas las pruebas de que disponemos demuestran que una auténtica fe en la propia capacidad de llegar a ser más inteligente constituye un requisito previo fundamental para hacer realidad las propias posibilidades.

A medida que una persona crece, lo que espera de sí misma constituye un reflejo de lo que los demás esperan de ella, sobre todo sus padres y profesores. Diversos estudios realizados en la Universidad de Harvard acerca de las motivaciones para triunfar o lograr determinadas cosas llegaron a la conclusión de que los niños se sitúan a niveles por encima de la media cuando sus padres esperan que lo hagan y que se comporten de manera autónoma e independiente. Esos niños pueden asimilar y poner en práctica una actitud de «soy capaz de hacerlo». Los profesores desempeñan también un importante papel en la conformación del rendimiento. En un estudio bastante conocido se informó a los profesores de que determinados niños alcanzarían a lo largo del curso escolar un desarrollo académico encima de la media. Aunque esos niños no diferían en nada de los demás de la clase, al final del curso mostraron un rendimiento superior en los test de inteligencia que el de sus compañeros de clase. Las expectativas de sus profesores en el sentido de que triunfarían les ayudaron de hecho a alcanzar un nivel superior.

Las expectativas de la sociedad conforman también el rendimiento de un niño, y normalmente esas expectativas son demasiado bajas. El sistema escolar normal infravalora la capacidad de aprendizaje de los niños y disminuye, por tanto, el sentido que tienen de su propia capacidad de aprender.

Aunque las personas nacen con enormes capacidades, la mayoría va perdiendo la confianza en su propia valía intelectual según va creciendo. Si la inteligencia no se estimula, se utilizará y desarrollará parte de su potencial intelectual. Pero si se vive en un entorno favorable que le proporciona montones de estímulos, entrenamiento y oportunidades, la inteligencia florecerá.

Ejercicio

Autoevaluación positiva

La mayoría infravalora sus propias capacidades o no las reconoce en absoluto. Si se le pidiese que nombrase usted sus diez mayores logros, lo más probable es que dijese que, en realidad, no ha conseguido nada especialmente destacado. Pero no es así. Usted ha logrado grandes cosas, lo que ocurre es que no se atribuye ningún mérito por ello. ¿Qué pasa con los *hobbies,* los deportes, las relaciones personales, las actividades comunitarias? He aquí un ejemplo de actividades y lo que representan.

Sus diez logros más importantes	Actitud mecánica	Capacidad de planificación por adelantado	Agudeza perceptiva	Capacidad de resolución de problemas	Capacidad creativa	Capacidad organizativa	Capacidad de adopción de decisiones
Cocinar bien	X	X			X	X	
Jugar bien a un deporte	X	X	X	X			
Saber hacer crucigramas			X	X	X		
Tocar la guitarra	X		X		X		
Hablar un segundo idioma			X	X			
Ayudar a los amigos		X		X		X	X

Miriam y Otto Ehrenberg
Cómo desarrollar una máxima capacidad cerebral. Edaf (adaptación)

1 ¿Qué relación hay entre motivación e inteligencia?

a. Una persona con gran capacidad intelectual tiene muchas motivaciones.

b. La motivación es fundamental para sentirse mejor, pero no influye en la inteligencia.

c. Una persona motivada busca superar retos y obstáculos, lo que contribuye a aumentar sus capacidades intelectuales.

d. La motivación no es un ingrediente necesario para desarrollar la capacidad intelectual.

2 La confianza de un individuo en sus capacidades…

a. aumenta con la edad.

b. disminuye con el paso del tiempo.

c. se mantiene invariable desde que nace.

d. se multiplica en edad escolar.

3 Según se extrae del texto, la inteligencia…

a. es un concepto estático.

b. la determina un test de inteligencia.

c. depende del rendimiento escolar.

d. se puede estimular.

4 Escoge la opción que mejor resuma el contenido del texto.

a. Las capacidades intelectuales con las que nace un individuo van disminuyendo con el paso del tiempo debido a las expectativas de la sociedad.

b. Una persona que confía en sus capacidades y tiene un entorno que lo respalda tiene grandes posibilidades de desarrollar una mayor inteligencia.

c. Las posibilidades que tiene un individuo para aumentar su inteligencia dependen de lo que sus padres, sus profesores y la sociedad esperan de él.

d. El desarrollo de la inteligencia de una persona depende de la actitud que adopte con respecto a sus propias posibilidades y sus recursos económicos.

5 ¿Por qué a las personas les cuesta reconocer sus capacidades o las infravaloran cuando se les pregunta por ellas?

a. Porque no se suele reflexionar sobre las propias capacidades ni pensar en pequeños logros de la vida.

b. Porque valorarlas es una muestra de arrogancia.

c. Porque son pocas las personas que consiguen grandes retos en la vida.

d. Porque las capacidades dependen del entorno donde viven las personas.

6 El fomento de la autonomía en los niños y las niñas…

a. aumenta la confianza en sí mismos, pero no amplía sus capacidades intelectuales.

b. no se tiene en cuenta en el actual sistema escolar.

c. es un aspecto que los docentes deberían trabajar en las escuelas.

d. contribuye a desarrollar su potencial intelectual porque se sienten capaces de lograr los objetivos.

7 Según los autores, el sistema escolar por lo general…

a. no valora de manera suficiente el potencial intelectual de los alumnos.

b. permite que los niños aumenten la confianza en su capacidad de aprender.

c. saca el máximo partido de la capacidad intelectual de los alumnos.

d. tiene unas expectativas altas respecto a lo que los niños y las niñas son capaces de hacer.

8 Los *hobbies*, los deportes, así como las relaciones personales y laborales…

a. fomentan el desarrollo de capacidades muy elementales.

b. no se pueden considerar factores de desarrollo de la inteligencia.

c. requieren habilidades y capacidades intelectuales.

d. precisan habilidades, pero nada comparables a las de profesiones bien valoradas socialmente.

9 Basándote en el ejercicio propuesto en el texto, piensa en una habilidad o en una actividad que sepas hacer y en las capacidades que permite desarrollar. Expón el resultado ante el resto de la clase.

10 Vamos a realizar una autoevaluación positiva. Escribe un texto de 125 palabras como mínimo en el que expongas tus fortalezas y capacidades. Asimismo, explica cómo te ves en un futuro cercano, cuáles son tus expectativas y cómo puedes conseguirlas.

EVALUACIÓN

1 Lee el siguiente texto y realiza las actividades.

Pasaron muchos años. Pinín se hizo mozo y se lo llevó el rey. Ardía la guerra carlista. Antón de Chinta era casero de un cacique de los vencidos; no hubo influencia para declarar inútil a Pinín, que, por ser, era como un roble.

Y una tarde triste de octubre, Rosa, en el *prao* Somonte sola, esperaba el paso del tren correo de Gijón, que le llevaba a sus únicos amores, su hermano. Silbó a lo lejos la máquina, apareció el tren en la trinchera, pasó como un relámpago. Rosa, casi metida por las ruedas, pudo ver un instante en un coche de tercera multitud de cabezas de pobres quintos que gritaban, gesticulaban, saludando a los árboles, al suelo, a los campos, a toda la patria familiar, a la pequeña, que dejaban para ir a morir en las luchas fratricidas de la patria grande, al servicio de un rey y de unas ideas que no conocían.

Pinín, con medio cuerpo fuera de una ventanilla, tendió los brazos a su hermana; casi se tocaron. Y Rosa pudo oír entre el estrépito de las ruedas y la gritería de los reclutas la voz distinta de su hermano, que sollozaba, exclamando, como inspirado por un recuerdo de dolor lejano:

—¡Adiós, Rosa!... ¡Adiós, *Cordera*!

—¡Adiós, Pinín! ¡Pinín de *mío* alma!...

«Allá iba, como la otra, como la vaca abuela. Se lo llevaba el mundo. Carne de vaca para los glotones, para los indianos; carne de su alma, carne de cañón para las locuras del mundo, para las ambiciones ajenas.»

Entre confusiones de dolor y de ideas, pensaba así la pobre hermana viendo el tren perderse a lo lejos, silbando triste, con silbido que repercutían los castaños, las vegas y los peñascos...

Leopoldo ALAS: *¡Adiós, Cordera! y otros relatos*. Castalia

a. En el texto se alude a «las luchas fratricidas de la patria grande». ¿A qué acontecimiento histórico de la segunda mitad del siglo XIX crees que se refiere el autor?

b. Analiza los elementos narrativos presentes en el fragmento: narrador, trama, personajes, espacio y tiempo.

c. En el relato de Leopoldo Alas, se narra cómo a la vaca Cordera se la llevaron en tren al matadero antes de esta escena. ¿Qué paralelismo se establece entre ese suceso y el relatado en el fragmento?

d. ¿Cómo se manifiesta en el texto la oposición entre el mundo moderno y el tradicional?

e. El fragmento es bastante triste. ¿Cómo consigue el autor comunicar ese sentimiento?

f. Explica el sentido de la frase «carne de cañón para las locuras del mundo».

g. Describe el significado de la palabra *indiano*.

h. ¿En cuál de los dos tipos de relatos que escribe Leopoldo Alas incluirías este? ¿Por qué?

i. ¿En qué parte del texto se utiliza el estilo indirecto libre? Explica en qué consiste.

j. ¿Qué rasgos propios del movimiento realista puedes identificar en el fragmento?

2 Leopoldo Alas denuncia en *Pipá* la falta de humanidad de las gentes acomodadas hacia los más desvalidos. ¿Cómo se muestra esta idea en el fragmento siguiente?

> La parroquia no dedicó a Pipá más honras que la caja de los chicos, cuatro tablones mal clavados.
>
> Celedonio dirigía la procesión con traje de monaguillo.
>
> Chiripa y Pijueta con otros dos pilletes llevaban el muerto, que a veces depositaban en tierra, para disputar, blasfemando, quién llevaba el mayor peso, si los de la cabeza o los de los pies. Eran ganas de quejarse. Pipá pesaba muy poco.
>
> La popularidad de Pipá bien se conoció en su entierro; seguían el féretro todos los granujas de la ciudad.
>
> Los transeúntes se preguntaban, viendo el desconcierto de la caterva irreverente, que tan sin ceremonia y en tal desorden enterraba a un compañero:
>
> —¿Quién es el muerto?
>
> Y Celedonio contestaba con gesto y acento despectivos:
>
> —Nadie, es Pipá.
>
> —¡Pipá que murió quemado! —añadían otros pilletes que admiraban al terror de la pillería hasta en su trágica muerte.
>
> En el Cementerio, Celedonio se quedó solo con el cadáver, esperando al enterrador, que no se daba prisa por tan insignificante difunto. El monaguillo levantó la tapa del féretro, y después de asegurarse de la soledad... escupió sobre el carbón que había dentro.
>
> Hoy ya nadie se acuerda de Pipá más que yo; y Celedonio ha ganado una beca en el seminario. Pronto cantará misa.

Leopoldo ALAS: *Pipá*. Cátedra

3 Lee el desenlace de *Insolación* y observa cómo la voz narradora construye un final feliz para la viuda Asís de Taboada y el seductor Diego Pacheco, protagonistas de una relación amorosa contraria a las convenciones sociales. Explícalo con tus palabras.

> Por eso, y porque no gusto de hacer mala obra, líbreme Dios de entrar hasta que el sol alumbra con dorada claridad el saloncito, colándose por la ventana que Asís, despeinada, alegre, más fresca que el amanecer, abre de par en par, sin recelo o más bien con orgullo. ¡Ah!, ahora ya se puede subir. Pacheco está allí también, y los dos se asoman, juntos, casi enlazados, como si quisiesen quitar todo sabor clandestino a la entrevista, dar a su amor un baño de claridad solar, y a la vecindad entera parte de boda... Diríase que los futuros esposos deseaban cantar un himno a su numen tutelar, el sol, y ofrecerle la primer plegaria matutina.

Emilia PARDO BAZÁN: *Insolación*
www.cervantesvirtual.com

4 TIC Relee el texto de *El 19 de marzo y el 2 de mayo*, de Galdós (pág. 246) y escribe un relato siguiendo las mismas pautas. A continuación, léelo a la clase.

a. Elige un acontecimiento histórico que te resulte interesante e investiga un poco sobre él.

b. Construye un personaje imaginario que pudiera haber participado en los hechos y que mantuviera contacto con algunos de los protagonistas.

c. Narra los acontecimientos desde otro tiempo, cuando el personaje es ya viejo y recuerda los hechos, los interpreta y relata su participación en ellos.

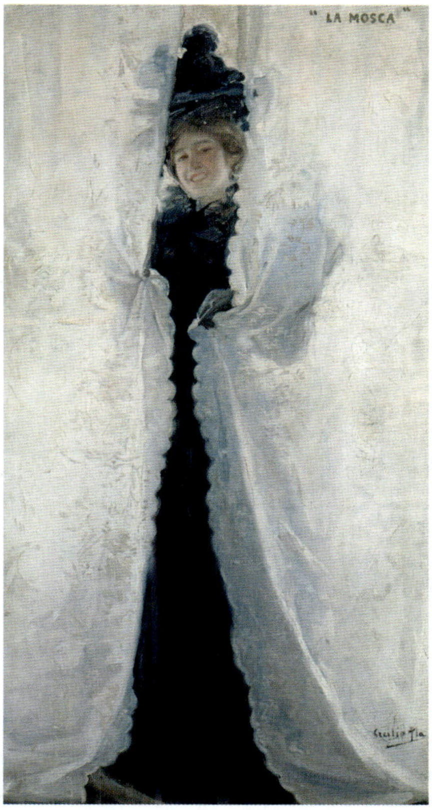

La mosca (1897), de Cecilio Pla y Gallardo.

11 MODERNISMO Y GRUPO DEL 98

PRESENTAR

PONIENDO MÚSICA A MACHADO

El centro cívico del barrio os ha invitado a colaborar en la preparación de una exposición sobre el modernismo y la generación del 98. Os encargaréis de la sala musical: en ella se podrán escuchar los poemas de Machado musicados por Serrat. Tendréis que buscar las canciones y los poemas de Machado en los que se basan, y elegir una imagen para cada texto.

CONOCER

CARTELEANDO

El Ayuntamiento de la ciudad ha convocado un concurso para elegir el cartel publicitario que anunciará la exposición. Vuestra clase participará en el concurso por equipos. Debéis crear un eslogan sugerente, una imagen atractiva… y ¡manos a la obra! Realizad una presentación oral de los carteles ante vuestros compañeros y compañeras como ensayo.

CREAR

¡VAMOS A PUBLI!

Grabad un vídeo promocional para lanzar en YouTube y dar difusión a la exposición en la que habéis puesto tanta ilusión. Lo verán muchas personas, así que poned en marcha toda vuestra imaginación y creatividad. Finalmente, cada grupo presentará su vídeo, ¿cuál promocionará la exposición en redes sociales?

INVESTIGAR

PERFILES LITERARIOS

Como parte de vuestra colaboración, os han pedido que, para conocer a los autores más relevantes, cada uno de vosotros cree el perfil de un autor para las redes sociales. Deberás investigar y documentarte en al menos cinco fuentes de información, para ofrecer unos datos mínimos sobre su vida, sus gustos, los temas de su obra, etc. ¡No te olvides de poner foto en el perfil!

¿Serías capaz de decir cuántos anuncios ves en un día? ¿Qué anuncian? ¿Cuál crees que es la función de la publicidad?

Leer

1 Localiza las afirmaciones falsas y corrígelas para que sean verdaderas.

a. El cartel pertenece a una campaña contra la violencia entre adolescentes y niños.

b. Se trata de una campaña del Ministerio de Sanidad, Consumo y Bienestar Social.

c. En el eslogan se relaciona violencia con miedo.

d. La campaña te regala una agenda del año 2030.

2 Elige la opción que completa el enunciado y copia la respuesta correcta: «#CrecerSin-Violencia» es...

a. un *hashtag* que sirve para buscar contenidos de la misma temática en redes sociales.

b. el nombre de la compañía que realiza la campaña.

c. Todas las anteriores son correctas.

3 ¿Qué mensaje crees que se intenta transmitir con este cartel?

4 ¿A quién crees que va dirigido?

5 Indica cuál es la finalidad del texto.

6 Relaciona la imagen que aparece en el cartel con el eslogan «Crecer sin violencia para vivir sin miedo». ¿Crees que el niño que se ve en la imagen vive con miedo? Argumenta tu respuesta.

7 ¿Qué figura retórica utiliza la imagen? Justifica tu respuesta.

- Metáfora.
- Personificación.
- Metonimia.
- Sinestesia.

8 El eslogan del cartel también se puede leer siguiendo los colores del texto. Escribe las frases resultantes de este ejercicio y explica el significado que tienen en relación con el anuncio.

9 ¿Por qué crees que se utilizan los colores amarillo y blanco en los textos? Relaciónalos con los logotipos del anunciante.

Sin faltas.com

10 ▶ En el texto aparecen enunciados con verbos en infinitivo. Transfórmalos en oraciones con verbos en forma personal. A continuación, construye con ellos perífrasis de obligación.

Opinar

11 Por lo que muestra la imagen, ¿crees que el niño vive en una familia de bajo nivel económico? Justifica tu respuesta.

12 Según lo anterior, ¿la violencia contra los menores se produce siempre en entornos desfavorecidos? Argumenta tu respuesta relacionándola con los posibles destinatarios del mensaje.

→ COMUNICACIÓN

1 LOS TEXTOS PUBLICITARIOS

La publicidad sirve para dar a conocer un producto, un servicio, unas ideas o una forma de actuar, y provocar así su demanda: que el receptor compre el producto, adquiera el servicio, se identifique con las ideas que se exponen o actúe de una manera determinada, para lo que utilizan un lenguaje persuasivo y atractivo.

Los mensajes publicitarios deben cumplir las funciones siguientes:

- **Informar** del objeto que se publicita.
- **Impulsar el consumo** del objeto publicitado.
- **Convencer y persuadir** al receptor.

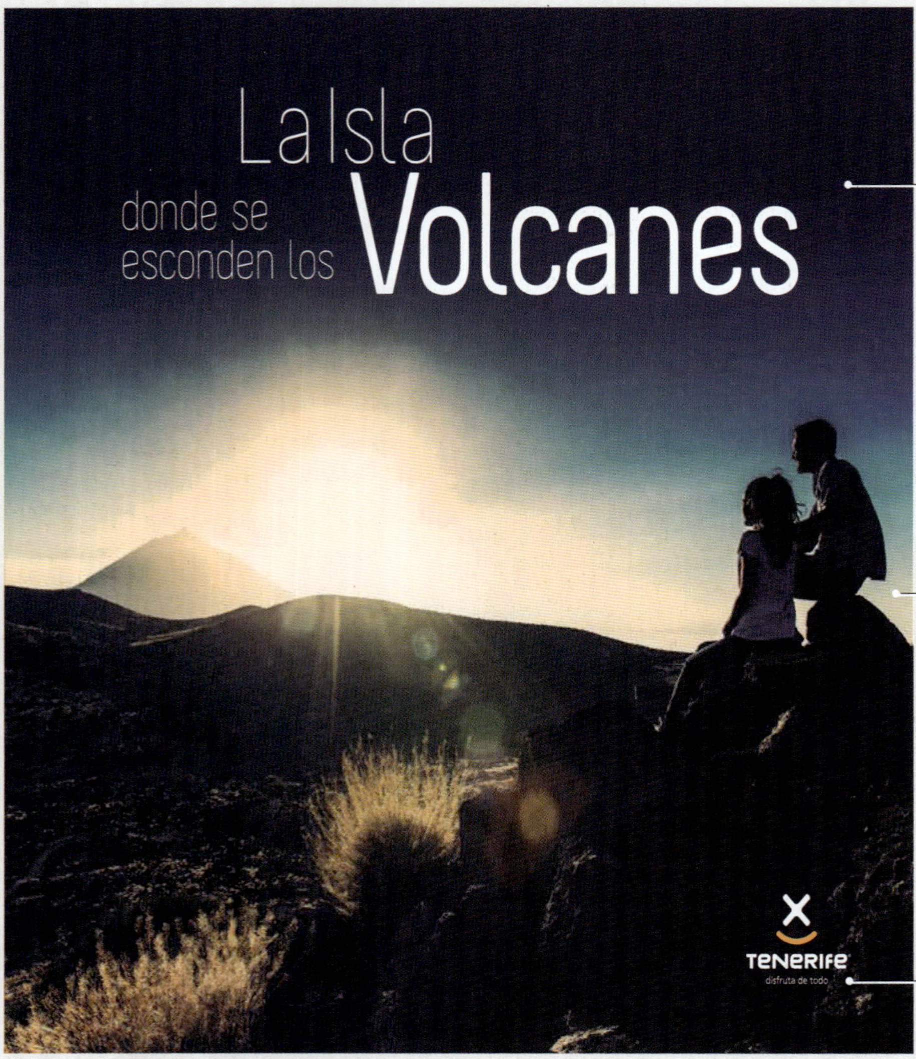

Titular en portada

Funciona como eslogan para llamar la atención del receptor. Destaca alguna cualidad del lugar.

Imágenes sugerentes

- Presencia de la naturaleza.
- Protagonistas jóvenes y atractivos.

Claim

Frase pegadiza que se asocia con la marca: «Disfruta de todo».

1.1 EL FOLLETO

El **folleto** es un tipo de texto publicitario que se compone de varias páginas y puede adoptar distintos formatos: cuaderno, tríptico, díptico, etc.

En ellos se combinan imágenes y textos breves que exponen una serie de ideas, con la finalidad de informar y persuadir al receptor.

Los **folletos de viajes**, aunque aparentemente son de carácter descriptivo o informativo, pertenecen también al **ámbito publicitario**, ya que su finalidad es convencer al receptor para que visite un determinado lugar.

Para ello se utilizan diversas **técnicas publicitarias:** destacan el uso del presente y la 2.ª persona como formas de acercar la realidad descrita al receptor, el empleo de figuras retóricas, etc. Los **emisores** de este tipo de textos pueden ser empresas de viajes, instituciones públicas, entidades de distinto tipo (Consejerías, Ayuntamientos, etc.) y los receptores son las personas con poder adquisitivo para viajar.

7 INMISCÚYETE ENTRE LOS AMABLES TINERFEÑOS

Los isleños han sabido acoplarse con sacrificio al medio volcánico.
Son tenaces, humildes, alegres y un puntito bonachones, y eso les hace caer muy bien al viajero en general.

8 MÓJATE EN ADORABLES CHARQUITOS

Date un chapuzón en los charcos de lava petrificada que encuentras en las costas de la isla: Garachico, Punta del Hidalgo, Bajamar, Arico, Santiago del Teide o Los Silos. Es lo mejor para disfrutar del agua fresca y espumosa del océano en una piscina natural.

9 CONOCE UNA NATURALEZA VIRGEN

Adentrarte en los salvajes parajes volcánicos isleños te aporta placenteras sensaciones. Quien practica el senderismo en espacios como el Parque Nacional del Teide, entre laurisilva o al borde de la costa, siempre acaba encantado.

10 COME Y DELÉITATE

En cualquier restaurante o tasca encuentras sugerentes platos de inspiración volcánica a base de productos naturales: papas, vinos, pescados, frutas... Te aguardan auténticas delicias con la mejor cocina tradicional y creativa.

8

- Uso del **imperativo:** *inmiscúyete, conoce, mójate...*
- Uso de la **2.ª persona:** *adentrarte, encuentras, te aguardan...*
- Uso del **presente:** *son, acaba, aguardan...*
- Oraciones con **verbo en infinitivo:** *adentrarte en los salvajes parques...*
- **Términos valorativos:** *amables, bonachones, lo mejor, placenteras...*
- **Enumeraciones:** *papas, vinos, pescados, frutas...*
- **Figuras retóricas:** personificación, epíteto *(adorables charquitos, sugerentes platos...)*, asíndeton, etc.

Imágenes significativas que ilustran lo dicho en el cuerpo del texto.

1.2 EL CARTEL

El **cartel** es un tipo de texto publicitario dentro del género de la **publicidad gráfica de exterior**, es decir, es aquel que aparece en vallas publicitarias, marquesinas, etc. Combina la imagen fija con el texto para anunciar productos o servicios (en el caso de la publicidad comercial), valores o actitudes (en el caso de la publicidad institucional).

Su canal de distribución (en lugares de paso) condiciona su **estructura:** debe verse de forma rápida, así que ha de ser fácilmente comprensible para un público muy amplio. Por eso se suelen utilizar diseños simples que permiten percibirlos rápidamente. Deben impactar mediante la forma, el tamaño, el color y las imágenes.

La estructura del cartel es la siguiente:

1 Eslogan

Mensaje breve que busca captar la atención del receptor y resumir la idea principal del anuncio. Estos enunciados llevan el verbo en forma no personal.

2 Cuerpo del texto

Desarrolla las ideas y los detalles. Para ello, utiliza argumentos de causa-consecuencia.

3 *Hashtag* (del inglés, 'etiqueta')

Sirve para clasificar temáticamente el mensaje en las redes sociales. Es un elemento novedoso en publicidad desde la irrupción de estas.

4 Imagen

Tiene distintas funciones (llamar la atención del receptor, explicar la historia...). Los recursos expresivos asociados a ella son:

- **Planos y angulación:** plano de conjunto de una parte de la habitación de un niño, con un picado.
- **Figuras retóricas:** el niño debajo de la cama es una metáfora del miedo mencionado en el eslogan; transmite desamparo.
- **Composición:** la más frecuente es el recuadro armónico (el espacio superior se delimita por un recuadro y debajo aparece el texto).

5 Titular

Especifica la campaña publicitaria de que se trata. Utiliza nominalizaciones.

6 Logotipo

Combinación de imagen y texto que define al organismo o empresa que realiza la campaña.

Escribir

1 Reescribe el texto del folleto de la página 259 y conviértelo en un texto descriptivo objetivo.

2 TIC Vais a elaborar un cartel para una campaña que afecte a vuestra localidad o a vuestro centro: recogida de alimentos, reciclaje, promoción de la biblioteca, etc. Debéis seguir estas instrucciones:

1.º Pensad el tema de la campaña.

2.º Cread un eslogan y un titular apropiados, que llamen la atención y que recojan, de manera resumida, lo que queréis transmitir.

3.º Buscad imágenes significativas.

4.º Redactad el cuerpo del texto con la información que consideréis pertinente.

5.º Introducid fórmulas para llamar la atención del receptor. Tened en cuenta las características lingüísticas vistas.

6.º Cread un logotipo que indique claramente cuál es el organismo o la institución que impulsa la campaña.

7.º Componed vuestro cartel y elegid una tipografía que permita leerlo y entenderlo con claridad, teniendo en cuenta el lugar en el que se va a exponer.

Escuchar y hablar

1 TIC Busca y visualiza el vídeo «Extremadura, "Todo lo que imaginas, donde no te lo imaginas"» y responde:

a. Determina el tema del texto y su intencionalidad.

b. ¿Por qué se puede decir que es un vídeo promocional?

c. ¿A quién crees que va dirigido?

d. Pon ejemplos del texto que reflejen algunas de las características lingüísticas de los textos publicitarios:

- Uso de la 2.ª persona.
- Uso del presente.
- Uso del imperativo.
- Enumeraciones.
- Figuras retóricas.
- Repeticiones.

e. ¿Cuál es la función de las imágenes?

f. Durante el vídeo aparecen nombres de ciudades entre interrogantes. ¿Para qué se usan? Relaciona la respuesta con el eslogan: «Todo lo que imaginas, donde no te lo imaginas».

g. ¿Quiénes son los emisores y promotores del vídeo? ¿Dónde se localiza esta información?

2 TIC Entra en YouTube y busca «Spot #EdiciónLimitada». Visualiza el anuncio y realiza las actividades.

a. En el vídeo se cuenta una historia. Resúmela.

b. ¿Qué técnica publicitaria, de entre las siguientes, se utiliza para promocionar el «producto»? Copia la opción correcta.

- Presentación de las cualidades del producto.
- Aportación de testimonios recomendando el producto.
- Repetición del mensaje.
- Sorpresa o intriga sobre el producto.

c. ¿Cuál es el tema del texto?

d. ¿Qué producto o idea se promociona en el vídeo?

e. ¿Cuál es su finalidad?

f. Entonces, ¿de qué tipo de publicidad se trataría?

- Comercial: pretende vender un producto o servicio.
- Institucional: pretende cambiar hábitos de conducta.
- Ideológica: pretende que el público receptor se adhiera a unas ideas.

g. ¿Quién es la empresa o institución promotora del vídeo?

3 TIC Elaborad un vídeo para la campaña del cartel. Para ello, utilizad una técnica que consiste en «contar una historia» que esté relacionada con el objeto de vuestra campaña. Haced un pequeño guion con las secuencias del vídeo:

a. Escribid el texto que vais a narrar y el que se mostrará en pantalla.

b. Determinad si aparecerán personas reales o imágenes de fondo con voz en *off*.

c. Grabad las secuencias que sean necesarias y montad el vídeo con un programa de edición.

d. No olvidéis utilizar una música sugerente.

e. Al final, debéis introducir el nombre y el logotipo de la institución u organismo anunciante.

1 FIN DE SIGLO (1890-1914): MODERNISMO Y GRUPO DEL 98

El final del siglo XIX y el comienzo del XX están dominados por el **sentimiento de angustia** y la crisis de los valores tradicionales. Las causas son múltiples y complejas, pero pueden resumirse en tres aspectos: la incertidumbre científica, la crisis del pensamiento filosófico y la conflictividad social.

Durante el siglo XIX la ciencia se había convertido en la herramienta de la que el ser humano se valía para explicar el mundo. Sin embargo, los descubrimientos científicos (de Charles Darwin, Sigmund Freud o Marie Curie, por ejemplo) y las teorías aparecidas a finales del siglo **acabaron con la fe del hombre contemporáneo en la capacidad de la ciencia** para explicar el universo. El científico del siglo XX, por tanto, ya no aspirará a alcanzar la verdad con sus teorías, sino que se limitará a demostrar su utilidad. Por otra parte, el progreso técnico nacido del desarrollo científico era una realidad que los intelectuales de principios del XX vieron en ocasiones como una amenaza. Junto a los aspectos positivos derivados del progreso, los escritores se ocuparon también de sus consecuencias negativas: contaminación, armamentismo, deshumanización, desigualdad, etc. Esta visión negativa propició la transformación de la ciencia ficción nacida en el XIX, pero que en el siglo XX abordará la insatisfacción humana causada por un progreso fuera de control.

La filosofía del siglo anterior, especialmente el positivismo de Auguste Comte, se había centrado en la búsqueda de la verdad a través de dos herramientas: la razón humana y la experimentación. Sin embargo, los filósofos irracionalistas (Søren Kierkegaard, Friedrich Nietzsche y Arthur Schopenhauer) negaron la posibilidad de alcanzar esa verdad y **orientaron su pensamiento hacia la explicación de la vida humana**, cosa que no podía hacerse desde posiciones racionalistas. El resultado fue la desaparición de una respuesta única a los grandes problemas humanos y el nacimiento de diversas corrientes enfocadas en el sinsentido de la vida o en la justificación de la existencia humana.

La última causa de angustia está relacionada con la sociedad. La Revolución Industrial, como vimos en la unidad anterior, aumentó las desigualdades entre clases y favoreció el nacimiento de opciones políticas que lucharon contra dicha situación. En el siglo XX los **conflictos sociales se multiplicaron,** hasta alcanzar su punto culminante en la Revolución rusa de 1917 y en un reguero de revueltas populares y discusiones políticas.

Las **consecuencias de la crisis de fin de siglo** se observan en **tres actitudes de los escritores.** Algunos dedicaron sus obras al **análisis de la angustia**, al sentido de la vida, al silencio de Dios ante el sufrimiento humano, y al tiempo y la muerte como presencias constantes. Otros artistas, en cambio, se propusieron luchar contra aquello que provocaba la angustia y **denunciaron la situación social** y la opresión del ser humano. Finalmente, hubo escritores que intentaron evadirse de la insatisfactoria realidad y **se centraron en la propia creación artística,** eludiendo las cuestiones religiosas, existenciales y sociales.

Los conflictos sociales

Los pensadores Karl Marx y Friedrich Engels publicaron en 1848 *El manifiesto comunista,* obra en la que hacían un diagnóstico de la historia de la humanidad.

> La moderna sociedad burguesa, que se alza sobre las ruinas de la sociedad feudal, no ha abolido los antagonismos de clase. Lo que ha hecho ha sido crear nuevas clases, nuevas condiciones de opresión, nuevas modalidades de lucha, que han venido a sustituir a las antiguas. Sin embargo, nuestra época, la época de la burguesía, se caracteriza por haber simplificado estos antagonismos de clase. Hoy, toda la sociedad tiende a separarse, cada vez más abiertamente, en dos grandes campos enemigos, en dos grandes clases antagónicas: la burguesía y el proletariado.

Karl Marx y Friedrich Engels
El manifiesto comunista. Nórdica

En las primeras décadas del siglo XX, la **crisis espiritual** alcanza en **España** un nivel muy elevado. A las razones genéricas expuestas con anterioridad hay que añadir las peculiaridades de un país que venía de un siglo XIX marcado por la inestabilidad política y el enfrentamiento entre **dos ideas contrapuestas de país:** la que se cerraba a todo lo que procediera del extranjero, y aquella otra que clamaba por acometer las reformas necesarias para la modernización del estado.

Deben sumarse también algunos acontecimientos de capital importancia:

- La **guerra hispano-norteamericana**, que culmina en 1898 con la pérdida de Cuba, Puerto Rico y Filipinas.
- La **corrupción del sistema político** inaugurado con la restauración de la monarquía borbónica en 1874.
- Los **conflictos armados en Marruecos** encaminados a mantener el resto del Imperio colonial español.
- Las **revueltas populares**, en especial la conocida como Semana Trágica de Barcelona de 1909.

Estos hechos explican que la práctica totalidad de los intelectuales y artistas orienten sus obras, en mayor o menor medida, hacia el **tema de España** para mostrar las causas de la decadencia, denunciar el caos sociopolítico y defender la necesidad apremiante de transformar el país en todos sus órdenes.

Pese al debate constante en torno a estas cuestiones, la situación sociopolítica no cambió sustancialmente durante las primeras décadas del siglo XX, ni siquiera a raíz del progreso económico derivado de la neutralidad de España en la Primera Guerra Mundial (1914-1918).

El frágil e imperfecto sistema democrático ideado por Antonio Cánovas del Castillo en 1876 terminó con las dictaduras militares de Miguel Primo de Rivera, Dámaso Berenguer y Juan Bautista Aznar-Cabañas (1923-1931), a las que sucedió la proclamación de la Segunda República el 14 de abril de 1931. Para entonces, la mayor parte de los escritores que protagonizaron el cambio de siglo en España habían renunciado ya a sus ilusiones transformadoras y se ocupaban de cuestiones religiosas y existenciales.

El desastre de 1898

Tras la emancipación de las colonias americanas en las primeras décadas del siglo XIX, España mantuvo bajo su control las islas de Cuba, Puerto Rico y Filipinas.

La existencia de un movimiento independista en Cuba motivó una larga guerra iniciada en 1868 que condujo a la concesión de un estatuto de Autonomía para la isla en 1897. Sin embargo, tal estatuto no llegó a aplicarse en su totalidad, pues el 19 de abril de 1898 Estados Unidos declaró la guerra a España, alegando la responsabilidad española en el hundimiento del acorazado *Maine* en el puerto de Santiago de Cuba. La marina norteamericana, mucho más moderna y equipada, derrotó a la española en Filipinas (el 1 de mayo) y Cuba (el 3 de julio).

El 10 de diciembre de 1898 se firmó el tratado de paz por el que se concedía la independencia a Cuba, mientras que Puerto Rico y Filipinas pasaban a estar controladas por Estados Unidos.

Literatura y otras artes

(Llega un tableteo de fusilada. El grupo se mueve en confusa y medrosa alerta. Descuella el grito ronco de la mujer, que al ruido de las descargas aprieta a su niño muerto en los brazos.)

LA MADRE DEL NIÑO.— ¡Negros fusiles, matadme también con vuestros plomos!

MAX.— Esa voz me traspasa.

LA MADRE DEL NIÑO.— ¡Que tan fría, boca de nardo!

MAX.— ¡Jamás oí voz con esa cólera trágica!

DON LATINO.— Hay mucho de teatro.

MAX.— ¡Imbécil!

Ramón María DEL VALLE-INCLÁN
Luces de bohemia. Espasa Calpe

La carga (1902), de Ramón Casas.

1.1 EL MODERNISMO

En la segunda mitad del siglo XIX diversas tendencias artísticas se opusieron a reducir el arte al reflejo de la realidad. Entre ellas destacan las siguientes:

- El **parnasianismo** francés, que se interesó por los aspectos formales de las obras y trató contenidos alejados de los conflictos contemporáneos.
- El **simbolismo,** que se ocupó de temas y sentimientos ocultos tras la realidad visible: melancolía, función del artista, desajuste entre realidad y deseo.

En el mundo hispánico, surgió a finales del siglo XIX el **modernismo,** movimiento nacido en Latinoamérica con escritores como Rubén Darío y Leopoldo Lugones, que reunía las aportaciones del parnasianismo y simbolismo. No tardó en llegar a España y a él se sumaron los escritores que protagonizaron el cambio de siglo en nuestro país. Los **principales temas** de la literatura modernista fueron los siguientes:

- La expresión de la **intimidad,** que se manifiesta en asuntos como la melancolía y la nostalgia, el sentido de la vida, el amor visto desde una perspectiva erótica y la espiritualidad.
- La búsqueda de la **identidad cultural** del artista, que se proyecta en diversos motivos temáticos a veces contrapuestos: el rescate de la tradición indígena americana; la defensa de los valores hispánicos que nos distinguen de otras culturas; el artista como parte de una comunidad que trasciende las fronteras.
- El **deseo de evasión** de una realidad insatisfactoria, presente en la actitud elitista y aristocrática de los escritores, en el recurso a la fantasía y en la ambientación de las obras en lugares exóticos.

En sus **aspectos estilísticos,** el modernismo se caracterizó por:

- La **innovación en los versos,** motivada por la búsqueda del ritmo poético y el deseo de apartarse de las estrofas tradicionales.
- La **ampliación del vocabulario** mediante la inclusión de arcaísmos y cultismos.
- La **abundancia de recursos retóricos,** en especial de aquellos que sugieren diferentes planos sensoriales: metáforas y símbolos, adjetivación sensorial, sinestesia y recursos fónicos.

El modernismo pronto experimentó una transformación que permite señalar dos fases fundamentales en el movimiento:

Los dos modernismos

En el poema inicial de *Cantos de vida y esperanza,* Rubén Darío vuelve la vista a su obra lírica anterior. En el fragmento seleccionado se encuentran referencias a algunos de los elementos característicos del llamado «modernismo canónico» del que desea alejarse Rubén en esta nueva etapa de su producción poética: cosmopolitismo, evasión en el tiempo, alejamiento de la mediocridad burguesa, osadía formal y temática, simbolismo, idealización, etcétera.

Yo soy aquel que ayer no más decía
el verso azul y la canción profana,
en cuya noche un ruiseñor había
que era alondra de luz por la mañana.

El dueño fui de mi jardín de sueño,
lleno de rosas y de cisnes vagos;
el dueño de las tórtolas, el dueño
de góndolas y liras en los lagos;

y muy siglo diez y ocho y muy antiguo
y muy moderno; audaz, cosmopolita;
con Hugo fuerte y con Verlaine ambiguo,
y una sed de ilusiones infinita.

Rubén Darío: *Poesías completas*
Fondo de Cultura Económica

MODERNISMO CANÓNICO	
Fecha	Últimas décadas del siglo XIX.
Lugar	Predomina en Latinoamérica.
Influencia	Parnasianismo.
Tema	Búsqueda de la identidad cultural y el deseo de evasión.
Estilo	Mayor atención a los aspectos formales.

POSMODERNISMO	
Fecha	Primeras décadas del siglo XX.
Lugar	Predomina en España.
Influencia	Simbolismo.
Tema	Expresión de la intimidad.
Estilo	Mayor sencillez estilística.

1.2 EL GRUPO DEL 98

Tradicionalmente se han estudiado en la literatura española de principios del siglo xx dos movimientos bien diferenciados: el **modernismo** y el **grupo del 98.** En el primero se incluía a autores como Salvador Rueda, Juan Ramón Jiménez (en sus primeras obras) y Manuel Machado, mientras que en el segundo se inscribía a Antonio Machado, Ramón M.ª del Valle-Inclán, Miguel de Unamuno, Pío Baroja, José Martínez Ruiz, *Azorín,* y Ramiro de Maeztu. La realidad es que todos estos escritores tenían más o menos la misma edad, compartían preocupaciones existenciales, aspiraban a objetivos artísticos similares y estaban influidos por los mismos autores y movimientos, por lo que deben ser entendidos como parte de un único movimiento modernista que protagoniza la literatura hispánica entre finales del siglo xix y la Primera Guerra Mundial.

Sin embargo, resulta útil emplear el término *grupo del 98* para referirse al conjunto de seis autores que mejor mostraron en sus obras la crisis espiritual de la época. Estos escritores presentan grandes diferencias entre sí, pero también algunos **caracteres comunes:**

- Cultivan **diversos géneros literarios** con la intención de renovarlos y alejarse de la estética realista.
- Apuestan por una **renovación del lenguaje literario** en el que destaca una cierta sencillez expresiva, la ampliación léxica y el punto de vista subjetivo sobre la realidad.
- Muestran su preocupación por el **tema de España,** denunciando la decadencia del país y la necesidad de modernizarlo. Junto a la crítica de la situación en la que viven, también se interesan por el paisaje castellano, pues lo consideran un símbolo del alma española.
- Expresan los **conflictos religiosos y existenciales** propios de la época: la búsqueda de un sentido de la vida, el debate sobre la existencia de Dios o el análisis de la angustia del hombre de su tiempo.

En este sentido, la **evolución ideológica** del grupo del 98 se manifiesta en **tres etapas** fundamentales:

- **Primera etapa.** Hasta 1907 aproximadamente, casi todo el grupo se sitúa en posiciones políticas revolucionarias. Piensan que es necesario acabar con las instituciones españolas y crear un nuevo orden nacional.
- **Segunda etapa.** Entre 1907 y 1914, las posturas se moderan. Creen ahora que debe transformarse el país, pero salvaguardando los valores espirituales que lo hacen diferente.
- **Tercera etapa.** A partir de 1914, los autores del 98 se alejan de las cuestiones políticas para centrarse en la reflexión sobre la existencia humana.

Esta evolución conjunta fue recorrida por los seis miembros del grupo, aunque en el caso de Antonio Machado y Ramón M.ª del Valle-Inclán se produjo en sentido inverso. Ambos escritores comenzaron sus carreras literarias lejos de las preocupaciones políticas y fueron comprometiéndose ideológicamente a medida que alcanzaban la madurez.

La Institución Libre de Enseñanza

En 1876, Francisco Giner de los Ríos y otros catedráticos expulsados de la Universidad Central de Madrid por defender la libertad de cátedra iniciaron un proyecto pedagógico que perseguía transformar la educación en España: la Institución Libre de Enseñanza.

Entre los objetivos del proyecto cabe destacar la apuesta por la libertad individual y el desarrollo de la capacidad reflexiva, la tolerancia a las opiniones ajenas, despertar el deseo de aprender y ampliar la cultura, separar la educación de la enseñanza religiosa, y educar en igualdad a niños y niñas. Para llevar a cabo su labor, los fundadores crearon diversos centros: el Instituto-Escuela, orientado a la enseñanza básica; la Residencia de Estudiantes y la Junta para Ampliación de Estudios, ambas dirigidas al ámbito universitario; o las misiones pedagógicas, que se dedicaron a acercar la cultura al ámbito rural.

Entre su fundación y la destrucción del espíritu institucionalista causado por la dictadura franquista, la Institución Libre de Enseñanza fue el corazón de la cultura española. Por sus centros de estudios y proyectos desfilaron lo mejor de la literatura, el arte, la ciencia y el pensamiento español del siglo xx.

Francisco Giner de los Ríos.

2 LITERATURA EN VERSO

Uno de los objetivos de la literatura modernista fue el de alejarse del realismo, movimiento que se había desarrollado especialmente en el terreno de la narrativa, como estudiamos en la unidad anterior. Ese hecho explica en parte la atención que muestran los escritores del cambio de siglo por la literatura en verso. La **poesía lírica modernista** se dirigió a un lector minoritario que buscaba en el poema no solo el tratamiento de unos temas existenciales o sociales, sino también una expresión lingüística cuidada al máximo.

2.1 RUBEN DARÍO

El autor clave de la poesía de este período fue el nicaragüense **Rubén Darío** (1867-1916), referencia de toda la poesía hispánica de su tiempo. Su obra lírica pasa por **tres etapas** que coinciden con la evolución del modernismo:

- **Primeros poemas.** Los versos de juventud del poeta tratan ya algunos temas recurrentes en su obra (el erotismo, la crítica de la tiranía y la angustia existencial) y en ellos se aprecia la influencia del estilo becqueriano.
- **Modernismo esteticista.** En los libros *Azul...* (1888) y *Prosas profanas* (1896), explora los valores formales y las cualidades sensoriales de las palabras, introduce innovaciones métricas y convierte el símbolo en centro del poema. A los temas anteriores añade las referencias a cuestiones hispánicas (folclore, personajes de la historia española, etc.) y la evasión de la realidad presente.
- **Modernismo existencial.** Desde la publicación de *Cantos de vida y esperanza* en 1905, su poesía se hace más sobria y directa, sin renunciar por completo a la brillantez lingüística y rítmica. Los temas se centran en dos líneas: los problemas del mundo hispánico y la reflexión amarga sobre el sentido de la vida.

Figulinas

¡Qué bonita es la princesa!
¡qué traviesa!
¡qué bonita
la princesa pequeñita
de los cuadros de Watteau!

Yo la miro, ¡yo la admiro,
yo la adoro!

Si suspira, yo suspiro;
si ella llora, también lloro;
si ella ríe, río yo.

Cuando alegre la contemplo,
como ahora, me sonríe,
... y otras veces su mirada
en los aires se deslíe
pensativa...

¡Si parece que está viva
la princesa de Watteau!

Al pasar la vista, hiere,
elegante,
y ha de amarla quien la viere.

... Yo adivino en su semblante
que ella goza, goza y quiere,
vive y ama, sufre y muere...
¡Como yo!

Manuel Machado
Alma. Ars moriendi. Cátedra

2.2 MANUEL MACHADO

El modernismo de Rubén Darío fue seguido en España por numerosos poetas. Aparte de Antonio Machado y Juan Ramón Jiménez, debe destacarse la obra de **Manuel Machado**, en cuya obra lírica se pueden distinguir tres fases:

Sus primeros poemas, que siguen el modelo de la poesía de Bécquer, están centrados en la melancolía y el amor.

Entre 1900 y 1909, compone dos de sus principales libros, *Alma* y *El mal poema*. En ellos se aprecia la influencia de Rubén Darío, tanto en las formas (lenguaje sonoro, simbolismo, exploración de valores sensoriales) como en los contenidos (la cuestión hispánica, lo existencial, la evasión de la realidad).

A partir de 1910, la poesía de Manuel Machado se llena de recursos formales procedentes del flamenco: versos cortos y rimas asonantes, repeticiones de palabras y estructuras sintácticas, sencillez léxica y condensación de contenidos. Los temas de los poemas son ahora menos comprometidos y giran en torno al paisaje y lo folclórico.

2.3 ANTONIO MACHADO

La obra literaria de este autor se compone de **textos ensayísticos y reflexivos** en prosa (*Juan de Mairena* es la obra más relevante de este tipo), **obras teatrales** compuestas en colaboración con su hermano Manuel **y, sobre todo, una obra lírica** que lo convirtió en uno de los maestros de la literatura española de principios del siglo XX.

La **concepción de la poesía** de Antonio Machado se define por unos rasgos que la hacen única en su tiempo. Entre ellos pueden destacarse los siguientes:

- Tendencia hacia una **sencillez formal** que va imponiéndose a medida que pasan los años.
- Consideración del **poema como diálogo** entre el *yo* lírico y diferentes personajes poéticos: el paisaje castellano, el recuerdo de su esposa Leonor, amigos y conocidos, modelos literarios, y el propio yo desdoblado.
- **Superposición de escenarios y tiempos** que se asocian con estados de ánimo diferentes.
- Uso del **símbolo**, que encierra parte de la carga temática del poema: el paso del tiempo es aludido por el reloj, la tarde, las estaciones del año, los caminos y las galerías; a la muerte se refiere mediante las campanas, los cipreses, el mar o el lago; la vida es nombrada a través del sueño, el río o el camino.
- **Temas poéticos** que reflejan el compromiso del *yo* lírico con los grandes conflictos del hombre contemporáneo:
  - El problema religioso: búsqueda de una fe que dé respuesta al sufrimiento humano y desdén por la religiosidad popular.
  - El problema existencial: angustia causada por el fluir del tiempo y la presencia constante de la muerte, sensación de soledad y conflicto entre la realidad y el deseo.
  - El problema social: lamento por la decadencia de España y contemplación del paisaje castellano como símbolo de la patria.

Antonio Machado

Nació en Sevilla en 1875, aunque pocos años después la familia se trasladó a Madrid, donde pasaría el poeta su infancia y juventud. En la capital estudió en la Institución Libre de Enseñanza y trabó relación con los círculos modernistas, que influyeron en su primera obra poética. En 1907 se trasladó a Soria, donde había obtenido la cátedra de Francés en el instituto. Allí contrajo matrimonio con Leonor y entró en contacto directo con el paisaje castellano. Tras la muerte de su esposa en 1912, se mudó a Baeza y en 1919, a Segovia. Desde 1932 residió en Madrid hasta que en noviembre de 1936 abandonó la ciudad sitiada por las fuerzas franquistas para establecerse en Valencia. La derrota republicana obligó al poeta a tomar el camino del exilio. Murió en Colliure (Francia) el 22 de febrero de 1939.

Allá, en las tierras altas,
por donde traza el Duero
su curva de ballesta
en torno a Soria, entre plomizos cerros
y manchas de raídos encinares,
mi corazón está vagando, en sueños...
¿No ves, Leonor, los álamos del río
con sus ramajes yertos?
Mira el Moncayo azul y blanco; dame
tu mano y paseemos.
Por estos campos de la tierra mía,
bordados de olivares polvorientos,
voy caminando solo,
triste, cansado, pensativo y viejo.

Antonio MACHADO
Poesías completas. Espasa Calpe

Superposición de espacios: Soria y Andalucía.

Diálogo sin respuesta.

Contemplación y visión subjetiva del paisaje.

Angustia provocada por la soledad y el paso del tiempo.

ETAPAS EN LA OBRA DE ANTONIO MACHADO

En la obra poética de Antonio Machado pueden identificarse tres etapas bien diferenciadas: el ciclo de *Soledades* (1903-1907), el ciclo de *Campos de Castilla* (1912-1917) y los últimos poemas (1924-1939).

Los dos primeros libros de poemas de Machado (***Soledades,*** y su ampliación, ***Soledades. Galerías. Otros poemas***) forman el primer ciclo poético del autor, situado cerca de la estética de la **primera etapa modernista:**

- Preferencia por el verso largo y las rimas consonantes.
- Abundante adjetivación sensorial.
- Escenografía de los poemas que sugiere melancolía y tristeza.
- Temas poéticos que aluden a la angustia existencial: soledad, hastío, fluir del tiempo, presencia de la muerte, choque entre la realidad y el deseo. Con frecuencia estos temas se expresan mediante símbolos.

En 1912 aparece ***Campos de Castilla,*** un libro que se ampliará en 1917 con nuevos poemas. En esta **segunda etapa** la poesía de Machado ha cambiado en algunos aspectos:

Lenguaje literario

El lenguaje literario se hace **sencillo** y **directo,** disminuye la adjetivación, los símbolos son de fácil comprensión y predomina la rima asonante.

Paisaje castellano

Será el centro de muchos poemas, contemplado **desde dos perspectivas contrapuestas:** una visión negativa de su dureza y aridez, y una mirada positiva en la que el escritor se identifica con Castilla porque es la tierra en la que encontró una efímera felicidad.

La angustia

Sigue siendo tema esencial del libro, pero ahora el poeta se enfrenta al asunto desde la experiencia de quien ha sentido en su propia carne (la enfermedad y el fallecimiento de la esposa) el golpe de la muerte.

Futuro de España

Machado expresa su **pesimismo** ante el futuro de España a través del enfrentamiento entre dos ideas diferentes de la patria: la tradicional y la que ha querido transformar sin éxito el país.

Machado solamente publicará un libro más de poemas (***Nuevas canciones,*** 1924), aunque nunca abandonó por completo la creación lírica. La poesía de esta **última etapa** se caracteriza por una forma cada vez más condensada y por tratar temas como la contemplación del paisaje, el amor por Guiomar (nombre que esconde a Pilar Valderrama, la compañera de Machado en sus últimos años), la reflexión filosófica y las referencias a distintos acontecimientos de la Guerra Civil.

El pesimismo de Machado ante el futuro de España se expresa en este texto:

Ya hay un español que quiere
vivir y a vivir empieza,
entre una España que muere
y otra España que bosteza.
Españolito que vienes
al mundo te guarde Dios.
Una de las dos Españas
ha de helarte el corazón.

Antonio Machado
Poesías Completas
Espasa Calpe

3 LITERATURA EN PROSA

El ensayo y la novela encajaban a la perfección con los objetivos de una generación de escritores que se plantearon reformar el país en sus aspectos sociopolíticos y artísticos.

El **ensayo** fue cultivado principalmente por los autores del 98, que lo utilizaron para exponer su visión personal de las circunstancias vividas y defender sus posiciones ideológicas. Los **temas** más habituales fueron:

- La **crítica de la decadente situación española:** desgobierno, corrupción de las instituciones políticas y falta de libertades. Buen ejemplo de este tema es *Hacia otra España,* de Ramiro de Maeztu.
- **La búsqueda de una identidad cultural y un carácter nacional.** Los escritores del 98 encontraron esa «alma española» en el mundo rural tradicional, en la vida de los ciudadanos anónimos y en la tierra castellana. Este tema es el núcleo de *En torno al casticismo,* de Miguel de Unamuno, por ejemplo.
- La **reflexión sobre cuestiones religiosas y existenciales** (la fe, la inmortalidad, el conflicto entre razón y sentimiento, y la angustia) fue el asunto predominante en los ensayos del 98 a partir de la segunda década del siglo. Puede destacarse *Del sentimiento trágico de la vida,* de Miguel de Unamuno, como uno de los ensayos más relevantes.

El deseo de romper con el arte anterior se manifestó en una novela que se apartaba de los caracteres de la narrativa realista en múltiples aspectos, como se indica en la tabla de la derecha.

La ruptura con el realismo se concretó en 1902, cuando aparecieron cuatro novelas que apostaban por una nueva forma de narrar: *Camino de perfección,* de Pío Baroja; *Amor y pedagogía,* de Miguel de Unamuno; *La voluntad,* de José Martínez Ruiz; y *Sonata de otoño,* de Ramón M.ª del Valle-Inclán.

La renovación de la novela en Europa

La renovación narrativa iniciada en España por los autores del 98 coincide con una tendencia generalizada en la literatura europea. Por estas mismas fechas, Franz Kafka componía unas obras en las que el conflicto interno del personaje se superponía a la acción; James Joyce y Marcel Proust revolucionaban el tratamiento del tiempo narrativo con unas obras en las que la linealidad cronológica se diluía; y Thomas Mann y Robert Musil afrontaban el fracaso de la cultura y el conocimiento como vehículo para alcanzar la felicidad.

NOVELA DEL REALISMO	
Punto de vista	Objetividad.
Tema	La sociedad.
Técnica	Narrador omnisciente.
	Narración cronológica.
	Predominio de la narración.
	Importancia de la acción.

NOVELA DEL MODERNISMO Y 98	
Punto de vista	Subjetividad.
Tema	Conflicto existencial del personaje.
Técnica	Varios narradores no omniscientes.
	Ruptura del orden lineal.
	Protagonismo del diálogo y el monólogo.
	Importancia de la reflexión.

3.1 JOSÉ MARTÍNEZ RUIZ, *AZORÍN*

El escritor alicantino cultivó el ensayo, el teatro y también la novela, género en el que destacó especialmente

En su **obra narrativa** pueden distinguirse distintos momentos:

- **Primera etapa.** Compone novelas en las que incorpora numerosos elementos autobiográficos y da rienda suelta a su visión crítica sobre la sociedad y a la reflexión sobre las cuestiones existenciales. Obras destacadas del período son *La voluntad* y *Antonio Azorín.*
- **Segunda etapa.** Se reduce paulatinamente el tono crítico de las obras y el autor se centra en la reflexión existencial y cultural *(Doña Inés* y *Don Juan),* así como en la introducción de técnicas que lo alejan de la narración tradicional *(Superrealismo).*

3.2 MIGUEL DE UNAMUNO

Si bien este autor compuso teatro y poesía, sus principales aportaciones literarias provienen de dos géneros en prosa: el ensayo y la novela. En los **ensayos**, Unamuno aborda dos cuestiones, fundamentales en su obra literaria:

El tema de España. En sus primeras obras, Unamuno se decanta por la modernización del país; pero pronto sus textos se orientan hacia la búsqueda de la identidad española. El escritor ve en Castilla, en sus gentes anónimas y en sus mitos culturales el reflejo de los valores espirituales que definen y distinguen el alma española. Estos asuntos son el núcleo de libros como *En torno al casticismo* o *Vida de don Quijote y Sancho.*

El conflicto entre **la razón y la fe.** A partir de 1913, Unamuno se centra en la vida humana y su sentido. El autor piensa que la vida humana no puede justificarse mediante la razón, sino solamente desde la voluntad de creer en Dios. Dios es lo único que puede dotar de sentido la existencia humana, pero el drama surge de la imposibilidad racional de creer en Él. Sobre este asunto tratan: *Del sentimiento trágico de la vida* y *La agonía del cristianismo.*

Las **novelas** de Miguel de Unamuno responden a las mismas preocupaciones que sus ensayos. Salvo su primera obra *(Paz en la guerra),* que aún sigue las técnicas narrativas del realismo decimonónico, todas ellas se definen por el intento de analizar la existencia humana profunda, la angustia, el sufrimiento, y el conflicto constante entre la razón y el sentimiento o la fe:

- *Amor y pedagogía:* sátira de una educación basada en principios científicos.
- *Niebla:* el enfrentamiento entre el personaje y su escritor reproduce el conflicto entre el hombre y Dios.
- *Abel Sánchez:* estudio sobre la envidia y la insatisfacción con la propia personalidad.
- *La tía Tula:* defensa de la mujer en una sociedad dominada por la tradición.
- *San Manuel Bueno, mártir:* aborda directamente la cuestión religiosa a través de un sacerdote incapaz de creer en la inmortalidad del alma.

Desde el punto de vista técnico, las «nivolas» (como las llamó Unamuno para distanciarse de la novela realista) se caracterizan por la atención a los conflictos internos de los personajes, la ausencia de un narrador único, la inexistencia de una situación temporal concreta, la primacía del diálogo y la habitual referencia al proceso de creación literaria.

Miguel de Unamuno

Nació en Bilbao en 1864, aunque abandonó la capital vasca para establecerse en Madrid, donde se doctoró en Filosofía y Letras, y posteriormente en Salamanca, en cuya universidad ocupó la cátedra de griego entre 1891 y 1901. Desde ese año desempeñó el cargo de rector de la universidad, hasta que fue obligado a dimitir en 1914 por su crítica a la corrupción del gobierno de Alfonso XIII. En 1924, su oposición a la dictadura del general Primo de Rivera causó que fuera desterrado en la isla de Fuerteventura y que después marchase al exilio voluntario en Francia, donde residió hasta 1930. Ese mismo año se reincorporó a su puesto en la Universidad de Salamanca, ciudad en la que vivió recluido hasta su muerte en 1936.

Tras el fracaso amoroso, Augusto Pérez decide visitar a Miguel de Unamuno para consultarle sobre su decisión de suicidarse:

—Pues bien; la verdad es, querido Augusto —le dije con la más dulce de mis voces—, que no puedes matarte porque no estás vivo, y que no estás vivo, ni tampoco muerto, porque no existes…

—¿Cómo que no existo? —exclamó.

—No, no existes más que como ente de ficción; no eres, pobre Augusto, más que un producto de mi fantasía y de las de aquellos de mis lectores que lean el relato que de tus fingidas venturas y malandanzas he escrito yo; tú no eres más que un personaje de novela, o de nivola, o como quieras llamarle. Ya sabes, pues, tu secreto.

Miguel DE UNAMUNO
Niebla
Alianza

3.3 PÍO BAROJA

Fue esencialmente autor de novelas y relatos, aunque también cultivara de manera puntual el género ensayístico y teatral. Su **concepción del género narrativo** podría sintetizarse en cinco aspectos:

- Entiende la **novela como un género abierto** en el que cabe la narración de unos hechos, pero también la reflexión sobre los mismos, el lirismo o la argumentación. Se esfuerza por incluir en sus obras diversos **mecanismos que doten de unidad al conjunto.** Entre esas estrategias destacan los personajes recurrentes en diversas obras, los lugares donde se desarrolla la acción y las distintas posiciones filosóficas e ideológicas que se enfrentan en sus relatos.
- Sus novelas se centran en un **personaje característico** que refleja al hombre de su tiempo. Son seres inadaptados que manifiestan dos actitudes contradictorias ante la vida: unos son pasivos, coincidiendo así con la posición real del autor, mientras que otros se muestran activos.
- Los **temas** coinciden con los característicos de su generación: la expresión y el análisis de la angustia existencial, la denuncia de la situación social de España y el problema de Dios. Baroja también se interesó por la recuperación de la memoria histórica del país y por el relato de aventuras.
- Apuesta por la **sencillez y la claridad lingüística,** así como por el uso del diálogo como mecanismo para penetrar en la personalidad de sus personajes.

A lo largo de su vida, Pío Baroja compuso numerosas novelas que pueden clasificarse en tres etapas diferentes:

Primera etapa

Hasta 1912 escribe obras que reflejan el caos espiritual de principios del siglo XX. Muchas de ellas se agrupan en series de tres o cuatro relatos que comparten personajes, asuntos o lugares de desarrollo de la acción. Entre las novelas de este período destacan *Camino de perfección*, *La busca*, *Zalacaín el aventurero* y, por supuesto, *El árbol de la ciencia*.

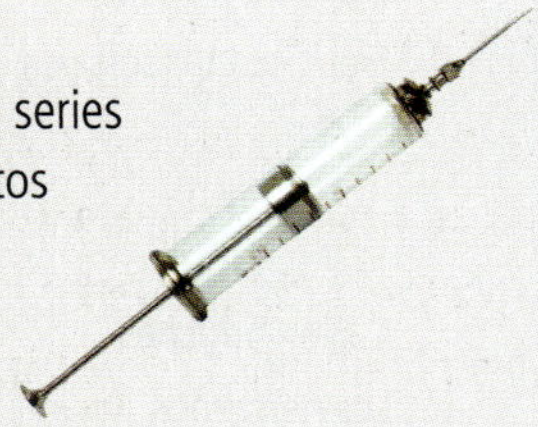

Segunda etapa

De 1913 a 1935 Baroja se aplicó a la tarea de reconstruir la historia de España durante el siglo XIX mediante las veintidós novelas que componen las *Memorias de un hombre de acción*. La serie está protagonizada por Eugenio de Aviraneta, personaje real que participa en los acontecimientos determinantes del siglo.

Tercera etapa

Desde 1936 hasta el final de sus días, el escritor vasco concentra su esfuerzo en la redacción de su autobiografía *(Desde la última vuelta del camino)*, aunque compone también algunas novelas, que no alcanzan el nivel de las anteriores.

Pío Baroja

Nació en San Sebastián en 1872, aunque se trasladó pronto a Madrid para cursar estudios de Medicina que terminó en 1893. Durante un breve tiempo ejerció la Medicina, pero desde 1896 se dedicó exclusivamente al periodismo y la literatura. Residió en Madrid la mayor parte de su vida, salvo la breve estancia en París entre 1936 y 1940. Murió en la capital de España en 1956, apartado de la vida social.

La personalidad de Baroja se define por la timidez, la tendencia a la soledad, la desconfianza en el género humano y un pesimismo vital que impregna la mayor parte de su obra literaria. Ideológicamente, su individualismo lo situó cerca del anarquismo en su juventud.

El árbol de la ciencia

La novela relata la vida de Andrés Hurtado, un joven estudiante de Medicina que se enfrenta al mundo con la intención de comprenderlo y comprenderse a sí mismo. El protagonista buscará un sentido a su vida por diferentes vías (el conocimiento científico, la reflexión filosófica, la acción social, la vida familiar); pero ninguna de ellas le servirá para alcanzar la felicidad.

Baroja muestra en la novela su visión de la España de comienzos del siglo XX, un país atrasado, inmerso en la pobreza cultural, dominado por la violencia y la deshumanización, y condenado al fracaso. También expone el escritor su pesimista concepción de la vida como lucha cruel ante la que caben dos únicas actitudes: la contemplación indiferente o la acción limitada a un círculo social reducido.

4 LITERATURA DRAMÁTICA

El teatro es un género literario que necesita ser representado por unos actores y ante un público para comunicar su sentido completo. Este hecho explica la existencia de dos **condicionamientos comerciales:**

- La necesidad de disponer de unos **locales apropiados** para la representación que, en su mayoría, son de propiedad privada y están orientados hacia la posibilidad de negocio.
- La necesidad de contar con un **público** receptivo, que en los primeros años del siglo es mayoritariamente burgués.

Esto favoreció la coexistencia de dos **formas de entender el teatro.** La primera de ellas, el **teatro comercial,** se orientó hacia el público burgués, se acogió a una ideología conservadora en lo político y continuó la tradición realista en lo artístico. Este teatro buscaba la diversión y el entretenimiento por encima de todo, aunque no por ello dejó de ofrecer propuestas de interés. Entre las diversas modalidades del teatro comercial de esta época deben destacarse las siguientes:

	Características	Autores
Comedia burguesa	• Escenografía realista. • Situaciones de la vida cotidiana de las clases burguesas. • Uso de un lenguaje sencillo y claro.	Jacinto Benavente
Teatro en verso	• Imitación del teatro clásico del siglo XVII. • Temas: dramas de honor, recreación, episodios de la historia de España, etc. • Uso de un lenguaje arcaizante.	Eduardo Marquina Francisco Villaespesa
Comedia de costumbres	• Conflictos amorosos con final feliz. • Recreación de ambientes populares idealizados. • Uso del lenguaje coloquial y vulgar. • Reproducción de situaciones tópicas.	Carlos Arniches Los hermanos Álvarez Quintero

Frente a las tendencias comerciales, el **teatro innovador** pretendía dirigirse a un público no específicamente burgués o de clase media, a quien ofreció un nuevo tipo de obras por su contenido social y existencial, así como por sus nuevas propuestas técnicas y formales. En esta tendencia se sitúa la producción teatral de los autores del **grupo del 98,** que utilizaron el género dramático para exponer sus profundas reflexiones sobre la religión, la decadencia social y la angustia existencial (Pío Baroja, Miguel de Unamuno y Jacinto Grau); pero también se decantaron por la incorporación de técnicas escenográficas vanguardistas que se apartaban de la tradición realista (José Martínez Ruiz, *Azorín*). Mención especial merece Ramón M.ª del Valle-Inclán, el autor del 98 que cultivó el teatro de manera más continuada y cuya obra se estudiará con mayor profundidad en las siguientes páginas.

Jacinto Benavente

La vida de Benavente (1866-1954) estuvo vinculada al teatro desde muy pronto. Con apenas diecinueve años abandonó los estudios de Medicina para viajar por Europa, trabajar como empresario de circo y dedicarse a la literatura. A lo largo de su existencia mantuvo siempre una posición crítica ante la situación sociopolítica que se vivía en España. En 1922 se le concedió el Premio Nobel de Literatura.

En su obra teatral suelen distinguirse dos etapas: hasta 1896, Benavente compone obras de clara denuncia social que no encuentran la acogida del público; a partir de esa fecha, el dramaturgo modera su crítica (aunque esta no desaparece por completo) y dirige sus textos al público burgués que habitualmente asiste a las representaciones. Al primer período pertenece *El nido ajeno*, su primera obra, mientras que *Los intereses creados* y *La malquerida* (sus obras más relevantes) fueron compuestas durante la segunda etapa de su trayectoria literaria.

4.1 RAMÓN MARÍA DEL VALLE-INCLÁN

Fue un autor completo que cultivó la lírica, el teatro y la narrativa de manera habitual, además de algunos ensayos. Aunque en todos los géneros alcanzó altas cotas de calidad, fueron la novela y el teatro las modalidades que han situado al escritor gallego en la primera línea de la literatura española de la primera mitad del siglo XX.

La obra literaria de Valle-Inclán atraviesa por tres etapas que responden a un proceso que va del esteticismo inicial y de una posición política conservadora al creciente compromiso ideológico y a la innovación técnica de sus últimas obras.

Etapa modernista (1895-1907)

Las primeras obras del autor se sitúan en la estela del modernismo. En ellas, presta especial atención a los aspectos formales, utilizando una lengua sonora y brillante, repleta de matices sensoriales.

Desde el punto de vista temático, el interés del escritor recae en la nostalgia de un pasado decadente que idealiza y enfrenta al insatisfactorio presente.

A este período pertenecen los volúmenes de relatos *Epitalamio* y *Jardín umbrío;* pero lo más destacado son las *Sonatas*, cuatro novelas cortas escritas entre 1902 y 1905 protagonizadas por el marqués de Bradomín.

Galicia mítica (1907-1920)

Las obras de este período están ambientadas en el mundo rural gallego, observado desde un punto de vista nostálgico de los valores perdidos que alterna con la denuncia de la miseria y la crueldad.

Entre las obras más destacadas deben citarse las tres *Comedias bárbaras,* protagonizadas por don Juan Montenegro, las novelas que componen el ciclo *La guerra carlista,* y la obra teatral *Divinas palabras.*

Etapa de los esperpentos (1920-1936)

La época final de Valle-Inclán se define por la denuncia de un mundo dominado por la brutalidad y el absurdo, sin que se haga presente en ningún momento la nostalgia de un pasado feliz.

El objetivo de los *esperpentos* (como llamó el propio autor a las obras de este período) es deformar y degradar la imagen que se tiene de la realidad para mostrar su verdadero rostro: lo grotesco y absurdo de la vida española contemporánea.

Obras fundamentales de estos años fueron las novelas *Tirano Banderas,* donde aborda el tema del dictador latinoamericano, y las tres que forman el ciclo *El ruedo ibérico,* en las que critica brutalmente la corrupción de la corte de Isabel II. En el terreno teatral, compone *Luces de bohemia* y tres esperpentos: *Los cuernos de don Friolera, Las galas del difunto* y *La hija del capitán.*

Ramón María del Valle-Inclán

Nació en Villanueva de Arosa (Pontevedra) en 1866. Residió en Galicia hasta 1890, cuando abandonó los estudios de Derecho y se trasladó a Madrid para continuar una carrera literaria que había iniciado poco tiempo antes. Tras una breve estancia en la capital, Valle-Inclán viajó a América y a otros lugares como corresponsal. En 1895 regresó a Madrid, donde participó de la vida cultural de la ciudad y trabó relación con los círculos modernistas. Durante sus años madrileños, el escritor compaginó la actividad literaria con la enseñanza como catedrático de Estética. También realizó numerosos viajes por Europa y América que le permitieron conocer de primera mano las propuestas artísticas más innovadoras de la época. En 1935, enfermo de gravedad, se instaló en Santiago de Compostela, donde murió en enero de 1936.

Escena de la representación de *Divinas palabras*, de Valle-Inclán.

LUCES DE BOHEMIA

Esta obra constituye la dramatización de la última noche de la vida de Máximo Estrella, poeta modernista ciego y arruinado que se enfrenta al absurdo de la vida madrileña.

La obra trata dos temas principales:

- **La condición humana.** A través de los dos protagonistas, Valle-Inclán muestra dos caras del ser humano: la dimensión heroica de un Max Estrella que se enfrenta a su destino trágico, la muerte; y la falta de moralidad de Latino de Híspalis, que le permite sobrevivir incluso en el Infierno.
- **La crítica de la vida española.** El autor denuncia cinco aspectos de la sociedad contemporánea: la falsedad del mundo artístico, la corrupción política, la brutalidad policial, la falta de independencia de la prensa y la insolidaridad entre los ciudadanos.

Estatua de Valle-Inclán en el Paseo de Recoletos de Madrid.

La obra se divide en quince escenas que responden a la **estructura** indicada en la tabla.

En vida de Max (escenas I-XII)
Recorrido de Max por la noche madrileña.
La partida (escena I). Exposición del contexto personal y familiar del protagonista.
El viaje (escenas II-XI). Peregrinación del protagonista y paulatina toma de conciencia política.
El destino (escena XII). Regreso y muerte.
Tras la muerte de Max (escenas XIII-XV)
Funciona como un epílogo que sirve para cerrar los conflictos abiertos: • La situación de la familia de Max tras su fallecimiento. • La vida de Latino tras la muerte de Max.

La cueva de Zaratustra en el Pretil de los Consejos. Rimeros de libros hacen escombro y cubren las paredes. Empapelan los cuatro vidrios de una puerta cuatro cromos espeluznantes de un novelón por entregas. En la cueva hacen tertulia el gato, el loro, el can y el librero. Zaratustra, abichado y giboso —la cara de tocino rancio y la bufanda de verde serpiente—, promueve, con su caracterización de fantoche, una aguda y dolorosa disonancia muy emotiva y muy moderna. Encogido en el roto pelote de una silla enana, con los pies entrapados y cepones en la tarima del brasero, guarda la tienda. Un ratón saca el hocico intrigante por un agujero.

Zaratustra.— ¡No pienses que no te veo, ladrón!

El gato.— ¡Fu! ¡Fu! ¡Fu!

El can.— ¡Guau!

El loro.— ¡Viva España!

Están en la puerta Max Estrella y Don Latino de Híspalis. El poeta saca el brazo por entre los pliegues de su capa, y lo alza majestuoso, en un ritmo con su clásica cabeza ciega.

Ramón M.ª del Valle-Inclán
Luces de bohemia. Espasa Calpe

Distorsión de la realidad: degradación.

Distorsión de la realidad: enaltecimiento.

Personificación de animales y animalización de personas.

Cosificación: personajes presentados en función de objetos que los identifican.

Muñequización: personajes caracterizados como marionetas.

ACTIVIDADES

11 MODERNISMO Y GRUPO DEL 98

2 Literatura en verso

1 Lee los siguientes poemas en voz alta y realiza las actividades que se proponen a continuación.

Texto 1

Dichoso el árbol, que es apenas sensitivo,
y más la piedra dura porque esa ya no siente,
pues no hay dolor más grande que el dolor de ser vivo,
ni mayor pesadumbre que la vida consciente.

Ser y no saber nada, y ser sin rumbo cierto,
y el temor de haber sido y un futuro terror...
Y el espanto seguro de estar mañana muerto,
y sufrir por la vida y por la sombra y por

lo que no conocemos y apenas sospechamos,
y la carne que tienta con sus frescos racimos,
y la tumba que aguarda con sus fúnebres ramos,

¡y no saber adónde vamos,
ni de dónde venimos!...

Rubén Darío
Poesías completas. Fondo de Cultura Económica

Texto 2

Pasan las horas de hastío
por la estancia familiar,
el amplio cuarto sombrío
donde yo empecé a soñar.
Del reloj arrinconado,
que en la penumbra clarea,
el tictac acompasado
odiosamente golpea.
Dice la monotonía
del agua clara al caer:
un día es como otro día;
hoy es lo mismo que ayer.
Cae la tarde. El viento agita
el parque mustio y dorado...
¡Qué largamente ha llorado
toda la fronda marchita!

Antonio Machado
Poesías completas
Espasa Calpe

a. Indica cuál es el tema de cada texto. Justifica, en ambos, casos que pertenecen a la literatura de principios del siglo XX.

b. Analiza los aspectos formales de ambos poemas:

- Estructura.
- Métrica.
- Recursos retóricos.

c. En ambos textos los autores ofrecen un tono pesimista; no obstante, en uno de ellos ese sentimiento resulta más intenso: ¿a qué poema nos referimos?, ¿de qué recursos crees que se vale el poeta para ello?

2 Lee el poema y responde a las preguntas.

El ciego sol se estrella
en las duras aristas de las armas,
llaga de luz los petos y espaldares
y flamea en las puntas de las lanzas.

El ciego sol, la sed y la fatiga.
Por la terrible estepa castellana,
al destierro, con doce de los suyos
—polvo, sudor y hierro—, el Cid cabalga.

Cerrado está el mesón a piedra y lodo.
Nadie responde... Al pomo de la espada
y al cuento de las picas el postigo
va a ceder ¡Quema el sol, el aire abrasa!

A los terribles golpes
de eco ronco, una voz pura, de plata
y de cristal, responde... Hay una niña

muy débil y muy blanca
en el umbral. Es toda
ojos azules, y en los ojos, lágrimas.

Manuel MACHADO
Alma. Ars moriendi. Cátedra

a. ¿Qué interés muestra Manuel Machado por lo castellano? Explícalo. ¿Puede relacionarse ese interés con alguna característica de la literatura modernista?

b. Compara la visión de Manuel Machado con la de los escritores del 98. ¿Persigue el mismo objetivo?

3 Literatura en prosa

3 Lee el fragmento y realiza las actividades.

Nadie en el pueblo quiso creer en la muerte de don Manuel; todos esperaban verle a diario, y acaso le veían pasar a lo largo del lago y espejado en él o teniendo por fondo la montaña; todos seguían oyendo su voz, y todos acudían a su sepultura, en torno a la cual surgió todo un culto. Los endemoniados venían ahora a tocar la cruz de nogal, hecha también por sus manos y sacada del mismo árbol de donde sacó las seis tablas en que fue enterrado. Y los que menos queríamos creer que se hubiese muerto éramos mi hermano Lázaro y yo.

Él, Lázaro, continuaba la tradición del santo y empezó a redactar lo que le había oído, notas que me han servido para esta mi memoria.

—Él me hizo un hombre nuevo, un verdadero Lázaro, un resucitado —me decía—. Él me dio fe.

—¿Fe? —le interrumpía yo.

—Sí, fe, fe en el consuelo de la vida, en el contento de la vida. Él me curó de mi progresismo. Porque hay, Ángela, dos clases de hombres peligrosos y nocivos: los que, convencidos de la vida de ultratumba, de la resurrección de la carne, atormentan, como inquisidores que son, a los demás, para que, despreciando esta vida como transitoria, se ganen la otra, y los que, no creyendo más que en esta...

—Como acaso tú... —le decía yo.

—Y sí, y como don Manuel. Pero no creyendo más que en este mundo esperan no sé qué sociedad futura y se esfuerzan en negarle al pueblo el consuelo de creer en otro...

—De modo que... De modo que hay que hacer que vivan de la ilusión.

Miguel DE UNAMUNO
San Manuel Bueno, mártir. Cátedra

a. Explica por qué el texto es de tipo narrativo.

b. Establece la estructura externa e interna del texto.

c. ¿Cuál es el drama interno de don Manuel?

d. Al inicio del fragmento se presenta a don Manuel como un santo. Después de leer el texto completo, ¿crees que puede atribuírsele esa condición? ¿Por qué?

e. Relaciona el texto que has leído con la crisis de fin de siglo y la obra de Unamuno.

4 Literatura dramática

4 TIC Lee la escena XII de *Luces de bohemia* y responde.

MAX.— El esperpentismo lo ha inventado Goya. Los héroes clásicos reflejados en los espejos cóncavos dan el Esperpento [...]. El sentido trágico de la vida española solo puede darse con una estética sistemáticamente deformada [...]. España es una deformación grotesca de la civilización europea [...]. Las imágenes más bellas en un espejo cóncavo son absurdas [...]. La deformación deja de serlo cuando está sujeta a una matemática perfecta. Mi estética actual es transformar con matemática de espejo cóncavo las normas clásicas.

DON LATINO.— ¡Eres genial! ¡Me quito el cráneo!

MAX.— Latino, deformemos la expresión en el mismo espejo que nos deforma las caras y toda la vida miserable de España.

Ramón M.ª DEL VALLE-INCLÁN
Luces de bohemia. Espasa Calpe

a. Valle Inclán define por boca de Max Estrella lo que él entiende por esperpento. ¿Cuál debe ser su tema central? ¿Qué técnica literaria debe emplearse?

b. ¿Por qué podría decirse que el fragmento seleccionado es característico de la literatura del grupo del 98?

c. ¿Por qué Max afirma que el esperpentismo fue inventado por Goya? Busca en Internet obras suyas que justifiquen la afirmación.

COMENTARIO DE TEXTO

He andado muchos caminos,
he abierto muchas veredas;
he navegado en cien mares,
y atracado en cien riberas.

En todas partes he visto
caravanas de tristeza,
soberbios y melancólicos
borrachos de sombra negra,

y pedantones al paño
que miran, callan, y piensan
que saben, porque no beben
el vino de las tabernas.

Mala gente que camina
y va apestando la tierra...

Y en todas partes he visto
gentes que danzan o juegan,
cuando pueden, y laboran
sus cuatro palmos de tierra.

Nunca, si llegan a un sitio,
preguntan a dónde llegan.
Cuando caminan, cabalgan
a lomos de mula vieja,

y no conocen la prisa
ni aun en los días de fiesta.
Donde hay vino, beben vino;
donde no hay vino, agua fresca.

Son buenas gentes que viven,
laboran, pasan y sueñan,
y en un día como tantos,
descansan bajo la tierra.

Antonio Machado
Poesías completas
Espasa Calpe

Canción a lo lejos (1906), de Ferdinand Hodler.

1 Enmarca el fragmento en el período literario al que pertenece. ¿En qué tendencia crees que puede inscribirse? ¿Por qué?

2 Resume el contenido del texto y enuncia su tema principal.

3 Describe la estructura externa del fragmento e indica las partes en que puede dividirse su contenido.

4 Señala los recursos literarios que se utilizan en el texto y la finalidad con que son empleados por el autor.

5 Antonio Machado afirma en el poema que la muerte de los seres humanos no los iguala por completo, pues unos «apestan» la tierra y otros «descansan» bajo ella. ¿Compartes la opinión del poeta? Justifica tu respuesta.

TRABAJAMOS LAS COMPETENCIAS

Lee este texto y resuelve las actividades de la página siguiente.

Conversaciones

Al día siguiente, al ir Ramiro a visitar a su novia, se encontró con la otra, con la hermana. Se le demudó el semblante y se le vio vacilar. La seriedad de aquellos serenos ojazos de luto **le** concentró la sangre toda en el corazón.

—¿Y Rosa? —preguntó sin oírse.

—Rosa ha salido y soy yo quien tengo ahora que hablarte.

—¿Tú? —dijo con labios que le temblaban.

—¡Sí, yo!

—¡Grave te pones, chica! —y se esforzó en reírse.

—Nací con esa gravedad encima, dicen. El tío asegura que la heredé de mi madre, su hermana, y de mi abuela, su madre. No lo sé, ni me importa. Lo que sí sé es que me gustan las cosas sencillas y derechas y sin engaño.

—¿Por qué lo dices, Tula?

—¿Y por qué rehúyes hablar de vuestro casamiento a mi hermana? Vamos, dímelo, ¿por qué?

El pobre mozo inclinó la frente arrebolada de vergüenza. Se sentía herido por un golpe inesperado.

—Tú le pediste relaciones con buen fin, como dicen los inocentes.

—¡Tula!

—¡Nada de Tula! Tú te pusiste con ella en relaciones para hacerla tu mujer y madre de tus hijos...

—¡Pero qué de prisas vas...! —y volvió a esforzarse en reírse.

—Es que hay que ir de prisa, porque la vida es corta.

—¡La vida es corta!, ¡y lo dice a los veintidós años!

—Pues bien, ¿piensas casarte con Rosa, sí o no?

—¡Pues qué duda cabe! —y al decirlo le temblaba el cuerpo todo.

—¡Pues si piensas casarte con ella, ¿por qué diferirlo así?

—Somos aún jóvenes...

—¡Mejor!

—Tenemos que probarnos...

—¿Qué, qué es eso?, ¿qué es eso de probaros? ¿Crees que la conocerás mejor dentro de un año? Peor, mucho peor...

—Y si luego...

—¡No pensaste en eso al pedir la entrada aquí!

—Pero, Tula...

—¡Nada de Tula! ¿La quieres, sí o no?

—¿Puedes dudarlo, Tula?

—¡Te he dicho que nada de Tula! ¿La quieres?

—¡Claro que la quiero!

—Pues la querrás más todavía. Será una buena mujer para ti. Haréis un buen matrimonio.

—Y con tu consejo...

—Nada de consejo. ¡Yo seré una buena tía, y basta!

Ramiro pareció luchar un breve rato consigo mismo y como si buscase algo, y al cabo, con un gesto de desesperada resolución, exclamó:

—¡Pues bien, Gertrudis, quiero decirte toda la verdad!

—No tienes que decirme más verdad —le atajó severamente—; me has dicho que quieres a Rosa y que estás resuelto a casarte con ella.

—¡Pero, Tula!

—Nada de Tula, te he dicho. Si la quieres, a casarte con ella, y si no la quieres, estás de más en esta casa.

Estas palabras le brotaron de los labios fríos mientras se le paraba el corazón. Siguió a ellas un silencio de hielo, y durante él la sangre, antes represada y ahora suelta, le encendió la cara a la hermana. Y entonces, en el silencio agorero, podía oírsele el galope trepidante del corazón.

Al día siguiente se fijaba el de la boda.

Miguel de Unamuno
La tía Tula. Cátedra (adaptación)

1 Cuando Ramiro va a visitar a su novia y se encuentra con la hermana…

a. se siente reconfortado porque quiere hablar con ella.

b. le cambia la expresión de la cara y se pone nervioso.

c. lamenta no haber avisado antes a Rosa.

d. se pone colorado y siente rabia por dentro.

2 ¿Qué aspecto de Tula impresiona más a Ramiro?

a. Los ojos. b. Las manos. c. Los gestos. d. El tono de voz.

3 ¿Qué le reprocha Tula a Ramiro?

a. Que no quiera tener hijos con su hermana.

b. Que tenga demasiada prisa por casarse con Rosa.

c. Que engañe a su hermana.

d. Que no le pida a Rosa para casarse.

4 Ramiro…

a. prefiere conocer mejor a Rosa antes de contraer matrimonio.

b. cree que casarse demasiado joven es un error.

c. quiere conseguir un buen trabajo antes de casarse.

d. está totalmente decidido a casarse con Rosa.

5 Indica si las siguientes afirmaciones son verdaderas o falsas.

a. Ramiro es un muchacho decidido y audaz.

b. Tula no permite que Ramiro se sincere con ella.

c. La cuñada de Ramiro habla sin rodeos.

d. Tula acusa a Ramiro de actuar con engaño.

6 A partir del texto, ¿cómo definirías el carácter de Tula?

a. Dialogante. b. Autoritario. c. Comprensivo. d. Temeroso.

7 El pronombre «le» destacado en el texto se refiere a…

a. Tula. b. Rosa. c. La seriedad. d. Ramiro.

8 Tras la conversación con Ramiro, Tula…

a. se arrepiente de haberle hablado de ese modo.

b. vive un conflicto entre la dureza de sus palabras y sus sentimientos reales.

c. se encuentra mal y sufre una especie de desmayo.

d. se siente tranquila porque ha conseguido lo que quería.

9 Señala un sinónimo de «grave» (subrayado en el texto):

a. Enfadada. b. Triste. c. Enferma. d. Seria.

10 Tula afirma: «Hay que ir de prisa, porque la vida es corta». Expón tu punto de vista sobre este tema en un texto que contenga 125 palabras como mínimo.

EVALUACIÓN

1 Lee el siguiente texto y realiza las actividades.

Las costumbres de Alcolea eran españolas puras, es decir, de un absurdo completo.

El pueblo no tenía el menor sentido social; las familias se metían en sus casas, como los trogloditas en su cueva. No había solidaridad; nadie sabía ni podía utilizar la fuerza de la asociación. Los hombres iban al trabajo y a veces al casino. Las mujeres no salían más que los domingos a misa.

Por falta de instinto colectivo el pueblo se había arruinado.

En la época del tratado de los vinos con Francia, todo el mundo, sin consultarse los unos a los otros, comenzó a cambiar el cultivo de sus campos, dejando el trigo y los cereales, y poniendo viñedos; pronto el río de vino de Alcolea se convirtió en río de oro. En este momento de prosperidad, el pueblo se agrandó, se limpiaron las calles, se pusieron aceras, se instaló la luz eléctrica...; luego vino la terminación del tratado, y como nadie sentía la responsabilidad de representar al pueblo, a nadie se le ocurrió decir: «Cambiemos el cultivo; volvamos a nuestra vida antigua; empleemos la riqueza producida por el vino en transformar la tierra para las necesidades de hoy». Nada.

El pueblo aceptó la ruina con resignación.

—Antes éramos ricos —se dijo cada alcoleano—. Ahora seremos pobres. Es igual; viviremos peor, suprimiremos nuestras necesidades.

Aquel estoicismo acabó de hundir al pueblo.

Pío Baroja: *El árbol de la ciencia.* Cátedra

Paisaje de Hendaya (c. 1929), de Juan Echevarria.

a. ¿A qué se refiere Baroja con el término *estoicismo*?

b. Busca en el texto alguna palabra o expresión que Baroja utilice como sinónimo de *estoicismo*.

c. ¿Qué quiere decir el escritor con la expresión «sentido social»?

d. El autor aborda dos causas de la decadencia de Alcolea. Indica cuáles son.

e. ¿Alcolea es un símbolo de España para Baroja? Localiza en el texto el pasaje que lo demuestre o lo niegue.

f. ¿Crees que las ideas expresadas en el fragmento siguen siendo actuales, salvando las evidentes distancias temporales? ¿Por qué y en qué medida?

g. ¿Piensas que podría catalogarse el texto como argumentativo? Razona la respuesta.

h. ¿Crees que en el fragmento seleccionado están presentes alguna de las otras secuencias textuales (narración, descripción, exposición)? ¿Cuál o cuáles? Argumenta tu respuesta.

i. ¿En qué partes puede dividirse el contenido del texto?

j. ¿Por qué piensas que este fragmento puede ser característico de la literatura del grupo del 98?

2 ¿A qué factores se debe el sentimiento de angustia que domina esta época?

3 La novela española de principios del siglo XX se define por la presencia de protagonistas característicos. ¿Cuál es su rasgo más relevante?

4 **TIC** En el penúltimo verso del poema de Rubén Darío de la página 264 se lee: «con Hugo fuerte y con Verlaine ambiguo». ¿A qué personajes hace referencia el poeta? Busca información sobre ellos y escribe un breve texto explicando quiénes son.

5 Los poemas que Antonio Machado dedica a Leonor pueden dividirse en dos bloques: aquellos en los que el poeta no encuentra sentido al dolor provocado por la muerte de su esposa y aquellos en los que se aferra a un hilo de esperanza. ¿A qué grupo pertenece el siguiente texto?

Soñé que tú me llevabas
por una blanca vereda,
en medio del campo verde,
hacia el azul de las sierras,
hacia los montes azules,
una mañana serena.

Sentí tu mano en la mía,
tu mano de compañera,
tu voz de niña en mi oído
como una campana nueva,
como una campana virgen
de un alba de primavera.

¡Eran tu voz y tu mano,
en sueño, tan verdaderas!...
Vive, esperanza, ¡quién sabe
lo que se traga la tierra!

Antonio Machado
Campos de Castilla
Cátedra

6 En la página 266 has podido leer el poema «Figulinas», de Manuel Machado. Justifica que pertenece a la segunda etapa de su obra según las características estudiadas en la unidad.

7 **TIC** Lee este texto de la periodista y escritora Carmen de Burgos y realiza las actividades que encontrarás a continuación.

El pueblo español, comparado con el de otras naciones, sufre un notable atraso; es aún mayor el peso de los atavismos que la fuerza del progreso que lo impulsa. La mujer necesita en España conquistar primero su cultura, luego sus derechos civiles, puesto que en nuestros códigos no la conceptúan en muchos casos persona jurídica, y después hacer que las costumbres le concedan mayor libertad, más respeto y condiciones de vida independiente. Entonces estará capacitada para conquistar el derecho político.

Carmen de Burgos: «El voto de la mujer»
en *El Heraldo de Madrid*, 25 de noviembre de 1906

a. Desde el punto de vista actual, la posición de Carmen de Burgos ante el voto femenino resulta bastante polémica. Expresa tu opinión sobre estos aspectos en un debate:
- ¿Crees que debe existir vinculación entre el derecho al voto y el nivel cultural? ¿Existe esa vinculación en el caso del voto masculino?
- ¿Deben cambiarse las costumbres antes que las leyes? ¿Puede un cambio en la ley influir en las costumbres y tradiciones de una sociedad?

b. Carmen de Burgos fue una de las españolas pioneras en la lucha por los derechos de la mujer. Investiga sobre ella y redacta una breve biografía en la que trates los siguientes aspectos: brevísimo recorrido biográfico, creación literaria, trabajo periodístico, principales aportaciones en la lucha por la igualdad de derechos.

8 Intenta demostrar que la unión de reflexión y capacidad de acción presentes en la escultura *El pensador*, de Auguste Rodin, es común también a la literatura de este período, haciendo referencia a las obras de Pío Baroja, Antonio Machado y Ramón M.ª del Valle-Inclán.

9 Relee el texto de *Luces de bohemia* de la página 274. Después, escribe un breve fragmento teatral en el que emplees la técnica de la animalización. Piensa en dos personajes y un conflicto: por ejemplo, uno no quiere dejar pasar a otro, pelean por una comida, etc. Usa las formas del discurso teatral empleadas por Valle-Inclán en el fragmento: las acotaciones (para situar la acción y caracterizar a los personajes) y el diálogo.

12 EL NOVECENTISMO Y EL GRUPO DEL 27

A UNA HUMANIDAD NUEVA CORRESPONDE UN ARTE NUEVO CON SUS NUEVOS MITOS CREADORES

MARUJA MALLO

PRESENTAR

GREGUERÍAS LAB

Vais a estrenar el Laboratorio de Greguerías del centro. Tendréis que conjugar la realidad de la vida cotidiana con metáforas, alegría y humor para crear diez greguerías. Acompañadlas de imágenes y preparad una presentación visual para explicar los resultados del experimento a vuestros compañeros y compañeras de clase.

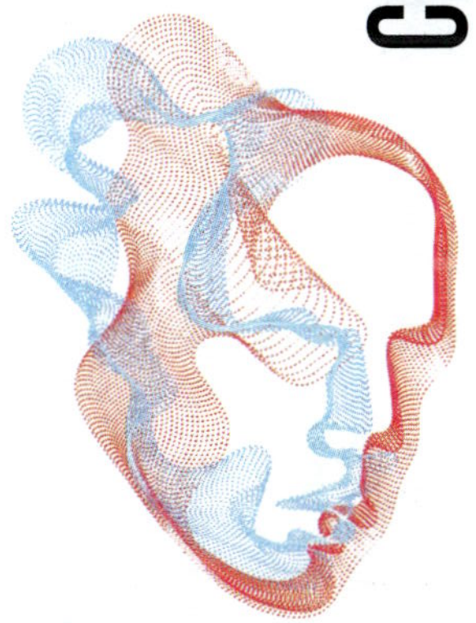

CREAR

ISMOS PROPIOS

Sois los componentes de un nuevo grupo de vanguardia. Para constituiros como tal, debéis recoger las características del movimiento en un manifiesto. Vuestro grupo defiende, sobre todo, la democratización del arte: cualquier persona puede hacer literatura; así que elaborad también la receta para crear un poema según vuestras premisas artísticas. Presentad vuestro proyecto ante la clase y comprobad qué ismo es el más popular.

INVESTIGAR

LAS SINSOMBRERO

Con el nombre de las Sinsombrero se conoce al grupo de mujeres artistas que formaron parte del grupo del 27. ¿Por qué se las llama así? Investiga quiénes fueron y comprueba si todas ellas tienen una calle en su honor. En caso de que no sea así, escribe una reclamación al Ayuntamiento de su ciudad natal para que subsanen el error.

CONOCER

¡SI TE VIERA BERNARDA!

¿Qué pensarían hoy en día los personajes de las obras de Lorca? ¿Sus problemas de entonces eran tan distintos de los actuales? ¿Y sus sentimientos? Debatid sobre la vigencia de la obra de Lorca en la actualidad argumentando vuestros puntos de vista.

Cuando nos relacionamos con empresas e instituciones, utilizamos tipos de textos muy específicos. ¿Podrías mencionar algunos?

algarabía

N.º de factura:	YA19-001723388
Ref. domiciliación:	175509101
Forma de pago:	Domiciliación bancaria
N.º de cuenta:	******3333
Fecha de vencimiento:	30/04/2022
Período de facturación:	**22/03/2022 al 21/04/2022**

55555-07
SRA Sara Puig
CL Torrijos
08012 BARCELONA
BARCELONA
España

Base imponible (21 %)	46,28
IVA (21 %)	9,72
Total a pagar	**56,00 €**

Servicios contratados	**Importe**	**Dto. aplicado**	**Total: 46,2800€**
Algarabía Guay Internet 20 MB móvil y fijo (22 mar. a 21 abr.)	44,6300		44,6300
Identificación de llamadas línea fija	1,6500	0,0000	1,6500

Resumen por línea:

Detalle de servicios y consumos	Cuotas €	Llamadas	Datos (KB)	Total €
653000000 Plan móvil listillo	0,0000	1:16:15	546,865	0,0000
960050703 Identificación de llamadas	1,6500	0:00:00		1,6500
5C3 Algarabía Internet	0,0000		1.321,012	0,0000

Tienes contratado Algarabía Guay, con el que disfrutas de:

- Minutos y SMS ilimitados a cualquier operador móvil o fijo nacional. Establecimiento de llamada incluido. Excluidos servicios de tarificación especial, rellamada y MMS.
- 6 GB de navegación a velocidad 4G+ (hasta 300 MBps).
- Chat Face, para utilizar tus apps de mensajería todo lo que quieras en territorio nacional sin consumir los GB de tu tarifa y enviar SMS/MMS sin coste. Además, incluye Redes Chupiguay para que utilices tus apps de redes sociales todo lo que quieras y sin gastar de tu tarifa.
- Roaming. Cuando viajes por Europa y EE. UU., podrás disfrutar de los GB, minutos y mensajes de tu tarifa nacional sin coste adicional. No incluye roaming marítimo. Para disfrutar en otros destinos de 2 GB, 20 minutos y 20 mensajes, puedes activar la tarifa de Rulando Algarabía por 15 € / día de uso. Consulta los países incluidos y si tienes activa esta tarifa en la app Algarabía Megas. Cuando hayas consumido los GB de tu tarifa, navegarás a máx. velocidad por 3 € cada 250 MB adicionales que consumas. Consulta el estado del servicio: actívalo sin coste en la app Algarabía High.

Servicio gratuito de Atención al Cliente de Algarabía desde tu móvil en el 333000 o en www.algarabía.es. Puede consultar nuestras tarifas en www.algarabía.es.tarifas. Teléfono de la Oficina de Atención al Usuario de Telecomunicaciones del Ministerio de Industria, Turismo y Comercio: 901 336 699. www.usuariosteleco.es. Teléfono de Atención al Ciudadano del Ministerio de Sanidad y Consumo: 901 400 100. http://www.consumo-inc.es/Arbitraje/organo.htm. Coste de la llamada 0,30 €/min (0,36 € con IVA; 0,37 € con IGIC). Establecimiento de llamada 0,15 € (0,18 € con IVA; 0,15 € con IGIC).

Leer

1 Indica cuáles de las siguientes afirmaciones son verdaderas y corrige las falsas para que también lo sean.

a. Esta factura corresponde a un contrato de teléfono fijo, teléfono móvil, Internet y televisión.

b. Están incluidas las llamadas desde el móvil a cualquier teléfono.

c. Incluye *roaming* en los países de Europa y Estados Unidos.

d. Además de la tarifa del contrato, se pagan 1,65 € + IVA por el teléfono fijo.

e. No se especifica la medida que se emplea para contabilizar los datos.

f. El establecimiento de la llamada no está incluido en la tarifa.

2 ¿Qué compañía emite la factura? Indica cómo lo has averiguado.

3 ¿Qué datos relativos a la compañía aparecen en la factura?

4 ¿Cómo puede el cliente contactar con la compañía? ¿Dónde aparecen estos datos? ¿Son fáciles de localizar? Explica por qué crees que es así.

5 ¿Qué datos aparecen sobre el titular de la factura?

6 ¿Cuál es el período de tiempo facturado?

7 TIC ¿Qué forma de pago se utiliza? Averigua en qué consiste.

8 ¿Por qué aparece el número de cuenta incompleto y con asteriscos?

9 ¿De cuántos *megabytes* dispone el usuario en su móvil? ¿Qué ocurre si se consumen todos? Indica en qué parte de la factura se proporcionan estos datos.

10 ¿Cuántos Megas ha consumido el usuario con su móvil? ¿Cuál ha sido la duración de las llamadas efectuadas desde el móvil? ¿Y desde el fijo?

Sin faltas.com

11 ▶ En el texto aparecen numerosos tecnicismos relativos a las nuevas tecnologías. Identifícalos y defínelos.

12 ▶ Además, hay numerosos términos tomados directamente del inglés que podrían sustituirse por palabras españolas: identifícalos y haz la correspondiente sustitución. ¿Por qué crees que se usan tantas palabras en inglés?

13 ▶ Identifica las siglas y abreviaturas que aparecen en el texto. Indica si están escritas correctamente, corrígelas si es necesario e indica cuáles son sus plurales correspondientes y su significado.

Opinar

14 En vista de los datos de consumo de la factura, ¿crees que el usuario necesita todos los servicios que tiene contratados? Justifica tu respuesta.

1 DOCUMENTOS DE RELACIÓN CON EMPRESAS E INSTITUCIONES

En nuestra vida cotidiana, nos relacionamos con empresas e instituciones a través de distintos tipos de documentos (cartas comerciales, facturas, reclamaciones, etc). Las características de estos textos vienen determinadas por la situación comunicativa y la finalidad.

Situación comunicativa	Formal: predominan la 3.ª persona y la 1.ª del plural
Registro	Estándar
Estilo	Claridad y objetividad
Tipología textual	• Expositiva: facturas, contratos, notas informativas... • Argumentativa: reclamaciones, cartas comerciales...
Léxico	• Siglas • Abreviaturas • Abundancia de tecnicismos • Predominio del léxico denotativo
Morfosintaxis	• Oraciones de relativo • Oraciones impersonales • Pasivas reflejas con *se* • Nominalizaciones • Incisos explicativos

1.1 TIPOS DE TEXTOS

Aunque son muy numerosos, los más habituales son el contrato, la factura, la carta comercial y la hoja de reclamaciones. En estos varía el contenido y las funciones, pero también se diferencian en quién es el **emisor:**

- En el contrato, la empresa y los particulares son, a su vez, emisores y receptores.
- La factura es emitida por la empresa, al igual que la carta comercial.
- La hoja de reclamaciones es emitida por un particular.

EL CONTRATO

El **contrato** es uno de los textos más habituales. Cuando contratamos un seguro de cualquier tipo (de moto o coche, para el uso del servicio de bicicletas, etc.), además de nuestros datos y los del objeto asegurado, en él también aparecen una serie de cláusulas que indican cuáles son las coberturas del seguro y las condiciones generales de la póliza.

Este tipo de texto se caracteriza por presentar un uso abundante de la definición (para aclarar los términos) y detallar cada una de las condiciones que se deben cumplir, normalmente en futuro o presente de subjuntivo.

También son abundantes los verbos en forma no personal, las oraciones impersonales, las nominalizaciones, los tecnicismos y las oraciones adjetivas especificativas.

CONTRATO

En virtud del presente contrato de seguro, se garantiza el pago de las indemnizaciones de las que el USUARIO de la bicicleta asegurada deba responder legalmente, hasta los límites por siniestro y año indicados, por los daños causados a terceros como consecuencia directa del uso de la bicicleta resultando daños corporales (en las personas) y/o materiales (en los bienes). [...]

http://cas.valenbisi.es/

- Pasivas reflejas con *se*
- Futuro y presente de subjuntivo
- Tecnicismos

LA FACTURA

Una **factura** contiene una serie de **datos** que hay que saber interpretar. Detallan a qué aspectos corresponden los distintos costes, qué condiciones tiene el contrato y qué servicios pagamos.

algarabía

1 N.º de factura: YA19-001723388
Ref. domiciliación: 175509101

Forma de pago: Domiciliación bancaria
3 N.º de cuenta: ******3333
Fecha de vencimiento: 30/04/2022

4 **Período de facturación:** **22/03/2022 al 21/04/2022**

2 55555-07
SRA Sara Puig
CL Torrijos
08012 BARCELONA
BARCELONA
España

Base imponible (21 %)	46,28
IVA (21 %)	9,72
5 **Total a pagar**	**56,00 €**

	Servicios contratados	**Importe**	**Dto. aplicado**	**Total: 46,2800€**
6	Algarabía Guay Internet 20 MB móvil y fijo (22 mar. a 21 abr.)	44,6300		44,6300
	Identificación de llamadas línea fija	1,6500	0,0000	1,6500

Resumen por línea:

	Detalle de servicios y consumos	**Cuotas €**	**Llamadas**	**Datos (KB)**	**Total €**
7	653000000 Plan móvil listillo	0,0000	1:16:15	546,865	0,0000
	960050703 Identificación de llamadas	1,6500	0:00:00		1,6500
	5C3 Algarabía Internet	0,0000		1.321,012	0,0000

8 Tienes contratado Algarabía Guay, con el que disfrutas de:

- Minutos y SMS ilimitados a cualquier operador móvil o fijo nacional. Establecimiento de llamada incluido. Excluidos servicios de tarificación especial, rellamada y MMS.
- 6 GB de navegación a velocidad 4G+ (hasta 300 MBps).
- Chat Face, para utilizar tus apps de mensajería todo lo que quieras en territorio nacional sin consumir los GB de tu tarifa y enviar SMS/MMS sin coste. Además, incluye Redes Chupiguay para que utilices tus apps de redes sociales todo lo que quieras y sin gastar de tu tarifa.
- Roaming. Cuando viajes por Europa y EE. UU., podrás disfrutar de los GB, minutos y mensajes de tu tarifa nacional sin coste adicional. No incluye roaming marítimo. Para disfrutar en otros destinos de 2 GB, 20 minutos y 20 mensajes, puedes activar la tarifa de Rulando Algarabía por 15 € / día de uso. Consulta los países incluidos y si tienes activa esta tarifa en la app Algarabía Megas. Cuando hayas consumido los GB de tu tarifa, navegarás a máx. velocidad por 3 € cada 250 MB adicionales que consumas. Consulta el estado del servicio: actívalo sin coste en la app Algarabía High.

Servicio gratuito de Atención al Cliente de Algarabía desde tu móvil en el 333000 o en www.algarabía.es. Puede consultar nuestras tarifas en www.algarabía.es.tarifas. Teléfono de la Oficina de Atención al Usuario de Telecomunicaciones del Ministerio de Industria, Turismo y Comercio: 901 336 699. www.usuariosteleco.es. Teléfono de Atención al Ciudadano del Ministerio de Sanidad y Consumo: 901 400 100. http://www.consumo-inc.es/Arbitraje/organo.htm. Coste de la llamada 0,30 €/min (0,36 € con IVA; 0,37 € con IGIC). Establecimiento de llamada 0,15 € (0,18 € con IVA; 0,15 € con IGIC).

1. Datos identificativos de la factura.
2. Datos del cliente.
3. Forma de pago.
4. Período al que corresponde la factura.
5. Importe total que se debe pagar.
6. Coste de los servicios contratados.
7. Resumen de consumos.
8. Condiciones del plan contratado.

LA HOJA DE RECLAMACIÓN

La **hoja de reclamación** es un **texto expositivo-argumentativo** en el que una persona solicita que se repare una situación con la que no está de acuerdo. Para ello, debe exponer los hechos que originan el conflicto de forma ordenada y razonada, y solicitar la reparación o rectificación oportuna.

Su estructura presenta los siguientes elementos:

- Organismo al que se dirige, fecha y lugar.
- Datos de la persona reclamante.
- Datos de la empresa sobre la que se efectúa la reclamación.
- Exposición de los hechos que dan lugar a la reclamación.
- Solicitud del reclamante para solucionar la situación sobre la que reclama.
- Firma del reclamante.

LA CARTA COMERCIAL

La **carta comercial** es otro tipo de documento de relación con empresas e instituciones. En este caso, son **las empresas** quienes **se dirigen a los usuarios** para convencerlos de que adquieran un bien o un servicio.

Tienen la siguiente estructura fija:

CHEAP MOBILE

Calle Desastre, 23
28001 Madrid
Tel. 765 432 100
Cheapmobile_madrid@phmb.es

Datos de la empresa que envía la carta.

Datos del destinatario.

Sr. Salvador Alegre Dalmau
Calle de la cisterna, 17
08221 Terrassa

Madrid, 5 de abril de 2022

Lugar y fecha.

Asunto de la carta.

Asunto: Oferta en telefonía móvil

Estimado Sr. Alegre:

Fórmula de saludo.

Nuestra empresa, Cheap Mobile, es una empresa puntera en la comercialización de teléfonos móviles y de otros dispositivos multimedia.

Nos ponemos en contacto con usted para ofrecerle nuestros mejores productos a unos precios sin competencia en el mercado.

En concreto, le ofrecemos un móvil Cosmos A2000 por tan solo 10 euros. Operamos con grandes distribuidores y nuestros márgenes de descuento son muy amplios porque vendemos grandes cantidades. El Cosmos A2000 tiene una cámara de 16 mpx y 4 GB de memoria RAM, además de un sistema de procesador Pastelillo35.

Si desea recibir este fabuloso móvil, visite nuestra página web y haga su pedido. Tiene 15 días para probarlo sin compromiso.

Fórmula de despedida.

Reciba un cordial saludo,

Martina Alcántara Ruescas
Directora comercial

Firma autógrafa, nombre y cargo del remitente.

Escribir

1 Sois una empresa editorial y debéis conseguir que los libreros os compren poesía surrealista. Escribid una carta comercial siguiendo la estructura estudiada y utilizando alguna de las técnicas de persuasión vistas en la unidad de publicidad.

Para escribir la carta, debéis seguir este proceso:

1.º Inventad un nombre llamativo para vuestra empresa y cread un logotipo que represente la actividad que desarrolláis.

2.º Pensad el contenido del cuerpo de la carta, seleccionad los argumentos y estructurad la información de manera ordenada.

3.º Redactad la carta siguiendo el modelo anterior.

4.º Intercambiad vuestras cartas y valoradlas.

Técnicas de persuasión publicitarias

Las técnicas de persuasión se centran en el uso de figuras retóricas y el empleo del presente y del imperativo, así como de la 2.ª persona.

Algunas de estas técnicas publicitarias consisten en destacar las cualidades beneficiosas del producto, incluir testimonios sobre este, contar una historia, crear intriga...

Escuchar y hablar

1 TIC Busca el vídeo «Reclamaciones sobre telefonía móvil: qué hacer y cómo proceder», de EiTB. Escúchalo hasta el minuto 8:12 y realiza las actividades.

a. Identifica a los participantes. ¿Qué tipo de programa es?

b. ¿Qué obligaciones tienen las compañías a la hora de ofrecer un número de atención al cliente?

c. ¿Qué se debe hacer para cambiar de compañía telefónica si se tiene un contrato con permanencia?

d. Según el vídeo, ¿qué significa *fehaciente*?

e. ¿Qué penalización se nos puede aplicar si damos de baja un contrato de telefonía antes de que termine la permanencia?

f. Según la experta, cuando una compañía nos regala un móvil, ¿se trata realmente de un regalo? Justifica tu respuesta.

g. ¿Qué pueden hacer los consumidores ante las llamadas de publicidad no deseadas?

h. ¿Qué datos debemos solicitar cuando presentamos una incidencia telefónica?

i. ¿Cómo se debe presentar una reclamación escrita a una compañía?

j. En el vídeo se ofrece un teléfono para que los espectadores den su opinión. ¿Se trata de un número gratuito?

k. ¿Son efectivas las reclamaciones telefónicas o es mejor entregarlas por escrito? Razona tu respuesta.

2 Por parejas, vais a simular una conversación telefónica en la que se ponga una reclamación: uno será el cliente, y el otro, el operador. Pensad cuál va a ser vuestra queja, qué argumentos y datos vais a aportar para sustentarla y cuál es vuestra pretensión. El compañero o la compañera en el papel del operador deberá ofrecer las respuestas y explicaciones oportunas que se ajusten a lo planteado por el cliente.

1 SIGLO XX (1914-1939): NOVECENTISMO Y VANGUARDIAS. EL GRUPO DEL 27

La **Primera Guerra Mundial (1914-1918)** trajo diversas e importantes consecuencias para Occidente en el terreno sociopolítico y en el de las ideas.

En primer lugar, el fin de la contienda supuso la **reorganización del mapa político** internacional: desaparecieron antiguos Imperios, como el austrohúngaro o el turco, o se truncaron las aspiraciones expansionistas de otros, al tiempo que nuevas naciones se situaban en una posición de hegemonía internacional, como fue el caso de Estados Unidos. Las consecuencias políticas, territoriales y económicas del final de la guerra dejaron insatisfechos a algunos países, sobre todo a Alemania, convirtiéndose así en el germen de la futura Segunda Guerra Mundial.

Tras la contienda bélica, Estados Unidos alcanzó la hegemonía económica, política y militar a nivel mundial. El crecimiento económico durante la década de los años veinte generó la idea de que se vivía un período de bonanza material jamás alcanzado por la humanidad. Sin embargo, el **crac de 1929** (hundimiento de la Bolsa de Nueva York) arrastró al mundo a una crisis económica generalizada que propició la reapertura de viejas heridas y acabó con esta sensación de prosperidad.

Entre esas heridas no cerradas debidamente ha de destacarse el **conflicto ideológico** que latía en el seno de las sociedades occidentales **entre las posiciones revolucionarias y las conservadoras.** La **Revolución rusa de 1917** había llevado al poder a los bolcheviques, defensores de las aspiraciones del proletariado y enemigos de unas democracias burguesas que consideraban corruptas y desiguales.

Alimentados por la expansión de las propuestas marxistas y por la crisis económica surgieron los **totalitarismos,** que llegaron al poder, primero en Italia, con el **fascismo** (1922), y después en Alemania, con el **nazismo** (1933). Entre ambos bandos se encontraban unas democracias liberales débiles que sorteaban como podían los brotes de violencia.

Aunque **España** se mantuvo neutral durante la **Primera Guerra Mundial,** no por ello estuvo al margen de lo que acontecía en Europa. Las exportaciones propiciadas por el conflicto bélico abrieron un breve período de prosperidad económica que permitió acometer algunas reformas modernizadoras que se concretaron durante la **Segunda República** (1931-1939). Sin embargo, la constante conflictividad social condujo a la **Guerra Civil** (1936-1939) y al fin de las ilusiones democráticas.

El **clima de optimismo** y despreocupación que se vivió durante la **década de los veinte** explica la aparición de un **arte nuevo,** centrado en sí mismo y que olvida la angustia existencial y los problemas sociales habituales en los primeros años del siglo. No obstante, en la **siguiente década** la realidad social y humana acabará imponiéndose y el arte se teñirá de un alto **contenido político.**

Literatura y otras artes

El director de cine Luis Buñuel realizó en 1929 su primer filme, *Un perro andaluz.* La película responde al espíritu del arte surrealista: liberar los deseos reprimidos.

Al igual que sucede en los textos literarios surrealistas, Buñuel se vale de recursos como la desaparición de una línea argumental definida, la asociación ilógica entre secuencias o la presentación de imágenes que pueden sorprender o, incluso, desagradar al espectador.

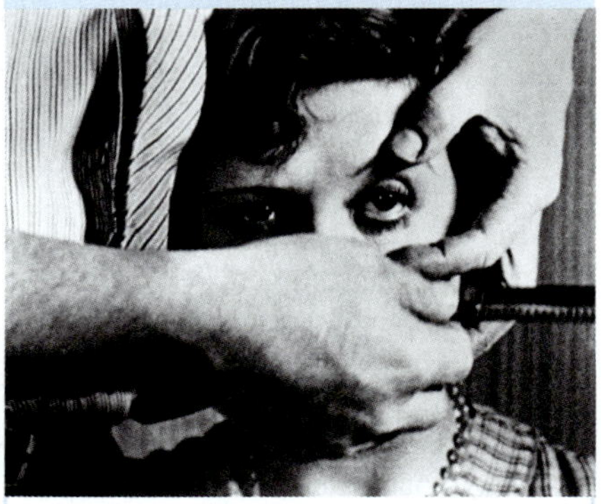

Fotograma de *Un perro andaluz,* de Luis Buñuel.

1.1 TENDENCIAS LITERARIAS

Si bien la primera generación de escritores del siglo xx (la modernista) había iniciado el alejamiento de la literatura realista, serán los artistas que cobren protagonismo a partir de 1914 quienes realmente logren alejarse de las formas artísticas heredadas del siglo XIX. Esta **reacción** se sintetiza en dos aspectos: la **ruptura con la realidad** y la **huida del sentimentalismo.**

En las letras españolas, la reacción antirrealista se lleva a cabo desde dos movimientos que comparten la intención, aunque se diferencian en el grado de radicalidad de sus propuestas: el **novecentismo**, por un lado, y las **vanguardias**, por otro, dentro de las cuales se sitúa **el grupo de 1927** en sus orígenes.

- El **novecentismo** (también conocido como generación de 1914) fue un movimiento de intelectuales de procedencia burguesa que apostaron por continuar la senda de la modernización de España iniciada por los intelectuales del 98.

  Sus componentes tenían fe ciega en que solamente mediante la educación y la cultura podía transformarse un país en decadencia, tarea a la que dedicaron, principalmente, sus trabajos ensayísticos (destacan los de José Ortega y Gasset, Américo Castro y Eugeni D'Ors). Pero, además de las obras claramente intelectuales, el novecentismo dejó aportaciones relevantes en el terreno de la narrativa (Ramón Pérez de Ayala o Gabriel Miró) y en el de la lírica (Juan Ramón Jiménez). En la literatura novecentista predominó la reflexión intelectual sobre la expresión de los sentimientos.

- Más innovadora fue la reacción del **vanguardismo**, que buscó la expresión completamente libre de los artistas, y que dinamitó las bases tradicionales del arte. Los vanguardistas se valieron del humor, de la provocación y del juego con las formas; **deshumanizaron** el arte mediante la eliminación de contenidos sentimentales, la angustia existencial o la denuncia social; reflejaron el mundo moderno en las obras; y dirigieron sus creaciones a un público capaz de comprender los objetivos rupturistas.

  El Vanguardismo no fue un grupo unitario, sino un **conjunto de movimientos** que compartían algunos caracteres. El iniciador de las vanguardias en España fue **Ramón Gómez de la Serna**, escritor que entendió la creación artística como un juego y se empeñó en presentar la realidad desde puntos de vistas no convencionales. Además de la tarea creativa de este autor, cabe destacar dos movimientos puramente hispánicos:

  - El **creacionismo**, que perseguía crear una nueva realidad en los textos de tipo literario.
  - El **ultraísmo**, auténtico resumen de las vanguardias europeas, que apostó por la eliminación de lo anecdótico y la integración de las artes.

Especial mención merece el **grupo de 1927**, cuyos poetas se vieron influidos en sus inicios por los movimientos de vanguardia, aunque el contacto con el surrealismo y el recrudecimiento de los conflictos políticos y sociales les hizo volver a una literatura en la que los contenidos existenciales y sociales se situaban en el centro de las obras.

Las vanguardias en Europa

Entre los numerosos movimientos de vanguardia que surgieron en las décadas de los veinte y treinta, destacan los siguientes:

Futurismo. Tenía el objetivo de convertir el mundo moderno en el centro de atención de la obra artística. Su iniciador fue Filippo Tommaso Marinetti.

Cubismo. Buscaba la eliminación de las fronteras entre las artes. Su iniciador fue Guillaume Apollinaire.

Dadaísmo. Perseguía la destrucción de las bases que sustentaban el arte anterior: la lógica racional y la representación de la realidad. Su iniciador fue Tristan Tzara.

Surrealismo. Defendía la liberación total del individuo mediante la expresión del subconsciente. Su iniciador fue André Breton.

Caligramas de Guillaume Apollinaire.

2 LITERATURA EN VERSO

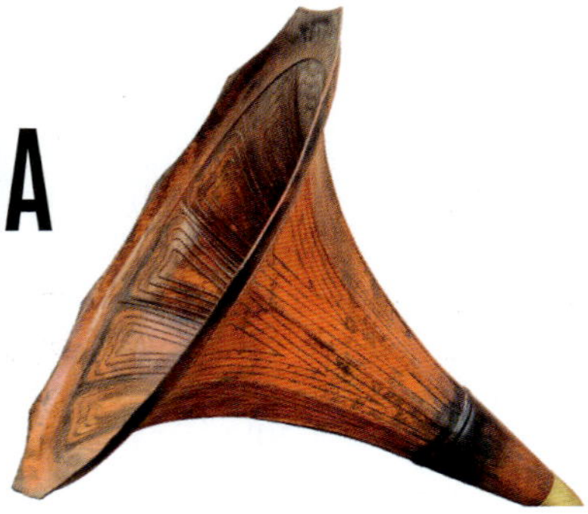

En el período comprendido entre 1914 y 1939 destacaron dos trayectorias líricas por encima de todas: la de **Juan Ramón Jiménez**, que había comenzado años antes en la línea del modernismo; y la de los poetas del **grupo de 1927.**

Juan Ramón Jiménez

Nació en Moguer (Huelva) en 1881. Su inclinación hacia la poesía le llevó a Madrid en 1900. Sin embargo, una profunda crisis espiritual motivó su retiro en Moguer entre 1905 y 1912. Tras este período regresó a Madrid, donde se casó con Zenobia Camprubí y se convirtió en referente de los jóvenes poetas españoles. Tras el comienzo de la Guerra Civil, en 1936, se exilió de España y vivió en diferentes lugares hasta que se estableció en Puerto Rico, donde residía cuando se le concedió el Premio Nobel de Literatura en 1956. Murió dos años después.

2.1 NOVECENTISMO: JUAN RAMÓN JIMÉNEZ

Tras unas primeras obras en las que la influencia de Bécquer era muy evidente, Juan Ramón se inclina desde 1900 por la estética modernista, hasta el punto de marchar ese mismo año a Madrid, reclamado por el escritor Francisco Villaespesa para «luchar por el modernismo». Allí, el joven poeta onubense entró en contacto con los círculos de la poesía joven de su tiempo y se vio influido por la nueva estética que provenía de Hispanoamérica.

Aunque su obra lírica pasa por diferentes etapas, pueden advertirse unos pocos rasgos que la dotan de unidad:

- Es una **poesía minoritaria** que exige la participación activa del lector. A medida que avanza su producción, su poesía se va haciendo cada vez más hermética y difícil de comprender en una primera lectura.
- Toda su creación lírica le sirve para conseguir un **triple deseo:** descubrir la belleza, conocer el sentido profundo de la realidad y la vida, y alcanzar la eternidad, pues para él solo el ser creador puede hacerlo.
- Concibe su trayectoria lírica como una **«obra en marcha»**, de manera que el escritor vuelve una y otra vez sobre sus poemas, depurándolos y transformándolos. Piensa que la obra es un conjunto ordenado que tiende a un fin, como puede apreciarse en el poema de la derecha.

La poesía de Juan Ramón Jiménez mantiene su unidad también gracias a unos pocos **temas** que aparecen recurrentemente en sus poemas:

- La **creación poética**, el concepto de poesía y la función del poeta, que es tratado en distintos períodos, aunque es a partir de 1936 cuando se hace más presente en su obra.
- El **paisaje natural**, que sugiere melancolía y es el espacio donde refugiarse de los sinsabores de la vida, es característico de sus primeros poemas. Ese paisaje natural compartirá protagonismo con el urbano a partir de 1916. En ocasiones, la naturaleza refleja el paisaje del campo andaluz, como sucede en *Platero y yo* o en los poemas dedicados a la recuperación de la infancia.
- La **muerte** y el fluir del **tiempo**, más presentes en sus inicios que en su obra final.
- El **tema de Dios**, abordado en su etapa final, pero no desde un punto de vista religioso. Al escritor le interesa la figura de Dios como creador de universos, lo que le permite igualar al poeta creador con los seres divinos.

Vino, primero, pura,
vestida de inocencia;
y la amé como un niño.

Luego se fue vistiendo
de no sé qué ropajes;
y la fui odiando, sin saberlo.

Llegó a ser una reina,
fastuosa de tesoros...
¡Qué iracundia de yel y sin sentido!

... Mas se fue desnudando.
Y yo le sonreía.

Se quedó con la túnica
de su inocencia antigua.
Creí de nuevo en ella.

Y se quitó la túnica,
y apareció desnuda toda...
¡Oh pasión de mi vida, poesía
desnuda, mía para siempre!

Juan Ramón Jiménez
Antología poética. Cátedra

El propio Juan Ramón Jiménez dividió su trayectoria poética en **tres etapas o épocas** que suponen un proceso evolutivo que va del modernismo inicial al hermetismo de sus últimas obras.

Época sensitiva (hasta 1915)

Es llamada así porque en ella se percibe con claridad la influencia del modernismo, tanto en lo temático (la intimidad del escritor, la melancolía y el sentimentalismo, la presencia constante de la muerte y el fluir del tiempo) como en lo formal (innovaciones métricas, abundante adjetivación sensorial, empleo constante del símbolo). El siguiente poema es un buen ejemplo de este período.

¡Abril galán venía, todo
lleno de flores amarillas...
amarillo el arroyo,
amarilla la senda, la colina,
el cementerio de los niños,
el huerto aquel donde el amor vivía!

El sol ungía el mundo de amarillo
con sus luces caídas;
¡oh por los lirios áureos,
el agua clara, tibia!,
¡las amarillas mariposas
sobre las rosas amarillas!

Guirnaldas amarillas escalaban
los árboles: el día
era una gracia perfumada de oro
en un dorado despertar de vida...
Entre los huesos de los muertos,
abría Dios sus manos amarillas.

Juan Ramón Jiménez
Antología poética
Cátedra

Época intelectual (1916-1936)

Comienza con el libro *Diario de un poeta recién casado.* Los poemas se vuelven más breves y condensados, desaparece la adjetivación sensorial, así como las referencias sentimentales y autobiográficas. El poeta se centra en el conocimiento y en la poesía como herramienta para alcanzarlo.

Intelijencia, dame
el nombre esacto de las cosas!
... Que mi palabra sea
la cosa misma,
creada por mi alma nuevamente.
Que por mí vayan todos
los que no las conocen, a las cosas;
que por mí vayan todos
y suyo, y mío, de las cosas!
que por mí vayan todos
los mismos que las aman, a las cosas...
¡Intelijencia, dame
el nombre esacto, y tuyo,
y suyo, y mío, de las cosas!

Juan Ramón Jiménez
Antología poética
Cátedra

Época suficiente o verdadera (1937-1958)

Es la etapa más conceptual. A menudo el escritor abandona el verso para utilizar una prosa hermética con la que aborda dos temas principales: la creación artística y la consideración del poeta como un dios (como puede apreciarse en el texto del margen).

Platero y yo

En 1914 apareció la primera edición de *Platero y yo,* un conjunto de narraciones líricas que tienen como hilo conductor la relación del poeta y su burro Platero con el mundo que los rodea. Pese a que tradicionalmente se ha considerado un libro infantil, se trata de una obra compleja y dura en la que Juan Ramón da rienda suelta a la crisis espiritual que le llevó a su aislamiento en Moguer entre 1905 y 1912. El tema principal de la obra es el choque entre el poeta (que solo encuentra paz en contacto con el burro o con la naturaleza que rodea Moguer) y una sociedad dominada por la brutalidad, la muerte, la injusticia, la intolerancia y el dolor.

Prosa poética

Los dioses no tuvieron más sustancia que la que tengo yo. Yo tengo, como ellos, la sustancia de todo lo vivido y de todo lo porvenir. No soy presente solo, sino fuga raudal de cabo a fin. Y lo que veo, a un lado y otro, en esta fuga (rosas, restos de alas, sombra y luz) es solo mío, recuerdo y ansia míos, presentimiento, olvido. ¿Quién sabe más que yo, quién, qué hombre o qué dios puede, ha podido, podrá decirme a mí qué es mi vida y mi muerte, qué no es?

Juan Ramón Jiménez
Antología poética
Cátedra

2.2 EL GRUPO DE 1927

La etiqueta **grupo del 27 o 1927** tiene su origen en la reunión celebrada ese año en Sevilla con motivo de la conmemoración del **tercer centenario de la muerte de Luis de Góngora.** Aunque no todos los poetas que forman este grupo participaron en el acto, sí es cierto que fue un elemento de cohesión entre muchos de sus miembros. Existe un acuerdo unánime en la pertenencia al grupo de Pedro Salinas, Jorge Guillén, Gerardo Diego, Federico García Lorca, Rafael Alberti, Dámaso Alonso, Vicente Aleixandre, Luis Cernuda, Emilio Prados y Manuel Altolaguirre.

Las obras de los miembros del grupo del 27 comparten algunas **características comunes** que las unifican y distinguen del resto del panorama artístico de la época. Entre ellas, cabe destacar:

- La **tendencia al equilibrio** entre concepciones literarias aparentemente contrarias, como el respeto a la tradición y el deseo de innovación, la alternancia de lo culto y lo popular, la concentración en la propia obra y la aspiración a convertirla en herramienta de transformación social.
- La **preocupación por los aspectos formales,** que se manifiesta en el uso de la metáfora como centro del poema, en la variedad de ritmos y estrofas, así como en la incorporación de técnicas literarias de orígenes diversos.
- La **presencia recurrente de los mismos temas:** el mundo moderno visto desde una perspectiva positiva o negativa; la experiencia cotidiana; el amor entendido como sentido de la existencia humana; la naturaleza asociada a la nostalgia por un pasado perdido; el conflicto entre realidad y deseo; la reflexión existencial sobre la muerte y el fluir del tiempo; y la cuestión política y social.
- Una **evolución literaria similar:** hasta 1927 se decantan por el vanguardismo y la deshumanización; entre 1927 y 1939 se alejan del vanguardismo para concentrarse en cuestiones humanas (lo social y lo existencial); a partir de 1939 el grupo se fragmenta como consecuencia del fin de la Guerra Civil y el exilio, aunque el tema de la nostalgia por lo perdido se convierte en elemento común.

Pero también existen importantes **diferencias** entre los poetas del grupo. Atendiendo a ellas pueden señalarse varias **tendencias** cultivadas en uno u otro momento de sus carreras literarias:

Tendencia	Características	Autores destacados
Poesía pura	Abstracción e intelectualismo	Jorge Guillén
Vanguardismo	Exaltación de la modernidad y juegos literarios	Pedro Salinas y Gerardo Diego
Surrealismo	Imágenes oníricas y rehumanización temática	Federico García Lorca, Rafael Alberti, Luis Cernuda, Vicente Aleixandre
Neopopularismo	Sencillez aparente y métrica tradicional	Federico García Lorca y Rafael Alberti

Las Sinsombrero

Con este nombre se conoce al grupo de mujeres que formaron parte del grupo de 1927 (María Zambrano, María Teresa León, Josefina de la Torre, Rosa Chacel, Concha Méndez o Ernestina de Champourcin, entre otras); el nombre hace referencia al hecho de desprenderse en la calle de sus sombreros, lo que suponía una provocación social. Todas ellas fueron muy activas en la vida cultural de su tiempo. La reivindicación del papel de la mujer libre en la vida moderna y su plena incorporación a la sociedad son dos de las principales aportaciones de sus obras.

La Residencia de Estudiantes fue un importante centro cultural de España desde su fundación en 1910 hasta 1936. En ella se alojaron algunos de los artistas e intelectuales más destacados del siglo XX (Salvador Dalí, Luis Buñuel y Federico García Lorca, entre otros).

FEDERICO GARCÍA LORCA

Nacido en Fuente Vaqueros (Granada) en 1898, el escritor pasó su infancia y juventud en Andalucía, hasta que en 1919 se instaló en la madrileña Residencia de Estudiantes, donde entró en contacto con la flor y nata del arte español de la época: Antonio Machado, Juan Ramón Jiménez, Luis Buñuel, Salvador Dalí y los futuros poetas del grupo del 27. En 1920 comenzó una carrera literaria que lo convirtió en la figura más sobresaliente de su generación. El 18 de agosto de 1936, un mes después del comienzo de la Guerra Civil, fue asesinado en la localidad de Víznar (Granada) por los adeptos al levantamiento militar.

Su obra literaria se compone principalmente de poemas y obras teatrales. Pese a la diversidad de géneros, toda su producción gira en torno a la **frustración.** Esta idea aparece proyectada en sus obras en diversos motivos temáticos:

- El **amor** y el **sexo** son considerados las fuerzas vitales que mueven al hombre, aunque siempre terminan en fracaso, que provoca la angustia del individuo.
- La **muerte** es presencia constante en sus obras, así como el destino trágico al que están abocados los personajes.
- Las **normas e imposiciones sociales** son la principal causa de la frustración de los deseos del individuo y ocasionan la marginación de los seres diferentes.

La obra lírica de Lorca se inicia con *Libro de poemas* (1921), volumen que refleja la influencia del modernismo, y continúa con libros inscritos en la **tendencia neopopularista** del grupo del 27: *Canciones* (libro al que pertenece la «Canción del jinete»), *Poema del cante jondo* y *Romancero gitano.* En todos ellos las formas métricas procedentes de la tradición española y del flamenco se equilibran con el uso de elementos propios de las vanguardias del siglo XX: abundancia de símbolos, metáforas sorprendentes e imágenes irracionales.

La relativa uniformidad estética de su obra lírica se rompe con *Poeta en Nueva York,* libro compuesto tras el viaje del poeta a la ciudad norteamericana en 1929. El libro supone la incursión del escritor en el **surrealismo:** uso del verso libre, irracionalismo, imágenes visionarias y ambiente de pesadilla. El tema de la obra es la ciudad vista como un lugar hostil en el que se enfrentan el «mundo blanco», materialista y poderoso, y el «mundo negro», integrado por los seres humanos marginados, como el cocinero negro que es centro del poema «El rey de Harlem»:

> Con una cuchara
> arrancaba los ojos a los cocodrilos
> y golpeaba el trasero de los monos.
> Con una cuchara.
>
> Federico García Lorca
> *Obras completas.* Galaxia Gutenberg

Sus últimas composiciones podrían situarse en la línea de equilibrio entre tradición y vanguardia que caracterizaba las primeras obras líricas del autor: el *Llanto por la muerte de Ignacio Sánchez Mejías,* publicado en 1935 a raíz de la muerte del torero y amigo del poeta; *Diván del Tamarit,* donde homenajea la poesía arábigo-andaluza; y los *Sonetos del amor oscuro.*

Canción del jinete

En la luna negra
de los bandoleros,
cantan las espuelas.

Caballito negro.
¿Dónde llevas tu jinete muerto?

... Las duras espuelas
del bandido inmóvil
que perdió las riendas.

Caballito frío.
¡Qué perfume de flor de cuchillo!

En la luna negra,
sangraba el costado
de Sierra Morena.

Caballito negro.
¿Dónde llevas tu jinete muerto?

La noche espolea
sus negros ijares
clavándose estrellas.

Caballito frío.
¡Qué perfume de flor de cuchillo!

En la luna negra,
¡un grito! y el cuerno
largo de la hoguera.

Caballito negro.
¿Dónde llevas tu jinete muerto?

Federico García Lorca
Obras completas
Galaxia Gutenberg

PEDRO SALINAS

El poeta compaginó a lo largo de su vida la creación literaria con la labor docente como profesor de literatura española en distintas universidades españolas y norteamericanas, a raíz de su exilio tras la Guerra Civil. En su obra poética se aprecian **tres etapas:**

- **Vanguardismo (1923-1931).** Sus primeros libros se sitúan en posiciones muy cercanas a las vanguardias. Se interesa por el canto a la modernidad a través de los objetos de su vida cotidiana que convierte en tema poético.
- **Poesía amorosa (1933-1938).** A este período pertenecen sus tres principales libros: *La voz a ti debida, Razón de amor* y *Largo lamento*. El tema único de estos poemarios es la experiencia amorosa que dota de sentido la existencia. En el poema que figura al margen puede observarse cómo el poeta defiende el amor como un absoluto que no necesita nada más que de los amantes.
- **Exilio (1940-1951).** La poesía escrita en el exilio refleja el malestar del poeta ante un mundo que no comprende y que está dominado por la violencia.

El amor según Salinas

Para vivir no quiero
islas, palacios, torres.
¡Qué alegría más alta:
vivir en los pronombres!
Quítate ya los trajes,
las señas, los retratos;
yo no te quiero así,
disfrazada de otra,
hija siempre de algo.
Te quiero pura, libre,
irreductible: tú.
Sé que cuando te llame
entre todas las gentes
del mundo,
solo tú serás tú.
Y cuando me preguntes
quién es el que te llama,
el que te quiere suya,
enterraré los nombres,
los rótulos, la historia.
Iré rompiendo todo
lo que encima me echaron
desde antes de nacer.
Y vuelto ya al anónimo
eterno del desnudo,
de la piedra, del mundo,
te diré:
«Yo te quiero, soy yo».

Pedro SALINAS
La voz a ti debida
Castalia

JORGE GUILLÉN

Al igual que Pedro Salinas, Guillén fue un poeta de sólida formación académica que compaginó su labor creativa con la enseñanza de la literatura en diversas universidades. También se exilió de España tras la Guerra Civil, aunque pudo volver tras la muerte de Franco en 1975. Concibió su obra lírica como un todo ordenado bajo el título *Aire nuestro*, que engloba diferentes **ciclos poéticos:**

- ***Cántico*** recoge la poesía compuesta entre 1919 y 1950, donde se plasma la fe en la armonía y el orden del mundo, que es contemplado con optimismo vital.
- ***Clamor,*** sin embargo, incluye textos escritos tras la Guerra Civil en los que muestra la insatisfactoria realidad que le tocó vivir. El mundo ordenado de *Cántico* es sustituido por un universo caótico en el que violencia, desigualdad y dolor hacen acto de presencia. Pese a todo, el *yo* poético no cae en la angustia, ya que el deseo de vivir termina por imponerse.
- ***Homenaje*** es un libro en el que exalta las aportaciones de quienes a su juicio han sido importantes personalidades de la literatura y el arte.
- Sus **últimos libros** *(Y otros poemas* y *Final)* son obras reflexivas en las que se enfrenta a la idea de la muerte con la intención de encontrar el verdadero sentido de la vida humana.

¡Beato sillón! La casa
corrobora su presencia
con la vaga intermitencia
de su invocación en masa
a la memoria. No pasa
nada. Los ojos no ven,
saben. El mundo está bien
hecho. El instante lo exalta
a marea, de tan alta,
de tan alta, sin vaivén.

Jorge GUILLÉN
Cántico
Biblioteca Nueva

VICENTE ALEIXANDRE

Nació en Sevilla en 1898, aunque muy pronto se trasladó con su familia a Málaga y, posteriormente, se estableció en Madrid hasta su fallecimiento en 1984. La grave enfermedad que padecía desde la juventud lo mantuvo apartado de la vida social y favoreció su dedicación exclusiva a la creación literaria. En 1977 se le concedió el Premio Nobel de Literatura.

En su obra literaria se pueden identificar **tres períodos:**

- Entre 1928 y 1954, se centra en el **análisis de su *yo* más profundo.** Los poemas expresan el deseo de encajar en un mundo dominado por el amor y el sufrimiento, valiéndose de un lenguaje repleto de metáforas irracionales que reflejan la influencia del surrealismo. Los libros principales de esta etapa son *Espadas como labios, La destrucción o el amor* y *Sombra del paraíso.*
- Entre 1954, con la publicación de *Historia del corazón,* y 1968, desarrolla un nuevo ciclo poético en el que se olvida de su sufrimiento personal para hacerse eco de **los conflictos colectivos.** El lenguaje se hace también más claro y directo.
- Desde 1968, su poesía se hace más reflexiva. El tema central es la búsqueda del **sentido de la existencia humana.**

> ¿Para quién escribo?, me preguntaba el cronista, el periodista o simplemente el curioso.
>
> No escribo para el señor de la estirada chaqueta, ni para su bigote enfadado, ni siquiera para su alzado índice admonitorio entre las tristes ondas de música.
>
> Tampoco para el carruaje, ni para su ocultada señora (entre vidrios, como un rayo frío, el brillo de los impertinentes).
>
> Escribo acaso para los que no me leen. Esa mujer que corre por la calle como si fuera a abrir las puertas a la aurora.
>
> O ese viejo que se duerme en el banco de esa plaza chiquita, mientras el sol poniente con amor le toma, le rodea y le deslíe suavemente en sus luces.
>
> Para todos los que no me leen, los que no se cuidan de mí, pero de mí se cuidan (aunque me ignoren).
>
> Vicente ALEIXANDRE: *Poesías completas.* Visor

GERARDO DIEGO

Su obra oscilaba entre **dos tendencias** principales:

- La **ruptura vanguardista** presente en otros libros suyos, como *Imagen* o *Manual de espumas,* donde incluye imágenes sorprendentes e innovadoras, da entrada a los objetos de la modernidad o elimina lo sentimental.
- El **respeto a la tradición,** que se aprecia en obras como *Versos humanos* o *Canciones,* se manifiesta en el empleo de formas métricas procedentes de la lírica popular (el romance, por ejemplo) o culta (el soneto, las décimas, etc.). Observa el magistral uso del soneto en el poema «El ciprés de Silos» a la derecha.

El ciprés de Silos

Enhiesto surtidor de sombra y sueño
que acongojas el cielo con tu lanza.
Chorro que a las estrellas casi alcanza
devanado a sí mismo en loco empeño.

Mástil de soledad, prodigio isleño,
flecha de fe, saeta de esperanza.
Hoy llegó a ti, riberas del Arlanza,
peregrina al azar, mi alma sin dueño.

Cuando te vi señero, dulce, firme,
qué ansiedades sentí de diluirme
y ascender como tú, vuelto en cristales,

como tú, negra torre de arduos filos,
ejemplo de delirios verticales,
mudo ciprés en el fervor de Silos.

Gerardo DIEGO
Manual de espumas.
Versos humanos. Cátedra

RAFAEL ALBERTI

Aunque nació en El Puerto de Santa María (Cádiz) en 1902, marchó a Madrid con su familia siendo muy joven. En la capital se inició en sus dos pasiones artísticas (la pintura y la literatura); pero también adquirió allí la conciencia política que lo llevaría a comprometerse activamente con la República y motivaría su exilio entre 1939 y 1977.

Su obra lírica pasa por **estas etapas:**

- Comienza con una poesía inspirada en las **composiciones tradicionales y populares**, que reproduce algunas características métricas de estas composiciones: versos de arte menor, repeticiones de palabras y paralelismos, presencia de estribillos y rimas asonantes en algunos poemas. El tema recurrente es la nostalgia del mar, asociada a la felicidad infantil perdida. La obra más destacada es *Marinero en tierra*.

¡Qué altos
los balcones de mi casa!
Pero no se ve la mar.
¡Qué bajos!

Sube, sube, balcón mío,
trepa el aire, sin parar:
sé terraza de la mar,
sé torreón de navío.

—¿De quién será la bandera
de esa torre de vigía?

—¡Marineros, es la mía!

Rafael Alberti
Marinero en tierra
Alianza

Rafael Alberti (a la derecha) acompañado por los escritores María Teresa León (con la que se casó en 1932) y Federico García Lorca.

- Con *Cal y canto* (1929), realiza un **homenaje a Luis de Góngora:** compone sonetos y tercetos encadenados, retuerce la sintaxis y emplea un vocabulario selecto y ornamental.
- Entre 1929 y 1935, Alberti se ve influido por el **surrealismo:** utiliza metáforas irracionales, verso libre, asociaciones ilógicas de palabras y provocación. El tema principal es la angustia y el dolor provocado por un mundo que no comprende. El período es iniciado con uno de sus principales libros, *Sobre los ángeles*.
- Con *El poeta en la calle* (1935) aparecen los **temas políticos:** poemas combativos, lenguaje claro y directo, y compromiso del escritor con la revolución proletaria.
- En la **poesía del exilio** se advierten dos tendencias diferentes: una más personal, que toca temas como la nostalgia por la España perdida tras la guerra y el exilio, así como la recuperación de su pasión por la pintura, que habría sido la actividad artística desarrollada por el escritor en sus años de juventud; y otra tendencia de índole política, que continúa la etapa anterior. El libro que mejor muestra esta doble tendencia es *Entre el clavel y la espada* (1941).

LUIS CERNUDA

El poeta, nacido en Sevilla en 1902, compaginó durante su vida la creación artística con la crítica literaria y con la enseñanza de la literatura en distintas universidades europeas y americanas. Como muchos otros poetas del grupo del 27, hubo de exiliarse en 1939, tras la derrota de la República en la Guerra Civil.

La obra poética de Luis Cernuda mantiene una gran unidad temática, pues puede resumirse en un único asunto: la angustia producida por la **frustración de los deseos** del individuo sometidos a la realidad.

Con este tema central se vinculan de una u otra forma la mayoría de los motivos temáticos de sus poemas: el **amor**, la **soledad**, el **sentimiento de diferencia**, el **tiempo** y los **lugares perdidos.** La uniformidad de contenido explica que el poeta reuniese toda su obra anterior a 1939 bajo el título único de *La realidad y el deseo.*

Retrato de Luis Cernuda, obra de Gregorio Prieto.

Unos cuerpos son como flores,
otros como puñales,
otros como cintas de agua;
pero todos, temprano o tarde,
serán quemaduras que en otro cuerpo se agranden,
convirtiendo por virtud del fuego a una piedra en un hombre.

Pero el hombre se agita en todas direcciones,
sueña con libertades, compite con el viento,
hasta que un día la quemadura se borra,
volviendo a ser piedra en el camino de nadie.

Yo, que no soy piedra, sino camino
que cruzan al pasar los pies desnudos,
muero de amor por todos ellos;
les doy mi cuerpo para que lo pisen,
aunque les lleve a una ambición o a una nube,
sin que ninguno comprenda
que ambiciones o nubes
no valen un amor que se entrega.

Luis CERNUDA
La realidad y el deseo
Fondo de Cultura Económica

Pese a la gran unidad de contenido, su trayectoria literaria puede dividirse en tres períodos marcados por el cambio de estilo:

	Poesía de juventud (1927-1928)	Período surrealista (1929-1939)	Poesía del exilio (1940-1963)
Núcleos temáticos	El amor y la sensualidad	La angustia y el caos espiritual, especialmente en el terreno amoroso	La nostalgia por lo perdido
Rasgos formales	Métrica clásica inspirada en Garcilaso de la Vega	Verso libre, imágenes irracionales, libertad expresiva	Lenguaje conversacional, uso alterno del verso y la prosa poética, tono reflexivo
Obras destacadas	*Perfil del aire* y *Égloga, elegía y oda*	*Los placeres prohibidos* y *Donde habite el olvido*	*Las nubes, Ocnos* y *Desolación de la quimera*

3 LITERATURA EN PROSA

3.1 LA NOVELA Y EL RELATO BREVE

Los novelistas del novecentismo y las vanguardias continúan el camino de alejamiento del realismo decimonónico iniciado por los autores del 98 a través de diferentes **tipos de novelas:**

Novela intelectual	Novela lírica	Novela de humor
Predomina la reflexión sobre la acción de los personajes. Ramón Pérez de Ayala es el autor más representativo.	Presta especial atención al lenguaje. Destaca la obra de Gabriel Miró.	Es utilizada como herramienta para ejercer la crítica y motivar la reflexión. Ramón Gómez de la Serna es uno de los principales autores.

RAMÓN GÓMEZ DE LA SERNA

Destacó como **periodista** cultural y **ensayista,** aunque también cultivó el teatro, la lírica y, por supuesto, la **narrativa.** Sus novelas y relatos se caracterizan por la presencia del humor y la observación de la realidad cotidiana (el mundo de los toros, la vida artística y las relaciones amorosas), de la que le interesan los aspectos más insólitos. Observa en el microcuento «Aparición del tritón» cómo se produce la sorpresa por el comportamiento inesperado del personaje:

> La bella joven se reía tanto después del baño a la orilla del mar, que como la risa es la mayor provocadora de la curiosidad, asomó su cabeza un tritón para ver lo que pasaba.
>
> —¡Un tritón! —gritó ella, pero el tritón tranquilo y sonriente la serenó con la pregunta más inesperada:
>
> —¿Quieres decirme qué hora es?
>
> Ramón Gómez de la Serna: *Obras completas.* Galaxia Gutenberg

Entre sus obras destaca la novela *El torero Caracho,* visión grotesca del mundo taurino, y el libro de memorias *Automoribundia,* donde retrata el ambiente cultural de las primeras décadas del siglo.

También inventó la **greguería,** género definido por el autor como la suma del humor y la metáfora. Son breves sentencias que persiguen sorprender al lector a través de una mirada a menudo humorística sobre las cosas o las personas:

> «La muerte es hereditaria.»
> «Las espigas hacen cosquillas al viento.»
> «Roncar es tomar ruidosamente sopa de sueños.»
> «El agua se suelta el pelo en las cascadas.»
>
> Ramón Gómez de la Serna: *Total de greguerías.* Aguilar

Ramón Gómez de la Serna y las vanguardias

Durante los años veinte y treinta, Ramón Goméz de la Serna fue uno de los referentes de la creación literaria española. Fundó la revista *Prometeo* con la intención de informar sobre las propuestas vanguardistas europeas y abrirse a las colaboraciones de los jóvenes escritores españoles. También la tertulia literaria que mantuvo en el madrileño café Pombo estuvo abierta al intercambio de diferentes experiencias creadoras.

La tertulia del café de Pombo (1920), obra de José Gutiérrez Solana (Museo Nacional Centro de Arte Reina Sofía).

RAMÓN PÉREZ DE AYALA

Aunque su obra se incluye dentro de la novela intelectual novecentista, su trayectoria literaria pasa por **tres fases:**

- **Novelas autobiográficas (1907-1913).** Esta fase se compone de cuatro novelas que reflejan la crisis espiritual del hombre contemporáneo. A través de ellas asistimos a la evolución de un mismo protagonista desde que toma conciencia de la angustia *(Tinieblas en las cumbres)* hasta que busca una salida en el amor y la creación artística.
- **Novelas poemáticas de la vida española (1913-1921).** Se centran en la degradación de la vida moderna. El autor se fija en asuntos como la educación, la corrupción y el caciquismo *(Luz de domingo)*, y la violencia social.
- **Novelas sobre temas universales (1921-1962).** El autor abandona el interés por la angustia individual y los conflictos sociales para hacer una reflexión más general. La necesidad de comunicación es el tema de *Belarmino y Apolonio*, mientras que los otros relatos se centran en el amor y sus consecuencias.

3.2 EL ENSAYO

La sólida preparación académica de los **intelectuales novecentistas y vanguardistas,** así como el deseo de modernizar España explican la importancia que el **ensayo** cobró en la segunda y tercera décadas del siglo XX. A diferencia de los escritores del 98, los autores de este período cultivaron un ensayo alejado del subjetivismo y con vocación de explicar los hechos o ideas con sumo detalle y una abundante e incontestable argumentación.

JOSÉ ORTEGA Y GASSET

Fue la figura intelectual más relevante de su época, no solo por la importancia de sus ensayos, sino también por haber fundado la *Revista de Occidente*, publicación en la que encontraron acogida muchos de los intelectuales y artistas de entonces.

Su obra ensayística puede clasificarse en tres grupos:

- **Ensayos filosóficos.** En ellos expone su pensamiento centrado en la existencia humana y sus relaciones con las circunstancias temporales y sociales que vive el individuo.
- **Ensayos sobre arte.** Dentro de este grupo destaca *La deshumanización del arte* (1925), en la cual analiza el sentido del arte moderno, llegando a estas conclusiones: se dirige a un público minoritario, elimina los contenidos humanos y sentimentales, se centra en sí mismo y se aleja de la representación de la realidad.
- **Ensayos sociopolíticos.** En *España invertebrada* (1921) intenta explicar las causas de la decadencia española, que atribuye a la ausencia de solidaridad entre las clases sociales y a los intereses regionales. En *La rebelión de las masas* (1930) propone una solución para España: la construcción de una idea común de país bajo el gobierno de las élites intelectuales.

María Zambrano

María Zambrano (1904-1991) fue una de las más importantes intelectuales del siglo XX. En la década de los 30 era ya profesora en la Universidad Central de Madrid y tenía contacto con las grandes personalidades del momento (José Ortega y Gasset, los poetas del 27, Xavier Zubiri). Fue colaboradora en publicaciones científicas de primer nivel. En 1939 inició su exilio. Residió en diferentes lugares, en los que impartió clases de filosofía en las universidades y donde publicó la mayor parte de su obra. Esta aborda dos cuestiones principales: las relaciones cívicas *(Persona y democracia)* y las relaciones entre filosofía y creación literaria *(Filosofía y poesía)*.

4 LITERATURA DRAMÁTICA

Entre 1914 y 1939 continuaron las dos orientaciones teatrales explicadas en la unidad anterior: un **teatro comercial** y un **teatro innovador** que pretende alejarse de la tradición mediante la renovación técnica y el tratamiento de temas sociales o existenciales.

Las aportaciones del teatro comercial de estos años llegan de la mano de unos autores a los que Ramón Gómez de la Serna denominó «los señoritos de la República». Todos ellos (Enrique Jardiel Poncela, Miguel Mihura, Edgar Neville, entre otros) se decantaron por el teatro de humor; pero huyeron de la comedia de costumbres que triunfaba en los escenarios. Intentaron mantener el equilibrio entre el producto comercial y una nueva forma de teatro en la que el contenido existencial y social se presentaba mediante un **lenguaje y situaciones absurdas.**

El teatro fuera de España

También fuera de nuestras fronteras los dramaturgos más sobresalientes profundizaron en el interior del individuo para expresar la angustia humana (Eugene O'Neill), subrayaron el absurdo de la existencia (Luigi Pirandello) o denunciaron la opresión ejercida sobre el individuo (Bertolt Brecht). Técnicamente, algunos autores se mantuvieron más o menos fieles a la escenografía realista, aunque incorporando una importante carga simbólica en sus obras mientras que otros (Alfred Jarry o Antonin Artaud, por ejemplo) decidieron romper con la tradición mediante la incorporación de elementos vanguardistas: fragmentarismo de las obras, eliminación del argumento, falta de lógica racional, deformación del lenguaje y de los personajes, etc.

4.1 TEATRO DEL GRUPO DEL 27

Las principales innovaciones dramáticas de los años treinta llegaron de mano de los autores del 27, especialmente de **Rafael Alberti** y **Federico García Lorca,** pero también de **Alejandro Casona** y **Max Aub,** escritores que tuvieron después una importante carrera teatral en el exilio. Estos autores se plantearon **tres objetivos** en el terreno teatral:

- **Incorporar elementos vanguardistas** que rompieran definitivamente con la representación realista: escenografía desnuda, situaciones irracionales, etc.
- **Acercar el teatro a la población** para que no fuera exclusivo de las clases altas. Esta intención explica la fundación de la compañía La barraca por parte de Lorca, que llevó el teatro a pueblos y barrios populares.
- **Incorporar la poesía al teatro,** no solo gracias al uso del verso, sino sobre todo mediante la carga simbólica del contenido y el exquisito cuidado del lenguaje.

El teatro del grupo del 27 presenta diversas **líneas dramáticas:**

- **Teatro de contenido político,** cultivado por Alberti en *Fermín Galán* o Casona en *Nuestra Natacha*. Son obras en las que los autores se sitúan ante determinados problemas de la época: la rebelión contra la tiranía, en el primer caso, y la apuesta republicana por generalizar la educación, en el segundo.
- **Teatro surrealista,** que rompe por completo con la tradición realista para ofrecer un retrato del caos interior del hombre contemporáneo. La ruptura con el realismo no se produce tan solo en la escenografía, sino también en el lenguaje irracional y el desbordamiento pasional de los personajes. A esta tendencia pertenecen obras como *El público,* de Lorca, o *El adefesio,* de Alberti.
- **Teatro poético,** enfocado en temas de alcance universal: el dolor, la frustración, la muerte, el deseo de evasión de una realidad insatisfactoria. En esta categoría se sitúan las tragedias de Lorca o *La sirena varada,* de Casona.

EL TEATRO DE FEDERICO GARCÍA LORCA

Como ya se indicó al estudiar su obra lírica, toda la producción literaria de Federico García Lorca gira en torno a la idea de **frustración**, que se proyecta en distintos ámbitos de la existencia: las relaciones amorosas y sexuales, la presencia constante de la muerte y la presión que sobre el individuo ejercen las rígidas estructuras sociales.

En la obra literaria de García Lorca son frecuentes los **símbolos**, expresados mediante el lenguaje y a través de recursos escenográficos. Esos símbolos, que presentan a menudo sentidos contrapuestos, se asocian a las principales preocupaciones temáticas del autor y aparecen en la mayoría de sus obras teatrales. Algunos de los más frecuentes son:

Los símbolos en Lorca

- El **agua**: representa la fuerza, libertad y fecundidad, cuando fluye; y la muerte y esterilidad, cuando se estanca.
- La **luna**: suele asociarse con la muerte y el destino trágico.
- El **caballo**: es la vida, la virilidad y la fuerza; aunque también es lo que conduce al ser humano hacia su trágico destino.
- La **sangre**: dolor y sufrimiento, por supuesto; pero también vitalidad, energía y furor.

A grandes rasgos, pueden identificarse **tres etapas** en la evolución teatral de Federico García Lorca, aunque a lo largo de todas ellas se repiten de modo recurrente los temas.

- **Teatro simbolista.** Entre 1920 y 1933 compone un teatro simbolista cuyo tema primordial es la frustración amorosa, aunque sin el componente trágico que tendrá en sus últimas creaciones. Las obras de este período se dividen en dos grupos:
  - Comienza escribiendo **teatro en verso** en *El maleficio de la mariposa* y *Mariana Pineda*, drama histórico sobre la heroína granadina ajusticiada en tiempos de Fernando VII por bordar una bandera liberal.
  - Se decanta después por la **fusión entre realidad y fantasía** y el tono caricaturesco en sus farsas para guiñol *(Retablillo de don Cristóbal)* y farsas para personas *(La zapatera prodigiosa* y *Amor de don Perlimplín con Belisa en su jardín).*
- **Teatro surrealista.** La frustración de los deseos sigue siendo el centro del teatro surrealista compuesto por García Lorca entre 1930 y 1931. A esta línea dramática pertenecen dos obras, *El público* y *Así que pasen cinco años.* Este teatro se caracteriza por:
  - La ruptura con la lógica.
  - La ampliación de las posibles interpretaciones.
  - El juego con la simbología de los personajes.
  - La presencia del mundo de los sueños y de lo irracional.

La barraca fue una compañía teatral fundada por Federico García Lorca en 1931 cuya aspiración era acercar el teatro clásico a un público proletario y rural. Su labor se inscribe dentro de las Misiones pedagógicas promovidas por la Segunda República para elevar el nivel cultural de la población española.

- **Tragedias rurales.** Las últimas obras del escritor fueron compuestas entre 1932 y 1936. Todas ellas parecen responder a un proyecto definido por los rasgos que se detallan a continuación:
  - **Argumento** reducido al mínimo, en favor de la intensidad de las emociones encarnadas en los personajes.
  - **Ambientación** en entornos rurales andaluces, aunque el tema de las obras tiene significación universal.
  - Alta **carga poética** del lenguaje empleado por los personajes.
  - El **destino trágico** que sobrevuela toda la acción representada.
  - Utilización de **elementos** teatrales procedentes de la **tragedia clásica**, como el coro, que subraya las principales ideas expresadas por los protagonistas, o la presencia de bailes y canciones.

Bodas de sangre

En esta obra se dramatiza un hecho real: la huida de una muchacha con su antiguo novio el mismo día en que había de contraer matrimonio con otro hombre. El drama aborda cuestiones como la fuerza de la pasión y la represión del individuo por parte del entorno social.

Yerma

García Lorca profundiza en la mentalidad femenina tradicional y en los roles que la sociedad reserva a la mujer. La protagonista siente angustia por no alcanzar la maternidad con su marido. Para Yerma el amor no tiene valor en sí mismo, si no es para engendrar hijos.

La casa de Bernarda Alba

Desarrolla la lucha entre la autoridad social (representada por Bernarda, que, tras la muerte de su marido, encierra a sus hijas en casa) y los deseos de libertad encarnados por unas hijas (especialmente por Adela) que buscan en el amor de Pepe el Romano el sentido de sus existencias y la salida del ambiente opresivo en el que se ven confinadas.

Doña Rosita la soltera

Aunque no es una verdadera «tragedia rural», comparte algunos de los rasgos de otras obras del período. El drama está situado en un entorno urbano y en su desenlace no aparece la muerte trágica; sin embargo, el hondo sufrimiento de la protagonista por su soltería sitúan el drama en la misma órbita que las tragedias anteriores.

YERMA.— Mi marido es otra cosa. Me lo dio mi padre y yo lo acepté. Con alegría. Esta es la pura verdad. Pues el primer día que me puse novia con él ya pensé… en los hijos… Y me miraba en sus ojos. Sí, pero era para verme muy chica, muy manejable, como si yo misma fuera hija mía.

VIEJA.— Todo lo contrario que yo. Quizá por eso no hayas parido a tiempo. Los hombres tienen que gustar, muchacha. Han de deshacernos las trenzas y darnos de beber agua en su misma boca. Así corre el mundo.

YERMA.— El tuyo, que el mío no. Yo pienso muchas cosas, y estoy segura que las cosas que pienso las ha de realizar mi hijo. Yo me entregué a mi marido por él, y me sigo entregando para ver si llega, pero nunca por divertirme.

Federico GARCÍA LORCA
Yerma
Cátedra

ACTIVIDADES

12 EL NOVECENTISMO Y EL GRUPO DEL 27

2 Literatura en verso

1. **TIC** Lee el siguiente poema de Rafael Alberti y realiza las actividades que hay a continuación.

A través de la niebla caporal de tabaco
miro el río de Francia
moviendo escombros tristes, arrastrando ruinas
por el pesado verde ricino de sus aguas.
Mis ventanas
ya no dan a los álamos y los ríos de España.

Quiero mojar la mano en tan espeso frío
y parar lo que pasa
por entre ciegas bocas de piedra, dividiendo
subterráneas corrientes de muertos y cloacas.
Mis ventanas
ya no dan a los álamos y los ríos de España.

Miro una lenta piel de toro desollado,
sola, descuartizada,
sosteniendo cadáveres de voces conocidas,
sombra abajo, hacia el mar, hacia una mar sin barcas.
Mis ventanas
ya no dan a los álamos y los ríos de España.

Desgraciada viajera fluvial que de mis ojos
desprendidos arrancas
eso que de sus cuencas desciende como río
cuando el llanto se olvida de rodar como lágrima.
Mis ventanas
ya no dan a los álamos y los ríos de España.

Rafael Alberti
Entre el clavel y la espada
Alianza

a. Analiza la métrica del poema.

b. Investiga la biografía de Alberti e intenta situar el poema en relación con ella.

c. Indica cuál es el tema del poema que has leído. ¿Qué otros poetas del grupo del 27 lo abordan y en qué momento de sus trayectorias literarias?

d. Señala los recursos literarios que se utilizan en el poema e indica qué función desempeñan.

2. Vuelve a leer el poema de Pedro Salinas de la página 296. El poeta vincula la máxima alegría al deseo de vivir «en los pronombres». Intenta explicar el sentido de dicha afirmación.

3. ¿En qué etapa poética situarías el poema de Vicente Aleixandre de la página 297? ¿Por qué?

4. En el poema de Luis Cernuda de la página 299, el autor opone su *yo* poético al del resto de los seres humanos. Explica en qué se basa dicha oposición.

5 Lee el texto y contesta a las preguntas.

La aurora de Nueva York tiene
cuatro columnas de cieno
y un huracán de negras palomas
que chapotean las aguas podridas.

La aurora de Nueva York gime
por las inmensas escaleras
buscando entre las aristas
nardos de angustia dibujada.

La aurora llega y nadie la recibe en su boca
porque allí no hay mañana ni esperanza posible.
A veces las monedas en enjambres furiosos
taladran y devoran abandonados niños.

Los primeros que salen comprenden con sus huesos
que no habrá paraíso ni amores deshojados;
saben que van al cieno de números y leyes,
a los juegos sin arte, a sudores sin fruto.

La luz es sepultada por cadenas y ruidos
en impúdico reto de ciencia sin raíces.
Por los barrios hay gentes que vacilan insomnes
como recién salidas de un naufragio de sangre.

Federico GARCÍA LORCA
Poeta en Nueva York
Cátedra

a. ¿En qué momento de la evolución literaria de García Lorca situarías el poema? ¿Por qué?

b. Escribe las palabras que sugieren la sensación de dolor en el poema. ¿Podrías clasificarlas en distintos planos sensoriales?

c. ¿Qué partes pueden hacerse en el contenido del texto? Justifica tu respuesta.

d. Explica el sentido de la imagen «columnas de cieno».

6 Lee el siguiente poema de Ernestina de Champourcin y responde a las preguntas.

Ambición

¡Quisiera ser viento!
Ráfaga tendida
que arrastra en su beso
el polvo y la nube,
la rosa, el lucero...
—No brisa apacible
que finge despechos
y siembra caricias—.
Yo quiero ser fuego,
volcán de aire rojo
que incendie el secreto
de todas las ramas
y todos los pechos;
aquilón desnudo,
huracán de acero,
fragua donde forjan
su actitud los cuerpos.

¡Cuando voy a ti,
quisiera ser viento
para arrebatarte
más allá del cielo!

Ernestina DE CHAMPOURCIN
Poesía a través del tiempo
Anthropos

a. ¿Qué dos comportamientos amorosos diferentes y que se oponen identificas en el poema?

b. ¿Crees que cada uno de esos comportamientos se relaciona con un tipo de mujer? ¿Cuál te parece más «moderno»? Justifica tu respuesta.

c. ¿Qué campos semánticos se pueden encontrar en la poesía?

d. ¿Qué recursos literarios se pueden apreciar en el poema?

3 Literatura en prosa

7 Lee el texto «La mano» y realiza las actividades.

El doctor Alejo murió asesinado. Indudablemente murió estrangulado.

Nadie había entrado en la casa, indudablemente nadie, y aunque el doctor dormía con el balcón abierto, por higiene, era tan alto su piso que no era de suponer que por allí hubiese entrado el asesino.

La policía no encontraba la pista de aquel crimen, y ya iba a abandonar el asunto, cuando la esposa y la criada del muerto acudieron despavoridas a la Jefatura. Saltando de lo alto de un armario había caído sobre la mesa, las había mirado, las había visto, y después había huido por la habitación, una mano solitaria y viva como una araña. Allí la habían dejado encerrada con llave en el cuarto.

Llenos de terror, acudieron la policía y el juez. Era su deber. Trabajo les costó cazar la mano, pero la cazaron y todos le agarraron un dedo, porque era vigorosa como si en ella radicase junta toda la fuerza de un hombre fuerte.

¿Qué hacer con ella? ¿Qué luz iba a arrojar sobre el suceso? ¿Cómo sentenciarla? ¿De quién era aquella mano?

Después de una larga pausa, al juez se le ocurrió darle la pluma para que declarase por escrito. La mano entonces escribió: «Soy la mano de Ramiro Ruiz, asesinado vilmente por el doctor en el hospital y destrozado con ensañamiento en la sala de disección. He hecho justicia».

Ramón GÓMEZ DE LA SERNA
Obras completas
Galaxia Gutenberg

a. Resume el texto.

b. Identifica en el texto rasgos propios de la obra de Ramón Gómez de la Serna.

c. ¿En qué tendencia narrativa puede situarse el texto? ¿Por qué?

COMENTARIO DE TEXTO

La Poncia.— ¡No seas como los niños chicos! Deja en paz a tu hermana, y si Pepe el Romano te gusta, te aguantas. *(Adela llora).* Además, ¿quién dice que no te puedes casar con él? Tu hermana Angustias es una enferma. Esa no resiste el primer parto. Es estrecha de cintura, vieja, y con mi conocimiento te digo que se morirá. Entonces Pepe hará lo que hacen todos los viudos de esta tierra: se casará con la más joven, la más hermosa, y esa serás tú. Alimenta esa esperanza, olvídalo, lo que quieras pero no vayas contra la ley de Dios. [...]

Adela.— Métete en tus cosas, ¡olecora!, ¡pérfida!

La Poncia.— Sombra tuya he de ser.

Adela.— En vez de limpiar la casa y acostarte para rezar a tus muertos buscas como una vieja marrana asuntos de hombres y mujeres para babosear en ellos.

La Poncia.— ¡Velo!, para que las gentes no escupan al pasar por esta puerta. [...]

Adela.— Es inútil tu consejo. Ya es tarde. No por encima de ti, que eres una criada; por encima de mi madre saltaría para apagarme este fuego que tengo levantado por piernas y boca. ¿Qué puedes decir de mí? ¿Que me encierro en mi cuarto y no abro la puerta? ¿Que no duermo? ¡Soy más lista que tú! Mira a ver si puedes agarrar la liebre con tus manos.

La Poncia.— No me desafíes. ¡Adela, no me desafíes! Porque yo puedo dar voces, encender luces y hacer que toquen las campanas.

Adela.— Trae cuatro mil bengalas amarillas y ponlas en las bardas del corral. Nadie podrá evitar que suceda lo que tiene que suceder.

La Poncia.— ¡Tanto te gusta ese hombre!

Adela.— ¡Tanto! Mirando sus ojos me parece que bebo su sangre lentamente.

La Poncia.— Yo no te puedo oír.

Adela.— ¡Pues me oirás! Te he tenido miedo. ¡Pero ya soy más fuerte que tú!

Federico García Lorca
La casa de Bernarda Alba
Edelvives

1. Enmarca el fragmento en la trayectoria literaria del autor y en la época a la que pertenece. ¿En qué tendencia crees que puede inscribirse? ¿Por qué?

2. Resume el contenido del texto y enuncia su tema principal.

3. Describe la estructura externa del fragmento e indica las partes en que puede dividirse su contenido.

4. Señala los recursos literarios que se utilizan en el texto y la finalidad con que son empleados por el autor.

5. Los personajes que dialogan en este fragmento de *La casa de Bernarda Alba* representan dos posiciones diferentes ante la vida y los sentimientos.

   a. ¿Cuáles son esas dos posiciones?

   b. ¿Con cuál te identificas tú más? Justifica tu respuesta.

Lee este texto y resuelve las actividades de la página siguiente.

El 75 % de adolescentes carece de formación crítica para navegar por Internet

Los jóvenes entre 14 y 16 años perciben un escaso apoyo por parte de sus padres y docentes en sus actividades en la red

En un mundo en el que los bulos y las noticias falsas se difunden a diario por Internet, enseñar a los jóvenes a cuestionarse si una información es verdadera es un reto fundamental para la sociedad. Pero por el momento, los docentes están perdiendo la batalla. Solo el 22,5 % de adolescentes españoles de 14 a 16 años afirma haber recibido formación sobre el desarrollo de pensamiento crítico para valorar la información en Internet, según un estudio presentado por la Fundación de Ayuda contra la Drogadicción (FAD), Google y BBVA.

Los adolescentes son autodidactas y afirman tener un amplio manejo de las competencias digitales. El 83 % indica que tiene bastante o mucha más habilidad que sus padres y el 59,8 %, que sus docentes. El estudio revela que en los centros educativos sobre todo se enseña a los adolescentes habilidades digitales relacionadas con la edición de texto. Mientras que un 76,7 % de los alumnos afirma haber recibido formación sobre la creación de presentaciones en programas como Prezi o Power Point, solo un 30,5 % ha aprendido cómo proteger sus datos personales en Internet y menos de un 25 % ha aprendido a mirar la pantalla con pensamiento crítico.

Adrián Fornas, un alumno de 15 años que cursa 4.º de la ESO en un instituto de Madrid, afirma que él no ha recibido formación sobre *fake news* ni redes sociales: «En TIC nos enseñan muy por encima los componentes de un ordenador o los tipos de *software*».

En cambio, su compañera Manuela Umbría, de la misma edad, sí que ha aprendido algo al respecto en Valores Éticos, una asignatura optativa que no cursan todos los alumnos. «Hay *fake news* por todas partes. Cuando ves investigaciones que dicen que un alimento es cancerígeno o bueno para la salud, tienes que ver quién ha financiado ese proyecto», afirma. Para detectar las noticias falsas, ella navega en Internet, visita varias webs diferentes y busca quién apoya esos proyectos.

Para la ministra de Educación, Isabel Celaá, es importante «potenciar la educación en valores para hacer un buen uso de las infinitas posibilidades de Internet y las redes sociales». En la misma línea se ha manifestado Alemany, directora técnica de la FAD, que sostiene que en una sociedad es fundamental el desarrollo del pensamiento crítico.

Escaso apoyo de padres y docentes

A la falta de formación se suma el hecho de que los adolescentes perciben un escaso apoyo por parte de sus docentes y progenitores en general en sus actividades en Internet. «Consideramos que son nativos digitales y nacen con todas las competencias necesarias, pero se encuentran con un montón de situaciones difíciles y normalmente acuden a sus amigos en vez de a padres y profesores», ha afirmado la directora general de la FAD, Beatriz Martín.

Manuela Umbría considera que los padres y docentes deberían generar confianza con los menores en vez de supervisar sus redes sociales. «Así, si un chico tiene un problema en su red social, alguien le hace un mal comentario y se siente mal o le eliminan la cuenta, puede tener la confianza de contárselo a un adulto. Es decir, que no estén encima, sino que el chaval recurra a ellos». La adolescente de 15 años también considera que deberían darse charlas más productivas: «Por ejemplo, ya sabemos que hay *ciberbullying* y que es muy peligroso, pero no nos dan soluciones o contactos a los que podamos acceder».

No cabe la menor duda de que la comunicación entre jóvenes y adultos es fundamental para atajar el problema. Así lo afirma también Alemany: «Es importante hablar con los menores sobre la intimidad y la privacidad. Son conceptos que han cambiado socialmente. La intimidad que tienen ellos es diferente de la que tengo yo como adulto. Tienen sus códigos y tenemos que conocerlos».

Isabel Rubio: *El País*
22/01/2019 (adaptación)

1 ¿Qué es el pensamiento crítico en el ámbito de Internet?

a. Plantearse de vez en cuando que no toda la información que aparece en la red es verdadera.

b. Aceptar la información que se recibe de Internet si procede de una persona conocida.

c. Publicar información falsa en la red desde el anonimato.

d. Hacerse preguntas, cuestionar informaciones y analizar afirmaciones antes de considerarlas como verdaderas.

2 Según el estudio presentado por FAD, el porcentaje aproximado de adolescentes que ha recibido formación crítica para desenvolverse en Internet es del…

a. 75 %. b. 60 %. c. 25 %. d. 30 %.

3 El hecho de que los adolescentes tengan mucha habilidad en el manejo de Internet…

a. no implica que sepan discernir fácilmente lo verdadero de lo falso.

b. permite que posean una capacidad innata para detectar información no veraz.

c. garantiza un buen uso de las tecnologías de la información en este colectivo.

d. favorece que sepan solucionar cualquier situación conflictiva.

4 Señala qué término no es equivalente a *fake news*:

a. Noticia falsa. c. Noticia contrastada.

b. Embuste. d. Bulo.

5 Los alumnos cuyas opiniones aparecen en el artículo…

a. están satisfechos con la formación en TIC que reciben.

b. preferirían tener una mayor preparación en herramientas de edición digital.

c. están totalmente en desacuerdo con la formación en TIC recibida en la escuela.

d. echan en falta un enfoque crítico en la formación sobre las TIC.

6 Indica si las siguientes afirmaciones son verdaderas o falsas según el texto.

a. Los adultos deben conocer los conceptos de privacidad e intimidad que tienen los adolescentes, aunque sean distintos de los suyos.

b. A la mayoría de los jóvenes se les ha enseñado en la escuela cómo proteger sus datos personales.

c. En la escuela se debe fomentar el uso seguro y responsable de las tecnologías digitales.

d. Ante una posible *fake new,* hay que contrastar la información e investigar quién está detrás de esa publicación.

7 ¿Qué opina la adolescente de 15 años sobre el papel de padres y docentes?

a. Piensa que no pueden formar en el uso de Internet porque su conocimiento en este ámbito es menor que el de los jóvenes.

b. Considera que los adultos deben ejercer un control en el uso que los adolescentes hacen de Internet y que deben crear un clima de confianza que les permita comunicarse.

c. Opina que los adolescentes siempre se sienten más cómodos tratando sus preocupaciones con personas de su edad.

d. Cree que los adultos deberían abandonar el rol de supervisores y generar confianza.

8 Según el artículo, para mejorar la relación entre adultos, adolescentes y uso de Internet hace falta…

a. control.

b. comunicación.

c. intimidad.

d. autoritarismo.

9 ¿Qué porcentaje de jóvenes encuestados cree que sus habilidades digitales son superiores a las de sus profesores?

a. Un 83 %.

b. Un 25 %.

c. Un 59,8 %.

d. Un 76,7 %.

10 ¿Consideras que tienes desarrollado el pensamiento crítico para navegar por Internet? ¿Puedes describir alguna situación en la que lo hayas puesto en práctica o en la que te hubiera sido necesario poder hacerlo? Debate sobre este tema con los compañeros y las compañeras.

11 ¿Cómo es para ti un buen profesor? Redacta un texto de 125 palabras como mínimo para exponer tus ideas de manera clara y ordenada.

EVALUACIÓN

1 Lee el siguiente fragmento de *Platero y yo* y realiza las actividades.

> Si tú vinieras, con los demás niños, a la *miga,* aprenderías el a, b, c, y escribirías palotes. Sabrías tanto como el burro de las Figuras de cera —el amigo de la Sirenita del Mar, que aparece coronado de flores de trapo, por el cristal que muestra a ella, rosa toda, carne y oro, en su verde elemento—; más que el médico y el cura de Palos, Platero.
>
> Pero, aunque no tienes más que cuatro años, ¡eres tan grandote y tan poco fino! ¿En qué sillita te ibas a sentar tú, en qué mesa ibas tú a escribir, qué cartilla ni qué pluma te bastarían, en qué lugar del corro ibas a cantar, di, el Credo?
>
> No. Doña Domitila —de hábito de Padre Jesús de Nazareno, morado todo con el cordón amarillo, igual que Reyes, el besuguero—, te tendría, a lo mejor, dos horas de rodillas en un rincón del patio de los plátanos, o te daría con su larga caña seca en las manos, o se comería la carne de membrillo de tu merienda, o te pondría un papel ardiendo bajo el rabo y tan coloradas y tan calientes las orejas como se le ponen al hijo del aperador cuando va a llover...
>
> No, Platero, no. Vente tú conmigo. Yo te enseñaré las flores y las estrellas. Y no se reirán de ti como de un niño torpón, ni te pondrán, cual si fueras lo que ellos llaman un burro, el gorro de los ojos grandes ribeteados de añil y almagra, como los de las barcas del río, con dos orejas dobles que las tuyas.
>
> Juan Ramón JIMÉNEZ
> *Platero y yo.* Cátedra

a. ¿Qué es la «miga»? Indica a qué se refiere el autor con el «a, b, c» y los «palotes».

b. ¿Es este texto una fábula? Explica por qué.

c. ¿Qué opinión tiene el poeta sobre doña Domitila?

d. ¿Qué piensa el autor sobre lo que debe aprender Platero?

e. Indica las partes en que puede dividirse el fragmento. Justifica tu respuesta. Después, resume el texto.

f. ¿Dónde emplea Juan Ramón Jiménez el asíndeton y el polisíndeton?

g. ¿Crees que se emplea la hipérbole en algún pasaje? Si es así, indica en cuál.

h. Compara la visión de la escuela que ofrece el autor con tu propia experiencia. Escribe un breve texto sobre el asunto.

i. Escribe un caligrama con la figura de Platero en el que reflejes alguna de las ideas señaladas en el texto de Juan Ramón Jiménez.

2 **TIC** Lee el siguiente texto sobre María Zambrano y responde a las preguntas que encontrarás a continuación.

> Yo he renunciado a mi exilio y estoy feliz, y estoy contenta, pero eso no me hace olvidarlo, sería como negar una parte de nuestra historia y de mi historia. Los cuarenta años de exilio no me los puede devolver nadie, lo cual hace más hermosa la ausencia de rencor. Mi exilio está plenamente aceptado, pero yo, al mismo tiempo, no le pido ni le deseo a ningún joven que lo entienda, porque para entenderlo tendría que padecerlo, y yo no puedo desear a nadie que sea crucificado.
>
> María ZAMBRANO
> *Las palabras del regreso.* Cátedra

a. Investiga sobre María Zambrano. ¿En qué países residió durante su exilio?

b. ¿Estás de acuerdo con la idea de que para entender algo tan impactante como el exilio es necesario haberlo padecido? Escribe una breve argumentación sobre dicho asunto.

3 En el siguiente poema, Pedro Salinas emplea un verso tradicional de la poesía amorosa castellana (el heptasílabo) para abordar una experiencia sentimental. Sin embargo, a medida que se lee el poema, diversas referencias anuncian que no se trata de un amor convencional entre seres humanos (hay alusiones al arranque eléctrico, al asfalto, al alma mecánica, etc.). Solo al final se comprende que la «relación amorosa» aludida se ha producido entre el *yo* poético y una máquina, un automóvil; ese automóvil que lo tiene enamorado.

Navacerrada, abril

Los dos solos. ¡Qué bien
aquí, en el puerto, altos!
Vencido verde, triunfo
de los dos, al venir
queda un paisaje atrás:
otro enfrente, esperándonos.
Parar aquí un minuto.
Sus tres banderas blancas
—soledad, nieve, altura—
agita la mañana.
Se rinde, se me rinde.
Ya su silencio es mío:
posesión de un minuto.

Y de pronto mi mano
que te oprime, y tú, y yo,
—aventura de arranque
eléctrico—, rompemos
el cristal de las doce,
a correr por un mundo
de asfalto y selva virgen.
Alma mía en la tuya
mecánica; mi fuerza,
bien medida, la tuya,
justa: doce caballos.

Pedro Salinas
Poesías completas. Alianza

Escribe tú un poema similar: emplea una forma métrica tradicional o clásica (un romance, una copla, un soneto, unos tercetos encadenados, por ejemplo) para centrarte en un objeto que represente la modernidad y el progreso. A continuación, léelo en clase.

4 En el siguiente fragmento, José Ortega y Gasset aborda uno de los rasgos que definen lo que él llama «arte nuevo». Léelo atentamente y contesta a las preguntas.

A mi juicio, lo característico del arte nuevo, desde el punto de vista sociológico, es que divide al público en estas dos clases de hombres: los que lo entienden y los que no lo entienden. Esto implica que los unos poseen un órgano de comprensión negado, por tanto, a los otros, que son dos variedades distintas de la especie humana. El arte nuevo, por lo visto, no es para todo el mundo, como el romántico, sino que va, desde luego, dirigido a una minoría especialmente dotada. De aquí la irritación que despierta en la masa. Cuando a uno no le gusta una obra de arte, pero la ha comprendido, se siente superior a ella y no ha lugar a la irritación. Mas cuando el disgusto que la obra causa nace de que no se la ha entendido, queda el hombre como humillado, con una oscura conciencia de su inferioridad que necesita compensar mediante la indignada afirmación de sí mismo frente a la obra. El arte joven, con solo presentarse, obliga al buen burgués a sentirse tal y como es: buen burgués, ente incapaz de sacramentos artísticos, ciego y sordo a toda belleza pura.

José Ortega y Gasset
La deshumanización del arte. Alianza

a. ¿Crees que es un texto argumentativo? ¿Por qué?

b. ¿Cuál es la idea principal del texto? ¿De qué razones se vale el autor para sostenerla?

c. Al hablar de «arte nuevo», ¿a qué tendencia o movimiento de los estudiados en esta unidad crees que se está refiriendo?

d. Organizad un debate en clase en el que manifestéis vuestra opinión acerca de la relación entre el público y la obra de arte. ¿Compartís en pensamiento del autor?

13 POSGUERRA Y FRANQUISMO

UN PUEBLO SIN LITERATURA
ES UN PUEBLO MUDO

MIGUEL DELIBES

CONOCER

LIBERA SUS POEMAS

Para dar a conocer a las integrantes de la tertulia «Versos con faldas», vais a hacer un *poemcrossing:* un intercambio similar al del *bookcrossing*, pero con poemas en lugar de libros. Elige tu poema, cópialo con un formato llamativo, regístralo y libéralo.

PRESENTAR

LEYES PARA CREADORES

La Ley de Propiedad Intelectual regula los derechos de los creadores de música, libros, videojuegos, etc. Vais a organizaros en equipos de asesores para impartir unas charlas informativas a otros cursos, explicándoles en qué consiste esta ley y por qué es importante. Debéis captar la atención del público, así que preparad una presentación original.

CREAR

VISUAL THINKING

Organiza en un mapa conceptual la información literaria más relevante de la posguerra y el franquismo y «tradúcela» en imágenes. Crea un póster en el que incluyas autores, obras, características y acontecimientos literarios más importantes con la técnica del *visual thinking.* ¡Saca tus rotuladores y pon tus neuronas a dibujar!

INVESTIGAR

LOS DIEZ IMPRESCINDIBLES

Investiga y elabora una lista con las diez novelas imprescindibles de la posguerra y el franquismo. En grupos, elaborad un bibliotráiler de una de estas obras para animar a vuestros compañeros y compañeras a que las lean. Incluid el argumento, los temas que trata, música, breves fragmentos de la obra, imágenes, etc.

El siguiente texto es una disposición normativa. Léela con atención y piensa si puede interesarte a ti personalmente.

https://www.boe.es/diario_boe/txt.php?id=BOE-B-2019-33906

Extracto de la Resolución de 29 de julio de 2019, de la Secretaría de Estado de Educación y Formación Profesional, por la que se convocan becas de carácter general para el curso académico 2019-2020, para estudiantes que cursen estudios postobligatorios.

Publicado en:	**«BOE» núm. 182, de 31 de julio de 2019, páginas 43134 a 43136 (3 págs.)**
Sección:	**V. Anuncios-B. Otros anuncios oficiales**
Departamento:	**Ministerio de Educación y Formación Profesional**
Referencia:	**BOE-B-2019-33906**

TEXTO

De conformidad con lo previsto en los artículos 17.3.b y 20.8.a de la Ley 38/2003, de 17 de noviembre, General de Subvenciones, se publica el extracto de la convocatoria cuyo texto completo puede consultarse en la Base de Datos Nacional de Subvenciones (http://www.pap.minhafp.gob.es/bdnstrans).

Primero. Convocatoria.

Se convocan becas para estudiantes que en el curso académico 2019-2020 cursen enseñanzas postobligatorias con validez en todo el territorio nacional.

Segundo. Beneficiarios.

Podrán solicitar las becas de esta convocatoria los estudiantes que no superen una determinada renta y/o patrimonio familiar, que cumplan unos determinados requisitos de aprovechamiento académico y se encuentren cursando algunas de las siguientes enseñanzas:

1. Enseñanzas postobligatorias y superiores no universitarias del sistema educativo español y con validez en todo el territorio nacional:

a) Primer y segundo cursos de bachillerato.

b) Formación Profesional de grado medio y de grado superior, incluidos los estudios de Formación Profesional realizados en Centros Docentes Militares.

c) Enseñanzas artísticas profesionales.

d) Enseñanzas deportivas.

e) Enseñanzas artísticas superiores.

f) Estudios religiosos superiores.

g) Estudios de idiomas realizados en escuelas oficiales de titularidad de las administraciones educativas, incluida la modalidad de distancia.

h) Cursos de acceso y cursos de preparación para las pruebas de acceso a la Formación Profesional y cursos de formación específicos para el acceso a los Ciclos Formativos de grado medio y de grado superior impartidos en centros públicos y en centros privados concertados que tengan autorizadas enseñanzas de Formación Profesional.

i) Formación Profesional básica.

https://www.boe.es/diario_boe/txt.php?id=BOE-B-2019-33906

2. Enseñanzas universitarias del sistema universitario español cursadas en centros españoles y con validez en todo el territorio nacional:

a) Enseñanzas universitarias adaptadas al Espacio Europeo de Educación Superior conducentes a títulos oficiales de Grado y de Máster, incluidos los estudios de Grado y Máster cursados en los centros universitarios de la Defensa y de la Guardia Civil.

b) Curso de preparación para acceso a la universidad de mayores de 25 años impartido por universidades públicas.

c) Complementos de formación para acceso u obtención del título de Máster y créditos complementarios para la obtención del título de Grado. No se incluyen en esta convocatoria las becas para la realización de estudios correspondientes al tercer ciclo o doctorado, estudios de especialización ni títulos propios de las universidades.

Tercero. Solicitudes.

La solicitud se deberá cumplimentar mediante el formulario accesible por vía telemática a través de la sede electrónica del Departamento en la dirección https://sede.educacion.gob.es o en www.educacionyfp.gob.es

Una vez cumplimentada la solicitud, deberá ser firmada por el interesado o su representante legal en el caso de ser menor de 18 años con cualquiera de los sistemas de firma electrónica aceptados por la sede electrónica y enviada por el procedimiento telemático establecido, quedando así presentada a todos los efectos. No serán tenidas en cuenta aquellas solicitudes cumplimentadas por vía telemática que no completen el proceso de presentación establecido, obteniendo el resguardo de solicitud que deberá ser conservado por el solicitante para acreditar, en caso de que resulte necesario, la presentación de su solicitud en el plazo y forma establecidos.

Los plazos para presentar la solicitud se extenderán hasta:

A) El 15 de octubre de 2019, inclusive, para los estudiantes universitarios.

B) El 1 de octubre de 2019, inclusive, para los estudiantes no universitarios.

Cuarto. Componentes de las becas y cuantías:

1. Cuantías fijas. Serán las siguientes:

a) Beca de matrícula para estudiantes universitarios. La cuantía de la beca de matrícula cubrirá el importe de los créditos de que se haya matriculado el estudiante por primera vez en el curso 2019-2020.

b) Cuantía fija ligada a la renta del estudiante: 1.600,00 euros tanto para estudiantes universitarios como no universitarios.

c) Cuantía fija ligada a la residencia del estudiante durante el curso escolar: 1.500,00 euros tanto para estudiantes universitarios como no universitarios.

d) Cuantía fija ligada a la excelencia académica: entre 50 y 125 euros tanto para estudiantes universitarios como no universitarios.

e) Beca básica para estudiantes no universitarios: 200,00 euros.

2. Cuantía variable y distinta para los diferentes solicitantes que resultará de la ponderación de la nota media del expediente del estudiante y de su renta familiar y cuyo importe mínimo será de 60,00 euros.

Quinto. Información sobre la tramitación de la beca.

El estado de tramitación del procedimiento podrá consultarse en la dirección electrónica https://sede.educacion.gob.es. Asimismo, los interesados podrán dirigirse a la unidad de becas de la administración educativa o universidad correspondiente identificándose como interesados en el expediente con el NIF/NIE correspondiente. Además en la página web de este Ministerio www.educaciónyfp.gob.es podrá consultarse la situación de tramitación de las solicitudes en cada una de las universidades y administraciones educativas.

Madrid, 29 de julio de 2019.- El Secretario de Estado de Educación y Formación Profesional, Alejandro Tiana Ferrer.

Leer

1 TIC Copia las palabras del texto que no comprendas y búscalas en el diccionario.

2 Localiza las afirmaciones erróneas y reescríbelas para que sean correctas.

a. El texto resume la convocatoria de becas para estudios postobligatorios.

b. Las becas son para estudiantes que realicen enseñanzas postobligatorias durante el curso 2020-2021.

c. No se pueden pedir estas becas para enseñanzas deportivas ni para enseñanzas artísticas profesionales.

d. Las becas también pueden ser solicitadas por los estudiantes universitarios.

e. La solicitud se cumplimentará mediante un formulario que se recoge en la sede del Ministerio.

f. Los plazos para presentar la solicitud son los mismos para todos los alumnos.

3 Señala cuál es la intencionalidad del texto.

a. Hacer propaganda de las becas del MEFP.

b. Informar de los trámites para solicitar las becas del MEFP.

c. Describir en qué consisten las becas del MEFP.

4 En el caso de cumplir el requisito de renta, ¿cuál sería la beca fija de un estudiante de bachillerato que tenga que vivir fuera de su residencia habitual para poder estudiar?

5 ¿A quién podría interesar este texto?

6 Haz un esquema que divida el texto en apartados según el contenido que trate.

7 Analiza todos los tiempos y modos verbales que se emplean en el texto, señalando cuál es su uso, en una tabla como la siguiente. Fíjate en el ejemplo.

Tiempo-modo	Uso
Presente de indicativo	
	Señala una acción o situación posible en el futuro.
Futuro	

8 ¿Qué persona gramatical se emplea a lo largo de todo el texto? Justifica su uso.

9 Argumenta por qué este es un texto instructivo.

Sin faltas.com

10 ▶ En los primeros párrafos del texto aparecen dos usos distintos del pronombre *se* precediendo a un verbo. Localiza los ejemplos y di qué indican en cada caso.

11 ▶ En la expresión «Primer y segundo cursos de Bachillerato», ¿por qué aparece *cursos* en plural? Indica si los siguientes casos son correctos.

a. Salió de casa con el paraguas y las zapatillas rotas. (El paraguas estaba roto y las zapatillas también).

b. El ponente se dirigió a todas las personas de nacionalidad y habla inglesa.

c. Salteamos las cebollas, las zanahorias y las alcachofas previamente picadas.

12 ▶ En el último párrafo aparece una construcción de gerundio. Transfórmala en una oración con el verbo en forma personal.

Opinar

13 En la convocatoria se indica que, para ser beneficiario de las becas, no se debe superar una renta determinada. ¿Crees que estas becas están pensadas para personas con pocos recursos económicos o con muchos?

14 La única forma de presentar la solicitud es hacerlo telemáticamente, y para ello es necesario tener una firma electrónica. ¿Te parece un proceso sencillo? ¿Dónde crees que se podría buscar ayuda para completar dicho proceso?

15 ¿Has podido comprender todo el texto después de buscar el significado de las palabras que desconocías? ¿Y después de realizar el resto de las actividades? ¿Crees que cualquier persona podría comprender este texto sin ninguna ayuda? Argumenta tus respuestas.

1 NORMATIVAS Y DISPOSICIONES LEGALES

Las **disposiciones legales** constituyen un tipo especial de normas que se producen en el ámbito de uso jurídico-administrativo y obligan a su cumplimiento con la fuerza de la ley. Los elementos de la comunicación en estos textos tienen algunas características importantes:

- El **emisor** es cualquier autoridad competente en la materia, y su nombre y cargo aparecen al final de la disposición.
- El **receptor** es cualquier persona o entidad que se vea afectada por dicha disposición; por ejemplo, en la Constitución los receptores serían todos los españoles, pero otros textos legales afectan a grupos más reducidos de ciudadanos o a entidades específicas.

1.1 CARACTERÍSTICAS LINGÜÍSTICAS Y ESTRUCTURALES

Las disposiciones legales son textos que tienen un **lenguaje específico**, en el que abundan los tecnicismos, con predominio de sustantivos y un léxico objetivo, ya que su propósito es ser rigurosos y precisos, evitando los equívocos. Las oraciones son complejas y se organizan en períodos largos con uso frecuente de la impersonalidad y la 3.ª persona. El **registro** es estándar culto; y el **estilo**, formal.

La **estructura** presenta una jerarquización de los contenidos mediante **títulos, capítulos, artículos, puntos y letras.**

En el **encabezamiento** se proporcionan los datos fundamentales, y en el pie se indican la fecha, el lugar y el responsable del documento. Estos formatos tratan de dar a los textos una estructura formal organizada que permita localizar fácilmente la información.

Extracto de la Resolución de 29 de julio de 2019, de la Secretaría de Estado de Educación y Formación Profesional, por la que se convocan becas de carácter general para el curso académico 2019-2020, para estudiantes que cursen estudios postobligatorios.

Tipo de disposición, fecha, emisor y objetivo.

Publicado en:	«BOE» núm. 182, de 31 de julio de 2019, páginas 43134 a 43136 (3 págs.)
Sección:	V. Anuncios-B. Otros anuncios oficiales
Departamento:	Ministerio de Educación y Formación Profesional
Referencia:	BOE-B-2019-33906

Datos de su publicación en el BOE.

Hay distintos tipos de **disposiciones y textos legales:** la Constitución, las leyes orgánicas y ordinarias, los decretos leyes, los decretos legislativos, las órdenes, etc. En función de si se trata de disposiciones del Gobierno, de las autonomías o de los Ayuntamientos, **reciben distintos nombres**, y estas se publican en el **BOE o en diarios y boletines autonómicos o municipales.**

En el texto inicial se observan las siguientes características lingüísticas:

De conformidad con lo previsto en los artículos 17.3.b y 20.8.a de la Ley 38/2003, de 17 de noviembre, General de Subvenciones, se publica el extracto de la convocatoria cuyo texto completo puede consultarse en la Base de Datos Nacional de Subvenciones (http://www.pap.minhafp.gob.es/bdnstrans).

Primero. Convocatoria.

Se convocan becas para estudiantes que en el curso académico 2019-2020 cursen enseñanzas postobligatorias con validez en todo el territorio nacional.

Segundo. Beneficiarios.

Podrán solicitar las becas de esta convocatoria los estudiantes que no superen una determinada renta y/o patrimonio familiar, que cumplan unos determinados requisitos de aprovechamiento académico y se encuentren cursando algunas de las siguientes enseñanzas:

1. Enseñanzas postobligatorias y superiores no universitarias del sistema educativo español y con validez en todo el territorio nacional:

a) Primer y segundo cursos de bachillerato. [...]

h) Cursos de acceso y cursos de preparación para las pruebas de acceso a la Formación Profesional y cursos de formación específicos para el acceso a los Ciclos Formativos de grado medio y de grado superior impartidos en centros públicos y en centros privados concertados que tengan autorizadas enseñanzas de Formación Profesional.

i) Formación Profesional básica.

2. Enseñanzas universitarias del sistema universitario español cursadas en centros españoles y con validez en todo el territorio nacional: [...]

c) Complementos de formación para acceso u obtención del título de Máster y créditos complementarios para la obtención del título de Grado. No se incluyen en esta convocatoria las becas para la realización de estudios correspondientes al tercer ciclo o doctorado, estudios de especialización ni títulos propios de las universidades.

Tercero. Solicitudes.

La solicitud se deberá cumplimentar mediante el formulario accesible por vía telemática a través de la sede electrónica del Departamento en la dirección https://sede.educacion.gob.es o en www.educacionyfp.gob.es

Pasivas reflejas con *se*

Abundancia de relativos

Frases nominales

Oraciones de participio

Nominalizaciones

Perífrasis de obligación

Escribir

1 Reescribe el texto de la lectura inicial para convertirlo en un resumen de los pasos que debería seguir un estudiante de 1.º de bachillerato para solicitar una de estas becas. Selecciona solo los apartados que le puedan interesar y redáctalo de manera que sea un texto instructivo, sencillo y fácilmente comprensible.

2 Escribe un texto en el que expliques el procedimiento y las normas para poder participar en el viaje de fin de curso que organiza el centro para el alumnado de 4.º de la ESO.

Para ello:

- Piensa en los requisitos que debe cumplir el alumnado interesado (indica quién puede o no puede participar).
- Describe el procedimiento que se ha de seguir para solicitar la participación en el viaje (qué formulario deben cumplimentar, a quién se entregará, cuáles son los plazos, etc.).
- Organiza el texto en apartados y listas jerarquizadas.
- Elabora un encabezamiento y un pie con la fecha y el nombre del responsable de la norma.

2 LAS NORMAS SOCIALES

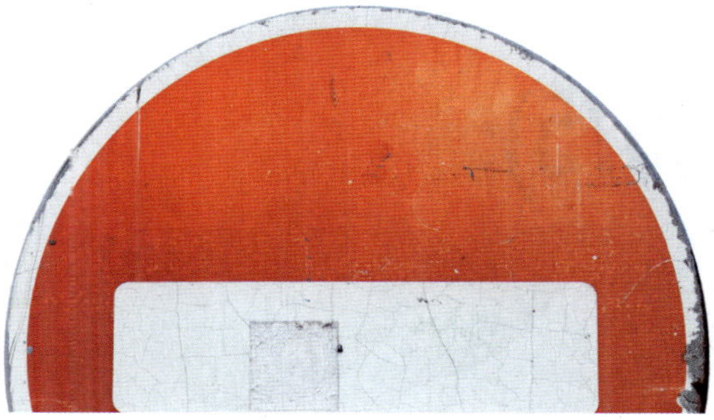

Las **normas sociales** son textos instructivos que se pueden encontrar en cualquier ámbito de uso: normas de espacios públicos, lingüísticas, conversacionales, de cortesía, etcétera. Son un **conjunto de reglas** que se deben cumplir en determinados grupos sociales. Su finalidad principal es la **convivencia**.

Las **características** de este tipo de texto son:

- Estructura marcada (título o introducción y distribución en apartados): *Está prohibido; No se permite; Hay que tener en cuenta...*
- Redacción clara y sencilla. Las normas se organizan en listas y se expresan como prohibiciones u obligaciones.
- Uso del infinitivo con valor imperativo: *No está permitido fumar, hablar en voz alta, comer ni beber...*
- Alternancia entre la impersonalidad y la función apelativa:
  - Impersonalidad: infinitivos, pasivas reflejas con *se (Se deben respetar...).*
  - Función apelativa: uso de la 2.ª persona *(No uses el móvil en la biblioteca),* de la 3.ª de cortesía *(Respete los asientos reservados)* o de perífrasis de obligación *(Hay que...).*

Escuchar y hablar

1 TIC Busca en YouTube el vídeo «Normas de seguridad y trabajo en el laboratorio de química», de Logos Academy, y realiza las actividades.

a. ¿Cuál es el tema del vídeo?

b. Enuncia las normas generales que se indican organizándolas en dos listas: «Está prohibido» y «Es obligatorio».

c. Enuncia las normas específicas para los casos particulares que se ofrecen en la segunda parte: «Cómo...».

d. Justifica, con ejemplos, si predomina la impersonalidad o la función apelativa.

e. ¿Cuál es la intencionalidad del vídeo?

f. También aparecen algunas palabras que no son de uso habitual en el español peninsular. Señálalas y sustitúyelas por otras más habituales.

2 TIC Visualiza el vídeo «10 reglas para padres en el fútbol base», de FDM Valencia, y contesta las preguntas.

a. ¿Cuál es el tema del vídeo?

b. ¿A quién va dirigido?

c. ¿Cuál es su intencionalidad?

d. ¿Qué persona gramatical se emplea? Justifica su utilización en relación con el destinatario y el ámbito de uso.

e. ¿Qué argumentos se utilizan en el vídeo? Identifícalos y justifica por qué se usan.

3 TIC Vais a grabar un vídeo en el que se establezan unas normas de comportamiento para el viaje que se plantea en el apartado «Escribir». Para ello:

a. Preparad una introducción en la que se expongan el tema y la finalidad de las normas.

b. Listad las normas en dos bloques: obligaciones y prohibiciones. Podéis añadir un tercer bloque de consejos.

c. Realizad la grabación: uno de vosotros presentará las normas, utilizando procedimientos gestuales y orales de enumeración. La elocución debe ser clara y sencilla para que los receptores las comprendan sin dificultad.

d. Editad el vídeo añadiéndole textos e imágenes que sean significativas.

1 SIGLO XX (1939-1975): POSGUERRA Y FRANQUISMO

El mapa geopolítico nacido de la Primera Guerra Mundial, la crisis económica iniciada en 1929 y la tensión política entre marxismo, fascismo y democracia desembocaron en una nueva guerra entre 1939 y 1945. Tras la barbarie bélica y el horror humano vivido durante esos años (plasmado en el genocidio nazi sobre los judíos y el lanzamiento de las bombas atómicas sobre Japón), dos naciones desempeñaron el papel hegemónico: Estados Unidos y la Unión Soviética.

Pese a la proliferación de conflictos armados locales y a la llamada **Guerra Fría** que enfrentó a los bloques comunista y capitalista en las décadas que siguieron a la **Segunda Guerra Mundial**, los países occidentales vivieron en estos años un gran crecimiento económico que permitió mejorar las condiciones de vida de la población. Sin embargo, este «estado del bienestar» no impidió que naciese entre los artistas e intelectuales una actitud crítica.

España no participó en la Segunda Guerra Mundial, pero la **Guerra Civil** (1936-1939) produjo en el país una ruptura equivalente. La victoria franquista supuso el **exilio** de una parte de la población y, particularmente, de numerosos artistas e intelectuales. En la literatura, el estricto **control ideológico** al que se sometió el país determinó una escasa crítica en la que los contenidos sociales eran prácticamente inexistentes. También debe tenerse en cuenta que el **aislamiento** de España tras la Segunda Guerra Mundial impidió el contacto fluido con las nuevas tendencias artísticas internacionales.

Históricamente, pueden señalarse dos etapas en el período que nos ocupa: la **autarquía** (1939-1959) y el **desarrollismo** (1959-1975). La primera estuvo determinada por los problemas económicos y el aislamiento internacional de España. Durante esta etapa se establece el nuevo régimen político basado en el totalitarismo y en el control social e ideológico. La firma del Concordato con la Santa Sede (1953), la entrada de España en la ONU (1955) y el Plan de Estabilización Económica (1959) supusieron el final de la autarquía. Se inicia entonces una nueva fase en la que prevalece el autoritarismo político, pero el país se abre al exterior. Este hecho propicia el crecimiento económico apoyado, principalmente, en la industrialización de algunas zonas, el desarrollo del turismo y las divisas aportadas por emigrantes.

Literatura y otras artes

La fotografía de Xavier Miserachs *El piropo en la vía Laietana* (1962) responde a la misma intención que la de las obras de los escritores españoles de las décadas de los cincuenta y sesenta.

La imagen muestra los contrastes de la España de los sesenta: por un lado se aprecia la creciente modernidad y el desarrollismo, simbolizados por el automóvil y el vestuario del joven situado en primer plano; y, por otro, refleja la tradición del piropo callejero agresivo, encarnada en la figura masculina que avanza hacia la mujer, en el centro de la imagen.

1.1 TENDENCIAS LITERARIAS

La literatura española del período comprendido entre 1939 y 1975 está fracturada en dos líneas que corren paralelas. Una de ellas es la de los **escritores exiliados** que tuvieron que abandonar España tras el final de la Guerra Civil. Si bien cada uno de estos autores siguió una trayectoria artística personal, pueden identificarse algunos elementos comunes en todos ellos:

El presente de los exiliados

Es frecuente encontrar referencias a las duras condiciones de la vida del exiliado, a la falta de trabajo, la soledad y la sensación de desarraigo.

El pasado de los exiliados

Casi todos los escritores dedicaron abundantes páginas al recuerdo del pasado perdido, de los amigos y familiares, y de los lugares que habitaron.

El recuerdo de la Guerra Civil

Es también asunto común en las obras. Los escritores analizan las causas y el desarrollo del conflicto, así como el papel que jugaron en él.

En la **literatura compuesta en España** es posible distinguir tres épocas, aunque con algunos matices, dependiendo del género de que se trate:

- **Existencialismo.** En la **década de los cuarenta,** las miserables condiciones de vida en que se encuentra el país explican que los escritores se centren en cuestiones existenciales. La expresión de la angustia provocada por la barbarie de la guerra y la posguerra, la búsqueda de un sentido a la existencia, la reaparición del tema de Dios, en quien muchos escritores intentan encontrar una base sólida para enfrentarse a las duras circunstancias, son los temas preferidos por los autores de estos años.
- **Preocupación social.** En la **década de los cincuenta,** cierta relajación del control ideológico ejercido por la dictadura franquista permite la aparición de los asuntos sociales en las obras: la denuncia de las desigualdades, la dureza de la vida de los campesinos y obreros, la indiferencia burguesa ante las injusticias y el compromiso político del escritor con su sociedad.
- **Renovación formal.** En la **década de los sesenta** se aprecia un cambio importante en las letras españolas. Los asuntos sociales siguen estando presentes, pero ahora los escritores se interesan también por la expresión de la intimidad y la vida cotidiana. En los aspectos técnicos, se alejan de la sencillez y buscan la incorporación de formas y elementos innovadores.

La literatura tras la Segunda Guerra Mundial

Literatura existencial. El horror de la guerra motiva la reflexión sobre el sentido de la vida. Puede apreciarse en las novelas de Albert Camus y Jean-Paul Sartre, así como en el teatro del absurdo de Eugène Ionesco o Samuel Beckett. A partir de los años sesenta se abordará la deshumanización: Sylvia Plath, en la lírica; Charles Bukowski, en la novela; y John Osborne, en el teatro.

Literatura social. Los nuevos conflictos armados, los procesos de descolonización, el imperialismo económico y el enfrentamiento entre marxismo y capitalismo serán algunos de los asuntos tratados desde la década de los cincuenta. Destaca especialmente la literatura latinoamericana, con novelistas como Mario Vargas Llosa y Gabriel García Márquez, o los poetas Ernesto Cardenal y Nicolás Guillén.

Literatura experimental. A partir de la década de los sesenta aparecen escritores que se alejan de las formas realistas. Entre estos autores destacan el novelista Vladimir Nabokov, el poeta Paul Celan y el dramaturgo Darío Fo.

2 LITERATURA EN VERSO

En el recorrido por la poesía española entre 1939 y 1975 pueden aislarse diferentes grupos generacionales y orientaciones estéticas.

LA POESÍA EN LA DÉCADA DE LOS CUARENTA

El período se inicia con la llamada **generación de 1936,** grupo formado por escritores nacidos en la primera década del siglo XX que se dieron a conocer durante la contienda bélica o en los años inmediatamente anteriores. Sus obras comparten las siguientes características:

- La **presencia de la guerra,** en sus primeras obras, y el intento de superar el dolor provocado por ella, en los poemas compuestos tras su final.
- El interés por los **problemas humanos:** la soledad, el sufrimiento y la búsqueda del sentido de la existencia en Dios, en la familia o en el arte.
- El **estilo espontáneo y natural,** así como el punto de vista subjetivo.

En la generación de 1936 pueden identificarse dos líneas poéticas diferenciadas por las **posiciones ideológicas:** los poetas **partidarios de la República** (Miguel Hernández y Juan Gil-Albert) y los que se alinearon con el **bando nacionalista** (Luis Rosales y Leopoldo Panero).

Los primeros (salvo Miguel Hernández, que fue encarcelado y murió en prisión) marcharon al exilio al finalizar la guerra e incorporaron en sus obras los rasgos propios de la literatura de exilio estudiados en la página anterior; los segundos, en cambio, permanecieron en España.

La poesía escrita en España tras la guerra gira, directa o indirectamente, en torno al **individuo y su angustia existencial.** La difusión de la nueva lírica se produce a través de diversas revistas que coinciden con las principales **tendencias** cultivadas por los autores del momento:

Revista	Temas	Estilo	Autores
Garcilaso	Amor y patria	Métrica clásica, alejamiento de excesos formales, tono sereno	José García Nieto
Escorial	Religiosidad, vida cotidiana, conformismo existencial	Alternancia de la métrica clásica y el verso libre, lenguaje coloquial	Luis Rosales, Leopoldo Panero, Dionisio Ridruejo, Carlos Bousoño
Espadaña	Amargura y pesimismo, silencio de Dios ante el dolor humano	Lenguaje coloquial, verso libre, tono desgarrado	Eugenio de Nora, Blas de Otero, Victoriano Crémer
Cántico	Análisis de la intimidad	Equilibrio entre tradición e innovación	Pablo García Baena, Ricardo Molina

León Felipe

El zamorano León Felipe fue uno de los principales poetas españoles en el exilio. Su trayectoria literaria recorrió un camino personal alejado de las principales tendencias y fuertemente cohesionada por el tema de sus poemas (la relación entre el individuo y el mundo que habita) y el estilo coloquial y directo de sus composiciones. En su obra pueden identificarse cuatro etapas:

- **Poesía intimista,** que aborda la soledad como tema principal.
- **Poesía social** y de compromiso político.
- Poesía sobre la **angustia existencial** provocada por el fluir del tiempo y la amenaza de la muerte.
- Poesía sobre el **absurdo** y la carencia de sentido de la **existencia humana.**

Junto a las tendencias señaladas existen otras que gozaron de menor difusión y que continuaron líneas creativas iniciadas con anterioridad a la Guerra Civil. Entre ellas deben citarse las propuestas vanguardistas de **Carlos Edmundo de Ory** o la pervivencia del surrealismo en **Miguel Labordeta.** También es muy destacable por su originalidad el trabajo de **Gloria Fuertes,** escritora que con una poesía directa en la que emplea un lenguaje cercano al de la literatura infantil, aborda sus relaciones con el complicado mundo en que habita.

LA POESÍA EN LAS DÉCADAS DE LOS CINCUENTA Y SESENTA

Tras una década en la que la poesía española se centró casi en exclusiva en el análisis de la interioridad del artista, en los años cincuenta los poetas españoles cambian la orientación de sus composiciones. A esta tendencia, llamada **poesía social,** se suman poetas que habían iniciado sus carreras con anterioridad (**Blas de Otero,** con el libro *Pido la paz y la palabra* y **Gabriel Celaya,** con los *Cantos iberos*) o que se dieron a conocer en estos años (**José Hierro,** con *Quinta del 42*).

Los rasgos que definen esta nueva orientación de la lírica española son:

- Los **poemas** se dirigen **«a la inmensa mayoría»,** olvidando, por tanto, el intelectualismo de tendencias anteriores.
- El **lenguaje poético** que se emplea es sencillo, directo y **accesible** para cualquier tipo de lector.
- La poesía es entendida como **reflejo fiel de la realidad** y de los problemas colectivos.
- Los poetas consideran que el **poema** debe convertirse en una **herramienta útil** para transformar una realidad social insatisfactoria.

Mención especial merece **Ángela Figuera Aymerich** (1902-1984) que ya había destacado en la década anterior con una lírica intimista que abordaba con rotundidad su condición de mujer (*Mujer de barro,* 1948). A partir del libro *Belleza cruel* (1958) la escritora se decanta por una poesía orientada hacia cuestiones sociales que afronta de manera valiente y directa.

Al finalizar la década de los cincuenta comienzan a aparecer las primeras obras de unos poetas etiquetados con el término **generación del 50,** entre cuyos representantes destacan **Jaime Gil de Biedma, Ángel González, Claudio Rodríguez, José Ángel Valente** o **José Agustín Goytisolo.** Todos estos escritores se iniciaron en la poesía social, aunque pronto evolucionaron hacia una nueva concepción lírica caracterizada por los siguientes rasgos:

- Se interesan por las **cuestiones existenciales y sociales:** la soledad y la incomunicación, el análisis de la propia intimidad, la vida cotidiana, los recuerdos de la infancia, la denuncia de la marginación y la desigualdad.
- En los poemas prevalece siempre el **punto de vista subjetivo.**
- Se valen a menudo de la **ironía** y el **humor.**
- Son conscientes de que el principal compromiso del poeta es con su obra, por lo que **renuncian a la excesiva sencillez** y prosaísmo de la poesía social.

La voz del grupo del 27

El grupo poético de 1927 se rompió tras la Guerra Civil y cada uno de sus integrantes siguió una trayectoria literaria diferente. En España permanecieron **Gerardo Diego, Dámaso Alonso** y **Vicente Aleixandre,** que cumplieron una función de guía de los jóvenes poetas de posguerra. A Dámaso Alonso se debe el primer intento de clasificación de la lírica de los años cuarenta, en la que el autor veía dos tendencias bien diferenciadas: la **poesía arraigada,** cercana al poder político imperante y conforme con el estado de las cosas, y la **poesía desarraigada,** angustiada y consciente del caos espiritual de la década de los cuarenta.

El propio Dámaso Alonso se convirtió en impulsor de la poesía de contenido existencial, amarga y pesimista con *Hijos de la ira* (1944); y Vicente Aleixandre abrió la puerta a la poesía social con *Historia del corazón* (1954).

Dámaso Alonso.

2.1 MIGUEL HERNÁNDEZ

Miguel Hernández es un poeta de difícil clasificación. Se le ha incluido, a veces, dentro del grupo del 27 y, en otras ocasiones, se le ha considerado miembro de pleno derecho de la generación de 1936.

Lo cierto es que mantuvo relaciones artísticas con varios poetas del 27 (especialmente con Vicente Aleixandre y Rafael Alberti) y compartió con ellos algunos rasgos, como la influencia vanguardista de su primera obra y la posterior rehumanización. Sin embargo, su diferencia de edad, el alto grado de compromiso político de algunos de sus libros y, sobre todo, la presencia de la familia y la experiencia cotidiana en su última obra lo acercan a la generación del 36.

En la **primera etapa** de su obra lírica (1933-1936) el poeta protagoniza el paso desde la poesía pura, cercana al vanguardismo, a una lírica centrada ya en los problemas que afectan a los seres humanos. En *Perito en lunas,* su primer libro, los poemas adoptan forma de adivinanzas y la metáfora se convierte en el centro de la obra. El final del período llega con *El rayo que no cesa,* obra en la que la angustia derivada de las experiencias amorosas es el núcleo temático.

En este último libro incluyó la elegía escrita tras la muerte de su amigo Ramón Sijé:

Temprano levantó la muerte el vuelo,
temprano madrugó la madrugada,
temprano estás rodando por el suelo.

No perdono a la muerte enamorada,
no perdono a la vida desatenta,
no perdono a la tierra ni a la nada.

En mis manos levanto una tormenta
de piedras, rayos y hachas estridentes
sedienta de catástrofes y hambrienta.

Quiero escarbar la tierra con los dientes,
quiero apartar la tierra parte a parte
a dentelladas secas y calientes.

Quiero minar la tierra hasta encontrarte
y besarte la noble calavera
y desamordazarte y regresarte.

Miguel Hernández
El hombre y su poesía
Cátedra

La **segunda etapa** (1936-1938) se define por el compromiso del autor con la causa republicana, que es la base de *Viento del pueblo,* libro escrito para educar estética y políticamente a los soldados. Menos politizado es *El hombre acecha,* cuyo tema principal es el dolor provocado por la barbarie bélica.

Los poemas de *Cancionero y romancero de ausencias,* pertenecientes a su **etapa final** (1938-1942), giran en torno a la ausencia de todo aquello que pudiera dotar de sentido a su vida: el contacto con la naturaleza, la libertad y el amor de la familia.

Miguel Hernández

Nació en Orihuela (Alicante) en 1910, en el seno de una familia humilde. Su interés por la literatura le llevó a leer a los clásicos españoles (Garcilaso y Góngora, especialmente) y a los grandes autores del momento. No recibió una sólida formación universitaria, sino que fue un autodidacta. Con veinticuatro años marchó a Madrid, donde conoció a Vicente Aleixandre, que lo puso en contacto con otros miembros del grupo del 27. También conoció a Pablo Neruda, poeta chileno con el que colaboró en diferentes proyectos y que fue determinante en su evolución ideológica.

Al estallar la guerra en 1936, Hernández se alistó como voluntario en el ejército republicano y participó activamente en recitales poéticos para las tropas. Tras la derrota republicana, el poeta intentó abandonar España pero fue detenido y condenado a muerte, aunque se le conmutó la sentencia por treinta años de prisión. No obstante, el poeta enfermó de tuberculosis y murió en la prisión de Alicante en 1942.

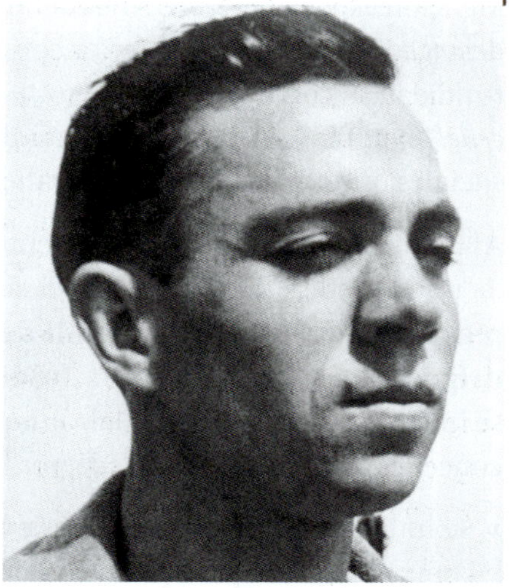

2.2 BLAS DE OTERO

Sus primeros poemas se centran en los **asuntos religiosos.** Durante esta etapa, Blas de Otero compone un único libro *Cántico espiritual,* en el que expresa su deseo de unión espiritual con Dios, siguiendo la tradición iniciada por San Juan de la Cruz y otros poetas místicos españoles.

La crisis religiosa que sufre en 1945 marca un cambio radical en su producción poética. Los tres libros siguientes *(Ángel fieramente humano, Redoble de conciencia* y *Ancia)* integran la **etapa existencial** de su obra, que se desarrolla entre 1945 y 1955. El lenguaje empleado se hace ahora bronco, lleno de connotaciones amargas, y la sintaxis se rompe mediante incisos y encabalgamientos entre los versos. El tema que unifica estos tres libros es el de la búsqueda del **sentido de una existencia marcada por el dolor y la muerte.** El poeta intenta hallar ese sentido a través del amor a Dios, pero solamente encuentra su silencio (como puede observarse en el poema siguiente); y a través del amor carnal, aunque este resulta ser temporal y, por tanto, insatisfactorio. Solamente el amor hacia el prójimo ofrece una salida válida para el poeta.

Luchando, cuerpo a cuerpo, con la muerte,
al borde del abismo, estoy clamando
a Dios. Y su silencio, retumbando,
ahoga mi voz en el vacío inerte.

Oh Dios. Si he de morir, quiero tenerte
despierto. Y, noche a noche, no sé cuándo
oirás mi voz. Oh Dios. Estoy hablando
solo. Arañando sombras para verte.

Alzo la mano, y tú me la cercenas.
Abro los ojos: me los sajas vivos.
Sed tengo, y sal se vuelven tus arenas.

Esto es ser hombre: horror a manos llenas.
Ser —y no ser— eternos, fugitivos.
¡Ángel con grandes alas de cadenas!

Blas de Otero
Verso y prosa
Cátedra

Entre 1955 y 1965 cultiva la **poesía social** en tres libros: *Pido la paz y la palabra, En castellano* y *Que trata de España.* En esta etapa deja de centrarse en la angustia del *yo* para atender a los problemas colectivos: la desigualdad, la injusticia, el presente de España, la búsqueda de la paz social y la fe en un futuro mejor.

La última etapa (entre 1965 y 1979) se caracteriza por la **renovación del lenguaje poético:** utiliza más a menudo el verso libre y la prosa poética, renuncia a la sencillez léxica de la etapa anterior y emplea abundantemente el recurso de la intertextualidad (la referencia a otros textos dentro del poema). En estos años compone dos nuevas obras *(Historias fingidas y verdaderas* y *Hojas de Madrid con La galerna),* además de preparar diversas recopilaciones de poemas anteriores.

Blas de Otero

Nació en Bilbao en 1916 y pasó su infancia y primera juventud entre la ciudad vasca y Madrid. Estudió Derecho y estuvo vinculado a distintas organizaciones católicas, lo que le llevó a descubrir y apreciar la poesía mística y religiosa española. En 1945 sufrió una grave crisis depresiva que le hizo cuestionarse la fe religiosa y abrirse a una poesía de contenido existencial. En la década de los cincuenta comenzaron sus viajes a París, donde entró en contacto con círculos comunistas, y a otros lugares del mundo en los que se ponían en práctica diversas formas de gobierno marxista (la Unión Soviética, Cuba, China). Al hilo de estas visitas, su poesía se llenó también de contenido social. Tras unos años en los que residió en Barcelona, se estableció en Madrid en 1967, ciudad en la que murió en 1979.

3 LITERATURA EN PROSA

3.1 EL ENSAYO

La situación política de España tras la Guerra Civil impidió que los ensayistas pudiesen expresar libremente sus ideas políticas y sociales como lo habían hecho en los años anteriores. Por ese motivo, el ensayo se centra en este período en temas menos conflictivos, aunque a partir de los años cincuenta se hace presente en la mayoría de los autores un incremento de la carga crítica:

- **Asuntos humanísticos** (historia, crítica y teoría literaria), en los que destacan autores como Carlos Bousoño, Dámaso Alonso o Luis Felipe Vivanco.
- **Asuntos filosóficos, religiosos y morales,** abordados por Xavier Zubiri, Pedro Laín Entralgo, José Luis López Aranguren y Julián Marías.
- **Asuntos sociológicos** (nuevos tipos humanos, influencia de la modernidad en las costumbres), aspecto en el que debe citarse a Enrique Tierno Galván.

En el exilio, en cambio, sí existe un ensayismo crítico que continúa la reflexión sobre la cultura hispánica, sin renunciar a tratar la situación actual del país. Entre los ensayistas exiliados más destacados se encuentran **Salvador de Madariaga, Américo Castro, Claudio Sánchez Albornoz** y **Francisco Ayala.**

3.2 LA NOVELA

LA NOVELA ESPAÑOLA EN LA DÉCADA DE LOS CUARENTA

La novela escrita durante la década de los cuarenta en España rompe con las tendencias anteriores a la guerra e inicia un nuevo camino.

Por lo que respecta a la **tématica,** las obras de este período giran en torno a la **amargura de las vidas cotidianas,** la soledad, la inadaptación, la muerte y la frustración.

Los personajes se adaptan a estos temas, de forma que los protagonistas son seres marginados socialmente (Pascual Duarte, en la novela de **Camilo José Cela,** es un condenado a muerte), angustiados y desarraigados (la protagonista de *Nada,* de **Carmen Laforet,** llega a Barcelona para estudiar y allí se encuentra fuera de su ambiente, insegura y triste).

Desde el punto de vista técnico, las novelas de la década se caracterizan por la recuperación de elementos propios del **realismo tradicional:**

- Relato cronológico de los hechos.
- Narrador omnisciente.
- Importancia de la trama y del análisis de la psicología del protagonista.
- Especial atención al entorno social y familiar de los personajes.

La novela en el exilio

Los **novelistas españoles en el exilio** recorrieron caminos diferentes con sus obras literarias. Sin embargo, pueden identificarse temas recurrentes:

- El testimonio de las experiencias vividas durante la guerra, presente en *El laberinto mágico*, de **Max Aub**, e *Historias de una historia*, de **Manuel Andújar.**
- La memoria como herramienta útil para el autoconocimiento, recurso empleado por **Rosa Chacel** en las *Memorias de Leticia Valle.*
- La reflexión sobre la naturaleza humana, núcleo de *La aventura equinoccial de Lope de Aguirre* y *Réquiem por un campesino español*, de **Ramón J. Sender.**
- La crítica social y política, como la denuncia de la dictadura realizada por **Francisco Ayala** en *Muertes de perro* y *El fondo del vaso.*

Pese a la existencia de unos rasgos comunes, pueden aislarse diferentes **tendencias narrativas:**

Tendencia	Temas	Obras destacadas
Novela triunfalista	Justificación de la Guerra Civil, defensa de la ideología franquista y exaltación del heroísmo.	Agustín de Foxá: *Madrid, de Corte a checa*
Novela tradicional	La vida burguesa, sus valores y comportamientos, presentada desde un punto de vista pesimista.	Ignacio Agustí: *La ceniza fue árbol* (serie de cinco novelas publicadas entre 1944 y 1972)
Tremendismo	Retrato de un mundo y unos personajes dominados por la violencia y la miseria económica y moral.	Camilo José Cela: *La familia de Pascual Duarte* Darío Fernández Flórez: *Lola, espejo oscuro*
Novela existencial	Reflejo de la vida cotidiana de los protagonistas, marcada por la tristeza, la frustración y la falta de expectativas vitales.	Carmen Laforet: *Nada* Miguel Delibes: *La sombra del ciprés es alargada*

LA NOVELA ESPAÑOLA EN LA DÉCADA DE LOS CINCUENTA

La relajación de la censura y el relativo aperturismo del régimen político permitieron el nacimiento, en la década de los cincuenta, de una **novela social** que, técnicamente, se valió del **estilo realista,** aunque desarrollando unos **rasgos propios:** importancia del diálogo, personajes colectivos, concentración de la acción en espacios y tiempos concretos, y uso de un lenguaje directo con presencia de formas coloquiales.

El inicio de esta corriente se produce con dos novelas escritas en 1950 y 1951: ***El camino,*** de Miguel Delibes, y ***La colmena,*** de Camilo José Cela. Ambas se plantean el objetivo de **retratar diferentes entornos sociales** y no solo el interior de los individuos: el urbano, en la de Cela; el rural, en la de Delibes. Tras ellas fueron apareciendo otras que trataban **aspectos más concretos de la realidad española:**

- La vida de los jornaleros: *Dos días de septiembre,* de José Manuel Caballero Bonald.
- La vida del proletariado industrial: *Central eléctrica,* de Jesús López Pacheco.
- La vida de los jóvenes urbanos: *El Jarama,* de Rafael Sánchez Ferlosio.
- La vida burguesa: *Entre visillos,* de Carmen Martín Gaite.
- La vida de los emigrantes en las ciudades: *La piqueta,* de Antonio Ferres.

Ana María Matute.

En la novela social española pueden distinguirse dos **tendencias:**

Tendencia	Intenciones	Autores destacados
Realismo crítico	Denuncia explícita de la situación de España con la intención de concienciar al lector y promover el cambio político.	José Manuel Caballero Bonald, Juan García Hortelano, Juan Goytisolo, Alfonso Grosso
Objetivismo o neorrealismo	Reflejo de la situación social, sin incidir explícitamente en la crítica del régimen político.	Ignacio Aldecoa, Ana M.ª Matute, Carmen Martín Gaite, Rafael Sánchez Ferlosio

LA NOVELA ESPAÑOLA EN LA DÉCADA DE LOS SESENTA

En la década de los sesenta, los novelistas españoles muestran cierto cansancio del realismo y de la visión simplista del tema social, y se interesan más por **la frustración del individuo** en el mundo moderno.

Se inicia así la **renovación de la novela española,** a la que se suman autores que habían comenzado sus carreras en la década de los cuarenta (Miguel Delibes, con *Cinco horas con Mario;* Camilo José Cela, con *San Camilo, 1936,* y Gonzalo Torrente Ballester, con *La saga/fuga de J. B.*), casi todos los narradores sociales de los cincuenta (Juan Goytisolo, José Manuel Caballero Bonald y Juan Marsé) y otros nuevos escritores (Luis Martín-Santos, con *Tiempo de silencio* y Juan Benet, con *Volverás a Región*).

Entre las múltiples **reformas técnicas** presentes en estas novelas cabe destacar las siguientes:

- La **disolución del autor y el narrador,** convertidos en un punto de vista más, junto a las perspectivas de los personajes o la información procedente de documentos externos a la novela.
- La importancia de la acción es sustituida por la **reflexión sobre los hechos** narrados y el **análisis de los conflictos internos de los personajes,** expresados a través del monólogo interior.
- La **desaparición** de la **división en capítulos** y la **estructura tradicional** de introducción, nudo y desenlace.
- La **ruptura** con el **orden cronológico** de la narración.

La obra más representativa de la década de los sesenta es ***Tiempo de silencio*** (1962), de Luis Martín-Santos.

Tiempo de silencio (1962)

La novela cuenta la historia de Pedro, un médico dedicado a la investigación que se ve involucrado en la muerte de una joven de las chabolas a la que le han practicado un aborto. Por esa razón el protagonista es encarcelado, aunque tras la investigación queda libre. No obstante, a consecuencia de su participación en los hechos es despedido del trabajo y su prometida es asesinada por el novio de la joven muerta. La novela finaliza con la salida de Pedro de Madrid para dedicarse a la medicina en un pueblo.

El argumento de la novela todavía es característico de la novela social de los cincuenta, pues el autor hace una radiografía de los diferentes grupos sociales que forman la España de la época: la alta burguesía (la familia del amigo del protagonista), los intelectuales de clase media (el protagonista), la pequeña burguesía (la familia de la novia de Pedro) y los grupos marginales (los habitantes del barrio de chabolas). Sin embargo, el autor aborda la cuestión de manera bien diferente: se interesa más por el conflicto personal del protagonista, que es presentado a través del monólogo interior; utiliza la narración en tercera y en segunda persona; y elabora el lenguaje mediante abundantes recursos literarios.

Vicente Aranda llevó la novela al cine en 1986.

3.3 MIGUEL DELIBES

El escritor, nacido en Valladolid en 1920 y fallecido en la misma localidad en 2010, compaginó a lo largo de su vida la creación literaria con el desarrollo de sus funciones como director de periódico y profesor universitario. Al igual que Camilo José Cela, las novelas del autor castellano recorren las principales tendencias de la narrativa española posterior a la Guerra Civil. En su trayectoria literaria pueden identificarse **tres etapas.**

En sus primeras obras (1947-1950), el escritor centra su atención en el análisis del dolor interior del individuo, expresado mediante técnicas procedentes del **realismo** tradicional. La obra más destacada de este período es *La sombra del ciprés es alargada.*

A partir de la publicación de *El camino,* en 1950, su obra se orienta hacia la **literatura social,** decantándose por el retrato de un mundo fracturado y desigual que aplasta al hombre. Así puede observarse en *Mi idolatrado hijo Sisí* y en *Las ratas.*

Desde 1966, año en que aparece *Cinco horas con Mario,* Delibes incorpora en sus obras **nuevas técnicas narrativas** que lo apartan del realismo, aunque en el aspecto temático seguirá ocupándose de la deshumanización del hombre contemporáneo y de la crítica a las clases medias y dirigentes.

Miguel Delibes.

El siguiente fragmento de *El camino* presenta algunos rasgos característicos de la narrativa de Delibes: la importancia del diálogo para definir a los personajes, así como la visión irónica y crítica que arroja sobre aspectos cotidianos de su entorno social.

> Una tarde se dio la luz en plena proyección y Pascualón, el del molino, fue sorprendido con la novia sentada en las rodillas. La cosa iba mal, y a finales de octubre, don José, el cura, que era un gran santo, convocó en su casa a la comisión.
>
> —Hay que tomar medidas urgentes. En realidad ni las películas son ya morales, ni los espectadores guardan en la sala la debida compostura. Hemos caído en aquello contra lo que luchábamos —dijo.
>
> —Pongamos luz en la sala y censuremos duramente las películas —arguyó la Guindilla mayor.
>
> A la vuelta de muchas discusiones se aprobó la sugerencia de la Guindilla. La comisión de censura quedó integrada por don José, el cura, la Guindilla mayor y Trino, el sacristán. Los tres se reunían los sábados en la cuadra de Pancho y pasaban la película que se proyectaría al día siguiente.
>
> Una tarde detuvieron la prueba en una escena dudosa.
>
> —A mi entender esa marrana enseña demasiado las piernas, don José —dijo la Guindilla.
>
> —Eso me estaba pareciendo a mí —dijo don José. Y volviendo el rostro hacia Trino, el sacristán, que miraba la imagen de la mujer sin pestañear y boquiabierto, le conminó—: Trino, o dejas de mirar así o te excluyo de la comisión de censura.

Miguel DELIBES
El camino
Destino

3.4 CAMILO JOSÉ CELA

La obra narrativa de Camilo José Cela (1916-2002) es ejemplo de la evolución de la novela española entre la década de los cuarenta y el final del siglo XX, ya que el autor fue capaz de adaptarse a los diferentes cambios sociales y artísticos que se produjeron en España y de dejar testimonio de ellos en sus obras.

Camilo José Cela tras la entrega del Premio Nobel de Literatura, que recibió en 1989.

La primera etapa novelística del autor (1942-1951) se centra en el individuo desarraigado y alejado de la moral convencional. En estos años el autor se decanta por el retrato de la violencia y la miseria que envuelve la vida de sus protagonistas, iniciando así el **tremendismo** narrativo en España. ***La familia de Pascual Duarte,*** la obra más importante del período, es el relato de la vida de un personaje condenado a muerte por sus crímenes brutales que desea justificar sus actos antes de morir. Así se aprecia en las primeras líneas del relato:

> Yo, señor, no soy malo, aunque no me faltarían motivos para serlo. Los mismos cueros tenemos todos los mortales al nacer y sin embargo, cuando vamos creciendo, el destino se complace en variarnos como si fuésemos de cera y en destinarnos por sendas diferentes al mismo fin: la muerte. Hay hombres a quienes se les ordena marchar por el camino de las flores, y hombres a quienes se les manda tirar por el camino de los cardos y de las chumberas. Aquellos gozan de un mirar sereno y al aroma de su felicidad sonríen con la cara del inocente; estos otros sufren del sol violento de la llanura y arrugan el ceño como las alimañas por defenderse.

Camilo José CELA
La familia de Pascual Duarte
Destino

Aunque la novela se mantiene fiel a la intención de reflejar la realidad, Cela rompe con el realismo mediante la inclusión de **diferentes perspectivas** en el relato: la narración en primera persona de Pascual Duarte, las notas del «transcriptor» que dice haber encontrado el relato de Pascual, las cartas del sacerdote que narran los últimos momentos del condenado y las intervenciones del guardia civil que aportan datos sobre la vida del personaje en la cárcel.

Con *La colmena,* publicada en 1951, Cela da entrada a la **preocupación social** (1951-1969). Se interesa ahora por reflejar la vida de los hombres corrientes en unos ambientes cotidianos, dominados por la miseria, el miedo, la hipocresía y la humillación. Cela incorpora **nuevas técnicas narrativas,** además del perspectivismo utilizado con anterioridad:

- Desaparece el protagonista único, sustituido por el **personaje colectivo.**
- El relato avanza gracias al **diálogo** y al **monólogo interior.**
- La **acción** se concentra en unos pocos días y en una única ciudad, Madrid.
- La **trama** ya no sigue un orden cronológico.
- El **narrador** se limita a presentar sucesos y personajes sin opinar sobre ellos.

Desde la publicación de *San Camilo, 1936* en 1969, las obras de Cela se suman a la **tendencia experimental** que se ha impuesto en la novela española. El autor no dejó de introducir técnicas innovadoras en sus relatos que lo alejaron cada vez más del realismo narrativo.

4 LITERATURA DRAMÁTICA

Tras el final de la Guerra Civil, el **teatro español se enfrentó a serios problemas.** Por una parte, la muerte de los grandes maestros (Valle-Inclán, García Lorca) o el exilio de otros (Alejandro Casona, Max Aub) deja sin modelos a los nuevos autores; por otra, la dictadura limita la libertad de expresión, haciendo muy difícil un teatro que aluda a la situación del momento. A estos dos hechos deben sumarse la miseria económica de la posguerra, que provoca un descenso de espectadores, y la explosión del cine como principal entretenimiento.

Pese a todo, el teatro español comienza su andadura en la **década de los cuarenta** gracias a **dos tendencias** surgidas antes de la guerra:

- El **drama burgués,** iniciado por Jacinto Benavente. Estas obras emplean técnicas tradicionales (escenografía realista, acción verosímil, estructura tripartita) para defender los valores del nuevo régimen político, aunque también se aprecia una ligera crítica de la hipocresía y el egoísmo burgués. Entre los autores más importantes destacan **Alfonso Paso** y **Joaquín Calvo Sotelo.**
- El **teatro de humor,** que continúa la comedia de costumbres de Carlos Arniches y los hermanos Álvarez Quintero o la senda del **absurdo** abierta por **Miguel Mihura** y **Enrique Jardiel Poncela.** Estos últimos autores serán los principales representantes de una comedia basada en las situaciones ilógicas y el uso de un lenguaje que rompe con la coherencia, aunque bajo el disfraz del humor se adivine la amargura existencial.

En los **años cincuenta y sesenta** se desarrolla un **teatro comprometido** con el individuo y la sociedad. Los temas de estas obras fueron la alienación del hombre, así como la denuncia de la injusticia y la desigualdad. Desde el punto de vista técnico, los autores se mantuvieron fieles al realismo, pero incorporaron elementos simbólicos para burlar la censura y se valieron de recursos que deformaban la realidad, como los empleados por Valle-Inclán. Se pueden identificar **tres tendencias:**

El teatro en el exilio

En el exilio desarrollaron sus carreras literarias dos dramaturgos que ya se habían dado a conocer antes de la Guerra Civil: **Max Aub** y **Alejandro Casona.** El primero de ellos, tras un período en que experimenta la influencia de las vanguardias en los años veinte y las obras de clara propaganda política compuestas entre 1936 y 1939, cultiva en el exilio un teatro testimonial en el que aborda su propia experiencia personal durante la Segunda Guerra Mundial *(El rapto de Europa)* y su vida como desterrado *(A la deriva).*

Alejandro Casona, por su parte, abandona también el teatro político explícito *(Nuestra Natacha)* compuesto en los años treinta para escribir unas obras donde los personajes simbolizan ideas y donde se mezcla la realidad con la fantasía *(La dama del alba).*

Tendencias	Características	Autores destacados
Teatro posibilista	Incide sobre los problemas del individuo y disfraza la crítica sociopolítica para burlar a la censura.	Antonio Buero Vallejo
Teatro radical	Incide sobre los problemas colectivos y hace explícita la crítica sociopolítica.	Alfonso Sastre
El «grupo realista»	Se centra en los problemas de la vida cotidiana de diferentes grupos sociales.	Carlos Muñiz, Lauro Olmo, José Luis Martín Recuerda

En la **década de los sesenta** nace el **teatro experimental** con obras que critican el sistema político y la vida contemporánea (alienación del individuo, insolidaridad, pérdida de identidad) mediante **técnicas vanguardistas:** fragmentación de la acción, ruptura de la separación entre público y escena, personajes deshumanizados y caricaturizados, uso de recursos no lingüísticos. Entre los autores más importantes destacan **Fernando Arrabal, Francisco Nieva** y **Javier Ruibal.**

4.1 ANTONIO BUERO VALLEJO

El dramaturgo, nacido en Guadalajara en 1916 y fallecido en Madrid en 2000, inició su trayectoria dramática tras salir de la prisión en la que estuvo confinado por el régimen franquista entre 1939 y 1946. Su teatro pasa por distintas etapas que coinciden, a grandes rasgos, con las principales fases atravesadas por la literatura española de posguerra. Pese a la evolución, en sus obras se advierte una **concepción dramática** uniforme:

- Opta por la **tragedia,** aunque no persigue que los personajes causen admiración en el espectador, sino compasión.
- En sus obras funde el **realismo** y el **simbolismo** de los personajes con situaciones dramáticas.
- Opone habitualmente **personajes reflexivos** y **personajes activos.**
- Aunque sus obras atienden a situaciones propias de la España de su tiempo, tienen también una **dimensión universal.**

En la **primera época** de su producción dramática **(1946-1957),** compone **dramas sociales y existenciales** cuyo tema principal es el análisis del sufrimiento y la falta de expectativas vitales del ser humano. Las obras del período están ambientadas en la época contemporánea y el autor se vale de las técnicas propias del realismo tradicional:

- Lenguaje sencillo que refleja el habla coloquial.
- Concentración espacial y temporal.
- Trama lineal.
- Escenografía realista.
- Argumentos verosímiles.

A este período pertenece *Historia de una escalera,* obra que supuso el inicio de una nueva forma de hacer teatro en la España de posguerra.

De **1958 a 1970,** el dramaturgo escribe **dramas históricos** en los que recrea diferentes episodios del pasado que ilustran situaciones del presente vivido por el autor. Aunque Buero sigue interesándose por los problemas del individuo, en estas obras se incide más en las relaciones entre el hombre y la sociedad. Técnicamente, los dramas muestran ya un cierto alejamiento del realismo tradicional, gracias a la ruptura de línea cronológica de la trama y a la inclusión de personajes narradores que ejercen el papel de mediadores entre la escena y el público. Entre las obras de la etapa merecen destacarse *Un soñador para un pueblo, El concierto de San Ovidio* y, sobre todo, *El tragaluz.*

Las obras compuestas en su **etapa final (1971-2000)** pueden inscribirse dentro del **teatro experimental.** En ellas, el autor intensifica el alejamiento del realismo mediante el uso del desorden cronológico del argumento y la utilización de elementos no verbales, como los efectos de luz y sonido, el simbolismo de la escenografía o la especial significación de la caracterización de los personajes. En esta etapa destacan *La llegada de los dioses* y *La fundación.*

Historia de una escalera (1948)

El argumento de la obra gira en torno a cuatro familias que habitan en la misma planta de un bloque de pisos. Fernando es un empleado que desea salir de allí mediante el esfuerzo individual, y Urbano espera mejorar gracias a la lucha sindical y al esfuerzo colectivo. Ambos jóvenes están enamorados de Carmina. Sin embargo, Fernando se casa con Elvira por razones económicas, y Urbano se une a Carmina, aunque la muchacha no lo ama. El resultado es la infelicidad de ambos matrimonios y el fracaso de las esperanzas de todos ellos. Al pasar el tiempo, surge el amor entre los hijos de ambas parejas y se reproduce en ellos el deseo de salir de aquel ambiente social; pero todo parece indicar que están condenados a fracasar, al igual que lo hicieron sus padres.

La obra aborda dos temas principales: el individual (fracaso de las esperanzas, alienación del individuo, imposibilidad del amor, egoísmo) y el social (pobreza, insolidaridad, presión laboral). Buero trata estas cuestiones en tres momentos distintos de la vida de los personajes (1919, 1929 y 1949), en los que casi nada parece haber cambiado.

4.2 MIGUEL MIHURA

En la producción teatral de Miguel Mihura suelen distinguirse dos períodos creativos. El **primero (entre 1932 y 1946)** es el del **humor renovador**, en el cual compone unas obras que se alejan de la comicidad simple que predominaba en la escena española de aquellos años, basadas en el gag físico, el doble sentido «picante» o el tópico costumbrista. Mihura presenta en sus comedias el lado insólito de la vida, recreando **situaciones absurdas** y contrarias a la lógica mediante un lenguaje alejado también del retoricismo de algunas tendencias teatrales y del coloquialismo de otras.

Sin embargo, la ruptura con el teatro de humor no es total, ya que el dramaturgo sigue valiéndose de la escenografía realista; mantiene la linealidad cronológica de la trama y la estructura tripartita en presentación, nudo y desenlace; y se muestra respetuoso con las unidades dramáticas de tiempo, espacio y acción.

Durante estos años, compone en solitario *Tres sombreros de copa*, además de otras obras escritas en colaboración con diferentes humoristas: *¡Viva lo imposible! o El contable de estrellas*, junto a Joaquín Calvo Sotelo; *Ni pobre ni rico, sino todo lo contrario*, mano a mano con Tono; y *El caso de la mujer asesinadita*, con Álvaro de Laiglesia. Ninguna de estas obras obtiene la acogida deseada por Mihura entre las gentes dedicadas al teatro, por lo que el autor abandona el teatro para dedicarse a escribir guiones cinematográficos.

Tras un paréntesis de cinco años, Miguel Mihura retoma la creación teatral en 1951. Desde este momento, decide adaptar su teatro a los gustos del público, iniciando así una **etapa de humor burgués.** El dramaturgo compone desde esta fecha comedias en las que está presente la intriga y donde ha disminuido la utilización del absurdo y lo insólito. Entre los títulos más importantes de este período deben citarse *El caso de la señora estupenda*, *Maribel y la extraña familia* (considerada por el autor como su mejor obra) y *Ninette y un señor de Murcia*.

Pese a que se pueden distinguir dos períodos en la producción teatral de Mihura, esta presenta una serie de **características que dotan de unidad** al conjunto de su obra:

- La intención del autor siempre fue la de satisfacer los gustos del público, ya que entiende la escritura teatral como un oficio que persigue, ante todo, el entretenimiento. Este hecho explica la rebaja de propuestas innovadoras en su segunda etapa creativa.
- Bajo todas sus obras subyace el pesimismo vital de quien piensa que es imposible para el ser humano alcanzar la felicidad.
- Mihura no pretende transformar nada ni comunicar una determinada posición moral; simplemente sitúa al espectador ante los hechos para que sea él quien decida quedarse en la superficie humorística o profundizar en el sentido existencial de la acción.
- Sus comedias son realistas en apariencia, aunque el autor muestra predilección por la realidad insólita que suele pasar desapercibida.

Miguel Mihura

Nació en 1905 en una familia vinculada al teatro, lo que permitió que pronto comenzara a trabajar en el mundo del espectáculo desarrollando labores diversas. Sin embargo, las primeras incursiones literarias de Mihura serán en el terreno de la prensa humorística y su primera obra teatral no llegará hasta que en 1932 escriba *Tres sombreros de copa.* Las dificultades para estrenar sus primeras obras explican que compaginara la creación teatral con la dirección de revistas humorísticas, como *La ametralladora* (1937-1939) y *La codorniz* (1941-1946), y el trabajo en la industria cinematográfica. A partir de 1951, Mihura se dedica por entero a la escritura dramática, convirtiéndose en uno de los autores de mayor éxito en la escena española de las décadas de los cincuenta y sesenta. Murió en Madrid en 1977.

TRES SOMBREROS DE COPA

Fue **escrita en 1932**, aunque no **se estrenó** hasta **1952**, cuando ya existe un público abierto a nuevas propuestas escénicas.

El argumento de la comedia es sencillo: Dionisio llega a un hotel provinciano para pasar la noche anterior a su boda. Allí conoce a Paula, una bailarina de cabaret divertida y espontánea, que le hace comprender que jamás será feliz en su vida de casado. Toda la obra se desarrolla en la habitación de Dionisio, por la que desfilan a lo largo de esa noche personajes que representan el mundo burgués y del espectáculo. El sentido final de la comedia es la imposibilidad de alcanzar la felicidad, pues la existencia humana está dominada por la monotonía y la opresión a que el individuo es sometido por unas estructuras sociales inamovibles.

La comedia refleja el **pesimismo existencial** de su autor, así como un nuevo **tipo de humor** caracterizado por:

- La creación de **situaciones contrarias a la lógica** convencional.
- La presencia de **personajes** aparentemente convencionales que llevan objetos inverosímiles y se comportan de manera diferente a lo esperado.
- El **lenguaje** empleado **rompe las convenciones comunicativas:** abundancia de clichés y tópicos, interpretación literal, expresiones infantiles...

En el siguiente fragmento se observa cómo Mihura crea una situación absurda mediante dos procedimientos: la alusión a un comportamiento impropio de la condición del personaje (el director del hotel que cuida a sus clientes como un padre) y el sentimentalismo roto con una expresión lingüística que resulta ridícula (la onomatopeya *pin* para aludir a la muerte del hijo de don Rosario).

Don Rosario.— Ya me conoce usted, don Dionisio. No lo puedo remediar. Soy así. Todo me parece poco para mis huéspedes de mi alma...

Dionisio.— Pero, sin embargo, exagera usted... No está bien que cuando hace frío nos meta usted botellas de agua caliente en la cama; ni que cuando estamos constipados se acueste usted con nosotros para darnos más calor y sudar; ni que nos dé usted besos cuando nos marchamos de viaje. No está bien tampoco que, cuando un huésped está desvelado, entre usted en la alcoba con su cornetín de pistón e interprete romanzas de su época, hasta conseguir que se quede dormidito... ¡Es ya demasiada bondad...! ¡Abusan de usted...!

Don Rosario.— Pobrecillos... Déjelos..., casi todos los que vienen aquí son viajantes, empleados, artistas... Hombres solos... Hombres sin madre... Y yo quiero ser un padre para todos, ya que no lo pude ser para mi pobre niño... ¡Aquel niño mío que se ahogó en un pozo...! *(Se emociona.)*

Dionisio.— Vamos, don Rosario... No piense usted en eso...

Don Rosario.— Usted ya conoce la historia de aquel pobre niño que se ahogó en el pozo...

Dionisio.— Sí. La sé. Su niño se asomó al pozo para coger una rana... Y el niño se cayó. Hizo «¡pin!», y acabó todo.

Don Rosario.— Esa es la historia, don Dionisio. Hizo «¡pin!», y acabó todo.

Miguel Mihura: *Tres sombreros de copa*. Edelvives

Representación de *Tres sombreros de copa*.

ACTIVIDADES

13 POSGUERRA Y FRANQUISMO

2 Literatura en verso

1 Lee el poema y realiza las actividades.

> Si he perdido la vida, el tiempo, todo
> lo que tiré, como un anillo, al agua,
> si he perdido la voz en la maleza,
> me queda la palabra.
>
> Si he sufrido la sed, el hambre, todo
> lo que era mío y resultó ser nada,
> si he segado las sombras en silencio,
> me queda la palabra.
>
> Si abrí los labios para ver el rostro
> puro y terrible de mi patria,
> si abrí los labios hasta desgarrármelos,
> me queda la palabra.
>
> Blas de Otero: *Verso y prosa*. Cátedra

a. Indica cuál es el tema de la composición y sitúalo en la producción del autor.

b. Analiza la métrica, identifica los principales recursos expresivos y explica su función.

3 Literatura en prosa

2 Lee el siguiente fragmento y justifica con ejemplos que la obra pertenece a la tendencia de la novela renovadora española.

> Tú no la mataste. Estaba muerta. Yo la maté. ¿Por qué? ¿Por qué? Tú no la mataste. Estaba muerta. Yo no la maté. Ya estaba muerta. Yo no la maté. Ya estaba muerta. Yo no fui. No pensar. No pensar. No pienses. No pienses en nada. Tranquilo, estoy tranquilo. No me pasa nada. Estoy tranquilo así. Me quedo así quieto. Estoy esperando. No tengo que pensar. No me pasa nada. Estoy tranquilo, el tiempo pasa y yo estoy tranquilo porque no pienso en nada. Es cuestión de aprender a no pensar en nada, de fijar la mirada en la pared [...]. Tienes libertad para elegir el dibujo que tú quieras hacer porque tu libertad sigue existiendo también ahora. Eres un ser libre para dibujar cualquier dibujo o bien para hacer una raya cada día que vaya pasando como han hecho otros, y cada siete días una raya más larga, porque eres libre de hacer las rayas todo lo largas que quieras y nadie te lo puede impedir.
>
> Luis Martín-Santos: *Tiempo de silencio*. Seix-Barral

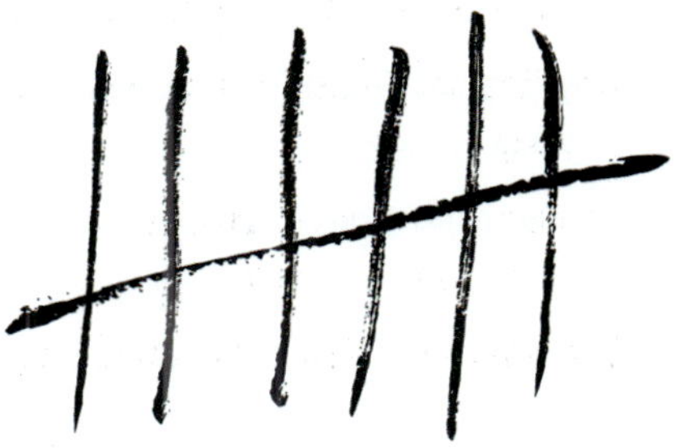

3 TIC Leed en voz alta los dos diálogos extraídos de *Historia de una escalera*. A continuación, realizad las actividades.

Fragmento 1

FERNANDO.— No me creo nada. Solo quiero subir. ¿Comprendes? ¡Subir! Y dejar toda esta sordidez en que vivimos.

URBANO.— Y a los demás que los parta un rayo.

FERNANDO.—¿Qué tengo yo que ver con los demás? Nadie hace nada por nadie. Y vosotros os metéis en el sindicato porque no tenéis arranque para subir solos. Pero ese no es el camino para mí. Yo sé que puedo subir y subiré solo. [...]

URBANO.— *(Sonriendo.)* Escucha papanatas. Para subir solo, como dices, tendrías que trabajar todos los días diez horas en la papelería; no podrías faltar nunca, como has hecho hoy...

FERNANDO.— ¿Cómo lo sabes?

URBANO.— ¡Porque lo dice tu cara, simple! Y déjame continuar. No podrías tumbarte a hacer versitos ni a pensar en las musarañas; buscarías trabajos particulares para redondear el presupuesto y te acostarías a las tres de la mañana contento de ahorrar sueño y dinero. Porque tendrías que ahorrar, ahorrar como una urraca; quitándolo de la comida, del vestido, del tabaco... Y cuando llevases un montón de años haciendo eso, y ensayando negocios y buscando caminos, acabarías por verte solicitando cualquier miserable empleo para no morirse de hambre... No tienes tú madera para esa vida.

Fragmento 2

FERNANDO.— *(Abrazándola por el talle.)* Carmina, desde mañana voy a trabajar de firme por ti. Quiero salir de esta pobreza, de este sucio ambiente. Salir y sacarte a ti. Dejar para siempre los chismorreos, las broncas entre vecinos... Acabar con la angustia del dinero escaso, de los favores que abochornan como una bofetada, de los padres que nos abruman con su torpeza y su cariño servil, irracional...

CARMINA.— *(Reprensiva.)* ¡Fernando!

FERNANDO.— Sí. Acabar con todo esto. ¡Ayúdame tú! Escucha: voy a estudiar mucho, ¿sabes? Mucho. Primero me haré delineante. ¡Eso es fácil! En un año... Como para entonces ya ganaré bastante, estudiaré para aparejador. Tres años. Dentro de cuatro años seré un aparejador solicitado por todos los arquitectos. Ganaré mucho dinero. Por entonces tú serás ya mi mujercita, y viviremos en otro barrio, en un pisito limpio y tranquilo. Yo seguiré estudiando. ¿Quién sabe? Puede que entonces me haga ingeniero. Y como una cosa no es incompatible con la otra, publicaré un libro de poesías, un libro que tendrá mucho éxito...

CARMINA.— *(Que le ha escuchado extasiada.)* ¡Qué felices seremos!

FERNANDO.— ¡Carmina! *(Se inclina para besarla y da un golpe con el pie a la lechera, que se derrama estrepitosamente. Temblorosos, se levantan los dos y miran, asombrados, la gran mancha en el suelo.)*

Antonio BUERO VALLEJO: *Historia de una escalera*. Espasa Calpe

a. *Historia de una escalera* presenta una dimensión social y otra individual o existencial. ¿Qué texto crees que se corresponde con cada una de ellas?

b. Lee alguna versión del cuento de la lechera. Después, explica la referencia que se hace en la acotación final del segundo fragmento.

c. En el primer diálogo, cada personaje representa una posición diferente ante la vida. ¿A cuál te sientes más cercano? ¿Por qué?

d. A través de ambos textos, Buero Vallejo hace una radiografía del medio social que habitan los personajes.
- ¿Qué rasgos lo definen?
- ¿En qué partes se alude a ese entorno social?

e. Investiga sobre la obra y sitúa los fragmentos con relación al argumento. ¿Podrías indicar qué sucede después con estos personajes?

COMENTARIO DE TEXTO

Capítulo primero

—No perdamos la perspectiva, yo ya estoy harta de decirlo, es lo único importante.

Doña Rosa va y viene por entre las mesas del café, tropezando a los clientes con su tremendo trasero. Doña Rosa dice con frecuencia *leñe* y *nos ha merengao*. Para doña Rosa el mundo es su café, y alrededor de su café, todo lo demás. Hay quien dice que a doña Rosa le brillan los ojillos cuando viene la primavera y las muchachas empiezan a andar de manga corta. Yo creo que todo eso son habladurías: doña Rosa no hubiera soltado jamás un buen amadeo de plata por nada de este mundo. Ni con primavera ni sin ella. A doña Rosa lo que le gusta es arrastrar sus arrobas, sin más ni más, por entre las mesas. Fuma tabaco de noventa cuando está a solas, y bebe ojén, buenas copas de ojén, desde que se levanta hasta que se acuesta. Después tose y sonríe. Cuando está de buenas, se sienta en la cocina, en una banqueta baja, y lee novelas y folletines, cuanto más sangrientos, mejor: todo alimenta. Entonces le gasta bromas a la gente y les cuenta el crimen de la calle de Bordadores o el del expreso de Andalucía.

—El padre de Navarrete, que era amigo del general don Miguel Primo de Rivera, lo fue a ver, se plantó de rodillas y le dijo: mi general, indulte usted a mi hijo, por amor de Dios; y don Miguel, aunque tenía un corazón de oro, le respondió: me es imposible, amigo Navarrete; su hijo tiene que expiar sus culpas en el garrote.

¡Qué tíos! —piensa—, ¡hay que tener riñones! Doña Rosa tiene la cara llena de manchas, parece que está siempre mudando la piel como un lagarto. Cuando está pensativa, se distrae y se saca virutas de la cara, largas a veces como tiras de serpentinas. Después vuelve a la realidad y se pasea otra vez, para arriba y para bajo, sonriendo a los clientes, a los que odia en el fondo, con sus dientecillos renegridos, llenos de basura.

Camilo José CELA
La colmena
Cátedra

1 Sitúa el fragmento en el periodo literario al que pertenece. Indica en qué tendencia narrativa posterior a la Guerra Civil puede inscribirse y justifica tu afirmación con datos procedentes del texto.

2 Resume el contenido del texto y enuncia su tema principal.

3 Describe la estructura externa del fragmento e indica las partes en que puede dividirse su contenido.

4 Señala los recursos literarios que se utilizan en el texto y la finalidad con que son empleados por el autor.

5 ¿Qué opinas de doña Rosa? Observa los rasgos físicos y de personalidad que destaca Camilo José Cela y tenlos en cuenta a la hora de redactar tu argumentación. No olvides aportar las razones que creas oportunas.

TRABAJAMOS LAS COMPETENCIAS

Lee la letra de esta canción y resuelve las actividades de la página siguiente.

Justo

Calla,
no remuevas la herida.
Llora siempre en silencio.
No levantes rencores, que este pueblo es tan pequeño…
Eran otros tiempos.

Todos le llamaban Justo.
Justo de nombre y acción.
El mayor de cinco hermanos,
elegante, el más prudente de un pueblito de la Sierra del Segura.
Sastre y leñador de profesión.

Se hablaba con la Ascensión, morenita, la de Amalio.
De los pocos que leía.
Estudiaba por las noches en los tres meses de invierno.
Él cantaba por las calles, siempre alegre, una canción.

Al final del 38 son llamados a la guerra.
La generación más joven,
«la quinta del Biberón».
Se subieron al camión como si fuera una fiesta,
pero él fue el único que no volvió.

Y ahora yo logro oírte cantar.
Se dibuja tu rostro en la armonía de este lugar.
Y ahora yo logro oírte cantar.
Si no curas la herida duele, supura, no guarda paz.

Tras trece días sin noticias, la alegría de un segundo.
Llega una carta de vuelta,
otra de su compañero.
«Fue una bala, nos leía el diario.
Me quedé con su cuchara, la guerrera y el mechero».

La madre Llanos baja gritando por la cuesta:
«¡Canallas! ¡Me lo habéis matao!»
Sin una flor,
sin un adiós,
la única tumba, la de su corazón.

Pero ahora yo logro oírte cantar.
Se dibuja tu rostro en la armonía de este lugar.
Y ahora yo logro oírte cantar.
Si no curas la herida duele, supura, no guarda paz.

No guarda paz…

«Quiéreme niña, quiéreme niña, quiéreme siempre.
Quiéreme tanto, quiéreme tanto como te quiero.
A cambio de esto yo te daré
la caña dulce, la dulce caña y el buen café.
La caña dulce, la dulce caña y el buen café».

ROZALÉN

1 ¿Quién es Justo, el protagonista de la canción?

a. Un soldado que prefiere callar y no explicar su historia.

b. El menor de cinco hermanos.

c. Un joven soldado que muere en la guerra.

d. El compañero de un soldado muerto en combate.

2 Ascensión era...

a. una chica con la que Justo mantenía una relación.

b. la hija de Amalio, amigo de Justo.

c. una chica con la que Justo siempre hablaba.

d. una chica que leía mucho.

3 Los muchachos del pueblo afrontan el hecho de alistarse para ir a la guerra...

a. con tristeza.

b. con alegría.

c. muy a su pesar.

d. de mala gana.

4 ¿De qué guerra habla la canción?

a. De la Primera Guerra Mundial.

b. De la Guerra Civil española.

c. De la Segunda Guerra Mundial.

d. De la Guerra de Cuba.

5 Elige por qué la alegría en casa de Justo solamente dura un segundo.

a. Porque hace trece días que la familia no sabe nada de Justo.

b. Porque reciben una carta devuelta que iba dirigida a Justo y otra carta con malas noticias.

c. Porque la única carta que llega no es de Justo.

d. Porque recibir una carta del frente es siempre una alegría.

6 Señala la respuesta falsa: En la primera estrofa de la canción una voz...

a. habla de historias no resueltas que todavía duelen y de cómo se han mantenido en silencio.

b. sitúa la historia de la canción en el tiempo (pasado) y en el espacio (un pueblo pequeño).

c. expone que se puede hablar de todo abiertamente, como se ha hecho siempre.

d. propone asumir las historias trágicas del pasado con un dolor personal, íntimo, silencioso.

7 ¿De qué se lamenta la madre de Justo?

a. De no volver a ver a su hijo muerto.

b. De no poder dar sepultura a su hijo muerto.

c. De no poder abrazar a su hijo que ha fallecido.

d. De no saber quién ha matado a su hijo.

8 A Justo le gustaba...

a. leer, hacer leña, pintar.

b. cantar, leer, hablar.

c. pasear, cantar, estudiar.

d. cantar, estudiar, leer.

9 La quinta del Biberón hace referencia a...

a. soldados voluntarios que se alistaron para combatir.

b. soldados que dejaron a sus hijos pequeños para ir a la guerra.

c. soldados muy jóvenes que fueron llamados a luchar con el bando republicano.

d. los nietos de los supervivientes de la guerra.

10 La última estrofa de la canción...

a. son las palabras que escribía Justo a su amada.

b. es una canción que canta Justo y que escucha la persona que cuenta la historia: «Y ahora yo logro oírte cantar».

c. son unos versos alegres para finalizar una historia triste.

d. no tiene ninguna relación con el resto de la canción.

11 La canción de Rozalén...

a. cuenta una historia de amor en tiempos de guerra.

b. da a conocer una historia de venganza provocada por la guerra.

c. canta un episodio trágico de la guerra como es la muerte de un joven soldado.

d. habla de la amistad en el frente.

12 Escribe un texto de 125 palabras como mínimo para explicar qué estilo musical te gusta más y por qué, y si tienes un cantante o un grupo de música preferido.

EVALUACIÓN

1 Lee el texto y realiza las actividades.

Ciudad cero

Una revolución.
Luego una guerra.
En aquellos dos años —que eran
la quinta parte de toda mi vida—,
ya había experimentado sensaciones distintas.
Imaginé más tarde
lo que es la lucha en calidad de hombre.
Pero como tal niño,
la guerra, para mí, era tan solo:
suspensión de las clases escolares,
Isabelita en bragas en el sótano,
cementerios de coches, pisos
abandonados, hambre indefinible,
sangre descubierta
en la tierra o las losas de la calle,
un terror que duraba
lo que el frágil rumor de los cristales
después de la explosión,
y el casi incomprensible
dolor de los adultos,
sus lágrimas, su miedo,
su ira sofocada,
que, por algún resquicio,
entraban en mi alma
para desvanecerse luego, pronto,
ante uno de los muchos
prodigios cotidianos: el hallazgo
de una bala aún caliente,
el incendio
de un edificio próximo,
los restos de un saqueo
—papeles y retratos
en medio de la calle...

Todo pasó,
todo es borroso ahora, todo
menos eso que apenas percibía
en aquel tiempo
y que, años más tarde,
resurgió en mi interior, ya para siempre:
este miedo difuso,
esta ira repentina,
estas imprevisibles
y verdaderas ganas de llorar.

Ángel GONZÁLEZ: *Poemas*. Cátedra

a. ¿A qué guerra se refiere el poeta en sus versos?

b. ¿Cómo veía la guerra cuando era niño?

c. ¿Qué era la guerra para los adultos?

d. Algo de la guerra ha quedado vivo en el poeta de hoy. ¿De qué se trata?

e. Indica las dos partes en que puede dividirse el contenido del poema.

f. ¿Cuál es la intención de Ángel González? ¿Recordar la niñez? ¿Expresar su estado de ánimo actual? Justifica la respuesta.

g. ¿Por qué un incendio o los restos de un saqueo son un «prodigio» para el niño?

h. Explica el significado de la palabra *resquicio* en el contexto del poema.

i. La enumeración es un recurso empleado por el poeta para dotar de ritmo al poema. Señala las que están presentes en el texto.

j. ¿Por qué crees que el poema se titula «Ciudad cero»?

2 TIC Lee el siguiente diálogo extraído de *Nada*, de Carmen Laforet. En él, Andrea, la protagonista, y su tía Angustias tienen uno de sus habituales choques. A continuación, responde a las preguntas.

Angustias, examinando mis zapatos, cuyo cuero arrugado como una cara expresiva delataba su vejez, señaló las suelas rotas que rezumaban humedad y dijo que yo había cogido un enfriamiento por llevar los pies mojados.

—Además, hija mía, cuando se es pobre y se tiene que vivir a costa de la caridad de los parientes, es necesario cuidar más las prendas personales. Tienes que andar menos y pisar con más cuidado... No me mires así, porque te advierto que sé perfectamente lo que haces cuando yo estoy en mi oficina. Sé que te vas a la calle y vuelves antes de que yo llegue, para que no pueda pillarte. ¿Se puede saber a dónde vas?

—Pues a ningún sitio concreto. Me gusta ver las calles. Ver la ciudad...

—Pero te gusta ir sola, hija mía, como si fueras un golfo. Expuesta a las impertinencias de los hombres. ¿Es que eres una criada, acaso?... A tu edad, a mí no me dejaban ir sola ni a la puerta de la calle. Te advierto que comprendo que es necesario que vayas y vengas de la universidad..., pero de eso a andar por ahí suelta como un perro vagabundo... Cuando estés sola en el mundo haz lo que quieras. Pero ahora tienes una familia, un hogar y un nombre.

Carmen LAFORET
Nada
Destino

a. ¿Quién es el narrador del fragmento?

b. ¿Cómo explicarías la mentalidad de la tía? Elabora una descripción de su carácter por lo que deduzcas del fragmento.

c. Investiga sobre la obra y elabora un breve resumen de la misma.

3 Lee el siguiente poema de Miguel Hernández y contesta a las preguntas.

Ausencia en todo veo:
tus ojos la reflejan.
Ausencia en todo escucho:
tu voz a tiempo suena.
Ausencia en todo aspiro:
tu aliento huele a hierba.
Ausencia en todo toco:
tu cuerpo se despuebla.
Ausencia en todo pruebo:
tu boca me destierra.
Ausencia en todo siento:
ausencia, ausencia, ausencia.

Miguel HERNÁNDEZ
El hombre y su poesía
Cátedra

a. En este poema destaca el empleo de un recurso literario. ¿De cuál se trata? ¿Qué efecto crees que produce?

b. Después de localizar el recurso empleado, ¿puedes decir cuál es el tema del poema?

c. ¿En qué etapa de la obra de Miguel Hernández situarías el poema?

4 ¿Encuentras alguna relación entre la concepción de la fotografía de Xavier Miserachs (página 320) y el poema «Si he perdido la vida…» de Blas de Otero (actividad 1, página 335)?

5 Lee el poema «La poesía es un arma cargada de futuro», de Gabriel Celaya. ¿Qué características de la poesía social reconoces en el texto? Justifica tu respuesta.

Quisiera daros vida, provocar nuevos actos,
y calculo por eso con técnica que puedo.
Me siento un ingeniero del verso y un obrero
que trabaja con otros a España en sus aceros.

Tal es mi poesía: poesía-herramienta
a la vez que latido de lo unánime y ciego.
Tal es, arma cargada de futuro expansivo
con que te apunto al pecho.

No es una poesía gota a gota pensada.
No es un bello producto. No es un fruto perfecto.
Es algo como el aire que todos respiramos
y es el canto que espacia cuanto dentro llevamos.

Son palabras que todos repetimos sintiendo
como nuestras, y vuelan. Son más que lo mentado.
Son lo más necesario: lo que no tiene nombre.
Son gritos en el cielo, y en la tierra, son actos.

Gabriel CELAYA
Itinerario poético
Cátedra

6 Vuelve a leer el fragmento de *Tres sombreros de copa*, de Mihura, de la página 334 e imítalo. Crea una pequeña escena de teatro con una situación cómica. Para ello, emplea una de las técnicas utilizadas por el autor: observa tu realidad cercana y busca el lado insólito que pueda haber en ella. A continuación, léela en clase.

14 LA ESPAÑA DE LA DEMOCRACIA. HISPANOAMÉRICA

SIEMPRE QUE SE PONE UN ADJETIVO A LA **LITERATURA** RESULTA MINIMIZADOR

ISABEL ALLENDE

PRESENTAR

NECESITAMOS POETAS

Con motivo del Día Mundial de la Poesía, la Unesco va a seleccionar a varios poetas de cada país para que acudan a una reunión mundial donde se discutirá la necesidad de la poesía. Quieren que los estudiantes de Secundaria colaboren haciendo una selección de poetas de la última etapa de la literatura que han estudiado. Cada alumno hará una propuesta explicando quién es el autor o autora elegido y aportará una muestra recitada de su trabajo.

CONOCER

ESTUDIO LITERARIO DE MERCADO

Os han encargado un estudio de mercado para averiguar qué tipo de literatura se vende más en la actualidad. Para ello, analizad en equipos las listas de obras más vendidas de los últimos meses, los datos de las librerías más importantes, etc. Organizad la información en gráficos y redactad las conclusiones. Luego, compartidlas en clase.

CREAR

GÉNEROS DE HUMOR

Eduardo Mendoza ha escrito parodias sobre distintos géneros novelescos, como el policíaco, la ciencia ficción o la novela histórica. Escoged un fragmento de alguna de estas parodias y poneos serios: reescribidlo como si se tratara de una novela en la que no hay rastro de humor. Debéis comprobar que sigue cumpliendo con todos los rasgos del género.

INVESTIGAR

¿QUIÉN «HA TOMADO» LA CASA?

Lee el relato *Casa tomada*, de Julio Cortázar, y escribe un final diferente, pero dejando bien claro quién ha tomado la casa. Después, investigad en equipos sobre el significado del relato y las diferentes interpretaciones que se han hecho de él. Debatid en clase sobre ellas.

Portafoliodelenguadeana

PortafolioDeLengua | **Inicio** | Escribir | Proyectos | Exámenes | Lecturas | Actividades

Algo sobre mí

Me llamo Ana García y tengo 15 años. Soy del grupo 4.° ESO B. Este es mi portafolio de Lengua Castellana y Literatura, donde voy a enseñar una selección de las tareas que he hecho en esta asignatura.

- Me gusta leer e investigar; creo que los trabajos y proyectos se me darán bien, como las lecturas de clase.
- Me cuesta mucho la sintaxis y tengo algunas faltas: tendré que esforzarme en estos apartados.

Mis expectativas: cuando termine la ESO seguiré en el bachillerato de Ciencias, porque quiero estudiar Veterinaria; me gustan mucho los animales y me veo trabajando con ellos.

Enlaces de interés:

DRAE

WordReference

Ejercicios interactivos

Ortografía

Apartados del portafolio:

- Inicio: aquí explico quién soy y cuáles son mis intereses.
- Escribir: aquí pondré una muestra de mis trabajos escritos.
- Proyectos: en esta página recojo los proyectos que hacemos en grupo y en ella colaboramos todos.
- Exámenes: los subiré, una vez corregidos, para ver aciertos y errores.
- Lecturas: tenemos que subir las actividades relacionadas con la lectura del trimestre. Añadiré comentarios sobre mis lecturas voluntarias.
- Actividades: elegiré tres por unidad para reflexionar sobre mi trabajo.

Portafoliodelenguadeana

Escribir

- Cuestionario sobre deportes.pdf
- La caída del muro de Berlín.docx
- Rima XXIV.jpg

Esta es mi selección de las actividades de escritura de este curso. Pinchando sobre los enlaces podéis descargar los documentos.

EL CUESTIONARIO PERSONAL

Andrés y yo creamos un cuestionario para ver cuáles son las actividades deportivas realizadas por el alumnado de 1.° y 2.° de la ESO. Luego pasamos el cuestionario y elaboramos un informe con gráficos. Lo que más nos costó fue el tratamiento de los datos numéricos, pero le pedimos ayuda al profesor de informática. La profesora nos felicitó por el trabajo y la presentación y el análisis de los datos.

NOTICIA

Elegí hacer una noticia objetiva sobre la caída del muro de Berlín. Encontré información en el libro de Historia y en periódicos en Internet. Aprendí mucho sobre este tema y fue interesante, porque además de escribir, primero tuve que informarme. La profesora me hizo algunas correcciones en la organización de la información.

COMENTARIO DE TEXTO LÍRICO

Comentamos la rima XXIV de Bécquer. He elegido este comentario porque a mí me cuesta mucho analizar poesía, pero encontré bastantes figuras retóricas y la profesora me dijo que había hecho una buena interpretación del texto.

Leer

1 Señala las afirmaciones verdaderas y corrige las que no lo sean.

a. Este portafolio lo ha creado la profesora de Lengua Castellana y Literatura.

b. La alumna quiere seguir estudiando cuando termine la ESO.

c. En el portafolio se recogen todas las tareas de la asignatura.

d. También se reflexiona sobre logros y dificultades en las tareas de la asignatura.

e. El cuestionario personal fue un trabajo de escritura realizado por la alumna en solitario.

2 La alumna reflexiona sobre sus fortalezas y debilidades. ¿Dónde? Resúmelas.

3 ¿Cuántas páginas tiene el portafolio? ¿Añadirías alguna más? Justifícalo.

4 Se puede acceder a las distintas páginas del portafolio a través de las pestañas superiores. Di qué secciones se muestran en la lectura. ¿Se corresponden los títulos de las secciones con el nombre de las pestañas? ¿Por qué crees que es así?

5 Indica qué tareas de las que se explican en el texto no son individuales.

6 El portafolio tiene hipervínculos. ¿En qué página y en qué lugar se encuentran?

7 Completa las oraciones con la opción correcta y cópialas.

a. El portafolio enlaza a...

- Un diccionario, un traductor, ejercicios interactivos y gramática.
- Dos diccionarios, actividades *online* y ortografía.
- La RAE, una enciclopedia, actividades *online* y ortografía.

b. En la sección «Escribir»...

- podemos descargar un archivo de texto, una imagen y un documento en PDF.
- podemos descargar un audio, un vídeo y una imagen.
- no podemos descargarnos los trabajos.

8 Haz un esquema con las ideas principales del texto.

9 ¿Cuál es su intencionalidad?

10 ¿Por qué crees que está escrito en 1.ª persona? ¿Por qué en ocasiones utiliza la 1.ª persona del plural?

Sin faltas.com

11 ▶ En las actividades de escritura aparecen muchas oraciones simples. Reescribe los textos enlazando dichas oraciones mediante conectores lógicos.

Opinar

12 ¿Crees que este tipo de material es útil para tus estudios? Justifica tu respuesta.

sitio web: conjunto de páginas web relacionadas dentro de un mismo dominio o subdominio. Por ejemplo, https://sites.google.com/view/portafoliodelenguadeana

página web: documento electrónico con una URL específica. Por ejemplo, las diferentes páginas del sitio web del portafolio de lengua: https://sites.google.com/view/portafoliodelenguadeana/inicio?authuser=0; https://sites.google.com/view/portafoliodelenguadeana/escribir?authuser=0

1 EL PORTAFOLIO DIGITAL EDUCATIVO

El **portafolio** es un conjunto de documentos o imágenes que muestran el trabajo realizado por una persona o por una colectividad.

En el **ámbito académico,** se centra en las tareas que van realizando los alumnos o alumnas a lo largo del curso escolar (normalmente asociadas a una materia determinada) con el asesoramiento del docente. Los **objetivos** fundamentales del portafolio son:

- **Mostrar** las tareas realizadas.
- **Reflexionar** sobre el proceso de enseñanza y aprendizaje, verificar logros y avances, detectar dificultades, etc.
- Aplicar el **pensamiento crítico** en la selección de materiales.

1.1 CÓMO ELABORAR UN PORTAFOLIO

Para elaborar un portafolio es necesario seguir unos pasos. Las fases son las siguientes:

1 **Recopilar** las evidencias: exámenes, trabajos y actividades en cualquier formato (texto, audio, vídeo o imagen escaneada).

2 **Seleccionar** las evidencias: se eligen las que se van a incorporar al portafolio. No han de ser necesariamente las mejores, se consignarán también aquellas que han generado un aprendizaje, que han resultado difíciles de superar, etc.

3 **Reflexionar** sobre las evidencias: cada una debe ir acompañada de una descripción breve y una reflexión sobre su realización.

4 **Publicar** el portafolio dándole una estructura coherente.

1.2 CARACTERÍSTICAS LINGÜÍSTICAS Y ESTRUCTURALES

En el portafolio se pueden observar las siguientes características:

- Uso de la **1.ª persona del singular**, ya que es un documento personal; o del plural en el caso de actividades grupales.
- Uso de la **2.ª persona** para invitar al lector a descargar documentos, realizar comentarios, compartir ideas, etc.
- **Léxico** propio del ámbito académico: *unidad, alumnado, profesora, trabajos, exámenes,* etc.

- Se trata de un **texto expositivo,** dado que muestra y analiza las tareas realizadas; y argumentativo, pues justifica la elección.
- Está compuesto por **distintas secciones** que vienen determinadas por los bloques de tareas y conocimientos en que se organiza el currículo de la materia.
- Al ser **digital**, permite navegar por las secciones (gracias a los hipervínculos), descargar o visualizar los archivos y acceder a páginas externas.
- Su **organización** debe ser clara y su uso debe ser intuitivo, de manera que resulte fácil moverse a través las diferentes secciones.

El portafolio de la lectura es un ejemplo en el que se pueden observar los siguientes apartados.

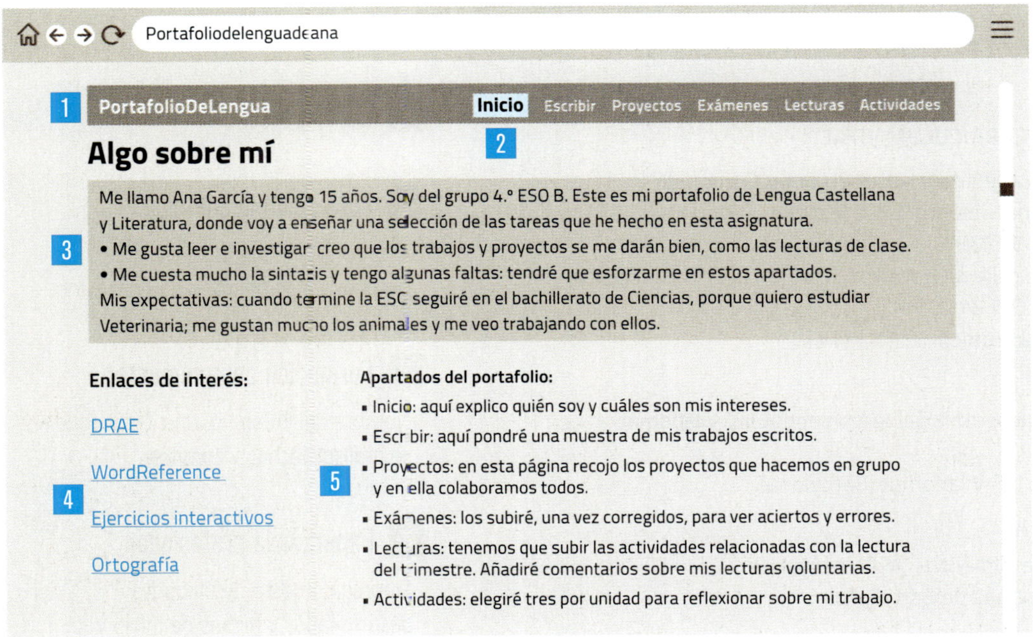

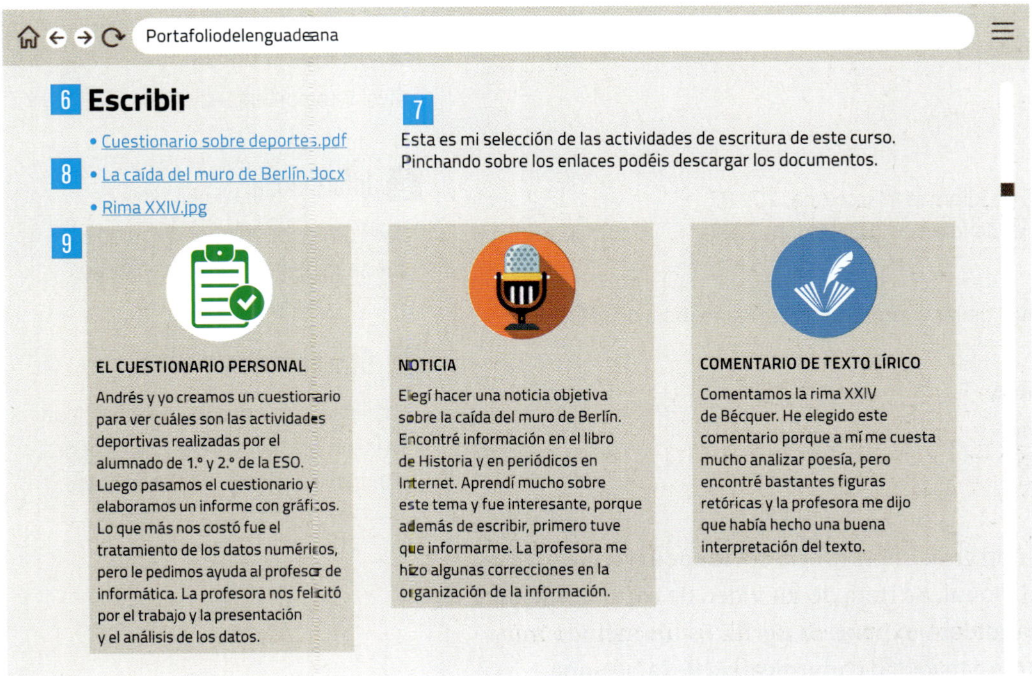

1 Título del portafolio.

2 Secciones que lo componen (con la actual resaltada). Enlazan mediante hipervínculos.

3 Sección inicial, con los datos de la autora, sus reflexiones sobre la asignatura y sus expectativas.

4 Enlaces de interés a páginas externas.

5 Explicación de la estructura del portafolio.

6 Título de la sección.

7 Breve explicación de la sección.

8 Archivos descargables, con hipervínculos.

9 Registro de trabajos realizados, con su explicación y análisis.

2 EL CURRÍCULUM Y EL VIDEOCURRÍCULUM

El **currículum** es un documento propio del **ámbito académico y profesional** en el que constan nuestros datos personales, académicos y laborales.

Es un resumen de nuestra trayectoria académica y profesional, y se utiliza para demostrar nuestra aptitud para realizar unas prácticas, acceder a un puesto de trabajo, etc. Los datos deben estar documentados, indicando la fecha y el lugar.

Se suele acompañar de una **carta de presentación** en la que, además, se añaden argumentos que justifiquen nuestra aptitud para el objetivo deseado.

CURRÍCULUM VITAE

1

Nombre y apellidos: Isabel Colomer Carbonell
Fecha de nacimiento: 23-01-2004
DNI: 12345678M
Dirección: calle de Rocafort, 114, 5.º; 08015 Barcelona
Teléfono: 611 611 611
Correo electrónico: icc@mail.es

2 EDUCACIÓN Y FORMACIÓN

- 2020-2022: Bachillerato en Ciencias de la Salud (cursando). IES Viladomat (Barcelona).
- 2016-2020: graduada en ESO. IES Viladomat (Barcelona).

3 FORMACIÓN COMPLEMENTARIA

- 2021: carné de manipulador de alimentos. AI Alimentarias.
- 2021: curso de socorrismo. Piscinas de Barcelona.

4 EXPERIENCIA PROFESIONAL

- 2021: socorrista en la Piscina Municipal de Argentona (julio-agosto).
- 2021: monitora en los campamentos de Semana Santa del centro Villarroel (abril).

5 IDIOMAS

- Catalán: lengua materna.
- Castellano: lengua materna.
- Inglés: nivel B2. Escuela Oficial de Idiomas (Barcelona, 2021).
- Francés: nivel B1. Escuela Oficial de Idiomas (Barcelona, 2021).

6 INFORMÁTICA

- Conocimientos de ofimática nivel usuario: procesador de texto, hoja de cálculo, presentaciones.

7 INFORMACIÓN COMPLEMENTARIA

- Disponibilidad para desplazarme.
- Experiencia en el trato con niños.

1 Datos personales

2 Formación académica

Titulación, institución en que se obtuvo y años de inicio y finalización.

3 Formación complementaria

Nombre del curso, institución en que se realizó, fechas y créditos.

4 Experiencia profesional

Empresa, puesto, actividades desarrolladas y fechas de inicio y fin.

5 Idiomas

Nivel y competencias.

6 Informática

Nivel de conocimientos, programas que se manejan y cursos realizados.

7 Otros datos

Habilidades personales, disponibilidad de incorporación, intereses y aficiones, disponibilidad para desplazarse, etc.

Desde hace unos años, está cobrando gran importancia el **videocurrículum**, un complemento al currículum tradicional. Se trata de un vídeo de corta duración (entre 2 y 3 minutos) donde el candidato expone su perfil. Es un método muy valorado, ya que permite mostrar la capacidad comunicativa de la persona.

Escribir

1 TIC Vas a crear tu portafolio digital mediante cualquier aplicación que permita esta tarea. Para ello, sigue estos pasos:

1.º Piensa qué estructura quieres darle.

2.º Recoge las evidencias y selecciónalas.

3.º Diseña las páginas y los apartados según la estructura deseada.

4.º Crea una página de inicio con tus datos personales, reflexiones, expectativas y una explicación sobre cómo funciona tu portafolio.

5.º Sube a la página los trabajos seleccionados y acompáñalos de una reflexión sobre las dificultades encontradas, los logros obtenidos y sus posibles mejoras.

6.º Revisa el resultado del portafolio. Recuerda que se trata de un trabajo continuo: deberás modificarlo y ampliarlo según avance el curso.

Escuchar y hablar

1 TIC Busca el «Videocurrículum de presentación. Linkmyjob». Visiónalo y realiza las actividades.

a. Identifica los errores de estas afirmaciones y corrígelos:

- María García tiene 27 años y es de Cuenca.
- Está especializada en arquitectura de interiores.
- Habla castellano, valenciano, inglés y alemán.
- Domina algunos programas de diseño.
- Tiene una amplia experiencia laboral.
- Realizó el proyecto de fin de carrera en Viena.

b. María señala un rasgo de su personalidad. Indica cuál.

c. ¿Hay otros aspectos de su carácter que se puedan deducir de su forma de expresarse? ¿Cuáles? Justifica tu respuesta.

d. Indica la intencionalidad del vídeo.

e. Señala su estructura en función de los apartados vistos anteriormente. ¿Falta algún dato importante?

f. Con los datos del vídeo redacta un currículum tradicional.

2 TIC Busca el vídeo «Becas Europa XV. María del Carmen Sánchez Jiménez». Después de verlo, realiza las actividades siguientes.

a. ¿Cuáles son las expectativas de María del Carmen?

b. Identifica cuáles son los argumentos que aparecen en el vídeo y clasifícalos.

c. La protagonista describe algunos rasgos de su personalidad. Señálalos y relaciónalos con el objetivo del vídeo.

d. ¿Cuáles son las inquietudes que manifiesta M.ª del Carmen?

3 Analiza las semejanzas y diferencias de los dos vídeos en lo relativo a:

a. Contenido.

b. Estructura.

c. Finalidad.

d. Gestualidad.

e. Materiales de apoyo (vídeos, imágenes, texto).

4 TIC Vas a crear un videocurrículum para solicitar tu admisión con beca en un campamento de verano solidario. Elabora un vídeo de entre 1 y 2 minutos. Sigue estos pasos:

1.º Piensa en el tipo de campamento que es.

2.º Decide qué aspectos de tu biografía conviene destacar para ser admitido y elabora un guion con los datos que vas a ofrecer.

3.º Busca una localización acorde al contenido y grábate. Cuida la elocución, la postura y los gestos.

4.º Edita el vídeo añadiéndole música, efectos, imágenes, etc.

1 LA ESPAÑA DE LA DEMOCRACIA

La muerte de Francisco Franco el 20 de noviembre de 1975 supuso el principio del fin de la dictadura instaurada en España desde el final de la Guerra Civil. En muy poco tiempo se sucedieron los cambios políticos necesarios para convertir el país en una monarquía parlamentaria e instaurar un nuevo régimen de libertades individuales. En este período se pueden distinguir dos etapas:

Desde la Transición a la democracia (1975-1982)

Entre 1975 y 1982. En este espacio de tiempo se desmantela la dictadura bajo los Gobiernos de Adolfo Suárez y, en menor medida, Joaquín Calvo Sotelo.

Se disuelven las Cortes franquistas y se aprueba la ley que permite la existencia de partidos políticos; se redacta y vota en referéndum la Constitución democrática que garantiza un nuevo sistema de libertades; y se ponen las bases para la incorporación de España a diferentes instituciones internacionales.

Consolidación de la democracia

Desde 1982 hasta la actualidad. Se inicia con la llegada al gobierno del Partido Socialista Obrero Español, que se alternará en el poder con el Partido Popular en las décadas siguientes. Asimismo, se consolida la representación parlamentaria de diversas opciones ideológicas, lo que supone la instauración de la normalidad democrática en la vida española. Durante estos años, el país avanza en la consecución de libertades, al tiempo que se convierte en miembro de entidades internacionales como la Organización del Tratado del Atlántico Norte (1982) y la Unión Europea (1986).

Desde el **punto de vista cultural**, la libertad de expresión ganada con el final de la dictadura trajo como consecuencia que se dieran a conocer las obras de los autores contrarios al régimen franquista, tanto de los exiliados como de los que permanecieron en España. La **desaparición de la censura** hizo posible también que circulasen con libertad las obras de autores extranjeros y que se pudiese revisar críticamente el pasado reciente (la Segunda República, la Guerra Civil y los cuarenta años de dictadura). Asimismo, la **descentralización autonómica** del país permitió que a lo largo de este tiempo se normalizase la literatura escrita en las lenguas propias de cada territorio.

Sede del Parlamento Europeo en Estrasburgo.

Además, en la literatura actual pueden identificarse otras características:

- La influencia ejercida por la **cultura popular** (el cine, la música pop y rock, la televisión y las nuevas tecnologías de la información y la comunicación) y los medios de comunicación de masas.
- El impacto de la **sociedad de consumo,** que explica el deseo de llegar a un público amplio, renunciando a una mayor innovación técnica y profundidad temática.
- La **generalización y democratización de la cultura,** que ha permitido el acceso a la literatura de lectores y espectadores no imaginados en épocas anteriores.
- El interés por **ciertos núcleos temáticos:** la vida cotidiana en el mundo urbano, la recuperación de la historia reciente de España, y la referencia a temas y personajes procedentes de la tradición cultural española y universal.

2 LITERATURA EN VERSO

Lo característico del período literario iniciado en 1975 será la coexistencia de intenciones, formas, preocupaciones temáticas e intereses diferentes. Pese a todo, es posible identificar unas tendencias dominantes, entre las que deben señalarse la poesía de los «novísimos» en un primer momento y, posteriormente, las líneas poéticas que se desarrollan desde los años ochenta hasta la actualidad.

2.1 LOS «NOVÍSIMOS»

En la década de los setenta hacen acto de presencia este grupo de escritores definido por los siguientes **rasgos:**

- Abandono del subjetivismo y de la expresión de la vida cotidiana de los autores.
- Experimentación formal: ruptura con las convenciones tipográficas, liberación del lenguaje, fragmentarismo de los poemas.
- Desplazamiento del contenido hacia otros tiempos y lugares alejados de la realidad vivida.
- Homenaje a aquellos autores y movimientos del siglo XX que habían renunciado a centrar su atención exclusivamente en las cuestiones existenciales o sociales, como Juan Ramón Jiménez o el neovanguardismo de los años cuarenta.

En los «novísimos» pueden distinguirse dos **orientaciones temáticas** diferentes, aunque todos los poetas se ocuparon en mayor o menor medida de ambas. La primera de ellas, la **culturalista,** apuesta por contenidos procedentes de la tradición literaria y artística occidental.

En otros poemas, en cambio, optaron por las referencias a la **cultura popular,** al mundo de la música, el cine, el cómic y los medios de comunicación de masas. En el siguiente poema, el autor expresa los recuerdos de las tardes de la infancia pasadas en el cine.

El cine de los sábados

maravillas del cine galerías
de luz parpadeante entre silbidos
niños con sus mamás que iban abajo
entre panteras un indio se esfuerza
por alcanzar los frutos más dorados
ivonne de carlo baila en scherezade
no sé si danza musulmana o tango
amor de mis quince años marilyn
ríos de la memoria tan amargos
luego la cena desabrida y fría
y los ojos ardiendo como faros

Antonio Martínez de Sarrión
Teatro de operaciones. El Toro de Barro

Nueve novísimos poetas españoles

En 1970, Josep Maria Castellet publicó el libro *Nueve novísimos poetas españoles* en el que se incluían poemas de jóvenes escritores que representaban un cambio respecto a la lírica compuesta en España hasta ese momento. Estos autores son: Pere Gimferrer, Antonio Martínez de Sarrión, José María Álvarez, Manuel Vázquez Montalbán, Félix de Azúa, Vicente Molina Foix, Guillermo Carnero, Ana María Moix y Leopoldo María Panero.

Junto a estos, otros escritores, como Antonio Colinas o Luis Antonio de Villena, compartieron también las principales características de la nueva estética.

Literatura y otras artes

La **«movida madrileña»** fue un fenómeno cultural vivido en la década de los ochenta del pasado siglo. Sus manifestaciones se produjeron en el terreno de la música popular; pero también en el cine, la literatura y las artes plásticas. Entre los rasgos que la definieron cabe destacar la conexión con la sociedad urbana, el deseo de provocación y el canto a la libertad individual. El estribillo de la canción «¿A quién le importa?», de **Alaska y Dinarama,** muestra la apuesta por la libertad tan habitual en la literatura de estos años.

2.2 LA POESÍA DESDE LA DÉCADA DE LOS OCHENTA

Desde la consolidación de la democracia, en la década de los ochenta, son muchas las tendencias que coexisten en el panorama de la lírica española. Los **posnovísimos** (Luis Antonio de Villena, Luis Alberto de Cuenca o Blanca Andreu) continúan el trabajo iniciado en la década anterior. Estos escritores prestan especial atención a los aspectos formales y se ocupan de cuestiones procedentes de la tradición artística y la cultura de masas. Es característica en ellos la deuda con la poesía de los autores del 27, a quienes consideran ejemplos a imitar por su equilibrio entre tradición e innovación.

Ana Rossetti es la principal valedora de una **lírica sensualista** que sirve de modelo para algunas mujeres que desarrollarán sus carreras literarias en los últimos años (Aurora Luque o Elena Medel, entre otras). El erotismo desde una perspectiva femenina y la libertad en la expresión de los sentimientos más íntimos son los principales temas de esta corriente. Recientemente, esta perspectiva sensual se ha expresado mediante un lenguaje conversacional en una poesía nacida en las redes sociales. Así puede apreciarse en los versos de **Elvira Sastre** o **Irene X,** por ejemplo.

También ha tenido gran impacto en estos últimos años la **poesía del silencio** de **Jaime Siles** o **Andrés Sánchez Robayna.** Los autores se decantan por poemas breves, condensados y alejados de todo exceso verbal. El contenido principal de las obras es la expresión de conceptos abstractos en los que no se hace presente la intimidad del autor. La intención de los poetas es sugerir las emociones intangibles, ya que piensan que es imposible darlas a conocer en su plenitud. Así se observa en el poema de la derecha, donde el poeta pretende comunicar la paz que reside en el silencio.

Silencio

Equilibrio de luz
en el sosiego.
Mínima tromba.
Ensoñación. Quietud.
Todo:
un espacio sin voz
hacia lo hondo oculto.

Jaime Siles
Paraíso cerrado
Galaxia Gutenberg

Desde los primeros años del siglo XXI, la **poesía de la conciencia** vuelve a recuperar las cuestiones sociales en la lírica española. Poetas como **Antonio Orihuela** o **Jorge Riechmann** muestran en sus versos la disconformidad con la vida contemporánea mediante un lenguaje sencillo y directo, con fuerte presencia del habla coloquial. El objetivo de esta tendencia es remover la conciencia adormecida del hombre contemporáneo.

Observa en el poema de Jorge Riechmann la crítica al pragmatismo del mundo actual y cómo se vale para ello de expresiones propias del habla coloquial.

Nunca, jamás me vuelva a decir nadie
que el fin justifica los medios

o sintiéndolo mucho no respondo de mis fines
ni de mis medios
ni muchísimo menos de mis actos.

Cierto que hay ansias de pureza
neuróticas. Seguro
que lo son casi todas las ansias de pureza.

Pero no lo es menos que la mierda mancha.

Jorge Riechmann
Con los ojos abiertos
Baile del Sol

Expresiones del habla coloquial

Pero la tendencia que más acogida ha tenido en la lírica actual es, sin duda, la **poesía de la experiencia**, en la que se inscriben algunos de los principales poetas de nuestro tiempo: Luis García Montero, Felipe Benítez Reyes, Jon Juaristi, Carlos Marzal y Miguel d'Ors.

Los principales **rasgos estilísticos** que definen la poesía de la experiencia son:

- **Alejamiento del elitismo cultural** de los «novísimos» para llegar a un público más amplio.
- **Rechazo del experimentalismo** para componer una poesía aparentemente sencilla.
- **Recuperación** del uso de la **métrica clásica** (versos endecasílabos, heptasílabos, alejandrinos), aunque sin someterse a estrictas estructuras estróficas.
- Empleo de la **ironía** y el **humor** como herramientas líricas.
- **Lenguaje conversacional** en el que a menudo tienen cabida el coloquialismo y la frase hecha.

Desde el **punto de vista temático,** estos poetas se interesan especialmente por los **hechos cotidianos** y la vida en la gran ciudad. También puede encontrarse en sus poemas el análisis de la **propia intimidad** (las relaciones amorosas, la falta de estímulos vitales) y la preocupación por el **paso del tiempo,** aunque siempre observando estos sentimientos desde una posición escéptica y alejada de todo dramatismo.

En el poema de Jon Juaristi se aprecia el uso de la clásica forma del soneto para abordar el paso del tiempo y el fracaso amoroso. Llama la atención cómo el poeta ha actualizado un tema tan clásico eliminando la rima entre los versos e incluyendo referencias a la existencia cotidiana: el servicio militar que tuvo separados a los enamorados, la fractura en la muñeca y el dolor de muelas, la alusión al perro, el calor o a la excursión veraniega de la amada.

En el siguiente poema de Felipe Benítez Reyes se observan algunas de estas características. Se trata de una descripción en la que el autor se interesa por aspectos externos (la indumentaria de las muchachas, sus nombres, el comportamiento) e internos, ya que tras la apariencia festiva y desenfadada se advierte un cierto vacío interior (el «aire de tragedia» con que beben, el no ser invulnerables a la tristeza). En definitiva, Benítez Reyes parte de la observación de un determinado tipo humano de la realidad cotidiana (las muchachas que frecuentan bares y salas de fiesta) e imagina lo que puede esconderse tras la apariencia visible.

Llegan con los tacones sucios del barro de los parques,
con un perfume espeso de flores venenosas.
Llegan con gafas negras, radiantes, despeinadas;
la noche las recubre con un palio morado.
Toman licores densos con aires de tragedia.
Tienen nombres de diosa, de colonia o de gato.
No son invulnerables a las historias tristes
y huyen de madrugada, como lunas esquivas.

Felipe Benítez Reyes
Libros de poemas. Visor

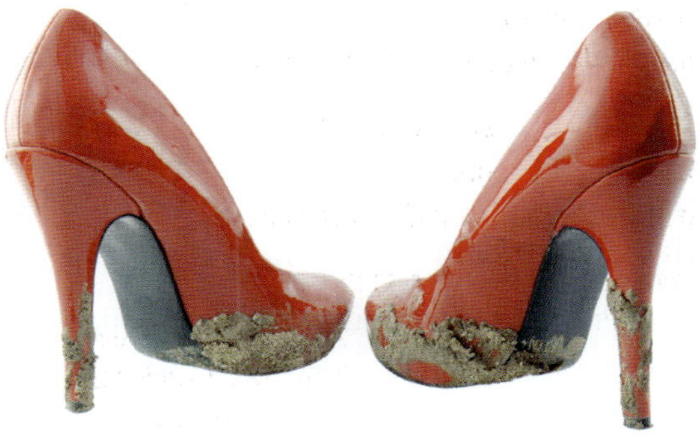

Bárbara

Vuelvo a leer tus cartas de hace un siglo,
de cuando estaba en el cuartel,
[¿recuerdas?,
o en la trena, mi amor, no exactamente
en la Cárcel de Amor, o en las terribles

provincias que he olvidado. Amarillean
los sobres de hilo, corazón. Los sellos
habrán cobrado algún valor. No en vano
oro es el tiempo de la filatelia.

Me hablas de tu fractura de escafoides,
de tu dolor de muelas, de tu perro,
de lo mal que lo pasas en agosto,

de una excursión a Andorra... Poco a
[poco,
me has vuelto desabrida la nostalgia:
mi dulce bien, no me quisiste nunca.

Jon Juaristi
Suma de varia intención. Pamiela

3 LA NOVELA

La experimentación técnica que había triunfado en los años sesenta se reduce a partir de la década siguiente para dar paso a una **nueva forma de entender la narrativa**, en la que destacan los siguientes rasgos:

- El **argumento** vuelve a convertirse en el centro de la narración.
- Los personajes reflejan los **problemas del hombre contemporáneo:** incomunicación, desilusión, consumismo, incertidumbre moral, etc.
- Aunque **predomina la sencillez**, los novelistas no renuncian por completo a incluir diversos **juegos literarios:** mezcla de realidad y ficción, referencias a la cultura de masas o rupturas del orden cronológico.
- Se extiende la **narración breve** dirigida a un público entendido que valora la mayor atención a los aspectos formales.

Lo más característico del panorama actual es la **ausencia de una tendencia dominante**, ya que es habitual que cada escritor se decante por un subgénero o que cultive diversas modalidades temáticas y formales. Por esta razón, la novela actual suele clasificarse en función de los temas abordados:

- La **metanovela**, consistente en aludir al proceso de creación literaria al tiempo que se narra la historia, puede encontrarse en *Papel mojado*, de Juan José Millás, o en *La novela de Andrés Choz*, de José María Merino.
- La **novela provinciana o rural**, cuyo valor esencial es la presencia del pueblo y la naturaleza, es la opción escogida en muchas obras de Luis Mateo Díez, Julio Llamazares o Jesús Carrasco.
- La **novela autobiográfica** que relata episodios de la vida de los escritores o incorpora en la ficción sus propias experiencias es uno de los más tratados en la actualidad. En esta línea se inscribe *Ardor guerrero*, donde Antonio Muñoz Molina recupera su juventud a través del recuerdo del servicio militar en el País Vasco, o *Las leyes de la frontera*, de Javier Cercas, en la que el escritor se vale de sus experiencias y recuerdos personales para reconstruir el mundo de la delincuencia juvenil durante la Transición.
- La **novela urbana** se centra en los problemas de la juventud en la gran ciudad. A este género pertenecen *Historias del Kronen*, de José Ángel Mañas, y *Amor, curiosidad, Prozac y dudas*, de Lucía Etxebarría.
- La **novela culturalista** tiene como objetivo adentrarse en diferentes aspectos, épocas o personalidades relevantes de la cultura occidental desde posiciones eruditas. Por esta orientación opta Juan Manuel de Prada en *Las máscaras del héroe* para penetrar en el mundo de la bohemia artística de las primeras décadas del siglo XX.

Es frecuente encontrar autores que escapan a todo intento de clasificación, como es el caso de Luis Landero, en cuyas novelas es posible hallar buena parte de los asuntos citados con anterioridad.

Los recuerdos autobiográficos

En el sueño, repetido metódicamente a lo largo de años, yo era un soldado asustado y vulnerable, retrocedido a los terrores de la infancia y de la primera adolescencia, dócil a la brutalidad, a la disciplina, a la soberbia de otros. En el sueño el tiempo posterior a mi servicio militar era un espejismo, no había existido o había pasado en vano, sin dejar en lo más íntimo de mí ni una señal de aprendizaje o experiencia: yo volvía a estar en Vitoria, en el Centro de Instrucción de Reclutas número 11, o en San Sebastián, en el Regimiento de Cazadores de Montaña Sicilia 67, adonde me destinaron después de la jura de bandera, y mi identidad verdadera y mi vida habían dejado de existir, hasta mi nombre. Y lo peor de esa parte del sueño era que casi todas sus exageraciones oníricas se correspondían exactamente con los hechos más crueles de la realidad.

Antonio MUÑOZ MOLINA
Ardor guerrero
Seix Barral

3.1 LA NOVELA DE GÉNERO

La influencia de la sociedad de consumo en la literatura explica la proliferación de aquellos **subgéneros narrativos** más demandados por el público. Aunque en las letras españolas se encuentran casi todos los subgéneros que triunfan internacionalmente (ciencia ficción, aventuras, novela romántica, erotismo, etc.), a continuación se tratan aquellos que han tenido mayor acogida por los lectores: el policíaco, el histórico y la fantasía.

La **novela policíaca** permite a los escritores atraer al lector mediante la intriga de la acción y una forma sencilla. El asunto de los relatos (el crimen, sus causas y consecuencias) hace posible el tratamiento de las cuestiones palpitantes de una sociedad en transformación: la disolución de los valores morales, la pobreza y desigualdad, el materialismo, el terrorismo y la violencia social.

Entre los novelistas más destacados pueden citarse los siguientes:

- **Manuel Vázquez Montalbán,** autor de la serie de novelas protagonizadas por el detective Pepe Carvalho. Al hilo de la intriga criminal de cada uno de los relatos, el escritor analiza las peculiaridades de la sociedad española de la Transición.
- **Juan Madrid** es el creador de dos series narrativas: *Brigada Central,* sobre un grupo policial al mando del comisario Flores, que investiga el crimen organizado; y las novelas protagonizadas por el detective Toni Romano, que se adentra en la marginalidad social y la España profunda de la Transición.
- **Lorenzo Silva** es autor de las novelas protagonizadas por el brigada Bevilacqua y la sargento Chamorro, y ambientadas en la España más reciente, la de los delitos económicos, la corrupción política y las clases medias y altas de la sociedad.

La **novela histórica** actual presenta tres modalidades principales:

La **reconstrucción de un episodio del pasado,** opción seguida, entre otros, por Antonio Gala en *El manuscrito carmesí* para adentrarse en los últimos días del reino de Granada, o por Santiago Posteguillo en sus novelas sobre la Roma clásica.

La **proyección sobre el pasado** de conflictos eternos, como la ambición, la aceptación de la muerte y el amor. En este tipo se inscribe *La vieja sirena,* de José Luis Sampedro.

La **profundización** desde diferentes perspectivas **en períodos conflictivos de la historia de España,** especialmente la Guerra Civil y el franquismo. En esta modalidad destacan títulos como: *Soldados de Salamina,* de Javier Cercas; *Galíndez,* de Manuel Vázquez Montalbán; o el ciclo narrativo *Episodios de una guerra interminable,* iniciado por Almudena Grandes con *El corazón helado.*

Finalmente, la **novela fantástica** dirigida al público juvenil también ha dejado en las últimas décadas obras de interés que pueden agruparse en dos modalidades:

- La **narración de misterio,** que mezcla lo real y lo sobrenatural, donde destaca Carlos Ruiz Zafón con la tetralogía *El cementerio de los libros olvidados.*
- La **fantasía pura,** en la que se crean universos alejados de la realidad. A esta tendencia pertenece *Memorias de Idhún,* de Laura Gallego.

Memorias de Idhún, de Laura Gallego

La escritora valenciana relata en la trilogía la lucha de tres jóvenes por cambiar el destino del mundo fantástico de Idhún, poblado por seres de diferentes especies, al tiempo que surgen entre ellos relaciones amorosas, maduran y viven aventuras. En el universo fantástico de la novela coexisten varios escenarios:

- Tierra, que posee las características del tiempo actual, aunque también se encuentran en ella seres que poseen rasgos fantásticos y que permiten el acceso a otros mundos.
- Limbhad, que se sitúa entre la Tierra e Idhún y sirve como puente entre la realidad y los mundos de fantasía.
- Idhún, mundo de ambientación medieval compuesto por regiones que habitan seres diferentes.
- Umadhún, habitado por humanos primitivos en la superficie y los *shek,* serpientes aladas, en los túneles. Es el primer mundo creado por los Seis Dioses que quedó destruido a causa de la guerra librada entre ellos.

3.2 EDUARDO MENDOZA

Nacido en Barcelona en 1943, es uno de los nombres más representativos de la novela española actual por abordar en sus obras temas característicos del período (la historia reciente, las transformaciones sociales actuales, el ambiente político de la Transición) e incorporar técnicas procedentes de distintos subgéneros narrativos (policíaco, histórico, ciencia ficción, humor, sentimental). Sus novelas pueden clasificarse en dos grupos.

Eduardo Mendoza.

LAS PARODIAS HUMORÍSTICAS

En este tipo se inscriben las cinco **novelas policíacas** protagonizadas por un detective loco y sin nombre, publicadas entre 1979 *(El misterio de la cripta embrujada)* y 2015 *(El secreto de la modelo extraviada)*. En ellas, Mendoza se adentra en una sociedad contemporánea gobernada por el crimen, la corrupción, la ambición y la codicia. También ha parodiado el género de la **ciencia ficción** en *Sin noticias de Gurb* y *El último trayecto de Horacio Dos,* novelas en las que observa la situación contemporánea desde la perspectiva de unos alienígenas. Por último, la parodia de la **novela histórica** es el rasgo característico de *El asombroso viaje de Pomponio Flato,* texto en el que se remonta a los tiempos del nacimiento de Jesús a través del itinerario seguido por un ciudadano romano.

LAS NOVELAS DE CONTENIDO HISTÓRICO Y POLÍTICO

En algunas *(La verdad sobre el caso Savolta* o *La ciudad de los prodigios),* la Barcelona de principios del siglo xx se convierte en protagonista del relato. Otras, sin embargo, se sitúan en escenarios diferentes o en tiempos más recientes.

La verdad sobre el caso Savolta narra la reconstrucción de unos hechos ocurridos en Barcelona entre 1917 y 1919. El protagonista, Javier Miranda, comienza a trabajar en un despacho de abogados donde conoce al francés Paul-André Lepprince, que mantiene negocios turbios con la empresa de la familia Savolta. Ambos personajes se ven envueltos en diversos crímenes y comparten relaciones sentimentales. La novela resulta bastante compleja por la confluencia de tres líneas argumentales:

- La intriga criminal derivada de los asesinatos del periodista Domingo «Pajarito» de Soto, del empresario Savolta y del contable Parells; así como el enfrentamiento entre anarquistas y matones a sueldo de Lepprince.
- La trama de corrupción económica en torno al tráfico de armas durante la Primera Guerra Mundial.
- La historia sentimental entre Lepprince, Miranda, María Coral y María Rosa Savolta.

En *La verdad sobre el caso Savolta,* Mendoza mezcla formas procedentes del género policíaco (la investigación criminal), del género histórico (la reconstrucción de la lucha entre empresarios y obreros) y del género sentimental (las relaciones amorosas entre los personajes).

La verdad sobre el caso Savolta

La **estructura** de la obra es la siguiente:

Primera parte

Compuesta por cinco capítulos desordenados cronológicamente. Los hechos se narran desde diferentes perspectivas: documentos judiciales y periodísticos, recuerdos de Javier Miranda y relato de un narrador omnisciente.

Segunda parte

Los diez capítulos de los que consta siguen el orden de los acontecimientos. Los puntos de vista se reducen a dos: los recuerdos de Miranda y el relato del narrador omnisciente.

4 LITERATURA DRAMÁTICA

En el teatro posterior a 1975 se identifican algunas tendencias dominantes: la continuación del teatro experimental, la revisión de la comedia burguesa y de la comedia de costumbres, el teatro culturalista y el histórico.

EL TEATRO EXPERIMENTAL

El alejamiento del realismo teatral iniciado en los años sesenta por Fernando Arrabal, Francisco Nieva o José Ruibal es continuado desde 1975 por las **compañías de teatro independiente** (Els Joglars, Els Comediants, La Fura dels Baus, La Cuadra) en las que se observan los siguientes rasgos:

- Primacía del espectáculo total sobre el texto literario, mediante la explotación de los códigos extralingüísticos.
- Incorporación de elementos procedentes de otros espectáculos (el circo, el cabaré, el cine, los mítines políticos, etc.).
- Supresión de la separación entre escenario y sala, provocando así la participación del espectador, como un elemento más de la representación.
- Acercamiento del teatro a otro tipo de público mediante la salida de las salas convencionales.
- Concepción de la obra como creación colectiva del autor, director de escena, actores y público que participa en ella.

Representación de *Las mil y una noches*, por la compañía Els Comediants. Las compañías catalanas Els Joglars, Els Comediants o La Fura dels Baus, junto a la sevillana La Cuadra protagonizaron uno de los cambios fundamentales en el teatro español de los últimos años del siglo XX en su intento de convertir el género en un espectáculo total que permitiese el acercamiento a un público potencial muy alejado del teatro.

LA NUEVA COMEDIA BURGUESA Y DE COSTUMBRES

La transformación social vivida tras el final de la dictadura se refleja en la revisión de las tendencias teatrales anteriores, que se adaptan a los nuevos tiempos. Así, la **comedia comercial** dirigida al público burgués cobra nueva vida gracias a Ana Diosdado *(Camino de plata)*, María Manuela Reina *(Alta seducción)* o Adolfo Marsillach *(Yo me bajo en la próxima, ¿y usted?)*. Estas obras se ocupan de conflictos que afectan a las clases acomodadas con escasa carga crítica y estética realista.

Mayor interés ha tenido el renacimiento de la comedia de costumbres debido a Fermín Cabal *(Esta noche, gran velada)*, José Luis Alonso de Santos *(La estanquera de Vallecas* y *Bajarse al moro)* o Pau Miró *(Jugadores)*. Esta modalidad teatral se define por los siguientes rasgos:

- Representación de los problemas de la sociedad actual: desempleo, droga, delincuencia, corrupción, relaciones amorosas y ausencia de estímulos vitales.
- Ambientación en las clases medias y bajas de la sociedad.
- Incorporación del humor, sin llegar a ser el objetivo principal de las obras.
- Escenografía realista y uso de un lenguaje que refleja el habla coloquial.

EL TEATRO CULTURALISTA E HISTÓRICO

Entre las obras que mayor acogida de público han tenido en los últimos cuarenta años se cuentan aquellas que recrean episodios de la historia o motivos procedentes de la tradición cultural española y universal. Uno de los autores más destacados en esta modalidad dramática es **Antonio Gala,** que inició su carrera teatral en los años sesenta y la ha extendido hasta la actualidad.

Sus obras pueden clasificarse en tres grupos:

- **Obras culturalistas.** Recrea en ellas mitos literarios, como en *¿Por qué corres, Ulises?,* sobre el mundo de la *Ilíada,* de Homero, y *Carmen, Carmen,* musical centrado en el personaje romántico. También se inscribe en este grupo *Séneca o el beneficio de la duda,* drama que se ocupa de la ambición de poder a través de la vida del filósofo romano.
- **Obras históricas.** Gala se acerca a personajes de la historia literaria española (doña Jimena, la esposa del Cid, en *Anillos para una dama*) o ambienta el drama en el pasado, como sucede en *Las cítaras colgadas de los árboles,* donde la acción se sitúa en la España del siglo XVI.
- **Obras de asunto contemporáneo.** En ellas, el dramaturgo trata sus temas característicos (la defensa de la libertad individual y el derecho a amar, la marginación, la ambición y la codicia, el fluir del tiempo) en dramas situados en el mundo actual. Así se observa en *Petra regalada* o *Samarkanda.*

Al igual que sucede en la novela, también el teatro ha vuelto la mirada al período más traumático de la historia reciente de España: la **Guerra Civil.** En ese ambiente se sitúa la obra de **Fernando Fernán Gómez *Las bicicletas son para el verano,*** estrenada en 1977. El drama comienza en el Madrid del verano de 1936 y aborda la vida cotidiana de una familia de clase media e ideología republicana durante el asedio de la capital por las tropas franquistas. Pueden destacarse dos núcleos temáticos:

- La **evolución personal de los personajes** a lo largo de los años de la guerra, en especial el paso de la inocencia infantil a la madurez consciente de Luisito, el hijo menor de la familia.
- El **fracaso de las ideas republicanas,** sometidas a un nuevo orden que anula las libertades individuales. En el fragmento situado a la derecha puede apreciarse lo que supone para los personajes el fin de la guerra.

José Sanchis Sinisterra también recurre a la guerra civil en ***¡Ay, Carmela!,*** estrenada en 1987. La obra es protagonizada por unos actores itinerantes que atraviesan por error el frente de combate y se internan en la zona controlada por las fuerzas nacionales. Los cómicos se ven obligados a improvisar una función para la diversión de las tropas que les abocará a un desenlace trágico. Al hilo de este argumento, Sanchis Sinisterra construye una obra entre la risa y el llanto donde ha querido tratar dos cuestiones aparentemente contradictorias:

- La **dignidad** en el vivir y el morir, representada en el personaje de Carmela.
- La **humillación** de quien renuncia a sus ideas y principios, encarnada por Paulino.

(Un silencio. El padre ha sacado un pitillo, lo ha partido y le da la mitad a su hijo. Lo encienden.)

DON LUIS.— *(Dando una profunda bocanada).* Qué malo es, ¿verdad?

LUIS.— Sí, papá. Pero se fuma… Me parece que, te detengan o no, nos esperan malos tiempos, ¿verdad?

DON LUIS.— A mí me parece lo mismo, pero hay que apechugar con lo que sea.

LUIS.— Hay que ver… Con lo contenta que estaba mamá porque había llegado la paz…

DON LUIS.— Pero no ha llegado la paz, Luisito: ha llegado la victoria.

Fernando FERNÁN GÓMEZ
Las bicicletas son para el verano
Vicens Vives

¡Ay, Carmela! fue llevada al cine por Carlos Saura en 1990. La adaptación cinematográfica facilitó que el texto llegase a un público más amplio y que se multiplicasen las representaciones desde su estreno hasta la actualidad.

5 LITERATURA HISPANOAMERICANA EN EL SIGLO XX

En la América Latina del siglo xx, podemos diferenciar dos períodos separados por la Segunda Guerra Mundial (1939-1945). Durante la **primera mitad del siglo**, el fenómeno histórico determinante fue el **crecimiento demográfico** del continente, fruto de la inmigración procedente de países europeos hacia la costa caribeña del continente y las regiones del sur, aunque también fue importante el asentamiento de inmigrantes procedentes de Asia en la costa de los países andinos, especialmente en Perú.

El despegue demográfico y las inversiones económicas de empresas multinacionales favorecieron la **mejora de las condiciones económicas** de las naciones americanas gracias al desarrollo de la agricultura, la ganadería y la minería.

Sin embargo, del aumento de la riqueza solamente se benefició una parte mínima de la sociedad iberoamericana, lo que aumentó la desigualdad y, en consecuencia, el surgimiento de los primeros **conflictos sociales.** Durante las primeras décadas del siglo se reprodujeron las protestas de los campesinos indígenas en los Andes, así como las revueltas provocadas por la injerencia de las compañías comerciales norteamericanas en América Central.

La **segunda mitad del siglo** se inició con un importante **crecimiento económico,** fruto de la neutralidad de estos países en la Segunda Guerra Mundial y del beneficio derivado del comercio y la venta de productos de primera necesidad a las potencias beligerantes. También en las décadas de los cuarenta y cincuenta se produjo un gran **desarrollo cultural** gracias al asentamiento de intelectuales, artistas, científicos y profesionales cualificados procedentes de Europa. Este fenómeno fue muy significativo en México, Argentina y Chile, lugares donde el exilio republicano español tuvo un mayor impacto.

Sin embargo, las buenas perspectivas sociales y económicas de los años cincuenta se frustraron en las décadas siguientes. Desde los años sesenta, la **inestabilidad política** se manifiesta en buena parte de los países iberoamericanos, se imponen **sistemas dictatoriales** y proliferan los **intentos revolucionarios.**

Latinoamérica se convirtió en uno de los escenarios del conflicto que enfrentó a los bloques capitalista y comunista entre la Segunda Guerra Mundial y los últimos años del siglo xx, lo que provocó el estancamiento de las economías e impidió la mejora social.

En este panorama convulso, no obstante, se consolida durante el siglo xx una **literatura** innovadora en la que destacan algunos **temas recurrentes:**

- La relación entre el ser humano y una naturaleza ingobernable.
- El conflicto entre la civilización y la barbarie.
- La coexistencia de lo real y lo fantástico.
- El interés por las cuestiones sociales y políticas.

Civilización y barbarie

Esta oposición se ha convertido en un lugar común de las letras hispanoamericanas desde su origen. Se refiere al choque entre el mundo occidental y sus valores de progreso, cultura y religión con el autóctono americano, caracterizado por el primitivismo, la violencia y el desorden.

Esta concepción es la que ha predominado en las obras compuestas entre el siglo xvi y el xx; sin embargo, desde la segunda mitad del siglo xx la literatura se ha vuelto a interesar por esta oposición para mostrar cómo a menudo la barbarie reside también en los seres humanos e ideas que viven según los presupuestos occidentales.

5.1 LA POESÍA

El **modernismo** (como ya se estudió en la unidad 11) buscó alejarse del reflejo fiel de la realidad para atender al interior del individuo y poner de manifiesto el disgusto con un mundo que veían mediocre y pragmático. A partir de la publicación en 1905 de *Cantos de vida y esperanza,* de Rubén Darío, el modernismo evolucionó hacia una mayor concentración en la intimidad del poeta. En esta fase, conocida como **posmodernismo,** se inscriben los poetas Leopoldo Lugones, Gabriela Mistral, Juana de Ibarbourou o Alfonsina Storni.

El **vanguardismo** de los años veinte y treinta ofrece dos aportaciones relevantes. Vicente Huidobro fue el iniciador del **creacionismo,** movimiento que apostó por la creación de poemas sin ninguna vinculación con el mundo real, llegando a inventar el lenguaje en que estaban escritos. César Vallejo, por su parte, se decantó por el **surrealismo** en unos poemas en los que afloran el caos interior, la metáfora sorprendente y lo ilógico como medio de expresión.

Pero la más peculiar aportación del vanguardismo americano se debe a la **poesía** negrista de Nicolás Guillén. El poeta cubano se interesó por la situación de los negros (erotismo, marginación, primitivismo) e intentó reflejar el habla y el ritmo de sus cánticos. Observa este rasgo en el poema «Canto negro».

En la **segunda mitad del siglo xx** la poesía sigue tres tendencias:

- **Poesía experimental y metafísica,** que reflexiona sobre el individuo, el fluir del tiempo, la soledad y la incomunicación, con un lenguaje conciso y abstracto. El escritor más destacado es el mexicano Octavio Paz.
- **Poesía social,** que denuncia la injusticia, la falta de libertad y la opresión política, con un estilo directo y sencillo. La intención de estos poetas (como Ernesto Cardenal o Roque Dalton) es incitar al lector para que se rebele contra lo establecido.
- **Poesía conversacional,** fácilmente comprensible, que aborda la vida cotidiana del poeta con ironía, además de cuestiones existenciales y sociales. En esta línea se sitúan escritores de la talla de Mario Benedetti o Nicanor Parra.

Canto negro

¡Yambambó, yambambé!
Repica el congo solongo,
repica el negro bien negro;
congo solongo del Songo,
baila yambó sobre un pie.

Mamatomba,
serembe cuserembá.

El negro canta y se ajuma,
el negro se ajuma y canta,
el negro canta y se va.
Acuememe serembó
aé;
yambó,
aé.

Tamba, tamba, tamba, tamba,
tamba del negro que tumba;
tumba del negro, caramba,
caramba, que el negro tumba:
¡yamba, yambó, yambambé!

Nicolás Guillén
Sóngoro cosongo
Losada

Evolución de Pablo Neruda

El poeta chileno Pablo Neruda (1904-1973) es ejemplo de la evolución sufrida por la lírica latinoamericana del siglo xx. Sus **primeras obras** (*Veinte poemas de amor y una canción desesperada,* como la más destacada) se sitúan en el posmodernismo y se centran en cuestiones amorosas. **Desde 1925,** se tiñe de pesimismo que se expresa mediante elementos surrealistas en el libro *Residencia en la tierra:* asociaciones ilógicas, metáforas sorprendentes, referencias al mundo de los sueños y violencia verbal. **A partir de 1935,** el escritor se ocupará de **cuestiones sociales y políticas** en obras como *Tercera residencia* o *Canto general;* aunque también atenderá a la contemplación de lo cotidiano en *Odas elementales,* y a la reflexión sobre su intimidad en *Cien sonetos de amor* y *Los versos del capitán.*

5.2 LA NOVELA

En conjunto, la novela hispanoamericana constituye la narrativa más poderosa del siglo XX. Las principales tendencias que la integran, pese a confluir en ocasiones, se suceden en el tiempo.

LA NOVELA ANTERIOR A 1960

La **novela de la tierra** triunfa en las primeras décadas del siglo con narraciones en las que la naturaleza se convierte en el centro de las obras, funcionando como símbolo de la esencia de América. El tema principal de estos relatos es la **lucha entre la civilización y la barbarie,** asociadas al mundo de la ciudad y del hombre, la primera, y al espacio natural, la segunda.

Los novelistas más destacados son José Eustasio Rivera, autor de *La vorágine,* Horacio Quiroga y Rómulo Gallegos.

> ¡Oh, selva, esposa del silencio, madre de la soledad y la neblina! ¿Qué hado maligno me dejó prisionero en tu cárcel verde? Los pabellones de tus ramajes, como inmensa bóveda, siempre están sobre mi cabeza, entre mi aspiración y el cielo claro, que solo entreveo cuando tus copas estremecidas mueven tu oleaje, a la hora de tus crepúsculos angustiosos. [...] ¡Tú me robaste el ensueño del horizonte y solo tienes para mis ojos la monotonía de tu cénit, por donde pasa el plácido albor, que jamás alumbra las hojarascas de tus senos húmedos! [...]
>
> ¡Déjame huir, oh, selva, de tus enfermizas penumbras, formadas con el hálito de los seres que agonizaron en el abandono de tu majestad! ¡Tú misma pareces un cementerio enorme donde te pudres y resucitas! ¡Quiero volver a las regiones donde el secreto no aterra a nadie, donde es imposible la esclavitud, donde la vista no tiene obstáculo y se encumbra el espíritu en la luz libre! [...] ¡Déjame tornar a la tierra de donde vine para desandar esa ruta de lágrimas y sangre que recorrí en nefando día, cuando tras la huella de una mujer me arrastré por montes y desiertos, en busca de la Venganza, diosa implacable que solo sonríe tras las tumbas!
>
> José Eustasio RIVERA
> *La vorágine.* Alianza

En la década de los años treinta, se generaliza el cultivo de la **novela social,** en la que pueden encontrarse tres ciclos temáticos:

La novela indigenista	La novela de la Revolución mexicana	La novela del dictador
Se inicia con la publicación de *El mundo es ancho y ajeno,* de Ciro Alegría, y de *Huasipungo,* de Jorge Icaza. Ambas obras se ocupan de la situación de la población andina con un esquema muy simple: el indio bueno es pisoteado por los terratenientes blancos, lo que conduce al enfrentamiento armado. La novela indigenista se transformará en la segunda mitad del siglo gracias a José M.ª Arguedas y Manuel Scorza, que abandonaron la visión maniquea de la sociedad y el realismo simplista, combinando lo real y lo mágico.	El ciclo temático comienza con *Los de abajo,* de Mariano Azuela, y se cierra con *La sombra del caudillo,* de Martín Luis Guzmán. Las obras se centran en el relato épico y esperanzador de la revuelta, aunque Guzmán anticipa la idea del fracaso social del proceso revolucionario que desarrollarán posteriormente escritores como Juan Rulfo y Carlos Fuentes.	Las obras pertenecientes a este ciclo son compuestas a lo largo de todo el siglo XX. La razón de su existencia se debe a la situación política en Latinoamérica, sometida a dictaduras casi desde su nacimiento. Este hecho ha llevado a los novelistas a considerar al dictador como elemento determinante de su realidad. Aunque el ciclo se inicia en el siglo XIX, es Valle-Inclán con *Tirano Banderas* quien sienta las bases de la tendencia: barbarie del tirano, deformación de la realidad, mezcla de realidad y fantasía, y narración alejada del realismo. Entre estas novelas deben citarse *El señor presidente,* de Miguel Ángel Asturias; *El otoño del patriarca,* de Gabriel García Márquez; y *La fiesta del chivo,* de Mario Vargas Llosa.

La Revolución mexicana

Se llama así al movimiento revolucionario producido entre 1910 y 1920. Se inició como una rebelión contra la dictadura de Porfirio Díaz y continuó con el enfrentamiento entre las diferentes facciones rebeldes, unas reclamando privilegios para la burguesía y otras defendiendo medidas de igualdad social más profundas, que duró hasta el establecimiento de una Constitución en 1917.

LA NOVELA DESDE EL *BOOM*

La publicación de *La ciudad y los perros* (Vargas Llosa, 1963) y de *Cien años de soledad* (García Márquez, 1967) da comienzo al llamado *boom* de la novela hispanoamericana. Se trata de un **fenómeno editorial**, ya que el éxito internacional de estas novelas abrió las puertas a la narrativa escrita en Hispanoamérica y posibilitó el conocimiento en todo el mundo de los escritores jóvenes y de otros pertenecientes a generaciones anteriores.

Aunque son numerosas las diferencias, los **autores del *boom*** comparten un conjunto de **rasgos:**

- Mantienen una actitud positiva ante la Revolución cubana, aunque con el paso del tiempo se producirán disensiones entre los escritores.
- Renuevan el realismo, asumiendo la influencia de la literatura innovadora anterior.
- Recuperan tendencias tradicionales en Hispanoamérica: la naturaleza, el indigenismo, la Revolución mexicana o el tema del dictador.
- Intentan reflejar la esencia de América, de su paisaje, su historia y su cultura, con la intención de explicar y denunciar la situación presente.

En la novela de los autores del *boom* se advierten distintas **tendencias** que a menudo se combinan:

Tendencias	Características	Autores destacados
Realismo mágico	Fusión de realidad y fantasía, ya que se considera la única manera de abordar un mundo donde supersticiones y leyendas conviven con hechos reales sin que puedan delimitarse ambos planos.	Alejo Carpentier y Gabriel García Márquez
Realismo crítico	Emplea técnicas más tradicionales, aunque también recurre a lo maravilloso. Son escritores preocupados por la cuestión social americana que analizan, explican e intentan transformar mediante la denuncia.	Mario Vargas Llosa, José Donoso y Carlos Fuentes
Novela existencial	Sitúa la angustia interior provocada por diferentes causas en el punto de mira.	Ernesto Sábato, Julio Cortázar y Juan Carlos Onetti
Narración fantástica	La fantasía no es un medio para explicar la realidad latinoamericana, sino una forma de acercarse a sus propios intereses culturales y, en algún caso, existenciales.	Jorge Luis Borges y Adolfo Bioy Casares

Tras el *boom* narrativo, se han ido incorporando nuevas promociones de escritores. Como rasgo común puede señalarse la recuperación de temas y tendencias a las que intentan dar nueva vida. Así, Laura Esquivel e Isabel Allende revitalizan el realismo mágico o Luis Sepúlveda vuelve a la novela de la tierra para denunciar la degradación del medioambiente. También se ha desarrollado en los últimos años el cultivo de subgéneros narrativos, como la ciencia ficción o la novela policíaca.

Características de la obra narrativa de Gabriel García Márquez

La obra narrativa del escritor colombiano se caracteriza por:

- **Experimentación técnica:** alteraciones del tiempo lineal, múltiples perspectivas sobre los hechos, fusión de géneros diversos, confluencia de lo real y lo sobrenatural.
- **Temas recurrentes:** la soledad, la influencia del destino en las vidas humanas, la presencia de la violencia en la vida cotidiana, la crítica social y la referencia a la sexualidad y las pasiones desbordadas.

La obra más influyente del autor es *Cien años de soledad*, novela en la que traza una historia mítica de América y la humanidad a través del recorrido por cien años de la historia de la familia Buendía. Al hilo del relato, García Márquez da entrada a todos los temas característicos de su producción literaria y deja muestra de su vocación experimental.

Gabriel García Márquez.

ACTIVIDADES

14 LA ESPAÑA DE LA DEMOCRACIA. HISPANOAMÉRICA

2 Literatura en verso

1 Lee en voz alta el poema y realiza las actividades.

Desde que tú te fuiste, no sabes qué despacio
pasa el tiempo en Madrid. He visto una película
que ha terminado apenas hace un siglo. No sabes
qué lento corre el mundo sin ti, novia lejana

Mis amigos me dicen que vuelva a ser el mismo,
que pudre el corazón tanta melancolía,
que tu ausencia no vale tanta ansiedad inútil,
que parezco un ejemplo de subliteratura.

Pero tú te has llevado mi paz en tu maleta,
los hilos del teléfono, la calle en la que vivo.
Tú has mandado a mi casa tropas ecologistas
a saquear mi alma contaminada y triste.

Y, para colmo, sigo soñando con gigantes
y contigo, desnuda, besándoles las manos.
Con dioses a caballo que destruyen Europa
y cautiva te guardan hasta que yo esté muerto.

Luis Alberto de Cuenca
El otro sueño. Renacimiento

a. Analiza la métrica del texto.

b. Enuncia el tema del poema. ¿Crees que en él se refleja la vida cotidiana del autor? Demuéstralo.

3 La novela

2 TIC Lee el texto y contesta a las preguntas.

Todos los días salía de casa subiéndose sus imaginarias solapas de espía, un cigarrillo colgado del labio y la mirada esquinada de astucia. Deteniéndose en los escaparates y simulando curiosidades imprevistas, angulando reojos, hurtando el perfil, burlando persecuciones y salvando emboscadas, vencía sin novedad la primera etapa del trayecto. A partir de allí, le esperaba otra suerte de peligros. Si aguardaba la luz verde para cruzar una calle y se ponía a su altura una mujer con alguna prenda negra, perdía una baza de semáforo. Si azul, ganaba el derecho a acelerar el paso durante un minuto. Si alcanzaba a un transeúnte ciego o cojo, no podía adelantarlo mientras no lo liberase algún hombre con un peso a la espalda.

Luis Landero
Juegos de la edad tardía. Tusquets

a. Busca información sobre esta novela y resume su argumento. ¿Podrías ahora justificar el título de la obra? ¿Piensas que el fragmento seleccionado guarda relación con dicho título?

b. ¿Por qué crees que el personaje se comporta de esta manera?

c. ¿Cuál es, a tu juicio, el tema del texto?

4 Literatura dramática

3 Interpreta con un compañero o compañera el siguiente diálogo. Luego, realiza las actividades.

PAULINO.— En realidad... sí que está un poco soso... Yo... *(Súbitamente violento, arroja el membrillo y la increpa.)* ¿Por qué lo hiciste, Carmela? ¿Por qué tuviste que hacerlo, di? ¿Qué más te daba a ti la bandera, ni la canción, ni la función entera, ni los unos, ni los otros, ni esta maldita guerra? ¿No podías haber acabado el número final y santas pascuas? ¿Quién te mandaba a ti ponerte brava, ni sacar las agallas, ni plantarles cara...?

CARMELA.— *(Furiosa, desde el llanto.)* ¡No me grites!

PAULINO.— *(Igual.)* ¡Tú eres la que no has de gritar!

CARMELA.— ¿Por qué no?

PAULINO.— ¡Porque estás muerta, y los muertos no gritan!

CARMELA.— ¡Lo dirás tú, que no gritan! *(Grita.)*

PAULINO.— ¡Ya ves!

CARMELA.— ¿Qué veo?

PAULINO.— Lo que has conseguido: tú, más muerta que... que una rata muerta, y yo...

CARMELA.— ¡No me insultes!

PAULINO.— Yo... ¡peor que muerto! ¿Qué pensabas ganar, eh? ¿Qué íbamos a ganar nosotros haciéndonos los héroes? ¿No era bastante haber aguantado casi dos años de guerra con nuestras *varietés*? ¿Te parece poco heroísmo ese? «Carmela y Paulino, variedades a lo fino»... ¡Menuda finura! Y de las capitales, a olvidarse, que hay mucha competencia... Y venga pueblo arriba y pueblo abajo, con los cuatro baúles... y el tonto de Gustavete, que es como llevar otro baúl, porque ni sirve para representante, ni para regidor, ni para tramoyista...

José SANCHIS SINISTERRA
¡Ay, Carmela! Cátedra

a. ¿En cuántas partes puede dividirse el contenido del texto?

b. ¿Podrías indicar qué les ha sucedido a Paulino y Carmela?

c. Los dos temas principales de *¡Ay, Carmela!* son la dignidad y la humillación de los seres humanos. ¿Qué personaje representa cada una de las posiciones? ¿Cómo la ponen de manifiesto en el texto?

5 Literatura hispanoamericana en el siglo XX

4 Lee el texto y realiza las actividades.

Al fin de la batalla,
y muerto el combatiente, vino hacia él un hombre
y le dijo: «¡No mueras, te amo tanto!»
Pero el cadáver ¡ay! siguió muriendo.

Se le acercaron dos y repitiéronle:
«¡No nos dejes! ¡Valor! ¡Vuelve a la vida!»
Pero el cadáver ¡ay! siguió muriendo.

Acudieron a él veinte, cien, mil, quinientos mil,
clamando «¡Tanto amor y no poder nada contra la
[muerte!»
Pero el cadáver ¡ay! siguió muriendo.

Le rodearon millones de individuos,
con un ruego común: «¡Quédate hermano!»
Pero el cadáver ¡ay! siguió muriendo.

Entonces todos los hombres de la tierra
le rodearon; les vio el cadáver triste, emocionado;
incorporose lentamente,
abrazó al primer hombre; echose a andar...

César VALLEJO
España, aparta de mí este cáliz
Renacimiento

a. Enuncia el tema del texto.

b. Establece la estructura del poema.

5 Lee el microcuento «Instrucciones para dar cuerda a un reloj», de Julio Cortázar, y resuelve las actividades.

Allá al fondo está la muerte, pero no tenga miedo. Sujete el reloj con una mano, tome con dos dedos la llave de la cuerda, remóntela suavemente. Ahora se abre otro plazo, los árboles despliegan sus hojas, las barcas corren regatas, el tiempo como un abanico se va llenando de sí mismo y de él brotan el aire, las brisas de la tierra, la sombra de una mujer, el perfume del pan. ¿Qué más quiere, qué más quiere? Átelo pronto a su muñeca, déjelo latir en libertad, imítelo anhelante. El miedo herrumbra las áncoras, cada cosa que pudo alcanzarse y fue olvidada va corroyendo las venas del reloj, gangrenando la fría sangre de sus rubíes. Y allá en el fondo está la muerte si no corremos y llegamos antes y comprendemos que ya no importa.

Julio CORTÁZAR
Cuentos completos. Alianza

a. ¿Cómo propone Julio Cortázar vencer al horror de la muerte?

b. Escribe unas sencillas instrucciones para realizar un acto cotidiano (partir un trozo de pan, abrir una ventana, entrar en una habitación...). Intenta dotar de cierto sentido simbólico a esa acción, al igual que ha hecho Cortázar con el acto de dar cuerda a un reloj.

COMENTARIO DE TEXTO

Lepprince era listo y, sobre todo, hábil: pronto se granjeó la confianza de Savolta, cuya salud se deterioraba a pasos agigantados. Es posible incluso que el magnate, inconscientemente, se dejara impresionar por la elegancia, maneras y apostura del francés, en quien veía, quizá, un sucesor idóneo de su imperio comercial y de su estirpe, pues, como es sabido, Savolta solo tenía una hija y en edad de merecer. Así fue cómo Lepprince se convirtió en el valido de Savolta y obtuvo sobre los asuntos de la empresa un poder ilimitado. De haberse conformado con seguir la corriente de los acontecimientos, Lepprince se habría casado con la hija de Savolta y en su momento habría heredado la empresa de su suegro. Pero Lepprince no podía esperar: su ambición era desmedida y el tiempo, su enemigo; tenía que actuar rápidamente si no quería que por azar se descubriera la superchería de su falsa personalidad y se truncara su carrera. La guerra europea le proporcionó la oportunidad que buscaba. Se puso en contacto con un espía alemán, llamado Víctor Pratz, y concertó con los Imperios Centrales un envío regular de armas que aquellos le pagarían directamente a él, a Lepprince, a través de Pratz. Ni Savolta ni ningún otro miembro de la empresa debían enterarse del negocio, las armas saldrían clandestinamente de los almacenes y los envíos se harían a través de una ruta fija y una cadena de contrabandistas previamente apalabrados. La posición privilegiada de Lepprince dentro de la empresa le permitía llevar a cabo las sustracciones con un mínimo de riesgo. Seguramente Lepprince confiaba en amasar una pequeña fortuna para el caso de que su verdadera personalidad y calaña se vieran descubiertas y sus planes a más largo plazo dieran en tierra.

El negocio marchaba viento en popa, pero los problemas surgían puntuales e indefectibles. Los obreros estaban quejosos: se veían obligados a trabajar en ínfimas condiciones un número muy elevado de horas a fin de producir el ingente volumen de armamento que los acuerdos secretos de Lepprince exigían sin que sus emolumentos experimentaran el alza correspondiente. En suma: querían trabajar menos o cobrar más. Hubo conatos de huelga que, en circunstancias normales, no habrían revestido gravedad, pues Nicolás Claudedeu, que desempeñaba el cargo de jefe de personal con una energía que le había valido el sobrenombre de «el Hombre de la Mano de Hierro», sabía cómo zanjar semejantes situaciones. Pero Lepprince no podía permitir que Claudedeu interviniera, porque una investigación habría puesto al descubierto sus actividades irregulares.

Eduardo Mendoza
La verdad sobre el caso Savolta. Seix Barral

1 Enmarca el fragmento en el período literario al que pertenece. ¿En qué tendencia crees que puede inscribirse? ¿Por qué?

2 Resume el contenido del texto y enuncia su tema principal.

3 ¿Cuál es la estructura externa del fragmento? Indica en cuántas partes puede dividirse su contenido.

4 Señala los recursos literarios que se utilizan en el texto y la finalidad con que son empleados por el autor.

5 ¿Qué opinión te merece el comportamiento de Lepprince? ¿Crees que las actuaciones como la suya siguen existiendo en la actualidad? Justifica tu respuesta.

TRABAJAMOS LAS COMPETENCIAS

Lee este texto y resuelve las actividades de la página siguiente.

Expedición por el Amazonas

Ese día Nadia descubrió cerca del campamento un árbol de urucu pod, arrancó varios de sus frutos, que parecían almendras peludas, los abrió y extrajo unas semillitas rojas del interior. Al apretarlas entre los dedos, mezcladas con un poco de saliva, formó una pasta roja con la consistencia del jabón, la misma que usaban los indios, junto con otras tinturas vegetales, para decorarse el cuerpo. Nadia y Alex se pintaron rayas, círculos y puntos en la cara, luego se ataron plumas y semillas en los brazos. Al verlos, Timothy Bruce y Kate Cold insistieron en tomarles fotos y Omayra Torres en peinar el cabello rizado de la chica y adornarlo con minúsculas orquídeas. César Santos, en cambio, no lo celebró: la visión de su hija decorada como una doncella indígena pareció llenarlo de tristeza.

Cuando disminuyó la luz, calcularon que en alguna parte el sol se aprestaba para desaparecer en el horizonte, dando paso a la noche; bajo la cúpula de los árboles rara vez aparecía, su resplandor era difuso, filtrado por el encaje verde de la naturaleza. Solo a veces, donde había caído un árbol, se veía claramente el ojo azul del cielo. A esa hora las sombras de la vegetación comenzaban a envolverlos como un cerco, en menos de una hora el bosque se tornaría negro y pesado. Nadia pidió a Alex que tocara la flauta para distraerlos y durante un rato la música, delicada y cristalina, invadió la selva. Borobá, el monito, seguía la melodía, moviendo la cabeza al compás de las notas. César Santos y la doctora Omayra Torres, en cuclillas junto a la fogata, estaban asando unos pescados para la cena. Kate Cold, Timothy Bruce y uno de los soldados se dedicaban a afirmar las carpas y proteger las provisiones de los monos y las hormigas. Karawake y el otro soldado, armados y alertas, vigilaban. El profesor Leblanc dictaba las ideas que pasaban por su mente en una grabadora de bolsillo, que siempre llevaba a mano para cuando se le ocurría un pensamiento trascendental que la humanidad no debía perder, lo cual ocurría con tal frecuencia que los muchachos, fastidiados, esperaban la oportunidad de robarle las pilas. Como a los quince minutos del concierto de flauta, la atención de Borobá cambió súbitamente de foco; el mono comenzó a dar saltos, tironeando la ropa de su ama, inquieto. Al principio Nadia pretendió ignorarlo, pero el animal no la dejó en paz hasta que ella se puso de pie. Después de atisbar hacia la espesura, ella llamó a Alex con un gesto, guiándolo lejos del círculo de luz de la fogata, sin llamar la atención de los otros.

—Chisss —dijo, llevándose un dedo a los labios.

Todavía quedaba algo de claridad diurna, pero casi no se distinguían colores, el mundo aparecía en tonos de gris y negro. Alex se había sentido constantemente observado desde que saliera de Santa María de la Lluvia, pero justo esa tarde la impresión de ser espiado había desaparecido. Los dos muchachos y Borobá se internaron unos metros en la vegetación y allí aguardaron, con más curiosidad que inquietud. Sin haberlo dicho, suponían que, si había indios por los alrededores y tuvieran intención de hacerles daño, ya lo habrían hecho, porque los miembros de la expedición, bien iluminados por la hoguera del campamento, estaban expuestos a sus flechas y dardos envenenados.

Isabel Allende: *La ciudad de las bestias*
Plaza&Janés (adaptación)

1 ¿Cuántas personas hay en el campamento?

a. Doce.

b. Seis.

c. Diez.

d. Ocho.

2 ¿En qué momento del día toca la flauta Alex?

a. Al mediodía.

b. Al amanecer.

c. De noche.

d. Al atardecer.

3 Con la espesa vegetación, en el campamento,...

a. nunca se ve el cielo azul.

b. se ve la luz del sol únicamente a pleno día.

c. solo en alguna ocasión se puede ver el cielo azul.

d. siempre están a oscuras.

4 Indica si las siguientes afirmaciones sobre el texto son verdaderas o falsas.

a. El padre de Nadia se siente orgulloso al verla vestida de joven indígena.

b. Omayra Torres decora el pelo de Nadia con flores.

c. El monito Borobá pertenece al profesor Leblanc.

d. Alex se ha sentido constantemente observado justo hasta esta misma tarde.

5 Indica cuál es la forma tiene el fruto del árbol llamado *urucu pod*.

a. Redonda.

b. Alargada.

c. De espiral.

d. De campana.

6 Indica en qué orden suceden los hechos siguientes.

A. Borobá llama la atención de Nadia.

B. Nadia elabora un tinte vegetal.

C. Bruce y Cold hacen fotos.

D. César Santos y la doctora Omayra Torres preparan la cena.

a. A–D–B–C

b. B–A–D–C

c. B–C–D–A

d. D–B–A–C

7 Los chicos quieren robarle las pilas al profesor Leblanc para que...

a. no pueda reproducir los pensamientos de grandes científicos.

b. no grabe más sus conversaciones.

c. no pueda escuchar música con el transistor.

d. deje de grabar ideas que cree de gran interés.

8 ¿Quién dice «chisss» y se lleva un dedo a los labios?

a. Nadia.

b. Borobá.

c. Alex.

d. Timothy Bruce.

9 ¿Por qué Nadia y Alex no están nerviosos cuando se adentran en la selva?

a. Porque conocen a los indios que viven en los alrededores.

b. Porque suponen que los indios ya los habrían atacado si fuera su intención.

c. Porque van pintados como los indios para ganarse su confianza.

d. Porque creen que los indios no tienen armas.

10 En el campamento pasan la noche...

a. durmiendo alrededor del fuego.

b. dentro de sacos en medio de la espesura del bosque.

c. en cabañas de madera.

d. debajo de unos toldos.

11 Señala qué palabra es un sinónimo del término «atisbar» (subrayada en el texto).

a. Observar.

b. Caminar.

c. Olvidar.

d. Moverse.

12 ¿Recuerdas alguna situación en la que hayas sentido miedo? Escribe un texto de 125 palabras como mínimo para exponer este tema.

EVALUACIÓN

1 Lee el siguiente texto y realiza las actividades.

Pocos días después descubrió que tenía dificultades para recordar casi todas las cosas del laboratorio. Entonces las marcó con el nombre respectivo, de modo que le bastaba con leer la inscripción para identificarlas. Cuando su padre le comunicó su alarma por haber olvidado hasta los hechos más impresionantes de su niñez, Aureliano le explicó su método, y José Arcadio Buendía lo puso en práctica en toda la casa y más tarde lo impuso a todo el pueblo. Con un hisopo entintado marcó cada cosa con su nombre: *mesa, silla, reloj, puerta, pared, cama, cacerola.* Fue al corral y marcó los animales y las plantas: *vaca, chivo, puerca, gallina, yuca, malanga, guineo.* Poco a poco, estudiando las infinitas posibilidades del olvido, se dio cuenta de que podía llegar un día en que se reconocieran las cosas por sus inscripciones, pero no se recordara su utilidad. Entonces fue más explícito. El letrero que colgó en la cerviz de la vaca era una muestra ejemplar de la forma en que los habitantes de Macondo estaban dispuestos a luchar contra el olvido: *Esta es la vaca, hay que ordeñarla todas las mañanas para que produzca leche y a la leche hay que hervirla para mezclarla con el café y hacer café con leche.* Así continuaron viviendo en una realidad escurridiza, momentáneamente capturada por las palabras, pero que había de fugarse sin remedio cuando olvidaran los valores de la letra escrita.

Gabriel GARCÍA MÁRQUEZ
Cien años de soledad
Cátedra

a. ¿Qué problema se les plantea a los habitantes de Macondo?

b. ¿Cómo resuelve José Arcadio el problema? ¿Es una solución definitiva? ¿Por qué?

c. ¿Por qué el narrador afirma que los habitantes de Macondo vivían una «realidad escurridiza»?

d. Comenta el comportamiento del narrador: ¿es objetivo o subjetivo?, ¿es omnisciente?

e. Aísla los sucesos que confirman la trama del episodio.

f. Atiende al tratamiento del tiempo en el fragmento e indica si se trata de un relato cronológico o si existen saltos temporales. Justifica tu respuesta con datos extraídos del texto.

g. ¿Qué personajes intervienen en el texto? Señala las principales características de sus personalidades.

h. Establece las partes en que puede dividirse el contenido del texto.

i. Imagina tu vida sin la escritura y redacta un breve texto en el que repases cómo sería una jornada escolar sin ella.

j. ¿Qué rasgos propios del movimiento realista puedes identificar en el fragmento?

k. Redacta una valoración o crítica del texto de García Márquez a partir de los datos que te ofrece el fragmento.

2 **TIC** Busca la letra de la canción «A quién le importa», de Alaska y Dinarama, e identifica los pasajes en los que se aluda a la idea de libertad, además del estribillo.

3 **TIC** En *El corazón helado,* Almudena Grandes reconstruye diversos episodios del final de la Guerra Civil española. Lee el siguiente fragmento de la novela e investiga sobre estos hechos históricos que narra. Redacta un breve informe en el que se indique qué sucedió en el puerto de Alicante.

> En el puerto de Alicante se habían reunido muchos miles de personas, pero ninguna tenía ganas de hablar. Nadie se atrevía ya a repetir que no, que no, que no, no nos entregarán, no nos dejarán aquí, no pueden hacernos eso, vendrán a buscarnos, tendrán que mandar barcos, Blum, no, los franceses no, y los ingleses, a la hora de la verdad, tampoco, las democracias, los europeos, no pueden hacernos esto. Ya nadie hablaba, ni siquiera los más sombríos, los que no se despedían de nadie mientras buscaban la pistola con dedos sigilosos, y se apoyaban el cañón en la sien, y disparaban, y los disparos sonaban, y los cuerpos caían al suelo como fardos, como bultos, como árboles talados a destiempo, y él miraba al mar, agua inmóvil, vacía, escuchaba los disparos, oía caer los cuerpos y no volvía la cabeza, no miraba, no veía, no quería saber.
>
> Almudena Grandes: *El corazón helado.* Tusquets

4 Lee el siguiente fragmento e indica a qué tendencia teatral corresponde. Justifica algunas de sus características con ejemplos del texto.

Fotograma de la película *Bajarse al moro,* adaptación de la obra de teatro.

> Chusa.— Pon tus cosas por ahí. Mira, ese es el baño, ahí está el colchón. [...] *(Al ver la cara que está poniendo Jaimito.)* Se va a quedar a vivir aquí.
>
> Jaimito.— Sí, encima de mí. Si no cabemos, tía, no cabemos. A todo el que encuentra lo mete aquí. El otro día al mudo, hoy a esta. ¿Tú te has creído que esto es el refugio El Buen Pastor, o qué?
>
> Chusa.— No seas borde.
>
> Elena.— No quiero molestar. Si no queréis, no me quedo y me voy.
>
> Jaimito.— Eso es, no queremos.
>
> Chusa.— *(Enfrentándose a él.)* No tiene casa. ¿Entiendes? Se ha escapado. Si la cogen por ahí tirada... No seas facha. ¿Dónde va a ir? No ves que no sabe, además.
>
> Jaimito.— Pues que haga un cursillo, no te jode. Yo lo que digo es que no cabemos. Y no digo más.
>
> Chusa.— Solo es por unos días, hasta que se baje al moro conmigo.
>
> Jaimito.— ¿Que se va a bajar al moro contigo? Tú desde luego tienes mal la caja.
>
> José Luis Alonso de Santos: *Bajarse al moro.* Cátedra

5 Compón un poema siguiendo el modelo del poema de Felipe Benítez Reyes de la página 353 y léelo después en clase. Para ello, sigue este proceso:

1.º Analiza la métrica y utiliza en tu composición un esquema métrico similar.

2.º Fíjate en cuántos versos dedica el poeta a cada uno de los elementos con los que describe a las muchachas para reproducir esa misma distribución en tu poema.

3.º Observa tu entorno cotidiano y elige un grupo humano o situación que te resulte de interés (los aficionados al fútbol, los adictos al móvil, etc.).

4.º Selecciona los elementos que aplicarás en tu descripción lírica y la verdad profunda que puede esconderse tras la apariencia.

5.º Escribe tu poema y léelo a tus compañeros y compañeras.

ANEXOS — LA DIVERSIDAD LINGÜÍSTICA EN EL MUNDO

En el mundo se hablan miles de lenguas. Es difícil decir una cifra exacta, pero las cantidades que se citan con frecuencia oscilan entre las tres mil y las ocho mil lenguas repartidas en poco más de doscientos Estados.

Todas estas lenguas se distribuyen de forma desigual en el mundo. En África y Asia se habla la mayor cantidad de lenguas. Asimismo, su número de hablantes también es dispar. Las cuatro lenguas más habladas son el chino (mandarín o pekinés), el inglés, el hindi y el español.

Es difícil distinguir entre **lengua** y **dialecto.** A menudo, se considera lengua la que tiene forma escrita y oral, mientras que el dialecto es solo su expresión oral. Sin embargo, la mayoría de las lenguas del mundo existen únicamente en forma oral.

LA CLASIFICACIÓN DE LAS LENGUAS

Hay muchas maneras de clasificar las lenguas del mundo. La más habitual es organizarlas por **familias lingüísticas** muy ligadas a su entorno geográfico. La familia lingüística indoeuropea es la mayor del mundo. Desde el punto de vista de la civilización occidental, también es la más importante. En la actualidad, tiene unos mil ochocientos millones de hablantes.

La familia indoeuropea cuenta con diversas ramas: germánica, índica, eslava, irania, celta, helénica e itálica. De ellas surgen la mayoría de las lenguas que se hablan en **Europa** y **parte de Asia.**

En **Asia,** aparte de la indoeuropea, sobresalen tres familias lingüísticas habladas por un total de unos mil cuatrocientos millones de hablantes: la familia sinotibetana (chino, birmano), la familia dravídica (tamil, malabar...) y la familia turca (turco...).

La familia afroasiática o camito-semítica conforma uno de los grandes grupos de lenguas con un origen común. Abarca un espacio geográfico situado en **África** y en la **península arábiga,** e incluye seis grupos lingüísticos: el semítico (cuyas principales lenguas son el árabe, con más de ciento cincuenta millones de hablantes, y el hebreo, con seis millones), el bereber, el egipcio, el cusítico, el omótico y el chádico. La nígero-congolesa es la familia más extensa y numerosa del continente africano. Se subdivide en grupos, entre el que sobresale el de las lenguas bantúes, que incluye el zulú y el suajili.

En **Norteamérica** existe una enorme variedad de lenguas nativas que se acostumbra a clasificar en tres grandes familias: esquimo-aleutiana (incluye el aleuta y el inuit), apacheana (apache, navajo...) y amerindia (náhuatl, comanche, cheroqui, quechua, mapuche...).

En **Oceanía** destaca la familia austronesia o malayo-polinesia, y el tagalo es la lengua más prominente del grupo (es la más importante de Filipinas).

En la actualidad, la lengua que nos ayuda a comunicarnos es el inglés, gracias, sobre todo, a su uso comercial. Es difícil imaginar una lengua común para la humanidad, pero se realizan intentos para lograr esta utopía. A finales del siglo XIX, el lingüista polaco L. L. Zamenhof creó una lengua artificial llamada **esperanto.** Con ello, buscaba una lengua artificial creada para que pudieran comunicarse todas las personas del mundo.

LAS LENGUAS ROMANCES

Las lenguas romances —como el español, el gallego y el catalán— tienen su origen en el latín vulgar. Estas lenguas pertenecen a la **familia lingüística indoeuropea,** en concreto a la rama itálica (las lenguas románicas). Tras el declive del Imperio romano, el latín vulgar evolucionó hacia los dialectos romances. Con el tiempo, de manera gradual y por motivos geopolíticos sobre todo, el castellano, el gallego y el catalán se convirtieron en lenguas romances.

El amplio territorio por el que se extiende el español hace que tenga una **rica variedad dialectal.** En la península se distinguen dos grandes zonas dialectales: la septentrional y la meridional. Las diferencias dialectales no son fuertes y, en general, se puede afirmar que no plantean problemas de comunicación entre sus hablantes.

El **dialecto septentrional** abarca aproximadamente la mitad norte de España (Burgos, Valladolid, La Rioja, Navarra, Aragón, León, Zamora, parte de Cáceres...). El **dialecto meridional** abarca gran parte de la mitad sur de España (Andalucía, Canarias...) y se caracteriza por ser más evolucionado que el septentrional, siendo el andaluz su dialecto más destacado.

El contacto del español con otras lenguas románicas de la península (como el catalán y el gallego) provoca numerosas **interferencias lingüísticas.**

El **castellano hablado en Cataluña** presenta diferencias fonéticas que afectan a las vocales y a la /s/. En cuanto al léxico, destacan calcos y numerosos préstamos, como la partícula *cal* (no *cal* que vengas), verbos, sustantivos, etc., o la adición del artículo a los nombres propios (*la* Carmen).

El **castellano hablado en territorios de lengua gallega** presenta una entonación característica en las vocales (por ejemplo, en los diptongos *ié* y *ué* o en la apertura excesiva de la *e*). Se hace un uso muy frecuente del diminutivo *-iño* y hay abundancia de préstamos, como *morriña, empetar...*

Las **lenguas romances** son las siguientes: portugués, gallego, castellano, catalán, occitano, italiano, rumano, romanche, sardo y francés.

El **castellano** es la lengua románica más difundida en el mundo, usada por unos cuatrocientos setenta millones de hablantes. Su territorio de origen es Castilla y su ámbito de influencia llega a América, Asia y África. Es la lengua oficial de muchos países hispanoamericanos, y muchas Academias de la Lengua (como la Real Academia de la Lengua Española) se ocupan de su conservación.

Actividades

1 Deduce de qué rama de la familia indoeuropea (germánica, índica, eslava, irania, celta, helénica o itálica) son las siguientes lenguas que se hablan en Europa:

a. Griego.
b. Alemán, danés.
c. Italiano, francés.
d. Hindi, urdu.
e. Galés, irlandés.
f. Ruso, serbocroata.
g. Farsi, curdo.

2 TIC Por parejas, buscad en Internet la correspondencia de las siguientes palabras en catalán, francés, italiano, portugués y gallego. Después, comprobad qué semejanzas o diferencias existen entre ellas.

a. Lluvia.
b. Llorar.
c. Camisa.
d. Hilo.
e. Oreja.
f. Canción.

3 TIC Por parejas, buscad un poema escrito por un autor gallego y otro compuesto por un poeta catalán. Comparad los términos con sus equivalentes castellanos e identificad si alguno tiene más similitudes que el otro.

ANEXOS DEL ENUNCIADO AL TEXTO

ENUNCIADO, ORACIÓN Y TEXTO

Una **oración** es una unidad gramatical: se trata de una estructura sintáctica compuesta de sujeto y predicado, que se puede combinar con otras y ser transformada por modificadores oracionales. Desde el punto de vista semántico, tiene sentido completo y, desde el punto de vista fónico, está definida por un contorno entonativo.

Ahora bien, una oración es una entidad abstracta que se convierte en **enunciado** únicamente cuando es emitida y recibida en una situación concreta.

Un enunciado es una unidad mínima de comunicación: una secuencia con valor comunicativo, sentido completo y entonación propia. No siempre tiene estructura oracional, pues hay enunciados no oracionales, que son palabras o grupos sintácticos utilizados independientemente con una intención comunicativa.

Un **texto** es también una unidad comunicativa. Puede constar de un solo enunciado, o bien estar formado por varios enunciados entretejidos entre sí.

Para ser considerados como tales, los textos han de poseer estas propiedades: **coherencia**, **cohesión** y **adecuación.**

ENUNCIADO

- Oracional → *Esperamos que te guste el regalo.*
- No oracional → *¡Feliz cumpleaños!* → *Gracias.*

LA COHERENCIA TEXTUAL

La **coherencia** es una propiedad que presentan los textos por su naturaleza semántica, de modo que sus partes guardan una relación lógica y muestran unidad temática (evocan aspectos de la misma realidad).

TEXTO COHERENTE	TEXTO NO COHERENTE
—Me gusta su nueva película. *—Pues ha ganado un Óscar.*	*—Me gusta su nueva película* *—Pues hoy cenaremos atún.*

El **tema** es aquella información compartida por el emisor y el receptor acerca de la que el texto añade nueva información, que a su vez se convierte en tema para otras aportaciones. También dota de coherencia a un texto el que aparezcan diversos subtemas relacionados entre sí.

> La cena (TEMA) estuvo riquísima. El primer plato (SUBTEMA) consistió en sopa de pescado (INFORMACIÓN NUEVA), el segundo (SUBTEMA) berenjenas rellenas (INFORMACIÓN NUEVA) y el postre (SUBTEMA) fue una macedonia de frutas (INFORMACIÓN NUEVA).

La **estructura interna** de un texto contribuye también a crear relaciones lógicas, aunque cada tipo de texto requiere una ordenación diferente, según utilice de forma exclusiva o combinada las tipologías básicas de narración, descripción, exposición, argumentación o diálogo.

LA COHESIÓN TEXTUAL

La **cohesión** es una propiedad que los textos presentan cuando los enunciados que los forman se relacionan entre sí mediante el uso de mecanismos lingüísticos de dos tipos fundamentales:

- Al utilizar la **deixis textual**.
- Al emplear **conectores.**

DEIXIS TEXTUAL

La **deixis textual** es un mecanismo que consiste en la creación de correferencia (relación entre dos o más elementos cuyo referente es común) mediante la presencia de palabras que remiten a la misma realidad; así, se crean vínculos entre ellas y eso sirve para unir los enunciados en que aparecen.

Para crear estas relaciones, se utilizan tanto la **repetición** como la **sustitución** y la **elipsis.** Estos fenómenos se encuentran relacionados entre sí, pues se sustituyen los significantes de las palabras, pero se repiten rasgos de significado. La elipsis puede considerarse sustitución por Ø.

Repetición	Sustitución anafórica (se refiere a algo ya dicho) o catafórica (adelanta algo que se dirá después)	Elipsis
• De la misma palabra o formas de esa palabra: *azul, azules.* • De una raíz léxica (aparecen términos de la misma familia): *azul, azulado.* • De rasgos gramaticales. Se repiten, por ejemplo, formas verbales: *cantaba, jugaba…* • De rasgos de significado (términos del mismo campo semántico o asociativo): *rojo* [color], *azul* [color], *verde* [color]…	• Por un sinónimo: *chaval, muchacho.* • Por un hiperónimo (término genérico en un campo semántico): *autor-escritor.* • Por un pronombre o verbo: *que, este, hacer…* • Por adverbios deícticos: *allí, así…* • Por posesivos relacionados con elementos nombrados: *suyo, tuyo…*	• Del sujeto: *Pol salió, pero [Pol] se recogió temprano.* • Del predicado: *—¿Quién es? —Arnau [es].* • De un sustantivo: *El vestido que me gusta es el [vestido] rojo.*

Actividades

1 Marca en el siguiente texto los mecanismos de deixis textual.

> Muy secamente les rogué que vinieran conmigo para acompañar a Bárbara a su casa. Caminamos por la calle los tres, en silencio, un trecho. Bárbara, en medio, sin rechistar, consciente de que detrás de ella estallaría una tormenta. La dejamos en el portal de su casa y la cité en mi despacho al día siguiente. A continuación fui a un bar con Jesús y allí, una vez solos, se deshizo en explicaciones y disculpas. Estaba perdido, angustiado, nunca lo había visto tan viejo, tan acabado. Le cayeron encima los años que disimulaba con tanta coquetería.
>
> Maite Carranza
> *Palabras envenenadas.* Edebé

2 Continúa el texto anterior sin que se pierda la cohesión.

CONECTORES

Los **conectores** son expresiones específicas que sirven para explicitar relaciones entre las partes de un texto. No tienen significado léxico, ni una función dentro de la oración, y suelen ser de tipo adverbial o conjuntivo y, por tanto, invariables.

Se clasifican según el tipo de relación que indican:

Aditivos y de precisión		*Además, de hecho, sobre todo*
Adversativos o de contraste		*Ahora bien, en cambio, sin embargo*
De relación lógica	Causales-consecutivos	*Así pues, por consiguiente, por tanto*
	Concesivos	*Aun así, de todas formas*
De aclaración	Explicativos	*Es decir, a saber*
	Reformuladores	*Dicho de otro modo, hablando en plata*
	Ejemplificativos	*Por ejemplo, así*
	Rectificativos	*Mejor dicho, más bien*
	De apoyo	*Pues bien, dicho esto*
Organizadores del discurso	De ordenación	*En primer lugar, a continuación, para terminar*
	Recapitulativos	*En conclusión, en definitiva*
	De digresión	*Por cierto, dicho sea de paso*

Actividades

3 Lee este fragmento de un artículo de Rosa Montero y localiza los conectores que hay en él y di de qué tipo son:

Corazones que piensan

Sin embargo, diversos estudios realizados en los últimos años han descubierto algo extraordinario: el corazón tiene neuronas, decenas de miles de neuronas idénticas a las del cerebro. De hecho, del 60 % al 65 % de las células del corazón son células nerviosas, y funcionan exactamente igual que las cerebrales, supervisando y controlando los procesos de nuestro organismo e influyendo en las estructuras cognitivas del cerebro. O sea que pensamos también con el corazón; y parte de nuestro yo esquivo reside ahí, como siempre supimos intuitivamente.

http://elpais.com

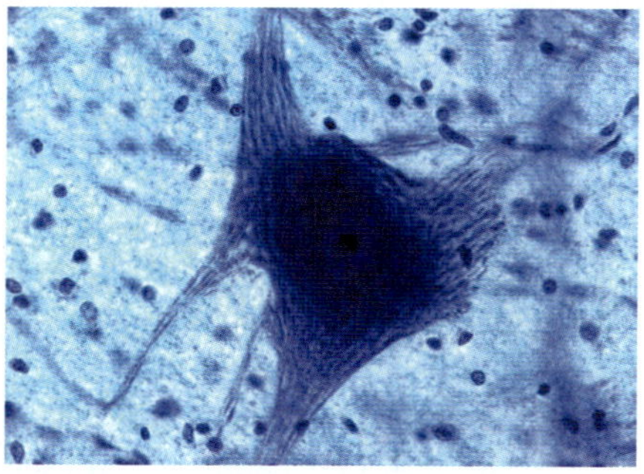

4 Aporta tu opinión sobre el tema «¿Qué nos define como humanos: la razón o el sentimiento?». Utiliza tus propios argumentos y selecciona los conectores que creas que son oportunos para organizar tu discurso.

TEXTO Y CONTEXTO: LA ADECUACIÓN

El texto, como unidad comunicativa que es, tiene lugar, al igual que el enunciado, en un contexto lingüístico (es decir, rodeado de otros enunciados) y en una situación concreta (contexto extralingüístico). En un texto suele haber referencias a la situación en que se produce mediante mecanismos de referencia o deixis externa *(Coge eso de ahí)* y será adecuado si encaja en ese entorno comunicativo.

¿Qué atuendo es el más adecuado para esta situación?

Del mismo modo que hay atuendos más adecuados para una determinada función, los textos deben adecuarse, no solo al ámbito o situación en que tienen lugar (personal, social, laboral y académico), sino también a la intención e implicación del emisor, su relación con el receptor, el canal y el medio utilizado, los códigos de que se sirve, el formato que muestra y la función comunicativa que predomina en el intercambio.

FUNCIONES COMUNICATIVAS

Un texto responde a una o varias funciones comunicativas, que se manifiestan en rasgos lingüísticos característicos. Estas funciones o finalidades (que no suelen darse de forma aislada) se distinguen según el elemento de la comunicación en que se centren:

Comunicación centrada en…	Función	Ejemplo
Emisor	**Expresiva:** la finalidad de la emisión del mensaje es la manifestación de sentimientos y vivencias del emisor.	Carta de amor
Receptor	**Conativa o exhortativa:** la finalidad de la comunicación es conseguir una reacción o respuesta por parte del receptor.	Instrucciones para contestar a un examen
Canal	**Fática:** la comunicación se centra en comprobar la validez del canal utilizado.	Saludo al contestar el teléfono
Código	**Metalingüística:** el mensaje se emite para referirse a sí mismo o al código utilizado.	Libro de gramática
Mensaje	**Poética:** la comunicación tiene como fin elaborar y poner de manifiesto las cualidades estéticas del mensaje.	Poema
Situación	**Referencial, informativa o representativa:** la comunicación sirve para transmitir información sobre la realidad extralingüística.	Noticia

EL EMISOR Y EL RECEPTOR EN LA COMUNICACIÓN

La presencia del emisor en los textos se manifiesta en un mayor o menor grado de subjetividad, que ha de resultar adecuado para la finalidad comunicativa. Según el grado de presencia del emisor, los textos pueden ser:

Textos objetivos

- Presentan frecuentemente oraciones impersonales o bien oraciones pasivas (con verbo *ser* o pasivas reflejas), que se centran en el objeto sobre el que recae la acción.
- Muestran adjetivos de tipo descriptivo o especificativo.
- Hacen un uso denotativo del léxico.

> Denominamos eclipse de Sol al fenómeno por el cual la luz del Sol es total o parcialmente ocultada al interponerse un astro entre el Sol y el observador. [...] Desde el punto de vista del observador, los eclipses de Sol se clasifican en totales, anulares y parciales.
>
> http://www.oan.es

Textos subjetivos

- Se encuentran referencias a la primera persona verbal y abundantes adjetivos de tipo valorativo o sustantivos con morfología derivativa expresiva.
- Utilizan sentidos connotativos de las palabras y metáforas, comparaciones e hipérboles.
- Son frecuentes los adverbios de modalidad *(por desgracia...).*

> Mirábamos el sol con todo. [...] Al ocultarse el sol que, un momento antes, todo lo hacía dos, tres, cien veces más grande y mejor con sus complicaciones de luz y oro, todo, sin la transición larga del crepúsculo, lo dejaba solo y pobre, como si hubiera cambiado onzas primero y luego plata por cobre.
>
> Juan Ramón JIMÉNEZ: *Platero y yo.* Alianza

El tipo de relación entre emisor y receptor (mayor o menor familiaridad, número de receptores, recepción inmediata o no) marcará, junto con la situación, el grado de formalidad y cortesía que ha de mostrar el texto para ser adecuado.

CANAL, MEDIO Y ÁMBITO

El **canal** (oral o escrito) y el **medio** (estático o dinámico) exigen ciertas características para que el texto resulte adecuado. Igualmente sucede con los **ámbitos de uso,** aunque hay que tener en cuenta que un mismo tipo de texto puede aparecer en varios ámbitos (las normas, por ejemplo, pueden referirse al ámbito académico, social o laboral).

Ámbitos de uso	Oral/Audiovisual	Escrito	
		Continuo	Discontinuo
Personal	Conversación, cortometraje	Guion	Cuestionario
Académico o escolar	Clase magistral, presentación	Memoria	Portafolio
Público o social	Normas, tertulia, reportaje, columna radiofónica, crónica deportiva, documental	Normativa, columna, reseña literaria, noticia, crónica	Infografía, folleto de viajes, reportaje con datos, cartel
Laboral	Videocurrículum	Carta comercial	

Objetividad y tipología textual

Los textos científicos, administrativos, laborales y académicos muestran un alto grado de objetividad, mientras que los personales suelen ser más subjetivos.

En el ámbito social, dependiendo del género usado y la intención, se buscará una mayor o menor objetividad. Así, en el campo de los medios de comunicación, los géneros informativos persiguen la objetividad; en cambio, los de opinión son marcadamente subjetivos, aunque también hay géneros mixtos.

ANÁLISIS DE LAS PROPIEDADES TEXTUALES

Para realizar un análisis completo de un texto, es preciso indicar cómo se manifiestan en él las propiedades de adecuación, coherencia y cohesión.

> Los días 28, 29 y 30 de este mes, así como el 4 y 5 de enero, la Biblioteca Adolfo Suárez abrirá en horario de mañana, en concreto de 10.00 a 14.00 horas, y de tarde, desde las 17.00 a las 20.00 horas; los sábados 26 de diciembre y 2 de enero permanecerá cerrada.
>
> El horario habitual de este equipamiento educativo y cultural, que va de 9.00 a 21.00 horas de forma ininterrumpida de lunes a viernes y de 9.00 a 14.00 horas los sábados, permanecerá invariable hasta el 23 de diciembre y se restablecerá el 7 de enero.
>
> http://www.laverdaddeceuta.com

ADECUACIÓN

Este texto pertenece al ámbito público o social y pretende transmitir una información, por lo que su función básica es la referencial o informativa. Esto se refleja en la escasa presencia del emisor y el alto grado de **objetividad** (tercera persona en los verbos, uso de pasiva refleja, adjetivos descriptivos...), tal como es esperable en este tipo de textos. El canal utilizado es el escrito, y el formato es continuo, estructurado en dos párrafos.

COHERENCIA

El tema general es el horario de la biblioteca citada, y se divide en dos subtemas, en orden decreciente de importancia: el primer subtema, en el párrafo inicial, es el horario especial de la biblioteca (cuál es y qué días tendrá lugar); en el segundo párrafo, el subtema es el horario habitual (cuál es y qué días se mantendrá). Sobre cada tema se aporta información nueva; por tanto, presenta una coherencia interna.

COHESIÓN

Aparece un conector de precisión, que aporta una información más ajustada, necesaria para la adecuación del texto a su función. En cuanto a la correferencia interna, la garantiza la repetición de palabras, **raíces** (**hor-**) y **desinencias verbales** (**-rá**), la sustitución por el pronombre relativo anafórico *que*, la sustitución por un sinónimo referencial *(este mes-diciembre)* y por un hiperónimo (*equipamiento* es hiperónimo de *biblioteca*, pues la biblioteca es un tipo de equipamiento urbano), así como la aparición de palabras del mismo campo semántico: *educativo-cultural, mañana-tarde-horas-días-mes*. La elisión es un recurso muy presente en el texto, tanto de sujeto *([la biblioteca] permanecerá cerrada)*, como de predicado *([abrirá] de 10.00 a 14.00 horas)* o de sustantivos *([horario] de tarde)*.

Actividad

5 Cualquier texto puede analizarse contestando a estas preguntas. Analiza el siguiente texto.

a. ¿En qué ámbito se sitúa? ¿Es adecuado a la situación comunicativa? Indica el canal, el medio, el formato y la presencia del emisor y el receptor.

b. ¿Cómo organiza la información y cuál es su estructura interna?

c. ¿Qué conectores aparecen y cuál es su función? ¿Qué mecanismos de repetición, sustitución y elipsis le otorgan cohesión?

TIPOLOGÍAS TEXTUALES

La **tipología o tipo de texto** clasifica los textos según su **intención comunicativa,** su **estructura** y los **elementos lingüísticos** que en ellos se encuentran.

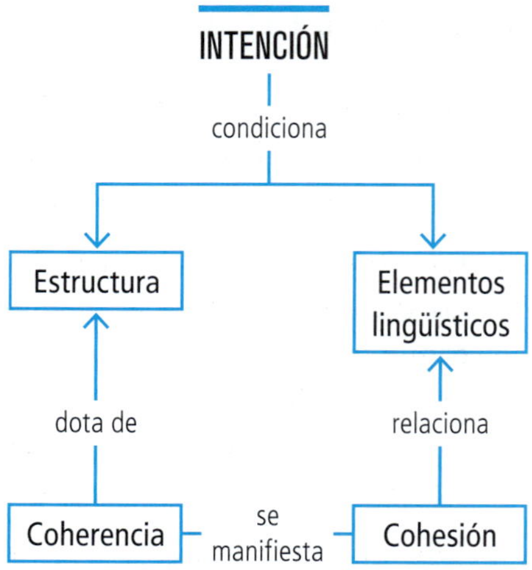

Estos parámetros se relacionan entre sí, pues cada tipo de texto se utiliza con una finalidad o intención y presenta una estructura que resulta apropiada para ella.

- La **intención comunicativa** responde a la función que el hablante pretende conseguir con el texto: informar sobre un hecho, decir cómo es un objeto, animar a la acción, explicar un fenómeno complejo, etc.
- Cada tipo de texto favorece una **ordenación del discurso diferente** y elige, por tanto, una ordenación temática y unos mecanismos de cohesión distintos: una receta de cocina sigue una secuencia temporal, mientras que una visita turística suele atenerse a un orden en el espacio. Esto se manifestará en conectores como *a continuación, después, finalmente,* en el primer caso; y *a su derecha, de frente, al fondo,* en el segundo.

Además, cada tipo de texto puede presentar en su **estructura** una **división específica en partes visuales u orales.** Así, el teatro se define por usar turnos de palabra y acotaciones; una noticia, por su parte, incluye titulares, entradilla y cuerpo, etc.

- Los **elementos lingüísticos** que se asocian con una tipología determinada son:
  - El predominio de unas categorías gramaticales específicas.
  - La aparición de un tipo de verbos y formas verbales (persona, tiempo y modo) adecuadas al fin comunicativo.
  - Un léxico concreto, si bien el léxico viene determinado más por el tema del texto que por su tipología. Con todo, el léxico científico y humanístico se asocian con la exposición, por ejemplo, y los términos abstractos suelen aparecer en la exposición y la argumentación.

Estos tres parámetros dan lugar a **cinco tipologías básicas:** narración, descripción, exposición, argumentación y diálogo. A su vez, estas se combinan en tipos complejos en los que destaca una u otra. Por ejemplo, una novela será marcadamente narrativa, pero también contendrá descripción y diálogo.

Las **diferencias entre las tipologías textuales** se mantienen constantes independientemente del tema que trate el texto y de la situación (formal o informal), canal (oral o escrito) o medio (estático o dinámico) en que aparezca. Así, una noticia de radio y un cuento en un libro infantil son textos de tipología narrativa, y un texto descriptivo puede ser un poema de amor o una entrada de un diccionario.

Por ejemplo, un texto que tenga por tema «el tenis» puede manifestarse en distintas tipologías, medios y canales:

Narración	Descripción	Exposición	Argumentación	Diálogo
Crónica de la final de un torneo en la radio.	Web sobre distintos tipos de pelota según el campo para el que se utilicen.	Entrada en una enciclopedia sobre el tenis.	Conferencia sobre por qué es beneficioso para la salud practicar tenis.	Conversación sobre qué raqueta quiere adquirir un miembro de un grupo de amigos.

LA NARRACIÓN

En la narración se muestran unos hechos que ocurren a unos personajes en un lugar y un tiempo determinados. Estos hechos son contados por una voz narrativa o narrador, desde cuyo punto de vista se presenta la historia.

La **estructura** de un texto narrativo se basa en la secuencia temporal de los hechos, que constituye la historia (con planteamiento, nudo y desenlace), aunque el discurso, es decir, la forma de presentarla, puede alterar dicha secuencia o modificar su ritmo, mediante elipsis (saltos en el tiempo) o digresiones (inserción de fragmentos de narraciones secundarias u otras tipologías). Cada tipo de texto narrativo presenta una estructura externa diferente (división en partes).

En el **aspecto lingüístico**, la narración presenta abundancia de conectores temporales y verbos, que suelen ser de tipo **predicativo** e ir acompañados por complementos que indican las circunstancias en que sucede lo relatado. Los tiempos más utilizados son los tiempos del pasado y el presente histórico. El léxico se refiere, en muchas ocasiones, a **acciones**, lugares y **objetos**.

> Ursula Wölfel **se cuenta** entre los más arraigados y polifacéticos autores alemanes de **libros** infantiles y juveniles. ***Nació*** en 1922 en la cuenca del Ruhr y ***estudió*** filología alemana en Heidelberg. Tras la Segunda Guerra Mundial ***trabajó*** como ayudante escolar y, más tarde, ***cursó*** la carrera de pedagogía. Después ***trabajó*** en una escuela de educación especial de Darmstadt.
>
> http://www.goethe.de

La **narración** por excelencia es la literaria (cuento, novela), pero también es frecuente en textos de ámbito personal (diarios, correos electrónicos) y de los medios de comunicación (noticia, crónica). La biografía es un tipo de texto puramente narrativo, con un personaje protagonista cuya vida se narra en tercera o en primera persona (autobiografía).

LA DESCRIPCIÓN

La descripción se utiliza para decir cómo es una realidad. Dependiendo de cuál sea esa realidad, la **estructura,** reforzada por los conectores adecuados, será de uno u otro tipo (estática o dinámica, objetiva o subjetiva...).

En el aspecto lingüístico, abundan los adjetivos y los sustantivos con complementos preposicionales, así como los verbos de tipo atributivo, normalmente **en tercera persona.** Según el grado de objetividad del texto, los adjetivos serán más descriptivos y con valor especificativo (para las descripciones objetivas científicas, por ejemplo) o valorativos y con valor explicativo (en las descripciones subjetivas literarias, por ejemplo). Las descripciones subjetivas incluirán modalizadores, comparaciones o verbos de percepción, para mostrar la perspectiva de quien describe, mientras que las objetivas tendrán mayor abundancia de impersonales y pasivas, pues no consideran al sujeto que percibe.

> Era mucho más alta que Bastián y muy hermosa. **Vestía** una larga túnica de seda violeta, sus cabellos eran rojos como el fuego y los **llevaba** recogidos en un extraño peinado de trenzas y coletas. Su rostro era pálido como el mármol y pálidas eran sus manos largas y delgadas. Su mirada era extraña y turbadora, y Bastián necesitó algún tiempo para comprender a qué **se debía: tenía** dos ojos distintos, uno verde y otro rojo. Parecía tener miedo de Bastián, porque **temblaba.**
>
> Michael Ende
> *La historia interminable.* Alfaguara

La **descripción** es frecuente dentro de narraciones literarias extensas, como en este ejemplo, o en forma de poemas líricos, pero también en textos científicos y técnicos, como parte de la exposición, en textos publicitarios y en los medios de comunicación y de ámbito personal. En el terreno académico es muy habitual en diccionarios, enciclopedias y libros de texto.

LA EXPOSICIÓN

La exposición es el tipo de texto utilizado para explicar realidades o ideas, a menudo relacionadas con algún campo del saber.

La **estructura** puede variar, aunque predomina la división en subtemas o apartados, tras una introducción y, normalmente, con un final que recapitula lo anterior. Suele estar reforzada por conectores relacionados con la ordenación del discurso, la adición, el contraste, la ejemplificación o la **reformulación.**

En el **aspecto lingüístico,** predominan, como en la descripción, los adjetivos (en este caso, de tipo descriptivo u objetivo) y los verbos atributivos o semiatributivos en tercera persona del presente de indicativo, pero abundan las pasivas e impersonales. También son frecuentes los sustantivos especializados, correspondientes a la materia sobre la que trata el texto (**tecnicismos**) y los *complementos* que matizan y completan la información verbal, cuando es predicativa.

La **exposición** es muy frecuente en los ámbitos académico y laboral: monografías, manuales o libros de texto, conferencias, apuntes y enciclopedias son sus manifestaciones principales. En el ámbito de los medios de comunicación, suele aparecer dentro de reportajes.

Resulta del todo imposible levantar un castillo *solo con arena seca*. [...] Sin embargo, si vertemos agua *sobre la arena*, los granos son envueltos por una delgadísima película acuosa que carga la arena de **fuerza electrostática**. La razón es que la **molécula** de agua es estrictamente polar —**o sea,** *con carga negativa en una zona y positiva en la zona opuesta*— y ello hace que las moléculas de agua próximas a la pared del grano de arena cargado sean atraídas y queden adheridas.

El libro de los porqués
Biblok

LA ARGUMENTACIÓN

La argumentación es la tipología usada para sustentar una idea y para convencer. Si la idea que se quiere defender aparece al comienzo del texto, se dice que la estructura es **deductiva**; y será **inductiva** si el razonamiento conduce a ella en su parte final. También es frecuente que la idea se repita al principio y al final (estructura circular). Además de los organizadores del discurso, predominan los conectores que indican relaciones lógicas, con el fin de guiar el razonamiento del receptor. Esto no quiere decir que los argumentos hayan de ser siempre racionales, basados en la exposición de datos o ideas, pues muchas veces se trata de convencer al otro mediante argumentos emocionales, narraciones de anécdotas, descripción de vivencias, etc.

Desde el punto de vista lingüístico, los textos argumentativos suelen incluir subordinación compleja y verbos en **tercera persona del presente de indicativo,** o bien del subjuntivo en el caso de las hipótesis. La mayor o menor subjetividad implicará el uso de primera y segunda persona y la aparición de adjetivos valorativos, adverbios de modalidad y **entonaciones diversas.**

Frecuentes en el ámbito académico, donde aparecen en particular en monografías y ensayos especializados, los **textos argumentativos** se relacionan, sobre todo, con los géneros de opinión de los medios de comunicación: debate, tertulia, columna, crítica, editorial, reseña... En nuestro ejemplo se utiliza una reseña literaria como excusa para plantear la reflexión sobre un tema general.

Leer o no leer *Pippi Calzaslargas*

¿Qué ocurre con la literatura infantil y juvenil?, ¿debe ser siempre aleccionadora, edificante e instructiva? En tal caso, ¿dejaríamos leer a nuestros hijos historias protagonizadas por una niña de nueve años, huérfana de madre, con un padre pirata —es decir, ladrón—, que no **va** al colegio, **vive** con un mono y un caballo que **es** capaz de levantar con una sola mano, **duerme** las horas que **quiere** y **desobedece** e incluso **reta** a la autoridad representada por unos policías con pinta de lelos? La respuesta parece obvia. Entonces, ¿en qué misterioso lugar **radica** el colosal éxito de esta niña sueca [...]?

María Jesús Espinosa de los Monteros
http://cultura.elpais.com

EL DIÁLOGO

El diálogo muestra una interacción entre dos o más emisores y receptores que alternan su papel comunicativo. La **estructura** básica del diálogo es el turno de palabra, que puede ir acompañado de narración, en el caso del estilo indirecto, y de acotaciones, en el del diálogo teatral o el guion cinematográfico. En tipologías específicas, como las tertulias o los debates, aparece la figura del moderador, que guía el diálogo. El diálogo suele mostrar conectores de distinto tipo, sin que predomine uno en particular, pero, sobre todo si es coloquial, presenta **exclamaciones** e interjecciones, así como abundantes elementos de carácter fático, destinados a la comprobación de la efectividad del canal.

En el aspecto lingüístico, abundan en el diálogo los pronombres y vocativos, que facilitan la interacción, y los elementos deícticos. Los verbos suelen estar en presente y en **primera** y **segunda** persona, y es frecuente el imperativo. Aparecen adverbios modalizadores con frecuencia y la entonación es más variada que en el resto de tipologías.

—¡Doctor, doctor, mi mujer está a punto de dar a luz!

—¿Es su primer hijo?

—No, soy su marido.

—¿Se quedará a dormir?

—Sí.

—Quizá debería saber que la casa está encantada.

—Ah. Pues dígale que a mí también me hace ilusión quedarme.

TIPOLOGÍAS COMPLEJAS

En los textos reales, las tipologías no se muestran casi nunca en forma pura, sino mezcladas entre sí, dando lugar a tipologías complejas y a que las fronteras entre ellas resulten difusas. Así, por ejemplo, la exposición y la descripción son difíciles de distinguir en los textos científicos; y la narración, la descripción y el diálogo aparecen yuxtapuestos sin solución de continuidad en cuentos y novelas, del mismo modo que el diálogo puede incluir a cualquiera de las otras tipologías. Algunos textos pertenecen a una tipología por su estructura y forma lingüística, y a otra por su intención: es el caso de los textos publicitarios, que pueden adoptar forma narrativa, descriptiva, dialogada o expositiva, pero siempre son argumentativos, pues intentan convencer al receptor.

Así, algunos de los textos trabajados en este libro se relacionan con las tipologías según se indica en esta tabla: en rojo se marca la tipología básica, si la hay, y en negro se marcan otras que pueden incluir; en el caso de los **textos instructivos,** que se utilizan para indicar pautas de funcionamiento (normas) o comportamiento (normas sociales), podrían considerarse como una tipología básica distinta o bien entenderse como un **tipo específico de texto expositivo.**

La conversación es el tipo de texto básico en la comunicación espontánea, pero el diálogo está también muy presente en la literatura (en prosa y en verso, pero de manera específica en el drama) y en los medios de comunicación (por ejemplo, la entrevista). En el ámbito académico, se da cada vez más la interacción dialogada. Los chistes, como en estos ejemplos, utilizan muy frecuentemente el diálogo.

	Narración	Descripción	Exposición	Argumentación	Diálogo
Conversación	✗	✗	✗	✗	✗ (rojo)
Publicidad	✗	✗	✗	✗ (rojo)	✗
Videocurrículum	✗	✗	✗ (rojo)	✗	
Portafolio		✗	✗ (rojo)	✗	
Entrevista	✗	✗	✗	✗	✗ (rojo)
Infografía		✗	✗ (rojo)	✗	
Noticia	✗ (rojo)	✗	✗	✗	

REPASO DE ORTOGRAFÍA

1 Copia las oraciones en tu cuaderno y completa con *b* o *v* las palabras.

a. Si .....ienes pronto, podremos ir juntos al concierto.

b. Absol.....ieron al acusado por falta de pruebas.

c. El culpado aseguró que pedirá la re.....ocación de la sentencia.

d. Se dice que Lope de Vega tu.....o 17 hijos.

e. Varios arqueólogos estiman que los a.....orígenes llegaron al continente australiano por primera vez hace unos 45 000 años.

f. El papel de cocina es un buen a.....sor.....ente si se te derrama un líquido.

g. El nuevo go.....ierno gra.....ará con más impuestos los juegos de azar.

2 Copia las siguientes oraciones con la palabra correcta.

a. ¡Ojalá *haya*/*halla* algo que podamos hacer!

b. ¡Ojo! No *vayas*/*vallas* a saltar la *vaya*/*valla*.

c. *Calló*/*Cayó* dando volteretas al saltar pero no se hizo daño.

d. Hemos reformado el piso y hemos puesto papel *rayado*/*rallado* en el salón.

e. Para la cultura *maya*/*malla* el maíz fue la base de su alimentación diaria.

3 Descubre la palabra errónea de cada serie. Luego, redacta una oración con esa palabra escribiéndola correctamente.

a. ajedrez/ejecutiva/jelatina/paradójico

b. jefatura/genial/ageno/generosidad

c. porcentaje/aterrizaje/ambajes/lenguaje

d. crugir/proteger/tejer/rugir

e. trajiste/dijera/dedujiste/elejiste

4 Copia en tu cuaderno estas oraciones, completando con *h* las palabras cuando sea preciso.

a. Las .....uchas tenían forma de cerdito porque este animal siempre ha sido sinónimo de abundancia y prosperidad.

b. El comisario .....a dicho que habían adelantado mucho en la investigación.

c. La finalización de las obras de .....abastecimiento de agua a Pontevedra y su ría llevará consigo un importante ahorro energético.

d. Para el entrenamiento de waterpolo salgo .....a nadar todos los días de la semana.

e. ¿Qué muletillas usas .....a menudo?

f. Tu padre .....a .....echado demasiada sal en la sopa.

g. Dime si lo .....as .....echo tú.

5 Escoge la palabra correcta en cada caso y copia en tu cuaderno la oración correcta.

a. Se preguntaba *cómo*/*como* iba a poder hacerlo, si no sabía por *donde*/*dónde* empezar.

b. Llegó la primavera y se olvidaron de *el*/*él*.

c. Coge *tu*/*tú* abrigo y *vámonos*/*vamonos*.

d. Ellos no sabían aún *cuál*/*cual* era el plan.

e. Pídele al encargado de la biblioteca del barrio que te *dé*/*de* dos libros más.

6 Pon la tilde en las palabras en cursiva en los casos que sea preciso.

a. Si te lo digo yo, *creetelo*.

b. Con la humedad del invierno se ha creado *moho* en las paredes de su habitación.

c. Le encantaba *oir* a su hijo *reir* a carcajadas.

d. Me lo compré yo, es *mio*.

7 Copia el texto y coloca las tildes que faltan.

SEÑOR JUAN.— Claro. *(Pausa.)* Y ahora, Gregorio. No se como ha podido durar estos diez años. Desde la jubilacion no levanto cabeza. (Pausa.) ¡A todos nos llegara la hora!

TRINI.— *(Juntandosele.)* ¡Padre, no diga eso!

SEÑOR JUAN.— ¡Si es la verdad, hija! Y quiza muy pronto.

TRINI.— No piense en esas cosas. Usted esta muy bien todavia...

SEÑOR JUAN.— No lo creas. Eso es por fuera. Por dentro... me duelen muchas cosas. *(Se acerca, como al descuido, a la puerta IV. Mira a Trini. Señala timidamente a la puerta.)* Esto. Esto me matara.

TRINI.— *(Acercandose.)* No, padre. Rosita es buena...

SEÑOR JUAN.— *(Separandose de nuevo y con triste sonrisa.)* ¡Buena! *(Se asoma a su casa. Suspira. Pasa junto al II y escucha un momento.)* Estos no han chistado.

TRINI.— No.

(El padre se detiene despues ante la puerta I. Apoya las manos en el marco y mira al interior vacio.)

SEÑOR JUAN.— ¡Ya no jugaremos mas a las cartas, viejo amigo!

TRINI.— *(Que se le aproxima, entristecida, y tira de el).* Vamos adentro, padre.

Antonio BUERO VALLEJO
Historia de una escalera
Espasa Calpe

8 TIC A partir del siguiente fragmento, y consultando si es preciso el *Diccionario panhispánico de dudas* en la red, explica para qué se han usado los signos de puntuación: comillas, raya, coma, punto y seguido, paréntesis. ¿Podría sustituirse algún punto y seguido por punto y coma? Justifica tu respuesta.

> Acerca de la presencia de la madre de Machado en Baeza tenemos el testimonio de Francisca («Paquita») Urquía, hija del director del Instituto, que tenía nueve años en 1912. En el «despachito» de poeta, «muy modesto, como todo lo suyo», había un retrato de Leonor, «amplificación con su marco que a mí entonces me gustaba mucho». Ana Ruiz estaba encantada con los Urquía, que vivían en unas dependencias del propio Instituto, y gozaba recordando con ellos, hay que suponerlo, los lejanos tiempos sevillanos compartidos por ambas familias. «Algunos días salíamos juntos los tres —sigue narrando Francisca—. Él nos dejaba en el Instituto y se marchaba solo a sus largos paseos. Doña Ana, que gustaba mucho de la sociedad, de hablar con gente, disfrutaba en casa donde siempre había visitas, amigas de mamá o de mi hermana, que era ya una señorita cuando yo era muy niña aún».
>
> Ian Gibson
> *Ligero de equipaje. La vida de Antonio Machado*
> Debolsillo

9 Lee este texto y realiza las actividades.

¿Aprobarías a un alumno de universidad que escribe muchas faltas de ortografía?

Imaginemos el siguiente escenario: un alumno de universidad aprueba un examen con una nota de 6 sobre 10. El profesor se encuentra ante un dilema: el examen está plagado de faltas de ortografía y ahora duda entre aprobarlo y suspenderlo. Estas son algunas de esas faltas de ortografía que ha subrayado en rojo: *habrir* (en vez de *abrir*), *becino* (en vez de *vecino*), *a ido* (en vez de *ha ido*), *pais* (en vez de *país*), *axfisia* (en vez de *asfixia*), *jente* (en vez de *gente*)...

¿Crees que el profesor debería suspender el examen por las faltas de ortografía o, por el contrario, debería aprobarlo a pesar de ellas?

Le he hecho esta pregunta a numerosas personas (escritores, libreros, profesores, correctores, etcétera) y esto es lo que han respondido:

Miguel Díez (profesor y autor de ensayos sobre literatura)

En el caso que planteas pienso que el profesor debería suspender, sin ninguna duda, a ese alumno por ese tipo de faltas de ortografía tan abundantes e importantes. A un universitario hay que exigirle un nivel ortográfico mínimamente aceptable.

Gloria Díez (periodista y poeta)

Desde mi punto de vista, no se puede aprobar a un alumno universitario que pone «habrir» y «becino». Otra cosa es que existiera una sola falta, que podría atribuirse a los nervios del examen, a un lapsus... pero ese conjunto, a mí me parece descalificador.

En todo caso, podría aprobar, pongo por caso la química inorgánica con un 6, bajo la condición de hacer un cursillo de ortografía. Iba a ser por su bien.

Felipe Samarán Saló (profesor universitario)

Sus-pen-so. Si el mejor cirujano del mundo me escribe una nota médica en la que (suponiendo que entienda su letra) dice: «El paziente deveria operarse de hapendizitis», el resultado sería que NO ME OPERARÍA CON ÉL. Del mismo modo que entiendo que nadie dejaría hacer su casa por un arquitecto que no sabe encontrar el «orizonte» ni se sentiría seguro volando con un piloto que diga «zeñorah y zeñoreh, apretense bien er cinto, que en na y menoh eschamoh a volá». Educación integral implica que desde la forma de vestir, a la forma de hablar o escribir, son relevantes. Y quien no tuvo tiempo de aprender a escribir, antes de seguir en su camino personal debe hacer una ineludible pausa y ponerse al día de su educación superior.

http://correccionyestilo.com/aprobar-alumno-faltas-de-ortografia/

a. Explica diez reglas de ortografía que puedas ejemplificar con palabras tomadas de este texto.

b. Escribe una respuesta para la pregunta que se formula en el texto. Pide a un compañero o compañera que te la corrija y haz una valoración crítica de tu dominio de la ortografía.

ANEXOS — EL COMENTARIO LITERARIO

El objetivo del comentario literario es la interpretación del texto —de su contenido y de la forma en que es expresado— y su relación con el contexto social, histórico, artístico y personal del autor. A continuación se explican las fases del mismo.

RESUMEN Y TEMA

Todo comentario parte de una **lectura detenida y atenta.** Tras esta operación, hay que extraer las principales ideas y componer un texto que las recoja: el **resumen.** Recuerda que un buen resumen se define por estas características:

1 Brevedad

Las ideas del texto se exponen de manera concisa. Simplemente se nombran los conceptos y las relaciones existentes entre ellos. Como regla general, la extensión no debe superar el treinta por ciento del texto original.

2 Exhaustividad

Para que no se olvide ninguna de las principales ideas del texto, es bueno aislar los conceptos presentes en cada una de las unidades externas (párrafos, estrofas, parlamentos) que lo conforman.

3 Claridad

El lector del resumen tiene que poder comprender la totalidad del texto de referencia sin necesidad de recurrir a él.

4 Objetividad

La redacción debe utilizar recursos que contribuyan a la objetividad, como el uso de los verbos en tercera persona, las construcciones impersonales, la ausencia de adjetivación valorativa, etc.

5 Redacción propia

El resumen es un texto diferente del original con el que comparte, tan solo, los conceptos o las ideas. Por ese motivo, puede tener un orden distinto y ha de tener una redacción propia.

El **tema principal** es la idea básica que da sentido y coherencia al texto. Para determinar cuál es, deben tenerse en cuenta varias consideraciones:

- Es un enunciado (sujeto, verbo y complementos) que identifica el texto y solo es aplicable a él. Nunca será una idea tan amplia que haga referencia a muchos textos (como «el amor» o «la rabia»), ya que eso sería la materia o el asunto.
- Ha de reflejar la intención o posición del autor ante la cuestión.
- Puede estar explícito en el texto; si no está presente, es necesario inferirlo.
- Se han de indicar los temas secundarios, si los hay, y explicar su relación con el principal.

LA ESTRUCTURA

En primer lugar, debe describirse la **estructura externa;** es decir, delimitar las unidades que integran el texto: párrafos, en el caso de textos en prosa; estrofas, en los textos en verso; o parlamentos, si se comenta un fragmento teatral.

Si el texto está escrito en **verso**, es el momento de proceder a su análisis métrico. Para ello debe atenderse a los siguientes aspectos:

- **Entidad del verso.** El análisis del verso ha de centrarse en el cómputo silábico (número de sílabas, licencias métricas aplicables y la acentuación de la palabra final), en la secuencia de sílabas átonas y tónicas, y en las pausas internas y finales, que contribuyen a la consecución de un ritmo determinado.
- **Rima.** El objetivo es establecer el esquema de rimas del poema y el tipo utilizado (asonante o consonante), si existen en el texto.
- **Estrofa.** Si es posible, debe indicarse la estrofa empleada por el autor o la que le ha servido de punto de partida.

En los **textos teatrales** es importante identificar el tipo de parlamento utilizado. Pueden señalarse tres de los más habituales:

Diálogos

Intervenciones de los personajes de corta extensión que contribuyen al avance de la acción.

Monólogos

Intervenciones a menudo largas mediante las que un personaje expresa su pensamiento.

Apartes

Breves intervenciones de un personaje en presencia de otros que fingen no oírlas. Suelen tener finalidad humorística.

En segundo lugar, es necesario establecer la **estructura interna** o del contenido. Una buena estructura debe cumplir los siguientes requisitos:

- Existencia de un criterio significativo para dividir el texto. Puede ser temático (cambio de conceptos), de modalidad (predominio de la exposición, la narración, la descripción o la argumentación) o una combinación de ambos.
- Cada parte ha de estar bien delimitada, sin quedar ningún segmento del texto fuera de ellas.
- Deben indicarse las relaciones existentes entre cada una de las partes identificadas: oposición, causalidad, ejemplificación, etcétera.

MODELOS DE ESTRUCTURA INTERNA

- **Cronológica** → Sigue el orden lineal de los acontecimientos.
- **Tripartita** → Sigue el esquema de presentación, desarrollo y desenlace.
- **Paralela** → Presentación de unas ideas tras otras.
- **Inductiva** → Va de lo menos importante a lo de mayor importancia.
- **Deductiva** → Va de lo fundamental a lo concreto.
- **Contrastiva** → Las distintas partes del texto se oponen.

LA FORMA

En los textos literarios pueden estar presentes distintas **funciones del lenguaje** que deben identificarse, así como los procedimientos lingüísticos empleados para alcanzar tales finalidades.

La **función poética** consiste en prestar una especial atención al mensaje, que se logra aplicando, entre otros, recursos que consiguen alejar el lenguaje literario de la lengua conversacional. Estos recursos, conocidos como **figuras retóricas,** son muy numerosos. Los más habituales son los siguientes:

Nivel	Recursos	Definiciones
Nivel fónico	Aliteración	Repetición anormal de sonidos en un conjunto de palabras.
	Paranomasia	Semejanza fonética entre palabras.
Nivel morfosintáctico	Epíteto	Adjetivos que indican cualidades propias del sustantivo.
	Elipsis	Eliminación de elementos de la oración.
	Reiteración	Repetición de palabras. Dependiendo de dónde se produzca recibe diversos nombres: anáfora, anadiplosis, epífora...
	Paralelismo	Repetición de la misma estructura sintáctica. Se denomina quiasmo si se trata de una estructura cruzada.
	Hipérbaton	Alteración del orden convencional de la oración.
	Pleonasmo	Uso de palabras que dan expresividad a la frase o verso, pero son innecesarias.
	Gradación	Enumeración de conceptos en progresión.
Nivel léxico-semántico	Antítesis	Uso de palabras con significado contrario.
	Paradoja	Unión de palabras de significado aparentemente contrario.
	Ironía	Dar a entender lo contrario de lo que literalmente se dice.
	Interrogación retórica	Pregunta que carece de respuesta.
	Hipérbole	Exageración de términos.
	Personificación	Atribución de cualidades humanas a seres que carecen de ellas.
	Símil	Comparación entre un término real y uno imaginario en función de alguna cualidad.
	Metáfora	Sustitución de un término real por uno imaginario basándose en una relación de semejanza.
	Metonimia	Sustitución de un término real por uno imaginario basándose en una relación que no es de semejanza.
	Símbolo	Sustitución de un término real abstracto por uno imaginario concreto.
	Alegoría	Acumulación de metáforas, metonimias o símbolos en torno a una idea compleja.
	Sinestesia	Uso de palabras pertenecientes a planos sensoriales diferentes.

El comentario de los aspectos formales de un texto debe centrarse en explicar el **sentido** y la **finalidad** que se ha buscado con el uso de los recursos retóricos.

LA LOCALIZACIÓN DEL TEXTO

Una vez realizado el análisis del contenido y la forma del texto, es el momento de situarlo en relación con su contexto. En primer lugar, debe comentarse el **género literario** y sus elementos definitorios presentes en el texto. De manera general, los textos literarios se inscriben en tres géneros que se estudian con más detalle en uno de los anexos de este libro, aunque es habitual la mezcla de rasgos entre ellos: el narrativo, el lírico y el dramático.

Tras la caracterización del género, ha de situarse el fragmento en la **época y movimiento literario** al que pertenece. Debe tenerse mucho cuidado para no convertir este apartado en una exposición teórica desconectada del texto que se comenta. Se trata de situar el fragmento partiendo exclusivamente de los elementos temáticos y formales identificados previamente.

Finalmente, el texto puede ponerse en relación con los aspectos significativos de la **vida y obra del autor:** referencias biográficas, concepto del mundo y de la creación artística, características generales de su estilo, temas recurrentes de la obra presentes en el fragmento y etapa a la que pertenece el texto. Como en el caso anterior, no se trata de exponer los conocimientos teóricos, sino de identificar en el texto los rasgos característicos de la producción literaria del autor.

LA CONCLUSIÓN

El comentario debe cerrarse con una conclusión personal que puede orientarse en dos direcciones:

- **Síntesis** de los principales aspectos abordados, destacando aquellos rasgos formales o temáticos del texto que más hayan llamado la atención.
- **Valoración crítica** personal del texto en su totalidad o de alguna idea incluida en él.

  En el caso de que se decida realizar una valoración crítica, el comentarista redactará un texto argumentativo más extenso en el que pueden figurar los siguientes elementos:

  - **Apertura.** Se trata de fijar el asunto que se va a valorar (uno de los temas del texto, su coherencia, la posible actualidad del contenido, etc.), cómo ha sido presentado por el autor en el texto y por qué se ha decidido enjuiciar esa cuestión.
  - **Desarrollo.** Tras la operación anterior, se aporta la opinión personal (compartir, refutar, matizar, ampliar lo expresado en el texto) y las razones que la sustentan, pues se trata de demostrar una determinada postura y no simplemente de emitir un juicio de valor.
  - **Cierre.** La argumentación debe finalizarse con un breve párrafo en el que se sintetice la posición personal mantenida. Es conveniente que figure en un párrafo introducido por un marcador textual del tipo «finalmente», «en conclusión», «para terminar», etc.

ANEXOS — TEMAS RECURRENTES EN LA LITERATURA ESPAÑOLA

La literatura estudiada durante este curso abarca tres siglos, en los que las propuestas de los escritores han sido diversas y han respondido a la evolución general del arte occidental. En la siguiente tabla se esquematizan los períodos y las características generales de cada uno.

Períodos	Ubicación temporal aproximada	Caracteres destacados
Ilustración	Siglo XVIII y primeros años del XIX	El arte debe contribuir a la búsqueda del bien común.
Romanticismo	Primera mitad del siglo XIX	Exploración de la intimidad y defensa de la libertad individual.
Realismo	Segunda mitad del siglo XIX	Atención a los conflictos del individuo en la sociedad.
Crisis de fin de siglo	Desde finales del siglo XIX hasta la Primera Guerra Mundial (1914-1918)	Atención a la angustia del individuo provocada por diversas causas históricas, sociales y filosóficas.
Vanguardismo	Desde la Primera Guerra Mundial hasta la mitad del siglo XX	Desmitificación de la creación artística. Originalidad y libertad creativa del artista.
Existencialismo, compromiso y experimentalismo	Segunda mitad del siglo XX	Concentración en los problemas del individuo en el mundo contemporáneo. Renovación de técnicas literarias tradicionales.
Literatura actual	Desde finales del siglo XX	Mezcla de géneros. Influencia de los medios de comunicación de masas.

Sin embargo, pese a que en cada época hubo unas preocupaciones temáticas prioritarias y unas formas específicas con las que se abordaron, pueden identificarse tres cuestiones recurrentes en la literatura española de cada momento:

- La reflexión sobre **la angustia existencial del ser humano.**
- El análisis de **la situación española**.
- La discusión sobre la **creación artística.**

EL TEMA EXISTENCIAL

La profundización en el interior del individuo cobra protagonismo en cuatro momentos de nuestra historia literaria:

- Durante el Romanticismo, los artistas expusieron el sufrimiento derivado del choque con la realidad de su tiempo y la rebeldía contra lo establecido.
- Los modernistas españoles reflexionaron sobre la angustia existencial provocada por la desaparición de las creencias tradicionales y la incomprensión del mundo moderno.
- La Guerra Civil española puso al escritor ante el sinsentido de una existencia humana marcada por el dolor y la injusticia.
- En la literatura actual, el conflicto entre el individuo y un mundo deshumanizado que escapa a su comprensión es uno de los temas principales.

El caminante sobre el mar de nubes (1818), de Caspar David Friedrich.

EL TEMA DE ESPAÑA

El siglo XVIII trajo una importante transformación de España. Por una parte, supuso el principio del fin del país como potencia internacional de primer orden; por otra, es la época en la que se eliminan las legislaciones específicas de los antiguos territorios de la Corona de Aragón. Ambos hechos favorecieron una reflexión sobre España que ha continuado hasta la actualidad y en la que pueden aislarse tres cuestiones principales:

a. **La decadencia de España.** Los ilustrados del XVIII, como José Cadalso, denunciaron el atraso de España e intentaron explicarlo por el excesivo peso de la aristocracia y la religión en la vida española, que impidió el desarrollo de la ciencia y la aplicación de reformas políticas y sociales por el bien del país. La pérdida de las últimas colonias en 1898 provocó una nueva reflexión sobre la decadencia de mano de los escritores regeneracionistas y del grupo del 98, que culparon al caos político vivido durante el siglo XIX: corrupción, violencia, ausencia de una educación moderna, etc.

b. **Las dos Españas.** Muchos escritores han querido ver una España fragmentada en dos posiciones ideológicas enfrentadas: por una parte, la España conservadora y tradicional; por otra, la progresista y liberal. El choque entre esas dos ideas del país ha sido abordado por los autores románticos (Larra), realistas (Pérez Galdós, Leopoldo Alas), noventayochistas (Antonio Machado, Baroja) y más recientes (Laín Entralgo, Santos Juliá).

c. **El alma de España.** La coexistencia en el país de diferentes identidades culturales puede ser la causa del interés por los valores y las costumbres que definen a los españoles. El costumbrismo de escritores románticos como Larra buceó en los tipos humanos más característicos, mientras que los autores del 98 creyeron identificar el alma española en el paisaje castellano (duro y violento, pero constante y puro). Otros escritores, en cambio, exploraron la identidad de determinadas zonas del país: la Galicia de Pardo Bazán o Valle-Inclán; el País Vasco de Baroja; la presencia del folclore andaluz en Antonio Machado o García Lorca; y Barcelona en la obra de Marsé o Eduardo Mendoza.

LA CUESTIÓN ARTÍSTICA

La reflexión sobre la utilidad de la literatura ha sido otro de los asuntos abordados por la literatura española desde el siglo XVIII. En esta cuestión pueden identificarse dos posiciones fundamentales:

a. **La literatura debe estar al servicio de una finalidad práctica.** Esta es la posición adoptada por los ilustrados del siglo XVIII, por los escritores realistas de la segunda mitad del XIX, por los autores del 98 en algunas de sus obras y por los escritores sociales de la segunda mitad del siglo XX.

b. **La literatura debe estar al servicio de sí misma,** dejando en segundo plano la finalidad práctica de las obras. Por esta opción se decantaron los escritores vanguardistas de la primera mitad del siglo XX y los experimentalistas de las décadas de 1960 y 1970.

Trata de blancas (1894), de Joaquín Sorolla.

ANEXOS — EL TEXTO LITERARIO

Definir qué es un texto literario es una tarea compleja a la que se han aplicado multitud de estudiosos a lo largo de los siglos. Lo cierto es que resulta imposible establecer un concepto fijo, claro y concreto de literatura aplicable a todos y cada uno de los textos compuestos por el ser humano a lo largo del tiempo. No obstante, sí pueden señalarse algunos rasgos que suelen cumplir las obras habitualmente consideradas como literarias. Veamos cuáles son:

- **Función poética.** El texto literario es aquel que presta especial atención al mensaje, es decir, a la unión o equilibrio entre el contenido abordado y la forma en que se expresa. Este cuidado del mensaje se manifiesta en diferentes aspectos:

La voluntad del creador de **realizar una obra propia** cuya finalidad es principalmente estética.

La **manipulación** de un **lenguaje** que se aparta del uso habitual mediante diversos recursos: búsqueda del ritmo sonoro, procedimientos retóricos, plurisignificación.

- **Ficcionalidad.** El texto literario siempre crea mundos de ficción, aunque figuren en él elementos extraídos de la realidad. Esta es la principal diferencia, por ejemplo, entre literatura, por un lado, y periodismo o historia, por otro. La obra literaria puede valerse de sucesos o personajes de la realidad; pero el autor los manipula para construir un mundo propio que alcanza su sentido en la misma obra, mientras que el periodista y el historiador deben ceñirse a los propios hechos.

- **Proceso de comunicación.** La literatura es un proceso de comunicación en el que los elementos que intervienen presentan ciertas peculiaridades. Además de las que afectan al **código, mensaje y referente** aludidas con anterioridad, cabe señalar las siguientes:

No debe identificarse el autor real con el **emisor** del mensaje literario. Aunque puede darse un alto grado de coincidencia, el emisor del mensaje no es más que un rol ejercido por el autor en el que se incluyen sus ideas, vivencias personales, lecturas, modas y tendencias artísticas, etcétera.

El **receptor** es múltiple, heterogéneo y, en muchas ocasiones, distanciado en espacio y tiempo del emisor. Estos hechos explican la diversidad de interpretaciones de una misma obra.

El **canal** empleado puede ser oral o escrito, aunque también audiovisual. El canal elegido por el emisor determina el tipo de recursos utilizados para transmitir el mensaje.

Las obras compuestas a lo largo de los siglos pueden agruparse en tres géneros o categorías: lírica, narrativa y teatro. Veremos a continuación los rasgos distintivos de cada uno de ellos.

¿Qué es un texto literario?

Las respuestas a este interrogante han sido diversas, de manera que se han considerado literatura en algunas épocas textos que en otras se sitúan fuera de tal condición. Así ha sucedido, por ejemplo, con las obras históricas medievales o con los textos periodísticos de los siglos XVIII y XIX, tratados como literarios, aunque en la actualidad historia y periodismo no se incluyen en tal categoría.

LA LÍRICA

Pertenecen al género lírico las composiciones literarias en las que predomina la **expresión de los sentimientos, emociones o reflexiones** del emisor. Aunque normalmente están escritas en verso, no deben identificarse lírica y poesía, ya que la historia literaria ha dejado numerosos ejemplos de lírica en prosa, así como de narrativa y teatro en verso.

La música (1895), de Gustav Klimt.

Los principales **rasgos** que definen el género lírico son los siguientes:

- Presencia de la **función expresiva o emotiva** del lenguaje: se procura transmitir, más que hechos o verdades, sentimientos y emociones. Hay que tener en cuenta que no en todos los casos el emisor del mensaje es el autor o escritor, por lo que los sentimientos expresados pueden no ser «reales», sino fruto de la naturaleza «ficticia» del texto.
- Especial relevancia de la **plurisignificación:** la palabra poética no se agota en un solo significado; no es, como en el lenguaje común, simple sustituto del objeto al que se refiere, sino que su significado se ve acompañado de distintas sugerencias y sentidos que solo pueden apreciarse en su contexto. Este hecho permite que el texto lírico suela admitir más de una interpretación.
- Mayor **brevedad** en relación con los demás géneros literarios. Esto provoca más **condensación** expresiva, que suele manifestarse en la presencia de un único tema que da sentido al texto. La condensación explica la importancia de la **sugerencia,** ya que ha de ser el receptor quien dote de un sentido final al texto a partir de las claves interpretativas incluidas por el emisor.
- Importancia del **ritmo y la musicalidad:** estas propiedades se consiguen mediante diferentes procedimientos, entre los que destacan la métrica (medida de los versos, alternancia de sílabas átonas y tónicas, rima) y algunos recursos retóricos que afectan a la sintaxis del texto (repeticiones de palabras, paralelismos sintácticos, alteraciones del orden oracional y uso de las pausas).

En el género lírico pueden identificarse gran número de **variedades o subgéneros,** dependiendo del asunto abordado o de peculiaridades formales. Entre ellos deben destacarse los que figuran a continuación:

SUBGÉNEROS LÍRICOS

Égloga	Elegía	Oda	Canción	Sátira
Diálogo entre pastores sobre un asunto amoroso y que se sitúa en un escenario natural, normalmente idealizado.	Expresión del dolor por la pérdida de un ser querido o cualquier otro hecho lamentable.	Expresión de un sentimiento en tono elevado, que alaba algo o a alguien. Suele abordar temas religiosos, morales o heroicos.	Expresión de una emoción sobre un asunto generalmente amoroso.	Expresión de una crítica a personas, grupos sociales, vicios, errores o defectos de la sociedad.

LA NARRATIVA

El género narrativo es aquel en el que se incluyen las obras donde predomina el **relato de unos hechos.** Para que un texto sea narrativo deben estar presentes los siguientes elementos:

- **Narrador.** Es la voz que cuenta y ordena los hechos, y no debe confundirse con el emisor o el autor del texto. Según el punto de vista puede ser:
  - **Narrador externo:** cuenta la historia en tercera persona sin participar en ella. Puede actuar como si conociera todas las circunstancias del relato (narrador omnisciente) o como si solamente conociese lo que un observador objetivo pudiese percibir.
  - **Narrador interno:** forma parte de la historia como personaje principal (narrador-protagonista) o secundario (narrador-testigo).
- **Trama.** Es el conjunto de sucesos que forman la historia narrada. Suele organizarse en torno a tres partes:
  - **Planteamiento:** en él se establece la situación de partida y el acontecimiento que la altera. Algunas narraciones carecen de planteamiento (narración *in medias res*) y la información necesaria va apareciendo según avanza la acción.
  - **Nudo:** donde se narran los sucesos que alteran la situación inicial y el efecto que producen.
  - **Desenlace:** en el que se cierran todos los conflictos abiertos (final cerrado), una parte de ellos (final abierto) o se reproduce la situación de partida (final circular).
- **Personajes** que causan o sufren los hechos. Se clasifican:
  - **Según su participación:** pueden ser **protagonistas,** si recae sobre ellos el peso de la acción; o **secundarios,** si ayudan a los protagonistas o protagonizan tramas secundarias.
  - **Según su naturaleza:** podemos distinguir entre **personajes tipo,** si representan a un modelo previo, una idea o un colectivo social; y **personajes individualizados,** si poseen características propias que los diferencian de otros.
- **Situación espacio-temporal.** Toda historia debe desarrollarse en un espacio, que puede ser real o imaginario. También existe una relación temporal entre los sucesos que componen la historia. En el tratamiento del tiempo puede observarse:
  - **Narración lineal:** los acontecimientos se narran cronológicamente.
  - **Retrospección:** narración de sucesos anteriores al comienzo de la acción.
  - **Prospección:** anticipo de hechos que aún no se han producido.
  - **Acronía:** superposición de tiempos sin que el receptor pueda establecer un orden claro de los hechos.

SUBGÉNEROS NARRATIVOS

Poema épico

Narración en verso de unos hechos de acción protagonizados por héroes.

Cuento

Narración breve y condensada de una acción. En su origen tuvo una finalidad didáctica, pero ya no está necesariamente presente en el cuento contemporáneo.

Novela

Relato extenso con amplio desarrollo de los elementos propios del texto narrativo. Presenta múltiples variedades dependiendo de los asuntos (novela policíaca, fantástica, ciencia ficción, histórica, sentimental...) o de las peculiaridades formales (novela autobiográfica, de vanguardia, lírica...).

EL TEATRO

El género dramático o teatro es la **representación de una acción** mediante unos actores que interpretan a unos personajes en un escenario ante un público. Sus características principales son las siguientes:

Mosaico romano que muestra máscaras teatrales (Museo Capitolino).

- La **acción** dramática, que está compuesta por el conjunto de sucesos representados. Suele responder a las siguientes cualidades, aunque es habitual que los autores transgredan las convenciones:
  - **Unidad:** las diferentes tramas, personajes y elementos dramáticos deben contribuir al desarrollo de la acción principal y al sentido único del texto.
  - **Integridad:** la acción tiene que ser completa, compuesta por un planteamiento del conflicto dramático, un desarrollo y un desenlace.
  - **Tensión dramática:** la obra ha de atraer y mantener la atención del espectador, para lo cual se sirve de diferentes procedimientos: alternancia de momentos de tensión y distensión, suspense, implicación del espectador...
- Los **personajes**, que hacen avanzar la acción a través de sus palabras y comportamientos. Puede haber diferentes tipos de personajes.
- Los **códigos** teatrales no se reducen al lingüístico, intervienen también códigos visuales (vestuario, iluminación, escenografía, gesticulación...) y auditiva (sonido, música, etc.).

En una obra teatral contemporánea pueden encontrarse dos **tipos de textos:**

Texto principal

Es el contenido de la obra en sí y está formado por el conjunto de intervenciones o parlamentos de los personajes:

Diálogo: es la conversación entre dos o más personajes.

Monólogo: cuando un solo personaje habla para sí mismo.

Relación: un personaje relata algo sucedido fuera de escena.

Aparte: uno o varios personajes dicen algo y los demás no se enteran.

Texto secundario

Aporta la información necesaria para la representación del texto principal. También se le llama **acotación**. Puede tratar:

Sobre la acción: datos e indicaciones sobre el lugar y la forma en que se desarrolla la acción (descripción del escenario, iluminación, efectos de sonido, etc.).

Sobre los personajes: vestuario, movimientos, gestos, tono de voz, intencionalidad expresiva...

En el teatro se distinguen también varios **subgéneros.** Tres son los principales:

SUBGÉNEROS LÍRICOS

- **Tragedia:** Representación de una acción en la que personajes de clases elevadas se enfrentan a algo que los supera. El lenguaje empleado es culto y el desenlace es infeliz.
- **Comedia:** Representación de un enredo, normalmente amoroso, en el que personajes de diversos grupos sociales se expresan con distintos registros lingüísticos. El desenlace es feliz.
- **Drama:** Representación de una acción en la que se mezclan caracteres propios de la tragedia y la comedia.

ANEXOS — EL TRABAJO DE INVESTIGACIÓN

El trabajo de investigación es una actividad académica en la que el estudiante debe abordar una determinada cuestión para explicarla en profundidad e informar sobre ella mediante un tipo de documento concreto (ensayo, presentación electrónica, exposición oral, infografía, etc.). A continuación se darán algunas indicaciones útiles para la realización de un proyecto de investigación cuyo objetivo sea la redacción de un ensayo o trabajo académico.

FASE DE INVESTIGACIÓN

El primer paso de una investigación consiste en la **selección y acotación del tema.** En la siguiente página podrás encontrar dos propuestas de temas; pero es necesario que determines en qué aspecto concreto vas a centrar tu trabajo. Una vez delimitado el tema del trabajo, resulta útil redactar un índice provisional, aunque probablemente deberá ser retocado más adelante.

Tras esta operación, debe procederse a la **búsqueda, evaluación y selección de la información.** En primer lugar, ha de realizarse una búsqueda genérica en obras de referencia (enciclopedias, historias literarias, diccionarios) a la que seguirá otra más específica (monografías, revistas especializadas) sobre los ítems indicados en el primer índice del trabajo. Para aprender a buscar información puede ser de gran ayuda la consulta del siguiente recurso de la editorial Espasa: http://espasa.planetasaber.com/sites/default.asp?id=12.

Mientras consultas las fuentes, es importante anotar las ideas que sean de utilidad o aquellos párrafos que puedan ser citados literalmente en tu trabajo. Recuerda que siempre debes indicar la procedencia de la información, por lo que es útil confeccionar **fichas bibliográficas** de las fuentes consultadas. Hay muchas maneras de citar; pero siempre debe figurar el autor del documento, título, fecha y datos de publicación. A modo de ejemplo se pueden ver los siguientes modelos:

Pautas para la selección y el enfoque del tema

- Es preferible iniciar el trabajo sobre un tema del que se posean algunos conocimientos previos.
- Es aconsejable centrar el trabajo en un asunto con el que se tenga cierta afinidad personal.
- Es conveniente decantarse por un tema en el que las fuentes de información sean accesibles.
- Para enfocar el tema del trabajo, deben plantearse los siguientes interrogantes: ¿qué idea principal deseo comunicar?, ¿en qué subtemas puedo desglosarlo?, ¿desde qué puntos de vista puedo abordarlo?, ¿con qué otros asuntos guarda relación?

Mihura, Miguel (2014). *Tres sombreros de copa*. Zaragoza: Edelvives.	Libro
Castro, Américo (1987). *La palabra escrita y el Quijote*. En George Haley (ed.), *El Quijote* (págs. 55-90). Madrid: Taurus.	Capítulo o sección de libro
Pérez, Sofía (2003). «Banca y poder político en España: un análisis a partir de la regulación del sistema financiero», *Historia y Política*, 9, págs. 71-94.	Artículo de periódico o revista
Centro Virtual Cervantes en línea. Disponible en: http://cvc.cervantes.es/. Consultado: 7/3/2022.	Sitio web

REDACCIÓN DEL TRABAJO ESCRITO

Tras la fase de investigación, llega el momento de redactar el trabajo escrito. Los elementos que lo integran son los siguientes:

1. **Portada.** En ella han de figurar estos datos: título del trabajo, identificación del estudiante, asignatura y profesor, y fecha de entrega.
2. **Índice.** Abarca la totalidad de las secciones y subsecciones del trabajo.
3. **Introducción.** Es la presentación de la investigación y, por tanto, debe incluir el objetivo del trabajo y la justificación del interés del mismo, el punto de vista y la forma en que se va a abordar, así como una descripción sucinta de las partes que lo componen.
4. **Cuerpo.** Es el desarrollo pormenorizado del asunto elegido, explicando lo descubierto en las fuentes y las aportaciones personales. La redacción debe ser original, aunque en determinados momentos puedan incluirse citas textuales de las fuentes consultadas con la correspondiente referencia.
5. **Conclusión.** En el cierre del trabajo deben resumirse los principales aspectos abordados, así como proponer nuevas líneas de investigación.
6. **Referencias.** En esta sección hay que citar todas las fuentes consultadas. Es conveniente que las referencias se organicen alfabéticamente según el tipo: bibliografía, recursos en la Red, material multimedia, etc.
7. **Anexos.** Al final, puede incluirse un apartado en el que situar documentos, tablas o imágenes que aporten información complementaria.

El plan de trabajo

Antes de proceder a la redacción, te será útil elaborar un **plan de trabajo** que incluya:

- Definición y delimitación del objetivo del trabajo. Este apartado puede convertirse más adelante en la introducción del trabajo.
- Índice definitivo y vinculación de las fuentes de información con cada uno de los ítems establecidos.
- Calendario de redacción de cada una de las partes en función del tiempo disponible.

Actividades

1 TIC Te proponemos dos temas para elaborar un trabajo de investigación.

Mujer y literatura

Se trata de un tema muy amplio y plagado de matices, aunque puede acotarse en tres aspectos principales.

- **La mujer como tema literario.** La Ilustración y el realismo mostraron gran atención por el papel de la mujer en una sociedad en transformación. Recuerda los muchos autores que dedicaron algunas de sus obras a esta cuestión.
- **La mujer como lectora.** La creciente alfabetización de la mujer que se produce desde el siglo XVIII supuso la aparición de un público lector femenino. Esto explica el desarrollo de ciertos géneros y modalidades literarias.
- **La mujer como escritora.** Desde el siglo XIX hasta la actualidad, el camino no ha sido fácil para las escritoras, pues tuvieron que enfrentarse a un mundo artístico eminentemente masculino.

Exilio y literatura

La relación entre escritor y poder político no siempre ha resultado fácil. La situación extrema se dio cuando el artista se vio obligado a exiliarse. Desde el siglo XIX, España ha vivido tres exilios que fracturaron también el mundo literario:

- **El exilio de los afrancesados.** Tras la Guerra de la Independencia (1808-1812), muchos ilustrados afines al Gobierno napoleónico marcharon fuera de España.
- **El exilio de los liberales.** Durante la Década Ominosa (1823-1833), se produjo un exilio de artistas e intelectuales que se oponían al absolutismo del rey Fernando VII.
- **El exilio republicano.** Tras el final de la Guerra Civil (1936-1939) se produjo el mayor y más duradero de los exilios en España. Una de sus consecuencias fue una verdadera fractura en la evolución literaria nacional.